ग्रामीण विकास के लिए समन्वित प्रयास

नीतियाँ, कार्यक्रम एवं रणनीति

By the same author

Integrated Approach to Rural Development
Policies, Programmes and Strategies

लेखक परिचय

वर्तमान में गंगाधर कराले राष्ट्रसंत तुकडोजी महाराज नागपुर विद्यापीठ के समाजविज्ञान विद्याशाखा के तथा ग्रामीण सेवा शिक्षा मंडल के सदस्य हैं। वे नागपुर स्थित भारत सरकार के अधीन राष्ट्रीय विद्युत प्रशिक्षण प्रतिष्ठान में गेस्ट फैकल्टी के रूप में भी कार्यरत हैं। 1962 में मेकेनिकल इंजिनियरिंग की स्नातक परीक्षा पास करने के पश्चात्, वे भारत सरकार के संस्थानों CEA, BHEL तथा NTPC में कार्यरत रहे और NTPC से कार्यकारी निदेशक के पद से निवृत्त हुए। उन्होंने भारत सरकार का उपक्रम पावर फाइनेंस कारपोरेशन में वरिष्ठ सलाहकार के पद पर भी काम किया।

बचपन से ही ग्रामीण जीवन से जुड़े होने के कारण वे उनकी समस्याओं से भली-भाँति परिचित हैं तथा अनेक बड़ी नई परियोजनाओं में काम करते समय उनका पुनर्वास एवं पुनर्स्थापन प्रक्रिया संबंधी विस्थापित ग्रामवासियों के साथ घनिष्ठता से संबंध जुड़ा रहा। इसी परिपेक्ष्य में इस पुस्तक का निर्माण हुआ है।

ग्रामीण विकास के लिए समन्वित प्रयास
नीतियाँ, कार्यक्रम एवं रणनीति

गंगाधर कराले

B.E. (Hons.) Mech. FIE

सदस्य, समाजविज्ञान विद्याशाखा
रा.तु.म. नागपुर विद्यापीठ
पूर्व कार्यकारी निदेशक, एनटीपीसी एवं
वरिष्ठ सलाहकार, पावर फाइनेंस कारपोरेशन

कॉनसेप्ट पब्लिशिंग कम्पनी, नई दिल्ली-110059

Cataloging in Publication Data—DK
Courtesy: D.K. Agencies (P) Ltd. <docinfo@dkagencies.com>

Karalay, G. N., 1939-
Grāmīṇa vikāsa ke lie samanvita prayāsa : nītiyāṁ, kāryakrama evaṃ raṇanīti/ Gaṅgādhara Karāle. — 1. saṃskaraṇa.
p. cm.
In Hindi.
On integrated approach to rural development in India.
Includes bibliographical references (p.)
Includes index.
ISBN 13: 9788180695049
ISBN 10: 8180695042

1. Rural development—Government policy—India. 2. Rural development projects—India. 3. Sociology, Rural—India. 4. Education, Rural—India. 5. Agriculture—Economic aspects. 6. Rural health services—India. I. Title.

DDC 307.141 209 54 22

ISBN-13: 978-81-8069-504-9
ISBN-10: 81-8069-504-2

First Published 2008

Published and Printed by
Concept Publishing Company
A/15-16, Commercial Block, Mohan Garden
New Delhi-110059 (INDIA)
Phone : 25351460, 25351794
Fax : 091-11-25357103
Email : publishing@conceptpub.com

समर्पित

आदरणीय महात्मा गांधी व परमहंस योगानन्दजी

जिनके विचारों से मुझे सदैव प्रेरणा

मिलती रहती है।

भूमिका

ग्रामीण क्षेत्र की जनसंख्या, भारत की कुल जनसंख्या का 72.77 प्रतिशत है। स्वतंत्रता प्राप्ति के पश्चात् ग्रामीण क्षेत्र के विकास में हुई प्रगति भले ही कम नहीं है फिर भी देश के सामने ग्रामीण विभागों के विभिन्न क्षेत्रों में विकास के जो ध्येय निर्धारित किए गए थे, जैसे सब के लिए मूलभूत शिक्षा, प्राथमिक स्वास्थ्य रक्षा, कृषि तथा उससे सम्बन्धित ग्रामीण विकास के क्षेत्र – यह पूर्ण नहीं हो पाए, यद्यपि इनकी लक्ष्य पूर्ति की अवधि समय-समय पर बदलती रही।

ग्रामीण विकास एक जटिल समस्या है जिसके लिए अनेक मोर्चों पर से समन्वित प्रयासों की आवश्यकता है। मूलभूत शिक्षा, प्राथमिक स्वास्थ्य रक्षा, कृषि का विकास, ढांचा गत सुविधाएं, तथा कार्यक्षम आपूर्ति पद्धति, ग्रामीण विकास के लिए अत्यन्त आवश्यक है। इसके अतिरिक्त, पर्याप्त आर्थिक स्त्रोतों के बिना कोई कार्यक्रम पूरा नहीं किया जा सकता। विकासशील देश होने के कारण भारत की अपनी कुछ मर्यादाएं है। अधिक निवेश की आवश्यकता निस्संदेह है, पर समस्या वहीं समाप्त नहीं हो जाती, और दुर्लभ वित्तीय स्त्रोतों का उचित उपयोग भी एक महत्त्वपूर्ण अंग बन जाता है। इसी तरह किसी भी योग्य विकास के लिए राजनीतिक वर्ग की प्रतिबद्धता, जन सेवा अधिकारियों का उत्तरदायित्व तथा ग्रामीण समुदाय के सक्रिय सहभाग की आवश्यकता होती है। इस तरह तय किए गए कार्यक्रमों की सफलता सभी विभिन्न तत्त्वों पर निर्भर होती है। अभी तक किसी एक विषय की ओर ही ध्यान दिया जाता रहा, और दूसरे विषयों की अनदेखी हो रही थी। इन विभिन्न अलग-अलग प्रयासों की मर्यादाओं को ध्यान में रखते हुए इस पुस्तक में ग्रामीण विकास के लिए समन्वित प्रयासों के महत्त्व का प्रतिपादन किया है। प्रत्यक्ष विशेष अध्ययन तथा व्यक्तिगत अनुभवों के आधार पर यह पाया गया कि समन्वित प्रयास सफल होने के लिए निश्चित रणनीति – जिसमें संस्थागत परिवर्तन भी शामिल हैं – का क्रियान्वयन आवश्यक है। यह रणनीति इस पुस्तक का प्रमुख अंग है।

यह पुस्तक सात अध्यायों में विभाजित है।

(1) ग्रामीण समाजशास्त्र-ग्रामीण समाज का सामाजिक-आर्थिक ढांचा, (2) ग्रामीण क्षेत्र में मूलभूत शिक्षा – गंतव्य की ओर प्रदीर्घ यात्रा, (3) कृषि व

ग्रामीण विकास का विश्लेषण, (4) कृषि व ग्रामीण विकास के लिए रणनीति, (5) ग्रामीण क्षेत्र में प्राथमिक स्वास्थ्य रक्षा – एक दृष्टिक्षेप, (6) सामाजिक व ग्रामीण क्षेत्रों के बजट आबंटन का समालोचन, (7) समन्वित ग्रामीण विकास के घटकों के विशिष्ट पहलू।

इस पुस्तक की अद्वितियता इसी तथ्य में है कि मूलभूत शिक्षा, प्राथमिक स्वास्थ्य रक्षा तथा ग्राम विकास के विभिन्न पहलुओं का इसमें विस्तृत विवेचन है। ये तत्व संयुक्त राष्ट्रसंघ के मानव विकास सूचकांक के निहित तत्वों के समान हैं जिन्हें अन्तर्राष्ट्रीय स्तर पर राष्ट्र की प्रगति का एकमेव स्वीकार योग्य मापक माना जाता है।

मुझे विश्वास है कि यह पुस्तक नीति निर्धारकों, योजनाकर्ताओं, योजना क्रियान्वयकों, सामाजिक संगठनों, अनुसंधानकर्ताओं, शिक्षाविदों, प्रतियोगिता परीक्षाओं में बैठने वाले विद्यार्थियों तथा जनता को, ग्रामीण भारत की सामाजिक तथा आर्थिक समस्याओं को समझने में उपयोगी सिद्ध होगी।

यह पुस्तक प्रथम अंग्रेजी में 'Integrated Approach to Rural Development — Policies, Programmes & Strategies' इस शीर्षक से 2005 में प्रकाशित हुई थी। इस पुस्तक का मूल विषय भारत की ग्रामीण जनता तथा उनकी समस्याओं से संबंधित है। भारत की अधिकांश जनता हिन्दी भाषा को आसानी से आत्मसात करती है। अतः इस पुस्तक में जो महत्त्वपूर्ण जानकारी है उसे ज्यादा से ज्यादा लोगों तक पहुँचाने के उद्देश्य से इसका हिन्दी में अनुवाद किया है। इस दौरान विगत एक वर्ष में ग्रामीण विकास सम्बन्धी जो नई योजनाएं प्रस्तुत हुई उनको भी इस पुस्तक में सम्मिलित किया गया।

यह अनुवाद करने में श्री राजेश्वर दयाल गुप्ता का सक्रिय सहयोग मिला है। उनके अथक प्रयासों के लिए मैं उनका अत्यन्त आभारी हूँ और उन्हें हार्दिक धन्यवाद देता हूँ। इस पुस्तक की समीक्षा करने के लिए तथा महत्त्वपूर्ण सुझाव देने के लिए मेरे मित्र प्रो. सुरेश वाकोडे और मेरी धर्मपत्नी कुन्दा कराले को मैं हार्दिक धन्यवाद देता हूँ। इस अनुसंधानात्मक कार्य के लिए प्रोत्साहन देने के लिए मैं मेरे बच्चों का अभारी हूँ।

श्री अशोक कुमार मित्तल, कॉनसेप्ट पब्लिशिंग कम्पनी व सभी तत्पर सहयोगियों को भी धन्यवाद देता हूँ जिन्होंने इसे उत्कृष्ट स्वरूप दिया तथा इतने कम समय में पुस्तक का मुद्रण किया।

नागपुर

जी. एन. कराले

विषय-सूची

तालिका सूची

आकृतियों की सूची

संक्षिप्त/वार्णिक अंग्रेजी शब्द सूची

(Abbreviations and Acronyms)

AAY	Antyodaya Anna Yojana
ADB	Asian Development Bank
AE	Adult Education
AIBP	Accelerated Irrigation Benefit Programme
AIC	Agriculture Insurance Company
AICF	Agriculture Infrastructure and Credit Fund
AIDS	Acquired Immuno-deficiency Syndrome
AIIMS	All India Institute of Medical Sciences
AIMMP	Area Intensive and Madarsa Modernisation Programme
AMS	Aggregate Measurement of Support
AMUL	Anand Milk Union Ltd.
ANM	Auxiliary Nurse Midwife
APMC	Agricultural Produce Marketing Committee
AREP	Accelerated Rural Electrification Programme
ARWSP	Accelerated Rural Water Supply Programme
AS	Agriculture Supervisor
ASEAN	Association of South East Asian Nations
ASHA	Accredited Social Health Activist
B/C RC	Block/Cluster Resource Centres
BCS	Bar Chart System
BDO	Block Development Officer
BOP	Balance of Payment
BPL	Below Poverty Line
C/P LDB	Central/Primary Land Development Bank
C/P LMB	Central/Primary Land Mortgage Bank
CACP	Commission for Agricultural Costs and Prices
CB	Commercial Bank
CCA	Cultivable Command Area
CCHFW	Central Council of Health and Family Welfare
CCS	Common School System

CCSA	Co-operative Credit Societies Act 1904
CDP	Community Development Programme
CEC	Continuing Education Centres
CEO	Chief Executive Officer
CLR	Computerisation of Land Records
CMA	China Meteorological Authority
CMO/DHO	Chief Medical Officer/District Health Officer
CMR	Child Mortality Rate
CPC	Central Pay Commission
CPI	Corruption Perception Index
CPM	Critical Path Method
CRAFICARD	Committee to Review Arrangement for Institutional Credit for Agriculture and Rural Development
CRC	Child Rights Charter
CRSP	Central Rural Sanitation Programme
CSR-CD	Corporate Social Responsibility - Community Development
CSS	Centrally Sponsored Scheme
CWC	Central Warehousing Corporation
DCCB	District Central Co-operative Bank
DDP	Desert Development Programme
DFID	Department for International Development
DGHS	Director General of Health Services
DIET	District Institutes of Educational Training
DMA	Disaster Management Authority
DPAP	Drought Prone Area Programme
DPC	District Planning Committee
DPEP	District Primary Education Programme
DRDA	District Rural Development Agencies
DSAMIGS	Developing/Strengthening of Agricultural Marketing Infrastructure, Grading & Standardisation
DWCRA	Development of Women and Children in Rural Areas
EAS	Employment Assurance Scheme
ECA	Essential Commodities Act 1955
EDUSAT	Educational Satellite
EE	Extension Education
EGC	Educational Guarantee Centres
EGS & AIE	Education Guarantee Scheme and Alternative & Innovative Education
EGS	Employment Guarantee Scheme
EPDS	Efficient Public Delivery System
EPP	Etawah Pilot Project 1948

EU	European Union
EW/AS	Extension Worker/Agriculture Supervisor
FAO	Food and Agriculture Organisation
FC	Famine Commission 1901
FDS	Firka (Village) Development Scheme 1946
FRBM	Fiscal Responsibility and Budget Management Act
FSS	Farmers' Service Society
FWP	Food for Work Programme
FWS	Family Welfare Scheme
GATT	General Agreement on Trade and Tariff
GDP	Gross Domestic Product
GEAC	Genetic Engineering Approval Committee
GJRHFS	Golden Jubilee Rural Housing Finance Scheme
GM	Genetically Modified
GNP	Gross National Product
GP	Gram Panchayat
GS	Gram Sabha
GS	Gurgaon Scheme
HDI	Human Development Index
HDR	Human Development Report
HIV	Human Immuno-deficiency Virus
HRD	Human Resource Development
HRM	Human Resource Management
HSA	Hindu Succession Act
HUDCO	Housing and Urban Development Corporation
HUF	Hindu Undivided Family
HYV	High Yielding Variety
IAAP	Intensive Agricultural Area Programme
IADP	Intensive Agricultural District Programme
IAY	Indira Awas Yojana
ICDS	Integrated Child Development Scheme
ICMR	Indian Council of Medical Research
ICSSR	Indian Council of Social Science Research
ICT	Information and Communication Technology
ICU	Intensive Care Unit
IIDC	Integrated Infrastructure Development Centres
ILO	International Labour Organisation
IMC	Indian Medical Council
IMD	Indian Meteorological Department
IMR	Infant Mortality Rate
IPCP	Integrated Pest Control Programme

IRDP	Integrated Rural Development Programme
IREP	Integrated Rural Energy Programme
IRMA	Institute of Rural Management Anand
ISRO	Indian Space Research Organisation
ISS	Institute of Social Sciences
IT	Information Technology
ITDP	Integrated Tribal Development Project
ITI	Industrial Training Institutes
IWDP	Integrated Wasteland Development Programme
JGSY	Jawahar Gram Samridhi Yojana
JPRGY	Jay Prakash Rozgar Guarantee Yojana
JRM	Joint Review Mission
KC	Knowledge Centre
KVI	Khadi and Village Industries
KVIC	Khadi and Village Industries Commission
KVK	Krishi Vigyan Kendras
LBW	Low Birth Weight
LCA	Land Ceiling Act
LEB	Life Expectancy at Birth
LFC	Livestock Food Corporation
LNJPNF	Lok Nayak Jai Prakash Narayan Fund
MDMS	Mid-day Meal Scheme
MLL	Minimum Learning Level
MMR	Maternal Mortality Rate
MNC	Multi-National Company
MNP	Minimum Needs Programme
MOU	Memorandum of Understanding
MPCS	Monopoly Procurement of Cotton Scheme
MPLADS	Member of Parliament Local Area Development Scheme
MRRP	Martandam Rural Reconstruction Programme 1921
MSP	Minimum Support Price
MWS	Million Well Scheme
NABARD	National Bank for Agriculture and Rural Development
NAC (LT) F	National Agricultural Credit (Long Term) Fund
NAC (S) F	National Agricultural Credit (Stabilisation) Fund
NAIS	National Agriculture Insurance Scheme
NCA	National Commission on Agriculture 1976
NCAER	National Council of Applied Economic Research
NCE	Non-Conventional Energy
NCERT	National Council of Educational Research and Training
NCP	National Commission on Population

NCRWC	National Commission to Review the Working of the Constitution
NCTE	National Council for Teacher Education
NDC	National Development Council
NDDB	National Dairy Development Board
NEGA	National Employment Guarantee Act
NEP	National Electricity Policy
NES	National Extension Service
NFE	Non-Formal Education
NFGS	National Food Guarantee Scheme
NFHS	National Family Health Survey
NFP	National Forest Policy
NFSAR	National Fund for Strategic Agricultural Research
NFWP	National Food for Work Programme
NGO	Non Government Organisation
NHM	National Horticulture Mission
NHP	National Health Policy 1983 & 2002
NIA	National Insurance Academy
NLM	National Literacy Mission
NP	Nilokheri Project 1948
NPBD	National Project on Biogas Development
NPE	National Policy of Education
NPEP	National Population Education Project
NPNSPE	National Programme of Nutritional Support to Primary Education
NPP	National Population Policy 2000
NREGS	National Rural Employment Guarantee Scheme
NREP	National Rural Employment Programme
NRHM	National Rural Health Mission
NRSA	National Remote Sensing Agency
NSS	National Sample Survey
NSSO	National Sample Survey Organisation
NTPC	National Thermal Power Project
NWDB	National Wasteland Development Board
NWP	National Water Policy
NWRDP	National Water Resources Development Project
OF	Organic Farming
OS	Organisation Structure
PACS	Primary Agricultural Credit Society
PAF	Project Affected Families
PBR	Plant Breeders Right

PDS	Public Distribution System
PERT	Progress Evaluation and Review Technique
PHC	Public Health Centre
PIA	Project Implementation Agency
PMGSY	Pradhan Mantri Gram Sadak Yojana
PMGY	Pradhan Mantri Gramodaya Yojana
PMOST	Programme of Mass Orientation of School Teachers
POA	Programme of Action
PPS	Percentage Progress System
PPVFR	Protection of Plant Variety and Farmers' Rights Act 2001
PRI	Panchayat Raj Institution
PS	Panchayat Samiti
PURA	Providing Urban Services to Rural Area
R&D	Research & Development
RAP	Rehabilitation Action Plan
RBI	Reserve Bank of India
RCA	Royal Commission on Agriculture
RCHP	Reproductive and Child Health Programme
REC	Rural Electrification Corporation
RGGVY	Rajiv Gandhi Grameen Vidyutikaran Yojana
RGNDWM	Rajiv Gandhi National Drinking Water Mission
RIDF	Rural Infrastructure Development Fund
RLEGP	Rural Landless Employment Guarantee Programme
RRB	Regional Rural Bank
RRPB	Rural Reconstruction Programme in Baroda 1890
RTI	Right to Information
Rurban	Rural-Urban
SA	Seed Act 1966
SAARC	South Asia Association for Regional Co-operation
SARS	Severe Acute Respiratory Syndrome
SC	(Public Health) Sub Centre
SC	Supervised Credit
SCB	State Co-operative Bank
SCERT	State Councils of Educational Research and Training
SDO	Sub-Divisional Officer
SEB	State Electricity Board
SFC	State Finance Commision
SGRY	Sampoorna Grameen Rozgar Yojana
SGSY	Swarnajayanti Gram Swarozgar Yojana
SHG	Self-Help Group
SIDA	Swedish International Development Agency

SIDB	Small Industries Development Bank
SITRA	Supply of Toolkits to Rural Artisans
SKP	Shiksha Karmi (Para Teacher) Project
SOPT	Special Orientation Programme for School Teachers
SRA&ULR	Strengthening of Revenue Administration and Updating of Land Records
SRC	State Resource Centres
SRRP	Sriniketan Rural Reconstruction Programme 1921
SSA	Sarva Shiksha Abhiyan
ST/SPV	Solar Thermal/Solar Photovoltaic
TADP	Tribal Area Development Programme
TFC	Twelfth Finance Commission
TFR	Total Fertility Rate
TLC	Total Literacy Campaign
TLE	Total Learning Equipment
TPP	Twenty Point Programme
TRIMS	Trade Related Investment Measures
TRPS	Trade-Related Intellectual Property Rights
TRYSEM	Training of Rural Youth for Self-Employment
TSC	Total Sanitation Campaign
TSP	Tribal Sub-Plan
U/G HIS	Universal/Group Health Insurance Scheme
UEE	Universal Elementary Education
UNDP	United Nations Development Programme
UNESCO	United Nations Educational, Scientific and Cultural Organisation
UNICEF	United Nations International Children's Emergency Fund
UNMDG	United Nations Millennium Development Goals
UNPF	United Nations Population Fund
VDAC	Village Development Advisory Committee
VDO	Village Development Officer
VEW	Village Extension Worker
VHG	Village Health Guide
VRC	Village Resource Centre
VSI	Village and Small Industries
WB	World Bank
WER	World Education Report
WHO	World Health Organisation
WHOR	World Health Organisation Report
WTO	World Trade Organisation
ZP	Zilla Parishad

प्रस्तावना

मूल रूप से किसी भी देश की प्रगति, उस देश में रहने वाले लोगों के विकास का पर्यायवाची होती है। ग्रामीण जनसंख्या जो बहुतांश में दुर्लक्षित रही है कुल जनसंख्या का 72.22 प्रतिशत (2001 जनगणना) या भारत की कुल जनता का तीन चौथाई हिस्सा है। अतः देश के सर्वांगीण विकास के लिए, सारे प्रयास ग्रामीण क्षेत्र के विकास की दिशा में केन्द्रित होने चाहिए। संयुक्त राष्ट्रसंघ विकास कार्यक्रम द्वारा तैयार किया गया 'मानव विकास सूचकांक' किसी भी देश की प्रगति के एक उचित मापक के रूप में स्वीकृत किया गया है। मानव विकास सूचकांक के तीन तत्व हैं–साक्षरता, आयुर्मान, और आय। दुनिया के 177 देशों की तुलना में राष्ट्र की प्रगति के मूल्यांकन में भारत का स्थान 127 वां मतलब काफी नीचे है। विश्व के अधिक आजादी के बावजूद चीन का (94 वां) स्थान भारत से अच्छा है। स्पष्ट है कि उपरोक्त वर्णित तीन तत्वों के विषयों की पूर्ति के लिए किए जा रहे प्रयत्नों में खासकर ग्रामीण क्षेत्र में पर्याप्त प्रगति न होने के कारण ही भारत, अन्य राष्ट्रों की इस तुलना में निचले स्थान पर जा पहुंचा है।

स्वतंत्रता प्राप्ति के पश्चात् भारत ने प्रजातांत्रिक प्रणाली की व्यवस्था अपनाई जो ठीक ही थी। संविधान द्वारा नागरिकों को कुछ अधिकार दिए गए हैं, जिसमें ग्रामीण क्षेत्र में मूलभूत सुविधाएं पाने का प्रावधान भी है। हमारे संविधान के निर्माणकर्ताओं ने संविधान में जिन सिद्धांतों के निर्देश दिए हैं उनका अगर गंभीरता से अनुसरण किया होता तो आज भारत विकसित देशों के श्रेणी में आता। चीन इतनी बड़ी जनसंख्या के होते हुए प्रजातांत्रिक ढांचे के बिना कई अर्थों में हमसे बहुत आगे है। चीन की विशेषता यह है कि उसने मूलभूत शिक्षा, प्राथामिक स्वास्थ्य रक्षा तथा ग्रामीण विकास की ओर पर्याप्त ध्यान बनाए रखा था। इससे हमें इन मूलभूत प्रश्नों पर अपनी स्थिति को परखने की सीख मिलती है।

जब से भारत स्वतंत्र हुआ तब से उसकी ग्रामीण आर्थिक स्थिति में कुछ सुधार अवश्य हुआ है। फिर भी आर्थिक सफलता का मापन, केवल सम्पत्ति जुटने या अर्जित लाभ की मात्रा से नहीं किया जाना चाहिए बल्कि उसके निर्माण के पश्चात् वह कितनी समानता से वितरित की गई है, इस पर निर्भर होना चाहिए। इसके अतिरिक्त लगातार हो रही आर्थिक प्रगति, जहां समग्र गरीबी को दूर करेगी, वहीं

शिक्षा और स्वास्थ्य रक्षा ही गरीबों के लिए ऐसी मूल्यवान सम्पत्ति या साधन बनेगी जो उन्हें उचित रोजगार दिलाने तथा समाज में अपना उचित स्थान बनाने में सामर्थ्य प्रदान करेगी।

पंचवार्षिक योजनाओं में भी इन तीन आधारभूत तत्वों की पूर्ति पर जोर दिया गया है– अर्थात् मूलभूत शिक्षा, प्राथमिक स्वास्थ्य रक्षा तथा विकास का वह स्तर जिसमें ग्रामीण क्षेत्र में न्यूनतम जीवनमान का आश्वासन हो। सारा प्रयास उस दुर्लक्षित जनसंख्या की क्षमताओं की अभिवृद्धि के लिए होना चाहिए ताकि वे राष्ट्र के विकास की प्रक्रिया में क्रियाशीलता से भाग ले सकें। भारत प्राकृतिक सम्पदा तथा मानव स्त्रोतों का धनी है, फिर भी हमारे देश में चौंका देने वाली असमानताएं हैं। भारत में खाद्यान्न का आधिक्य है, हम खाद्यान्न का निर्यात भी कर रहे हैं, पर देश में लाखों लोग भूखमरी के शिकार हैं केवल इसीलिए कि हमारी सार्वजनिक वितरण प्रणाली ठीक ढंग से काम नहीं कर रही है। अंतरिक्ष विज्ञान तथा सूचना तंत्र जैसे उच्च तकनीकी क्षेत्र में, विश्व के सात प्रगत देशों में हमारी गिनती होती है फिर भी हमारी साक्षरता दर बहुत नीची है। यूरोप जैसे देशों से लोग विशेषज्ञ औषधीय चिकित्सा के लिए हमारे देश में आते हैं। लेकिन गंभीर चिंता का विषय है कि ग्रामीण क्षेत्र के बडे भाग में आवश्यक प्राथमिक स्वास्थ्य रक्षा सुविधाएं अभी तक पहुँच नहीं पायी है।

समाज की आवश्यकताएं अनेक होती हैं तथा समाज का प्रत्येक वर्ग विशिष्ट आवश्यकताओं की पूर्ति में लगा रहता है। उदाहरण के लिए किसान, अनाज तथा वस्त्र के लिए धागे प्रदान करता है, व्यापारी व्यावसायिक जीवनोपयोगी वस्तुओं का निर्माण करता है तथा अभियंता, जीवन को सरल बनाने के लिए सुविधाओं की व्यवस्था करता है। ये और समाज के कई ऐसे अन्य वर्ग है जो जीवन के विभिन्न क्षेत्रों में कार्यरत हैं और समाज को सुचारू रूप से चलाने में सहायक होते हैं। ग्रामीण जनता द्वारा दिया जा रहा योगदान चूंकि अत्यन्त आवश्यक जीवनोपयोगी वर्ग में आता है, अतः उसे दूसरों की तुलना में कुछ अधिक भले ही न मिले, पर अपनी उपज का उचित मुआवजा तो मिलना ही चाहिए। परंतु आज समाज में वास्तविक स्थिति इसके एकदम विपरीत है। आज औसत दर्जे का किसान उन्नति और सामाजिक प्रतिष्ठा की सीढ़ी के एकदम निचले पायदान पर खड़ा है।

स्वतंत्रता प्राप्त होकर अब काफी समय बीत चुका है, अतः ग्रामीण क्षेत्र में हुई प्रगति का अवलोकन करने तथा राष्ट्र के सामने निर्धारित लक्ष्यों की पूर्ति के लिए आवश्यक प्रयत्नों की ओर ध्यान देने का उचित समय आ गया है।

सरकार द्वारा जारी अनेक योजनाएं हैं, जिनका उद्देश्य अच्छा है। लेकिन इन योजनाओं को प्रत्यक्ष रूप से सफल बनाने के लिए योजनाओं के बारे में विस्तार से सोचने की तथा उनके क्रियान्वयन की ओर उचित ध्यान देने की आवश्यकता है। ग्रामीण समुदाय को इन योजनाओं की पूरी जानकारी भी नहीं होती। जिनके लिए योजनाएं बनायी जाती हैं, उन्हीं को अगर योजनाओं के नियोजन तथा क्रियान्वयन प्रक्रिया का अंग बना दिया जाये तो योजनाओं की सफलता की संभावनाएं बढ़ सकती हैं।

इसके सिवाय ग्रामीण विकास के विभिन्न क्षेत्रों के लिए निधि का आबंटन भी वास्तविक आवश्यकताओं की अपेक्षा बहुत कम होता है। सकल घरेलू उत्पाद में कृषि के लिए निवेश के प्रतिशत में हो रही लगातार गिरावट इसकी पुष्टि करती है। सरकार द्वारा प्रदान की जा रही सेवाओं की गुणवत्ता भी चिंता का एक और क्षेत्र है।

विस्तृत दृष्टि से देखा जाए तो विकास प्रक्रिया में राजनीतिक वर्ग की प्रतिबद्धता, नियोजन से लेकर क्रियान्वयन में अधिकारियों/कर्मचारियों का उत्तरदायित्व तथा जिस समुदाय के लिए योजना चलाई जा रही है, उसका विकास प्रक्रिया में समर्पित सहभाग इन पर योजनाओं की सफलता निर्भर होती है। ग्रामीण पंचायत राज तथा सहकारी संस्थाएं जिनकी ग्रामीण विकास में महत्त्वपूर्ण भूमिका है उन्हें सक्षम बनाना आवश्यक है। ग्रामीण विकास के सभी क्षेत्रों में प्रगति – सुयोग्य ढांचा, आर्थिक स्त्रोतों का पर्याप्त आबंटन एवं कार्यक्षम सुपुर्दगी पर निर्भर करती है। संक्षेप में कहा जाये तो सम्पूर्ण विकास प्रक्रिया में समन्वित प्रयास ही सफलता की कुंजी है।

इस पुस्तक में उपरोक्त विभिन्न तत्वों को समन्वित करने का प्रयास किया गया है ताकि योजना का सफल और सरल क्रियान्वयन हो सके।

यह पुस्तक सात अध्यायों में विभाजित है।

1. ग्रामीण समाजशास्त्र–ग्रामीण समाज का सामाजिक–आर्थिक ढांचा 2. ग्रामीण क्षेत्र में मूलभूत शिक्षा–गंतव्य की ओर प्रदीर्घ यात्रा 3. कृषि व ग्रामीण विकास का विश्लेषण 4. कृषि व ग्रामीण विकास के लिए रणनीति 5. ग्रामीण क्षेत्र में प्राथमिक स्वास्थ्य रक्षा–एक दृष्टिक्षेप 6. सामाजिक व ग्रामीण क्षेत्रों के बजट आबंटन का समालोचन 7. समन्वित ग्रामीण विकास के घटकों के विशिष्ट पहलू।

प्रत्येक भाग में समयानुसार ऐतिहासिक पृष्ठभूमि, संवैधानिक प्रावधान, अभी तक किए गए विभिन्न प्रयास, क्रियान्वित होने वाली नीतियाँ तथा कार्यक्रम, वर्तमान स्थिति तथा रुकावटें एवं सर्वांगीण ग्रामीण विकास के लक्ष्य प्राप्ति के लिए अपनाई जाने वाली रणनीति का समावेश है।

अध्याय - 1

ग्रामीण समाजशास्त्र : ग्रामीण समाज का सामाजिक-आर्थिक ढांचा

1. प्रस्तावना

1. ग्रामीण विकास का महत्त्व

शहरीकरण में हो रही वृद्धि के बावजूद, भारतवर्ष की कुल 102.87 करोड़ (2001 की जनगणना के अनुसार) जनसंख्या में से 77.22 प्रतिशत लोग (लगभग 74.30 करोड़) आज भी गांवों में बसते हैं। गांव ही हमारी सांस्कृतिक धरोहर व सभ्यता का प्रतीक है। इस संदर्भ में गांधीजी ने बरसों पूर्व कहा था "भारत गांवों में बसता है, तथा गांव ही भारत का हृदय है, और जीवन है", यह उक्ति आज भी उतनी ही सच और सार्थक है। कृषि ही देश की ग्रामीण जनता का तथा कृषि उत्पादन का मूलाधार है, क्योंकि 65 से 70 प्रतिशत जनता अपने जीवनयापन के लिए कृषि पर ही निर्भर है, और कृषि के उत्पादनों से ही लोगों के जीवन की मूलभूत आवश्यकताओं की पूर्ति होती है। पर ग्रामीण जनता आज भी निर्धनता में जीवन निर्वाह कर रही है। देश की 27 प्रतिशत जनता या 27.75 करोड़ लोग "गरीबी रेखा" के नीचे (BPL) की श्रेणी में आते हैं। इनमें 20.15 करोड़ (27.1 प्रतिशत) लोग ग्रामीण क्षेत्र के हैं जो गरीबी रेखा के नीचे हैं। अन्तर्राष्ट्रीय स्तर पर गरीबी, क्रयशक्ति के तुलनात्मक आधार पर एक डालर या दो डालर मासिक आय से आंकी जाती है। संयुक्त राष्ट्र विकास कार्यक्रम (UNDP) - मानव विकास रिपोर्ट (HDR) 2004 के अनुसार उपरोक्त आधार पर भारत में निर्धनों का प्रतिशत क्रमशः 34.7 तथा 79.9 आता है। एक डालर दैनिक आय वाले भारत में कुल 35.70 करोड़ लोग हैं, जिनमें से ग्रामीण क्षेत्र में 25.80 करोड़ हैं।

सम्पूर्ण देश की हुई समूची आर्थिक प्रगति के बावजूद ग्रामीण जनता के जीवनमान में कोई दर्शनीय परिवर्तन नहीं आया है, यही नहीं बल्कि शहरी और

ग्रामीण जनता के बीच की विषमताओं में बहुत अधिक वृद्धि हुई है। इसी पार्श्वभूमि में ग्रामीण विकास का महत्त्व और भी बढ़ा है।

2. ग्रामीण विकास की परिभाषा और मूल उद्देश्य

विकास शब्द की शब्दकोषीय परिभाषा :- प्रगति, क्रमिक विकास या सुधार, या उन्नति की स्थिति होती है। ग्रामीण परिपेक्ष्य में, इसका अर्थ उस ग्रामीण क्षेत्र में रहने वाले लोगों के शारीरिक, सामाजिक व आर्थिक स्थिति में बढ़ोतरी अथवा सुधार से लगाया जाता है। ग्रामीण विकास की परिभाषा एवं उद्देश्य लेखकों द्वारा चुने गए क्षेत्रों के अनुसार भिन्न-भिन्न होते हैं। फिर भी विकास की सही परख मिखाईल टोडारो द्वारा बताए ग्रामीण विकास के इन तत्त्वों से होती है जिनमें (1) शिक्षा, स्वास्थ्य और आहार, आवास एवं अन्य अनेक सामाजिक सेवाओं सहित जीवनयापन की स्थिति में सुधार (2) ग्रामीण आय के वितरण तथा शहरी व ग्रामीण आय के बीच की विषमताओं तथा अर्थार्जन के अवसरों की असमानता के दूरी को कम करना (3) सुधार तथा विकास की गति को आत्मसात करने की क्षमता में बढ़ोत्तरी, की बात कही गई है। सही अर्थों में उपरोक्त तत्त्व ग्रामीण विकास के मूल अर्थ में सम्मिलित है।

3. ग्रामीण और शहरी क्षेत्रों की परिभाषा

विस्तृत तौर पर ग्रामीण जनता खाद्यान्न, कच्चे माल के उत्पादन में व्यस्त रहने वाले लोग होते हैं, जबकि शहरी जनता उपरोक्त उत्पादनों की प्रक्रिया और उनसे सम्बन्धित औद्योगिक गतिविधियों में लगी रहती है। इस व्यावसायिक अन्तर के अलावा, इन दोनों समाज की गतिविधियां निम्न विषयों में पृथक-पृथक हैं —

ग्रामीण जनता एक बड़े क्षेत्र में फैली हुई है, जबकि शहरी क्षेत्र घनी आबादी वाले होते हैं। ग्रामीण क्षेत्रों में आज भी मूलभूत नागरिक सुविधाओं का अभाव है, पर शहरों व नगरों में इन सुविधाओं को उपलब्ध करा देने के लिए संगठित प्रयास किये जाते हैं। मोटे आधार पर इन दो वर्गीकरणों के अलावा एक तीसरा संमिश्र वर्ग भी है जिसे 'नगर-ग्राम' (Rurban) कहा जाता है, जिसमें, शहरों के निकट खेत-खलिहानों या बाग-बगीचों में लोग रहते हैं, तथा डेअरी, मुर्गी पालन, पशुपालन या इसी से सम्बंधित व्यवसाय करते हैं। इन तीनों वर्गों में स्पष्ट अंतर करते हुए उनकी सांख्यिकी जानकारी एकत्र करना, हमेंशा कठिन कार्य रहा है। फिर भी भारत में 1981 की

जनगणना के दौरान, निम्न आधार पर शहरी क्षेत्र के वर्गीकरण का प्रयास हुआ, जिसका तात्पर्य यह निकला कि निम्न आधारों पर वर्गीकृत शहरी क्षेत्रों को छोड़ शेष सभी क्षेत्र ग्रामीण–क्षेत्र हो जाएंगे।

(अ) विधिवत घोषित शहरी क्षेत्र जैसे नगर पालिका क्षेत्र, कैन्टूनमेंट बोर्ड या अन्य निर्देशित शहरी क्षेत्र —

(ब) वे सभी क्षेत्र जिनमें निम्न शर्तें लागू होती हैं।

(1) निम्नतम पांच हजार की जनसंख्या

(2) ऐसे क्षेत्र जिसकी 75 प्रतिशत से अधिक पुरुष जनता गैरकृषि या सम्बंधित कार्यों में संलग्न हो।

(3) उस क्षेत्र की आबादी – घनता प्रति वर्ग किलोमीटर में न्यूनतम 400 हो, (या प्रतिवर्ग मील में 1000 हो)

2. ग्रामीण समाजशास्त्र

1. ग्रामीण समाजशास्त्र की प्रस्तावना

ग्रामीण विकास के प्रश्न पर गंभीरता से विचार प्रारंभ करने के पूर्व हमें ग्रामीण समाजशास्त्र का तह तक अभ्यास करना आवश्यक है, तभी ग्रामीण क्षेत्र के विकास के उद्देश्यों को प्राप्त करने के लिए उपयोग में लाई जाने वाली पद्धति निश्चित की जा सकेगी। समाज व उसकी समस्याओं का अध्ययन ही समाजशास्त्र का शब्दकोषीय अर्थ है। लोगों के आपसी सम्बन्धों से परिलक्षित होने वाली प्रवृत्तियों का अध्ययन भी इसके विस्तारित अर्थ में आता है। इस प्रकार, ग्रामीण समाजशास्त्र का अर्थ – ग्रामीण समाज और उनकी समस्याओं के अध्ययन को भी कहा जा सकता है। ग्रामीण सामाजिक सम्बंधों के विषय में इस पुस्तक में जो कुछ भी आगे लिखा गया है, वह अनेक गांवों के आम अध्ययन तथा महाराष्ट्र के नटाला और पिंपलखुटा नामक गांव–जिनका प्रस्तुत लेखक व उसके जीवन से निकट संम्पर्क रहा है – पर किये गये विशेष अध्ययन पर आधारित है।

भारत अर्थात् ग्रामीण भारत, जहां देश की तीन चतुर्थांश जनता निवास करती है, उसी परिपेक्ष्य में ग्रामीण समाजशास्त्र का महत्त्व अधिक बढ़ता है। गांव, ग्रामीण क्षेत्र की मूल ईकाई है। जहां से सरलता, भोलापन तथा मानवीय दृष्टिकोण टपकता है।

ऐतिहासिक दृष्टि से वह प्रकृति से निकटता भी दर्शाता है, जैसे जमीन, नदी, नाले, पहाड़, झरने आदि। मानवीय दृष्टि से यह नैसर्गिक जीवन अपने आप में बहुमूल्य है। इसका प्रभाव लोककथा तथा कहानियों में देखने को मिलता है और इसी के सम्पन्नता से अनेक कवि तथा लेखक भी प्रेरित हुए हैं। ग्रामीण व्यक्तियों के हृदय में सद्भावना, सामंजस्य और आपसी तालमेल स्पष्ट रूप से दिखाई देता है।

किंतु इस पृष्ठभूमि से ही जुड़ी हुई कुछ गंभीर कठिन समस्याएँ भी हैं, जो मूलतः सामाजिक व आर्थिक हैं। सामाजिक समस्याएं जाति के आधार पर हुए भेदभाव के कारण उभरी हैं। आर्थिक समस्याओं का मूल, निचले स्तर के लोगों में व्याप्त अत्यंत गरीबी में है। प्राचीन काल से ग्रामीण समाज को अत्यंत स्थिर, अपरिवर्तनीय समाज में वर्गीकृत किया गया है। ग्रामीण क्षेत्र की जनता गांव छोड़कर बिल्कुल ही बाहर जाना नहीं चाहती थी। अपनी समस्याओं से जूझते हुए भी लोग अपने जन्म स्थान में ही रहना चाहते थे। इस अवधि में संचार और परिवहन की आधुनिक सुविधाएं नहीं थीं। कृषि और उससे संबंधित कार्य ही ग्रामीण जनता का मुख्य व्यवसाय हुआ करता था। उनका सारा जीवन कृषि के कालक्रम के इर्द गिर्द ही सीमित था। उदाहरण के तौर पर, ग्राम्य समाज के अनेक धार्मिक अनुष्ठान, शादी ब्याह, पारिवारिक कार्यक्रम व उत्सव आदि, खेती के कामकाज के अनुसार ही सुनिश्चित हुआ करते थे।

अंग्रेजी शासन लागू होने तक गांव एक स्वयंपूर्ण ईकाई के रूप में कार्यरत था। गांव के मुखिया का अधिकार क्षेत्र गांव के घरों, बाजारों, कुऐं, तालाब तक विस्तारित होता था। गांववासियों के आपसी झगड़ों का निपटारा भी गांव-मुखिया ही किया करता था। वह सामुदायिक कार्यों की योजना भी करता था तथा कर भी वसूलता था। अंग्रेजी राज आने के बाद भी गांवों के प्रशासन का मूल ढांचा लगभग अपरिवर्तित ही रहा। स्थानीय प्रशासकीय अधिकारी के रूप में रहनेवाला 'पुलिस पाटिल' सरकारी व्यक्ति न होकर साधारणतः वंशपरम्परा से नियुक्त होता था।

2. ग्रामीण समाज की सामाजिक संरचना

2.1. धर्म

राष्ट्रीय स्तर पर हिन्दुओं की जनसंख्या प्रमुख होते हुए भी ग्रामीण समाज सभी धर्मो के लोगों से मिलकर बना है। गांव की सीमापर ग्रामीण-देवता का स्थान या मंदिर होता है जो गहरी धार्मिक श्रद्धा का परिचायक है। ग्रामीण क्षेत्रों की जनता, अपने

शहरी भाईयों की तुलना में धर्म का पालन अधिक उत्साह से करती है। एक से अधिक धर्मों के अनुयायी होते हुए भी आपसी सम्बन्ध अच्छे रहते हैं, तथा सभी लोग शांति व सद्भावना से रहते हैं। किसी एक धर्म के अनुयायी के घर में हो रहे धार्मिक उत्सव या अनुष्ठान में दूसरे धर्म के लोग पूरी सहृदयता से भाग लेते हैं। ग्रामीण क्षेत्रों में बंधुभाव सहजता से दिखाई पड़ता है। यही कारण है कि शहरो या महानगरों में दो गुटें के बीच होने वाले धार्मिक संघर्षों का प्रभाव गांवों पर नहीं पड़ता।

2.2 जातिप्रथा

प्रादेशिक संस्कृति तथा वर्षों से चली आ रही लोक कथाओं से भारतीय सभ्यता का ताना-बाना बुना हुआ है। इसमें रामायण, महाभारत व अन्य पौराणिक महाकाव्यों की बहुमूल्य परम्पराओं का समावेश है। यही महान परम्परा देश के अनेक क्षेत्रों, गांवों, जातियों तथा धर्म स्वीकृत मतों में निरंतर प्रवाहित होती आ रही है। हमारे समाज का मूल स्त्रोत गांव में ही है। पुराने सामाजिक सम्बन्धों का दर्शन आज भी हमें गावों में देखने को मिलता है। हालांकि पहले से इसमें कुछ बदलाव जरूर आया है।

पुरातन काल के चार वर्ण— ब्राम्हण, क्षत्रिय, वैश्य और क्षुद्र इस जाति प्रथा के आधार पर गांव के समाज का ढांचा बना हुआ है। इतना अवश्य कहा जा सकता है कि पुरातन संस्कृति की वर्ण पद्धति, वर्तमान प्रचलित जातिप्रथा से भिन्न थी। मूलतः वेदों और भगवद्गीता में सामाजिक गतिविधियों के लिए श्रम का विभाजन चार वर्णों में किया गया था। महाभारत के चतुर्थ अध्याय के चौदहवें सर्ग में भगवान श्रीकृष्ण कहते है ''व्यक्ति के गुणों तथा कार्यों के अनुसार चार वर्ण मैंने ही बनाए''। अठारहवें अध्याय के 41 वे सर्ग में भगवान आगे कहते है ''वर्णों के कर्तव्य, उनके गुणों के अनुसार ही विभाजित किए गए'' ईश्वर जाति, रंग या कुल-वंश के आधार पर मनुष्य के प्रति कोई भेदभाव नहीं करता। यह तथ्य निसर्ग में भी स्पष्ट रूप से पाया जाता है, जैसे सूर्य अपना प्रकाश प्रदान करने में भेदभाव नहीं करता। जन्म के आधार पर वर्ण-व्यवस्था का गीता में कहीं भी उल्लेख नहीं है। परमहंस योगानंदजी ने अपने महाकाव्य "God Talks to Arjuna - The Bhagavad Gita" जो इस महान साधुपुरुष की उत्कृष्ट रचना है – में लिखा है "व्यावहारिक दृष्टि से सभी राष्ट्रों ने गुणों व क्षमता के आधार पर श्रमिक, व्यावसायिक, सैनिक और प्रशासनिक, शिक्षक और धर्मोपदेशक इन नैसर्गिक विभाजन को स्वीकार किया है। एक श्रमिक अपनी क्षमतानुसार

व्यावसायिक या धर्मोपदेशक भी बन सकता है। अतः व्यावहारिक तौर पर ये सारे वर्ग आपस में परिवर्तनीय हैं।'' कर्तव्य के परे किसी भी सामाजिक व्यवस्थाओं में वर्णों के बीच कोई भेदभाव नहीं था। परंतु कालांतर में विशेष प्रभुता युक्त व्यक्तियों के निहित स्वार्थों के प्रबल होने से जन्म के अनुसार वर्ण निश्चित कर देने की प्रथा चल निकलने से जातियों का प्रादुर्भाव हुआ। वर्तमान जातिप्रथा, इसी प्रकार प्रस्थापित हुई।

अस्पृश्यता का मूल जाति व्यवस्था में है, जो एक तरह से विकार है। यह एक चिंताजनक बुराई है। इस अस्पृश्यता के कारण, अनुसूचित जाति के लोग निकृष्टतम भेदभाव से पीड़ित हुए। उन्हें न तो मंदिरों या पूजा स्थानों में प्रवेश की अनुमति थी, और न अन्य जाति के लोगों के साथ एक कुएं से पानी लेने का अधिकार ही था। यह तो महात्मा गांधी, डॉ. बी.आर. अंबेडकर व अन्य समाज सुधारकों के अथक प्रयासों का ही फल है कि समाज में इतना परिवर्तन आया है, जिससे इस गंभीर बुराई का अंत हुआ है। फिर भी देश के कुछ भागों में यह प्रवृत्ति आज भी अल्पअंश में प्रचलित है। किसी कारणवश विकास योजनाओं के व्यवस्थापन में अनुसूचित जनजातियों का समावेश प्रचुर मात्रा में आज भी दिखाई नहीं पड़ता।

उच्चतम स्थान से निम्नतम स्थान तक जातियों का वर्गीकरण हुआ है। ब्राह्मण जाति और वह वर्ग जिसके पास विपुल मात्रा में भूमि थी, सबसे उच्च वर्ग के माने जाते थे। इस अधिक्रमिक वर्गीकरण पर राजनीतिक प्रभाव पड़ने से अब वही जाति प्रमुख समझी जाती है, जिसके पास अधिक जनसंख्या बल है, तथा जिसे राजनीतिक व आर्थिक प्रभुत्व प्राप्त है।

2.3 सांस्कृतिक गतिशीलता

पारंपरिक प्रथाओं के आधार पर जाति व्यवस्था और अधिक प्रचुरित होती गई। अपनी भौतिक विशेषताओं को अपरिवर्तित रखते हुए किसी भी एक जाति द्वारा दूसरी या अन्य जातियों के अच्छे तौर तरीकों को आत्मसात करने का प्रयास होता रहा, जिसे 'सांस्कृतिकरण' कहा जा सकता है। वर्तमान आर्थिक वातावरण ने इस 'सांस्कृतिकरण' को अधिक गति प्रदान की है।

2.4 संयुक्त कुटुम्ब पद्धति

भारत में कुटुम्ब पद्धति परम्परागत तौर पर चली आ रही है। समय के चलते तथा

औद्योगिकरण के कारण जब लोग अपने घरों को छोड़ शहरों में आकर बसने लगे तो परिणामस्वरूप संयुक्त कुटुम्बों के स्थान पर एकल-परिवार या लघु-परिवार होने लगे। पर ग्रामीण क्षेत्रों में ऐसा परिवर्तन दिखाई नहीं दिया। इसका प्रमुख कारण यही है कि ग्रामीण जनता के जीवन मूल्य अभी भी परिवार के अन्दर गहरे व्यक्तिगत सम्बन्धों पर टिके हैं, तथा दूसरा कारण संयुक्त कुटुम्ब पद्धति से अनेक खेतीहर कार्यों के लिए परिवार के सदस्यों से ही काम चला लेते थे और बाहर से किराये पर व्यक्ति लाने की आवश्यकता नहीं रहती थी। परंतु ऐसे भी अनेक उदाहरण हैं, जहां परिवार में किसी एक सदस्य की शादी-ब्याह हो जाने के बाद परिवार विभाजित होकर भूमि का भी विभाजन हुआ है और परिणामस्वरूप भूमि आंशिक छोटे भागों में विभाजित हुई।

2.5 विवाह प्रथा

सामाजिक सम्बन्धों के आधार पर, आगे चलकर इन जातियों का उपजातियों में सूक्ष्म स्तर तक विभाजन चलता रहा । जन्म के आधार पर हर व्यक्ति उस जाति का सदस्य बनता गया और इस भांति, जाति, विवाह तथा अन्य रीति-रिवाजों में परस्पर सम्बन्ध जुड़ते गए, दृढ़ भी हुए। विवाह भी एक महत्त्वपूर्ण सामाजिक व्यवस्था है, जिसका उद्देश्य जैविक आवश्यकताओं की तुष्टि से परे है। वैवाहिक सम्बन्ध स्थापित करने में जाति व्यवस्था का महत्त्वपूर्ण स्थान तो होता ही है, पर शहरी क्षेत्रों में अन्तर-जातीय विवाह की दिशा में भी प्रगति दिखाई देती है। शिक्षा तथा कार्य-स्थलों में स्थापित होने वाली नजदीकी का भी विवाह सम्बन्ध स्थापित होने में प्रभाव पड़ा है परंतु ग्रामीण क्षेत्रों में ऐसा कोई विशेष परिवर्तन नहीं दिखाई देता वरन् वैवाहिक सम्बन्ध स्थापित करने में जाति, उप-जाति को ही प्राधान्य दिया जाता रहा है। वैवाहिक सम्बन्धों के अतिरिक्त अन्य रीतिरिवाज भी पहले जैसे ही मान्य किये जा रहे हैं। इस तरह जाती व्यवस्था प्रगाढ़ हुई, पर इससे गांव में बसने वाली अन्य जातियों के साथ होने वाले सामाजिक सम्बन्धों में कोई दूरी नहीं आई है। उदाहरण के तौर पर - जैसे किसी भी जाति के परिवार में होने वाले विवाह समारोह में गांव के सभी लोग सक्रिय भाग लेते हैं। या किसी के परिवार में मृत्यु होने पर भी उनके दुःख में सभी सहभागी होते हैं और उन्हें व्यक्तिगत रूप से या अन्य तरीकों से सहायता करते हैं। ऐसे अवसरों पर सम्पूर्ण समुदाय का सहभागी होना सराहनीय है, जो शहरी क्षेत्र में विद्यमान नहीं है।

2.6 जजमानी पद्धति

जाति व्यवस्था के परे भी, अनेक सम्बन्ध होते हैं, जजमानी पद्धति उनमें से एक है। यह पालक–ग्राहक के बीच के सम्बन्ध का नाम है। परिवार में होने वाले जन्म, मृत्यु या विवाह के अवसर पर जजमानों को कुछ खास ढंग का काम करना पड़ता है जिसके एवज़ में उन्हें कुछ धन या वस्तु उपहार रूप में दिए जाते हैं। व्यवसायी रूप में दर्जी, धोबी, नाई, कुंभार या सोनार ये कुछ ऐसी जातियाँ हैं जो अपने ग्राहकों को लेन–देन के स्तर पर अपनी सेवाएं देते हैं। यह जजमानी प्रथा, किसी एक गांव तक सीमित न रहकर, आसपास के अनेक गांवों तक विस्तारित हो गई थी। विशाल मात्रा में उत्पादित सस्ती वस्तुओं की उपलब्धता से यह जजमानी प्रथा अधिक नहीं चल पाई, फलतः गावों से यह प्रथा लुप्त होती गई। सेवाओं के बदले, वस्तुओं के आदान–प्रदान की पद्धति अब समाप्त हो रही है। फिर भी कुछ सेवाएं ऐसी भी हैं, जिनके लिए नगद भुगतान किया जाता है, और यही पद्धति भविष्य में भी चलती रहेगी।

विस्तारित अर्थ में जजमानी पद्धति का पालक–ग्राहक सम्बन्ध अब दूसरे रूप में आ रहा है, जैसे सहकारी संस्थाओं की व्यवस्थाएं जो अनेक गावों में कार्यरत हैं।

2.7 ग्रामीण एकता

गांव बहुतांश में स्वयंपूर्ण इकाई है। नमक और खनिजद्रव्य या धातु जैसी वस्तुओं को छोड़ गांव में रहने वाले लोगों की सभी आवश्यकताओं की पूर्ति करने की क्षमता गावों में है। व्यावहारिक दृष्टि से गांव एक स्वशासित इकाई भी है। यह यथार्थता है कि जन्म, मृत्यु, शादी–ब्याह अथवा धार्मिक उत्सवों में गांव के सभी समुदायों के लोग, जात–पात या अन्य भेदभाव से ऊपर उठकर समारोहों में भाग लेते हैं। समुदाय के साथ एकरूप होकर रहने से एकता में वृद्धि होती है।

कृषि ही ग्रामीण जनता का मूल व्यवसाय है। विभिन्न स्थिति वाले तीन प्रमुख सामाजिक गुट गांवों में होते हैं। बड़े भू–स्वामी, छोटे किसान तथा भूमिहीन मजदूर। जाति और भूस्वामित्व को लेकर समाज का विभाजन होने के बावजूद, छोटे से समुदाय में रहने तथा बहुतांश में सभी लोगों के कृषि व्यवसाय में जुटे रहने के कारण ग्रामीण समाज इन विषमताओं से ऊपर उठा है, और ऊंचे स्तर की आत्मनिर्भरता गांवों में आई है। इस प्रकार ये ग्रामीण लोग, किसी भी जाति या गुटों के क्यों न हों, या छोटे अथवा बड़े किसान भी क्यों न रहे हों, सभी ग्रामवासी एकसूत्र में बंधे होते हैं।

अत: हमारे गांव एक अनोखे बहुसम्बन्धवादी तालमेल का प्रतीक है। गांव के वयोवृद्ध लोगों का दल गांव में निर्माण होने वाले अनेक झगड़ों, फसादों चाहे वे जातीय हों या अन्तरजातीय हों - को सरलता से निब्टारा करने में महत्त्वपूर्ण योगदान करता है। गावों में सामूहिक सुझबूझ इतनी शक्तिशाली होती है कि वह अनेक विपत्तियों - जैसे सूखा, अकाल, सांसर्गिक या अन्य संक्रामक रोग-यहां तक कि किसी भी युद्ध जैसी स्थिति का सामना सहजता से कर लेते हैं।

3. ग्रामीण समाज में स्तरीकरण (Stratification)

स्तरीकरण का शब्दकोषीय अर्थ है, स्तरों के अनुसार बांटना। वर्गों में असमानता ही सामाजिक स्तरीकरण का आधार होता है। किसी भी समाज में वर्ग, पदस्थिति, तथा अधिकार के स्थान में यह असमानता दिखाई देती है। ग्रामीण क्षेत्र में सामाजिक स्तरीकरण की यदि चर्चा करें तो केवल दो स्थितियां दिखाई देती हैं— एक जाति के आधार पर तथा दूसरी भूमि स्वामित्व की मात्रा के आधार पर। जाति के आधार पर सामाजिक स्तरों की चर्चा तो ऊपर हो ही चुकी है दूसरी उस बड़ी मात्रा में जमीन रखने वाले गांववासियों की है जिनकी संख्या अब 'लैण्ड सिलींग एक्ट' और पीढ़ी दर पीढ़ी से चले आ रहे पारिवारिक विभाजनों के कारण कम हो गई है। अत: गावों का स्तरीकरण अब भू-धारक किसानों तथा भूमिहीन मजदूर इन दो गुटों में हो गया है।

4. सामाजिक परिवर्तन

जातियों तथा भूमि स्वामित्व की संख्या के आधार पर पहले गावों में स्तरनिर्धारण होता था। ग्राम्य जीवन में जाति व्यवस्था का महत्त्वपूर्ण स्थान रहा है और एक जाति के अन्दर उस जाति के सभी लोगों को एकत्रित जुटाए रखने की शक्ति रहती है। फिर भी दैनंदिन जीवन के लिए गांववासियों के बीच आपसी सम्बन्ध तथा कृषि उत्पादनों के लिए प्रकृति एवं वर्षा पर भारी मात्रा में निर्भरता, ये दो ऐसी शक्तियां हैं, जिन्होंने गांवों को 'जाति व्यवस्था' से ऊपर उठाकर एक एकल-सूक्ष्म-विश्व में परिवर्तित कर दिया है।

शिक्षा के प्रसार से सम्पूर्ण जीवनयापन की दिशा तथा विचारों में भी परिवर्तन आया है। अपने अधिकार और कर्तव्यों के प्रति ग्रामीण समाज में अपेक्षाकृत अधिक जागरूकता आई है। अभी तक, अपनी गतिविधियां सीमित रखने वाला ग्रामीण

समाज, अब अपने गांव के बाहर उपलब्ध अवसरों के प्रति जागरूक हो गया है तथा अधिकाधिक संख्या में शिक्षित युवक तथा भूमिहीन मजदूर, शहरों और नगरों में नौकरी ढूंढने निकले हैं। संस्थागत विकास जैसे अनेक गांवों को एकत्र लाकर सहकारी संस्थाओं के निर्माण से कृषि के मोर्चे पर भी बदलाव आया है। भूमि सुधार के लिए किए कार्यक्रमों का भी ग्रामीण समाज-जीवन पर उल्लेखनीय प्रभाव पड़ा है।

'पंचातय राज' संस्था की स्थापना ने तो गांवों की प्रशासन पद्धति में और भी परिवर्तन लाया है। धनी कृषकों ने राजनीति के अधिकार स्थानों में अपनी धाक जमा रखी है। इसी तरह आम ग्रामवासी भी अपने मतदान की शक्ति को पहचानने लगा है। ग्रामीण-समुदायों द्वारा "पंचायत राज संस्था" (PRI) में भाग लेने से ग्रामीण समाज और बाहरी विश्व के बीच वर्षों से चली आ रही दूरी अब घट गई है। अभी तक सर्वतः अछूते अनुसूचित जाति, अनुसूचित जन-जाति, तथा महिलाओं को, आरक्षण के माध्यम से ग्रामीण संस्थाओं में स्थान मिलने लगा है। इसी तरह अन्तर-जातीय सम्बन्धों के विकास, सहकारी संस्थाओं जैसे आर्थिक प्रतिष्ठानों के निर्माण तथा पंचायत-राज की व्यवस्था से, ग्रामीण-समाज में उल्लेखनीय परिवर्तन आया है। इस तरह वर्षों से चले आ रहे सामाजिक ढांचे में बदलाव आया है तथा राजनीतिक व आर्थिक सम्पन्नता युक्त नई शक्तिशाली व्यवस्था का उदय हुआ है। इस प्रकार जाति और जमीन के बंधनों के बावजूद ग्रामीण समाज में सामाजिक परिवर्तन की लहर, धीमी गति से लगातार चली आ रही है।

5. कृषि भूमि सम्बन्धी सामाजिक ढांचा

सदियों से भारत कृषि प्रधान देश रहा है, आज भी 65 से 70 प्रतिशत जनता जीवन निर्वाह के लिये कृषि पर ही निर्भर है। इसी परिपेक्ष्य में जमीन या भूमि का महत्त्व बहुत अधिक बढ़ा है। गांववासियों के लिए जमीन, एक उपजीविका के लिए साधन मात्र से कही अधिक है। आर्थिक दृष्टि से ही नहीं, बल्कि भावनात्मक दृष्टि से भी वह जमीन से जुड़ा हुआ है। ''भूमि-सम्बन्धी'' शब्द का शब्दकोषीय अर्थ ''जमीन और उसका वितरण'' बताया गया है। भूमि सम्बन्धी पद्धति, भूमि के व्यवस्थापन और उत्पादन के लिए उसकी उपयोगिता के इर्द-गिर्द ही घूमती है।

स्वतंत्रता पूर्व काल में अंग्रेजी शासक, उस समय प्रचलित भूमि स्वामित्व पद्धति में कोई हस्तक्षेप नहीं करना चाहते थे। उनका मूल उद्देश्य तो भू-राजस्व इकट्ठा करना तथा लगान वसूलना ही था। प्रथम विश्वयुद्ध की समाप्ति के बाद, भूमि

सम्बधी असंतोष ने उग्ररूप धारण कर लिया था। इसलिए कृषि में सुधार हेतु सिफारिशें देने के लिए 1928 में 'रॉयल-कमीशन' (RCA) की नियुक्ति हुई। परन्तु कुछ महत्त्वपूर्ण प्रश्न जैसे भू-स्वामित्व की चालू पद्धति, खेती उत्पादन के लिए भाड़े पर देना (बंटाई), भू-राजस्व कितना हो, सिंचाई के लिए कितना मूल्य लिया जाय, इन सारी बातों पर सिफारिशें देना, जांच आयोग के अधिकार-कक्षा के बाहर रखा गया था।

अंग्रेजी राज के दौरान कुछ पद्धतियाँ चलती थीं जैसे (1) **रैयतवारी**–इस भाड़ा-पद्धति में हर पंजीकृत भूमि-धारक को उस भूमि का मालिक समझा जाता था और वह सरकार को सीधे राजस्व की अदायगी करता था। (2) **महलवारी**– इस पद्धति में भूमि की मिल्कियत गांव के विभिन्न समुदायों में बंटी रहती थी। (3) **जमींदारी, मालगुजारी** - इस पद्धति में एक या कुछ व्यक्ति संपूर्ण गांव के मालिक हुआ करते थे तथा भू-राजस्व देना उनकी जिम्मेंदारी हुआ करती थी। तथा (4) **जागीरदारी** - इस पद्धति में कुछ सैनिक कमांडरों या मंत्रियों अथवा दरबारियों को जागीरें दी जाती थीं। केवल रैयतवारी को छोड़, अन्य सभी व्यवस्थाओं में मध्यस्थ ही होते थे। अत: स्वतंत्रता प्राप्ति के पश्चात् भूमि सुधार के सम्बन्ध में पहला काम इन मध्यस्थों को हटाने का ही रहा था।

'भूमि-सुधार' का उद्देश्य, जमीन की ओर केवल जीवनयापन के लिए एक स्त्रोत के रूप में देखने से परे था। भूमि सामाजिक प्रतिष्ठा का प्रतीक भी है। किसी व्यक्ति के पास यदि जमीन का छोटा सा टुकड़ा भी क्यों न हो, उसे गांव में अच्छी प्रतिष्ठा मिलती थी, कम से कम उस व्यक्ति को प्रतिष्ठा की भावना का अहसास होता था। इस प्रकार भूमि, ग्रामीण जनता को बलशाली बनाने का प्रभावी अस्त्र बन गया। भूमि सुधार में आगे चलकर बंटाई व्यवस्था के पंजीकरण तथा उसके दस्तावेज तैयार करने के कार्य को भी शामिल किया गया।

6. कृषि सम्बन्धी आंदोलन

कृषकों में असंतोष, गत अनेक वर्षों से चला आ रहा एक स्वीकृत तथ्य रहा है, पर बीसवीं सदी में उसने संगठित संघर्ष का रूप ले लिया। जैसा कि पहले कहा जा चुका है, प्रथम महायुद्ध की समाप्ति के पश्चात् कृषक समाज का असंतोष पूरे उफान पर पहुंच गया था। इस असंतोष के प्रारंभिक काल में ही कृषकों ने राजनीतिक क्षेत्र में अपना प्रवेश जारी रखा था। गांधीजी ने दक्षिण अफ्रिका से लौटने के बाद 1917-18

चंपारन (बिहार) के भूमि आंदोलन में, 1918 के खेडा (गुजरात) तथा 1920 के बारडोली (गुजरात) के आंदोलनों में अपना मार्गदर्शन दिया। इसके अलावा 1921 में मलाबार के मोपलाह, 1930 में पंजाब के तथा 1947-51 में तेलंगाना के संघर्ष - यह सारे आन्दोलन भूमि-संघर्ष ही थे। गांधीजी द्वारा खड़ा किया विशाल जन-आंदोलन, मूलतः ग्रामीण समस्याओं पर ही था जिसमें भू-राजस्व, बंटाई की जाने वाली खेती की सुरक्षा, गरीबों के हो रहे उत्पीड़न आदि बातें प्रमुखता से थी। इन्ही आंदोलनों के माध्यम से, गांधीजी, अपने 'असहयोग-आंदोलन पद्धति' का प्रयोग भी कर रहे थे, जो दक्षिण अफ्रीका में प्रभावी सिद्ध हुई थी। इन्हीं परिस्थितियों ने अंग्रेजी-शासकों को गावों की उन अनेक समस्याओं का अध्ययन करने के लिए मजबूर कर दिया। हालाँकि इस माध्यम द्वारा गावों से मिलने वाली राजस्व-आय का मूल्यांकन करने का मानस भी उन्होंने बना लिया था। लेकिन स्वतंत्रता आंदोलन क्रमशः इतना तीव्र होता गया कि सरकार को कृषि सुधारों की अपेक्षा देश में कानून व व्यवस्था के रख-रखाव की ओर ज्यादा ध्यान देने को मजबूर होना पड़ा। परिणामस्वरूप कृषकों की स्थिति स्वतंत्रता प्राप्ति तक वैसी ही रही, बदली नहीं। यही नहीं बल्कि अकाल, बाढ़ तथा संक्रामक रोगों के कारण वह और भी बिगड़ती गई। बड़ी मात्रा में गरीब जनता के कर्ज में डूब जाने से समस्याएं और भी गहराती गई। सरकार की ओर से इस सम्बन्ध में कोई भी समाधानकारक उपायों का अभाव होने से तथा संकटकाल के बाद भी समस्याओं के निराकरण के लिए कोई भी प्रतिरोधात्मक कदम न उठाए जाने से, कृषक समुदाय में असंतोष, स्वतंत्रता प्राप्ति तक बढ़ता ही गया।

7. व्यावसायिक ढांचा

ग्रामीण क्षेत्र में व्यवसाय के तीन प्रमुख स्त्रोत हैं —

7.1 कृषि और उससे सम्बन्धित गतिविधियां

ग्रामीण क्षेत्र की अधिकांश जनता (70 प्रतिशत से अधिक) अपनी जीविका के लिए कृषि और उससे सम्बन्धित जुड़े कार्यों, जैसे फल व बाग बगीचे लगाना, पशुपालन, डेअरी उद्योग, मुर्गीपालन, मच्छीपालन, जंगलों आदि पर निर्भर रहती हैं। अकेली खेती से प्राप्त आय एक परिवार के भरण-पोषण के लिए पर्याप्त नहीं होती। इसके सिवाय कुछ ऐसे रिक्त महीने भी होते हैं, जब खेती-बाड़ी का कोई काम नहीं होता। इसलिए अनेक ग्रामवासी, खेतीहर आय की पूर्ति करने के लिए अन्य जुड़े व्यवसाय कर लेते हैं। इस परिपेक्ष्य में अनेक प्रकार की कर्ज दिलाने वाली योजनाओं की

उपलब्धता के कारण मात्र खेती से हटकर, खेती-बाड़ी से सम्बन्धित अन्य उद्योगों की ओर चलने का व्यावसायिक मोड़ आ गया है।

7.2 लघु तथा कुटीर उद्योग

उपरोक्त चर्चित कारणों से ग्रामीण क्षेत्रों में शिक्षित तथा व्यावसायिक वृत्ति के लोग अब लघु तथा कुटीर उद्योगों की ओर बढ़ रहे हैं। लघु उद्योग के अन्तर्गत साबुन बनाना, तेलघानी आदि का समावेश होता है। जबकि कुटीर उद्योगों में खादी कपड़ा तथा वस्त्र हाथकरधा, नारियलरेशा, दरी, रेशमी कीड़ों का पालन, मिट्टी के बर्तन बनाना, टोकरिया तथा खिलौने बनाना आदि आता है। वर्ष (2004-05) में इस क्षेत्र में 5.84 करोड़ लोग कार्यरत हैं। इनमें से लघु उद्योग में लगभग 2.1 करोड़, हथकरघा वस्त्रोद्योग में 1.2 करोड़ तथा खादी ग्रामोद्योग में 72 लाख लोग काम कर रहे हैं। इन सब को यदि मिलाया जाय तो यह कार्यक्षम ग्रामीण जनता का 14 प्रतिशत भाग होता है। ग्रामीण अर्थव्यवस्था में प्रगति की आवश्यकता को देखते हुए यह भले ही एक स्वागतार्ह संकेत हो, पर ग्रामीण क्षेत्र में आवश्यक नौकरियों के कुल अवसर की तुलना में इसे उल्लेखनीय नहीं माना जा सकता।

7.3 सेवाएं

सेवा क्षेत्र में रोजमर्रा की चीजें बेचने वाले दुकानदार, ऐसे मध्यस्थ जो गरीब जरूरतमंद किसानों से सस्ती कीमत पर उपज खरीदकर उन्हें ऊंची कीमतों पर शहरों में बेचते हैं, भाड़े पर अपनी वस्तुएं जैसे ट्रैक्टर, या थ्रेशर आदि देने वाले लोग, तथा संवहन करने वाले लोग आते हैं। अपनी आर्थिक स्थिति सुधारने के प्रयास में परम्परागत सेवा प्रदान करने वाले लोग जैसे नाई, बढ़ई, सोनार, चर्मकार, शिल्पकार आदि अब अपने गावों में व्यवसाय छोड़कर, अच्छे अवसर की तलाश में शहरों, नगरों की ओर स्थानांतरण कर रहे हैं।

8. जनसंख्या स्थानांतरण

2001 में हुई जनगणना के अनुसार ग्रामीण जनसंख्या 74.30 करोड़ है जो देश की कुल जनसंख्या का 72.22 प्रतिशत है। नीचे दी गई तालिका 1.1 में, सकल जनसंख्या तथा ग्रामीण व शहरी क्षेत्रों में उनका विभाजन दर्शाया गया है। बीतते समय के अनुसार ग्रामीण क्षेत्रों की जनसंख्या में निरंतर कमी और लगभग उसी प्रमाण में शहरी क्षेत्रों की जनसंख्या में हो रही बढ़ोत्तरी दिखाई दे रही है।

तालिका 1.1 : ग्रामीण और शहरी जनसंख्या 1901–2001

जनगणना वर्ष	औसत वृद्धि दर★	जनसंख्या (करोड़ में)			कुल जनसंख्या का औसत	
		कुल	ग्रामीण	शहरी	ग्रामीण	शहरी
1901	—	23.9	21.3	2.6	89.2	10.8
1911	0.56	25.2	22.6	2.6	89.7	10.3
1921	(–) 0.03	25.1	22.3	2.8	88.8	11.2
1931	1.04	27.9	24.6	3.3	88.0	12.0
1941	1.33	31.9	27.5	4.4	86.1	13.9
1951	1.25	36.1	29.9	6.2	82.7	17.3
1961	1.96	43.9	36.0	7.9	82.0	18.0
1971	2.20	54.8	43.9	10.9	80.1	19.9
1981	2.22	68.3	52.4	15.9	76.7	23.3
1991	2.14	84.7	62.9	21.8	74.3	25.7
2001	1.95	102.9	74.3	28.6	72.22	27.78

★ जनसंख्या में अपेक्षित वार्षिक exponential औसत वृद्धि दर ।

स्रोत – India 2007 (GOI Publication)

शहरों में जीवनयापन की अच्छी सुविधायें तथा भविष्य में सुधार के अवसर उपलब्ध होने के कारण ग्रामीण क्षेत्रों से शहरी इलाकों में जनसंख्या के हो रहे स्थानांतरण की गति पर गहरा प्रभाव पड़ा है।

9. उपसंहार

जैसी ऊपर चर्चा की गई है, गांवों में शिक्षा के अलावा व्यावसायिक सेवाओं के लिए उचित अवसरों का अभाव होने से, गांवों के युवकों का पलायन उन शहरी क्षेत्रों की ओर हो रहा है जहां व्यावसायिक सेवा में तथा रोजगार व नौकरियों के अधिक अवसर उपलब्ध हैं। इसी के साथ व्यवसाय तथा काम–धंधों का चयन करते समय जातियों का परम्परागत प्रभाव घटता जा रहा है। शैक्षणिक उपलब्धियों तथा व्यावसायिक चलनशीलता के कारण संयुक्त परिवार पद्धति भी क्रमशः टूटती जा रही है। अब समय के साथ ग्रामीण समाज में सामाजिक परिवर्तन भी आ रहा है। बीते दिनों में हुए प्रयत्नों के बावजूद, अनेक गावों में वही पुरानी समस्याएं आज भी प्रबलता से

विद्यमान हैं जिनका वर्णन इसी पुस्तक के अगले अध्यायों में किया गया है। शहरों और नगरों में अच्छे जीवन की सुविधाएं तथा मिलने वाली मनोरंजन की सुविधाओं की तुलना में ग्रामीण जनता अपने आप को दुर्भाग्यशाली या उपेक्षित समझती है। अतः यह स्पष्ट है कि ग्रामीण विकास के लिए पिछले वर्षों में हुए प्रयत्न ग्रामीण जनता की यथार्थ अपेक्षाओं की मात्रा में कम र्ही सिद्ध हुए हैं।

अध्याय - 2

ग्रामीण क्षेत्र में मूलभूत शिक्षा-गंतव्य की ओर प्रदीर्घ यात्रा

(1) साक्षरता की स्थिति एवं संवैधानिक गारंटी

1. शिक्षा का महत्त्व

शिक्षा की शब्दकोषीय परिभाषा विद्यालय और महाविद्यालयों में होने वाले अध्ययन, प्रशिक्षण तथा ज्ञानार्जन की प्रक्रिया होती है, जिससे ज्ञान तथा कौशल की अभिवृद्धि होती है। मनुष्य के विकास और शिक्षा का अटूट सम्बन्ध है। शिक्षा के बिना विकास न तो स्थायी हो पाता है, न उसका आधार विस्तारित होता है। शिक्षा का उद्देश्य ही बालक के अन्तर्भूत भौतिकता का विकास करना है, ताकि वह समाज का उपयोगी सदस्य बने। इसी उद्देश्य पर ध्यान दिया जाना चाहिए ताकि बालक में नीति-मूल्यों के प्रति समझदारी बढ़े, साथ-साथ वह ज्ञान में कुशलता तथा प्रवीणता भी प्राप्त करे। शिक्षा में इन सभी पहलुओं का समन्वय होना चाहिए। अलगाव या पृथकता में जीवनयापन के दिन अब समाप्त हो चुके हैं, तथा अब हम 21 वीं सदी के वैश्विक परिपेक्ष्य में जीवन जी रहे हैं। अत: बाल्यकाल से ही बालक में समरसतापूर्ण जीवनयापन की प्रवृत्ति विकसित होनी चाहिए ताकि वह बड़ा होकर उस बहुगुणात्मक वैश्विक जीवनयापन के लिए सक्षम बन सके। शिक्षा के माध्यम से ही व्यक्ति को जानकार, विश्वासयोग्य, प्रवीण और उत्तरदायी नागरिक बनाया जा सकता है। इन्हीं गुणों का चरितार्थ कर वह विकास की प्रक्रिया में योगदान के लिए सक्षम हो सकता है।

2 (अ). मानव विकास सूचकांक (HDI)

देश के असली विकास का मापदंड क्या हो ? अनेक विश्व संगठनों के सम्मुख यह

प्रश्न हमेशा से रहा। 'सकल राष्ट्रीय उत्पाद' (G.N.P.) या 'सकल घरेलू उत्पाद' (G.D.P.) में केवल आर्थिक पहलूही महत्त्वपूर्ण हो जाने से उसे विकास का वास्तविक मापदंड नहीं माना जा सकता। क्योंकि उसमें समुचित क्षेत्र की प्रगति की स्थिति मापने का पूर्ण मापदंड नहीं है। इसी परिपेक्ष्य में 1990 के प्रारंभ में 'संयुक्त राष्ट्रसंघ विकास कार्यक्रम' (U.N.D.P.) ने किसी देश के विकास को मांपने के लिए स्वीकार्य पद्धति के रूप में 'मानव विकास सूचकांक' (H.D I.) को योग्य माना। इस सूचकांक में तीन प्रमुख तत्व हैं। इसमें शिक्षा जिसका एक अभूतपूर्व महत्त्व है, दूसरा आयुर्मान (स्वास्थ्य का निर्देशक) तथा तीसरा प्रतिव्यक्ति सकल घरेलू उत्पाद। इस तरह 'मानव विकास सूचकांक' इन तीन तत्वों-आयुर्मान, शिक्षा की स्थिति तथा आय की मात्रा ही होता है। इस तरह प्रत्येक सूचकांक प्राप्त करने के लिए निम्न समीकरण बनता है-

$$\text{सूचकांक} = \frac{\text{वास्तविक मूल्य} - \text{निम्नतम मूल्य}}{\text{अधिकतम मूल्य} - \text{निम्नतम नूल्य}}$$

प्रत्येक सूचकांक के लिए निम्नतम व अधिकतम मूल्य निश्चित किए जाते हैं।

1. आयुर्मान : जन्म के समय अपेक्षित आयु के अंक से प्रदर्शित होता है। इस सूचकांक का मूल्य निम्नतम 25 तथा अधिकतम 85 है।
2. शिक्षा की स्थिति: प्रौढ़ साक्षरता का दो तिहाई भार और प्राथमिक, माध्यमिक एवं उच्च स्तर के सम्मिलित भरती संख्या को एक तिहाई भार से बने सम्मिलित सूचकांक से प्रदर्शित होती है। प्रत्येक सूचकांक का न्यूनतम मूल्य शून्य तथा अधिकतम मूल्य 100 होता है।
3. आय : यह प्रतिव्यक्ति सकल घरेलू उत्पाद द्वारा अमेरिकी डालर की खरीद-क्षमता की बराबरी से निकलता है। इस सूचकांक का मूल्य न्यूनतम 100 अमेरिकी डालर तथा अधिकतम मूल्य 40,000 अमेरिकी डालर है।

तालिका 2.1 में भारत और चीन के तुलनात्मक मानव विकास सूचकांक बताए गए हैं। संयुक्त राष्ट्रसंघ विकास कार्यक्रम के 'मानव विकास रिपोर्ट 2004' के अनुसार वर्ष 2002 में 'मानव विकास सूचकांक तालिका' में 177 देशों में भारत का स्थान 127 वें स्थान पर था, जब कि चीन 94 वें स्थान पर था। चूंकि भारत की

72.77 प्रतिशत जनता ग्रामीण क्षेत्रों में रहती है, इसलिए मूल–भूत शिक्षा, प्राथमिक स्वास्थ्य सेवा एवं ग्रामीण विकास क्षेत्रों में तुलनात्मक दृष्टि से कम प्रगति होने के कारण ही भारत का स्थान इस तालिका में निचले स्तर पर पहुंचा है।

तालिका 2.1. भारत–चीन के बीच मानव विकास सूचकांक की तुलना (2002)

विवरण	*भारत*	*चीन*
प्राथमिक, माध्यमिक एवं उच्चस्तरीय शिक्षा के लिए भर्ती संख्या का समन्वित सकल अनुपात (%)	55.0	68.0
प्रौढ़ साक्षरता की दर (%) (आयु 15 और ऊपर)	61.3	90.9
शिक्षा सूचकांक	0.57	0.79
जन्म के समय अपेक्षित आयुर्मान (वर्षों में)	63.7	70.9
आयुर्मान सूचकांक	0.64	0.76
सकल घरेलू उत्पाद (अमेंरिकी डालर में खरीद क्षमता)	2670	4580
सकल घरेलू उत्पाद सूचकांक	0.56	0.62
मानव विकास सूचकांक – मूल्य	0.595	0.745
जागतिक क्रम	127	94

स्त्रोत – UNDP, Human Development Report, 2004

2 (ब). सहस्त्रवर्षीय विकास लक्ष्य

राष्ट्रसंघ की सहस्त्रवर्षीय घोषणा (U.N.Millenium Declaration) - 2002 में निम्न सहस्त्रवर्षीय विकास उद्दिष्ट निर्धारित किए गए हैं।

उद्दिष्ट 1 : चरम निर्धनता एवं भूखमरी का उन्मूलन

लक्ष्य 1 : 1990 से 2015 के बीच आधा अनुपात – ऐसी जनता का वर्ग जिनकी दैनिक आय 1 डालर से कम है। (कुल जनता का वर्तमान प्रतिशत 34.7% है)

लक्ष्य 2 : 1990 से 2015 के बीच आधा अनुपात – ऐसी जनता जो भूख से पीड़ित है (वर्तमान कुपोषितों की संख्या – कुल जनता का 21% है)

उद्दिष्ट 2	:	सर्वव्यापी प्राथमिक शिक्षा से सभी को शिक्षित करना।
लक्ष्य 3	:	2015 तक, सर्वत्र बालक-बालिकाओं - का प्राथमिक शालेय समग्र पाठ्यक्रम पूरा हो जाना चाहिए (प्राथमिक शालाओं में वर्तमान प्रवेश दर 83% है।)
उद्दिष्ट 3	:	लिंगों में समानता लाना तथा महिलाओं का सबलीकरण।
लक्ष्य 4	:	हो सके तो वर्ष 2005 तक प्राथमिक व माध्यमिक शालाओं में प्रवेश दर के सम्बन्ध में लिंग-भेद पूरी तरह समाप्त किया जाये (प्राथमिक शिक्षा क्षेत्र में प्रवेश का स्त्री--पुरुष के बीच वर्तमान अनुपात 0.83 है।)
उद्दिष्ट 4	:	बाल मृत्यु दर को न्यूनतम करना।
लक्ष्य 5	:	वर्ष 1990-2015 तक पांच वर्ष तक की आयु के बालकों की मृत्यु दर में दो तिहाई कमी लाना (वर्तमान में यह मृत्यु दर प्रति 1000 के पीछे 93 है)
उद्दिष्ट 5	:	माताओं के स्वास्थ्य में सुधार।
लक्ष्य 6	:	माताओं की मृत्यु दर में वर्ष 1990 से 2015 के बीच दो-तिहाई कमी लाना (वर्तमान में यह मृत्यु दर हर 1,00,000 जीवित-प्रसवों के पीछे 540 है।)

नोट :- कोष्ठक में दिये गये सारे आंकड़े भारत से सम्बन्धित हैं।

स्त्रोत :- UNDP HDR 2004

2 (स) भारतीय राज्यों के संदर्भ में महत्त्वपूर्ण सूचकांक

महत्त्वपूर्ण मानवीय प्रगति के सूचकांक, साक्षरता, अपेक्षित आयुर्मान, अल्पायु में शिशुओं की मौत, ग्रामीण जनता के लिए पीने के पानी की उपलब्धता, ग्रामीण परिवारों में जहां सफाई की सुविधा नहीं है और प्रतिव्यक्ति आय - इनका ब्योरा तालिका 2.2 में दिया गया है।

इससे यह प्रतीत होता है कि प्रत्येक राज्य में सामाजिक और आर्थिक क्षेत्रों में भिन्न-भिन्न प्रगति हुई है और किसी भी एक राज्य में सर्वांगीण प्रगति नहीं हुई है। अतएव् हर राज्य को विकास की दिशा में गति बढ़ानी होगी।

तालिका 2.2 : मानव विकास सूचकांक–भारतीय राज्यों के परिपेक्ष्य में

	जनसंख्या (लाख) (जनगणना) (2001)	साक्षरता प्रतिशत (2001)	जन्म के समय अपेक्षित आयुर्मान (वर्ष 2000)	बाल मृत्यु दर (प्रति हजार) (1997–1999) 3 वर्ष की औसत	जनसंख्या जिनको डॉक्टर की उपलब्धता है और सम्पूर्ण जनसंख्या इसका अनुपात (%) (1999)	% ग्रामीण जनता जिन्हें पीने के पानी की उपलब्धता है (2000)	% ग्रामीण जनता जिन्हें शौचालय इ. की सुविधाएँ उपलब्ध नहीं हैं (2000)	प्रति व्यक्ति वार्षिक आय (रु०) (1999 –2000)
आंध्र प्रदेश	760	61.11	63.9	66	83.3	33.0	85.5	14,750
बिहार	830	47.53	65.2	63	NA	14.7	NA	5,540
गुजरात	510	69.97	63.61	63	24.3	66.0	79.9	18,625
कर्नाटक	530	67.04	64.44	58	26.7	38.5	88.9	16,343
केरल	320	90.92	73.34	14	22.8	14.0	23.0	18,262
मध्य प्रदेश	600	64.11	58.6	90	NA	16.0	NA	11,244
महाराष्ट्र	970	77.27	68.26	48	NA	49.8	85.5	22,604
उड़ीसा	370	63.61	59.9	97	182.4	21.4	96.1	9,162
पंजाब	240	69.95	70.9	53	24.5	16.6	67.9	23,040
राजस्थान	570	61.03	62.5	81	NA	36.1	87.0	12,533
तामिलनाडु	620	73.47	68.4	52	29.5	56.0	88.5	19,141
उत्तर प्रदेश	1660	57.36	63.8	84	9.5	15.2	90.6	9,765
पश्चिम बंगाल	800	69.22	67.7	52	NA	NA	76.0	15,569

स्रोत :- Maharasthtra State Development Report - 2005
Planning Commission/Govt. of Maharashtra/Indira Gandhi Institute of Development Resaearch

3. भारत में साक्षरता की वर्तमान स्थिति

साक्षरता-दर शब्द का उपयोग सात वर्ष व उससे अधिक की आयु की जनता के संदर्भ में किया जाता है। किसी भी भाषा में समझदारी से लिखने तथा पढ़ने योग्य होने पर ही कोई व्यक्ति साक्षर कहलाता है। जो व्यक्ति केवल पढ़ सकता पर लिख नहीं पाता उसे साक्षर नहीं कहा जा सकता। कुल जनसंख्या को भाजक मानकर, निकली साक्षरता दर को साधारण (Crude) साक्षरता दर कहा जाता है।

आकृति 2.1 : साक्षरता दर में दस वर्षीय काल में प्रगति (1951 - 2001)

भारत की साक्षरता दर (1951-2001)

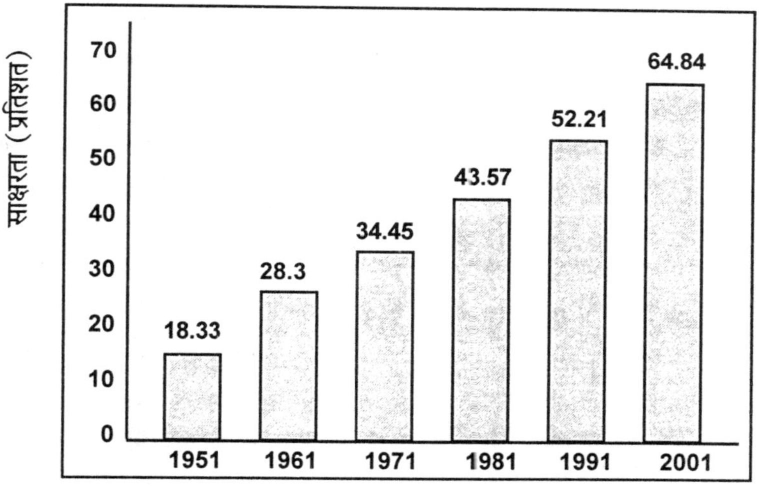

जनगणना वर्ष

स्त्रोत :- Census of India/India 2007

सूचना :- 1951, 1961 तथा 1971 की जनसंख्या आंकड़े 5 वर्ष की आयु से अधिक की जनता के हैं, 1981, 1991 तथा 2001 की जनसंख्या आंकड़े, 7 वर्ष की आयु से अधिक जनता के हैं।

भारत एक अति विशाल देश है, इसका क्षेत्रफल 32,87,263 वर्ग किलोमीटर है। इसमें 5, 93, 643 निवासी गांव हैं, 5,161 शहर है, और जनसंख्या 102.87

करोड़ है (जनगणना 2001)। इसमें से 72.22 प्रतिशत लोग गांवों में बसे हैं। स्वतंत्रता प्राप्ति के समय कुल साक्षरता दर 18 प्रतिशत थी और महिला साक्षरता केवल 9 प्रतिशत थी। प्राथमिक स्तर पर (कक्षा 1 से 5 तक तथा आयु वर्ग 6 से 11 वर्ष) सकल प्रवेश अनुपात 43 प्रतिशत था जिसमें लड़कियों का अनुपात केवल 25 प्रतिशत था। माध्यमिक (ऊपरी प्राइमरी) स्तर (कक्षा 6 से 8 तथा आयुवर्ग 11 से 14 वर्ष) पर प्रवेश का अनुपात केवल 12.5 प्रतिशत था, जिसमें लड़कियों की प्रवेश संख्या केवल 5 प्रतिशत ही थी।

2001 की जनगणना के अनुसार हमारे देश की समूची साक्षरता दर 64.84 प्रतिशत पर पहुंच गई है। इसमें सर्वाधिक उल्लेखनीय यह है कि भारत में निरक्षरों की संख्या 32.89 करोड़ से घटकर 2001 में 29.60 करोड़ ही रह गई है। इस प्रकार इस दशाब्दी में भारत में पहली बार निरक्षरों की संख्या में घटोत्तरी दिखाई दी है फिर भी 'विश्व शिक्षा रिपोर्ट' (WER) के अनुसार भारत में अभी भी 33 प्रतिशत निरक्षर हैं। भारत में सकल भरती संख्या 80 प्रतिशत तक बढ़ी है। इसमें ऐसे बच्चों की संख्या भी है, जो शालाओं में प्रवेश तो कर लेते हैं पर स्कूलों में जा नहीं पाते। ऐसे बालक या तो घरों में रहकर परिवार की सहायता में जुटे हैं, या खेती के काम में लगे हैं, अथवा अपने माता-पिता को उनके व्यवसाय में मदद करते हैं। एक सर्वेक्षण के अनुसार ऐसे 'स्कूल से बाहर' बालकों की संख्या 15 प्रतिशत है। इस बात से यह स्पष्ट होता है कि अभी तक इस दिशा में काफी प्रगति होने के बावजूद सौ प्रतिशत साक्षरता का लक्ष्य अभी भी बहुत दूर है। शहरी क्षेत्र की तुलना में ग्रामीण क्षेत्र में साक्षरता की दर कम है। तालिका 2.3 में, 'राष्ट्रीय नमूना सर्वेक्षण' (NSS) के 59 वें चक्र के अनुसार जानवरी – दिसम्बर 2003 के बीच, शहरी और ग्रामीण क्षेत्रों की 'साक्षरता दर' दिखायी गयी है।

वर्ष 2003 में ग्रामीण क्षेत्र की साक्षरता दर 60 प्रतिशत थी, जबकि शहरी क्षेत्रों में 81 प्रतिशत रही। पर ग्रामीण व शहरी क्षेत्रों के बीच साक्षरता की खाई 1991 की तुलना में 28 प्रतिशत से घटकर, वर्ष 2003 में 21 प्रतिशत ही रह गई।

वर्ष 2001 की जनगणना में प्राप्त, 64.84 प्रतिशत सकल-साक्षरता दर में पुरुषों की दर 75.26 प्रतिशत तथा महिलाओं की दर 53.67 प्रतिशत रही। परम्परागत तौर पर आम लोगों में बालिकाओं के शिक्षा के प्रति उत्साह कम ही था। यह उस पुराने चलन का ही परिणाम था, जिसमें महिलाओं का प्रमुख कार्य घर सम्हालना, परिवार का पालन-पोषण करना ही समझा जाता था। यदि काम ही करना हो तो वह

घर के प्रमुख व्यक्ति के काम में सहायता तक सीमित रहता था। इस दृष्टिकोण से लड़कियों की प्रगति तो कुंठित हो ही गई, साथ में निरन्तर अनेक सामाजिक अन्यायों का प्रादुर्भाव भी हुआ। अत: सरल शब्दों में कहा जाये तो आधी जनता का (महिलाओं की जनसंख्या का) उचित उपयोग हो ही नहीं पाया। फलत: समाज को उतनी ही दुर्बलता मिली।

स्वतंत्रता संग्राम के अग्रिम मोर्चों पर व सामाजिक सुधारकों ने समाज के सभी क्षेत्रों, खासकर शिक्षा क्षेत्र में सुधार लाने का भरसक प्रयास किया। जिससे समाज परिवर्तन में काफी प्रगति भी हुई एवं जनता के दृष्टिकोण में बदलाव दिखाई दिया है। अब तो साक्षर और निरक्षर सभी पालकों में अपने पुत्र-पुत्रियों में भेदभाव के बिना उनको शिक्षित कराने की जागरूकता दिखाई देती है। नितांत निर्धन व्यक्ति भी अपने पुत्र-पुत्रियों को शिक्षा दिलवाने के लिए अपनी अल्प कमाई भी खर्च करने के लिए तैयार रहता है। बालकों को शिक्षित करने के लिए समाज में इतनी अधिक जागृति पहले कभी दिखायी नहीं दी। आश्चर्य तो इस बात का है कि बच्चों को शिक्षित करने के लिए, ग्रामीण महिलाएं अपने पुरुषों की तुलना में अधिक प्रभावी हो रही हैं।

सामाजिक क्षेत्रों में विभिन्न सुधार लाने में गांधीजी का महत्त्वपूर्ण योगदान रहा है।

तालिका 2.3 : 59 वें क्रम के दौरान भारत में साक्षरता दर-(जनवरी - दिसम्बर 2003)

वर्ष	*ग्रामीण क्षेत्र*			*शहरी क्षेत्र*		
	पुरुष	*महिला*	*व्यक्ति*	*पुरुष*	*महिला*	*व्यक्ति*
अखिल भारतीय						
1991	58	31	45	81	64	73
1993	62	36	49	83	67	76
1994	63	36	50	85	68	77
1995	64	38	51	86	70	78
1996	65	39	52	86	71	79
1997	68	43	56	88	72	80
1998	69	44	57	87	72	80
1999	68	43	56	87	72	80
2000	72	47	60	88	73	81
2003	71	48	60	88	74	81

राज्य/केन्द्र	*ग्रामीण क्षेत्र*			*शहरी क्षेत्र*		
प्रशासित क्षेत्र	*पुरुष*	*महिला*	*व्यक्ति*	*पुरुष*	*महिला*	*व्यक्ति*
अखिल भारतीय						
राज्य - 2003						
आंध्र प्रदेश	61	39	50	81	67	74
अरुणाचल प्रदेश	–	–	–	–	–	–
असम	84	69	77	91	80	86
बिहार	60	33	47	87	62	76
छत्तिसगढ़	71	46	58	–	–	–
गोवा	–	–	–	–	–	–
गुजरात	78	56	67	94	76	85
हरियाणा	78	52	65	86	71	79
हिमाचल प्रदेश	85	65	75	–	–	–
जम्मू कश्मीर	67	47	57	79	69	75
झारखंड	66	34	51	91	74	83
कर्नाटक	69	48	59	87	74	81
केरल	94	87	90	97	91	94
मध्य प्रदेश	67	41	54	89	75	82
महाराष्ट्र	80	57	69	92	79	86
मणिपुर	85	68	77	–	–	–
मेंघालय	93	87	90	–	–	–
मिजोरम	–	–	–	–	–	–
नागालैण्ड	–	–	–	–	–	–
उड़ीसा	67	49	58	86	78	82
पंजाब	70	58	64	85	75	80
राजस्थान	67	31	49	87	65	77
सिक्किम	–	–	–	–	–	–
तमिलनाडु	77	58	67	92	80	86
त्रिपुरा	85	72	79	–	–	–
उत्तर प्रदेश	68	39	54	81	64	73
उत्तरांचल	–	–	–	–	–	–
प. बंगाल	76	58	67	88	81	85

स्त्रोत – Statistical Abstract, India, 2004 (GOI Publication)

4. शिक्षा के सम्बन्ध में गांधीजी का दृष्टिकोण

गांधीजी के विचार में शिक्षा का अर्थ केवल अक्षरज्ञान न होकर चरित्र निर्माण एवं कर्तव्यबोध प्राप्त करना भी होता है। मन और शरीर की स्वच्छता, शिक्षा का पहला कदम है। सत्य और जीवन की शुद्धि उसकी पुष्ट नींव होनी चाहिए। अच्छाई को आत्मसात करने की तथा बुराईयों को त्यागने की क्षमता शिक्षित व्यक्ति में आनी चाहिए।

गांधीजी के अनुसार प्राथमिक शिक्षा महत्त्वपूर्ण होती है। साधारण पढ़ाई-लिखाई के अतिरिक्त प्राथमिक शिक्षा में, साफ-सफाई, स्वास्थ्य, आरोग्य, पोषकता, आत्मनिर्भरता जैसी नीतियों एवं घर में माता-पिता को सहयोग देने का आदर्श प्रस्तुत किया जाना चाहिए। ये सारी बातें व्यावहारिक प्रशिक्षण तथा किसी एक व्यवसाय के माध्यम से सिखाई जानी चाहिए। गांधीजी के अनुसार प्राथमिक शिक्षा मैट्रिक स्तर तक की हो और सम्पूर्ण प्राथमिक शिक्षा निःशुल्क तथा अनिवार्य हो।

गांधी विचारधारा की शिक्षा पद्धति ''नई तालीम'' में नीति मूल्यों सहित सैद्धांतिक पढ़ाई व व्यावसायिक प्रशिक्षण का समन्वय था। इस सिद्धान्त से आज हम भले ही भटक गए हों, पर विद्यालयों और महाविद्यालयों से शिक्षित युवा पीढ़ी के लिए रोजगार के अवसरों की कमी को देखते हुए, शिक्षा में व्यावसायिक प्रशिक्षण के अन्तर्भाव के महत्त्व को कम नहीं आंका जा सकता। इस परिपेक्ष्य में गांधी विचारधारा अभी भी प्रासंगिक है।

5. संवैधानिक स्थिति

देश के बड़े क्षेत्र में व्याप्त निरक्षरता, अनेक सामाजिक व आर्थिक समस्याओं की जड़ है, अतः इस ओर अधिक ध्यान देना जरूरी है। भारत को जब स्वतंत्रता मिली उस समय में साक्षरता की स्थिति दयनीय थी। पहले चर्चा हो चुकी है कि स्वतंत्रता प्राप्ति के समय साक्षरता का प्रमाण केवल 18 प्रतिशत ही था, जिसमें महिला-साक्षरता केवल 9 प्रतिशत थी। प्राथमिक-शिक्षा के स्तर पर नामांकन की मात्रा 43 प्रतिशत ही थी, जिसमें लड़कियों की मात्रा 25 प्रतिशत ही थी। उच्च प्राथमिक स्तर पर नामांकन का अनुपात 12 प्रतिशत था जिसमें लड़कियों का भाग 5 प्रतिशत था। अतः पूर्ण साक्षरता के लिए संविधान में कितनी अवधि का लक्ष्य निर्धारित किया जाये, यह संविधान निर्माताओं के सम्मुख बड़ा जटिल प्रश्न बन गया। उनके सम्मुख स्वतंत्रता के पूर्व नियुक्त 'सार्जेन्ट कमीशन' की रिपोर्ट थी जिसमें 40 वर्ष की अवधि प्रस्तावित थी। पर सभी को प्राथमिक शिक्षा देने जैसी महत्त्वपूर्ण सुविधा के लिए इतनी लम्बी अवधि देने के लिये कोई राजी नहीं था। अतः संविधान में धारा 45 प्रस्तावित हुई।

देश के सभी बालकों के लिए निःशुल्क व अनिवार्य शिक्षा का प्रावधान करने वाली इस धारा में कहा गया है कि ''इस संविधान के लागू होने की तिथि से 10 वर्ष की अवधि के अंदर सरकार को देश के 14 वर्ष की आयु तक के सभी बालक–बालिकाओं के लिए निःशुल्क व अनिवार्य शिक्षा उपलब्ध करने का प्रयास करना होगा।''

कम से कम समय में शिक्षा की व्यवस्था करा देने की आवश्यकता तो संविधान निर्माण करते समय थी ही, पर उस समय इस कार्य की गहनता तथा आने वाली अनेक उलझनों का पूर्वाभास हो नहीं पाया था। इसके बाद अधिकाधिक संख्या में विद्यालय खुलते गए पर लक्ष्य प्राप्ति दूर ही रही। कार्य की विशालता को आंककर 1964–66 में 'शिक्षा–आयोग' ने पहली बार ठोस कारवाई की। आयोग ने समझा कि सर्वव्यापी प्रारंभिक शिक्षा के लिए कम से कम 20 वर्ष तो लगेंगे ही, अर्थात 1985 तक का समय लगेगा। आयोग ने अपनी सिफारिशों में सर्वव्यापी प्रारंभिक शिक्षा (UEE) के लक्ष्य प्राप्ति के लिए अनौपचारिक (Non-Formal) शिक्षा दिलाने और अंशकालिक (पार्टटाईम) शालाओं की स्थापना का सुझाव दिया। साक्षरता के लिए प्रारंभ कार्य पद्धतियों में हो रहे विलंब को देखते हुए आयोग ने केन्द्र सरकार को ही इस क्षेत्र में क्रियाशील होने तथा राज्य सरकारों को सहायता देने का सुझाव भी दिया। इसी दृष्टिकोण से 1976 में संविधान में संशोधन लाकर 'शिक्षा' को 'समवर्ती सूचि' (Concurrent List) में रखा गया। इससे शिक्षा क्षेत्र में केन्द्र व राज्य सरकारों के संयुक्त उत्तरदायित्व का सूत्रपात हुआ। इस परिवर्तन का सर्वाधिक लाभ यह हुआ कि मूलभूत शिक्षा देकर साक्षरता की प्रगति को प्रोत्साहन मिला।

6. शिक्षा का मौलिक अधिकार

यूनेस्को (UNESCO) के तत्वावधान में 1990 में जोमिटिएन नामक स्थान पर विश्व परिषद सम्पन्न हुई। 'सभी के लिए शिक्षा' इस परिषद का ध्येय था। इस दृष्टि से विश्व के सभी क्षेत्रों में शिक्षा की स्थिति का अवलोकन करने का निश्चय किया गया। इस परिषद की समाप्ति के बाद पिछले दशक में विभिन्न राज्यों में कई नवीनतापूर्ण योजनाएं देखने को मिलीं। इनमें अनौपचारिक शिक्षा पद्धतियां, अंशकालिक स्कूलों की स्थापना तथा शिक्षाकर्मियों की नियुक्ति, जैसी योजनाएं क्रियान्वित हुईं। इसी दशक में, इस दिशा में महत्त्वपूर्ण विकास का एक और कदम, सर्वोच्च न्यायालय के उस निर्णय में देखने को मिला, जिसमें संवैधानिक प्रावधानों की व्याख्या करते हुए जनता के लिए मूलभूत शिक्षा को मौलिक अधिकारों में गिना गया। राज्यों द्वारा इस कर्तव्यपूर्ति के लिए आवश्यक उपायों की योजना करने हेतु

निर्देश दिए गए। जनता की इस लोकप्रिय आकांक्षा को पूरा करने की दिशा में एक महत्त्वपूर्ण कदम यह है कि देश के छह से चौदह वर्ष की आयुवर्ग के लड़के-लड़कियों को शिक्षा पाना मौलिक अधिकार घोषित किया गया। इस संवैधानिक उत्तरदायित्व का वहन करने के लिए राज्य सरकारों को मूलभूत शिक्षा को दूरस्थ तथा छोटे-छोटे गांवों तक पहुँचाना अनिवार्य हो गया। देश की विशालता को देखते हुए इस कार्य में गम्भीर प्रयत्नों की आवश्यकता होगी तथा अत्त्यधिक धन की भी आवश्यकता होगी।

छोटे तथा दुर्गम स्थान के गांवों में शालाओं के न होने से बच्चों को लम्बी दूरी तय करनी पड़ती है, और ग्रामीण क्षेत्र के लड़के-लड़कियों को शालेय शिक्षा उपलब्ध कराना कठिन कार्य हो गया है। लड़कियों की शिक्षा के लिए यह काम और भी कठिन हो गया है। साक्षरता के विभिन्न स्तरों पर सामाजिक-आर्थिक स्थितियों का प्रभाव भी पड़ता है। इसके अलावा शिक्षा व्यवस्था के लिए बड़ी मात्रा में वित्तीय प्रावधान भी जुटाने पड़ते हैं। वर्ष 2003-04 में यह प्रावधान, आवश्यक 6 प्रतिशत सकल घरेलू उत्पाद की तुलना में 3.74 प्रतिशत बजट प्रावधान तथा 3 प्रतिशत (संशोधित) रहा। इस व्यय में शिक्षकों के वेतन, शालाभवनों के निर्माण, पाठ्य पुस्तकों व प्रशिक्षण-साधनों का मूल्य, मध्यान्ह आहार, खेलकूद के साधनों तथा स्वास्थ्य जांच इत्यादि का समावेश है।

7. बालकों के लिए निःशुल्क व अनिवार्य शिक्षा विधेयक - 2002

बहुमूल्य महत्त्व के कारण निःशुल्क तथा अनिवार्य शिक्षा को राज्यों की विषय-सूची में विशेष स्थान मिला है। संसद ने संविधान का 86 वां संशोधन विधेयक पारित किया जिसमें अनुच्छेद 21 के अन्तर्गत कहा गया कि "शिक्षा का अधिकार - राज्य, छह वर्ष से चौदह वर्ष तक की आयु वाले सभी बालकों के लिए निःशुल्क और अनिवार्य शिक्षा देने का ऐसी रीति में, जो राज्य विधि द्वारा, अवधारित करे, उपबंध करेगा।" इसके अन्तर्गत भारत सरकार ने एक आदर्श 'शिक्षा का अधिकार अधिनियम 2006' बना के राज्य सरकारों को भेजा जिसमें सलाह दी गई की हरेक राज्य सरकार इसके तहत अपने-अपने राज्य में अधिनियम जारी करे। इस व्यवस्था की महत्त्वपूर्ण विशेषता यह है कि, प्रत्येक वर्ग के लिए पृथक शिक्षक रहेगा तथा शिक्षकों की उपस्थिति सुनिश्चित करनी होगी, तथा सभी अच्छे स्कूलों को जरूरतमंद वर्गों से 20 प्रतिशत छात्र लेना आवश्यक होगा। प्राथमिक और उच्च-प्राथमिक विद्यालयों की संख्या 8.5 लाख है जिनके लिए केवल 33 लाख ही शिक्षक हैं। इसलिए हर वर्ग के लिए शिक्षक उपलब्ध कराना एक महत्त्वपूर्ण कार्य हो जाता है। इसी संशोधन में यह भी प्रावधान है कि स्वीकृत शालाओं के अतिरिक्त, केन्द्र और राज्य सरकारों द्वारा

अनुमति प्राप्त योजनाओं के अंन्तर्गत 'शिक्षा गारंटी केन्द्र' (EGC) तथा 'पर्यायी (Alternate) स्कूल' भी चलाए जायें। इन 'शिक्षा गारंटी केन्द्रों' तथा 'पर्यायी स्कूलों' के लिए प्रशिक्षित शिक्षकों की आपूर्ति की समस्या से निबटने के लिए इसी विधेयक में दसवीं या उससे ऊपरी वर्गों के उत्तीर्ण छात्रों को शिक्षक के रूप में नियुक्त करने का प्रावधान भी है। ऐसे शिक्षकों को 30 दिनों का प्रशिक्षण कार्यक्रम पूरा करना होगा। अब देखना यह है कि ये कम योग्यता प्राप्त, अर्धप्रशिक्षित, कम वेतन वाले शिक्षक, इन स्कूलों में पढ़ाए जाने वाले पाठ्यक्रम के प्रति पूरा न्याय कर पाएंगे या नहीं, क्योंकि इन स्कूलों तथा स्वीकृत स्कूलों का पाठ्यक्रम तो एक ही रहेगा।

8. चौदह वर्ष की आयु से अधिक के बालकों के प्रति उत्तरदायित्व

गांधीजी की विचारधारा के अनुसार, प्राथमिक शिक्षा में मैट्रिक स्तर तक की, याने 16 वर्ष की आयु तक के लिए शिक्षा अन्तर्भूत है। किंतु अभी छह से ग्यारह तथा 12 से 14 वर्ष की आयु के बालकों को ही सूक्ष्म अध्ययन के दायरे में रखा गया है। परन्तु "बाल अधिकार घोषणा पत्र" (चाइल्ड राइट्स चार्टर : CRC) जिस पर हमारे देश ने हस्ताक्षर कर अपनी स्वीकृति दी है के अनुसार 18 वर्ष की आयु तक के बालकों को इस दायरे में रखना होगा। अतः इस क्षेत्र के लिए नीति के ढांचे में, बाल्यकालीन देखभाल, शिक्षा तथा स्वास्थ्य सम्बन्धी तत्वों को भी स्थान देना होगा।

(2) शिक्षा की नीतियां और कार्यक्रम

1. राष्ट्रीय जनसंख्या सम्बन्धी शिक्षा योजना (NPEP)

विश्व के सर्वाधिक जनसंख्या वाले देशों में भारत का दूसरा स्थान है। इस दृष्टि से संख्या संबंधी शिक्षा का महत्त्व अपने आप बढ़ जाता है। शालेय शिक्षा पद्धति में जनसंख्या शिक्षा को एक भाग बनाने के उद्देश्य से 1980 में राष्ट्रीय जनसंख्या संबंधी शिक्षा योजना प्रारंभ की गई। पहले संयुक्त राष्ट्रसंघ जनसंख्या कोष इस योजना का सारा खर्च उठाता था, पर अब केन्द्र सरकार इसकी आर्थिक जिम्मेदारी उठाएगी।

2. शिक्षा की राष्ट्रीय नीति (NPE)

शिक्षा विषय को राज्य की सूची से हटाकर समवर्ती सूची में डाले जाने से स्थिति में कुछ सुधार अवश्य हुआ और केन्द्र ने राज्यों द्वारा किए जा रहे प्रयासों को बढ़ावा दिया। फिर भी राज्यों द्वारा किये कार्य की जांच और विश्लेषण के कार्य केन्द्र सरकार के अंतर्गत रहे। स्कूलों में प्रवेश की दर बढ़ाने की दृष्टि से अनेक राज्यों ने स्थिति को

देखते हुए अनेक नई-नई योजनाएं प्रारंभ कीं। केन्द्र ने ऐसी सारी योजनाओं के प्रबंधन तथा संचालन का अधिकतर भार वहन किया। राज्यों से आई विभिन्न जानकारी तथा तत्कालीन शिक्षा पद्धति के सम्मुख आने वाली विभिन्न समस्याओं पर चली लम्बी बहस के आधार पर इस "राष्ट्रीय शिक्षा पद्धति (NPE)" को "कार्रवाई कार्यक्रम (POA)" के साथ 1986 में लागू किया गया। इसका उद्देश्य मूलभूत शिक्षा को सर्वव्यापी करना था। 1990 के जोंमिटीएन विश्व परिषद ने सभी के लिए शिक्षा का लक्ष्य रखा था, जो सभी देशों के खासकर भारत के लिए - मार्गदर्शक शक्ति के रूप में काम में आया। इसी नीति के फलस्वरूप अगले दशक में भारत में शिक्षा सम्बन्धी अनेक नीतियां अपनाई गईं। इसी के तहत 1992 में कार्यक्रम का सिंहावलोकन हुआ तथा अब सुधारित नीति में शिक्षा पद्धति में राष्ट्रीय सोच, शिक्षा में एकसूत्रता, प्रौढ़ शिक्षा को जन-आंदोलन का स्वरूप देना, प्रारम्भिक शिक्षा को सर्वत्र पहुंचाना, उसको गुणात्मक और स्थायी रूप देना तथा लड़कियों की शिक्षा को अधिक महत्त्व देने जैसे तत्वों को स्थान दिया गया।

3. ऑपरेशन ब्लैकबोर्ड

शिक्षकों का अभाव तथा न्यूनतम सुविधाएं न होने जैसी समस्याएं शालाओं में व्याप्त थीं। इसी परिपेक्ष्य में 1987-88 में ऑपरेशन ब्लैकबोर्ड की शुरूआत हुई। इसका प्रमुख उद्देश्य प्राइमरी शालाओं में आवश्यक संख्या में शिक्षकों की नियुक्ति तथा अन्य भौतिक साधनों की उपलब्धि कराना था। इस अभियान द्वारा प्रत्येक शाला के लिए कम से कम दो बड़े कमरे, उसके लिए दो शिक्षक तथा पढ़ने-पढ़ाने के लिए आवश्यक साधन उपलब्ध कराना था। 1993-95 में यह योजना उच्च-प्राइमरी शालाओं तक विस्तारित की गई। इस योजना के अनुसार हर उच्च-प्राइमरी शाला में तीन कमरे, एक अतिरिक्त शिक्षक तथा 100 से अधिक नामांकन वाले प्राइमरी शाला के लिए तीसरे शिक्षक का प्रावधान किया गया।

इस योजना के लिए केन्द्र द्वारा राज्य सरकारों को धन दिया जाता रहा। 2002-03 से यह योजना सर्व शिक्षा अभियान में समन्वित कर दी गई।

4. प्रारंभिक शिक्षा का सर्वव्यापीकरण (UEE)

'मानव विकास सूचकांक' के तीन तत्वों में शिक्षा का समावेश होने से शिक्षा-क्षेत्र में विकास को महत्त्वपूर्ण स्थान मिलना ही था। प्रारंभिक शिक्षा को सर्वव्यापी करने का विचार, सभी के लिए शिक्षा योजना का पर्यायवाची ही है। इस सर्वव्यापी योजना का

उद्देश्य छह वर्ष की आयु के सभी बालकों को शिक्षा के दायरे में लाना है। यह कार्य इतना विशाल है कि औपचारिक शिक्षा एवं प्रशिक्षित शिक्षकों की कमी को देखते हुए इस लक्ष्य को प्राप्त करना बड़ा कठिन हो गया। अतः अनौपचारिक शिक्षा केन्द्र तथा शिक्षाकर्मियों की नियुक्ति जैसी नई पद्धतियों का सृजन हुआ। इन शिक्षाकर्मियों की कार्यक्षमता व कार्य सम्पादन कुशलता के इस योजना के प्रदर्शन पर अलग–अलग परिणाम पाए गए।

इस प्रकार की नई योजनाओं की सफलता के लिए आम जनता का सहभाग, योजना कार्यान्वयन का आवश्यक अंग होता है। अकेले राज्यों द्वारा ऐसे स्कूलों का व्यवस्थापन कठिन हो जाने से, यह कार्य ग्राम समितियों के सुपुर्द कर देने का विचार अधिक व्यावहारिक पाया गया। इससे यह प्रतीत होता है कि, किसी भी क्षेत्र में विकेन्द्रीकरण करना हो तो शिक्षा क्षेत्र को उस सूचि में अग्रिम स्थान मिलना चाहिए।

5. राष्ट्रीय साक्षरता अभियान (NLM) – प्रौढ़ शिक्षा (AE)

5.1 राष्ट्रीय साक्षरता मिशन का उद्देश्य

ग्रामीण क्षेत्र में रहने वाली जनता के 15 से 35 वर्ष आयु वर्ग के लोगों में घोर निरक्षरता प्रचुरता से पाई जाती है, और यही वर्ग सृजनशीलता और प्रजननशीलता का तथा कामकाजी जनता का महत्त्वपूर्ण अंग भी है। अतः व्यावहारिक साक्षरता पद्धति के माध्यम से इस वर्ग को, वर्ष 2007 तक 75 प्रतिशत जीवनोपयोगी साक्षर बनाने के उद्देश्य से मई 1988 में 'राष्ट्रीय साक्षरता मिशन' की स्थापना हुई। पढ़ने लिखने तथा जोड़–बाकी, गुणा–भाग के व्यावहारिक स्तर तक पहुंचाने के अतिरिक्त, राष्ट्रीय एकात्मता, पर्यावरण सुरक्षा, महिलाओं को समानता तथा छोटे–मोटे पारिवारिक नियमों के पालन की आवश्यकता, आदि सभी मूल्यों की जानकारी देना इस योजना में सम्मिलित है। इस आयु–वर्ग के लोग अक्सर दिन में किसी न किसी व्यवसाय या काम–धंधे में व्यस्त रहते हैं, अतः इस प्रौढ़ शिक्षा का कार्यक्रम इन लोगों की सुविधा के अनुसार ही चलाया जाना जरूरी है।

इस राष्ट्रीय साक्षरता मिशन को, शैक्षणिक पाठ्यक्रम तथा तांत्रिकी सहायता, प्रौढ़ शिक्षा के लिए नियुक्त केन्द्रीय संचालनालय द्वारा दी जाती है।

5.2 पूर्ण साक्षरता मुहिम (TLC)

साक्षरता विस्तार के लिए, 'पूर्ण साक्षरता मुहिम', राष्ट्रीय साक्षरता मिशन की रणनीति

के समान है। इस अभियान की यही विशेषता है कि इसके कार्यक्रम निर्धारित क्षेत्र व निश्चित समय-सीमा के अंदर उद्देश्यपूर्ण व सहभागी आधार पर चलाये जाते हैं। यह अभियान, स्वतंत्र रूप से नियुक्त 'जिला साक्षरता समितियों' द्वारा चलाया जाता है। इन समितियों में समाज के विभिन्न अंगों का प्रतिनिधित्व रहता हैं। इस प्रचार के तहत बड़ी मात्रा में जनसम्पर्क साधन का तंत्र अपनाते हुए तेज गति से अभियान चलाना इस कार्यक्रम की विशेषता है। प्रारंभिक स्तर पर किया गया सर्वेक्षण इस कार्यक्रम की उपाय योजना कार्यान्वित करने, उसमें गति लाने तथा उसके उचित वातावरण को तैयार करने का साधन बनता है। व्यावहारिक साक्षरता उपलब्ध कराने के अतिरिक्त इस अभियान द्वारा अन्य सामजिक मान्यताओं - जैसे बच्चों का स्कूलों में नामांकन कराना, उन्हे पढ़ने लिखने को प्रवृत्त करना, छोटे परिवार के आदर्शों का पालन, स्त्री सशक्तिकरण, साम्प्रदायिक समरसता आदि तत्वों का भी प्रसार किया जाता है। इसी अभियान से प्राथमिक शिक्षा की मांग सृजित होती है।

5.3. निरंतर शिक्षा (Continuing Education)

मूलभूत साक्षरता कौशल्य को लगातार बढ़ावा म्लिते रहना जरूरी है। नव साक्षरों द्वारा प्राप्त साक्षरता स्तर को यदि स्थायी, मजबूत और वृद्धिगत नहीं किया गया तो संभव है कि ये नव-साक्षर जहां से चले थे, वही लौट पड़ेंगे। निरंतर शिक्षा योजना में पूर्ण साक्षरता के लिए प्रयत्नों की निरंतरता के सिवाय साक्षरोत्तर शिक्षा का कार्यक्रम भी अन्तर्भूत है। इसमें निरंतर शिक्षा केन्द्रों (CEC) के माध्यम से नव-साक्षरों को अगली शिक्षा के निरंतर अवसर प्रदान करने पर जोर दिया जाता है। इसके अतिरिक्त विशेष क्षेत्रों में मूलभूत साक्षरता के लिए आवश्यकतानुसार अवसर उपलब्ध कराने, साक्षरता गुणों में बढ़ोत्तरी, पर्यायी शिक्षा कार्यक्रम, व्यावसायिक निपुणता, तथा समाज व जीवन शैली के विकास का प्रयास भी होता है। भौगोलिक दृष्टि से दूरस्थ क्षेत्रों की जरूरतों और अनुसूचित जाति/जनजाति एवं महिलाओं जैसे जनसंख्या के विशिष्ट वर्गों - जिन पर विशेष तौर पर ध्यान देने की जरूरत होती है - के लिए (सीमान्त) अवशेष (Resadual) निरक्षरता के कार्यक्रम भी लिए जाते हैं। इस योजना के अन्तर्गत समानान्तर कार्यक्रम भी आयोजित होते हैं, जिनका इस क्षेत्र में विशेष महत्त्व होता है। इसकी उपयोगिता वर्तमान शिक्षा परियोजनाओं के संगठन व साधारण-शिक्षा तथा व्यावसायिक प्रशिक्षण की संरचना में होती है। आय वृद्धि सम्बन्धी कार्यक्रम - जिसमें व्यावसायिक कौशल्य को वृद्धिगत करते हुए अधिकाधिक

स्त्रोत निर्मित करने के लिए प्रयासों में तत्परता हो, जीवनमान समृद्ध करने वाली योजनाओं की पर्यायी व्यवस्था भी हो, ताकि प्रशिक्षार्थी और समुदाय अपने जीवनस्तर को बढ़ाने के लिए ज्ञान, वृत्ति, मूल्य व गुणवत्ता अर्जित करने योग्य लाभदायक योजनाएं प्राप्त कर सके। इनके अतिरिक्त ऐसे कार्यक्रमों की योजना भी होती है, जिससे सीखने वाले व्यक्ति को सामाजिक, स्वास्थ्य, शारीरिक, सांस्कृतिक व कला सम्बन्धी अपनी व्यक्तिगत रुचि के अनुसार उन्हे सीखने का अवसर मिल सके।

6. जिला प्राथमिक शिक्षा कार्यक्रम (DPEP)

1990 में जोमिटिएन में सम्पन्न 'सभी के लिए शिक्षा' परिषद् के पश्चात्, साक्षरता में सुधार का अभियान वृद्धिगत करने के उद्देश्य से विश्व के कई देशों ने भारत को सहायता देने की पहल की। यह सहायता मूलतः राज्यों के उन आर्थिक स्त्रोतों को परिपूरक के रूप में थी, जो "सभी के लिए प्राथमिक शिक्षा" का प्रावधान करने में अपर्याप्त सिद्ध हुई थी। सैद्धान्तिक दृष्टि से 'जिला प्राथमिक शिक्षा कार्यक्रम' बाहर से मिले धन से नियंत्रित अभियान था। इन कार्यक्रमों में स्थानीय समुदायों को शालेय शिक्षा में भाग लेने के लिए प्रोत्साहित किया जाता है। इन प्राथमिक शिक्षा कार्यक्रम का उद्देश्य इस प्रयास में अतिरिक्त सहायता प्रदान करना है, एवं इस कार्यक्रम की रचना इस प्रकार की गई है जिससे प्राथमिक शिक्षा के क्षेत्र में केन्द्र और राज्य सरकारों की योजनाओं द्वारा किए गए प्रावधानों में पायी जाने वाली कमी या रिक्तता की पूर्ति के लिए अतिरिक्त सहायता मिल सके।

जिला प्राथमिक शिक्षा कार्यक्रम हेतु, शिक्षा प्राप्त करने, उसे स्थायी स्वरूप प्रदान करने एवं वृद्धिगत करने हेतु सर्वत्र अवसर प्रदान करने का समग्र प्रयास है, जिससे समाज के विभिन्न अंगों में फैली असमानता दूर हो। प्राथमिक शिक्षा के क्षेत्र में कार्यरत, केन्द्रीय व राज्य तथा जिला स्तर की संस्थाओं को अधिक कार्यक्षम बनाना ही इसका उद्देश्य है।

इस योजना में स्कूलों के लिए कमरे बनाना, नए स्कूल भवन निर्माण करना, अनौपचारिक/पर्यायी शिक्षा केन्द्र खोलना, शिक्षा में अनुसंधान व प्रशिक्षण हेतु राज्य समितियों (SCERT) का सबलीकरण, शिक्षा–प्रशिक्षण के लिए जिला संस्थाओं (DIET) का निर्माण, खंडस्तर पर स्त्रोत केन्द्र (BRC) बनाना, शिक्षकों के लिए प्रशिक्षण व्यवस्था, अध्ययन व अध्यापन सामग्री का विस्तार, शोधकार्यों की गतिविधियां, सुविधाहीन जनसमुदायों के लिए शिक्षा व्यवस्था, स्त्री शिक्षा, अनुसूचित

जाति व अनुसूचित जनजातियों के विभिन्न वर्गों के लिए लिखाई-पढ़ाई सिखाने की व्यवस्था, विकलांग बच्चों के लिए समन्वित-शिक्षा उपलब्ध कराने हेतु आवश्यक प्रोत्साहन एवं शिक्षकों के प्रशिक्षण के लिए दूरस्थ शिक्षा व्यवस्था आदि बातों का अन्तर्भाव है। निर्माण (सिव्हिल) कार्य के लिए 33.3 प्रतिशत, व्यवस्थापन खर्च के लिए छह प्रतिशत व्यय की सीमा है। शेष धनराशि गुणात्मक विकास कार्यवाहियों के लिए निर्धारित है।

इस कार्यक्रम के प्रमुख लक्ष्य (1) स्त्री-पुरुषों व समाज के वर्गों की स्कूलों में भरती, स्कूल छोड़कर जाने वालों की संख्या, तथा शिक्षा प्राप्त करने की क्षमता में भिन्नता को कम करना, कम से कम 5 प्रतिशत तक ला रखना, (2) कुल प्राथमिक छात्रों में स्कूल छोड़कर जाने वाले दर को 10 प्रतिशत सीमित करना, (3) सभी प्राथमिक शालेय छात्रों में मूलभूत साक्षरता तथा गपितीय क्षमताओं की, पूर्व-निर्धारित आधार स्तर से कम से कम 25 प्रतिशत बढ़ोत्तरी तथा अन्य क्षमताओं में न्यूनतम 40 प्रतिशत की बढ़ोत्तरी सुनिश्चित करना एवं (4) सभी बच्चों को प्राथमिक शालेय शिक्षा तथा तत्सम अनौपचारिक शिक्षा के अवसर प्रदान करना है।

इस कार्यक्रम के लिए जिलों का चयन निम्न आधार पर किया जाता है - (1) शिक्षा की दृष्टि से पिछड़े ऐसे जिले, जहां स्त्री साक्षरता राष्ट्रीय स्तर से कम हो (2) ऐसे जिले जहां समग्र साक्षरता अभियान कारगर सिद्ध हुए हैं तथा भौतिक शिक्षा की मांग बढ़ी हुई हो।

जिला प्राथमिक शिक्षा कार्यक्रम में अब तक 84,000 पर्यायी शिक्षा केन्द्रों सहित 1,60,000 नए स्कूल खोले गए हैं। इनके सिवाय सेतु-पाठ्यक्रम (bridge course) देने वाले केन्द्र भी चलाए जाते हैं। इस कार्यक्रम के अन्तर्गत गांवों, कस्बों व स्कूलों में ग्राम शिक्षा समितियाँ या शाला व्यवस्थापन समितियां स्थापित की गईं हैं।

जैसा पहले कहा जा चुका है, यह जिला प्राथमिक शिक्षा कार्यक्रम विदेशी निधि से नियंत्रित संयोजना है। योजना व्यय का 85 प्रतिशत केन्द्र सरकार (विदेशी निधि से) देती है। तथा शेष 15 प्रतिशत राज्य सरकारें वहन करती हैं। गत 9 वर्षों में देश का आधा क्षेत्र इस कार्यक्रम के दायरे में था। लेकिन भविष्य में इस योजना को बंद करने के उद्देश्य से इसकी गति धीमी कर दी गई जिस के कारण अब यह केवल 123 जिलों में ही चल रही है।

7. प्राथमिक शिक्षा को पौष्टिक आहार समर्थन हेतु राष्ट्रीय कार्यक्रम (NPNSPE)

ग्रामीण क्षेत्रों की गरीब जनता में व्याप्त गहन निर्धनता ही उनके बच्चों को स्कूल न भेजने का प्रमुख कारण है। गरीबी के कारण लाचार मां-बाप को अपने बच्चों को पारिवारिक व्यवसाय में लगा देना अनिवार्य हो जाता है। जो अपने बच्चों को पेटभर खिला भी नहीं सकते, वे बच्चों को स्कूल कहां से भेजेंगे। अगस्त 1995 में प्राथमिक शिक्षा को पौष्टिक आहार समर्थन हेतु एक राष्ट्रीय कार्यक्रम - जिसे साधारण तौर पर 'मध्यान्ह भोजन योजना (MDMS)' भी कहा जाता है, प्रारंभ हुआ। इस कार्यक्रम के अन्तर्गत सरकारी, अनुदानी तथा स्थानीय शासन के सभी स्कूलों के प्राइमरी वर्गों में पढ़ने वाले सभी बच्चों को शामिल किया गया है। इस योजना का उद्देश्य प्राइमरी वर्गों के बालकों को सशक्त आहार देकर, उन्हें सक्षम बनाते हुए, स्कूलों में नामांकन दर में वृद्धि, छात्रों की उपस्थिति बढ़ाना, तथा अध्ययन जारी रखने हेतु उपाय योजना कर प्राथमिक शिक्षा को बढ़ावा देने का है। इस कार्यक्रम का दायरा बढ़ाकर अब इसमें शिक्षा गारंटी योजना (ESG) तथा अन्य पर्यायी शिक्षा केन्द्रों में पढ़ने वाले बच्चे भी शामिल किये गए हैं। केन्द्र द्वारा इस योजना में दी जाने वाली सहायता (1) जहां भी भोजन का कार्यक्रम चलता हो वहां, प्रति छात्र, प्रति स्कूल दिन के लिए 100 ग्राम अथवा पर्यायी रूप में प्रति छात्र प्रतिमाह 3 किलो अनाज - 10 महीनों तक तथा (2) स्वीकृति योग्य संवहन व्यय दिया जाता है। अनाज की पूर्ति भारतीय खाद्य निगम द्वारा की जाती है।

कुछ राज्यों द्वारा इस योजना पर अमल न किए जाने का पता लगते ही, सर्वोच्च न्यायालय ने उन सभी राज्यों को - जिन्होंने योजना क्रियान्वित नहीं की थी - आदेश दिया कि वे एक निश्चित समय सीमा के अन्दर बालकों को पका हुआ भोजन देना प्रारंभ करे। कुछ राज्यों ने आदेश पर अमल किया तथा बालकों को पका हुआ भोजन देना प्रारंभ किया, पर कुछ राज्यों में यह कार्यक्रम अंशतः ही लागू हुआ। राज्य के कुछ भागों में पका भोजन के स्थान पर अनाज दिया गया। पका भोजन पाने वाले बालकों की संख्या कुल संख्या का 35 प्रतिशत ही है। यह संख्या भिन्न-भिन्न राज्यों में भिन्न-भिन्न है। उल्लेखनीय है कि अन्य राज्यों की तुलना में दक्षिणी राज्यों में यह योजना पूरे जोर से चल रही है।

इस्कॉन की गैरसरकारी संस्था (NGO) को इस क्षेत्र में प्राप्त अनुभवों के

आधार पर, कर्नाटक राज्य सरकार ने योजना के क्रियान्वयन के लिए अधिक संख्या में गैर-सरकारी संगठनों का उपयोग करने का निश्चय किया है। इन संगठनों को खाद्यान्न तथा संवहन व्यय की राशि दी जाती है, तथा भोजन पकाकर देने की जिम्मेंदारी संगठनों पर होती है। हैदराबाद में नंदी फाउन्डेशन ने तो एक विशाल रसोई घर बनाया है, जहां से दो लाख बच्चों के लिए भोजन की आपूर्ति होती है। अन्य राज्यों में भी यह योजना चल रही है, तथा उनकी प्रगति कहीं अधिक कहीं कम रूप में चल रही है।

8. सर्व शिक्षा अभियान (SSA)

1990 के दशक के अंतिम वर्षो की प्रगति से यह महसूस हुआ कि निकट भविष्य में, प्रारंभिक शिक्षा-सर्वव्यापी करने की लक्ष्यपूर्ति के लिए साक्षरता दर में सुधार की गति पर्याप्त नहीं है।

आकृति 2.2 : प्राथमिक तथा उच्च प्राथमिक स्तरों में हुए नामांकन (1950 -51 से 2003-04)

(लाख)

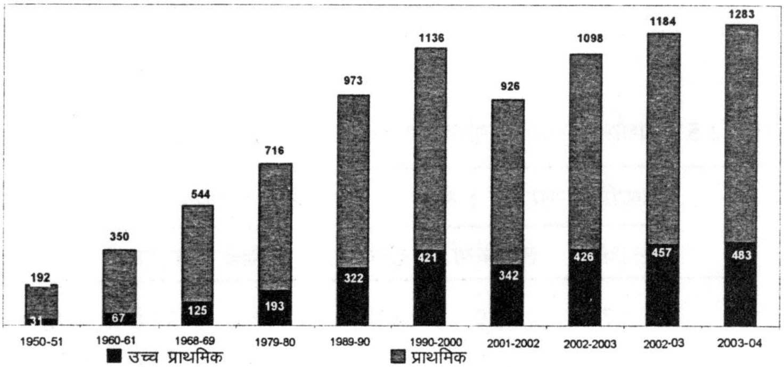

स्रोत - India 2007 (GOI Publication)

तालिका 2.4 में 1950-51 से 1997-98 तक के दशकों में प्राथमिक तथा उच्च प्राथमिक स्तरों में हुए नामांकन दर के आंकड़े दिखाई देते हैं।

तालिका 2.4 : प्राथमिक व उच्च प्राथमिक स्तरों में नामांकन के दर की औसत (1950-51 से 1997-98)

वर्ष	*प्राथमिक स्तर वर्ग 1 से 5*			*उच्च प्राथमिक स्तर वर्ग 6 से 8*		
	लड़के	*लड़कियाँ*	*कुल*	*लड़के*	*लड़कियाँ*	*कुल*
1950 - 51	60.8	24.9	42.6	20.8	4.3	12.9
1960 - 61	82.8	41.4	62.4	33.2	11.3	22.5
1970 - 71	96.5	60.5	78.6	46.3	19.4	33.4
1980 - 81	95.8	64.1	78.6	54.3	28.6	41.9
1990 - 91	113.9	85.5	100.1	76.6	47.0	62.1
1997 - 98	97.5	81.2	89.7	66.5	49.5	58.5

स्त्रोत – DoE, MHRD, GOI/IER - 2002

1997–98 में प्राथमिक स्तर पर नामांकन की दर 89.7 प्रतिशत तथा उच्च प्राथमिक स्तर पर 58.5 प्रतिशत पाई गयी। उसी दौरान लड़कियों के नामांकन की दर लड़कों के नामांकन के दर की तुलना में दोनों स्तरों पर 9 प्रतिशत कम ही थी। एक दूसरी बड़ी समस्या स्कूल छोड़कर जाने वाले परित्यागी बच्चों की थी जो प्राथमिक तथा उच्च प्राथमिक दोनों स्तरों पर काफी अधिक थी।

तालिका 2.5 : प्राथमिक स्तर पर परित्यागी दर (1960–61 से 1997–98)

वर्ष	*प्राथमिक स्तर वर्ग 1 से 5*			*उच्च प्राथमिक स्तर वर्ग 6 से 8*		
	लड़के	*लड़कियाँ*	*कुल*	*लड़के*	*लड़कियाँ*	*कुल*
1960 - 61	61.7	70.9	64.9	75.0	85.0	78.3
1970 - 71	64.5	70.9	67.0	74.6	83.4	77.9
1980 - 81	56.2	62.5	58.7	68.0	79.4	72.7
1990 - 91	40.1	46.0	42.6	59.1	65.1	60.9
1997 - 98*	38.2	41.3	39.6	56.7	58.6	54.1

स्त्रोत – DoE, MHRD, GOI/IER - 2002

स्कूल छोड़कर जाने वाले अर्थात परित्यागी दर में भले ही कुछ कमी पाई गई फिर भी 1997-98 में यह दर प्राथमिक स्तर पर 40 तथा उच्च प्राथमिक स्तर पर 54 प्रतिशत पाई गयी। परित्यागी लड़कियों की दर 1997-98 में लड़कों के दर की तुलना में प्राथमिक स्तर पर 3 प्रतिशत तथा उच्च प्राथमिक स्तर पर 8 प्रतिशत अधिक थी।

इसी पार्श्वभूमि में, राज्यों के शिक्षा मंत्रियों की परिषद अक्तूबर 1998 में हुई जिसमें प्राथमिक शिक्षा को अधिक प्रभावी करने हेतु उपायों पर चर्चा की गई। परिषद ने 'सर्वशिक्षा अभियान' नामक एक विशेष योजना की सिफारिश की। इस योजना का प्रारंभ नवंबर 2000 में हुआ। इसके लक्ष्य हैं। (1) वर्ष 2003 तक छह से चौदह वर्ष तक के सभी बच्चों की शालाओं, या 'शिक्षा गारंटी योजना' के तहत संस्थाओं या 'सेतु-पाठ्यक्रम' (bridge course) केन्द्रों में नामांकन पूरे कर लिये जायें, (2) 6 से 11 वर्ष तक की आयु के बच्चों की पंचवर्षीय प्राथमिक शिक्षा, वर्ष 2007 तक पूरी कर ली जाए, (3) 6 से 14 वर्ष आयु के सभी बालकों की आठ वर्षीय शालेय शिक्षा वर्ष 2010 तक पूरी कर ली जाए, (4) वर्ष 2007 तक प्राथमिक स्तर तक सारे लिंग भेद व सामाजिक वर्गानुसार असमानता की दूरी समाप्त कर दी जाए, एवं मूलभूत शिक्षा स्तर तक की विषमतायें वर्ष 2010 तक समाप्त कर दी जायें, (5) सर्वव्यापी प्रारंभिक शिक्षा को वर्ष 2010 तक स्थायी बनाया जाए, तथा (6) संतोषप्रद गुणवत्ता वाली शिक्षा पर ध्यान दिया जाए।

इस कार्यक्रम की विशेषताएँ है - (1) कमजोर वर्ग के बच्चों खासकर लड़कियों पर विशेष ध्यान, (2) लड़कियों के लिए निःशुल्क पाठ्य पुस्तकें, (3) लड़कियों के लिए विशेष अध्यापन वर्ग या सुधार वर्ग एवं सहानुभूतिपूर्ण अध्ययन वातावरण, स्कूल छोड़कर गई बालिकाओं के लिए पुनः स्कूल प्रवेश शिविर, (4) उचित पढ़ाई-लिखाई का अवसर प्रस्तुत करने हेतु शिक्षकों के लिए जागरूकता कार्यक्रम, (5) स्त्री शिक्षा से सम्बन्धित नई प्रणालियों की योजनाओं पर अधिक ध्यान तथा (6) 50 प्रतिशत महिला शिक्षिकाओं की नियुक्ति आदि।

दसवीं योजना तक सम्पूर्ण कार्यक्रम पर होने वाला व्यय, केन्द्र और राज्य सरकारों के बीच 75:25 के आधार पर तथा उसके बाद आधा-आधा बांटा जाएगा। यह कार्यक्रम पूरे देश पर लागू होगा तथा 11 लाख निवासी क्षेत्रों के 19.20 करोड़ बच्चे, 8.5 लाख प्राथमिक व उच्च प्राथमिक स्कूल एवं उनके 33 लाख शिक्षक इस

योजना के दायरे में आएंगे। जिन गांवों में शिक्षा की सुविधा नहीं है, वहां शाला भवनों का निर्माण, वर्तमान स्कूलों में अतिरिक्त सुविधाएं - जैसे शालेय कमरों का निर्माण, पीने के पानी की व्यवस्था, शौचालय निर्माण आदि की व्यवस्था करना शामिल है। इसमें शालाओं/स्कूलों के रख-रखाव तथा व्यवस्थापन के लिए अनुदान, शैक्षिक सहयोग, वर्तमान कर्मचारी वर्ग तथा शिक्षा कर्मियों की व्यवस्था, शिक्षकों के प्रशिक्षण आदि का भी प्रावधान है। इसमें कम्प्यूटर शिक्षा भी शामिल है। इस अभियान में समुदायों के पूर्ण सहयोग तथा पंचायत राज जैसी संस्थाओं से विचारविमर्श कर शिक्षा नीतियों के निर्धारण का प्रावधान है।

इन सारे अच्छे कार्यक्रमों, तथा उद्देश्यों के बावजूद, इस योजना का प्रथम लक्ष्य भी अभी पूरा नहीं हो पाया।

(3) शाला और शालेय पद्धतियाँ

1. घरेलू शिक्षा का महत्त्व

शालाओं में बच्चों को प्रवेश कराने के पूर्व, यहां तक कि शालेय शिक्षण के दौरान भी घरेलू शिक्षा की अपने आप में अलग विशेषता है। बच्चों की ग्रहणशक्ति बड़ी तेज होती है, तथा वे अपने जन्मदाताओं को ही आदर्श के रूप में देखते हैं, तथा उन्हीं का अनुसरण करते हैं। बच्चों में अच्छी आदतें डालनी हों, तो माता-पिता का आचरण अच्छा होना चाहिए। उदाहरण के लिए पिता को यदि धूम्रपान की आदत हो तो उनके बच्चों को उस आदत से रोक पाना कठिन होगा, फर्क इतना ही पड़ेगा कि पिता के प्रति आदर या उसके डर से वह पिता के सामने धूम्रपान नहीं करेगा।

घरों में ही बच्चों को स्वच्छता, आरोग्य और व्यवस्थित ढंग से रहने की सीख दी जा सकती है। उन्हें नीतिगत पाठ - जैसे सद्व्यवहार, सच्चाई, ईमानदारी तथा दूसरों को कष्ट न देना इत्यादि पढ़ाया जा सकता है।

इससे बच्चों में सात्विक विकास की नींव पड़ती है, जिससे शालाओं में मिलने वाली शिक्षा से अधिकतम लाभ ग्रहण करना संभव होता है।

माता-पिता को चाहिए कि वे अपने बच्चों के प्रति दुलार जताएं, उनकी उचित देखभाल करें ताकि बच्चे असुरक्षित अथवा अवांच्छित परिस्थितियों से दूर रहें। किंतु वे बच्चों को अत्यधिक लाड़ प्यार नहीं करे अन्यथा बच्चों में अपनी ओर ही ध्यान आकर्षित करने की आदत लग जाती है और स्कूल जाने पर उन्हें अन्य बच्चों में सहजता से घुल-मिलने में कठिनाई होती है।

2. आंगनवाड़ी केन्द्र

संविधान का 86 वां संशोधन - 2002 पास हुआ जिसमें अनुच्छेद 45 के अन्तर्गत कहा गया कि "राज्य सभी बालकों के लिए छह वर्ष की आयु पूरी करने तक, प्रारंभिक बाल्यावस्था देख-रेख और शिक्षा देने के लिए उपबंध करने का प्रयास करेगा।"

गांवों में अधिकांश स्त्री-पुरुष खेत-खलिहानों में व्यस्त रहते हैं, अतः बच्चों की उचित देखभाल करना उनके लिए समस्या ही होती है। इसके सिवाय इतनी कम आयु के बालकों को दूर रखना भी अव्यावहारिक भी होता है। इन्हीं विचारों के तहत 'आंगनवाड़ी योजना' का सूत्रपात हुआ। आंगनवाड़ी योजना पूर्णतः राज्य सरकार द्वारा धन नियंत्रित है। यह घर के पड़ोस में ही चलने वाली एक प्रतिशाला है। 'आंगनवाड़ी' के लिए पृथक आवास होना चाहिए, जिसमें पढ़ाने के साधन, सेविकाएं, भोजन तथा नियमित स्वास्थ्य जांच का प्रावधान हो, अभी जहां पृथक आवास उपलब्ध नहीं हैं, यह आंगनवाड़ी सेविका के निवास स्थान पर ही चलती हैं। देश में आज 12 लाख सेविकाओं के संचालन में 6 लाख आंगनवाड़ियां चल रही हैं।

आंगनवाड़ी में छह वर्ष से कम उम्र के शिशुओं की देखभाल की जाती है, तांकि उनमें छह वर्ष की आयु के बालकों को प्रवेश दिलाने वाले स्कूलों में औपचारिक शिक्षा ग्रहण करने योग्य आधार निर्मित हो सके। इस आयु वर्ग के बालकों में उनकी सृजनता प्रदर्शित होती है। अतः उन्हें शिशु शिक्षा के सिवाय, चित्रकला, रंगसाजी, गायन, खेलकूद आदि के लिए भी प्रोत्साहित किया जाता है। बच्चों के विकास के लिए आंगनवाड़ी की सफलता पूरी तरह सेविकाओं की कार्यक्षमता, कार्यदक्षता एवं बच्चों के प्रति ममतामय व्यवहार पर निर्भर होती है। आंगनवाड़ी को प्रोत्साहन देने के लिए सेविकाओं/कर्मियों के लिए बीमा पद्धति से सामाजिक सुरक्षा देने का विचार भी चल रहा है।

3. औपचारिक (Formal) स्कूली शिक्षा

प्राथमिक शालाओं में 6 से 11 आयु वर्ग को, उच्च प्राथमिक (माध्यमिक) शालाओं में 12 से 14 वर्ष आयुवर्ग को, उच्च माध्यमिक शालाओं (Higher Secondary) में 15 से 16 वर्ष के आयुवर्ग तथा वरिष्ठ माध्यनिक (Senior Secondary) शालाओं/ज्यूनिअर कॉलेजों में 17 से 18 वर्ष के आयुवर्ग के छात्रों को शिक्षा दी

जाती है। शालाओं के बाहर रहने वाले बच्चों की अधिकांश संख्या को देखते हुए शालाओं की वर्तमान संख्या संतोषप्रद नहीं कही जा सकती। तालिका 2.6 में 1990 से 97 तक प्राथमिक व उच्च प्राथमिक शालाओं की उपलब्ध संख्या बताई गई है।

तालिका 2.6 : प्राथमिक व उच्च प्राथमिक स्कूलों की संख्या (1990 से 1997)

वर्ष	*प्राथमिक शाला*	*वृद्धि*	*उच्च प्राथमिक शाला*	*वृद्धि*
1990	560.935	57,172	151.465	29,079
1991	566.744	5,809	155,926	4470
1992	571.248	4,504	158.498	2572
1996	598.354	27,106	176.772	18.272
1997	610.763	12,409	185.506	8.734

स्त्रोत - DOE, MHRD, GOI/IER - 2002

उचित भवनों के अलावा इन स्कूलों में अनुभवी प्रशिक्षक वर्ग तथा अन्य भौतिक सुविधाएं – जैसे बैठने के लिए मेंज़, कुर्सी, बैंच आदि सामग्री, प्रशिक्षण के साधन, पीने का पानी, शौचालय, पुस्तकालय, खेल के लिए मैदान तथा खेलकूद के लिए सामग्री तथा नियमित स्वास्थ्य परीक्षा आवश्यक मानी जाती हैं। महर्षि रविन्द्रनाथ टैगौर द्वारा स्थापित शांति निकेतन के समान ये स्कूल भी प्रकृति के सान्निध्य में, छोटे बड़े वृक्षों तथा हरे–भरे मैदानों के बीच स्थापित हो ताकि बच्चों को प्रिय वातावरण मिल सके।

4. अनौपचारिक (Non-Formal) शिक्षा

6 से 14 वर्ष की आयु के ऐसे बालक जो नियमित शिक्षा दे रहे स्कूलों से बाहर थे– उन्हें लक्षित कर 1979–80 में पहली बार अनौपचारिक शिक्षा पद्धति की शुरूआत हुई। ग्रामीण क्षेत्रों के सिवाय शहर की गंदी बस्तियाँ, पहाड़ी तथा मरूस्थलीय क्षेत्र इस योजना के अन्तर्गत लाए गए हैं। योजना के क्रियान्वयन के लिए केन्द्र और राज्यों से आर्थिक सहायता का प्रमाण, लड़के–लड़कियों के सहशिक्षा केन्द्र चलाने के लिए 60:40 के अनुपात में, लड़कियों के लिए शिक्षा केन्द्र के लिए 90:80 के अनुपात में तथा ऐच्छिक संगठनों को 100 प्रतिशत, रखा गया है।

नियमित शिक्षा व्यवस्था का एक लोकप्रिय पर्याय प्रस्तुत करने के उद्देश्य से,

इस योजना पर पुनर्विचार होकर इसे 'शिक्षा गारंटी योजना' और 'पर्यायी व नई रीति प्रवर्तक शिक्षा योजना' (EGS & AIE) कहा गया। ऐसे सभी निवासी स्थान, जहां 1 किलोमीटर की परिधि में कोई नियमित शिक्षा केन्द्र न हो, तथा उस क्षेत्र में 6 से 14 वर्ष आयु के बच्चे स्कूल नहीं जा पाए, कम से कम 15 से 25 बच्चे ही, इस योजना के अन्तर्गत लिए जाते हैं। यह योजना, 'प्रारंभिक शिक्षा' को सर्वव्यापी करने की 'राष्ट्रीय योजना' तथा 'सर्व शिक्षा अभियान' का एक अंग ही है। इसे लागू करने के लिए होने वाले व्यय की व्यवस्था भी एक जैसी है - अर्थात केन्द्र व राज्यों के बीच 75:25 के अनुपात में है। यह योजना 1 अप्रैल, 2001 से लागू कर दी गई है।

5. सामूहिक स्कूल पद्धति (CSS)

बच्चों में अच्छी आदतें डालने के लिए बाल्यकाल योग्य समय होता है, क्योंकि यह निर्माणकाल ही बालकों में गुणों के प्रवेश और स्थायी संग्रहण के लिए सर्वोत्तम होता है। एक बार बड़े हो जाने पर उसके मस्तिष्क में प्रविष्ट विचारों को भले ही वे अनुचित हो उन्हें बदलना बहुत कठिन होता है। अभी धर्म, भाषा, जाति, स्वीकृत मत और आर्थिक स्थिति के आधार पर अनेक स्कूल चल रहे हैं। लेकिन बालकों के निर्माण आयु काल में ही ऐसे विभाजनों को समाप्त करने के उद्देश्य से 'सामूहिक स्कूल पद्धति' या उससे मिलती-जुलती एकदम नजदीकी शिक्षा पद्धति का सुझाव 'कोठारी आयोग' ने पहली बार प्रस्तुत किया था। इसमें ऐसे स्कूलों की स्थापना का विचार था, जिसका खर्च तो सरकार ही करे पर व्यवस्थापन निजी संस्था या स्थानीय राज्य संस्था द्वारा हो। यह शिक्षा अच्छे दर्जे की हो तथा समुदाय के सारे बच्चों के लिए बिना किसी ऊंच-नींच, भेदभाव के अर्थात जात-पात, लिंग, क्षमता, आर्थिक स्थिति या धर्म से परे सबके लिए उपलब्ध हो। साक्षरता विकास तथा सहज उपलब्ध हो सकने की विशेषता के साथ, इस पद्धति का उपयोग राष्ट्रीय एकात्मता के लिए ठोंस नींव रखने हेतु हो सके। सामूहिक स्कूल पद्धति को प्रचलित एक-स्वरूप वाली शिक्षा पद्धति जैसे समझने की गलती नहीं होनी चाहिए। यहां सामूहिक शब्द का अर्थ शिक्षा के गुणात्मक समानता से लगाया जाना चाहिए। इन सामूहिक स्कूल पद्धति के स्कूलों में ऐसा जागरूक सचेत प्रयास हो, जिससे यहां का बालक भविष्य का अच्छा नागरिक बनकर निकले।

जब तक इन सामूहिक स्कूलों का स्तर गुणात्मक दृष्टि से उत्कृष्ट नहीं हो जाता तब तक यह मानकर चलना असंभव होगा कि सभी समुदायों के बालक, अपने समुदाय के स्कूलों की अपेक्षा इन सामूहिक स्कूलों को अपनी स्वीकृति देंगे। अच्छी शिक्षा देने को भी अधिक धन की आवश्यकता होती है और सरकार के परम्परागत स्कूलों के लिए होने वाले व्यय में पहले ही वचनबद्ध होने के कारण, इस पद्धति की ज्यादा प्रगति नहीं हो पायी।

6. राष्ट्रीय बाल भवन

समाज के सभी स्तर के 5 से 16 वर्ष की उम्र के बालकों में सृजनता को प्रोत्साहित करने के उद्देश्य से, 'भारतीय बाल भवन संस्था' के तत्वाधान में 1956 में राष्ट्रीय बाल भवन की स्थापना हुई। बच्चे अपनी रुचि के अनुसार किसी भी गतिविधि जैसे रचनात्मक कला, नाट्य, कला, फोटोग्राफी, शारीरिक सक्रियता, वैज्ञानिक अनुसंधान आदि विषयों में अपना कौशल्य बढ़ा सकते हैं। ऐसी रचनात्मक गतिविधियों से बालकों में वैज्ञानिक प्रवृत्ति के विकास के साथ उनके सर्वांगीण विकास में भी सहायता मिलती है। अभी सम्पूर्ण देश में 73 बाल भवन चल रहे हैं।

7. नवोदय विद्यालय

साक्षरता प्रसार की दृष्टि से, ग्रामीण क्षेत्रों में शिक्षा के अधिकाधिक विस्तार को प्रमुखता दिए जाने के कारण शिक्षा के गुणात्मक पहलुओं को महत्त्व नहीं दिया जा सका। इतना ही नहीं बल्कि ग्रामीण क्षेत्र के तीव्र बुद्धि वाले होनहार छात्रों को गुणात्मक उच्च शिक्षा देने वाले शहरों में पहुंचने में कठिनाईयों का सामना करना पड़ता है। अत: ऐसे बालकों को इस दिशा में सहायता देने के उद्देश्य से, 1986 की राष्ट्रीय शिक्षा नीति में, प्रत्येक जिले में एक आदर्श स्कूल स्थापित करने का प्रावधान किया गया। 'जवाहर नवोदय विद्यालय' के नाम से पहचाने जाने वाले में विद्यालय पूर्णत: आवासी सह-शिक्षा संस्थाएं हैं। देश के 34 राज्यों व केन्द्र शासित प्रदेशों के विभिन्न जिलों में अब तक 540 विद्यालय खुल चुके हैं। 31 मार्च 2006 को इन विद्यालयों में 1.76 लाख छात्र हैं। लड़कियों के प्रवेश को ज्यादा प्रोत्साहन दिया जाता है, ताकि उनका अनुपात कम से कम 33 प्रतिशत तक पहुंच सके।

8. कस्तूरबा गांधी स्वतंत्र विद्यालय

लड़कों की तुलना में लड़कियों में साक्षरता का अनुपात, ग्रामीण क्षेत्रों में बहुत कम है। हर गांव में स्कूल न होने तथा गरीबी के कारण लड़कियों को शिक्षा के लिए बाहर भेजना संभव न हो पाने के कारणों से 'कस्तूरबा गांधी स्वतंत्र विद्यालय' की स्थापना का सूत्रपात हुआ। इस योजना के अंतर्गत, असुविधाग्रस्त लड़कियों के लिए 750 आवासीय विद्यालय निर्माण करने का प्रावधान है।

9. पालकों की आर्थिक स्थिति पर आधारित शिक्षा

हमारे देश में चल रहे स्कूलों को मोटे तौर पर चार वर्गों में बांटा जा सकता है। पहला वर्ग तो राज्य (सरकार) द्वारा चलाए जा रहे स्कूलों का है। इसमें नगर पालिका या नगर निगम द्वारा शहरों और नगरों में चलाए जा रहे स्कूल भी आते हैं। यह वर्ग स्कूलों की संख्या तथा छात्र संख्या की दृष्टि से सबसे बड़ा वर्ग है। नियमानुसार इन स्कूलों में शिक्षक-बनाम छात्र का अनुपात 1:40 होना चाहिए। फिर भी अनेक स्कूलों में जहां प्रवेश लेने के इच्छुक छात्रों की संख्या ज्यादा होती है - यह अनुपात 1:50 हो गया है। स्कूलों को पर्याप्त निधि देने के लिए राज्यों के पास स्रोतों का अभाव होने से ये स्कूल उचित भवन, साज-सज्जा, प्रशिक्षण के साधन आदि की दृष्टि से सुसंगठित व साधनयुक्त नहीं हैं। गांवों में स्थापित अधिकांश स्कूलों के शिक्षक उन गांवों में न रहकर शहरों या नगरों में निवास करते हैं, जहां उनका घरबार या सम्पत्ति है। इससे समय का पालन नहीं हो पाता और शिक्षकों की नियमित उपस्थिति पर भी असर पड़ता है। परिणामतः शिक्षण की गहनता और गुणवत्ता पर भी असर पड़ता है। फिर भी इन स्कूलों की एक महत्त्वपूर्ण विशेषता यह है कि इन स्कूलों में शिक्षक व छात्रों के बीच आपसी सम्बन्ध व्यक्तिगत तथा अधिक सहानुभूतिपूर्ण पाए गए हैं।

दूसरा वर्ग राज्य अनुदानित निजी स्कूलों का है। इनमें से अधिकांश स्कूल, राजनीतिज्ञों और सामाजिक संगठनों द्वारा चलाए जाते हैं। इन स्कूलों में शिक्षा तो दी जाती है, पर ये स्कूल पैसे कमाने का साधन भी बन गए हैं। फिर भी शिक्षा की पहुंच बढ़ाने में इन स्कूलों की अहम भूमिका रही है। इनसे राज्यों के प्रयत्नों को सहारा भी मिला है। इन स्कूलों के शिक्षकों में छात्रों के प्रति जिम्मेदारी का अहसास पाया गया है एवं छात्रों में अनुशासन की स्थिति भी अच्छी है।

दुर्भाग्यवश, ऊपर बताए दोनों वर्गों के स्कूलों में शिक्षकों की नियुक्तियों में पारदर्शिता की कमी पाई गई है। इसमें राजनीति चलती है तथा कई संदर्भों में नियुक्तियों में धन का इस्तेमाल अत्यधिक प्रभावशाली रहा है।

तीसरा वर्ग 'पब्लिक स्कूलों' का है, जिन्हें कोई अनुदान नहीं मिलता। ये शहरों या नगरों में अथवा इनके आसपास स्थित होते हैं। इनमें प्रारंभिक स्तर पर मॉंटेसरी पद्धति की तथा उच्च–वर्गों में राज्य अथवा केन्द्रीय मंडलों की पद्धति की शिक्षा दी जाती है। शिक्षा देने की दृष्टि से ये स्कूल अधिक साधन सम्पन्न होते हैं। कम्प्यूटर (संगणक) ज्ञान की शिक्षा तथा पढ़ाई में कमजोर छात्रों के लिए पृथक अध्ययन वर्गों का प्रावधान करना इन स्कूलों के कुछ अच्छे अंग हैं। छात्रों के अच्छे शैक्षिक परिणामों के लिए शिक्षक कृतसंकल्प होते हैं। पढ़ाई के अतिरिक्त इन स्कूलों में सम्पूर्ण व्यक्तित्व के विकास तथा अनुशासन की ओर अधिक ध्यान दिया जाता है। यहां शिक्षा शुल्क (फीस) की मात्रा अधिक होती है। इसके बावजूद सम्पन्न परिवारों में ही नहीं, मध्यम आय–वर्ग के परिवारों में भी अपने बच्चों को इन स्कूलों में पढ़ाने की प्रवृत्ति दिखाई देती है। सराहनीय बात तो यह है कि निम्न–आय वर्ग के लोग भी अपने पाल्यों का इन स्कूलों में प्रवेश करवाने में प्रयत्नशील रहते हैं, भले ही उन्हें अपने अन्य खर्चों में कटौती क्यों न करनी पड़े, या परिवार चलाने के लिए कोई और व्यवसाय क्यों न करना पड़े।

चौथा वर्ग, अति खर्चीले स्कूलों का है, जो अधिक धनवान परिवारों के बच्चों को आकर्षित करता है। इन स्कूलों में मिलने वाली सुविधा का स्तर, पंचतारांकित होटलों की सुविधाओं के समान ही होता है। इन स्कूलों में पाल्यों को भरती कराने के उद्देश्यों में बड़ी भिन्नता पायी जाती है।

कुछ परिवार अपने बच्चों को इन स्कूलों में भरती कराना अपने सामाजिक स्तर का सूचक समझते हैं। कुछ अपनी बेशुमार सम्पत्ति को खर्च करने का अच्छा तरीका समझते हुए बच्चों का प्रवेश कराते हैं, तो कुछ अपने बच्चों को यहां महज इसलिए भेजते हैं ताकि वे अन्य गरीब स्तर के बच्चों के सम्पर्क में न आएं। कुछ अपने बच्चों को अधिक क्षमता प्राप्त करने भेजते हैं ताकि उन्हें उच्च शिक्षा के लिए विदेशों में भेजा जा सके।

साधारणतः इन स्कूलों का पाठ्यक्रम "इंडियन स्कूल सर्टिफिकेट इक्जामिनेशन (ISCE)" पद्धति का होता है तथा पढ़ाई का क्रम यूरोपीय अथवा पाश्चात्य देशों जैसा होता है। स्कूल का भवन तथा संवहन व्यवस्था, पूर्णतः वातानुकूलित होती है।

प्रत्येक छात्र को एक चल-संगणक (लैपटॉप) दिया जाता है। उपहारगृह एक सम्पन्न रेस्तराँ जैसा होता है। स्कूल के आहाते में ही खेलकूद की सारी सुविधाएं, घुड़सवारी से लेकर स्नूकर, गोल्फ, जल-तरण एवं अन्य परम्परागत खेल, क्रिकेट, हॉकी, फुटबॉल, बास्केटबॉल सबकी व्यवस्था होती है। सांस्कृतिक कार्यक्रमों के लिए रंगभूमि, स्वास्थ्य केन्द्र, व्यायामशाला, खरीददारी के लिए शॉपिंग सेन्टर उपलब्ध होते हैं। इन स्कूलों में प्रति छात्र वार्षिक व्यय पांच लाख रुपये या उससे अधिक होता है।

सुविधाओं की दृष्टि से ये स्कूल तो अद्धितीय होते हैं, पर इनमें कुछ खामियाँ स्पष्ट रूप से दिखाई देती हैं। अति सम्पन्नता का बच्चों के जीवन पर अहितकारी प्रभाव पड़ता है। ये छात्र भविष्य में भारतीय वातावरण में समरस होने में कठिनाई का अनुभव करते हैं। वे या तो निजी व्यवसाय में किसी ऊंचे पदों पर रहते हैं या फिर विदेशों में ही जाकर बस जाते हैं।

10. शिक्षा पद्धति में परिवर्तन

समय के साथ शिक्षा देने की पद्धति में भी आमूल परिवर्तन हुआ है। कुछ दशकों पूर्व बच्चों के लिए शिक्षा पाना मजे की बात हुआ करती थी। किसी भी अच्छे स्कूल या कॉलेज में दाखिला लेना साधारण सी बात होती थी। उस दौरान छमाही अध्ययन क्रम भी नहीं हुआ करता था। सत्र के प्रारंभ से आठ महीनों तक पढ़ाई का काल तो आनंदमय ही रहता था, क्योंकि इस दौरान बच्चों को ज्यादा पढ़ाई नहीं करनी पड़ती थी। परीक्षाओं के 2 महीने पहले ही छात्रों को पढ़ाई में जुट जाना पड़ता था। मौज मस्ती के लिए ग्रीष्मकालीन अवकाश भी हुआ करता था। छात्रों को प्रतिदिन घर के आसपास या स्कूल के मैदानों में खेलने कूदने के लिए काफी समय मिला करता था।

पर अब समय बीतते, परिस्थितियों में काफी परिवर्तन आ गया है। अब तो बच्चों को उनकी रीढ़ झुक जाये इतना कापी-किताबों का भारी बोझ रोज स्कूल ले जाना पड़ता है। उन्हें इतना गृह-कार्य (होमवर्क) दिया जाता है कि, न तो छात्र को और न उसके पालकों को फुर्सत मिल पाती है। वास्तविकता में शिक्षा पद्धति की रचना इस तरह होनी चाहिये कि बालकों को ज्ञानार्जन करते-करते अपने व्यक्तित्व का विकास करने के लिये भी समय मिले। आजकल बच्चे खेलकूद में भाग लेना नहीं चाहते, और न उनके माता-पिता ही उन्हें इसके लिए प्रोत्साहन देते हैं, क्योंकि दोनों यही सोचते हैं कि खेलकूद में समय गँवाने के बजाय पढ़ाई में समय लगाया

जाए। ऐसी सोच से बच्चे अपना सर्वांगीण विकास तो कर ही नहीं पाते, बल्कि वे यह भी भूल जाते हैं कि खेलकूद में थोड़ा समय बिताने पर पढ़ाई में अधिक ध्यान दिया जा सकता है।

अभी दसवीं कक्षा तक कोई व्यावसायिक पाठ्यक्रम न होने के कारण छात्र केवल सैद्धान्तिक अध्ययन ही कर पाते हैं। इसी कारण छोटे आयु में बच्चों में सृजनता होने के बावजूद उनका विकास नहीं हो पाता। प्रारंभिक स्तर पर ही व्यावसायिक पाठ्यक्रम अगर शुरू कर दिया जाये तो बच्चे का दृष्टिकोण विस्तारित होगा और उसमें स्वरोजगार करने का विश्वास जागृत होगा।

(4) अध्ययन के लिए पाठ्यक्रम (Curriculum)

1. स्कूलों में पढ़ाई का माध्यम

शालेय शिक्षा का माध्यम यदि मातृभाषा में हो तो ठीक रहता है। चूंकि घर के वातावरण में उसे मातृभाषा के उपयोग की आदत होती है, अतः उसी भाषा में स्कूल में पढ़ना उसके लिए सरल हो जाता है। पर यह बात एक स्तर तक के लिए ठीक हो सकती है। बच्चे को भविष्य में राष्ट्रीय और अन्तर्राष्ट्रीय स्तर पर कार्य करने के लिए सक्षम होना जरूरी है, अतः जितनी जल्दी हो सके, हिन्दी व अंग्रेजी भाषा का ज्ञान देना प्रारंभ किया जाना चाहिए। यदि मातृभाषा, हिन्दी तथा अंग्रेजी के अतिरिक्त तीसरी भाषा हो तो बच्चों पर थोड़ा भार तो बढ़ेगा ही। किन्तु बच्चों में ज्ञान आत्मसात करने की अतिरिक्त क्षमता होती है। और इसके सिवाय वर्तमान और भविष्य में इसका कोई पर्याय भी नहीं है। अधिकांश देशवासी हिन्दी अच्छी तरह समझते हैं, इसीलिए वह हमारी राष्ट्रभाषा है।

विश्वस्तर पर देखा जाये तो साधारणतः सभी कार्यों में अंग्रेजी भाषा का उपयोग ही देखा गया है। वर्षों पूर्व कुछ देशों – खासकर फ्रांस के प्रख्यात भाषाशास्त्रज्ञों ने अंग्रेजी की पर्याय भाषा विकसित करने का प्रयास किया था। उस समय वर्तमान जैसी विश्वीकरण की पद्धति अस्तित्व में नहीं थी। फिर भी उस काम को गति नहीं मिल सकी। आजकल तो विश्वीकरण की प्रक्रिया बड़ी तेजी से बढ़ रही है और अंग्रेजी का पर्याय ढूंढना असंभव हो गया है। तांत्रिकी और वैज्ञानिक अनुसंधान में शीघ्र गति से विकास हो रहा है तथा इस क्षेत्र का अधिकांश साहित्य अंग्रेजी भाषा में ही है। 'विश्व व्यापार संगठन (WTO)' के आ जाने से देशों के बीच की व्यापारिक रुकावटें हटती जा रही हैं। इसी परिपेक्ष्य में सभी देश लगभग सभी व्यावहारिक कार्यों

में अन्तर्राष्ट्रीय संवाद के लिए अंग्रेजी भाषा, माध्यम के रूप में स्वीकार करने के लिये राजी हो गये हैं। अब तो सभी क्षेत्रों में इसी भाषा के प्रयोग के पक्ष में हमारे देशवासियों का भी बदलता दृष्टिकोण नजर आ रहा है। विदेशी भाषा होने के कारण, उसका उपयोग न करने का पूर्व दुराग्रह अब समाप्त हो रहा है। यह निर्विवाद सत्य है कि इस भाषा (अंग्रेजी) में अच्छा ज्ञान उपलब्ध होने के कारण, यूरोप, अमेरिका या अन्य विकसित देशों में नौकरियों, उच्च शिक्षा तथा व्यापारिक अवसरों के लिए चीन, जापान जैसे अन्य देशवासियों की तुलना में भारतीयों को अधिक स्वीकार किया जाता है। अमेरिका, इंग्लैड जैसे देशों में भारतीयों की बहुत बड़ी संख्या इस तथ्य को प्रमाणित करती है। अंग्रेजी भाषा के अच्छे ज्ञान के भरोसे, विश्व पटल पर सर्वाधिक लाभ प्राप्त करने के दृष्टिकोण से, इस भाषा का अधिक ज्ञान सम्पादन करने की दिशा में बढ़ना हितावह है। खुले तौर पर भले ही हम स्वीकार न करें, पर यह कहना गलत नहीं होगा कि भारत को अंग्रेजी शासन का यह एक ठोस लाभ मिला है।

2. पाठ्यक्रम

शिक्षा का पाठ्यक्रम इस ढंग से तैयार किया जाना चाहिए जिससे शिक्षा के मूल उद्देश्य पूरे हो सकें। अक्षरज्ञान के अलावा चरित्र निर्माण तथा सृजनता को प्रोत्साहन जैसे आधारभूत तत्वों की ओर भी ध्यान दिया जाना जरूरी है। महज किताबी पढ़ाई के बजाय कार्य-अनुभव के माध्यम से ज्ञान दिलाने पर अधिक जोर देना जरूरी है।

आसपास की बदलती परिस्थिति का भी ध्यान रखना होगा। बीतते समय और तेज गति के संचार माध्यमों से विश्व छोटा हो रहा है, तथा विश्वीकरण की प्रक्रिया बढ़ती जा रही है। इसका अर्थ यह है कि हम अलग होकर नहीं रह सकते और जीवन के प्रारंभिक काल में ही अन्तर-व्यक्तिय सम्बन्धों के बारे में सीख लेना आवश्यक हो जाता है। अत: शिक्षा पद्धति की संरचना इस भांति होनी चाहिए ताकि विभिन्न सामाजिक, सांस्कृतिक व आर्थिक पृष्ठभूमि से आने वाले छात्रों के दृष्टिकोण एक रूप व परिपक्व हो सकें।

3. शालेय शिक्षा में पर्यावरण (Environmental) अध्ययन

प्राकृतिक आपदाओं के विषय में उचित जागरूकता न होने से अनेक समस्याएं निर्मित होती हैं। 'शिक्षा की राष्ट्रीय नीति 1986' के अनुसार पर्यावरण की सुरक्षा भी बहुमूल्य है, जिसे शिक्षा के हर स्तर के पाठ्यक्रम में शामिल किया जाना चाहिए। इस उद्देश्य की पूर्ति के लिए प्रारंभिक स्तर पर ही पर्यावरण-शिक्षा प्रारंभ कर देना

आवश्यक है, ताकि प्राकृतिक आपदाओं के कारण वातावरण में होने वाले असंतुलन के प्रति छात्रों में संवेदनशीलता का निर्माण हो। इन प्रयासों से छात्रों में पर्यावरण के उचित रख–रखाव से सम्बन्धित मूलभूत धारणाओं की जानकारी तथा उनके प्रति संवेदनशीलता उत्पन्न की जा सकती है।

इन्हीं उद्देश्यों की पूर्ति के लिए 1988–89 में "स्कूली शिक्षा में पर्यावरण अभ्यास" कार्यक्रम चलाया गया। इस योजना में स्वयंसेवी संस्थाओं को अनुदान देकर स्थानीय पर्यावरण स्थिति को देखते हुए स्कूलों में प्रयोग तथा अन्य कल्पनाशील कार्यक्रम आयोजित करना जरूरी है, जिससे शालेय कार्यक्रमों का समन्वय हो सके। देश के सर्वोच्च न्यायालय ने आदेश जारी कर शालेय शिक्षा पद्धति में पर्यावरण शिक्षा को अनिवार्य कर दिया है।

4. स्कूलों में विज्ञान शिक्षा

केन्द्रीय संचालन में चल रही 'राष्ट्रीय शिक्षा नीति 1986' के अन्तर्गत 1987–88 में 'स्कूलों में विज्ञान शिक्षा' का कार्यक्रम चलाया गया। इसमें उच्च प्राथमिक शालाओं में विज्ञान के साधन उपलब्ध कराने के लिए राज्यों को सहायता दी गई। कुछ स्वयंसेवी संस्थाओं को भी प्रायोगिक व नवसृजनात्मक कार्यक्रम आयोजित करने के लिए अनुदान दिया जाता है। इस योजना के महत्त्वपूर्ण अंगों में से एक, शालेय स्तर के भारतीय छात्रों द्वारा 'अन्तर्राष्ट्रीय वैज्ञानिक ऑलेम्पियाड में भाग लेना' है।

5. स्कूलों में जनसंख्या सम्बन्धी शिक्षा

'राष्ट्रीय जनसंख्या सम्बन्धी शिक्षा' योजना अप्रैल 1980 में जारी की गई। इस योजना के अनुसार शालेय शिक्षा पद्धति में जनसंख्या सम्बन्धी शिक्षा को महत्त्वपूर्ण स्थान देने का निश्चय हुआ। यह योजना पूर्णतः 'संयुक्त राष्ट्र संघ की जनसंख्या निधि (UNPF)' द्वारा अनुदानित है। और अब उच्च–शिक्षा स्तर तथा प्रौढ़ शिक्षा में भी लागू हो रही है। इस योजना का चौथा क्रम दिसंबर 2002 में समाप्त हुआ है। अब 2003 से यह योजना केन्द्र द्वारा अनुदानित रहेगी।

6. स्कूलों में धार्मिक शिक्षा

शालेय पाठ्यक्रम में धर्म की शिक्षा को स्थान देने के प्रश्न पर हमारे देश में लम्बी बहस चल रही है। धर्म, व्यक्तिगत श्रद्धा का विषय होने से इस बारे में मतभेद होना स्वाभाविक है। फिर भी साधारणतः सभी धर्मों में पाए जाने वाले समान नीति

जैसे सच्चाई, ईमानदारी, स्वच्छता, मानसिक और शारीरिक पवित्रता, अच्छा व्यवहार, दूसरों की मदद करना आदि को पाठ्यक्रम में स्थान देने पर मोटे तौर पर मतैक्य है। केन्द्र सरकार द्वारा स्कूलों में 1989-90 में योग शिक्षा को आरम्भ किया गया।

7. पढ़ाई का बोझ

बच्चों के मनोरंजन और मौज-मस्ती के वे दिन अब समाप्त हो गए हैं जब वे आसपास की सभी चीजों में, घर में होने वाले हंसी मजाक में, खेत खलिहानों में घूमने में, बरसात में भीगने में या इन्द्रधनुष के रंगों की सुंदरता का आनंद लेने में उन्हें खुशियाँ मिलती थीं। ऐसी बातों से उन्हें अत्त्यधिक आनंद मिलता था। पढ़ाई का कोई बोझ उन पर नहीं होता था। न साप्ताहिक, न मासिक परीक्षाएं हुआ करती थीं, बस साल के अंत में एक वार्षिक परीक्षा होती थी, जिसके लिए आखिरी दो महीनों की पढ़ाई से काम चल जाता था। शिक्षा की प्रक्रिया में किसी भी प्रकार की अनिवार्यता नहीं होती थी। आजकल तो शिशु-वर्ग (नर्सरी) से ही शिक्षा की चक्की शुरू हो जाती है। प्राथमिक वर्गों में भी साप्ताहिक तथा मासिक परीक्षाएं आम बात हो गई है। आजकल बच्चों को पुस्तकों तथा कापियों का कम से कम 5 किलो का बोझ पीठ पर लाद कर ले जाना पड़ता है। इस बोझ के कारण, देर-सवेर उन्हें पीठ का दर्द शुरू हो जाये तो आश्चर्य नहीं होना चाहिए। होमवर्क तो इतना ज्यादा दिया जाता है कि उन्हें खेलने, कथा-कहानियां पढ़ने, गीत गाने या चित्र बनाने अथवा पक्षियों की उड़ान देखने, तथा अन्य सृजनात्मक बातों के लिए समय ही नहीं मिलता। दिनचर्या इतनी व्यस्त रहती है कि उन्हें इधर-उधर देखने का मौका ही नहीं मिलता। यह कहना गलत नहीं होगा कि छुटपन से ही बच्चों को मानो फौजी अनुशासन में ढाला जाता है। यही वजह है कि बच्चे अक्सर अपूर्णता की भावना से ग्रसित रहते हैं और शिक्षकों की तथा माता-पिता की उम्मीदों पर खरे न उतरने का भय उनके मन में हमेशा बना रहता है।

दुर्भाग्यवश माता-पिता भी बच्चों से अवास्तविक आशा रखते हैं। परीक्षा में अच्छे नंबर न पाने वाले बच्चे, शिक्षक तथा माता-पिता दोनों से ही उपेक्षा की दृष्टि से देखे जाते हैं। फिर बच्चे किसी ऐसे व्यक्ति की तलाश करते हैं जो उनका दुखड़ा सुन सके, उनकी भावनाओं को समझ सके। परंतु वर्तमान छोटे परिवार में आजकल दादा-दादी तो होते नहीं, जो बच्चों को दुलार दे सकें और वक्त आने पर बच्चों के माता-पिता को भी बच्चों के प्रति वास्तविक या व्यावहारिक दृष्टि रखने को कह

सकें। कई बार बच्चे मानसिक तौर पर अकेलेपन का अनुभव करने लगते हैं। कुछ मामलों में स्थिति तो शोकान्तिका की हद तक बिगड़ जाती है। ऐसी स्थिति में अबोध बच्चों को दोष देना अनुचित है। जिम्मेदारी तो माता-पिता, शिक्षक और शिक्षा पद्धति की है, जो बच्चे को पलायन का यह मार्ग चुनने को बाध्य करते हैं। अपवादात्मक मामले छोड़ दें, फिर भी साधारणत: वर्तमान पद्धति, बच्चों के व्यक्तित्व विकास को सहायता देने के बजाय उसकी प्रक्रिया में बाधायें ही बन जाती हैं।

होमवर्क के बारे में कहा जाये तो, कापी-किताबों का इतना बड़ा बोझ, प्रतिदिन स्कूल में ले जाने, लाने की जरूरत ही नहीं होनी चाहिए। अधिकांश पढ़ाई तो स्कूल में ही पूरी हो जानी चाहिए। इससे बच्चों को उनको रुचि के अनुसार उनकी पसंद का काम करने की फुर्सत मिलेगी। अब तो कुछ स्कूलों में खासकर उच्च श्रेणी के स्कूलों में यह पद्धति अपनाई जा रही है। कई शालाओं में पुस्तकों के दो संच रखे जाते हैं - एक स्कूल में ही रखा रहता है, ताकि बच्चों को स्कूल में किताबें न ले जाना पड़े।

पढ़ाई का तरीका या शिक्षा की प्रक्रिया को मनोरंजक बनाया जा सकता है। सर्वप्रथम शिक्षक को कक्षा में मैत्रिपूर्ण वातावरण तैयार करना जरूरी होता है। शिक्षक को बच्चों की ग्रहणशक्ति के मनोविज्ञान की जानकारी होनी चाहिए। उन्हें पढ़ाने का ऐसा तरीका अपनाना चाहिए जिससे बच्चों में उस विषय के प्रति रुचि का निर्माण हो।

इस बारे में एक प्रत्यक्ष उदाहरण से बात अधिक स्पष्ट हो सकती है। आम तौर पर गणित सबसे कठिन विषय समझा जाता है और बच्चों में उसके प्रति कुछ डर की भावना होती है। 1955-56 में हमारी दसवीं व ग्यारहवीं कक्षा में गणित पढ़ाने वाले शिक्षक - जो अन्यथा बड़े सख्त थे, कक्षा में आते ही किसी मनोरंजक कहानी से प्रारंभ करते थे। सभी छात्र कहानी में एकाग्र हो जाते थे। कहानी खत्म होते-होते वे गणित की ओर कब मुड़ जाते, बच्चों को पता ही नहीं चलता था। गणित का उत्तर ढूंढ़ने की प्रक्रिया में सभी को शामिल कर लेते। सारा अभ्यास इस प्रकार प्रस्तुत होता, जिससे सभी छात्र, शिक्षक की सहायता के बिना खुद प्रश्न का हल ढूंढने में लग जाते। उत्तर ढूंढने का श्रेय उन्होंने खुद कभी नहीं लिया। इससे छात्रों में स्वयं कुछ करने की भावना जागृत होती थी। उनकी कक्षा में उपस्थिति पूरी होती थी, और परिणाम भी बहुत अच्छे निकलते थे। सारांश यह कि उपदेशों से प्रारंभ करने के बजाय, शिक्षक को कक्षा में पढ़ाए जाने वाले विषय के प्रति रुचि का वातावरण तैयार करना जरूरी है।

कुछ शिक्षकों के तरीके बड़े सख्त और रूखे होते हैं। बच्चों में ऐसे शिक्षकों के प्रति नकारात्मक भावनाएं पैदा होती हैं तथा ऐसे शिक्षकों की कक्षाओं में जाने से वे कतराते हैं। अनिवार्यता होने पर ही उन कक्षाओं में जाते हैं। इसी तरह यदि माता–पिता भी बच्चों के साथ मैत्रीपूर्ण व्यवहार अपनाएं तो बच्चों की प्रगति निश्चय ही अच्छी होगी।

8. ट्यूशन का चाबुक

अतिरिक्त ट्यूशन का जन्म इस विचार से हुआ कि कुछ छात्र विभिन्न कारणोंवश पढ़ाई में इतने कमजोर होते हैं कि, शिक्षकों के अतिरिक्त मेहनत के बिना वे कक्षा में अन्यों की बराबरी पर चल नहीं सकते। वस्तुतः इन कमजोर छात्रों की सहायता का उत्तरदायित्व या तो उनके स्कूलों को अतिरिक्त–अध्यापन की कक्षाएं लगाकर उठाना चाहिए या उनके माता–पिता को उठाना चाहिए, बशर्ते वे शिक्षित हों। परन्तु कालान्तर में देखा गया कि अतिरिक्त धन कमाने के उद्देश्य से इन शिक्षकों ने अपने घरों में ही पढ़ाना शुरू कर दिया। धीरे–धीरे यह भ्रष्टता इतनी बढ़ने लगी कि शिक्षकगण स्कूलों में अच्छा पढ़ाने के बजाय छात्रों को निजी अध्ययन कक्षाओं में प्रवेश लेने के लिए बाध्य करने लगे।

आजकल तो ऐसे निजी अध्ययन कक्षाओं (कोचिंग क्लासेस) की संख्या बरसाती मेंढकों जैसी बढ़ गई है। इनमें से कुछ तो आकर्षक विज्ञापनों के माध्यम से परीक्षा परिणामों के झूठे दावे देकर छात्रों को ठगते हैं। प्रतियोगिताओं के इस युग में छात्र अक्सर चिंताग्रस्त रहते हैं और अनेक छात्र इन वर्गों से लाभ मिलने की आशा से, ऐसी संस्थाओं के जाल में फंस जाते हैं। चूंकि ये निजी अध्यापक तथा अध्ययन वर्ग पूरी तरह व्यापारी तौर पर चलते हैं, अतः ये वर्ग समय, प्रयास तथा धन तीनों दृष्टि से पूर्णतः अनुपयुक्त हैं। स्कूल के वर्गों में अच्छी भौतिक शिक्षा देने की अपनी मौलिक जिम्मेदारी से भटके ये शिक्षक, शिक्षा पद्धति के लिये अभिशाप हैं। यही नहीं, कमजोर छात्रों की सहायता के लिए स्कूलों में ही अतिरिक्त अध्यापन वर्ग लगाने की जिम्मेदारी तो स्कूल व्यवस्थापकों की ही होती है। शिक्षित माता–पिता की भी यह जिम्मेदारी बनती है कि सारा भार स्कूलों पर डालने के बजाय वे खुद अपने बच्चों की सहायता करें। लेकिन माता–पिता दोनों नौकरी करने वाले हो तो अपने बच्चों को समय न दे पाने के कारण उनका झुकाव बच्चों को ट्यूशन की सहायता उपलब्ध कराने के प्रति रहता है।

9. अध्ययन दल (Study/Work Groups)

अध्ययन संबंधी कठिन बातें कक्षा के छात्रों को अध्ययन दलों में बांटकर उनसे सरल समस्याओं का हल ढूंढवाना, एक बड़ा रोचक तरीका है। दलों में होने वाली प्रतियोगिता से एक दल के अंदर सब के आपसी सहयोग से एकजुट होकर काम करना विशेष महत्त्वपूर्ण होता है। इससे विद्यार्थियों को आपसी सम्बन्धों के मूल तत्वों की जानकारी मिलती है, जो उन्हें समाज में दूसरों के साथ अच्छे व्यवहार के लिए प्रेरित करती है।

(5) शिक्षा क्षेत्र में विभिन्न प्रयोग

अपने देश में सभी को शिक्षा दिलाने का कार्य इतना विशाल है कि किसी एक प्रयोग मात्र से इच्छित परिणाम प्राप्त कर लेना संभव नहीं है। इस कार्य पूर्ति के लिए बहुआयामी, बहुस्तरीय प्रयास आवश्यक है। अनेक संस्थाओं ने ग्रामीण क्षेत्र में साक्षरता का प्रसार करने के कार्य में सहायता देने का मानस प्रगट किया है। इन प्रयासों में उन्होंने सम्पूर्ण समुदाय को शामिल करने का उपक्रम किया। ऐसे ही कुछ संस्थाओं के उल्लेखनीय कार्यों का ब्यौरा नीचे दिया जा रहा है।

1. लोक जुम्बीश

'स्वीडन के अन्तर्राष्ट्रीय विकास एजेन्सी (SIDA)' की सहायता से 1992 में राजस्थान में प्रारंभिक 'लोक-जुम्बीश' योजना का उद्देश्य सम्पूर्ण समुदाय का भाग लेते हुए सभी के लिए शिक्षा की व्यवस्था करना था। योजना के लिए व्यय में स्वीडन की एजेन्सी, भारत सरकार तथा राजस्थान सरकार इन तीनों का हिस्सा क्रमशः 3:2:1 के अनुपात में था। जून 2004 में समाप्त होने वाली योजना के तीसरे सत्र की निधि इग्लैंण्ड के 'अन्तर्राष्ट्रीय विकास विभाग (DFID)' द्वारा दी जाने वाली थी। इस अभिनव योजना के अन्तर्गत प्राथमिक शिक्षा विकास से सम्बन्धित शिक्षकों के प्रशिक्षण, न्यूनतम स्तर की पढ़ाई-लिखाई, नए स्कूल खोलना, पहले से चल रही प्राथमिक शालाओं की क्रमोन्नति, अनौपचारिक शिक्षा केन्द्र खोलना, तथा शिक्षा की स्थिति दर्शाने सम्बंधी गांव के घरों का मानचित्र-स्कूल मैपिंग बनाने जैसे अनेक कार्यक्रम किए गए। योजना का प्रथम सत्र जून 1994 तक सम्पन्न हुआ। दूसरा सत्र जुलाई 1994 से दिसंबर 1999 तक तथा तीसरा सत्र जुलाई 1999 से जून 2004 तक चला। अभी तक यह योजना 13 जिलों के 177 खंडों तथा 23,234 गांवों में क्रियान्वित हुई।

योजना का सिंहावलोकन करने हेतु, 'संयुक्त सिंहावलोकन मिशन (JRM)' ने जनवरी 2004 में राजस्थान का दौरा किया तथा कार्यक्रमों के प्रगति की सराहना की। इस मिशन ने लोक जुम्बीश योजना को सर्व शिक्षा अभियान में समाविष्ट करते हुए उसके अच्छे तौर तरीकों को मुख्य धारा में लाने की सिफारिश की।

2. महिला समाख्य

ग्रामीण क्षेत्र की विकास प्रक्रिया में महिलाओं के सहभाग का महत्त्व सभी समझते हैं। 'महिला समाख्य' (अर्थात महिलाओं में समानता के लिए शिक्षा) योजना 1989 में प्रारंभ हुई। इसका उद्देश्य ग्रामीण क्षेत्रों में खासकर सामाजिक व आर्थिक दृष्टि से निम्न स्तर पर स्थित गुटों की महिलाओं की शिक्षा और उनका सबलीकरण करना है। इस योजना के अन्तर्गत 9 राज्यों के 63 जिलों से 15800 गांवों को सम्मिलित किया गया।

इस कार्यक्रम के मुख्य उद्देश्य हैं महिलाओं में आत्मसम्मान तथा आत्मविश्वास जागृत करना, एक ऐसा वातावरण तैयार करना जिसमें महिलाएं ज्ञान और जानकारी अर्जित कर सकें ताकि सामाजिक कार्यों में ठोस भूमिका प्रस्तुत करने की उनकी ताकत बढ़े, विकेन्द्रित और भागीदारी पूर्ण व्यवस्थापन स्थापित करना, महिलाओं के गुटों को गांवों में चलने वाली शैक्षणिक गतिविधियों का मूल्यांकन तथा व्यवस्थापन करने योग्य बनाना, ताकि महिलाओं तथा युवा लड़कियों की औपचारिक व अनौपचारिक शिक्षा योजनाओं में अधिक भागीदारी हो सके।

यह संगठन एक मंच भी तैयार करता है, जहां महिलाएं आपस में मिल सकें तथा अपनी समस्याओं पर चर्चा कर सकें। सखी या सहायकी नामक दो या उससे अधिक लड़कियों का गुट बनाया जाता है, जो इस क्षेत्र में चल रहे सभी कार्यों के बीच आपसी सम्बन्ध जोड़ने का कार्य करती हैं। वे कार्य संवहक होती हैं और उन्हें उसी ढंग से प्रशिक्षित किया जाता है। दस गांवों का गुट बनाकर वहां योजनाओं में कार्य करने व भागीदारी के लिए प्रोत्साहन देने, सहयोग करने और मार्गदर्शन करने के लिए सहयोगिनी भी होती है।

3. जनशाला

देश के सभी राज्यों में साक्षरता की प्रगति एक जैसी नहीं है। इसी तरह राज्य के ग्रामीण क्षेत्रों में भी भिन्नता है। 'सर्वव्यापी प्रारंभिक शिक्षा' की प्राप्ति के लिए चल रही योजनाओं की सहायता करने के लिए, जनशाला, भारत सरकार तथा राष्ट्रसंघ

की संस्थाओं का मिला-जुला प्रयास है। प्राथमिक शिक्षा के कार्यक्रमों में स्थानीय समुदायों की भागीदारी को प्रोत्साहित करते हुए इस योजना में लड़कियों, वंचित समुदायों, निम्न स्तर पर रहे तबकों, अनुसूचित जाति, अनुसूचित जनजाति तथा अल्पसंख्यकों, मजदूरी में लगे बालकों तथा विशेष जरूरतमंद बच्चों के लिये प्राथमिक शिक्षा अधिक सुलभ बनाने का प्रयास किया जाता है। यह खंड आधारित कार्यक्रम है, तथा महिलाओं में निम्न साक्षरता प्रमाण, बाल मजदूरी की संभावनाएं, तथा अनुसूचित जाति व अनुसूचित जनजातियों की जनसंख्या में अधिकता के आधारों पर खंडों का चयन होता है।

संयुक्त राष्ट्रसंघ की संस्थायें जैसी यू एन डी पी (UNDP) /यूनीसेफ (UNICEF), तथा यू एन एफ पी ए (UNFPA) ने इस कार्यक्रम के लिए निधि की व्यवस्था की है और यूनेस्को (UNESCO) और आई एल ओ (I.L.O.) ने तांत्रिकी सहयोग दिया है।

यह कार्यक्रम 9 राज्यों के 30 जिलों में बनाए 139 खंडों में चल रहा है तथा पर्यायी स्कूल खोले गए हैं, और अनेक शिक्षकों को अध्यापन के विभिन्न पहलुओं पर प्रशिक्षण दिया गया है।

4. केरल का e-इंटरनेट साक्षरता का आदर्श

केरल राज्य के प्राथमिक शिक्षा अभियान में राज्य का मल्लापुरम जिला आदर्श नमूना बन गया है। जिले की e-इंटरनेट द्वारा चलायी जा रही 'अक्षय-योजना' से जिले का साक्षरता स्तर काफी ऊंचा उठा है। इस जिले में स्कूल छोड़कर जाने वाली लड़कियों की संख्या सर्वाधिक थी। पर अब वहां सैकड़ों अक्षय केन्द्र खुल गए हैं जहां, प्राथमिक शिक्षा, दुरस्थ शिक्षा तथा ऐसी अन्य अनेक सेवाएं चल रहीं है। जिले में 40 केन्द्र खुले हैं, जिनमें प्रमाण 15 घंटों का प्रशिक्षण दिया जाता है। इस जिले में दौरे पर आए दूसरे देशों के प्रतिनिधि मंडल, इस योजना से इतने प्रभावित हुए कि उन्होंने अपने देश के ग्रामीण इलाकों में इसी योजना का प्रतिरूप चलाने का मानस प्रगट किया। योजना की सफलता ने सिद्ध कर दिया है कि शहरी जनसंख्या की तुलना में ग्रामीण जनता की क्षमता किसी मायने में कम नहीं है। सवाल केवल उचित अवसर प्रदान करने का है, जिसमें ग्रामीण जनता अपनी सृजनता प्रगट कर सके।

(6) समाज के कमजोर वर्गों को प्रशिक्षण देने हेतु विशेष प्रावधान

किसी एक क्षेत्र से लेकर समाज के विभिन्न वर्गों के बीच फैली विषमताएं ही

सामंजस्य बिगाड़ने का मुख्य कारण बनती हैं। चूंकि शिक्षा एक बड़ा समतोलक है, और व्यक्ति के विकास का महत्त्वूपर्ण अंग भी है, अतः संविधान और नीतिगत ढांचों में समाज के कमजोर वर्गों को शिक्षा दिलाने के लिए अधिकाधिक अवसर दिलाने हेतु विशेष प्रावधान किए जाते हैं।

1. अनुसूचित जाति/जनजाति

अनुसूचित जाति तथा अनुसूचित जनजातियों में शिक्षा के प्रसार के लिए सरकार ने अनेक कदम उठाए हैं। फिर भी इस समुदाय को अन्य समुदायों की शिक्षा स्तर तक पहुंचने में अभी लम्बा समय लग सकता है। राष्ट्रीय शिक्षा योजना 1986 तथा क्रियान्वयन कार्यक्रम 1992 के तहत, वर्तमान प्रारंभिक शिक्षा और साक्षरता योजना में निम्न प्रावधानों को शामिल किया गया है। प्राईमरी तथा उच्च प्राईमरी शालाएं खोलने के लिए शर्तों में सुधार लाना, पहले की हर 300 की आबादी के स्थान पर अब 200 की आबादी वाले स्थान से 1 किलोमीटर दूरी के अन्दर शाला का होना, उच्च प्राईमरी स्तर तक सभी सरकारी स्कूलों में निःशुल्क शिक्षा, पाठ्य पुस्तकें, गणवेश, लेखन सामग्री तथा स्कूली बस्तों को प्रेरणा हेतु बांटना आदि। मध्यान्ह भोजन योजना को तो कार्यक्रम की सफलता का द्योतक माना जा रहा है। यह योजना सभी सरकारी स्थानीय संस्थाओं तथा सरकार द्वारा अनुदानित स्कूलों के सभी प्राथमिक वर्ग के छात्रों पर लागू है, ताकि भर्ती संख्या में बढ़ोत्तरी हो, स्कूल छोड़कर जाने वालों की संख्या कम हो तथा उपस्थिति स्थायी हो। साथ-साथ बच्चों के पोषण स्तर में सुधार का उद्देश्य भी इस योजना का अंग है।

इन योजनाओं में जैसे सर्व शिक्षा अभियान, जिला प्राईमरी शिक्षा कार्यक्रम तथा शिक्षा कर्मी योजना (SKP) में ढांचागत सुविधाओं की व्यवस्था के साथ लड़कियों तथा अनुसूचित जाति व जनजातियों की शिक्षा पर भी जोर दिया गया है।

2. अल्पसंख्यकों के लिए शिक्षा

समानता और सामाजिक न्याय के दृष्टिकोण से बनी, राष्ट्रीय शिक्षा योजना 1986 तथा क्रियान्वयन कार्यक्रम 1992 में शिक्षा की दृष्टि से पिछड़े अल्पसंख्यकों की शिक्षा पर अधिक ध्यान देने का प्रावधान है। इस कार्यक्रम के तहत, 1993-94 में दो योजनाएं शुरू की गईं जिनको अभी मिलाकर 'क्षेत्रीय गहन वृद्धिगत तथा मदरसा आधुनिकीकरण कार्यक्रम' (AIMMP) नाम दिया गया है। इस योजना के लिए निधि भारत सरकार देती है। यह योजना अल्पसंख्यकों की शिक्षा के लिए प्रायोजित है।

3. महिला साक्षरता – विशेष उपाय योजना

प्राथमिक शिक्षा की पहुंच में अभिवृद्धि तथा स्कूल के बाहर रहे छात्रीं – खासकर लड़कियों की स्कूलों में भर्ती, ये दोनों समस्याएं आज भी खड़ी हैं। 2001 की जनगणना के अनुसार महिला साक्षरता 53.67 प्रतिशत तथा पुरुष साक्षरता 75.26 प्रतिशत है। महिलाओं के न्यूनतम साक्षरता क्षेत्रों को लक्ष्य बनाने के लिए उत्तर प्रदेश, बिहार और उड़ीसा के 45 जिलों की पहचान की गई जहां महिला साक्षरता महज 30 प्रतिशत से कम है। इन जिलों में महिला साक्षरता बढ़ाने कें लिए गतिशील कार्यक्रम किए गए तथा अच्छे परिणामों के लिए महिला स्वयं सेविकाओं तथा गैर–सरकारी संगठनों को इस काम में सम्मिलित किया गया।

सर्व शिक्षा अभियान, जिला प्राथमिक शिक्षा योजना तथा शिक्षा–कर्मी योजना, इन सभी योजनाओं में सारे देश में महिला साक्षरता में वृद्धि को ही दृष्टि पथ में रखा गया है।

उत्तर प्रदेश में 97 तथा उड़ीसा में 117 गैर–सरकारी संगठन महिलाओं में साक्षरता बढ़ाने के काम में जुटे हुए हैं। यह उपाय योजना उत्तर प्रदेश की 27 लाख, बिहार की 20 लाख, झारखंड की 5 लाख तथा उड़ीसा की 10.43 लाख महिलाओं तक पहुंच चुकी है।

4. छात्राओं के लिए छात्रावास

'स्कूलों की समीपता और सामाजिक समानता (Access and Equity)' नामक इस नूतन योजना के अन्तर्गत ग्रामीण क्षेत्रों तथा कमजोर वर्गों की युवा लड़कियों को स्कूलों में भर्ती की अभिवृद्धि के लिए स्वयंसेवी संगठनों को आर्थिक सहायता दी जाती है। माता–पिता अपनी कन्याओं को दूर के स्कूलों में भेजना नहीं चाहते। इसी समस्या से निबटने के लिए, आर्थिक सहायता देते समय पिछड़े क्षेत्रों में खासकर जहां अनुसूचित जाति तथा अनुसूचित जनजातियों एवं शिक्षा की दृष्टि से पिछड़े अल्पसंख्यकों की मात्रा अधिक हो वहाँ छात्रावासों को खुलवाने को प्रधानता दी जाती है।

(7) शैक्षणिक अनुसंधान तथा शिक्षकों का प्रशिक्षण

1. राष्ट्रीय शैक्षणिक अनुसंधान व प्रशिक्षण परिषद् (N C E R T)

शालेय शिक्षा से सम्बन्धित मामलों में केन्द्र तथा राज्य सरकारों को सलाह और

सहायता देने के उद्देश्य से 'राष्ट्रीय शैक्षिक अनुसंधान व प्रशिक्षण परिषद्' की स्थापना सितम्बर 1961 में हुई। यह परिषद स्कूली शिक्षा में गुणात्मक वृद्धि के लिए शैक्षणिक व तकनीकी सहयोग भी देती है। स्कूल व शिक्षकों के लिए शिक्षा कार्य में सहयोग, सुधार व समन्वय करते हुए अनुसंधान करती है, सेवाकालीन व सेवाभिमुख शिक्षकों के प्रशिक्षण की व्यवस्था करती है, विभिन्न संस्थाओं को विस्तारित सेवाएं प्रदान करती है, अध्यापन तथा शैक्षणिक तरीकों, व्यवहारों तथा नई पद्धतियों का विकास, अनुसंधानात्मक प्रयोग की कार्यवाही करती है, शालेय शिक्षा में गुणात्मक सुधार के लिए नए कार्यक्रम विकसित करने तथा उन्हें क्रियान्वित करने के लिये राज्य सरकारों की सहायता करती है, तथा शिक्षा क्षेत्र में अनुसंधान एवं प्रशिक्षण के लिए अन्तर्राष्ट्रीय संस्थाओं के साथ समन्वय भी साधती है।

2. शिक्षकों के लिए शिक्षा व प्रशिक्षण

शिक्षा पद्धति का यह एक अतिमहत्त्वपूर्ण अंग है। चूंकि बच्चे सीखने की प्रारंभिक स्थिति में होते हैं, अतः उन्हें पढ़ाने वाले शिक्षकों या शिक्षा कर्मियों को बच्चों की पढ़ाई शुरू करने के पूर्व एक संवेदनशीलता के प्रशिक्षण से होकर निकलना आवश्यक है। राष्ट्रीय शिक्षा-नीति व क्रियान्वयन कार्यक्रम के अनुचरण हेतु शिक्षकों के लिए शिक्षा की 'पुनर्रचना तथा पुनःसंगठन (RRTE)' योजना 1987-88 में बनाई गई। केन्द्रीय संचालन में बनी इस योजना का उद्देश्य इस कार्य हेतु संस्थागत ढांचा तैयार करते हुए तकनीकी व शैक्षणिक स्त्रोत का आधार निर्माण करना एवं शालेय शिक्षकों, प्रौढ़ व अनौपचारिक कर्मियों तथा शिक्षकों को प्रशिक्षण देने वाले अध्यापकों के लिए प्रशिक्षण, निरंतर ज्ञान संवर्धन क्षमता वृद्धि तथा बाल शिक्षण चातुर्य की अभिवृद्धि करना है। प्रत्येक जिले को इकाई मानते हुए हर जिले में एक 'जिला शिक्षा व प्रशिक्षण संस्था (DIET)' बनाने का प्रावधान है। यह संस्था प्राथमिक शिक्षा के शिक्षकों और अनौपचारिक शिक्षा (NFE)' एवं प्रौढ़ शिक्षा (AE) के प्रशिक्षकों को शैक्षिक तथा भौतिक साधन के आधार प्रदान करेगी। 'शालेय शिक्षकों के लिए विशेष दिशादर्शक (Orientation) प्रशिक्षण कार्यक्रम (SOPT)', 'ऑपरेशन ब्लैकबोर्ड (OB) अभियान,' 'अध्यापन साधन प्रशिक्षण (TLE)' और 'पढ़ाई-लिखाई का न्यूनतम स्तर (MLL)' योजनाओं के अन्तर्गत 2.3 लाख शिक्षकों को प्रशिक्षित किया गया है जिसमें भाषा, गणित व पर्यावरण के अध्यापन सिखाई की ओर अधिक ध्यान दिया गया। शिक्षा के अनेक पहलू राज्यों की दृष्टि से विशेष उपयोगी हैं, अतः

शिक्षकों के प्रशिक्षण को अधिक लचीला व विशिष्ट राज्य के लिये उपयोगी बनाने की दृष्टि से इस योजना के पुनर्गठन की आवश्यकता महसूस हुई है।

नए शिक्षकों या शिक्षा कर्मियों की नियुक्ति के समय ही उन्हें तालुका/खंड या जिला स्तर पर अल्पकालीन प्रशिक्षण दिया जाना चाहिए। यदि यह संभव नहीं हुआ तो उसी स्कूल के वरिष्ठ शिक्षक द्वारा उन्हें प्रशिक्षित किया जाना चाहिए, जो उनका सलाहाकार बन सकता है। यह पूर्व-ज्ञान उन नए शिक्षकों को अधिक प्रभावी ढंग से सिखाने के लिए सक्षम बनाएगा।

3. शिक्षकों की शिक्षा के लिए राष्ट्रीय परिषद (N C T E)

अगस्त 1995 में संसद के बनाए एक कानून से 'राष्ट्रीय शिक्षक-शिक्षा परिषद' की स्थापना हुई। शिक्षकों की शिक्षा पद्धति के योजनाबद्ध और समन्वित विकास के उद्देश्य से बनी इस परिषद का लक्ष्य, शिक्षा पद्धति के स्वीकृत तरीकों एवं मानकों का नियमन और उचित व्यवस्थापन करना है। 31 मार्च 2006 को 5854 शिक्षक प्रशिक्षण संस्थाओं द्वारा चलाए 6647 पाठ्यक्रमों को इस परिषद की मान्यता मिली है तथा इनकी 5.22 लाख शिक्षक-प्रशिक्षार्थियों ने भाग लेने की क्षमता है।

(8) शिक्षकों के सम्बन्ध में

1. अध्यापक वर्ग के सम्बन्ध में

शिक्षक की कार्यशैली में उसके व्यक्तित्व का आभास होता है। कुछ शिक्षक सच्चे व ईमानदार होते हैं, कुछ वैसे नहीं भी होते। पुराने जमाने में शिक्षा एक कुलीन व्यवसाय हुआ करता था, और शिक्षक को छात्र के पिता जैसा सम्मान मिला करता था। शिक्षक भी छात्र के कल्याण की चिंता करता था। कालांतर में अध्यापन का कार्य, व्यापारिक व्यवसाय बन गया। छात्रगण भी शिक्षकों के प्रति, जैसा चाहिए वैसा आदर नहीं रखते। शिक्षक व छात्र दोनों पक्षों ने इस पद्धति का मूल्य ही समाप्त कर दिया है। कुछ वर्षों पूर्व तक शिक्षकों की नियुक्ति, नियमित आधार पर हुआ करती थी। नियमित सेवा की सुरक्षा के कारण अधिकांश शिक्षकों में अकार्यक्षमता आने लगी। अनेक शिक्षक शहरों या ऐसे स्थानों पर रहते थे जहां उनकी सम्पत्ति थी। इस कारण, कुछ अपवाद छोड़कर, समय पर आना तथा नियमित उपस्थिति पर गलत प्रभाव पड़ने लगा। प्रारंभिक शिक्षा की सर्वव्यापी योजना की लक्ष्यपूर्ति में शिक्षकों की अनुपस्थिति एक बहुत बड़ी समस्या बन कर सामने आई। तालिका 2:7 में कुछ

राज्यों में वर्ष 2003 के दौरान, प्राथमिक शाला शिक्षकों की अनुपस्थिति दर बताई गई है।

तालिका 2.7 : कुछ प्रमुख राज्यों में शालेय शिक्षकों की अनुपस्थिति दर (2003)

राज्य	*अनुपस्थिति दर - प्रतिशत*
आंध्र प्रदेश	31
बिहार	26
गुजरात	21
कर्नाटक	23
उड़ीसा	14
राजस्थान	23
तमिलनाडु	17
उत्तर प्रदेश	26
प. बंगाल	21

स्त्रोत - India Sustaining Reform - 2003

पहले, शिक्षकों का नियमित नौकरी में शुरूआती मासिक वेतन 4000 - 5000 रु. हुआ करता था। पांचवें वेतन आयोग की सिफारिशों के अनुसार अब एक नव नियुक्त नियमित शिक्षक का मासिक वेतन, महंगाई भत्ता मिलाकर 7000 - 8000 रु. होता है। इससे नियमित शिक्षकों के वेतन के लिए होने वाले खर्च में वृद्धि हुई है। एक ओर जहां राज्यों का व्यय बढ़ा है, वहीं दूसरी ओर शिक्षा के स्तर में उसी अनुपात में सुधार नहीं हो पाया है। हालांकि इसमें कोई शक नहीं कि नियमित सेवा में आज भी ऐसे अनेक सच्चे व ईमानदार शिक्षक हैं, जिनके अध्यापन और अनुभव का स्तर बहुत ऊंचा है।

2. शिक्षाकर्मी (PARA TEACHERS)

शिक्षा गारंटी योजना के अन्तर्गत राजस्थान, मध्य प्रदेश तथा कुछ अन्य राज्यों में शाला शिक्षा समितियों के माध्यम से शिक्षा केन्द्रों के व्यवस्थापन व शिक्षाकर्मियों की कार्यक्षमता निर्धारित ठेका पद्धति पर नियुक्ति के लिए पालकों का सहयोग लेने का प्रयास किया गया। राज्यों के उपलब्ध सीमित स्त्रोतों की पार्श्वभूमि में, विभिन्न कार्यक्रमों के क्रियान्वयन, एवं शिक्षकों की अनुपस्थिति की समस्या का हल ढूंढ़ने

हेतु, निम्नतम अवधि में 100 प्रतिशत साक्षरता का लक्ष्य प्राप्त करने के लिए, नियमित शिक्षकों की नियुक्ति के बजाय, ठेका पद्धति पर शिक्षा कर्मियों की नियुक्ति अधिक फायदेमंद पाई गई। शिक्षा पर होने वाले व्यय - जिसमें शिक्षकों का वेतन सबसे बड़ा हिस्सा होता है, की अपेक्षा इस ठेका पद्धति में व्यय बहुत कम होता है। अतः नियमित शिक्षकों की नियुक्ति अब बंद ही हो गई है। शिक्षाकर्मी को केवल 3000 रु० महीना दिया जाता है और अवकाश काल में कुछ भी देय नहीं देते। एक दूसरी अन्य योजना में शिक्षाकर्मी को कुछ ही घंटों के लिए बुलाया जाता है तथा उसे प्रतिघंटा 60 से 70 रु० दिये जाते हैं।

शिक्षा कर्मियों की नियुक्ति का जिम्मा गांव स्तर की संस्थाओं को दिया जाता है, जो स्थानीय लोगों में से ही नियुक्तियां करते हैं। इससे स्कूलों के लिए शिक्षक मिलने लगे हैं। इसके सिवाय स्कूल के मामलों में स्थानीय गांव स्तर की समितियों की भागीदारी को प्रोत्साहन मिल रहा है। स्कूलों की कार्यवाही पर केन्द्रीकृत नौकरशाही का प्रभाव भी कम हो गया है। शिक्षा पद्धति में शिक्षाकर्मियों का प्रचलन इस तथ्य का द्योतक है कि कठिन परिस्थितियों में काम करने के बावजूद, प्रभावी प्रशिक्षण, संवेदनशील संवर्धन, सामुदायिक सहभाग, नियमित अवलोकन तथा समस्याओं से निपटने का दृष्टिकोण होने पर शिक्षाकर्मियों की कार्य प्रवीणता में स्थायी भाव आ सकता है। शिक्षाकर्मी योजना की सफलता की ओर अनेक राज्यों का ध्यान आकर्षित हुआ है तथा कई राज्यों ने इसे अपने प्रदेशों में लागू भी कर दिया है।

इस योजना से निचले स्तर के वर्गों में शिक्षकों की उपस्थिति के सुधरने के साथ-साथ अच्छे परिणाम भी नजर आए हैं। इस पद्धति की सफलता, स्थानीय शिक्षकों की गुणवत्ता और उपलब्धता पर निर्भर करती है। इसलिये यह जरूरी है कि स्थानीय संस्थाएं शिक्षकों का चुनाव करते वक्त अधिक गुणवत्ता प्राप्त शिक्षकों को नजरअंदाज कर, अपने व्यक्तिगत पसन्द के लोगों में से किसी की नियुक्ति करने का लोभ ना करे। इसी परिपेक्ष्य में दीर्घकालीन उपयोगिता तथा साक्षरता एवं शिक्षा की गुणवत्ता में सुधार के दृष्टिकोण से इस पद्धति के क्रियान्वयन की नियमित जांच करते रहना आवश्यक है।

(9) विशेष भूमिका

1. गैर सरकारी संगठनों (NGO) का सहभाग

देश के सम्मुख 100 प्रतिशत साक्षरता लाने का लक्ष्य इतना विशाल है कि उसकी

पूर्ति के लिए बहुआयामी प्रयत्नों की आवश्यकता है। अकेले सरकार के प्रयत्नों से यह काम तो पूरा होने से रहा, इसलिए अन्य उपलब्ध संस्थाओं और संगठनों की सहायता लेना अनिवार्य हो जाता है। इसी दृष्टिकोण से गैर-सरकारी संगठनों की भागीदारी महत्त्वपूर्ण हो जाती है।

उद्देश्यों की पूर्ति के लिए इन गैर-सरकारी संगठनों की क्षमता पर राष्ट्रीय साक्षरता मिशन को पूरा भरोसा होने से इनकी भागीदारी को अधिक मजबूत करने के प्रयास किए गए हैं। साक्षरता कार्यक्रम में इन संस्थाओं को बढ़ती मात्रा में जिम्मेदारी सौंपी गई है। साक्षरता का प्रसार करने के अतिरिक्त ये संस्थाएं अनुसंधानात्मक एवं संशोधन कार्यक्रमों के माध्यम से शैक्षिक तथा तांत्रिकी सहयोग भी देती हैं, मूल्यांकनात्मक अध्ययन आयोजित करती हैं, तथा परिसंवाद आदि भी आयोजित करती हैं। ऐसी सेवाएं देने के लिए इन गैर-सरकारी संगठनों द्वारा संचालित 26 राज्यस्तर के स्त्रोत केन्द्र (SRC), सारे देश में कार्यरत हैं।

2. सूचना तंत्र (IT) की भूमिका

शिक्षा के क्षेत्र में सूचना तंत्र (इनफोरमेशन टेक्नालॉजी) की भूमिका बहुत मूल्यवान है। साक्षरता की दर में वृद्धि के लिए स्कूलों में-कमरों की कमी तो अड़चनें पैदा करती ही है, इसके साथ पाठ्य पुस्तकों तथा अन्य सुविधाओं की कमी भी खलती है। सबसे बड़ा अवरोध तो प्रशिक्षित शिक्षकों की कमी है। सूचना तंत्र व्यवस्था में इस कमी को काफी हद तक दूर करने की क्षमता है। अध्यापन का कार्य इंटरनेट डिस्टेन्स इ-लर्निंग माड्यूल के जरिये सहजता से सम्पन्न हो सकता है। वास्तव में बच्चों को इस तंत्र के विविध कार्य सम्पादन संयंत्र बहुत अच्छे लगते हैं। इन संयंत्रों में सरलता से सूचना बदलने या सुधार करने की क्षमता होती है जो हाथों से सुधार की अपेक्षा अधिक शीघ्रता से हो जाती है।

(10) कौशल्य विकास (Skill Development) की दिशा में शिक्षा

1. शिक्षा में खेलकूद का स्थान

खेलकूद से न केवल शारीरिक विकास होता है बल्कि मानसिक विकास भी होता है। इससे मिल जुलकर, एकजुट होकर काम करने की प्रवृत्ति का विकास होता है। अतः छात्र को प्रतिदिन एक से दो घंटे तक खेलकूद में लगे रहना लाभप्रद है। इससे उस

छात्र को अपनी शारीरिक व मानसिक क्षमता को आंकते हुए उसमें सुधार करने का अवसर मिलता है। खेलकूद में भाग लेने से छात्र में विश्वास और धैर्य की भावना पनपती है। लोगों में यह भ्रांति हो गई है कि खेलकूद में हिस्सा लेने से पढ़ाई से ध्यान हट जाता है। सत्य तो यही है कि दो घंटे तक खेलने–कूदने पर छात्र में और ताजगी आती है जो उसे अच्छे कुशल अध्ययन के लिए सक्षम बनाती है।

2. विषयों पर असमान ध्यान

वर्तमान पद्धति में सैद्धान्तिक ज्ञान, खासकर भौतिकशास्त्र, रसायनशास्त्र, गणित और प्राणिशास्त्र जैसे विषयों के अध्ययन पर अधिक ध्यान और जोर दिया जाता है। यह बाध्यता, पालकों के उस चिंता के कारण उत्पन्न होती है, जिसमें वे अपने बच्चों को उन व्यावसायिक कॉलेजों में दाखिला दिलाने के इच्छुक होते हैं, जिनकी वर्तमान प्रवेश पद्धति में सैद्धांन्तिक विषयों के विस्तृत अध्ययन की आवश्यकता होती है। इस पद्धति में मानवीय विषयों, समाज विज्ञान आदि को उतना महत्त्व नहीं दिया जाता, जितना उन्हें दिया जाना चाहिये।

3. कौशल्य विकास की दिशा में शिक्षा

हमारी शिक्षा पद्धति में कुछ ऐसे सुधार की आवश्यकता है, जिससे सैद्धांतिक व व्यावहारिक दोनों भागों का संतुलन हो सके। 'पब्लिक–स्कूलों' में कम्प्यूटर विषय की शिक्षा प्रारंभ कर इस दिशा में कदम उठाया गया है। इसी ढंग की अथवा समकक्ष सुविधा राज्य सरकार के स्कूलों और अनुदानित स्कूलों में भी दी जानी चाहिए।

परंतु कम्प्यूटर के उपयोग मात्र के सीमित ज्ञान से हमें बहुत अधिक प्रभावित होना अच्छा नहीं है। कई लोग तो इसका उपयोग केवल वीडियोगेम के लिए ही करते हैं। कम्प्यूटर पर वीडियों गेम खेलते रहने के बजाय यदि बच्चों को खुले मैदानों में खेलने को प्रोत्साहित किया जाय तो ज्यादा अच्छा रहेगा। इससे उनकी श्वसन और पाचन दोनों क्रियाएं मजबूत होंगी और वे स्वस्थ बने रहेंगे।

शिक्षा के व्यावहारिक भाग में, प्रयोगशालाओं में परीक्षण, छोटे–मोटे सुधार कार्यों की जानकारी, हस्तकला, तथा सुरक्षा साधनों के उपयोग आदि बातें आती हैं। भोजन पकाने का प्रत्यक्ष प्रयोग भी इसमें शामिल है। अपने हाथों से की जाने वाली इन सारी कार्यवाही से बच्चों में कौशल्य तो बढ़ेगा, साथ–साथ उनमें विश्वास भी जागृत होगा। बड़े होकर जीवन में आने वाली समस्याओं के हल खुद ढूंढने में वे सक्षम होंगे।

विशाल जनसंख्या और रोजगार के सीमित अवसरों के होते, संगठित क्षेत्र में

सुरक्षित काम मिल पाना हमेशा कठिन होता है। छात्रों को व्यावसायिक शिक्षा लेने को प्रोत्साहित कर इस कठिनाई को दूर किया जा सकता है। वर्तमान परिस्थिति में छात्रगण औद्योगिक प्रशिक्षण संस्थाओं में कोई औद्योगिक पाठ्यक्रम लेकर, बाद में स्वरोजगार की दिशा में बढ़ सकते हैं। कालांतर में वे खुद रोजगार का स्त्रोत बन सकते हैं।

शिक्षा की पद्धति में यह बदलाव, छात्र को व्यावहारिक ज्ञान सम्पन्न करने में संवहक बन सकता है। वर्तमान शिक्षा नीति के अनुसार व्यावसायिक (Vocational) शिक्षण ग्यारहवीं कक्षा से उपलब्ध होता है। इसी नीति के परिपेक्ष्य में एक अलग समानान्तर व्यावसायिक शिक्षा धारा नवीं कक्षा से ही प्रारंभ करने का प्रस्ताव है। इस प्रस्ताव के लाभ-हानि पर गहरा अध्ययन होना जरूरी है। इस प्रस्ताव का एक लाभ तो यह है कि प्रारंभिक अवस्था से ही व्यावसायिक कुशलता प्राप्त की जा सकती है, परंतु दसवी-अर्थात् विश्वविद्यालय में प्रवेश पूर्व की कक्षा से ही इस पृथक धारा का चलन, ऐसे छात्रों को जो गलती से इस नयी धारा में प्रविष्ट हो चुके हैं, उन्हें वापिस मुख्य विद्योपार्जन की धारा में आने के लिये रोड़ा बन सकता है।

(11) 'नटाला' गांव की शिक्षा सुविधाओं का विशेष अध्ययन
(CASE STUDY)

नटाला नामक गांव में 150 मकान हैं, और जनसंख्या 625 है। पहले एक सेविका द्वारा यहां 'बालवाड़ी' चलती थी, जिसका दर्जा बढ़ाकर उसे आंगनवाड़ी बना दिया है और दो सेविकाएं काम कर रहीं है। इसमें 30 बच्चों की देख-भाल होती है तथा उन्हें नर्सरी-शिक्षा दी जाती है। गांव में जिला परिषद का एक माध्यमिक स्कूल भी है, जहां सातवीं तक कक्षाएं लगती हैं। महादेव नामक एक छात्र जो दसवीं कक्षा में पढ़ता है, उसे उच्च-माध्यमिक शाला में जाने के लिए साइकिल पर पांच किलोमीटर का फासला तय करना पड़ता है। नियमित सार्वजनिक परिवहन सेवा के अभाव में लड़कियों को माध्यमिक स्कूल के बाद अध्ययन समाप्त करने पर मजबूर होना पड़ता है। महादेव जैसे अन्य छात्रों को भी वर्षाकाल में अनेक कठिनाईयां झेलनी पड़ती है, क्योंकि मार्ग के एक नाले में पानी भर जाता है तथा उसे पैदल चलकर पार करना कठिन कार्य होता है।

कुल मिलाकर 100 छात्र हैं जिनमें 70 प्राईमरी कक्षा में तथा शेष माध्यमिक स्कूल में पढ़ते हैं। वर्ग तो सात हैं पर कमरे केवल पांच। दो वर्गों के छात्रों को एक

ही कमरे में बैठना पड़ता है, जहां दूसरा वर्ग चलता रहता है। शिक्षकों की संख्या भी केवल तीन है, याने स्वीकृत संख्या छह की ठीक आधी। जब भी कोई शिक्षक स्कूल छोड़कर जाता है, उसकी जगह नया शिक्षक आसानी से नहीं आता।

इस स्कूल में नियुक्त शिक्षक उसी गांव में नहीं रहते। एक शिक्षक पास के गांव में रहता है और शेष नजदीक के शहर में। अतः ये शिक्षक, सार्वजनिक परिवहन सेवा की उपलब्धि के अनुसार स्कूल से चले जाते हैं। हांलाकि इसी स्कूल में ऐसे भी कुछ शिक्षक हैं जो बहुत सारी कठिनाईयों के बावजूद लगन से पढ़ाते हैं। अनेक बच्चे तो चौथी या पांचवी कक्षा के बाद स्कूल आना बंद कर देते हैं। कुछ वर्षों पूर्व यही हाल इन बच्चों के बड़े भाई बहनों का हुआ था, जिन्होंने रोजी–रोटी के लिए परिवार की सहायता करने स्कूल छोड़ा था।

परन्तु मध्यान्ह भोजन की योजना ने इन बच्चों के लिए कुछ खुशी लाई है एवं स्कूल की उपस्थिति में जादुई सुधार हुआ है। आंगनवाड़ी में उसळ (मिश्र दाल) और प्राथमिक वर्गों के छात्रों को खिचड़ी दी जाती है।

पढ़ाई में कमजोर रहने के बावजूद कुछ छात्रों को अगले वर्गों में भेज दिया जाता है। पर बोर्ड स्तर की परीक्षाओ में छात्र अटक जाते हैं। अपने बच्चों को डॉक्टर या इंजीनियर बनाने की मां–बाप की आशाएं सपना बनकर रह जाती हैं।

गांव के हर विकास कार्य में निरक्षरता रोड़ा बनकर रह जाती है। नई पीढ़ी को शिक्षा का महत्त्व अब समझ में आने लगा है। गांव के लोगों की आशा है कि उनके बच्चे बड़े होने पर गांव के विकास में बदलाव लाएंगे।

(12) 'सभी के लिए शिक्षा' का लक्ष्य पाने के लिए रणनीति

1. नीति व कार्यक्रमों का प्रभाव

'सभी के लिए शिक्षा' की दृष्टि से राष्ट्रीय शिक्षा नीति के अन्तर्गत समय–समय पर अनेक कार्यक्रम चलाए गए। स्वतंत्रता प्राप्ति के बाद के 59 वर्षों में चले अनेक कार्यक्रमों से आधारभूत शिक्षा के क्षेत्र में कुछ प्रगति अवश्य हुई है, जो इस प्रकार है–

(1) स्वतंत्रता प्राप्ति के समय सकल साक्षरता का प्रमाण महज 18 प्रतिशत था जो अब बढ़कर 64.84 प्रतिशत हो गया है। इसी तरह स्कूलों में भरती का प्रमाण 43 प्रतिशत था जो अब बढ़कर 80 प्रतिशत हो गया है।

(2) साक्षरता के विकास की गति दर शहरी क्षेत्रों के बजाय ग्रामीण क्षेत्रों में ज्यादा है। इसका एक कारण तो यह है कि सरकारी तथा गैर-सरकारी संस्थाओं ने गांवों में साक्षरता में सुधार लाने का अथक प्रयास किया है। एक दूसरा कारण यह भी है कि ग्रामीण क्षेत्रों में साक्षरता की दर पहले बहुत कम थी और अब पहले कि अपेक्षा सुधार अधिक मात्रा में दिखाई देता है।

(3) स्त्री-पुरुषों के बीच साक्षरता की दरार भी 24.84 प्रतिशत से कम होकर 21.7 प्रतिशत ही रह गई है जो सरकारी और गैर-सरकारी संगठनों द्वारा महिलाओं में साक्षरता बढ़ाने हेतु किए प्रयासों का नतीजा है। क्योंकि महिलाओं में साक्षरता की दर पहले बहुत कम थी।

वर्ष 2002-03 में 11.84 करोड़ बालकों ने स्कूलों में नामांकन कराया था, जिनमें प्राथमिक स्तर में नामांकन की संख्या 7.27 करोड़ (कक्षा 1 से 5) तथा 4.57 करोड़ उच्च प्राथमिक स्तर (वर्ग 6 से 8 तक) की थी। फिर भी अभी सम्पूर्ण 20.4 करोड़ (6 - 14 वर्ष आयु के) बच्चों में 1.31 करोड़ बच्चे स्कूल के बाहर ही हैं।

अतः यह स्पष्ट है कि साक्षरता की प्रगति में सरकारी और गैर-सरकारी संगठनों के प्रयासों से मिली सफलता कम नहीं है, फिर भी 'सभी के लिए शिक्षा' के पूर्व लक्ष्य की प्राप्ति अभी भी बहुत दूर ही है। इस कठिन उद्देश्य की पूर्ति आवश्यक रणनीति के बिना असंभव ही है। जहां-जहां विभिन्न शिक्षा योजनाएं तथा कार्यक्रम आयोजित हुए हैं, वहां इनकी चर्चा हो चुकी है फिर भी कुछ विशेष उपाय योजनाओं की आवश्यकता है। जिसकी चर्चा नीचे की जा रही है –

2. स्कूलों के बाहर रहे छात्रों की भर्ती

1991 की जनगणना के अनुसार 5 से 14 वर्ष की आयु वर्ग के 1.13 करोड़ बाल मजदूर (62 लाख लड़के तथा 51 लाख लड़कियां) हैं। इनमें से 91 प्रतिशत बच्चों का जमावड़ा ग्रामीण क्षेत्रों में है। इसके अतिरिक्त सरकार की अपने आंकड़ों के अनुसार 6 से 14 वर्ष आयु वर्ग के 10 करोड़ बच्चे स्कूल के बाहर हैं। इन सारे स्कूल के बाहर रहे बच्चों की भर्ती कुछ विशेष तत्वों पर निर्भर है - जैसे, पालकों की अनुमति और प्रोत्साहन, शिक्षा का मूल्यांकन के प्रति उनका दृष्टिकोण एवं क्षमता, सुविधाओं सहित स्कूलों की उपलब्धि, नियमित चलने वाले स्कूल आदि। कहना न होगा कि इन बच्चों को स्कूल से बाहर रहने का प्रमुख कारण गरीबी या दरिद्रता ही

है। निर्धन परिवारों के पालकों की यही सोच होती है कि लड़का खेत–खलिहानों में सहायता करेगा और लड़कियां घरेलू काम में माताओं का हाथ बटाएंगी। अत्यन्त गरीब परिवारों को तो दो वक्त का भोजन जुटाना भी कठिन काम होता है। इसी परिपेक्ष्य में मध्यान्ह भोजन की योजना ने आश्चर्यजनक काम किया है। इन आर्थिक अनिवार्यताओं के सिवाय, अनुसूचित जातियों और अनुसूचित जनजातियों के बालकों की स्कूलों में भर्ती कराने में सामाजिक अड़चनें भी आती हैं। इन सारी बातों की चर्चा आगे की जा रही है।

3. भर्ती में सुधार के लिए उचित संख्या में स्कूलों की स्थापना

शिक्षा नीति में निर्धारित दूरी के नियम के अनुसार 300 से अधिक की जनसंख्या की बस्तियों में एक किलोमीटर दूरी के अन्दर प्राईमरी शाला तथा 3 किलोमीटर दूरी के अन्दर उच्च प्राईमरी शाला होनी चाहिए। 300 की जनसंख्या का नियम अब 200 कर दिया गया है। भारत में 11 लाख बस्तियां हैं तथा प्राईमरी और उच्च प्राईमरी शालाओं की संख्या 8.5 लाख है। नई प्राईमरी शालाओं की स्थापना में भले ही उल्लेखनीय प्रगति हुई हो, फिर भी 16.64 प्रतिशत बस्तियों में प्राईमरी स्कूल तथा 24 प्रतिशत बस्तियों में उच्च प्राईमरी स्कूल अभी भी नहीं है। उच्च प्राईमरी स्कूलों की कमी ज्यादा गंभीर है। उच्च प्राईमरी से प्राईमरी स्कूलों में परिवर्तन का अनुपात 1957 में 1 : 6 था, अब 1 : 3 हो गया है। जो निश्चित ही प्रगति का द्योतक है। पर यह अनुपात 1 : 2 के स्तर पर लाना है।

अतः यह स्पष्ट है कि अधिक नये प्राईमरी तथा उच्च प्राईमरी स्कूल खोलना आवश्यक है। कम से कम दूरी के नियमों के अनुपालन में भी यह जरूरी हो जाता है। यह एक व्यंग ही है कि जहां एक ओर नए स्कूल खोलने की अत्त्यधिक आवश्यकता है, वहीं दूसरी ओर कुछ ऐसे भी मामले सामने आये हैं, कि नए खोले हुये स्कूल बंद हो रहे हैं। शिक्षकों की अनुपलब्धता या आवश्यक ढांचागत सुविधाओं का अभाव ही इसका मुख्य कारण है।

प्राथमिक व उच्च प्राथमिक शिक्षा पर निरंतर ध्यान दिया जाना, जहां आवश्यक है, वहीं उतना ही ध्यान, नवीं और दसवीं कक्षाओं के लिए स्कूल खोलने तथा उसके लिए सुविधाजनक ढांचे बनाने पर दिया जाना जरूरी है। अन्यथा 2007 तक बड़ी निराशाजनक स्थिति बन जायेगी, जब 3 करोड़ छात्रों में आधे से अधिक छात्रों को आठवीं कक्षा से आगे पढ़ने के लिए स्कूल ही नहीं होगा।

4. पर्याप्त बुनियादी सुविधाओं (Infrastructure) की आपूर्ति

बुनियादी सुविधाओं की न्यूनता का किस्सा तो आंगनवाड़ी के स्तर से शुरू हो जाता है। बुनियादी व ढांचागत सुविधाओं को लेकर 'राष्ट्रीय आर्थिक अनुसंधान परिषद (NCAER)' द्वारा किए सर्वेक्षण से पता चला है कि 40 प्रतिशत स्कूल न तो 'समन्वित बाल विकास योजना (ICDS)' के अन्तर्गत बने भवनों में चलते हैं न किराए के भवनों में, बल्कि आंगनवाड़ी की सेविकाओं के घरों में चल रहे हैं। अधिकांश आंगनवाड़ियों में पीने के पानी या शौचालय की व्यवस्था भी नहीं है।

कुछ शालाओं की छतें घासफूस की हैं, जिनमें आग लगने का खतरा बना रहता है। गत 18 जुलाई 2004 में ऐसे ही चेन्नई में एक स्कूल में आग लग गई थी जिसमें 90 स्कूली बच्चों की मृत्यु हो गई थी। आग पड़ोस की रसोई से लगी थी। दिसंबर 1995 में डबवाली, हरियाणा में भी ऐसी ही एक आग में 400 बच्चों की मृत्यु हुई थी। कई स्कूलों में तो केवल एक ही कमरा होने से स्कूल अलग-अलग पालियों के आधार पर चलता है, जबकि सुरक्षा और ज्ञानार्जन की दृष्टि से स्कूल चलाने के लिए उपयुक्त भवन की आवश्यकता होती है।

कई स्कूलों में तो पढ़ाने के साधन भी नहीं होते, खेलकूद के सामान की तो बात ही छोड़ दें। प्रत्येक प्राईमरी स्कूल में कम से कम दो कमरे तो होने ही चाहिए और अन्य सुविधाएं नियमानुसार हों। उच्च प्राईमरी वर्गों में कम्प्यूटर का उपयोग प्रारंभ होना चाहिए। ताकि भविष्य की दृष्टि से छात्रों में अच्छी नींव पड़ सके। साधारणतौर पर गांवों में स्कूल, ग्रामपंचायतों द्वारा चलाए जाते हैं, और इनके पास धन की कमी रहती है। आय के स्त्रोत तैयार करने की क्षमता इनमें नहीं होती। राज्य सरकार से जितनी भी निधि मिलती है, बस उतनी ही स्कूल चलाने में व्यतीत करनी पड़ती है। महत्त्वपूर्ण है कि, स्कूलों में आवश्यक सुविधाओं के लिए जरूरी निधि का आबंटन हो। पंचायतों में उचित कदम उठाने की अनास्था भी बुनियादी सुविधाओं की अनुपलब्धता का कारण है।

5. शिक्षकों की उपस्थिति और उनकी कार्यक्षमता

देश में बेरोजगारी की समस्या बड़ी गहन है, इसलिए अध्यापन कराने के लिए व्यक्ति मिलना कठिन बात नहीं है। पर सबसे बड़ी समस्या तो यह है कि शिक्षकगण गांवों में जाकर नौकरी करने के इच्छुक नहीं हैं। अतः ग्रामीण क्षेत्रों में नियुक्ति प्राप्त

शिक्षक द्वारा यदि उसी स्थान में उसका मकान आदि न हो तो नियुक्ति होते ही उसका शहरी क्षेत्र में स्थानांतरण के लिए प्रयत्न करना आम बात हो गई है। उसकी सारी शक्ति राज–काज या अफसरशाही के किसी व्यक्ति से मिलने–मिलाने में केन्द्रित हो जाती है, ताकि उसका तबादला उसके पसंद की जगह में हो जाये। इसका प्रभाव, एक शिक्षक के रूप में उसके कार्य पर पड़े बिना नहीं रहता। स्कूल में नियमानुसार आने–जाने पर भी इसका प्रभाव पड़ता है। औचित्य की दृष्टि से देखा जाये तो यह बात केवल शिक्षकों पर ही नहीं, बल्कि ग्रामीण क्षेत्र में नियुक्त सारे कर्मचारी वर्ग पर लागू होती है।

स्थिति तो इतनी गंभीर हो गई है कि अनेक राज्यों ने नए नियमित शिक्षकों की नियुक्ति बंद कर दी है, और नए रिक्त हुए स्थान पर शिक्षाकर्मी की नियुक्ति की जा रही है। ये शिक्षक स्थानीय लोगों में से ही चुने जाते हैं तथा ठेका पद्धति के आधार पर उनकी नियुक्ति होती है। स्कूल के महत्त्वपूर्ण मामलों में स्थानीय ग्राम पंचायत या ग्राम सभा का सहयोग काफी लाभदायक सिद्ध हो रहा है। शिक्षाकर्मी की नियुक्ति का एक और लाभ यह भी है कि शिक्षाकर्मी को, स्थायी रूप से नियुक्त होने वाले शिक्षक को पांचवें वेतन आयोग की सिफारिशों के अनुसार मिलने वाले वेतन का एक पंचमांश से कम ही वेतन स्वरूप में देना पड़ता है। परंतु इस सुधारित पद्धति में एक त्रुटि यह भी है कि ग्राम पंचायत/ग्राम सभा का कोई पदाधिकारी शिक्षकों की नियुक्ति में पक्षपात करे, या शिक्षक के कार्य का अवलोकन करते समय पक्षपात करे तो पढ़ाई में हानि हो सकती है। अतः ग्रामीण समुदाय को ही इतना जागरूक रहना होगा कि ऐसी घटनाएं न होने पाए।

यदि वरिष्ठ अधिकारी तबादलों और नियुक्तियों के सम्बन्ध में शिक्षकों की नाजायज मांगों को महत्त्व ही न दें तो शिक्षकों के कार्यों में सुधार आने की पूरी संभावना है। ग्राम पंचायत या ग्राम सभा के पदाधिकारी भी शिक्षाकर्मी की नियुक्ति अथवा कार्यावलोकन में पक्षपाती दृष्टिकोण न अपनाएं तो अच्छा होगा। इसके सिवाय महत्त्वपूर्ण शालेय मामलों में स्थानीय समुदाय की भागीदारी होने से स्कूल के कामों में सुधार आना अपेक्षित है।

6. पाठ्यक्रम का पुनरावलोकन

हमारे देश में 200 वर्षों पुरानी शिक्षा पद्धति आज भी जारी है। इस पद्धति में पाठ को रटना और फिर उसे उसी की हूबहू नकल करना इसी को प्राधान्य दिया गया है। इसी कारण सम्पूर्ण पाठ्यक्रम का पूरी तरह से पुनरावलोकन करना नितांत आवश्यक है।

पाठ्यक्रम की रचना ही इस भांति की जानी चाहिए कि जिससे बच्चे का ज्ञान संवर्धन तो हो, साथ-साथ उसकी विचारशक्ति और सृजनशीलता जैसे गुणों को भी प्रोत्साहन मिले। जीवन में आने वाले आव्हानों का सामना करने के लिए उसमें विचार करने की दिमागी क्षमता भी बढ़नी चाहिए। उपरोक्त तत्वों को नई शिक्षा पद्धति में समावेश करने की दिशा में प्रयत्नों का शुभारंभ हो चुका है।

7. शिक्षा की गुणवत्ता

स्कूलों को साल भर में लगभग 200 दिन कार्य करने का नियम भले ही बना दिया गया हो, पर वास्तविकता में स्कूल मुश्किल से 150 या उससे भी कम दिनों तक चलते हैं। स्थानीय त्यौहारों, सरकारी, गैर-सरकारी तथा अन्य विभिन्न कारणोंवश स्कूल बंद रखे जाते हैं। नियमानुसार स्कूलों को प्रतिदिन 5 से 6 घंटें तक तो चलना ही चाहिए। पर ग्रामीण क्षेत्रों में स्कूल अक्सर नियमित रूप से देरी से खुलते हैं और समय से पहले बंद भी किए जाते हैं। इन स्कूलों में अक्सर शैक्षणिक सत्र छोटे होते हैं तथा पढ़ाई के दिन भी कम ही होते हैं। वास्तविकता में जो पढ़ाई के घंटे हैं, उनकी संख्या अध्यापन के नियमानुसार स्वीकृत घंटों की तुलना में आधे से भी कम होती है। छोटे शैक्षणिक सत्र, प्रतिदिन पढ़ाई के कम घंटे, शिक्षकों की अनुपस्थिति, कम गुणवत्ता वाली शिक्षा और स्कूलों में न्यूनतम सुविधाओं का अभाव इन सबका ग्रामीण और विशेषत: गरीब छात्रों की पढ़ाई पर विपरीत प्रभाव पड़ता है। बच्चों को एक कक्षा से ऊपरी कक्षा में उत्तीर्ण करा दिया जाता है, जो उनकी शैक्षणिक प्रगति या अच्छे कार्य के आधार पर नहीं होता बल्कि केवल इसलिए होता है कि ऊपरी कक्षा में छात्रों की संख्या कम न पड़ जाये, और इस वजह से शिक्षक की छटनी की नौबत न आ जाये। कई बच्चे पांचवीं पास कर जाते हैं, पर वस्तुत: वे निरक्षर ही होते हैं।

बच्चों की शिक्षा की गुणवत्ता बढ़ाने के लिए महाराष्ट्र में कक्षा ((2से)((2 में आठ (base line) टेस्ट (चार यूनिट टेस्ट और दो टर्म इम्तिहान के अतिरिक्त) शुरू करने का प्रस्ताव है। दूसरा प्रस्ताव है कक्षा)2और)(((2 में बोर्ड स्तर जैसे इम्तिहान का। लेकिन इनके बारे में राजकीय स्तर पर असहमति होने से अभी इसका क्रियान्वयन टाल दिया गया।

स्वतंत्रता प्राप्त कर 59 वर्ष हो चुके हैं पर साक्षरता की दर 60.84 प्रतिशत ही है। ग्रामीण क्षेत्रों में तो यह दर 60 प्रतिशत ही है। अत: प्राथमिक शिक्षा की पहुंच जल्दी से जल्दी विस्तारित करने के उद्देश्य से, स्कूलों में जितनी संभव हो सके उतनी

ज्यादा भरती करने पर जोर दिया जा रहा है। स्कूलों में वर्ग-कमरों की तो कमी है ही, शिक्षकों की भी कमी है। वेतन वृद्धि के बाद तो राज्य सरकारों को नियमित पदों पर शिक्षकों की नियुक्ति करना कठिन होता जा रहा है। इसलिए सरकारों ने नियमित पदों के स्थान पर शिक्षकों के बजाय शिक्षा कर्मियों की नियुक्ति करना प्रारंभ कर दिया है। कठिन समस्याओं के ऐसे सरल हल में कुछ जटिलताएं बनी रहती हैं। स्थानीय स्तर पर नियुक्त शिक्षाकर्मी, पूरी तरह से अर्हता प्राप्त व गुणसम्पन्न नहीं होते। इसके सिवाय नए से निर्मित स्कूलों में ढांचागत सुविधाओं का अभाव ही रहता है। इस प्रकार साक्षरता दर में भले ही संख्यात्मक प्रगति दिखाई दे रही हो, पर उसी प्रमाण में गुणात्मक उन्नति नहीं हो रही है। अतः सुधारात्मक प्रयास यदि नहीं किए गए तो ऐसे बच्चों का शिक्षा स्तर और पब्लिक-स्कूल के बच्चों के शिक्षास्तर के बीच असमानता कई गुना बढ़ती ही जायेगी। इसी परिपेक्ष्य में शिक्षकों को प्रशिक्षण दिलाने का कार्य अनिवार्य हो जाता है।

8. शिक्षकों का प्रशिक्षण

'जिला शिक्षा व प्रशिक्षण संस्था (DIET)', 'स्कूली शिक्षकों के लिए बहुसंख्य (mass) दिशादर्शक (Orientation) कार्यक्रम (PMOST)', 'शिक्षकों की शिक्षा के लिए राष्ट्रीय परिषद (NCTE)' तथा 'जिला प्राथमिक शिक्षा कार्यक्रम (DPEP)' के तहत खंड स्त्रोत केन्द्र व समूह स्त्रोत केन्द्रों (BRC & CRC) जैसे कार्यक्रम, शिक्षकों के प्रशिक्षण के स्थान पर संस्थागत ढांचे के अन्तर्गत उपलब्ध हैं। फिर भी प्रमुख समस्या शिक्षकों के प्रशिक्षण की पद्धति व उनके पाठ्य विषयों की है। प्रशिक्षित शिक्षकों की संख्या भले ही बहुत अधिक हो गई है, फिर भी शिक्षकों के सम्बन्ध में प्रमुख समस्या तो यह है कि नियुक्ति के समय सभी शर्तों, मानकों का अनुपालन नहीं होता जैसे आवश्यक शैक्षणिक अर्हताओं को नजरअंदाज करना, नियुक्ति के समय आवश्यक प्रमाण-पत्रों को न परखना, प्रशिक्षण की अवधि, संस्थागत सुविधाएं तथा प्रशिक्षण देने वाले शिक्षकों की पार्श्वभूमिका आदि बातों की अनदेखी करना।

इसके सिवाय एक और प्रगति का चरण यह भी है कि केन्द्र आधारित प्रशिक्षण के बजाय, टेली कॉन्फरेसिंग एकतर्फा या दुतर्फा संवाद के माध्यम से प्राथमिक शिक्षकों के लिए विशेष दिशादर्शक (Orientation) कार्यक्रम (SOPT) की ओर चलन की शुरूआत हो गई है। दूरस्थ प्रशिक्षा भी अब प्रयोग में आ रही है। परंतु कर्नाटक और मध्य प्रदेश इन दो राज्यों को छोड़ दिया जाये तो इस तंत्र का उपयोग शिक्षकों को प्रशिक्षण देने में कहीं भी अति विशेष रूप से प्रयोग में नहीं आ रहा है।

इस प्रशिक्षण पद्धति का सबसे बड़ा आव्हान तो शिक्षकों में बच्चों के शारीरिक

व मानसिक विकास सहित सर्वांगीण प्रगति का दृष्टिकोण लाने हेतु उनमें संवेदनशीलता के भाव का निर्माण करना है। परम्परा की दृष्टि से अध्यापन कार्य एक कुलीन व्यवसाय है। हमारे देश में आज भी अनेक शिक्षक हैं जो पूरी तत्परता व ईमानदारी से कार्य करना चाहते हैं। यदि शिक्षकों को उचित ढंग से प्रशिक्षित किया जाए और उन्हें होने वाले परिणामों के प्रति उत्तरदायी बनाया जाता है तो शिक्षा में अनुपातात्मक व गुणात्मक प्रगति बड़े पैमाने पर हो सकती है।

9. नामांकन में आने वाले सामाजिक रोड़े हटाना

ग्रामीण भाग – खासकर पहाड़ी तथा जनजातिय क्षेत्रों में, पालकों में अपने बच्चों को विशेषत: लड़कियों को स्कूल भेजने में अनास्था देखी गई है। इसका एक प्रमुख कारण सामाजिक और सांस्कृतिक रोड़ा है। वे अपना जीवन, बस ऐसे ही पुराने परम्परागत ढंग से व्यतीत करना पसंद करते हैं। उनकी बस्तियों में ही यदि स्कूल खोला गया और शिक्षा का महत्त्व उन्हें ठीक से समझाया गया तो उनके स्कूल में भर्ती होने में सुधार अवश्य होगा। इसी तरह नितांत गरीबी भी एक बड़ा कारण है। जीवनयापन के लिए कमाई करना उनका प्रमुख उद्देश्य होने के कारण वे चाहेंगे कि उनके बच्चे घरेलू काम में सहायता करें, परिवार में अपने से छोटे बच्चों की देखभाल करें या कृषि कार्य में सहायता करें। इसी परिपेक्ष्य में मध्यान्ह भोजन या बच्चों को राशन की पूर्ति जैसी योजनाओं से पालकों को बच्चे स्कूल में भेजने के लिए प्रोत्साहन मिलता है। इसके अतिरिक्त बच्चों को शिक्षित करने से मिलने वाले दूरगामी फायदों की जानकारी भी उन्हें दी जानी चाहिए।

10. शैक्षणिक स्थिति का रेखाचित्र (School Mapping)

'स्कूल मैपिंग' का अर्थ, किसी नक्शे पर, गांव के हर परिवार और गांव में उपलब्ध पारिवारिक और सार्वजनिक सुविधाओं का सांकेतिक रेखाचित्र बनाना है। यह कार्य सम्बधित गैर-सरकारी संगठन के प्रतिनिधियों तथा समुदाय के सदस्यों द्वारा मिलजुलकर किया गया प्रयास है। इस तंत्र को सर्वप्रथम राजस्थान के एक गैर-सरकारी संगठन, 'लोक जुम्बिश' ने विकसित किया। इसमें घर के 5 से 14 वर्ष की आयु के हर सदस्य की शैक्षणिक स्थिति को छोटे संकेतों द्वारा सूचित किया जाता है। समुदाय के सदस्यों का एक समर्पित गुट बनाते जिसे प्रेरक दल कहा जाता है। यह प्रेरक दल स्कूल-नक्शे (एक दृश्य नमूना) की सहायता से, समुदाय के साथ विचार-विमर्श कर, आवश्यकता के अनुसार अतिरिक्त सुविधाओं का एक प्रस्ताव बनाता है और

उसे उच्च अधिकारियों को भेज देता है। ऊपर से नीचे की ओर आने वाले प्रयासों की तुलना में योजना की यह पद्धति गांव के लोगों में बातचीत करके अपनी उपाय रचना तय करके अधिकारियों को भेजना अधिक वास्तविक सिद्ध हुई है। देश के अनेक भागों में इसका प्रयोग भी हो रहा है। इस पद्धति के परिणाम बहुत अच्छे सिद्ध होने के कारण देश के हर हिस्से में इसका प्रयोग हो सकता है।

अब धीरे-धीरे, गांवों में ही 'गांव शिक्षा समिति' तथा 'शिक्षक-पालक संस्था' बनाने की वृत्ति पनप रही है। इन समितियों से न केवल वर्तमान में उपलब्ध शैक्षिक सुविधाओं के उचित निर्देशन में सहायता मिलेगी, बल्कि आवश्यक प्रतीत होने वाले अन्य अतिरिक्त शैक्षिक सुविधाओं के संयोजन में भी मदद मिलेगी। इस पद्धति के कारण शैक्षिक सुविधाओं के लिए पहले चलन में रही 'पूर्ति-आधारित' व्यवस्था अब 'मांग-आधारित' रणनीति की ओर परिवर्तित हो रही है।

11. स्कूल छोड़कर जाने वालों की समस्या

वर्ष 2001-02 में वर्ग 1 से वर्ग 5 तक की कक्षाओं में स्कूल छोड़कर जाने वालों की दर 39 प्रतिशत रही। स्कूलों में भर्ती हुए आधे से अधिक बच्चे आठवी कक्षा में पहुंचते-पहुंचते स्कूल छोड़कर चले जाते हैं। खासकर अनुसूचित जाति और जनजातियों के बच्चों का स्कूल छोड़ने का प्रमाण ज्यादा है। 1990-91 की तुलना में वर्ष 2001-02 में स्कूल छोड़कर जाने वाले बच्चों की दर में 3.6 प्रतिशत का सुधार हुआ है। इसमें एक प्रमुख बात यह भी है कि हाल ही के वर्षों में लड़कों की अपेक्षा लड़कियों के स्कूल छोड़ जाने की दर में गिरावट आई है। स्कूल छोड़ जाने की दर का सीधा सम्बन्ध स्कूल पद्धति की कार्य निपुणता से होता है। यदि अच्छी गुणवत्तापूर्ण शिक्षा दी जाती हो, शिक्षक व छात्र दोनों समय पर ही आते-जाते हो, नियमितता हो, लड़कियों को स्कूल में टिकाए रखने के लिए महिला शिक्षिका की नियुक्ति हो, स्कूल में आते रहने के लिए बच्चों को शिक्षक द्वारा प्रोत्साहन दिया जाता हो, तो स्कूल छोड़कर जाने वालों की दर में कमी होती ही रहेगी। सबसे महत्त्वपूर्ण तो यह है कि मनोविज्ञान के मोर्चे पर यदि स्कूल में दी जाने वाली पढ़ाई, बच्चे को प्रोत्साहन तथा आत्मप्रतिष्ठा का अहसास दिलाती रहे तो बच्चा खुद ही शिक्षा जारी रखने को उत्सुक रहेगा।

एक और कारण यह भी है कि पालकों में बच्चों की पढ़ाई जारी रखने के प्रति चाह और क्षमता होनी चाहिए। कई बार परिवार की नाजुक आर्थिक स्थिति के कारण ही बच्चे स्कूल जाना छोड़ देते हैं ताकि वे माता-पिता के काम में हाथ बंटा सकें, खेत में काम कर सकें।

12. जिला स्तर पर नियोजन

जिला स्तर की शिक्षा सम्बन्धी आवश्यकताओं की पूर्ति की योजना पहले राज्य स्तर पर हुआ करती थी। हर जिले की स्थानीय आवश्यकताएं भिन्न-भिन्न होती हैं। अत: योजना को अधिक वास्तविक बनाने के लिए योजना कार्य का विकेन्द्रीकरण करना ही एकमात्र उपाय है। स्कूल-नक्शे के आधार पर गांव द्वारा भेजी गई सिफारिशें, जिला स्तर की योजना बनाने का ठोस आधार बन सकती है, जिसपर आगे चलकर क्रियान्वयन किया जा सकता है। जिला स्तर की योजना बनाने का काम 'जिला प्राईमरी शिक्षा कार्यक्रम' या जिला शिक्षा कार्यालय द्वारा पूरा किया जा सकता है।

13. मध्यान्ह (Mid-Day) भोजन कार्यक्रम

यह कार्यक्रम इस दृष्टिकोण से चलाया जा रहा कि अच्छे स्वास्थ्य के बिना बच्चों का शैक्षिक विकास नहीं हो सकता, और अच्छा स्वास्थ्य तो पोषक आहार पर ही निर्भर होता है। अत: शासन इस निर्णय पर पहुंचा कि स्कूलो में यदि मध्यान्ह भोजन दिया गया तो गरीब परिवारों से आए बच्चों को पौष्टिक भोजन तो मिलेगा ही, साथ ही बच्चों को स्कूल जाने का प्रोत्साहन भी मिलेगा। ग्रामीण क्षेत्रों में निर्धनता आम बात है। अत: मध्यान्ह भोजन का कार्यक्रम - जिसकी सफलता निर्विवाद है - देश के उन सभी क्षेत्रों में लागू कर दिया जाना चाहिए जहां अभी तक यह योजना पहुंची नहीं है। यद्यपि इस कार्यक्रम से स्कूल के व्यवस्थापकों/कर्मचारियों पर अतिरिक्त बोझ अवश्य पड़ता है, पर आज हमारे देश को इस कार्यक्रम की सख्त आवश्यकता भी है।

वैसे तो यह योजना देश के विभिन्न भागों में लागू हो चुकी है। योजना के आयोजकों द्वारा विभिन्न प्रमाण में उठाए व्यय के उत्तरदायित्व के अनुसार योजना का क्रियान्वयन भी चल रहा है। अभी प्राथमिक शालाओं के 35-40 प्रतिशत बालक ही इस पके भोजन की योजना के दायरे में आते हैं। इस योजना को उसके सही मानों में सारे देश में लागू कर दिया जाना चाहिए। सर्वोच्च न्यायालय ने तो देश के पांचवीं कक्षा तक के सभी छात्रों को पका भोजन देने की योजना में शामिल कर लेने के आदेश जारी कर दिये हैं।

योजना का दुरुपयोग किए जाने के कुछ मामले भी सामने आए हैं, जिनमें छात्रों की असली संख्या से कहीं अधिक संख्या हाजिरी में बताई गई, जिसका उद्देश्य ज्यादा राशन प्राप्त करना ही है। नियमित जांच के माध्यम से ऐसे चोरी के मामलों को बंद किया जा सकता है। इन अपवादों के बावजूद एक मध्यवर्ती सत्य तो भुलाया नहीं जा सकता, कि ग्रामीण क्षेत्रों में यह योजना अत्यन्त लोकप्रिय हुई है।

14. अंशकालिक (Part-time) व अनौपचारिक (Non-formal) स्कूल की स्थापना

बड़ी संख्या में स्कूल के बाहर रहे छात्रों की समस्या, अभी तक स्थापित औपचापरिक शिक्षा संस्थाओं के माध्यम से हल नहीं हो सकी है। उच्च–माध्यमिक शालाओं में भर्ती के मामलों में यह समस्या तो और भी तीव्र हो जाती है। कुछ बच्चे तो पार्ट टाईम व्यवसायों में व्यस्त रहते हैं। अतः शिक्षा के लिए पर्यायी मार्गों पर विचार करना आवश्यक हो गया है। इसी परिपेक्ष्य में अंशकालिक व अनौपचारिक स्कूलों की स्थापना हुई।

किन्तु इन अनौपचारिक शिक्षा में एक बड़ा खतरा है। इस योजना से मूल साक्षरता में कुछ सुधार तो अवश्य होगा, पर इन स्कूलों में मिलने वाली शिक्षा की गुणवत्ता, औपचारिक स्कूलों की शिक्षा की गुणवत्ता के समान नहीं होती। इससे अनौपचारिक शिक्षा का उपयोग एक तत्कालिक स्थिति के रूप में ही किया जा सकता है। इसलिये अधिक संख्या में नए औपचारिक स्कूल खोलने और उनमें स्कूल के बाहर रहे छात्रों की अधिक से अधिक संख्या को भर्ती कराने का दृष्टिकोण रखते हुए इस दिशा में प्रयासों की ओर ध्यान दिया जाना चाहिए। इतना ही नहीं बल्कि अनौपचारिक स्कूलों में पढ़ रहे छात्रों को औपचारिक स्कूलों में लाने का भी निरंतर प्रयास होते रहना चाहिए, ताकि ये छात्र शिक्षा की मुख्य धारा में आ सकें।

15. लड़कियों की शिक्षा के लिए विशेष प्रयास

शिक्षित लड़कियां ही अपने परिवार की देखभाल व परवरिश के लिए अधिक सक्षम होती हैं। छोटे परिवार के नियमों का पालन कर सकती हैं, अपने बच्चों को अच्छे से पढ़ा–लिखा सकती हैं। उन्हें ऊंची शिक्षा दिलाकर उनमें अच्छे मूल्यों के बीज बो सकती हैं। परन्तु लड़कियों को शिक्षा देने के मार्ग में अनेक सामाजिक बंधन हैं, जिन्हें उनकी ही बस्तियों में स्कूल खोलकर और लड़कियों को शिक्षित करने से होने वाले दूरगामी फायदों की जानकारी देकर उनमें जागरूकता लाकर, दूर किया जा सकता है। जहां भी संभव हो सके, लड़कियों के लिए पृथक स्कूल खोलकर भी इस विषय का मनोवैज्ञानिक व्यवधान हटाया जा सकता है। अच्छा तो यह भी होगा कि सहशिक्षा वाले स्कूलों में 75 प्रतिशत महिला शिक्षक हों और लड़कियों के स्कूलों में सारे शिक्षक महिलाएं ही हों। इसके सिवाय लड़कियों को पृथक शौचालय जैसी कुछ ढांचागत विशेष आवश्यकताएं भी होती हैं, उन्हें पूरा किया जाना चाहिए।

उच्च-प्राईमरी स्कूलों में लड़कियों की भर्ती की समस्या तो रहेगी ही, जिसे उनकी आवासीय बस्ती के निकट ही स्कूल खोलकर अथवा उचित सार्वजनिक परिवहन सेवा सुविधा प्रदान कर दूर किया जा सकता है। लड़कियों की भर्ती संख्या में अत्यन्त निम्नस्तर को देखते हुए भारत सरकार ने कस्तूरबा गांधी बालिका विद्यालय की योजना को मंजूरी दी हैं, जिसमें अनुसूचित जातियों, अनुसूचित जनजातियों, अन्य पिछड़े वर्गों और अल्पसंख्यकों के प्रवेश में 75 प्रतिशत आरक्षण देकर लड़कियों को प्रारंभिक शिक्षा दिलाने का प्रावधान किया है।

16. अनुसूचित जाति व अनुसूचित जनजातियों की शिक्षा के लिए विशेष प्रयास

अनुसूचित जातियां और अनुसूचित जनजातियां सदियों से आर्थिक व सामाजिक अभावों से पीड़ित रही हैं। इससे उनके शिक्षा स्तर पर प्रभाव पड़ा है। अत: भारतीय संविधान में इन वर्गों के शैक्षणिक हितों की विशेष चिंता करते हुए उन्नति की व्यवस्था की गई है। शिक्षा के कारण ही जीवन में आ सकने वाला आत्मविश्वास तथा क्षमता जैसे गुणात्मक परिवर्तनों के प्रति उनमें जागरूकता दिखाई दे रही है। फिर भी इन वर्गों द्वारा शिक्षा में पूर्ण रूप से सहभागी होने में कुछ दूरियां अभी भी रह गई हैं। इन वर्गों के 6 से 14 वर्ष आयु वर्ग के बालकों - खासकर लड़कियों के स्कूल नामांकन दर में इच्छित स्तर अभी तक मिल नहीं पाया है। गरीबी ही सबसे बड़ी अड़चन रही है। घरेलू कामकाज, शिशुओं की देखभाल तथा काम धंधें में, पालकों द्वारा बच्चों का उपयोग करना अभी भी जारी ही है। इच्छित परिणाम प्राप्त करने के लिए इन वर्गों को शिक्षा में सहभागी कराने के जोरदार प्रयास तो करने ही पड़ेंगे, पर साथ में एक दूसरा बड़ा प्रश्न - गरीबी के निर्मूलन की ओर भी ध्यान देना पड़ेगा।

17. ग्रामीण अर्थव्यवस्था का सशक्तिकरण (Empowerment)

साक्षरता की दर में सुधार तथा शिक्षा की निरंतरता का गहरा सम्बन्ध, आम जनता के आर्थिक स्तर से जुड़ा हुआ है चाहे वे किसी भी वर्ग के क्यों न हों। पर गरीब परिवारों की सबसे प्राथमिक चिंता, जीवनयापन के लिए साधन जुटाने की होती है। कुछ परिवारों को रोजमर्रा का खर्च जुटा पाना ही इतना कठिन होता है कि वे अपने बच्चों को स्कूलों में भेजने के बजाय काम-धंधे में लगा देना अधिक श्रेयस्कर मानते हैं। शिक्षा में अच्छे परिणाम तो तभी मिल सकेंगे जब ग्रामीण-आर्थिक स्थिति में सुधार होगा।

18. उपग्रहों तथा इंटरनेट के माध्यम से शिक्षा

अक्तूबर 2004 में प्रक्षेपित भारत के प्रथम उपग्रह – EDUSAT जो शिक्षा सेवाओं के लिए पूर्णतः समर्पित है जिससे भारत को बहुत आशाएं हैं। इस प्रथम उपग्रह जैसे पांच और उपग्रह यदि प्रक्षेपित किए गए तो ग्रामीण शिक्षा में क्रांतिकारी परिवर्तन आ सकता है, तथा सुदूर दुर्गम स्थानों में बसे 3.7 करोड़ बालकों को, प्राइमरी शिक्षा के लिए अभी हो रहे व्यय के अंश मात्र की लागत से ही शिक्षा का लाभ मिल सकता है। इस प्रकार उपग्रहों की मदद लेकर साक्षरता की दर में ऊंची छलांग लगाई जा सकती है। ग्रामीण क्षेत्रों में प्राथमिक शिक्षा देने के लिए इन उपग्रहों की सेवाएं किस हद तक मिल पाएंगी, इसी पर इस योजना का मूल्यांकन हो सकेगा। प्रत्येक राज्य को राज्य स्तर पर इन उपग्रह केन्द्रों की स्थापना के लिए विनियोग करना पड़ेगा, खंडस्तर पर ढांचागत सुविधाएं देनी पड़ेगीं तभी ज्ञानार्जन की प्रक्रिया में क्रांतिकारी परिवर्तन हो सकेगा।

भारत सरकार द्वारा 'नेशनल इ–गव्हर्नेन्स एक्शन प्लान' के अन्तर्गत दुनिया में सबसे बड़ी इंटरनेट शासकीय योजना, 'इ–भारत' नाम से चलाने का प्रस्ताव है। इस पर लगभग 6000 करोड रु. की लागत होगी। इसके द्वारा भारत के सभी गांवों में इ–पढ़ाई, इ–प्रशिक्षण, इ–शिक्षा आदि इंटरनेट सेवाएं उपलब्ध होंगी।

(13) मूलभूत शिक्षा के लिए वित्तीय स्त्रोतों का पर्याप्त आबंटन तथा उनका उचित उपयोग

"Education costs money, but then so does ignorance"

- Clause Moser

1. आधारभूत शिक्षा के लिए पर्याप्त आबंटन

आधारभूत शिक्षा के विस्तार और व्यवस्थापन में आवश्यक निधि की अनुपलब्धता अभी तक सबसे बड़ी रुकावट रही है। शिक्षा आयोग - 1966 की सिफारिशों के अनुपालन में भारत सरकार ने 1968 में, मात्रा के तौर पर, शिक्षा के लिए राष्ट्रीय आय का 6 प्रतिशत विनियोग का लक्ष्य स्वीकृत किया था। शिक्षा पर कुल आबंटन की मात्रा स्वतंत्र रूप से भले ही बढ़ी हो, फिर भी सकल घरेलू उत्पाद (GDP) के प्रतिशत की दृष्टि से उसमें गिरावट आई है। वर्ष 2003 के बजट–अनुमान में यह राशि सकल घरेलू उत्पाद का 3.74 प्रतिशत तथा संशोधित अनुमान में 3 प्रतिशत ही रही। शिक्षा

का लक्ष्य यदि पूरा करना हो तो आबंटन प्रति वर्ष आधा प्रतिशत बढ़ाते हुए अगले 4-5 वर्षों में उसे सकल-घरेलू उत्पाद का 6 प्रतिशत तक ले जाना जरूरी है।

तालिका 2.8 में शिक्षा क्षेत्र के अन्तर्गत भारत और चीन द्वारा प्राथमिक, माध्यमिक और उच्च श्रेणी (tertiary-higher education) पाठ्यक्रम पर प्रति छात्र किए जाने वाले खर्च को दर्शाया गया है।

तालिका 2.8 : शिक्षा स्तरों पर भारत व चीन द्वारा किया जाने वाला खर्च

देश	प्रति छात्र सार्वजनिक व्यय			
	प्राथमिक (1)	माध्यमिक (2)	उच्च श्रेणी (3)	माध्यमिक व उच्च श्रेणी मिलाकर (2+3)
भारत	7.2	23.1	92.5	115.6
चीन	6.1	12.1	85.8	97.9

स्त्रोत - India Sustaining Reform - 2003

वर्ष 2007-08 (बजट अनुमान) में शिक्षा पर 32,352 करोड़ रुपये और सर्व शिक्षा अभियान पर 10,671 करोड़ रु. का आबंटन किया गया है जो कि वर्ष 2006 - 07 के तुलना में 34.2 और 6 प्रतिशत अधिक है।

उपरोक्त तालिका से स्पष्ट होता है कि प्राइमरी स्तर पर भारत और चीन द्वारा किया जाने वाला व्यय लगभग समान ही है, पर माध्यमिक व तृतीय श्रेणी पाठ्यक्रम सत्रों के स्तरों पर भारत द्वारा किया जा रहा व्यय, चीन की अपेक्षा ज्यादा है। यहां ध्यान में रखने लायक तथ्य यह भी है कि साक्षरता दर के मामले में चीन भारत से बहुत आगे है। इसका अर्थ यह होता है कि माध्यमिक व तृतीय श्रेणी के स्तर को मिलाकर बनी स्थिति बनाम प्राथमिक स्तर को आमने-सामने रखा जाये तो भारत को प्राथमिक स्तर पर खर्च की ओर ज्यादा ध्यान देना पड़ेगा। प्राथमिक शिक्षा पर सार्वजनिक व्यय में वृद्धि की जानी चाहिए, तथा माध्यमिक व तृतीय श्रेणी के स्तर की शिक्षा में विनियोग के लिए निजी उद्यमियों को प्रोत्साहित करना चाहिए।

तालिका 2.9 में शिक्षा के विभिन्न स्तरों पर आठवीं, नौवीं व दसवीं योजनाओं में किए गए व्यय की जानकारी दी है।

तालिका 2.9 : शिक्षा के विभिन्न स्तरों पर योजना व्यय

(आंकड़े करोड़ रुपयों में)

शिक्षा स्तर	*आठवीं योजना 1992-97*★*		*नौवीं योजना 1997-02 (केन्द्रीय क्षेत्र)*		*नौवीं योजना 1997-02 (केन्द्रीय क्षेत्र)*		*दसवीं योजना 2002-07 (केन्द्रीय क्षेत्र)*	
	लागत	*प्रतिशत*	*लागत*	*प्रतिशत*	*व्यय*	*प्रतिशत*	*लागत*	*प्रतिशत*
प्राथमिक शिक्षा	10394	48	16370	66	14523	65.7	28750	65.6
माध्यमिक शिक्षा	5231	24	2604	10	2323	10.5	4325	9.9
प्रौढ़ शिक्षा	1142	5	630	3	520	2.4	1250	2.9
उच्च शिक्षा	2094	10	2500	10	2271	10.3	4177	9.5
अन्य	740	3	431	2	349	1.6	624	1.4
तकनीकी शिक्षा	2199	10	2374	9	2110	9.5	4700	10.7
कुल	21800	100	24908	100	22096	100	43825	100

★ इसमें राज्यों का हिस्सा सम्मिलित है।

स्त्रोत - India 2007 (GOI Publication)

दसवीं योजना में अकेले प्राथमिक शिक्षा के लिए किया गया प्रावधान योजना की सम्पूर्ण लागत का 65.6 प्रतिशत है। ''सभी के लिए शिक्षा'' देने के लक्ष्य पूर्ति की दृष्टि से देखा जाये तो प्राथमिक व उच्च-प्राथमिक शिक्षा के लिए किया गया प्रावधान, आवश्यक निधि की अपेक्षा बहुत कम है। यही हाल प्रौढ़ शिक्षा का है, जिसके लिए सम्पूर्ण शिक्षा की लागत का केवल 2.9 प्रतिशत ही आबंटित है। प्राथमिक शिक्षा तथा प्रौढ़ शिक्षा दोनों को उच्चतम महत्त्व दिया जाना चाहिए और इनके लिए पर्याप्त निधि उपलब्ध होनी चाहिए। चाहे वह इसी क्षेत्र के विभिन्न विभागों के लिए हुए प्रावधानों में पुनर्आकलन द्वारा हो, या फिर विभिन्न क्षेत्र के बीच में आपसी जोड़ घटाई कर निधि उपलब्ध की जाये।

'सभी के लिए शिक्षा' का लक्ष्य तथा 'सर्व शिक्षा अभियान' के उद्देश्यों पर यदि विचार किया गया, तो प्राथमिक शिक्षा के लिए आबंटित निधि बढ़ानी ही पड़ेगी। स्त्रोत यदि सीमित हो, तो विभिन्न क्षेत्रों के लिए निधि उपलब्ध करते समय शिक्षा क्षेत्र को प्राधान्य देना ही पड़ेगा। शिक्षा क्षेत्र वैसे ही अधिक प्राधान्य का हकदार है फिर भी यदि क्षेत्र के अंदर या अन्तर्क्षेत्रीय पुनर्आकलन से प्राथमिक शिक्षा के लिए

आवश्यक निधि की पूर्ति न हो सके तो केन्द्रीय करों पर 'शिक्षा-अधिभार' जैसे कर लगाकर अतिरिक्त वित्तीय स्त्रोत तैयार किए जा सकते हैं। वर्ष 2004-05 और उसके बाद के आय-व्यय पत्र में यही किया गया था। इसको ऐसे परिपेक्ष्य में देखना चाहिये जैसे कि विशिष्ट घटनाओं के बाद जैसे गुजरात में भूकम्प-अतिरिक्त अधिभार लगाया गया था। पर ऐसा करते समय कुछ विशिष्ट बातों के बारे में सावधानी बरतनी होगी। जो इस प्रकार है-

(1) अधिभार का आबंटन, मूलभूत शिक्षा को उन योजनाओं के नाम कर दिया जाना चाहिए जिसके लिए वे लगाए गए हैं, इसके सिवाय उनके उपयोग का विस्तृत लेखा-जोखा भी रखना होगा।

(2) विशिष्ट योजनाओं के लिए लगाए अधिभार के कारण उन योजनाओं की पूर्व आबंटित लागत में कटौती नहीं होनी चाहिए - जो उन योजनाओं को स्वाभाविक रूप से अधिकार स्वरूप मिलती हैं। दूसरे शब्दों में ये योजनाएं, इच्छित योजनाओं के अतिरिक्त अन्य किसी और योजनाओं या क्षेत्रों को निधि पूर्ति का अप्रत्यक्ष स्त्रोत न बनें।

(3) मूलभूत शिक्षा के अतिरिक्त, प्राथमिक स्वास्थ्य रक्षा भी एक ऐसा प्रमुख क्षेत्र है, जो पर्याप्त निधि के लिए हमेशा वांछित रहता है। अतः इस क्षेत्र की कुछ आवश्यक योजनाओं जैसे - नये प्राथमिक स्वास्थ्य केन्द्र (PHC) / उपकेन्द्र (Sub-Centres) खोलना, इन केन्द्रों, उप-केन्द्रों में साज-सामान, आवश्यक साधन जुटाना आदि को प्राथमिक शिक्षा और मध्यान्ह भोजन योजना को साथ मिलाकर उनके लिए अधिभार के रकम की योजना की जानी चाहिए।

उल्लेखनीय है कि विदेशी अनुदाता जैसे विश्व-अधिकोष (WB), यूरोपियन यूनियन (EU), भी अनुदान देते हैं जिससे साक्षरता अभियान में देशी निधि के अलावा पूर्ण निधि की उपलब्धता में सहयोग मिलता है।

2. बजट आबंटन का उचित उपयोग

कई मामलों में यह उद्विग्न कर देने वाला तथ्य सामने आया है, जिसमें सम्बन्धित शिक्षा विभाग, स्वीकृत निधि का उपयोग ही नहीं कर पाते। मूलभूत शिक्षा की विभिन्न योजनाओं के क्रियान्वयन में, नौकरशाही (bureaucracy) द्वारा अपनाई जाने

वाली पुरानी घिसी–पिटी प्रक्रियाओं का अवलंब किया जाना ही इस निराशाजनक स्थिति का मूल कारण है। ऐसी स्थिति को टालने के लिए स्वीकृत निधि के उपयोग की उचित स्तर पर नियमित जांच होते रहना आवश्यक है।

एक दूसरा और महत्त्वपूर्ण पहलू यह भी है कि अनेक मामलों में आबंटित निधि का उचित उपयोग हो नहीं पाता। स्त्रोत खासकर वित्तीय स्त्रोतों का उपयोग होने पर, शिक्षा की पहुंच के अतिरिक्त शिक्षा की गुणवत्ता में भी सुधार दिखाई देना चाहिए। पर ऐसा होता दिखाई नहीं देता। शिक्षा की गुणवत्ता में सुधार के लिए सही ढंग के शिक्षकों का चयन और उनका उचित प्रशिक्षण – ये दोनों तत्व बड़े महत्त्वपूर्ण होते हैं। इन्हीं बातों पर निधि खर्च करने के बजाय, उस आबंटित निधि का एक बड़ा हिस्सा निरंतर बढ़ रही नौकरशाही के व्यवस्थापन में ही लग जाता है। CAG की ऑडिट रिपोर्ट (2005) के अनुसार सर्व–शिक्षा अभियान के लिए दी गई निधि से विभिन्न राज्यों में 100 करोड़ रु. ऐसे कामों के लिए खर्च किए गए जो अभियान के दायरे में नहीं आते।

फिर भी उक्त पहलू, मूलभूत शिक्षा के लिए लागत निधि में वृद्धि करने की यथार्थ आवश्यकता को नजरअंदाज नहीं कर सकते।

(14) उपसंहार

भारत ने संविधान की धारा 45 का समावेश कर, सर्वव्यापी व निःशुल्क शिक्षा देने की ओर अपने कदम बढ़ाए हैं। धारा 45 में कहा गया है कि ''संविधान के लागू होने से दस वर्षों के अन्दर, सरकार सभी बच्चों के लिए उनकी आयु के चौदहवें वर्ष में पहुँचने तक, निःशुल्क व अनिवार्य शिक्षा प्रदान करने की व्यवस्था करेगी।'' सरकार ने ''बालकों के लिए निःशुल्क व अनिवार्य शिक्षा विधेयक 2002" को पारित किया, जिसके अनुसार, शिक्षा के मौलिक अधिकार के अन्तर्गत अनिवार्य व निःशुल्क शिक्षा, छह से चौदह वर्ष तक के बच्चों को अधिकार प्रदान हुआ है। इस दिशा में कुछ प्रगति अवश्य हुई है, परंतु स्वतंत्रता पश्चात् के 59 वर्षों में सकल साक्षरता (1999–2000) दर, ग्रामीण क्षेत्र में 60 प्रतिशत तथा महिला साक्षरता 47 प्रतिशत ही रही है। ग्रामीण क्षेत्रों में इस योजना के अन्तर्गत लाए जाने वाले बच्चों की संख्या को देखते हुए इस कार्य की विशालता के सम्बन्ध में कोई संदेह नहीं रह जाता। लेकिन केवल शिक्षा की मात्रा बढ़ाने के साथ–साथ शिक्षा की गुणवत्ता पर भी ध्यान

देना जरूरी है। सभी के लिए मूलभूत शिक्षा प्रदान करने के लक्ष्य की ओर मिली सफलता भी कम नहीं है। इतने विशाल कार्य को देखते हुए ऊपर बताई गई रणनीति को अपनाने की आवश्यकता है। नीति व कार्यक्रमों के क्रियान्वयन के लिए आंतरिक ढांचा, सुविधाएं तथा सुचारू संगठन के लिए, पर्याप्त आर्थिक स्त्रोतों की अनुपलब्धता सबसे बड़ी अड़चनें रही हैं। इस तत्व का महत्त्व अच्छे से समझा गया है, तथा मूलभूत शिक्षा योजनाओं के लिए अधिक निधि का आबंटन आवश्यक बताया गया है। इस सम्बन्ध में आवश्यक स्त्रोतों में बढ़ोत्तरी बहुमूल्य है, क्योंकि हर बच्चे की शिक्षा ही हमारी पूंजी है। शिक्षा में आज किया गया ज्यादा विनियोग, भविष्य में कई गुना बढ़ाकर हमें लाभान्वित करेगा। नोबेल पुरस्कार विजेता अमर्त्य सेन ने ठीक ही कहा है कि प्रारंभिक शिक्षा में पांच पैसे का विनियोग, सकल घरेलू उत्पाद को 25 पैसे से बढ़ाएगा। इसका अर्थ यही हुआ कि विनियोग की अपेक्षा लाभ कई गुना अधिक है पर यहां एक बात का ध्यान रखना होगा कि निधि आबंटन मात्र से ही काम नहीं चलेगा, बल्कि साथ-साथ निधि का प्रभावी उपयोग होना भी आवश्यक है।

हमें चीन से सीख लेनी होगी, क्योंकि मूलभूत शिक्षा के क्षेत्र में, अपेक्षाकृत ज्यादा बच्चों की संख्या के बावजूद चीन भारत से आगे है।

अध्याय - 3

कृषि और ग्रामीण विकास का विश्लेषण

"Agriculture not only gives riches to a a nation, but the only riches she can call her own"

—*Samuel Johnson*

(1) प्रस्तावना:-ग्रामीण भारत में जीवनमान की स्थिति

कृषि भारत की जीवन-रेखा है, उसकी 65 से 70 प्रतिशत जनसंख्या जीवनयापन के लिए कृषि पर निर्भर है। ''विश्व में खाद्यान्न असुरक्षा-2004'' विषय पर 'खाद्यान्न व कृषि संगठन (FAO)' की रिपोर्ट के अनुसार भारत में कुपोषितों की संख्या 22.11 करोड़ (2000-2002) है। अत: देश के अन्य क्षेत्रों की तुलना में कृषि तथा ग्रामीण विकास क्षेत्र को प्राथमिकता देना अनिवार्य है।

गांवों से शहरों की ओर जनसंख्या का तीव्र गति से हो रहा स्थानांतर, इन दो समाजों के जीवनमान, विकास एवं अच्छे भविष्य की दृष्टि से प्राप्त रोजगार के अवसरों में वृद्धिगत असमानता का परिचायक है। सरकार द्वारा अपनाई अनेक नीतियों के बावजूद, नीचले स्तर पर हुए असंतुलित विकास को भी यह अचूक ढंग से प्रदर्शित करता है। निश्चित मात्रा में स्थानांतर जहां एक ओर ऐच्छिक व लाभदायक होता है, वहीं दूसरी ओर बड़ी मात्रा में हो रहा स्थानांतर, गहन अध्ययन तथा सुधारात्मक उपायों की ओर अधिक ध्यान देने की आवश्यकता प्रतिपादित करता है।

ग्रामीण जनता की बड़ी समस्याओं में - अत्यन्त गरीबी (बड़े जमीनदारों जैसे कुछ को छोड़), सुविधायुक्त निवास, शिक्षा तथा स्वास्थ्य सेवा का अभाव, सालभर रोजगार का न मिलना, तथा निकटवर्ती शहरों या बाजार केन्द्रों के लिए सुलभ पहुंच मार्ग का अभाव - प्रमुख है।

भारत में 'गरीबी रेखा' की परिभाषा ग्रामीण क्षेत्रों में प्रतिदिन जीवन के लिए आवश्यक आहार मात्रा 2400 कैलोरी तो शहरों में 2100 कैलोरी है। अर्थात यह आधा किलो चावल, या मूल्य में प्रतिदिन प्रति व्यक्ति 7 से 8 रु. के बराबर मानी

207.50 रु. के बराबर है। इतनी अल्प मात्रा होने के बावजूद भी भारत में 26 प्रतिशत जनसंख्या 'गरीबी रेखा' के नींचे आती है। जिसमें से 75 प्रतिशत ग्रामीण क्षेत्रों में ही रहती है। यह ग्रामीण क्षेत्र के चिंताजनक जीवनमान को प्रदर्शित करती है। अन्तर्राष्ट्रीय स्तर पर दो डालर प्रति व्यक्ति प्रतिदिन व्यय 'गरीबी' समझी जाती है और 1 डालर प्रति व्यक्ति प्रतिदिन का व्यय, 'दीर्घस्थायी-गरीबी' मानी जाती है। यदि यही मापदंड अपनाया गया तो भारत में 80 प्रतिशत (1990-2002) गरीब है तथा गरीबी स्तर के नीचे 35 प्रतिशत दीर्घस्थायी गरीब लोग हैं। ग्रामीण क्षेत्रों में खेतीहर मजदूरों, अनियमित कामगारों, तथा अल्प व अत्यल्प भू-धारकों में यह गरीबी सबसे ज्यादा है। यही स्थिति, सामाजिक तौर पर पिछड़े वर्गों में तथा अनुसूचित जातियों व जनजातियों में भी पायी जाती है।

राष्ट्रीय नमूना सर्वेक्षण (NSS) क्रम 59 (जनवरी-दिसम्बर 2003) के अनुसार साक्षरता का प्रमाण शहरी क्षेत्रों में 81 प्रतिशत तथा ग्रामीण क्षेत्रों में 60 प्रतिशत है। महिलाओं में साक्षरता का प्रमाण ग्रामीण क्षेत्र में 47 प्रतिशत तथा शहरों में 74 प्रतिशत है। ग्रामीण क्षेत्र में पुरुषों में साक्षरता (71%) की तुलना में महिलाओं में साक्षरता (48%) 23 प्रतिशत कम ही है। यह तथ्य सर्वव्यापी मूलभूत शिक्षा के ग्रामीण क्षेत्रों में प्रसार की धीमी गति का ही परिचायक है। जहां तक स्वास्थ्य विषयक सुविधाओं का प्रशन है, ग्रामीण क्षेत्र में जो स्थिति (2002) है वह नींचे दिए गये सूचकांकों से स्पष्ट होती है।

तालिका 3.1 : ग्रामीण व शहरी क्षेत्र में जन्म दर, मृत्यु दर और बाल मृत्यु दर (2002)

विवरण	*ग्रामीण क्षेत्र में*	*शहरी क्षेत्र में*
प्रति 1000 जनसंख्या के पीछे साधारण जन्म दर	26.6	20.0
प्रति 1000 जनसंख्या के पीछे साधारण मृत्यु दर	8.7	6.1
प्रति 1000 प्रसवों के पीछे बाल-मृत्यु दर	69.0	40.0

स्त्रोत : Statistical Abstract India - 2004 (Govt. of India Publication)

उपरी आंकड़े, ग्रामीण क्षेत्रों में स्वास्थ्य तथा प्रसूति सम्बन्धी असुविधाओं की स्थिति को दर्शाते हैं। बड़ी संख्या में माताएं तथा बालक कुपोषित है और आंकड़ों से यह भी पता चला है कि 50 से 80 प्रतिशत ग्रामीण स्त्रियां खून की कमी (Anaemia) से पीड़ित है।

शहरी क्षेत्रों की तुलना में ग्रामीण क्षेत्रों में प्रति व्यक्ति उपभोक्ता व्यय बहुत कम है, जो यही दर्शाता है कि खाद्यान्न पैदा करने वाली ग्रामीण जनता को कितने कम अन्न से गुजारा करना पड़ता है। भारतीय कृषि का सबसे बड़ा विरोधाभास यही है कि अत्यधिक उत्पादन के बाद भी ग्रामीण जनता लाभान्वित नहीं होती। इस तथ्य के पीछे ग्रामीण जनता की निकृष्ट क्रयशक्ति ही मूल कारण है। ग्रामीण जनता को खासकर बच्चों के लिए वस्त्र भी अपर्याप्त हैं।

निवास की दृष्टि से ग्रामीण क्षेत्रों में 77 लाख नए मकानों की आवश्यकता (1997–2002 दसवीं योजना) थी और 20 लाख पुराने मकानों का जीर्णोद्धार आवश्यक था। ग्रामीण विभाग में मकानों की जर्जर अवस्था के कारण वहां निर्माण कार्य को गति देना अत्यन्त आवश्यक है। निर्माण सामग्री पहुंचाने के लिए भी विशेष प्रयास होने जरूरी हैं। लिओनेल कर्टिस ने एक बार भारतीय गांवों को 'मलबे के ढेरों पर बने स्वास्थ्यहीन मकानों का संग्रह' कहा था।

भारत के 16 प्रतिशत गांवों में अभी तक (31/3/2003) बिजली नहीं पहुंची है। अभी गांव के कम से कम 10 मकानों में बिजली पहुंचने पर ही गांव का विद्युतीकरण हुआ कैसे समझा जायेगा। अत: यह प्रतिशत तो और भी बढ़ जायेगा। ग्रामीण विद्युतीकरण की प्रगति, देश के अन्य क्षेत्रों की तुलना में उत्तर–पूर्वी क्षेत्रों के गांवों में अपेक्षाकृत धीमी ही है।

गत अनेक वर्षों में हुए प्रयत्नों के बावजूद 40 प्रतिशत बस्तियां अभी भी सड़कों के माध्यम से जुड़ी नहीं हैं। जहां भी कच्ची सड़कें बनी हैं वे सभी मौसमों के उपयुक्त नहीं है। बिहार, उड़ीसा तथा मध्य प्रदेश के पहाड़ी इलाकों की स्थिति तो और भी बदतर है। किसी भी प्रकार के मार्ग न होने या उचित मार्गों के अभाव में, शिक्षा स्वास्थ्य जैसी अच्छी सुविधाएं प्रदान करने तथा माल को निकटवर्ती शहरों में उपलब्ध बाजार तक पहुंचा पाने में गंभीर अड़चनें आती हैं। केवल 90 प्रतिशत गांवों में ही पीने का पानी मुहय्या कराने की कुछ व्यवस्था की गई है। ऐसी अनेक बस्तियां अभी भी बाकी हैं, जहां उचित दूरी पर सुरक्षित पेयजल की व्यवस्था नहीं हो पाई है। इस कारण हैजा तथा आंत्रशोध (गॅस्ट्रो एंटरायटिस) जैसे संक्रामक रोगों के ये स्त्रोत बन गए हैं।

ग्रामीण क्षेत्र के 78.1 प्रतिशत मकानों में शौचालय नहीं हैं, जिस कारण अनेक ग्रामवासी रास्तों के किनारों पर प्रात:विधि निबट लेते हैं, जो देश की दयनीय अवस्था का परिचायक बन गया है।

(2) ग्रामीण क्षेत्रों की प्रमुख समस्याएं

ग्रामीण विकास के तौर-तरीकों पर विचार करने के पूर्व ग्रामीण जनता के समक्ष खड़ी अनेक प्रमुख समस्याओं का उल्लेख करना आवश्यक है। वे इस प्रकार हैं -

1. मूलभूत ढाचों का अभाव

ग्रामीण-क्षेत्र में सड़क परिवहन की स्थिति बहुत खराब है। अनेक गांव तो कच्चे रास्तों से भी जुड़े नहीं हैं। ग्रामीण क्षेत्र में पक्की सड़कें तथा सभी मौसमों के उपयुक्त सड़कें अभी भी बनी नहीं हैं। राज्य परिवहन की बसें कुछ मार्गों पर चलती हैं पर बहुत से गांव इन मार्गों से जुड़े नहीं है। सड़कों का बिल्कुल न होना या उपलब्ध मार्गों की दयनीय स्थिति के कारण, पास के शहरों में स्थित बाजारों की सुविधाओं तक पहुंचने भी बड़ी कठिनाई होती है। वैसे तो ग्रामीण क्षेत्रों में टेलीफोन की व्यवस्था की जा रही है, पर अनेक गांवों में यह सुविधा उपलब्ध नहीं है। इसी तरह बहुत कम गांवों में सिंचाई की व्यवस्था उपलब्ध है। कई किसानों को सिंचाई के लिए पंप चलाने हेतु बिजली मिलने में निरंतर कठिनाईयों का सामना करना पड़ता है। अतः ग्रामीण क्षेत्र के अधिकांश भागों में मूलभूत ढांचागत न्यूनतम सुविधाएं ही उपलब्ध नहीं हैं।

2. बुनियादी सुविधाओं का अभाव

अनेक गांव ऐसे हैं जहां मूलभूत शिक्षा, स्वच्छ पेयजल, स्वास्थ्य सेवाएं, स्वच्छता व आरोग्य जैसी बुनियादी सुविधाओं का अभाव है। कुछ गांवों में स्कूल हैं पर पर्याप्त कमरे नहीं है। कई गांवों को पानी के लिए 1 किलोमीटर से अधिक की दूरी तय करनी पड़ती है। केवल 73.2 प्रतिशत गांवों में शुद्ध पेयजल की व्यवस्था है। प्राथमिक स्वास्थ्य सेवाएं भी मिलना कठिन है। बीमार व्यक्तियों को 5 से 20 किलोमीटर दूरी पर स्थित निकटतम प्राथमिक स्वास्थ्य केन्द्रों तक बैलगाड़ियों में ले जाना यह गांवों में आम दृश्य है।

3. बड़े परिवार और छोटे भूखंडों का स्वामित्व

ग्रामीण जनता अधिकांशतः कृषि पर निर्भर होती है। ग्रामीण क्षेत्रों में छोटे परिवार की धारणा को अमल करने में अनिच्छा के कारण हर पीढ़ी के बाद, परिवार में ज्यादा सदस्य होने से कृषि योग्य भूमि के छोटे-छोटे टुकड़े होते जा रहे हैं। सिंचाई की पर्याप्त सुविधा के अभाव में ये छोटे-छोटे भूखंड खेती के योग्य नहीं रह जाते। ग्रामीण क्षेत्रों में बढ़ रही गरीबी का यह भी एक मूल कारण है। परिणामस्वरूप 27 प्रतिशत से अधिक ग्रामीण जनता 'गरीबी रेखा' के नीचे जीवनयापन करती है।

4. बेरोजगारी

यंत्रीकृत उद्योगों से हो रही कठिन प्रतियोगिता के कारण ग्रामीण क्षेत्रों में कुटीर उद्योग पनप नहीं रहे हैं। मशीनों की सहायता से बड़े पैमाने पर हो रहे उत्पादन के कारण बड़े उद्योगों से निकले माल की कीमत सस्ती होती है। अत: घरेलू उद्योग में अच्छी प्रगति न होने से, गांव में रोजगारी का सारा भार कृषिजन्य रोजगारी पर ही पड़ता है। कृषि में भी रोजगार दिलाने की क्षमता सीमित होने के कारण तथा कृषि मूलत: कुछ ऋतुओं तक ही सीमित होने के कारण, ग्रामीण क्षेत्र में बेरोजगारी तीव्र गति से बढ़ती जा रही है।

5. निम्न–श्रमिक उत्पादकता तथा मर्यादित यांत्रिकीकरण

आर्थिक दबावों के कारण ग्रामीण क्षेत्र के सामाजिक सम्बन्धों में भी बदलाव आ रहा है। इसका प्रभाव काम दिलाने वाले लोगों तथा काम करने वाले मजदूरों के आपसी सम्बन्धों पर पड़ा है, जिससे मजदूरों की उत्पादकता में कमी आयी है। कृषि उद्योग में तांत्रिकी सहयोग और बड़ी मात्रा में हुए मशीनीकरण से उत्पादकता में अच्छी वृद्धि हो सकती थी, पर बीतते समय के साथ भूमि के छोटे–छोटे टुकड़े होने से यह वृद्धि उतनी बड़ी मात्रा में संभव नहीं हुई।

6. कर्ज का बोझ और उत्पादन की पीड़ादायक बिक्री (Distress Sale)

अनेक किसान, कृषि उत्पादन से हुई कम आय, ऊंची कीमतों पर लगी लागत, और उसके साथ अनेक पारिवारिक खर्च, जैसे जन्मोत्सव, शादीब्याह, मृत्यु आदि के कारण हुए कर्ज तथा उस पर लगे ब्याज का बोझ पीढ़ी दर पीढ़ी ढोते रहते हैं। बैंको की ब्याज दरें भी 12 प्रतिशत हुआ करती थी। अब यह सात प्रतिशत रह गई है। साधारण ऋण योजनाओं के अनुसार, पूर्व वर्षों में लिए ऋण की पूर्ण अदायगी हुए बगैर चालू वर्ष में ऋण लेना संभव नहीं होता है। इस अनिवार्यता के कारण और कृषि उत्पादन के सुरक्षित भंडारण व्यवस्था के अभाव में किसानों को खेतों में उपज तैयार होते ही उसे बेच देना लाजमी हो जाता है। बाजार में नई फसल के आने से उसका मूल्य निम्नतम होता है। ऐसे समय में किसानों की गाढे पसीने की कीमत पर हुई मूल्यवान उपज की अगंतिकता के कारण कम कीमत पर की जाने वाली 'पीड़ादायक बिक्री' होती है।

7. विपणन का कमजोर ढांचा

अक्सर देखा गया है कि नए पैदावार के बाजार में आने के 6 से 8 महीनों बाद कीमतों

में 20 से 25 प्रतिशत की वृद्धि हो जाती है। परन्तु किसानों द्वारा की गई इस 'पीड़ादायक बिक्री' से बिचौलिए और थोक खरीददार, किसानों द्वारा साल भर की गई कड़ी मेंहनत तथा अग्नि-परीक्षा से गुजरे बगैर ही अच्छा मुनाफा कमा लेते हैं। राज्यों द्वारा अच्छे उद्देश्यों से कुछ खरीद योजनाएं चलाई जाती हैं, जैसे महाराष्ट्र में कपास की खरीद योजना। पर कई स्थानों पर व्यवस्थापकों के अव्यवस्थापन, निहित स्वार्थी तत्वों एवं योजना का क्रियान्वयन करने वाले कर्मचारियों की अनास्था के कारण इन खरीद योजनाओं का लाभ, किसानों को मिलने वाली रकम एकमुश्त नहीं दी जाती बल्कि दो तीन किश्तों में मिलती हैं। कई किसान इन किश्तों के लिए ठहरने की स्थिति में नहीं होते। अतः इन योजनाओं का लाभ किसानों के कुछ तबके को ही मिल पाता है। फिर भी एक अतिरिक्त खरीददार के रूप में इन योजनाओं का ठोस कार्य रहा है, तथा निजी खरीददारों पर भी कुछ हद तक नियंत्रण रखा जा सका है।

8. समय पर अच्छे किस्म के बीजों का अभाव

सुधारित किस्म के अच्छी गुणवत्ता वाले बीजों का ठीक समय पर न मिलना, कृषि व्यवसाय की ठोस अड़चन है। मौसमी वर्षा होने का ठीक अंदाजा होने के बावजूद, बाजार में इन बीजों की उपलब्धि काफी देर से होती है, जिससे किसानों में घबराहट फैलती है और किसान अक्सर कम गुणवत्ता वाले बीज खरीदने के लिए बाध्य हो जाते हैं।

9. बजट एवं विनियोग का अभाव

शहरों में रहने वाली जनता का एक बड़ा तबका एक निश्चित मासिक आय वाला होता है जो अपने खर्च को ठीक से सुनियोजित कर लेता है। परन्तु कृषि से होने वाली आय का उचित अनुमान निसर्ग की मर्जी पर निर्भर होता है, जैसे वर्षा आदि। कई बार कुछ अकस्मात कारणों से, जैसे फसलों में कीड़ों के उपद्रव से भी उपज का काफी नुकसान होता है। पारम्परिक तौर पर ग्रामीण जनता सामाजिक रीति-रिवाजों से पूरी तरह से बंधी होती है और उसके अन्य पारिवारिक व सामाजिक रीति-रिवाजों जैसे जन्मोत्सव, शादी-ब्याह, मृत्यु आदि पर उसकी आय का काफी बड़ा हिस्सा खर्च होता है। कई बार तो ऐसे रीति-रिवाजों के लिए उसे कर्ज भी लेना पड़ता है। शहरी व्यक्तियों की तरह उनको महीनेभर के लिए या साल-भर के लिए बजट बनाने और उसके मुताबिक खर्च नियंत्रित करने जैसी धारणा ग्रामवासियों में नहीं होती। इस तरह वर्ष के अंत में खेती-बाड़ी के लिए पैसे ही नहीं बचते, फिर कृषि के दीर्घकालीन

विकास के लिये या वृद्धावस्था में सामाजिक सुरक्षा हेतु धन के विनियोग की बात तो दूर ही रही। अतः कृषि के लिए किसानों को कर्ज की सुविधा लेनी ही पड़ती है, जो या तो राज्य के सहकारी बैंको से मिलती है या निजी साहूकारों से। इस प्रकार किसानों की आर्थिक स्थिति में व्यावहारिक तौर पर कोई सुधार होते रहने के बजाय, उपज की कम कीमत तथा अधिक खर्चीली लागत के कारण उस पर कर्ज का बोझ निरंतर बढ़ता ही जाता है।

(3) कृषि विकास हेतु स्वतंत्रता पूर्व व स्वतंत्रता पश्चात् प्रयास

1. ग्रामीण विकास के मूलभूत तत्व

1.1. सामाजिक जागरूकता

किसी भी क्षेत्र में विकास करना हो तो वहां उस क्षेत्र में विकास की आवश्यकता की जानकारी होना जरूरी है। इसके सिवाय उस विकास को टिकाए रखने के लिए संबंधित जनता का प्रयत्नशील रहना भी जरूरी है। जब तक यह नहीं होता, बाहर से कितने भी प्रयास क्यों न हों, वे सफल नहीं होंगे। ग्रामीण समुदाय को बरसों पुरानी सामाजिक, व्यावसायिक तथा आर्थिक पद्धतियों की आदत लग गई है। वर्तमान में तेज गति से बदलते वातावरण में समाविष्ट होने के लिए इनमें सुधार लाना, जैसे कृषि उत्पादन में वृद्धि करने के लिए नए तौर–तरीके आवश्यक हैं। उदाहरण के लिए कृषि की उत्पादकता बढ़ाने के लिए उपाय ढूंढने होंगे। दूसरे देशों में कृषि में अनेक तांत्रिकी प्रगति का उपयोग किया जा रहा है। किसानों को उनके कर्तव्यों व अधिकारों का बोध कराते हुए, सबलता व दुर्बलताओं इन सब की शिक्षा के माध्यम से ही, इन परिवर्तनों की आवश्यकता के प्रति जागृति लायी जा सकती है। इसके सिवाय राज्य सरकार, पंचायत राज जैसी संस्थाएं और समर्पित गैर–सरकारी संगठन भी ग्रामीण जनों में जागृति लाने का महत्त्वपूर्ण कार्य कर सकते हैं।

1.2. ग्रामीण नेतृत्व

विकास प्रक्रिया का यह अत्यन्त महत्त्वपूर्ण अंग है। कार्य के प्रति यदि नेतृत्व समर्पित हो तो प्रक्रिया सरल हो जाती है। चूंकि गांव समाज की एक छोटी ईकाई है, अतः ग्रामीण नेतृत्व को किसी भी राजनीतिक दल के तरफ निष्ठा के बावजूद, गांव के विकास की ओर ही पूरा ध्यान देना चाहिए तथा ग्रामीणों को भी ऐसे ही प्रतिनिधि

निर्वाचित करना चाहिए, जो गांव के विकास में सहयोग प्रदान कर सके। राजनीतिक दलों की यह जिम्मेदारी है कि वे दलीय राजनीति से उपर उठकर गरीब ग्रामीणों तथा अशिक्षित ग्रामवासियों के हितों का पूरा ध्यान रखें।

1.3. ग्रामीण-शहरी विकास का संतुलित प्रयास

ग्रामीण जनता, खाद्यान्न, कपास तथा कच्चा माल के रूप में शहरी जनता को जीवन की मूलभूत आवश्यकताओं की आपूर्ति करती है। फिर शहरी जनता अपने क्षेत्र के औद्योगिक कार्य के सिवाय, गांव से आए माल के विपणन बाजार की व्यवस्था करती है। ग्रामीण जनता को शहरों में उपलब्ध अनेक सुसंगठित सुविधाओं, जैसे उच्च शिक्षा, अस्पताल, व्यापार आदि के लिए निर्भर होना पड़ता है। अर्थात इन दोनों क्षेत्रों का विकास एक-दूसरे पर निर्भर है और दोनों का विकास उतना ही महत्त्वपूर्ण है। फिर भी बुनियादी स्तर पर एक अंतर यह है कि शहरी जनता में विकास की आवश्यकता के प्रति पर्याप्त जागृति है तथा उसे प्राप्त करने के लिए संगठित प्रयास भी उपलब्ध है, वहीं ग्रामीण क्षेत्रों में अत्यन्त गरीबी, शिक्षा का अभाव आदि के कारण अपने बलबूते पर उचित विकास कर पाना संभव नहीं है। स्थिति सुधारने के लिए उसे अपने आंतरिक प्रयत्नों के सिवाय, राज्य या गैर-सरकारी संगठनों से बाहरी सहायता आवश्यक है।

2. ग्रामीण विकास के लिए प्रारंभिक प्रयास

उर्ध्ववर्णित समस्याओं क्षेत्रों की पहचान के बाद, उनका हल प्राप्त करने के हेतु, ऐसी व्यूहरचना तैयार करनी है जो ग्रामीण क्षेत्रों में व्याप्त सामाजिक, राजनीतिक तथा आर्थिक पद्धति के लिए सर्वाधिक उपयुक्त हो। स्वतंत्रता संग्राम के दौरान व उसके बाद भी हमारे महान नेताओं ने इन समस्याओं पर गहरा चिंतन किया और उस समय प्रचलित पद्धतियों में सुधार लाने की जी तोड़ कोशिशें भी कीं। विभिन्न नेताओं के प्रयास भिन्न-भिन्न रहे होंगे, पर उद्देश्य मात्र एक ही था - समाज का विकास। इन सारे प्रयासों में सुझाए विचारों, तत्त्वों का समन्वय गांधी विचारधारा में मिलता है। इस पर आगे चर्चा की जा रही है।

2.1. ग्रामीण विकास पर गांधी विचारधारा

राष्ट्रीय परिपेक्ष्य में गांव के महत्त्व पर गांधीजी के विचार बड़े प्रबल थे। उनके विचार में गांव एक स्वयंपूर्ण ईकाई होनी चाहिए, जो अपने समस्त मामलों के लिए किसी बाहरी व्यवस्था पर निर्भर न हो। गांधीजी, ग्रामीण जनता की क्षमता को बढ़ाने में

विश्वास करते थे, ताकि ग्रामीण आत्मविश्वासी बनें, खुद का शासन स्वयं करें, अपनों से ही शासित हो। उन्होंने अपने विचार इस प्रकार व्यक्त किए।

''जिस प्रकार विश्व अपने आप में समाहित है, उसी प्रकार भारत भी गांवों में समाहित है। भारत गांवों में बसता है। यदि गांव नष्ट होते हैं तो सारा भारत ही नष्ट हो जायेगा। ग्राम-स्वराज के बारे में मेरा यही विचार है कि वह पूर्णत: गणतांत्रिक हो, अपनी महत्त्वपूर्ण बुनियादी आवश्यकताओं के लिए, पड़ोस के स्थानों पर निर्भर रहने के बजाय, आत्मनिर्भर हो। ऐसा होते हुए भी अपनी अनेक मांगों के लिए जहां निर्भरता आवश्यक हो - वह परस्पर निर्भर हो। गांव का प्रशासन पांच व्यक्तियों के पंचायत द्वारा चले, जिनका वार्षिक चुनाव गांव के वयस्क स्त्री-पुरुषों द्वारा किया जाये जिनमें न्यूनतम नियोजित अर्हता हो। पंचायत को सारे आवश्यक अधिकार तथा अधिकार क्षेत्र, न्यायाधिकार दिए जाये। इस व्यवस्था में दंडात्मक पद्धति अपनाने से, यह पंचायत, अपने एक वर्ष के कार्यकाल में विधायक, प्रशासक तथा न्यायपालिका तीनों का संगम होगा।''

''लिओनेल कर्टिस ने हमारे गांवों को कूड़े का ढेर कहा था। हमें इन्हें आदर्श गांवों में परिणीत करना होगा। हवा से घिरे रहने के बावजूद गांववासियों को स्वच्छ हवा नहीं मिलती, ताजे खाद्यान्नों से घिरे रहने के बाद भी गांववासियों को ताजा अन्न नहीं मिलता।''

''हमारे गांवों के पूर्णत: विकसित होने के उपरांत, यहां अच्छे कौशल्यपूर्ण व्यक्तियों व कलात्मक गुणों वाले लोगों की कोई कमी नहीं रहेगी। वहां फिर ग्रामीण कवि, कलाकार, मूर्तिकार, रचनाकार, बहुभाषी और अन्वेषण करने वाले लोग भी होंगे। संक्षेप में गांव सभी दृष्टि से परिपूर्ण होंगे।''

''ग्रामीण अर्थशास्त्र की मुझे अच्छी जानकारी है। मैं कह सकता हूं कि ऊपर से आए दबाव में नींचे वाला ग्रामवासी पिस जाता है। अब जरूरी है कि ग्रामवासियों पर पड़ रहे बाहरी दवाब को हटा दिया जाये।''

''ग्राम उद्योग योजना का उद्देश्य यही है कि हम अपनी रोजमर्रा की चीजों की आपूर्ति के लिए गांवों की ओर मुड़ें। यदि कुछ मांगों की पूर्ति नहीं हो पाती है तो हमें इस बात का प्रयत्न करना चाहिए कि थोड़ी सी कठिनाई झेलकर अच्छे व्यवस्थापन द्वारा वही चीजें कम मुनाफे पर गांवों से ही उपलब्ध कराएं। लाभ की योजना करते समय हमें ग्रामिणों को ध्यान में रखना चाहिए न कि स्वयं को।''

''यदि कोई (ग्रामीण कार्यकर्ता) शिक्षक बनकर गांव में जाता है, तो उसकी अभ्यासक बन कर जाने की तैयारी होनी चाहिये। उसे अतिशीघ्र पता चल जाएगा कि सीधे-साधे ग्रामीणों से सीखने योग्य बहुत कुछ है।''

गांधीजी के सूत कातने वाले चरखे से निकले धागे में देश के गरीब–अमीर लाखों–करोंड़ों लोगों को एक सूत्र में बांध रखने की शक्ति का अनुभव हुआ। वे कहते थे, ''सूत कातना मेरे लिए इस देश के सबसे गरीब व्यक्ति के प्रति मैत्री का प्रतीक है, और उसका दैनिक अभ्यास उनके और हमारे बीच के बंधन का पुनर्जीवन है।''

ग्रामीण उद्योगों के विकास को गांधीजी के इस आशय से जोरदार प्रोत्साहन दिया था कि ये उद्योग गांव में मिलने वाले कच्चे माल का उपयोग कर काम प्रारंभ करें और इनके लिए बड़ी मात्रा में पूंजी लगाने की आवश्यकता न पड़े। इसी के साथ गांधीजी, औद्योगीकरण के विरुद्ध नहीं थे, पर चाहते थे कि बड़े उद्योगों का उद्देश्य गांवों की उत्पादन क्षमता को बढ़ाने में हो। गांधीजी को एकाधिकार कतई पसंद नहीं था तथा ऐसे काम जिसका लाभ आम जनता तक न पहुंच सकता हो वह उन्हें नापसंद था।

2.2. गांधी व कार्ल मार्क्स की विचारधाराएं

गांधीजी (1869 – 1948) और कार्ल मार्क्स (18 8 – 1880) दोनों गरीबों व दलितों के उद्धार के लिए कृत संकल्प थे। दोनों ने एक ऐसी नई सामाजिक, राजनीतिक व आर्थिक व्यवस्था का समर्थन किया था जिसमें आम जनता को, विशेष अधिकारयुक्त लोगों के शोषण से मुक्त सारे मानवीय अधिकारों के उपयोग का आनंद मिल सके। गांधीजी अमीरों के विरोधी नहीं थे, पर वे चाहते थे कि अमीर लोग अपनी आवश्यकताओं की पूर्ति के लिए धन का उपयोग करें, तथा बचे हुए धन को धरोहर के रूप में देखें। दोनों विचारक एकाधिकारी रचनात्मक आर्थिकता के विरुद्ध थे।

परन्तु उद्देश्यों की पूर्ति के लिए प्रयासों के बारे में मूल भूत मतभेद था। गांधीजी व विनोबा भावे सर्वोदय के समर्थक थे। एक नई सामाजिक व्यवस्था लाने के लिए जहां गांधीजी हृदय परिवर्तन का मार्ग अपनाने के पक्ष में थे वहीं कार्ल मार्क्स का यह विश्वास था कि अमीर लोग अपनी सम्पत्ति का बंटवारा बिल्कुल पसंद नहीं करेंगे, अत: आवश्यक होने पर बल और जबरदस्ती का उपयोग जायज है। कार्ल मार्क्स के यह विचार, उद्देश्य पूर्ति के लिए, वर्ग संघर्ष को न्यायसंगत ठहराने जैसे थे। मार्क्स के लिए उद्देश्य, उसकी पूर्ति के लिए अपनाए जाने वाले तरीकों से ज्यादा महत्वपूर्ण था, जबकि गांधीजी को उद्देश्य व उसको पाने के लिये इस्तेमाल किये जाने वाले तरीके भी उतने ही महत्वपूर्ण थे।

2.3. ग्रामीण पुनर्रचना के लिए महत्वपूर्ण कार्यक्रमों/योजनाओं का प्रारंभ

स्वतंत्रता के पूर्व, जनसेवा के उद्देश्य से प्रेरित अनेक सुधार कार्यों की शुरुआत हुई। ग्रामीण विकास के लिए अनेक नए विचार प्रवर्तक योजनाएं चलाई गयीं। इनमें से कुछ नीचे दी हैं –

2.3.1. श्रीनिकेतन ग्रामीण पुनर्रचना कार्यक्रम (SRRP) (1921)

गुरूदेव रविन्द्रनाथ टैगौर ने कोलकाता के शहरी जीवन से दूर एक शांतिपूर्ण स्थान शांतिनिकेतन (पं. बंगाल) आश्रम की स्थापना की। उन्होंने ग्राम पुनर्रचना का कार्य यहीं से प्रारंभ किया। इस कार्यक्रम में गांववासियों के कृषि व पशुधन में विकास, सहकारी संस्थाएं निर्मित करना तथा ग्राम स्वास्थ्य सुधार के कामों में सहयोग पर अधिक जोर दिया गया था। आश्रम के युवकों की, ग्राम पुनर्रचना में भागीदारी रखना भी कार्यक्रम का एक उद्देश्य था।

2.3.2. मार्तन्डम ग्रामीण पुनर्रचना कार्यक्रम (MRRP) (1921)

YMCA के स्पैन्सर हॅच द्वारा दक्षिण त्रावणकोर के मार्तन्डम नामक स्थान पर यह कार्यक्रम प्रारंभ किया गया था। इस कार्यक्रम में रचनात्मक योजनाओं के माध्यम से गरीब जनता के जीवनमान में सुधार लाने पर जोर दिया गया था। अनेक प्रकार के कुटीर उद्योग, जैसे चटाई व टोकरियां बनाना, मुर्गीपालन, मधुमक्खी पालन आदि का विकास इस कार्यक्रम में शामिल था।

2.3.3. गुड़गांव योजना (GS)

पंजाब–हरियाणा प्रदेश के गुड़गांव जिले में, एफ.एल. ब्रायने नामक एक अंग्रेज ने इस ग्राम विकास योजना का प्रारंभ किया। इस कार्यक्रम के अन्तर्गत ग्राम सुधार कार्य हेतु गांववासियों को प्रशिक्षित करने के लिए अर्थशास्त्र स्कूल की स्थापना, गांव में स्वास्थ्य सुधार, तथा कृषि विकास कार्यक्रम आते थे। उनकी दृष्टि में गांव का शिक्षक, केवल शिक्षक ही नहीं बल्कि गांव की अनेक छोटी–मोटी समस्याओं का हल करने वाला, सुधारक व मार्गदर्शक व्यक्ति भी होना चाहिए।

2.3.4. बड़ौदा का ग्रामीण पुनर्रचना कार्यक्रम (RRPB) (1890)

महाराजा सयाजी राव ने बड़ौदा प्रांत में ग्राम पुनर्रचना कार्यक्रम चलाया था। इसमें ग्राम पंचायत, बालकों की शिक्षा, प्रौढ़ शिक्षा, कृषि उत्पादन में सुधार, सिंचाई

व्यवस्था, अच्छे किस्म के बीजों का उत्पादन, वितरण एवं उपयोग आदि पर विशेष ध्यान दिया गया।

2.3.5. फिरका (ग्राम) विकास योजना (FDS) (1946)

तत्कालीन मद्रास राज्य के 34 फिरकाओं में पहले टी. प्रकासम द्वारा फिरका विकास योजना चलाई गई। बाद में इसे अन्य फिरकाओं में भी लागू किया गया। गांधीजी के "ग्राम स्वराज" के विचारों पर आधारित इस योजना में निवास, मकान, शिक्षा, जलप्रदाय, मार्गों का विकास तथा स्वास्थ्य सेवाओं में सुधार पर अधिक ध्यान दिया गया। बुनियादी तौर पर कृषि में आमूलाग्र सुधार, गांवों में उद्योगों का विस्तार, पंचायतों की स्थापना, सहकारी समितियों का निर्माण तथा सामाजिक व सांस्कृतिक गतिविधियों को प्रोत्साहन देना इस योजना में सम्मिलित था। 1952 में यह योजना, 'सामुदायिक विकास योजना' में विलीन कर दी गई।

2.3.6. ईटावा पायलट प्रोजेक्ट (EPP) (1948)

द्वितीय महायुद्ध के पश्चात् भारत में स्थायी हुए एक अमरीकी नगर नियोजक एम. आर. अल्बर्ट मेयर ने उत्तर प्रदेश के इटावा जिले में स्थित महेवा में यह योजना चलाई। इसमें ग्रामीण स्तर के युवकों को प्रशिक्षण, कृषि व्यतिरिक्त अन्य व्यावसायिक प्रशिक्षण, गांवों के नेताओं, समाज सेवकों, प्रौढ़ शिक्षा देने वाले शिक्षकों तथा पंचायत में काम करने वाले कार्यकर्ताओं के प्रशिक्षण की व्यवस्था थी। गांव में होने वाले विभिन्न कार्यक्रमों, कृषि संवर्धन, ग्रामीण संगठनों - जैसे पंचायत, स्कूल तथा सहकारी संस्थाओं में गांववासियों की भागीदारी को प्रोत्साहन देना भी इस योजना का एक भाग था।

2.3.7. निलोखेरी योजना (NP) (1948)

हरियाणा के करनाल जिले में 'निलोखेरी' नामक एक नयी बस्ती का निर्माण कर पाकिस्तान से (विभाजन के कारण) आए शरणार्थियों को बसाने के लिए यह योजना श्री. एस.के. डे ने चलायी थी। डे ने इन शरणार्थियों को निर्माण कार्य में लगाकर जिन्दगी का तथा काम करने का अधिकार दिलाया तथा जिस काम में वे जुटे उससे धन अर्जित करने का अधिकार रहने का विश्वास भी दिलाया। ये तीनों अधिकार 'मजदूर-मंजिल' नामक योजना के आधार बने। इस योजना में स्वास्थ्य सुविधाओं में विकास, स्वच्छता, माध्यमिक व उच्च शिक्षा, व्यावसायिक प्रशिक्षण, कुटीर

उद्योग तथा खेती, बागवानी, मुर्गीपालन, मत्स्यपालन जैसे कृषि विस्तार कार्यक्रम सम्मिलित हैं।

इन सभी कार्यक्रमों में गांधीजी द्वारा स्थापित साबरमती व सेवाग्राम के आश्रमों में चलाई योजना के मूल तत्व सम्मिलित थे। ग्रामीणों द्वारा अपने सामूहिक प्रयासों द्वारा ग्रामों की पुनर्रचना का तत्व ही इन कार्यक्रमों का आधार रहा। इनमें सड़कों में सुधार, कृषि के नए तौर-तरीकों में विकास, ग्रामीण जल प्रदाय, शिक्षा, प्रौढ़ों में साक्षरता, स्वास्थ्य सेवाओं में प्रगति, भागीदारी के प्रयासों को प्रोत्साहन, ग्रामीण नेतृत्व व सहकारी संस्थाओं का विकास आदि प्रमुख हैं। इन्हीं कार्यक्रमों के माध्यम से, बाल-विवाह की बुराईयों तथा अन्य विकृत सामाजिक रीति-रिवाजों के विरुद्ध गांवों में जनजागरण का कार्य भी सम्पन्न हुआ।

3. स्वतंत्रता पश्चात् ग्रामीण विकास - योजना प्रक्रिया का एक भाग

स्वतंत्रता प्राप्ति के पश्चात्, राष्ट्रीय व राज्यस्तर पर बनी योजनाओं में ग्रामीण विकास को महत्त्वपूर्ण स्थान दिया गया। योजनाएं निरुपित करते समय, योजना प्रक्रिया में व्यक्तियों को साथ लेकर सभी मंचों से प्रदीर्घ विचार विमर्श किया गया। योजनाएं दो वर्गों में विभाजित हुईं - एक वह वर्ग जिसमें योजनाएं अविकसित क्षेत्र को ध्यान में रखकर बनाई गई तथा दूसरा वह जहां पिछड़े वर्ग को लक्ष्य लेकर योजनाएं बनीं। कालांतर में तत्कालीन सत्तारूढ़ सरकार द्वारा दिए महत्त्व और प्रोत्साहनों के आधार पर इन योजनाओं के नाम और काम में भी परिवर्तन हुए। कुछ योजनाएं जो आज भी जारी हैं, उनका विवरण नीचे दिया जा रहा है –

3.1. प्रधान मंत्री ग्राम सड़क योजना (PMSGY)

सम्पूर्ण देश की सारी बस्तियों को सभी मौसमों के उपयुक्त पक्की सड़कों से जोड़ने की केन्द्र समर्थित ''प्रधान मंत्री ग्राम सड़क योजना'' का 25 दिसंबर 2000 को शुभारंभ हुआ। इस योजना का उद्देश्य तीन वर्षों के अंदर 1000 या उससे अधिक जनसंख्या की बस्तियों को तथा वर्ष 2007 तक शेष 500 या उससे अधिक जनसंख्या वाली बस्तियों को इस योजना के अन्तर्गत लाना है। पहाड़ी क्षेत्रों और मरूस्थलीय क्षेत्रों के 250 से या उससे अधिक की बस्तियों को भी जोड़ा जायेगा।

3.2. स्वर्ण जयंती ग्राम स्वरोजगार योजना

'समन्वित ग्राम विकास योजना (IRDP)', ''स्वरोजगार के लिए ग्रामीण युवक

प्रशिक्षण योजना (TRYSEM)", "ग्रामीण कामगारों को औजार पूर्ति योजना (SITRA) "ग्रामीण क्षेत्रीय महिला बाल विकास योजना (DWCRA) तथा "10 लाख कुंआँ योजना (MWS)" आदि योजनाओं को मिलाकर यह स्वर्ण जयन्ती ग्राम स्वरोजगार योजना, 1 अप्रेल 1999 को लागू हुई। इस स्वर्ण जयन्ती ग्राम स्वरोजगार योजना का उद्देश्य, गरीबी रेखा के नींचे रहने वाले परिवारों को, आय उत्पन्न करने वाली योजनाएं अपनाने के लिए सहयोग देना तथा योजनाएं प्रारंभ करने हेतु वित्तीय सहायता–बैंकों से ऋण व सरकारी अनुदान दिलाना है। इस कार्य में गैर–सरकारी संगठनों/बैंकों/व्यक्तिशः मदत देने वालों की सहायता ली जाती है, ताकि स्व–सहायता (SHG) दल की स्थापना व कौशल्य वृद्धि में उनका सहयोग मिल सके। स्थानीय आवश्यकताओं के अनुसार कुशलता के निर्माण व अभिवृद्धि के लिए प्रशिक्षण दिलाने का प्रावधान इस योजना में है।

योजना का लक्ष्य यह भी है कि क्षेत्र की संभावनाओं को देखते हुए, ग्रामीणों की क्षमता के आधार पर अत्यन्त लघु निर्माण ईकाईयों की स्थापना, जिससे जीवनोपयोगी आय निर्मित हो सके। पूर्ण ईकाई की लागत का 30 प्रतिशत अनुदान मिलता है, जिसकी अधिकतम सीमा 7,500 रु. (अनुसूचित जाति व जनजातियों के लिए) भी स्वीकृत है। 'स्व–सहायता दलों' के लिए अनुदान की राशि, योजना लागत की 50 प्रतिशत होती है, जिसकी अधिकतम सीमा 1.25 लाख रुपये या प्रति व्यक्ति 10,000 रु. जो भी कम हो। स्व–सहायता दलों में 10 से लेकर 20 सदस्य होते हैं। लघु सिंचाई योजनाओं के लिए स्व–सहायता दलों को दी जाने वाली अनुदान राशि में कोई सीमा नहीं रखी गई है। वैयक्तिक स्वरोजगारियों के लिए भी कोई सीमा नहीं है। स्वरोजगारियों में अनुसूचित जाति व जनजातियों की संख्या 50 प्रतिशत तथा महिलाओं की संख्या 40 प्रतिशत है।

स्वर्णजयन्ती ग्राम स्वरोजगार योजना का क्रियान्वयन 'जिला ग्रामीण विकास संस्था (DRDA)' के माध्यम से हो रहा है, जिसमें पंचायत राज संस्थाओं, बैंकों और गैर–सरकारी संगठनों का सहभाग भी है। योजना के प्रारंभ से अब तक 22.52 लाख स्व–सहायता दलों की स्थापना हो चुकी है जिनमें 66.97 लाख स्व–रोजगारी है। इनमें 35.54 लाख स्व–सहायता दलों के सदस्य हैं तथा 31.43 लाख वैयक्तिक स्वरोजगारी हैं।

3.3. सम्पूर्ण ग्रामीण रोजगार योजना (SGRY)

'रोजगार हामी योजना (EAS)' तथा 'जवाहर ग्राम समृद्धि योजना (JGSY)' इन

दोनों को मिलाकर एक नई 'सम्पूर्ण ग्रामीण रोजगार योजना' 25 सितम्बर 2001 को आरम्भ की गई। जवाहर ग्राम समृद्धि योजना भी इसके पूर्व चल रही 'राष्ट्रीय ग्रामीण रोजगार कार्यक्रम (NREP)' तथा 'ग्रामीण भूमिहीन रोजगार गारंटी कार्यक्रम (RLEGP)' इन दोनों को सम्मिलित कर बनाई गई थी। इन नई 'सम्पूर्ण ग्रामीण रोजगार योजना' के अन्तर्गत अन्य बातों के अलावा 'काम के बदले अनाज कार्यक्रम (FWP)' चलाने हेतु राज्यों को केन्द्र से निःशुल्क खाद्यान्न देने का प्रावधान भी है।

इन नए कार्यक्रम का उद्देश्य, ग्रामीण क्षेत्र में खाद्यान्न की सुरक्षा के सिवाय अतिरिक्त वेतन रोजगार का निर्माण तथा सामाजिक व आर्थिक सम्पत्ति बढ़ाने एवं क्षेत्रीय विकास के लिए ढांचागत विकास योजना का निर्माण करना भी है। इस योजना का क्रियान्वयन दो माध्यमों से होता है - (1) प्रथम माध्यम तो, रोजगार हामी योजना के स्थान पर चलने वाली व्यवस्था है, जिसका क्रियान्वयन जिला एवं मध्यम पंचायत स्तर से होता है। सम्पूर्ण ग्रामीण रोजगार योजना के लिए निर्धारित निधि का 50 प्रतिशत जिला परिषदों (20%) तथा मध्यम-स्तर की पंचायतों या पंचायत समितियों (30%) के बीच बंटता है तथा (2) दूसरा माध्यम 'जवाहर ग्राम समृद्धि योजना' के स्थान पर चलने वाली व्यवस्था है जो ग्राम पंचायत स्तर से क्रियान्वित होती है। इसके लिए 'सम्पूर्ण ग्रामीण रोजगार योजना' की शेष 50 प्रतिशत निधि इसी माध्यम के लिए आबंटित होती है। यह निधि जिला ग्रामीण विकास संस्थाओं/जिला परिषदों द्वारा ग्राम पंचायतों को दी जाती है।

इस योजना के अन्तर्गत प्रतिवर्ष 100 करोड़ मैन-डेज का वेतन रोजगार देने का प्रावधान है। केन्द्र और राज्यों के बीच योजना व्यय की भागीदारी 75 : 25 के अनुपात में होती है। केन्द्र खाद्यान्न की पूर्ति के रूप में अपना हिस्सा देता है। ग्राम पंचायतें, अपनी आवश्यकताओं के अनुसार, ग्राम सभा की अनुमति से कार्य चलाती हैं। ग्राम पंचायतों को आबंटित निधि का 50 प्रतिशत, अनुसूचित जातियों व अनुसूचित जनजातियों के क्षेत्रों में, विकास के लिए ढांचागत कार्यों के लिए किया जाता है। इस योजना के अन्तर्गत होने वाले कार्य, किसी ठेकेदार या मध्यस्थी एजेन्सी द्वारा नहीं कराए जा सकते। प्रत्येक ग्रामीण मजदूर को प्रति कार्य दिवस के लिए पांच किलो अनाज तथा शेष मजदूरी नगद रूप में देने की व्यवस्था है। इन सभी कार्यों के निरीक्षण की सम्पूर्ण जिम्मेदारी जिला परिषदों पर होगी। इस सम्पूर्ण कार्य का मूल्यांकन, केन्द्र व राज्य सरकारों द्वारा प्रायोजित माने हुए संस्थाओं/संगठनों द्वारा किए जाने वाले प्रभाव-अध्ययनों (Impact Studies) द्वारा किया जाएगा।

योजना तथा जवाहर ग्राम समृद्धि योजना को एकीकृत किया गया है। इन योजनाओं की पार्श्वभूमि तथा उनकी विशिष्ट बातें इस प्रकार हैं।

3.4. राष्ट्रीय कार्यक्रम - काम के बदले अनाज (NFWP)

साल के 4 महीने तो किसान खेती में व्यस्त रहता है. पर शेष महीनों में रोजगार सुस्त हो जाता है अतः इस 'सुस्तकाल' में गरीबों का जीना कठिन होता है। इसी दुविधा के हल के लिए, 1977 में 'काम के बदले अनाज' कार्यक्रम चलाया गया जिसका दोहरा उद्देश्य यह भी था कि ग्रामीण क्षेत्र में सड़कें, पुल, सिंचाई की छोटी योजनाएं जैसे तालाब-पोखर या बांध तथा नहरों जैसे उत्पादक स्थाई पूंजी का निर्माण हो सके। इस योजना के अन्तर्गत मजदूरों को वेतन अंशतः नगद रूप में दिया जाएगा तथा बाकी भुगतान अतिरिक्त भण्डारों से खाद्यान्न देकर किया जाएगा। पहले तो इस योजना को अच्छा प्रतिसाद मिला, परंतु कुछ त्रुटियों से, योजना की लोकप्रियता कम होती गई। इसी कारण इस 'काम के बदले अनाज' कार्यक्रम को अधिक विस्तृत कर और उसका स्वरूप बदलते हुए उसे 1980 में ''राष्ट्रीय ग्रामीण रोजगार कार्यक्रम'' का नाम दिया गया।

राष्ट्रीय ग्रामीण रोजगार कार्यक्रम (NREP) :- इस कार्यक्रम का उद्देश्य, ग्रामीण मजदूरों को ऐसे समय में जब उन्हें कमाई वाला रोजगार नहीं मिलता, उस काल में रोजगार दिलाने और साथ-साथ ग्रामीण ढांचे को सशक्त करते हुए अधिक समय तक टिक सकने वाली सामुदायिक बुनियादी ढांचारूपी मालमत्ता तैयार करना प्रमुख है।

इस कार्यक्रम में निम्न विशिष्ट तत्त्व समाविष्ट हैं - (1) जिला या खंड स्तर पर ही योजना तैयार करना, (2) क्रियान्वित होने वाली योजनाओं में भूमि एवं जलसंग्रहण, सिंचाई, बाढ़ नियंत्रण, जलनिकासी, तालाबों या पोखरों की मरम्मत व नवनिर्माण, सामाजिक वनीकरण, चरागाह अभिवृद्धि, स्कूल, अस्पताल, भवनों का निर्माण, स्वास्थ्य तथा आरोग्य सम्बन्धी कार्यों को प्राथमिकता देना, (3) स्त्रोतों का 10 प्रतिशत अनुसूचित जाति तथा अनुसूचित जनजातियों की भलाई के कार्यों के लिए रखना, (4) विकास कार्यों का प्रशासन पंचायत राज संस्थाओं द्वारा तथा प्रत्यक्ष क्रियान्वयन जिला ग्रामीण विकास संस्थाओं द्वारा सम्पन्न होना। यह कार्यक्रम केन्द्रीय तत्वावधान में, केन्द्र व राज्य सरकार की आधी-आधी भागीदारी में चलेगा, केन्द्र सरकार अपना हिस्सा खाद्यान्न पूर्ति के रूप में देगा तथा (5) गैर-सरकारी संगठनों को भी कार्यों की जिम्मेदारी दी जा सकती है।

पोषकता स्तर को बढ़ाने के लिए एक व्यक्ति का, एक दिनभर काम करने के लिए 5 किलो खाद्यान्न देने का प्रावधान है।

ग्रामीण भूमिहीनों के लिए रोजगार गारंटी योजना (RLEGP) :- भूमिहीन ग्रामिणों के लिए रोजगार गारंटी योजना का शुभारंभ 1983 में हुआ था। भूमिहीन ग्रामीणों के लिए रोजगार गारंटी योजना तथा राष्ट्रीय ग्रामीण रोजगार कार्यक्रम में आधारभूत अंतर केवल इतना ही है कि जहां 'राष्ट्रीय ग्रामीण रोजगार कार्यक्रम' में बेरोजगारों तथा अल्परोजगारियों के लिए अतिरिक्त रोजगार की व्यवस्था थी वहीं ग्रामीण भूमिहीनों के लिये रोजगार गारंटी योजना में प्रत्येक भूमिहीन ग्रामीण के परिवार के कम से कम एक सदस्य को वर्ष में 100 दिनों के रोजगार मिलने की गारंटी है।

'काम के बदले अनाज' कार्यक्रम को भी नवंबर 2004 में पुनर्गठित कर उसे ''राष्ट्रीय काम के बदले खाद्यान्न कार्यक्रम'' का नाम दिया गया। सम्पूर्ण ग्रामीण रोजगार योजना (SGRY)और राष्ट्रीय कार्यक्रम-काम के बदले अनाज (NFWP) इन दोनों योजनाओं को 2 फरवरी 2006 से राष्ट्रीय ग्रामीण रोजगार गारंटी योजना (NREGA) में विलीन किया गया।

3.5. जय प्रकाश रोजगार गारंटी योजना (JPRGY)

इस योजना में देश के सर्वाधिक पीड़ित जिलों के बेरोजगारों को रोजगार दिलाने का प्रावधान है।

3.6. अन्त्योदय/अन्त्योदय अनाज योजना (AAY)

इस अन्त्योदय योजना में, गरीबों से भी अति गरीब के उत्थान का उद्देश्य रखा गया है। कार्यक्रम में लाभार्थियों का चयन परिवारों की निर्धनता के आधार पर किया जाता है, और अक्सर गरीबी रेखा के नींचे आने वाले परिवारों पर ही ध्यान केन्द्रित किया जाता है। इसमें प्रति माह प्रति परिवार 35 किलो अनाज अंशदान के प्रतिरूप में अत्यन्त सस्ती दरों पर अर्थात गेहू दो रुपया प्रति किलो तथा चावल 3 रु. प्रति किलो दर पर दिया जाता है।

3.7. न्यूनतम आवश्यकता कार्यक्रम (MNP)

1974 में जारी किए इस कार्यक्रम में, उन अति आवश्यक बातों की पहचान करनी होती है जिनसे ग्रामीण जनता के जीवन में सुधार आ सके तथा समय-समय पर क्रियान्वित हो रहे विभिन्न ग्रामीण विकास कार्यक्रमों की सहायता के लिए आधारभूत ढांचों की निर्मिति हो सके। इस कार्यक्रम की विशेषताएं इस प्रकार हैं -

प्रारंभिक शिक्षा :- मूल उद्देश्य यही है कि 6 से 14 वर्ष तक की आयु वर्ग के सभी बालक-बालिकाओं को सर्वव्यापी प्रारंभिक शिक्षा दी जा सके। इस आयु वर्ग के स्कूलों में भर्ती न हो पाए बच्चों की कुल संख्या का 88 प्रतिशत लड़कियों का होने के कारण, उन्हें स्कूलों में भर्ती होने के लिए प्रोत्साहित करने हेतु कुछ विशेष प्रयास करना बहुत आवश्यक है। औपचारिक शिक्षा पद्धति में सब बच्चे शामिल न हो पाने के कारण अनौपचारिक शिक्षा पद्धति कार्यक्रम भी अपनाया जा रहा है।

प्रौढ़ शिक्षा :- इसका उद्देश्य, 15 से 35 वर्ष की आयु-अर्थात कार्यशील वर्ग के सभी लोगों को साक्षर करना है। इस कार्यक्रम की सफलता तो सिखने वालों में साक्षरता पाने की प्रेरक वृत्ति और उन्हें लिखने पढ़ने के लिए उपयुक्त समय मिलने पर निर्भर है, क्योंकि अधिकांश लोग अपना पेट पालने के लिए कृषि या अन्य उद्योग-धंधों में लगे होते हैं।

स्वास्थ्य रक्षा :- इसका उद्देश्य सभी के लिए, जिला अस्पताल, प्राथमिक स्वास्थ्य केन्द्र तथा उपकेन्द्र इन तीन स्तरों में उचित स्वास्थ्य रक्षा सुविधाएं उपलब्ध कराना है।

प्राथमिक स्वास्थ्य मार्गदर्शक योजना भी प्रारंभ की गई है, ताकि ग्रामीणों को मूलभूत स्वास्थ्य तथा स्वास्थ्य संबंधी बातों की उचित शिक्षा दी जा सके।

पोषकता :- इसका उद्देश्य स्कूल जाने वाले बालकों को मध्यान्ह भोजन योजना तथा अन्यों को विशेष पोषकता कार्यक्रम के माध्यम से पोषकता की दर में वृद्धि लाना है।

3.8. ग्रामीण जल प्रदाय कार्यक्रम (RWSP)

ग्रामीण बस्तियों में पेयजल प्रदान करने की सुविधा, राज्य-क्षेत्र के कार्यक्रमों के अन्तर्गत आती है। केन्द्रीय तत्वावधान में 'ग्रामीण द्रुतगति जल प्रदाय कार्यक्रम (ARWSP)', राज्यों के जल प्रदाय प्रयासों में पूरक रूप में कार्यरत है। इसका उद्देश्य, पांच वर्षों के अन्दर सभी आवासीय बस्तियों में शुद्ध पेय जल पूर्ति की व्यवस्था करना है। इस कार्यक्रम में पीड़ित क्षेत्रों में जल की गुणवत्ता से सम्बन्धित समस्याओं को सुलझाना तथा जल की गुणवत्ता के परीक्षण व निरीक्षण व्यवस्थाओं को संस्थागत रूप देकर, उसके अंतर्गत आने वाले प्रदेशों में शुद्ध पेयजल की निरंतर आपूर्ति के लिए पद्धति व स्त्रोत दोनों में स्थिरता लाने का कार्य अभिप्रेत है।

कार्यक्रम में जनता की भागीदारी लाने के उद्देश्य से निम्न धारणाओं को समाविष्ट करते हुए इस कार्यक्रम को नवीनतम स्वरूप दिया गया है – (1) योजनाओं

के ढांचे का चयन तथा वित्तीय नियंत्रण व व्यवस्थापन में जनता की भागीदारी सुनिश्चित करने के लिए ग्रामीणों के उपयुक्त सुझावों को स्वीकृत करना. (2) सरकार को प्रत्यक्ष सेवा पूर्ति कामों में कार्यरत रहने की भूमिका को बदलते हुए, मात्र उनका संचालन कर, जनता के लिए सेवाओं को सुगम बनाना तथा (3) अंतिम उपभोक्ताओं या लाभार्थियों पर, नगद या अन्य रूप में या दोनों रूपों में योजना लागत की अंशतः हिस्सेदारी एवं कार्यक्रम के संचालन व व्यवस्थापन की पूर्ण जिम्मेदारी डालना। अग्रिम तौर पर देश के 67 जिलों की पहचान करके वहां उपरोक्त सुधारों को क्रियान्वित किया जा रहा है।

उपरोक्त सुधारों को देश भर में, 25 दिसंबर 2002 को जारी किए गए 'स्वजल धारा योजना' में लागू किया गया है, जिसमें योजना की लागत का 90 प्रतिशत सरकार द्वारा वहन करने का प्रावधान है। इस योजना का ''प्रधान मंत्री जल संवर्धन योजना'' नामकरण किया गया है तथा इसमें जल संधारण एवं व्यवस्थापन की ओर अधिक ध्यान दिया गया है।

वर्ष 2005–06 में सभी पेय जल योजनाएं 'राजीव गांधी राष्ट्रीय पेय जल मिशन (RGNDWM)' नामक योजना के अन्तर्गत लाई गई।

3.9. राष्ट्रीय ग्रामीण स्वच्छता कार्यक्रम (CRSP)

ग्रामीण क्षेत्र में स्वच्छता कार्य की देखभाल राज्यों द्वारा की जाती है। 1986 में 'केन्द्र द्वारा जारी किए गए 'राष्ट्रीय ग्रामीण स्वच्छता कार्यक्रम (CRSP)' के माध्यम से उसे पूरक सहायता मिलती है। परंतु मार्च 2002 से, राज्यों के अनुसार निधि आबंटन पर आधारित कार्यक्रम समाप्त कर, 'सम्पूर्ण स्वच्छता अभियान (TSC)' प्रारंभ किया गया है। इस सम्पूर्ण स्वच्छता अभियान में स्वच्छता तथा स्वच्छता सम्बन्धी जागरूकता बढ़ाने की ओर ध्यान दिया जाता है। इसमें प्रत्येक परिवार के लिए शौचालय बनाने, स्कूल, बालवाड़ियों व आंगनवाड़ियों में स्वच्छता सम्बन्धी सुविधाएं, निर्माण करने तथा महिलाओं के लिए शौचालयों की सुविधाएं प्रदान की जाती हैं।

3.10. इंदिरा आवास योजना (IAY)

ग्रामीण क्षेत्र के निर्धनों के आवास की आवश्यकताओं को पूरा करने के लिए मई 1985 में 'इंदिरा आवास योजना' प्रारंभ की गई। इस योजना में गरीबी रेखा के नीचे आने वाले अनुसूचित जाति व अनुसूचित जनजाति के तथा गैर अनुसूचित जाति व जनजाति के निर्धन ग्रामीण वर्ग के लोगों के लिए, अनुदान के माध्यम से मकान

बनाने तथा वर्तमान कच्चे मकानों को सुधारने का कार्य किया जाता है। अनुदान राशि का कम से कम 60 प्रतिशत, अनुसूचित जाति व जनजातियों के लोगों के लिए आवास बनाने के काम में खर्च किया जाना आवश्यक है। स्वच्छ शौचालय, तथा धूम्ररहित चूल्हे, इस योजना ईकाई के अंग हैं। लाभार्थियों का चयन ग्राम सभाओं द्वारा किया जाता है। नए आवास तैयार करने हेतु, मैदानी इलाकों में प्रति मकान के लिए 25,000 रु. तथा पहाड़ी इलाकों के लिए 27,000 रु. दिए जाते हैं। कच्चे मकानों के सुधार के लिए प्रति मकान 12,500 रु. की सहायता दी जाती है।

इस इंदिरा आवास योजना में, ग्रामीण परिवारों के लिए 'सहायता व ऋण वितरण' पद्धति भी रखी गई है, जिसमें जरूरतमंद परिवार को 10,000 रु. की सहायता तथा 40,000 रु. का ऋण भी मिल सकता है।

गांवों में गृहनिर्माण को प्रोत्साहन देने के उद्देश्य से, इंदिरा आवास योजना के पूरक रूप में 1977 में 'स्वर्ण जयंती ग्रामीण गृहनिर्माण वित्त योजना (GJRHFS)' भी जारी की गई है। इंदिरा आवास योजना के प्रारंभ से अप्रैल 2006 तक 143.13 लाख आवास ईकाईयां की निर्मिती/सुधार किया जा चुका है।

3.11. द्रुतगति सिंचाई लाभ कार्यक्रम (AIBP)

इस योजना के माध्यम से राज्यों द्वारा चलाई गई परन्तु अभी तक पूरी न हो पाई मध्यम व बड़ी सिंचाई योजनाओं को द्रुतगति से पूरा करने में राज्यों को सहायता दी जाएगी। इसके सिवाय उपभोक्ताओं से ली जाने वाली राशि दर में सुधार करने तथा जल उपभोक्ता संस्थाएं स्थापित करने का कार्य भी किया जाएगा।

3.12. जल संधारण विकास कार्यक्रम

बंजर भूमि तथा निकृष्ट भूमि के विकास के लिए क्षेत्रीय आधार पर केन्द्रीय तत्वावधान में तीन कार्यक्रम चलाए जा रहे हैं। एक ''सूखाग्रस्त क्षेत्र कार्यक्रम (DPAP)'' दूसरा ''मरूभूमि विकास कार्यक्रम (DDP)'' और तीसरा ''बंजर भूमियों का समन्वित विकास कार्यक्रम (IWDP)''। 1974 में प्रारंभ किए गए ''सूखाग्रस्त क्षेत्र कार्यक्रम'' में लगातार पड़ने वाले सूखे के कारण उत्पन्न विशेष समस्याओं का सामना करने की व्यवस्था की गई है। ''मरूभूमि विकास कार्यक्रम'' 1977-78 में जारी किया गया जिसमें भूमि के मरूस्थलीकरण के विपरीत परिणानों से बचाव की योजना आरम्भ की गई है। योजना व्यय, केन्द्र और राज्यों के बीच 75:25 के अनुपात में बांटा जाएगा। योजनाओं का मूल्यांकन राज्यों के सुपुर्द किया गया है।

जनवरी 2003 में 'हरियाली' नामक एक अभिनव प्रयास के अन्तर्गत उपरोक्त

तीनों कार्यक्रमों का क्रियान्वयन पंचायत राज संस्थाओं द्वारा किया जाना निश्चित हुआ। ''योजना क्रियान्वयन एजेन्सी (PIA)'' की देखरेख में ग्राम पंचायतों द्वारा योजनाएं चलाई जाएगीं। किसी एक तालुका या खंड में स्वीकृत योजनाओं के लिए 'मध्य स्थित (Intermediate) पंचायत', योजना क्रियान्वयन एजेन्सी के रूप में कार्य करेगी। यदि इन पंचायतों को उचित अधिकार नहीं मिले तो जिला पंचायतें, या तो खुद योजना क्रियान्वयन एजेन्सी के रूप में कार्य करेगी अथवा किसी अन्य सम्बन्धित विभाग, जैसे कृषि या वन को यह काम सौंपा जा सकता है। यदि इन पर्यायों से काम नहीं चल पाता तो जिला परिषद (ZP) किसी मान्यता प्राप्त गैर-सरकारी संगठन को इस कार्य के लिए नियुक्त कर सकती है जिसे इस क्षेत्र में अच्छा कार्यानुभव हो व जिसने योजना क्रियान्वयन एजेन्सी के रूप में कार्य किया हो।

'लोकनायक जय प्रकाश नारायण निधि (LNJPNF)' तथा 'कृषि-ढांचा व ऋण निधि (AICF)' का गठन 2004-05 में हुआ। इस निधि के अन्तर्गत लघु सिंचाई, सूक्ष्म या टपकी या छिड़काव सिंचाई, वर्षा पर आधारित कृषि, समन्वित जलसंधारण विकास, बाढ़ नियंत्रण और जल निकासी इत्यादि कार्यक्रम आते हैं।

3.13. द्रुतगति ग्रामीण विद्युतीकरण कार्यक्रम (AREP)

इस योजना का उद्देश्य उन 1,25,000 गांवों में बिजली पहुंचाने के काम में तेजी लाना है, जहां अभी तक बिजली पहुंची ही नहीं है। इसमें द्रुतगति ग्रामीण विद्युतीकरण योजना, कुटीर ज्योति योजना तथा प्रधान मंत्री ग्राम योजना का ग्रामीण विद्युतीकरण प्रभाग इन तीनों को एकत्रित किया गया है।

3.14. समन्वित ग्रामीण ऊर्जा कार्यक्रम (IREP)

स्थानीय उपलब्ध स्त्रोतों के समुचित उपयोग से ग्रामीणों के लिए रसोई का ईंधन, गरमाने व प्रकाश जैसी मूलभूत आवश्यकताओं की पूर्ति हेतु ऊर्जा का प्रबन्ध करने के उद्देश्य से इस ''समन्वित ग्रामीण ऊर्जा कार्यक्रम' को जारी किया गया है। विभिन्न गतिविधियों के लिए ऊर्जा की व्यवस्था के सिवाय रोजगार के अवसर प्रदान करना तथा उत्पादन व आय में बढ़ोत्तरी का ध्येय भी रखा गया है।

3.15. जनजाति क्षेत्र विकास कार्यक्रम (TADP)

जनजाति, कुल जनसंख्या में जिनका प्रमाण 7.4 प्रतिशत है तथा देश की 64.84 प्रतिशत साक्षरता में जिनका हिस्सा महज 16.4 प्रतिशत ही है – के लोगों की अपनी

पृथक् संस्कृति है। यह जनसंख्या अलग-अलग जगहों पर एवं विशाल प्रदेश में फैली हुई है। जब भी किसी नई योजना का क्रियान्वयन होता है तो इन लोगों को अक्सर विस्थापित होना पड़ता है तथा इनके पुनर्वसन की ओर पर्याप्त ध्यान नहीं दिया जाता। अतः उन्हें मुख्य धारा में लाने हेतु उनके विकास के लिए विशेष प्रयत्न किया जाना आवश्यक है। इसीलिए कृषि मंत्रालय के अन्तर्गत जनजाति क्षेत्रीय विकास कार्यक्रम जारी किया गया।

इस मुख्य योजना की उपयोजना 'जनजाति उप-योजना (TSP)' का उद्देश्य जनजातियों की सामाजिक, आर्थिक दशाओं का विकास करना है, जिसमें कृषि, पशुधन, चारागाह का विकास तथा साक्षरता पर भी अधिक जोर दिया जाता है। योजना का व्यय केन्द्र और राज्यों द्वारा मिलकर किया जाता है। जनजाति उप-योजना द्वारा, जगह-जगह पर फैले हुए इन विशाल समूहों को 'समन्वित जनजाति विकास कार्यक्रम (ITDP)' के अन्तर्गत लाया जाता है, ताकि उनके विकास की ओर पूर्ण लक्ष्य केन्द्रित कर सके।

3.16. प्रधान मंत्री ग्रामोदय योजना (PMGY)

ग्रामीण स्तर पर अधिक काल तक टिक सकने वाली मानवीय विकास की योजनाओं के लिए राज्यों को अधिक वित्तीय सहायता दिलाने के उद्देश्य से यह योजना प्रारंभ की गई है।

3.17. ग्रामीण क्षेत्रों में शहरी सेवाएं (PURA)

ग्रामीण क्षेत्रों में शहरी सेवाएं उपलब्ध कराने की दृष्टि से इस नए कार्यक्रम की शुरूआत करने का प्रस्ताव किया गया है।

ग्रामीण क्षेत्रों को प्रभावित करने वाली बेरोजगारी, बाजारों से दूरी, संवहन का अभाव, तथा शहरों की ओर अंधाधुंध दौड़ जैसी कठिनाईयों का हल पाने के उद्देश्य से इस योजना की कल्पना की गई जिसमें वर्तमान में औद्योगिक गतिविधियों तथा सेवाओं के आस-पास इन समूहों को बसाया जाये और ऐसे ही और समूह वहाँ भी बनाए जाएं ताकि असंगठित व्यवसायों में उन्हें रोजगार पाने के अवसर मिल सके, उत्पादन में वृद्धि तथा आय में बढ़ोत्तरी हो सके। इस परिपेक्ष्य में विकास के कुछ खास स्तम्भों की पहचान होना भी जरूरी है ताकि इन्हें अग्रक्रम की दृष्टि से चलाया जा सके।

3.18. ग्रामीण बुनियादी ढांचा विकास निधि (RIDF)

1994–95 में नाबार्ड ने इस ग्रामीण बुनियादी ढांचा विकास निधि की स्थापना की जिससे ग्रामीण क्षेत्रों में ढांचागत विकास की गति को प्रोत्साहन दिया जा सके।

2006–07 बजट में 10,000 करोड़ रुपयों की निधि का प्रावधान किया गया है।

3.19. परियोजना प्रभावित परिवारों (PAF) के पुनर्वास एवं पुनर्स्थापन (R & R) की नीति

3.19.1. पुनर्वास एवं पुनर्स्थापन की भारत सरकार की राष्ट्रीय नीति – 2003

अन्य प्रावधानों के अतिरिक्त इस नीति में निम्न बातों को समाविष्ट किया गया है (1) मैदानी इलाकों में 500 से अधिक तथा पहाड़ी इलाकों में 250 से अधिक प्रभावित परिवारों के लिए ही यह नीति लागू होगी, (2) भूमि आबंटन की निम्न शर्तें रखी गई हैं – जितनी मात्रा में भूमि की हानि हुई है, उतनी ही कृषि भूमि या खेती योग्य बंजर भूमि, ज्यादा से ज्यादा 1 हेक्टेयर सिंचित भूमि या 2 हेक्टेयर असिंचित भूमि या खेती–योग्य बंजर भूमि दी जाएगी, यह सब तभी होगा, जब उस जिले में सरकारी भूमि आबंटन के लिए उपलब्ध हो, तथा (3) योजना के अन्तर्गत जिनके मकान अधिग्रहित हुए हैं उन योजना प्रभावित परिवारों को मकानों के लिए निःशुल्क भूमि खंड दिए जाएंगे। नीति में बताई गई शर्तों व परिस्थितियों के अनुसार निर्देशित वित्तीय सहायता का भी प्रावधान है। राज्यों की योजना संचालन तथा पुनर्वास एवं पुनर्स्थापन की व्यवस्था के लिए राज्य स्तर पर एक प्रशासक (जिसका पद सचिव स्तर से कम न हो) एवं कर्मचारी वर्ग की नियुक्ति का भी प्रावधान है। इस योजना के कुछ अच्छे सकारात्मक गुण हैं ही, परन्तु इनके क्रियान्वयन के लिए पृथक प्रशासनिक व्यवस्था जिसकी चर्चा ऊपर हुई है – करनी होगी और इस पर होने वाले व्यय की भी व्यवस्था करनी होगी।

3.19.2. पुनर्वास एवं पुनर्स्थापन पर एनटीपीसी की नीति – 2005

नेशनल थर्मल पावर कारपोरेशन (NTPC) केन्द्र सरकार का एक प्रमुख सार्वजनिक प्रतिष्ठान है, जिसने अभी तक अनेक योजनाएं क्रियान्वित की हैं। इनमें से कुछ योजनाओं की निधि, विश्व बैंक व अन्यों द्वारा दी गई है जिनको उचित पुनर्वास तथा पुनर्स्थापना नीतियों के निर्धारण तथा क्रियान्वयन में रुचि होती है। पुनर्वास तथा

पुनर्स्थापना के लिए विस्तृत नीति रखने वालों में एनटीपीसी की एक अलग उल्लेखनीय पहचान है। इस नीति की निम्न विशेषताएं हैं –

एनटीपीसी की अधिकांश विद्युत परियोजनाएं दूरस्थ क्षेत्रों में स्थित हैं। इन परियोजनाओं के लिए जो भूमि अधिग्रहित की जाती है वह सार्वजनिक प्रयोजन के लिए होती है। फिर भी इससे व्यक्ति विस्थापित होते हैं अथवा उनकी आजीविका प्रभावित होती है। 'परियोजना प्रभावित व्यक्तियों (PAP)' को अनिच्छापूर्वक नये सामाजिक-आर्थिक ढांचे का सामना करना पड़ता है। भूमि का अधिग्रहण और परिणामी विस्थापन पारम्परिक सामाजिक प्रणाली में बाधा डाल देता है। भूमि प्रयोग के प्रतिरूप में परिवर्तन कृषि आधारित ग्रामीण अर्थव्यवस्था को बदल देता है और लोगों की जीवन शैली को प्रभावित करता है।

एनटीपीसी के नीति का उद्देश्य है कि उचित संधि काल के बाद प्रभावित परिवार प्रगति कर सकें अथवा कम से कम अपने पूर्व जीवन स्तर, अर्जन क्षमता और उत्पादन स्तर को पुनःप्राप्त कर सके। इसी के संदर्भ में पुनर्वास कार्य योजना (RAP) तैयार की जाती है।

क्षेत्र के विस्तृत जनसांखिकीय ब्योरे संग्रहित करने के लिए एक संव्यावसायिक अभिकरण (Agency) द्वारा सामाजिक, आर्थिक सर्वेक्षण (SES) किया जाता है, जो पुनर्वास कार्य योजना तैयार करने के लिए आधार बनता है। कार्य योजना बनाते समय संलग्न संगठनों/लोगों से परामर्श और भागीदारी की जाती है। इसके संदर्भ में हरेक गांव के लिए 'ग्राम विकास सलाहकार समिति (VDAC)' स्थापित कि जाती है जिसके सदस्य – परियोजना प्रभावित व्यक्तियों तथा ग्राम पंचायत के प्रतिनिधि, खंड विकास अधिकारी, राज्य सरकार एवं गैर-सरकारी संगठनों के प्रतिनिधि – होते हैं।

पुनर्वास और पुनर्स्थापन लाभ निश्चित करने के लिए परियोजना प्रभावित व्यक्तियों को उनकी जमीन, घर अथवा पेशे पर हुए प्रभाव के मुताबिक भिन्न-भिन्न श्रेणियों में वर्गीकृत किया जाता है। इसमें मुख्य श्रेणियां निम्न प्रकार कि हैं :

(A) परियोजना प्रभावित व्यक्ति जिनकी संपूर्ण भूमि अधिग्रहित की गई है।

(B) आंशिक भूमि खोने और सीमांतिक (Marginal) किसान बन जाने (एक हेक्टेयर तक असिंचित भूमि अथवा आधा हेक्टेयर तक सिंचित भूमि शेष बची हुई) वाले परियोजना प्रभावित व्यक्ति।

(C) आंशिक भूमि खोने और लघु (Small) किसान बन जाने (दो हेक्टेयर तक असिंचित भूमि अथवा एक हेक्टेयर तक सिंचित भूमि वाले परियोजना प्रभावित व्यक्ति)।

(D) आंशिक भूमि खोने वाले परंतु श्रेणी B अथवा C में शामिल न होने वाले। (E,F,G) इतर श्रेणीयों जैसे श्रमिक, कारीगर आदि।

(E) जिनका आवास अधिग्रहित किया गया है।

सामाजिक–आर्थिक सर्वेक्षण के अनुसार 80 प्रतिशत योजना प्रभावित व्यक्ति, जिनकी भूमि अधिग्रहित की गई है, छोटे भूमिधारक किसान ही हैं। अतः पुनर्स्थापना के लिए 'भूमि के बदले भूमि' ही सर्वोत्तम तरीका है। परंतु इसमें भूमि की उपलब्धता ही प्रमुख समस्या है।

"भूमि के लिए भूमि" का विकल्प केवल श्रेणी A,B,C और D के परियोजना प्रभावित व्यक्तियों पर ही लागू होगा। पुनर्वास के लिए भूमि की मात्रा अधिग्रहित वास्तविक भूमि के अनुसार सिंचित भूमि के अधिकतम एक हेक्टेयर अथवा असिंचित/खेती योग्य बंजर भूमि के दो हेक्टेयर के अन्तर्गत जिले में सरकारी भूमि की उपलब्धता के अधीन होगी। इस प्रयोजनार्थ आबंटन के लिए भूमि की उपलब्धता की खोज राज्य सरकार के साथ की जाएगी। यदि सरकारी भूमि उपलब्ध नहीं है तो परियोजना प्रभावित व्यक्तियों को ''इच्छुक क्रेता–इच्छुक विक्रेता'' आधार पर भूमि खरीदने के लिए सुविधा प्रदान की जाएगी। इस मामले में भूमि की खरीद सीमा दो हेक्टेयर होगी। इस प्रयोजन के लिए निम्नलिखित प्रक्रिया अपनाई जाएगी।

भूमि की खरीद के प्रयोजनार्थ भूमि का मूल्य राज्य सरकार और ग्राम विकास सलाहकार समिति से परामर्श के बाद सााररणतया 25 किलोमीटर के दायरे में समीपस्थ अच्छी कृषि भूमि के बाजार मूल्य परन्तु सामान्यतया भूमि अधिग्रहण अधिनियम के अनुसार अच्छी कृषि भूमि के अधिग्रहण के लिए अदा की गई दर के 1.3 गुने से अनधिक मूल्य के आधार पर नियत किया जाएगा।

जहां भूमि के लिए भूमि का विकल्प विशेष क्षेत्र में भूमि की कमी के कारण व्यवहार्य नहीं है वहां प्रभावित व्यक्ति पुनर्वास अनुदान के लिए पात्र होंगे।

'भूमि के बदले भूमि' पर्याय को स्वीकार न करने वाले व्यक्तियों को एक मुश्त पुनर्स्थापना अनुदान दिया जाता है। आवास अधिग्रहित व्यक्ति को, पुनर्वास बस्ती में 200 वर्ग मीटर का आवास भूखंड देकर उसे पुनर्वासित किया जाएगा। इन मामलों में रोजगार अवसर (आर्थिक) प्रदान करने पर अधिक जोर दिया जाता है। जिसमें योजना प्रभावित व्यक्ति को अधिक प्राधान्य देकर ठेकेदारी करने वाली संस्थाओं में रोजगारी, दुकानों या ठेलों का आबंटन, छोटे ठेके देना, किराये पर वाहन, टेलीफोन बूथ या इंटरनेट् केन्द्र आबंटित करना आदि शामिल है। इसमें योजना प्रभावित व्यक्तियों की सहकारी संस्था बनाकर उन्हें छोटे ठेके देना भी सम्मिलित है।

इस नीति में अच्छे पुनर्वसन के लाभ, अनुसूचित जातियों के योजना प्रभावित व्यक्तियों को अतिरिक्त लाभ, कौशल्य वृद्धि, छोटे परिवार अपनाने के लिए विशेष प्रोत्साहन, ढांचागत सुविधाएं, जैसे शिक्षण सुविधाएँ, परियोजना के अस्पताल में चिकित्सा की सुविधाएं आदि का प्रावधान है। अनुसूचित जाति तथा अनुसूचित जनजाति के लोगों तथा महिलाओं के लिए विशेष प्रावधान किए गए हैं। योजना स्थल के निकटस्थ गांवों को गोद लेकर उन्हें आदर्श गांवों के रूप में विकसित करने का विचार भी एनटीपीसी करती है।

नीति के अन्तर्गत सार्वजनिक सूचना केन्द्र स्थापित करने तथा क्रियान्वयन की देखरेख व मूल्यांकन एवं शिकायत निवारण प्रणाली की स्थापना का भी प्रावधान है।

कारपोरेट सामाजिक दायित्व – सामुदायिक विकास (CSR - CD) नीति – 2004 : एनटीपीसी ने जुलाई 2004 में अपनी सामाजिक दायित्व - सामुदायिक विकास नीति बनाई है जिसमें प्रति वर्ष, केवल प्रभावित होने वाले गांवों के लिए ही नहीं, अपितु एनटीपीसी परियोजना के आस–पास के गांवों के लिए और एनटीपीसी फाउंडेशन द्वारा राष्ट्रीय स्तर पर किए जाने वाले विभिन्न सामुदायिक विकास कार्यक्रमों के लिए एक निश्चित रूपरेखा बनाई है।

4. सामुदायिक विकास कार्यक्रम (CDP)

विकास प्रक्रिया में ग्रामीण जनता का सक्रिय सहभाग प्राप्त करने के उद्देश्य से वर्षों पूर्व 1952 में यह 'सामुदायिक विकास कार्यक्रम' चलाया गया था। यह कार्यक्रम इस नीति पर आधारित था कि किसी भी कार्यक्रम की सफलता के लिए यह आवश्यक है कि उसमें उन सभी लोगों का सहभाग हो, जिनके लिए वह कार्यक्रम चलाया जा रहा है। कुछ हद तक यह कार्यक्रम, भविष्य में आने वाले सारे ग्रामीण विकास कार्यक्रमों की जननी बन गया, क्योंकि सहभाग की नीति भविष्य के सभी कार्यक्रमों के लिए मार्गदर्शक नीति साबित हुई।

यह सामुदायिक विकास कार्यक्रम, ग्रामीण जीवन के लगभग सभी पहलुओं – जैसे शिक्षा, स्वास्थ्य, पेय जल, स्वच्छता, सड़कें, सिंचाई, कृषि, घरेलू उद्योग आदि से सम्बन्धित था। कार्यक्रम में श्रम और साधन के तौर पर समुदाय की ओर से आधा व्यय देने का प्रावधान था। इसका उद्देश्य यही था कि स्थानीय श्रम और वस्तुओं का समुचित उपयोग हो सके, लोगों को रोजगार मिल सके, उपलब्ध वस्तुएं काम में लाई जा सकें तथा उनका परिवर्तन सामुदायिक सम्पत्ति के रूप में होकर स्थानीय समुदाय को उसका लाभ हो सके।

भारत जैसे विशाल देश में जनता का अधिकाअधिक और प्रभावी सहयोग लेने के लिए नीतियों का केन्द्रीकरण तथा क्रियान्वयन का विकेन्द्रीकरण आवश्यक है। अत: केन्द्रीय स्तर पर, जहां ग्रामीण व सामुदायिक विकास, पंचायत राज और सहकारिता मंत्रालय का नीति निर्धारण एवं कार्यक्रमों पर पूरा नियंत्रण है, वहीं विभिन्न कार्यक्रमों के वास्तविक क्रियान्वयन की जिम्मेदारी राज्य सरकारों पर सौंपी गई इै। राज्य स्तर पर एक 'राज्य विकास समिति (SDC)' होती है, तथा मुख्य मंत्री उसके सभापति होते हैं। समिति का सचिव, जिसे विकास सचिव कहा जाता है, उस पर कार्यक्रम के क्रियान्वयन के सर्वाकलन तथा समन्वय की जिम्मेदारी होती है। जिला स्तर पर जिला परिषदों पर कार्यक्रमों के क्रियान्वयन की पूरी जिम्मेदारी होती है। खंड स्तर पर पंचायत समिति तथा गांव के स्तर पर ग्राम पंचायतों पर जिम्मेदारी होती है। प्रशासनिक ढांचे में जिला स्तर पर प्रमुख कार्यकारी अधिकारी (CEO), खंड स्तर पर खंड विकास अधिकारी (BDO) तथा गांव स्तर पर ग्राम विकास अधिकारी (VDO) होते हैं। खंड विकास अधिकारी और अन्य अधिकारी वर्ग राजस्व विभाग से लिए जाते हैं। इस कार्यक्रम को 'राष्ट्रीय विस्तार सेवा (NES)' के नाम से विस्तारित किया गया है।

5. ग्रामीण प्रशासनीय ढांचा

भारत में जिला, प्रशासन की एक महत्त्वपूर्ण ईकाई है। 2001 की जनगणना के अनुसार देश में 593 जिले हैं। जिले के प्रशासन का भार जिलाधीश या कलेक्टर पर होता है। अन्य कार्यों के अतिरिक्त राजस्व का संग्रहण तथा जिले में कानून व शांति व्यवस्था स्थापित करना उसका महत्त्वपूर्ण कार्य होता है। जिला तीन या तीन से अधिक विभागों में विभाजित होता है और प्रत्येक उप-विभाग में उप-जिला अधिकारी या उप-विभागीय अधिकारी (SDO) प्रमुख होता है। हर उप-विभाग, तालुकाओं में विभाजित होता है और तहसीलदार, तालुका प्रमुख होता है। हर तालुक में 200 से 600 गांव हो सकते हैं। तहसीलदार की सहायता के लिए नायब तहसीलदार और पटवारी होते हैं। पटवारी ग्रामीण क्षेत्र में प्रशासन की अंतिम कड़ी होता है। जनसंख्या और क्षेत्र के आधार पर पटवारी एक गांव या गांवों के समूह का कार्य देखता है।

6. पंचायत राज

गांधीजी ने, प्रत्येक गांव के लिए स्व-शासन (self-governance) की धारणा का प्रतिपादन किया और इसके लिए हर गांव को अपनी पंचायत बनाने और उसके

माध्यम से गांव का सारा कामकाज चलाने की सीख दी है। इसी परिपेक्ष्य में बलवंतराय मेंहता समिति की सिफारिशों के आधार पर 1959 में त्रि-स्तरीय पंचायत राज संस्था की स्थापना हुई। इस योजना के अनुसार जिला स्तर पर जिला परिषद, खंड स्तर पर पंचायत समिति (PS) तथा ग्राम स्तर पर ग्राम पंचायत (GP) रहेगी। 24 अप्रैल 1993 को लागू हुए 73 वें संशोधन कानून-1992 ने पंचायत राज संस्था को निम्न प्रावधान देकर मजबूत बनाया। अनुसूचित जातियों, अनुसूचित जनजातियों व महिलाओं के लिए सदस्यता में कम से कम 33 प्रतिशत आरक्षण, प्रत्येक संस्था में हर पांच साल बाद चुनाव, जिले के विकास के लिए योजना बनाने हेतु जिला योजना समिति (DPC) का गठन, पंचायतों को वित्तीय अधिकार दिलाने के लिए राज्य वित्तीय आयोग (SFC) का गठन, ग्राम सभाओं को लाभार्थी चुनने का अधिकार दिलाते हुए संवैधानिक स्थिति प्रदान करना आदि।

संविधान के अनुसार पंचायतों को स्व-शासित संस्थाओं जैसे कार्य करने के लिए अधिकार दिए जायेंगे। पंचायतों को उचित स्तर पर जो अधिकार और उत्तरदायित्व दिए जायेंगे वे इस प्रकार होंगे-(1) आर्थिक विकास और सामाजिक न्याय के लिए योजना बनाना, (2) आर्थिक विकास और सामाजिक न्याय के लिए बनी योजनाओं का क्रियान्वयन करना, तथा (3) औचित्यपूर्ण कर, शुल्क, पथकर तथा फीस लगाना और उसका संग्रहण करना।

6.1. ग्राम स्तर

पंचायत राज की नींव गांव में है, तथा गांव के स्तर पर ग्राम सभा (GS) या ग्राम पंचायत होती है।

6.2. ग्राम सभा

संविधान के 73 वें संशोधन कानून ने ग्राम सभा को संवैधानिक स्वरूप दिया है। ग्राम सभा, उस ग्राम पंचायत की सीमा के अन्तर्गत आने वाले गांवों की पंजीकृत मतदाता सूचि में आने वाले लोगों की सभा होती है। इस प्रकार 18 वर्ष की उम्र से अधिक के सभी ग्रामीणों को अपना भाग्य सुनिश्चित करने का स्वाभाविक अधिकार होता है। यह अन्तर्भूत है कि ग्राम सभा, गांव में किए जाने वाले विकास कार्यों का नियोजन करेगी, उसका अग्रक्रम निश्चित करेगी, ग्राम पंचायत के लिए वार्षिक योजना बनाएगी, महिलाओं तथा अनुसूचित जाति व जनजातियों के सक्रिय सहयोग का प्रयास करेगी, ग्राम पंचायत के कामों में पारदर्शकता लाएगी, ग्राम पंचायत के

लेखा–जोखा का परीक्षण करेगी, विभिन्न योजनाओं के लाभार्थियों का चयन करेगी तथा गांव के प्राकृतिक स्त्रोतों पर पूर्ण नियंत्रण रखने का प्रयास करेगी।

ग्राम सभा की बैठक छ: माह में कम से कम एक बार होना जरूरी है। गांव के विकास से सम्बन्धित सारी समस्याओं पर विचार करना, गांव–वासियों को होने वाली तकलीफों का निवारण करने हेतु उपायों पर चर्चा करना व हल ढूंढना, भी उसका काम है।

6.3. ग्राम पंचायत

ग्राम पंचायत, गांव के स्तर पर स्थानीय स्व–शासन यंत्रणा की एक संस्था है। क्षेत्रफल तथा जनसंख्या के मापदंड के अनुसार हर ग्राम पंचायत में एक या एक से अधिक गांव आते हैं। यह ग्राम सभा की कार्यकारिणी ही है। हर ग्राम पंचायत में 15 से 30 सदस्य होते हैं तथा 5000 से 15000 की जनसंख्या उनके अधिकार–कक्ष में होती है। एक निर्वाचित सरपंच, ग्राम पंचायत का प्रमुख होता है। पंचायतों का मुख्य कार्य, उसके अधीनस्थ गांवों के विकास का नियोजन करना, तथा गांववासियों को आने वाली कठिनाईयों को दूर करना होता है। पंचायत के कार्य और अधिकार, जैसी कल्पना की गई है, बहुत विस्तृत है। परंतु प्रत्यक्ष क्रियान्वयन में उन अधिकारों का उपयोग करने में गंभीर अड़चनें आती हैं।

6.4. खंड स्तर

एक खंड में लगभग 100 गांव आते हैं, जिनकी कुल जनसंख्या 80,000 से 1,20,000 तक हो सकती है। पंचायत समिति या जनपद, खंड स्तर पर पंचायत राज का एक अंग होता है। इसमें खंड के समस्त ग्राम पंचायतों के सरपंच, क्षेत्र के विधेयक तथा सांसद, महिलाओं व अनुसूचित जाति तथा जनजाति के प्रतिनिधि एवं सहकारी समितियों के प्रतिनिधि भी होते हैं। प्रशासन विभाग से आया खंड विकास अधिकारी, पंचायत समिति का पदेन (Ex-officio) सचिव होता है। पंचायत समिति का मुख्य कार्य, खंड में विकास कार्यों को लागू करना है। खंड में विकास के लिए राज्य द्वारा स्वीकृत धनराशि इसी पंचायत समिति के माध्यम से मिलती है। खंड विकास अधिकारी ग्राम पंचायतों को उनके क्षेत्रों में चल रहे विकास कार्यों के लिए तांत्रिक सहयोग तथा मार्गदर्शन भी देता है। उसके अधिकार कक्ष में काम करने वाले विस्तार अधिकारियों द्वारा कृषि की उत्पादकता बढ़ाने के लिए किसानों को दिया जाने वाला मार्गदर्शन महत्त्वपूर्ण होता है।

6.5. जिला स्तर

जिले में पंचायत राज के शीर्ष स्थान पर जिला परिषद होती है। जिला परिषद के सदस्यों में उस जिले की सारी पंचायत समितियों के अध्यक्ष, जिले के सांसद और विधायक, अनुसूचित जाति व जनजाति तथा महिलाओं के प्रतिनिधि, तथा ग्रामीण विकास का प्रगाढ़ अनुभव वाले दो गणमान्य व्यक्ति भी होते हैं। सदस्य संख्या 40 से लेकर 70 तक हो सकती है। प्रशासनिक विभाग का वरिष्ठ अधिकारी, प्रमुख कार्यसंपादक अधिकारी होता है। जिले में विकास कार्यों का नियोजन एवं समन्वय जिला परिषद का मुख्य कार्य होता है।

6.6. पंचायत राज की कार्य पद्धति

औपचारिक तौर पर अधिकार दिए जाने के बाद भी पंचायत राज के काम – अर्थात् योजनाओं के क्रियान्वयन में गंभीर कठिनाईयां आ रहीं है, जो मुख्यतः पर्याप्त स्त्रोतों के न मिलने या देरी से प्राप्त होने के कारण उत्पन्न हो रही है। राज्य के विभिन्न अधिकारियों खासकर प्रमुख मंत्रालय तथा उसके विभागों द्वारा अपनाई जा रही नौकरशाही की कार्यशैली ही पंचायत राज संस्थाओं को समय पर सहयोग न मिलने का प्रमुख कारण है।

(4) विकास के लिए ग्रामीण स्त्रोत

1. भूमि

सभी प्राकृतिक स्त्रोतों में, भूमि (जमीन) किसी भी देश के लिए सबसे महत्त्वपूर्ण स्त्रोत होती है। इसी प्रकार भूमि सबसे बड़ा ग्रामीण स्त्रोत भी है। भूमि का वर्गीकरण नक्शे पर प्रदर्शन के आधार पर या भूमि के प्रत्यक्ष उपयोग के आधार पर होता है। नक्शे पर प्रदर्शन के अनुसार वर्गीकरण में पर्वत, पहाड़ियां, पठार व मैदानी इलाके आते हैं। भूमि के उपयोग के आधार पर वर्गीकरण में, जंगली क्षेत्र, कृषि के लिए अनुपलब्ध भूमि [(जैसे आवासीय जगहें, चारागाह, बंजर (भूमि)] तथा स्पष्ट जोत भूमि (कृषि भूमि) आते हैं। भारत सरकार की सांख्यिकी 2004 के अनुसार कुल भूगोलीय भूमि 328.73 मिलियन हेक्टेयर में से 306.25 मिलियन हेक्टेयर भूमि का आकलन किया गया है। इस आकलित भूमि में से 22.68 प्रतिशत जंगली क्षेत्र, स्पष्ट कृषि जोत भूमि 46.07 प्रतिशत (कुल फसली क्षेत्र 61.06% में से) तथा शेष 31.25 प्रतिशत ऐसी

भूमि है जो कृषि के लिए अनुपलब्ध है, जिन पर खेती नहीं की जा सकती तथा बंजर भूमि है।

भारत की दृष्टि से उसकी निरन्तर बढ़ती जनसंख्या को देखते हुए भूमि के उपयोग पर भारी दबाव है। भूमि के उपयोग की पद्धति का, सामाजिक–आर्थिक पहलू से बड़ा निकटतम सम्बन्ध जुड़ा है। भूतकाल में जंगली क्षेत्र को छोड़, सारी भूमि का उपयोग आवास तथा कृषि के लिए होता था। परंतु 20 वीं सदी के उत्तरार्ध और उसके बाद, औद्योगिक क्षेत्र में प्रभावी वृद्धि हुई है जिससे भूमि पर दबाव और भी बढ़ा है। कुछ विकास योजनाओं को पूरा करने के लिए वनक्षेत्र का कुछ भाग देना ही पड़ा। इसी दृष्टिकोण से, भूमि उपयोग की पद्धति को स्थायी विकास के साथ निकटता से जुड़ा होना चाहिए। वर्तमान परिपेक्ष्य में, आर्थिक दबाव चाहे जितना भी क्यों न हो, पर्यावरण संतुलन बनाए रखने की आवश्यकता को कम आंका नहीं जा सकता।

भूमि के विवेकपूर्ण उपयोग का एक मार्ग यह भी है कि कृषि के लिये अयोग्य भूमि पर ही शहरों और नगरों का विस्तार किया जाये।

2. जल

महत्त्वपूर्ण प्राकृतिक स्त्रोतों में जल स्त्रोत का ऊंचा स्थान है। पृथ्वी पर किसी भी जीवन के लिए जल आवश्यक होता है। ग्रामीण परिपेक्ष्य में जल तो कृषि विकास की कुंजी है। पर्याप्त वर्षा का कोई भरोसा नहीं। लगभग 70 प्रतिशत कृषि योग्य भूमि, मध्यम या कम वर्षा वाले प्रदेश में आती है। इसके सिवाय मौसमी वर्षाकाल केवल 3 या 4 महीनों का होता है, जिसमें कृषि के लिए आवश्यक मात्रा में और समयानुसार वर्षा नहीं हो पाती। इसलिए सिंचाई के पर्यायी तरीकों की खोज करना आवश्यक हो जाता है।

चूंकि भूमि को खेती के अन्तर्गत लाने की एक सीमा है, अतः उत्पादकता बढ़ाने या बहु–फसली कार्यक्रम ही, कृषि से अधिक उत्पादन प्राप्त करने का पर्याय बचता है। सिंचाई के बिना यह कतई संभव नहीं है। पारंपरिक तौर पर खुले कुओं का उपयोग सिंचाई के लिए होता था, पर ऐसे खुले कुओं की उपयोगिता उनके जल स्तर पर निर्भर होती है, जो अलग–अलग मौसमों में घटती बढ़ती है। अतः कृषि के लिए नलकूपों या सिंचाई योजनाओं की सहायता लेना आवश्यक हो गया।

आजकल बड़ी योजनाओं के निर्माण में अनेक कठिनाईयां आती हैं – जैसे बड़ी

मात्रा में निवेश की आवश्यकता, निर्माण कार्य में होने वाला विलंब, और सबसे महत्त्वपूर्ण समस्या है, योजना प्रभावित लोगों का पुर्न्वसन, इसी कारण, लघु सिंचाई योजनाएं ही अपनाने योग्य होती हैं। इनमें छोटे मेंड या बांध बनाना, तालाब बनाना, तथा लघु बांध बनाकर नहरें निकालना आदि बातें सम्मिलित हैं।

जनसंख्या में वृद्धि, कृषि के लिए अधिकाधिक जल सिंचन और औद्योगिक विकास के कारण भूमिजल का उपयोग बढ़ गया है। परिणामस्वरूप भूमिगत जलस्तर में कमी आ गई है, यहां तक कि पीने के पानी का अभाव होने लगा है। इसी कारण, जल के विवेकपूर्ण उपयोग की दिशा में कदम उठाना जरूरी हो गया है।

3. वन (जंगल)

पुरातन काल से नदियां और वन, सभ्यता के प्रतीक माने जाते हैं। दोनों ही सबसे अधिक प्राकृतिक और पुनर्निमित होने वाले स्त्रोत हैं। इससे जमीन का कटाव रुकता है तथा वर्षा होने में सहायता भी मिलती है। पर्यावरण संतुलन में तो वनों का अत्यधिक महत्त्व है। औद्योगिक प्रगति में वनों की अड़चन होने की धारणा ही गलत है। इसके विपरीत वनों से उद्योगों को कच्चा माल मिलता है। तथा देश की आर्थिक प्रगति में ठोस सहायता भी मिलती है। कच्चे माल में प्रमुखतः रबड़, तंतु, गोंद, इमारती लकड़ी, कोयला, बांस आदि वस्तुएं आती हैं।

'राष्ट्रीय वन नीति (NFP)', 1894 में पहली बार बनाई गई। उसका पुनरीक्षण 1952 में हुआ। इस नीति का प्रमुख उद्देश्य, उत्पादक वनों का विकास करना है। अनुमान किया गया है कि कुल क्षेत्र का 25 से 30 प्रतिशत वन का क्षेत्र होना पर्यावरण संतुलन बनाए रखने के लिए जरूरी होता है। अभी भारत में कुल विज्ञापित क्षेत्र का 22.68 प्रतिशत ही वन क्षेत्र है, जिसका 40 से 50 प्रतिशत, अच्छे घने वनों से आच्छादित है। देखा गया है कि पर्यावरणीय समस्याएं बड़ी मात्रा में हो रहे निर्वनीकरण के कारण उत्पन्न होती हैं। इसीलिए राष्ट्रीय वन नीति (1988) में सम्पूर्ण देश के कम से कम एक तिहाई क्षेत्र को वनों या वृक्षों से आच्छादित रखने का प्रावधान है।

जनजाति के लोग अपनी जीविका के लिए वनों पर निर्भर होते हैं, तथा गैर-जनजाति के लोग वनोपज जैसे इमारती लकड़ी, गोंद आदि का उपयोग करते हैं। अतः वर्तमान स्थिति में वन क्षेत्रों को न केवल सुरक्षित रखना चाहिए बल्कि नए वनों का निर्माण कर सामाजिक वनीकरण को भी बढ़ावा देना चाहिए। सामाजिक वनीकरण का अर्थ है कि खेतों के मेड़ों पर या अन्य भूमि पर भी वृक्षारोपण करना है।

3.1. सामाजिक वनीकरण (Social Forestry)

गांवों के निकट किसानों की भूमि, बंजर जमीन अथवा वन भूमि पर वृक्षारोपण करना, चरागाह बनाना अथवा घास आदि उगाने की प्रक्रिया को सामाजिक वनीकरण कहा जाता है। 'राष्ट्रीय कृषि आयोग (NCA)' (1976) के अनुसार, सामाजिक वनीकरण का उद्देश्य जलाऊ लकड़ी, छोटी इमारती लकड़ी व पशुचारा प्राप्त करना तथा तेज हवाओं से खेती भूमि की रक्षा करना भी है। ग्रामीण जनता को इससे रोजगार भी मिलता है। पर सामाजिक वनीकरण के लिए मार्गदर्शन की आवश्यकता होती है जो विस्तार सेवाओं के जरिये दी जा सकती है। वनीकरण के कुछ निम्न प्रकार हैं –

विस्तार (Extention) वनीकरण

विस्तार वनीकरण में बंजर भूमि तथा पंचायत भूमि पर वृक्षारोपण तथा सड़कों या रेल लाइनों के दोनों ओर जल्दी ही बढ़ने वाले वृक्ष लगाना, सम्मिलित है।

'राष्ट्रीय बंजर भूमि विकास मंडल (NWDB)' स्थापित हुआ है। इसका उद्देश्य बंजर जमीन पर वृक्षारोपण को प्रोत्साहन देना है, ताकि निर्वनीकरण का प्रभाव कम हो सके।

कृषि/बागवानी वनीकरण

कृषि या बागवानी वनीकरण का अर्थ खेतों की मेड़ों पर तथा सीमा पर वृक्षारोपण होता है। इससे तेज हवाओं या वर्षा के दौरान बाढ़ आदि से होने वाले भू-कटाव को रोका जा सकता है। इसके कुछ आर्थिक लाभ भी हैं, जैसे छोटी-मोटी जलाऊ लकड़ी और इमारती लकड़ी भी उपलब्ध होती है।

क्षतिग्रस्त जंगलों का वनीकरण

गांवों के निकट जहाँ भी क्षतिग्रस्त जंगल हैं वहां वृक्षारोपण हो सकता है। इन वनीकरण से आगे चलकर ग्रामीण उपयोग के लिए जलाऊ लकड़ी तथा इमारती लकड़ी मिल सकती है।

मनोरंजनात्मक वनीकरण

शहरों या ग्रामीण केन्द्रों के पास के सामाजिक वनों में अच्छे पर्यटन स्थल विकसित किए जा सकते हैं, जहां शहरी लोग या पर्यटक आकर इसका आनंद उठा सकते हैं।

प्रकृति की सुंदरता निहारने के साथ, पर्यावरण से मित्रता का भाव भी इससे जागृत होता है।

सामाजिक वनीकरण के विकास में नेशनल थर्मल पावर कॉरपोरेशन के प्रयोग

नेशनल थर्मल पावर कॉरपोरेशन की अधिकांश योजनाएं दूरस्थ स्थलों में स्थित हैं। कोयले के आधार पर विद्युत निर्मिति की प्रक्रिया से इन केन्द्रों में बहुत बड़ी मात्रा में राख निकलती है। जो राखकुंड में जमा की जाती है। जैसे ही ये कुंड भर जाते हैं, उन पर वृक्ष लगाए जाते हैं। इससे न केवल राख के उड़ने पर रोक लगती है बल्कि पर्यावरण के सुधार में सहयोग भी मिलता है। ऐसा ही एक राख तालाब आंध्र प्रदेश के रामागुंडम में बनाया गया है, जिसमें नीलगिरी के वृक्ष लगाए गए हैं तथा वह अब अच्छा पर्यटन स्थल भी बन गया है। इससे एक और अभिनव बात का पता लगा है, कि राख के ढेरों पर भी वृक्ष उगाए जा सकते हैं।

ऐसे कई अवसर आते हैं, जब वनभूमि औद्योगिक इकाईयों के निर्माण के लिए अनिवार्यतः देनी पड़ती है। ऐसी स्थिति में उन उद्योगों को सरकार द्वारा निर्देशित स्थान पर सामाजिक वनीकरण कर, उतनी ही संख्या में वृक्षारोपण करने के लिए बाध्य किया जाता है।

4. पशुधन

ग्रामीण क्षेत्र में चौपायों, गाय, बैल तथा भैंसों को मिलाकर एक बहुत महत्त्वपूर्ण स्त्रोत बनता है। विश्व के समस्त चौपायों का छठवां हिस्सा तथा विश्व के कुल भैंसों की आधी संख्या भारत में है। इस पशुधन का उपयोग भारत में कृषि से सम्बन्धित ऐसे विभिन्न कार्यों के लिए किया जाता है जिनके लिए अभी तक मशीनों का उपयोग नहीं हो पाया है। इनसे बहुमूल्य दूध और दूधजन्य पदार्थ मिलते हैं, जो ग्रामीण अर्थव्यवस्था में प्रचुरता से सहायक होते हैं। मवेशियों की व्यवस्था, देखरेख के लिए श्रमिकों की जरूरत होती है। इससे ग्रामवासियों को रोजगार भी मिलता है। इसी परिपेक्ष्य में राष्ट्रीय कृषि आयोग ने भैसों व चौपायों अर्थात पशुपालन से सम्बन्धित अनेक गतिविधियों में महिला-श्रमिकों की भागीदारी को महत्त्वपूर्ण माना गया है।

परंतु विदेशों की तुलना में भारतीय पशुधन से कमाई बहुत कम होती है। इसलिये पशुधन की गुणवत्ता बढ़ानी होगी और यह कार्य उनके प्रजनन, स्वास्थ्य तथा पशु खाद्य में पर्याप्त सुधार करने से हो सकता है।

5. जैविक ऊर्जा (Bio-Energy)

ग्रामीण क्षेत्र में सस्ता और स्वच्छ ऊर्जा–स्त्रोत उपलब्ध कराने के लिए पारिवारिक आकार के जैविक उर्जा संयत्र निर्माण को प्रोत्साहन देने के उद्देश्य से 1981–82 में की 'राष्ट्रीय बायो गैस विकास योजना (NPBD)' की शुरूआत हुई। इसके बाद इस क्षेत्र में बड़ी महत्त्वपूर्ण प्रगति हुई और परिवार के उपयुक्त लगभग 3.5 मिलियन बायो गैस संयंत्र तथा 35 मिलियन सुधारित चूल्हे स्थापित किए गए। इस जैविक गैस संयंत्र में उत्पादन के लिए गांवों के मवेशियों का गोबर सबसे बड़ा स्त्रोत है। इस जैविक गैस का उपयोग खाना पकाने में होने के कारण करीब 16 मिलियन टन जंगलों से काट कर लाई जाने वाली तथा कई बार चोरी छिपे लाई जाने वाली जलाऊ लकड़ी की बचत होती है। यह गोबर, जो खाद भी है, इन गैस संयंत्रों से बचायी जाती है, तथा उसका उपयोग रासायनिक खाद के पूरक के रूप में होता है। यह जैविक खाद प्रति वर्ष 9.4 मिलियन टन की मात्रा में होती है। जैविक गैस संयंत्रों से न केवल आरोग्य व स्वास्थ्य रक्षा होती है, बल्कि महिलाओं को चूल्हे–चौके के कठिन श्रम से छुटकारा भी मिलता है।

परंतु ऐसे कई जैविक उर्जा संयंत्र है जो पहले तो बड़े उत्साह से बनाए और चलाए गए हैं, पर बाद में वे बंद पड़ गए हैं। अतः इन संयंत्रों को निरंतर चलाते रखने के लिए एक ओर तो ग्रामीण परिवारों में जागरूकता लानी होगी वहीं दूसरी ओर इन संयंत्रों में यदि कोई तांत्रिकी खराबी आती है तो उसे दूर कराने के लिए तांत्रिकी सहायता भी उपलब्ध करानी होगी।

6. मानवी संसाधन

अक्सर कहा जाता है कि भारत की विशाल जनसंख्या की क्षमताओं का यदि उचित उपयोग किया गया तो वह देश की एक बड़ी ताकत के रूप में उभरकर आएगी। इसी संदर्भ में हमारी कुल जनसंख्या का 72.22 प्रतिशत तथा देश की कुल श्रमिक वर्ग का 58.2 प्रतिशत जो आज कृषि कार्य में जुटा हुआ है, इसे यदि ठीक से प्रशिक्षित किया गया तो वह देश के सबसे बड़े स्त्रोत के रूप में परिवर्तित हो सकता है। 10 से 14 वर्ष के आयु वर्ग के 35.7 प्रतिशत लोग तथा 60 वर्ष और उसके ऊपर के आयु वर्ग के 8 प्रतिशत लोगों को छोड़ दिया जाये तो शेष – अर्थात 56.3 प्रतिशत ग्रामीण जनता वास्तविक रूप से कार्य के लिए उपलब्ध होती है। कृषि में वास्तविक रोजगारी मौसमी होती है इसीलिए कृषि में उत्पादकता बढ़ाने के लिए कृषकों को

विस्तार शिक्षा (Extention Education) दी जानी चाहिए। 'कृषि विज्ञान केन्द्र' इस क्षेत्र में महत्त्वपूर्ण कार्य कर सकते हैं। ग्रामीण उद्योगों में अपनी क्षमता विकसित करने हेतु ग्रामीण कारीगरों को प्रशिक्षण सुविधाएं उपलब्ध कराना भी जरूरी है। 'व्यावसायिक प्रशिक्षण संस्थाएं (ITI)' तथा औद्योगिक प्रशिक्षण संस्थाएं यह काम अच्छी तरह से कर सकती हैं।

इस प्रकार ग्रामीण क्षेत्र की अतिरिक्त श्रमिक शक्ति शहरी उद्योगों के लिए भी महत्त्वपूर्ण स्त्रोत सिद्ध हो सकती है।

(5) कृषि और हरित क्रांति (Green Revolution)

भारत की कुल भूमि के 55 प्रतिशत पर खेती होती है। सकल घरेलू उत्पाद में इसका योगदान 25 प्रतिशत है तथा देश की 65 से 70 प्रतिशत जनता अपनी जीविका के लिए खेती अर्थात कृषि पर निर्भर है। यही नहीं, देश का 58.2 प्रतिशत श्रमिक वर्ग भी इसी काम में लगा हुआ है। समाज की आधारभूत आवश्यकताएं जैसे अन्न, तंतु (रेशा) और कच्चा माल कृषि से ही मिलता है। देश की 1028.7 मिलियन आबादी को भोजन उपलब्ध कराने के लिए कृषि ही स्थायी साधन है तथा विकास का स्त्रोत भी है। एक समय था जब देश में अनाज का उत्पादन उसकी जरूरतों से कम था, तथा इस कमी की पूर्ति के लिए विदेशों पर निर्भर रहना पड़ता था। परंतु हरित क्रांति के बाद न केवल देश अपनी आंतरिक आवश्यकता को पूरा करने की स्थिति में आ गया है, बल्कि वह कुछ हद तक खाद्यान्न का निर्यात भी कर लेता है। यह सब स्वतंत्रता प्राप्ति के बाद, ग्रामीण जनता के कठोर परिश्रम एवं पंचवर्षीय योजनाओं में कृषि पर अधिक ध्यान दिए जाने के कारण ही संभव हुआ है। तालिका 3.2 में विश्व परिपेक्ष्य में कृषि की स्थिति को बताया गया है। विश्व कृषि में भारत का स्थान उल्लेखनीय रहा है, यहां अनेक प्रकार की फसलें उगाई जाती हैं।

विश्व के कुल क्षेत्रफल का 2.5 प्रतिशत भाग भले ही भारत के हिस्से में है, फिर भी विश्व की कुल जनसंख्या का 16.3 प्रतिशत (2001 में 16.87 प्रतिशत) भाग भारत की जनसंख्या का है।

इस तरह भारत के सम्मुख बढ़ती जनसंख्या एक समस्या बन गई है तथा भूमि और कृषि पर उसका दबाव बढ़ रहा है।

भारत में भूमि के उपयोग की पद्धति (2000-01) तालिका 3.3 में प्रदर्शित की गई है।

तालिका 3.2 : विश्व कृषि में भारत (2001)

क्रम संख्या	*शीर्षक*	*भारत*	*विश्व*	*भारत के हिस्से का प्रतिशत*
1.	क्षेत्रफल तथा जनसंख्या			
	(i) कुल जनसंख्या (मिलियन में)	1028.7	6,000+	16.87
	(ii) कुल क्षेत्रफल (मिलियन हेक्टेयर में)	329	13,425	2.5
	(iii) भूमि क्षेत्र (मिलियन हेक्टेयर में)	297	13,062	2.3
	(iv) जोतने योग्य भूमि (मिलियन हेक्टेयर में)	162	1,364	11.9
	(v) सिंचित भूमि (मिलियन हेक्टेयर में)	55	272	20.2
2.	फसल उत्पादन (मिलियन टनों में)			
	(i) चावल (धान)	132	593	22.3
	(ii) गेहूं	68	583	11.7
	(iii) अन्य खाद्यान्न	231	2,086	11.1
	(iv) आलू	25	308	8.1
	(v) कुल दालें	11	52	21.2
	(vi) मूंगफल्ली (छिलकों में)	6	35	17.1
	(vii) तिलहन (सरसों सहित)	4	36	11.1
	(viii) कॉफी (हरी)	0.30	7.05	4.3
	(ix) गन्ना	286	1,255	22.8
	(x) चाय	0.86	3.06	28.1
	(xi) ज्यूट (सन) व अन्य रेशे	1.88	3.07	61.2
	(xii) कपास (मुलायम वस्त्र)	1.75	21.03	8.3
3.	पशु समुदाय (सिर गिनती मिलियन में)			
	(i) चौपायें (गाय, बैल आदि)	220	1,352	16.3
	(ii) भैंसे	94	166	56.6
4.	कुल दूध (मिलियन टनों में)	83.97	583.34	14.4
5.	ट्रैक्टर (उपयोग में)	1,525	26,410	5.8

स्त्रोत – NIRD Rural Development Statistics, 2004-05

तालिका 3.3 : भूमि उपयोग की पद्धति (2000–2001)

क्रम संख्या	*शीर्षक*	*(मिलियन हेक्टेयर)*	*प्रतिवेदित क्षेत्र का प्रतिशत*
1.	भौगोलिक क्षेत्र	328.73	
2.	भूमि उपयोग संख्या के लिए प्रतिवेदन का क्षेत्र	306.25	
3.	(1) वन	69.41	22.68
	(2) कृषि के लिए अनुपलब्ध (अ+ब)	42.83	13.99
	(अ) गैर–कृषि उपयोग के अन्तर्गत क्षेत्र		
	(ब) उजाड़ (barren) व कृषि–अयोग्य भूमि		
	(3) पड़ती (Fallow) भूमि को छोड़ अनजोती भूमि (अ + ब + क)	27.93	9.12
	(अ) स्थायी चरागाह (pastures) तथा अन्य चरने योग्य भूमि	10.90	3.56
	(ब) विभिन्न वृक्ष के अन्तर्गत भूमि	3.37	1.10
	(क) खेती लायक पर बंजर पड़ी जमीन (wasteland)	13.66	4.46
	(4) पड़ती (Fallow) भूमि (अ+ब)	24.99	8.14
	(अ) पुरानी पड़ती भूमि	10.19	3.30
	(ब) वर्तमान पड़ती भूमि	14.80	4.83
	(5) शुद्ध बोआ गया क्षेत्र	141.10	46.07
3.	सकल फसली क्षेत्र	187.01	61.06
4.	एक से अधिक बार बोआ गया क्षेत्र	45.91	14.99
5.	शुद्ध (net) सिंचित क्षेत्र	54.83	17.90
6.	सकल सिंचित क्षेत्र	74.29	24.26

स्त्रोत – Statistical Abstract, India 2004 (GOI Publication)

कुल बोआ गया क्षेत्र 46.07 प्रतिशत है। यह क्षेत्र और भी 5 प्रतिशत से बढ़ाया जा सकता है, बशर्ते खेती योग्य राजस्व भूमि जो अभी बेकार पड़ी है, उसे कृषि के लिए उपयोग में लाया जाये।

भूमि का वर्गीकरण :– भूमि की गुणवत्ता पर उसकी उत्पादकता निर्भर होती है। भूमि परीक्षण प्रयोगशालाओं से भूमि या जमीन क परीक्षण करा लेना हितावह

होता है। ये प्रयोगशालाएं, कृषि महाविद्यालयों या कृषि विश्वविद्यालयों में होती हैं। यदि भूमि का परीक्षण किया जाता है तो उसमें फसलों के लिए किस पोषक तत्व की कमी है, उसका पता चल जाता है। इस परीक्षण से खाद का चुनाव व दी जाने योग्य मात्रा निश्चित की जा सकती है। तालिका 3.4 व 3.5 में पोषक तथा खनिज मूल द्रव्यों के आधार पर भूमि का वर्गीकरण दिया गया है।

तालिका 3.4 : पोषक मूलद्रव्यों के आधार पर भूमि का वर्गीकरण

भूमि का वर्गीकरण	*जैविक मूल द्रव्य (%)*	*उपलब्ध मूल द्रव्य (कि/हे)*		
		नत्र (नाइट्रोजन)	*स्फुरद (फास्फोरस)*	*पालाश (पोटेशियम)*
अत्यन्त कम	< 0.20	< 140	< 15	< 120
कम	0.21 - 0.40	141-280	16-30	121-180
मध्यम	0.41-0.60	281-420	31-50	181-240
साधारण भरपूर	0.61-0.80	421-560	51-65	241-300
भरपूर	0.81-1.00	561-700	66-80	301-360
अत्यंत भरपूर	> 1.00	> 700	> 80	> 360

स्त्रोत : Krishi Margdarshika 1999, Dr. Punjabrao Deshmukh Agriculture University, Akola, Maharashtra.

तालिका 3.5 : खनिज तत्वों के आधार पर भूमि का वर्गीकरण

भूमि का वर्गीकरण	*मूल द्रव्य (पी.पी.एम) उपलब्ध*			
	जस्ता (जिंक)	*लोह (आयर्न)*	*मैंगनीज*	*तांबा (कॉपर)*
कम (निम्न श्रेणी)	< 0.6	< 4.5	< 1.0	< 0.2
औसत	06 - 1.2	4.5	1.0 - 2.0	0.2
उच्च	> 1.2	> 4.5	> 2.0	> 0.2

स्त्रोत : Krishi Margdarshika 1999, Dr. Punjabrao Deshmukh Agriculture University, Akola, Maharashtra.

2. उपजवर्धक (Intensive) कृषि जिला कार्यक्रम (IADP) तथा उपजवर्धक कृषिक्षेत्र कार्यक्रम (IAAP)

'उपजवर्धक कृषि जिला कार्यक्रम' 1960-61 में प्रारंभ किया गया। कृषि की उत्पादकता में सुधार लाने हेतु विशेष कदम उठाने के लिए अमेरिका के फोर्ड फाउन्डेशन विशेषज्ञ दल द्वारा दी गई सिफारिशों के फलस्वरूप यह कार्यक्रम प्रारंभ किया गया। 1960 के दौरान सारे देश में खेती के लिए आवश्यक सुधारित किस्म के बीज, खाद, विस्तार शिक्षा और विस्तार कर्मचारियों की कमी थी। ऐसी स्थिति में विशाल स्तर पर उपजवर्धक कृषि कार्यक्रम चलाना अव्यवहारिक था। अतः इस कार्यक्रम की शुरूआत उन सात जिलों में की गई जिनका चयन निम्न शर्तों पर हुआ- जहां सिंचाई की सुविधा हो, जहां सहकारी संस्थाएं उपलब्ध हों, और यह जिले बाढ़ या सूखे से प्रभावित न रहते हों।

केन्द्र तथा राज्य सरकारों ने प्रशासन व विस्तार विभाग के कर्मचारी देकर वहां की सहकारी संस्थाओं को अधिक मजबूती दिलाते हुए, पर्याप्त मात्रा में और समय पर ऋण की व्यवस्था की और सहकारी संस्थाओं के माध्यम से बीज, खाद, कीटकनाशक और अन्य साधन देकर इस कार्यक्रम का समर्थन किया। इन एकत्रित प्रयासों के फलस्वरूप ही कृषि उपज की उत्पादकता में उल्लेखनीय बढोत्तरी हुई।

इस उपजवर्धक कृषि जिला कार्यक्रम की सफलता से प्रेरित होकर 1964-65 में और भी बृहत् क्षेत्रों में इन्हीं तरीकों का उपयोग कर 'उपजवर्धक कृषि क्षेत्र कार्यक्रम' चलाया गया। इस कार्यक्रम में देश के 114 जिलों में सभी प्रकार की आवश्यक सामग्री एवं सुविधाएं एक साथ एक पैकेज में देने का तरीका अपनाया गया और महत्त्वपूर्ण फसलों जैसे कपास, तिलहन, गेहूं, चावल (धान) के विकास की ओर अधिक ध्यान दिया गया। उस दौरान यह विचार किया गया था कि इन चुने हुए जिलों में हुए विकास से निकटवर्ती क्षेत्रों में भी विकास को गति मिलेगी।

परन्तु इस उपजवर्धक कृषि कार्यक्रम में भी कुछ त्रुटियां थीं। इन कार्यक्रमों का लक्ष्य सिंचाई सुविधाओं के विकास की ओर कतई नहीं गया। कार्यक्रम में सुधारित किस्म के और अधिक उत्पादन देने वाले (HYV)' बीजों के उपयोग का प्रावधान तो था ही पर ऐसे बीज उस समय तक विकसित ही नहीं हो पाए थे। इतना ही नहीं, यह कार्यक्रम पूरे देश में चलाने के बजाय केवल कुछ चुनिन्दा जिलों पर ही केन्द्रित कर दिया था। समय के साथ आने वाले वर्षों में भारतीय कृषि में अनेक विकास होते रहे। सिंचन-क्षमता का उपयोग करने वाली योजनाओं को प्राधान्य मिला। बाजारों में अधिक उत्पादन दे सकने वाले बीज व उर्वरक बड़ी मात्रा में उपलब्ध होने लगे। ऋण की उपलब्धि में भी सुधार होता दिखाई दिया। इन सभी नए प्रयत्नों के कारण, उपरोक्त कार्यक्रमों का स्थान, सारे देश भर में नए विकासोन्मुख प्रयासों ने ले लिया।

3. सिंचाई

भारत में कृषि अनेक समस्याओं से घिरी है। लगभग 65 प्रतिशत फसली क्षेत्र वर्षा पर निर्भर है तथा जब मानसून ही अनिश्चित हो तो उसका असर उत्पादन पर पड़ता है। इसी दृष्टि से कृषि की उत्पादकता बढ़ाने के लिए किसी भी प्रकार की सिंचाई व्यवस्था महत्त्वपूर्ण हो जाती है। अनुमान किया गया है कि प्रति हेक्टेयर सूखी खेती से 1 टन उत्पादन के तुलना में सिंचित खेती से 2.5 टन प्रति हेक्टेयर उत्पादन मिलता है। सिंचित क्षेत्र दो भागों में वर्गीकृत है। शुद्ध (net) सिंचित क्षेत्र उस क्षेत्र को कहा जाता है जिसमें एक कृषि-वर्ष (जुलाई से जून तक) में सिंचाई हुई हो और उसे केवल एक बार ही गिना गया हो - भले ही उस भूमि पर विभिन्न मौसमों में दो या अधिक फसलों के लिए सिंचाई हुई हो। सकल (gross) सिंचित क्षेत्र वह कुल सिंचित क्षेत्र है जिसमें वर्ष के दौरान अनेक फसलें ली गई हैं, तथा उसी वर्ष के दौरान बोई गई फसलों की संख्या से उसे गुणा किया गया हो। एक साथ दो से अधिक बोई गई फसलों को एक फसल ही माना जाएगा। इनसे यही अर्थ निकलता है कि सकल सिंचित क्षेत्र की संख्या में से शुद्ध सिंचित क्षेत्र की संख्या घटा देने पर एक से अधिक बार सिंचित क्षेत्र की संख्या मिल जाएगी। इसी प्रकार सकल फसली क्षेत्र की संख्या में से शुद्ध फसली क्षेत्र संख्या को घटा देने पर एक से अधिक बार बोई क्षेत्र की संख्या मिल जाती है। इस तरह इन सारे तथ्यों को ध्यान में रखते हुए भारत का अन्ततः सिंचन-क्षमता का क्षेत्र 139.88 मिलियन हेक्टेयर रह जाता है। 31-3-2002 को बड़ी सिंचाई योजनाओं के अन्तर्गत 93.98 मिलियन हेक्टेयर भूमि, मध्यम सिंचाई योजना के अन्तर्गत 37.08 मिलियन हेक्टेयर तथा लघु सिंचाई योजनाओं में 56.90 मिलियन हेक्टेयर भूमि आती है।

यह चिंताजनक तथ्य है कि नीचे दिए तालिका 3.6 के अनुसार वर्ष 1999-2000 की तुलना में वर्ष 2000-01 और 2001 - 02 में सिंचित क्षेत्र कम हुआ है।

तालिका 3.6 : सिंचित क्षेत्र (1999 - 2000 से 2001 - 02)

(मिलियन हेक्टेयर में)

वर्ष	*शुद्ध सिंचित क्षेत्र*	*सकल सिंचित क्षेत्र*
1999-2000	56.76	77.99
2000-2001	54.83	74.29
2001-2002	55.70	76.27

स्त्रोत - Statistical Abstract - 2004

1999–2000 वर्ष के दौरान, शुद्ध बोआई वाली 141.23 मिलियन हेक्टेयर भूमि में से शुद्ध सिंचित क्षेत्र 56.76 मिलियन हेक्टेयर था। अर्थात् 40.19 प्रतिशत। 2001–02 में शुद्ध सिंचित क्षेत्र की मात्रा कम हो गई, अर्थात् 55.70 मिलियन हेक्टेयर रह गई। शुद्ध बोआई क्षेत्र 141.10 मिलियन हेक्टेयर (2000-01) जैसे ही मानकर चलें तो शुद्ध सिंचित क्षेत्र, शुद्ध बोआई क्षेत्र का 39.48 प्रतिशत ही आता है। इन आंकड़ों में वर्षा द्वारा सिंचित भूमि भी सम्मिलित है और यदि इस क्षेत्र को अलग कर दिया गया तो सिंचित क्षेत्र 35 प्रतिशत ही रह जाएगा।

3.1. सिंचाई कार्यों का वर्गीकरण

सिंचाई कार्यों का वर्गीकरण, ''खेती योग्य निर्देशित क्षेत्र (CCA)'' के आधार पर होता है। सतही जल से सिंचाई करने वाले 10,000 हेक्टेयर या उससे अधिक भूमि की सिंचाई कार्यों को विशाल सिंचाई योजना कहा जाता है। इस प्रकार 2000 से 10000 हेक्टेयर भूमि पर सिंचाई कार्य को मध्यम सिंचाई योजना तथा 2000 से कम खेती योग्य निर्देशित क्षेत्र पर सिंचाई कार्य, लघु सिंचाई योजना के वर्ग में आते हैं।

खुले कुओं, नलकूपों तथा तालाबों द्वारा सिंचित भूमि, शुद्ध सिंचित भूमि का एक बड़ा भाग है (66.48 प्रतिशत)। तालिका 3.7 में सिंचाई के विभिन्न वर्गों द्वारा सिंचित भूमि की मात्रा को दिखाया गया है। यह क्षेत्र 2001–02 में 55.70 मिलियन हेक्टेयर था।

तालिका 3.7: विभिन्न सिंचाई वर्गों द्वारा शुद्ध सिंचित क्षेत्र (2001 - 02)

स्त्रोत		*शुद्ध सिंचित क्षेत्र (000 हेक्टेयर)*	*प्रतिशत*
नहरें	सरकारी	15,638	28.08
	निजी	207	0.37
तालाब		2,338	4.20
नलकूप (Tubewell) और अन्य कुएं		34,687	62.28
अन्य स्त्रोत		2,327	5.07
कुल		55,597	100

स्त्रोत – Statistical Abstract - 2004 (GOI Publication)

परंतु अब स्थिति ऐसी आ गई है कि कुछ स्थानों में जल सतह इतनी नीची चली गई है कि उसे चिरस्थायी स्त्रोत समझना कठिन हो गया है। इसके बावजूद अन्य स्थानों में सिंचाई की क्षमता कम अधिक प्रमाण में निस्संदेह उपलब्ध है, जिसका उपयोग किया जाना चाहिए। इसका अर्थ यही है कि जल संधारण व्यवस्थापन होना जरूरी है, जिसमें वर्षाकाल के पानी को तालाबों में संग्रहित कर रखना चाहिए ताकि वर्ष के शेष काल में उसका सही उपयोग हो सके। संक्षेप में, नदियों व नालों में बहते पानी को भी या तो बांध बनाकर अथवा जल संधारण के माध्यम से उसको संग्रहित कर उपयोग में लाया जाये।

छोटे और सीमांत भू–धारक की संख्या कुल भू–धारक संख्या का 80 प्रतिशत है। पीढ़ी दर पीढ़ी ग्रामीण परिवारों में लगातार हो रहे विभाजनों के कारण, भूमि के टुकड़े होते जा रहे हैं तथा सीमांत किसानों को तो जीवित रहना भी कठिन हो गया है। परंतु कृषि में तांत्रिकी प्रगति का सहारा लेने से, विस्तार सेवाओं के सकारात्मक उपयोग, उर्वरकों, कीटनाशकों तथा ऋण जैसी आवश्यकताओं की सहज और समयानुकूल पूर्ति होने से सम्पूर्ण कृषि का चेहरा ही बदल गया है। गांववासियों में, गरीबी रेखा के नींचे आने वाले परिवारों की मात्रा ज्यादा है। इसके सिवाय भूमि पर भी दबाव आता है क्योंकि उसकी उपलब्धता सीमित है। अतः ग्रामीण औद्योगिकरण, स्थायी तौर पर आयवृद्धि करने वाली सहायक सेवाओं तथा संस्थागत ऋण वितरण की उपलब्धि, कृषि श्रमिकों को न्यूनतम मजदूरी देने का निश्चय, गरीब ग्रामीण जनता के लिए सामाजिक सुरक्षा आदि बातों की ओर सरकार द्वारा पर्याप्त ध्यान देने की आवश्यकता है।

4. हरित क्रांति

1960–61 तक भारत में ऐसी स्थिति आ गई थी जब पारम्परिक पद्धति से की गई खेती की उत्पादकता चरम सीमा तक पहुंच चुकी थी। इसके पश्चात् राष्ट्रीय तथा अन्तर्राष्ट्रीय अनुसंधान संस्थानों ने कृषि के क्षेत्र में खासकर बीजों की गुणवत्ता तथा उर्वरकों में सुधार के प्रयास प्रारंभ कर दिए थे। इन्हीं प्रयासों से 'बीज–उर्वरक क्रांति' की शुरूआत हुई और अधिक उत्पादकता देने वाले बीजों का उत्पादन शुरू हुआ। साथ में उर्वरकों के उपयोग से भी बहुत अधिक मात्रा में उत्पादन होने लगा। 1966 से 1971 के बीच खाद्यान्न उत्पादन में हुई उल्लेखनीय वृद्धि भारत के हरित क्रांति का द्योतक है। इसके बाद भारत में सभी प्रकार की फसलों के उत्पादन में उच्चांक गांठा गया। तालिका 3.8 में 1950 से 2004 तक के काल में प्रमुख खाद्यान्न फसलों तथा कृषि से सम्बन्धित अन्य वस्तुओं के उत्पादन की स्थिति दर्शाई गई है।

तालिका 3.8 : प्रमुख फसलों का उत्पादन तथा कृषि से सम्बन्धित अन्य वस्तुओं की उत्पादन स्थिति (1950-51 से 2004-05)

(मिलियन टनों में)

फसलें	*1950-51*	*1970-71*	*1980-81*	*1990-91*	*2001-02*	*2002-03*	*2003-04*	*2004-05*
कुल खाद्यान्न	51	108	130	176	213	175	213	205
अन्न-चावल	21	42	54	74	93	72	88	85
गेहूं	7	24	36	55	73	66	72	72
अन्य खाद्यान्न	15	30	29	33	34	26	38	34
दालें	8	12	11	14	13	11	15	14
तिलहन	5	10	9	19	21	15	25	25
गन्ना	57	126	154	241	297	287	237	
कपास (गांठ)	3	5	7	10	10	9	14	
दूध	17	21	32	53	84	86	88	
मछली	1	2	2	4	6	6	6	

स्त्रोत – Statistical Abstract, India - 2004, GOI Publication & Economic Survey 2005-06, GOI.

अधिक उत्पादन देने वाले बीजों के उपयोग से कृषि में लगाई जाने वाली अन्य वस्तुओं में भी भारी बदलाव आया। सिंचाई, इन बीजों के लिए प्राथमिक आवश्यकता है। इसी कारण बड़ी और लघु सिंचाई योजनाएं प्रारंभ करने की ओर अधिक ध्यान दिया गया। अधिक उत्पादन देने वाले ये बीज, उर्वरकों के अधिक अनुकूल होने के कारण इन उर्वरकों की मांग भी बढ़ने लगी। इन अधिक उत्पादन देने वाले बीजों से उगी फसलों को कीड़ों तथा अन्य रोगों से भारी डर होने के कारण कीटनाशकों तथा फौवारों की मांग भी बढ़ती गई। अधिक मात्रा में हुई फसल/उत्पादन के लिए विपणन व्यवस्था एवं ऊंची दरों पर ऋण की आवश्यकता भी होने लगी। तात्पर्य यही कि इस हरित क्रांति ने सदियों से चली आ रही व्यवस्थाओं में आमूल परिवर्तन ला दिया। इससे किसानों को ज्यादा उत्पादन तो मिला ही, उसके साथ उत्पादन के बाद आगे आने वाली कड़ियों में भी अच्छी खासी प्रगति हुई, और उद्योगों को बहुत बड़ी मात्रा में पंप संयत्र, उर्वरक, कीटनाशक, फौवारा संयंत्र, अनाज सफाई यंत्र (थ्रेशर) आदि निर्माण करने का संयोग मिला। इसके साथ ही बिजली की मांग भी बढ़ गई। कृषि उत्पादन में इससे बढ़ोत्तरी जरूर हुई लेकिन इसके साथ कृषि के लिए लगने वाले वस्तुओं के मूल्यों में भी बहुत वृद्धि हुई।

एक समय था जब भारत को अपने निजी उत्पादन व देश में खाद्यान्न की मांग के बीच के अंतर को पाटने के लिए विदेशों से खाद्यान्न आयात करना पड़ता था। परंतु इस हरित क्रांति और असिंचित भूमि से भी सुधारित उत्पादन के परिणामस्वरूप भारत खाद्यान्न के मामले में न केवल आत्मनिर्भर हुआ, बल्कि निर्यात करने की स्थिति में भी पहुंच गया। आकृति 3.1 में 1990- 91 से 2003-04 तक कृषि उत्पादन फसली क्षेत्र तथा भूमि उपयोग की स्थिति दर्शाई गई है।

आकृति 3.1 : कृषि उत्पादन, फसली-क्षेत्र तथा भूमि उपयोग (आधार-1981- 82 में समाप्त त्रिवर्षीय फसल)

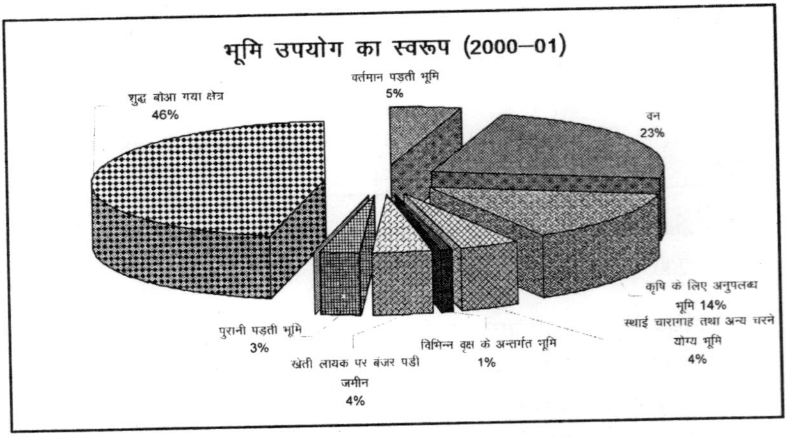

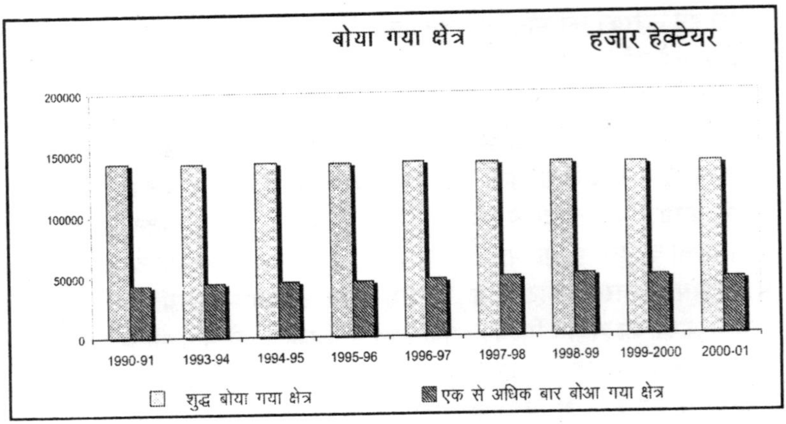

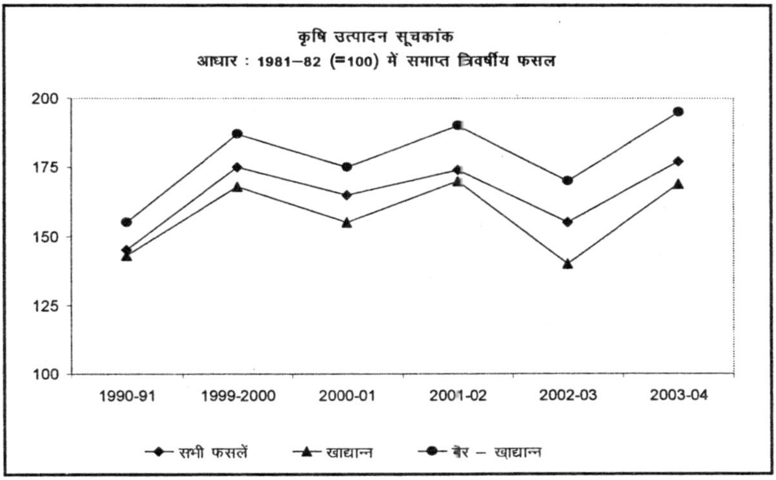

स्त्रोत – Statistical Abstract, India 2004 (GOI Publication)

5. विस्तार शिक्षा (Extension Education)

5.1. विस्तार शिक्षा का अर्थ व कार्य-क्षेत्र

विस्तार शिक्षा का अर्थ किसानों को दी जाने वाली उन तरीकों या मार्गों की शिक्षा है जिससे उत्पादन और उत्पादन की गुणवत्ता दोनों की अभिवृद्धि होती है। विस्तार शिक्षा की महत्ता को जानकर, अमेरिका में पहली बार इसका प्रारंभ किया गया। भारत में अधिकांश ग्रामीण अशिक्षित हैं और वे अपनी पुरानी पुश्तैनी पद्धति से ही खेती करते हैं। कृषि के विभिन्न क्षेत्रों में हो रहे नवीनतम विकास तथा घटनाक्रम से किसान पूर्णतः अनभिज्ञ होते हैं। इस विस्तार शिक्षा में कृषि के सभी पहलुओं – जमीन का परीक्षण, भूमि के योग्य फसल का चयन, फसलों का समय-समय पर क्रम बदलना, ठीक से हलवाही, उत्तम बीज का चयन, समयानुसार व उचित बोआई, योग्य खाद का प्रयोग, घास-फूस की उचित समय पर निंदाई, प्रभावी कीटनाशकों का प्रयोग, समयोचित व उचित ढंग से फसल कटाई, तथा विपणन के पूर्व फसलों का भंडारण आदि बातों पर उचित ध्यान दिया जाता है। इसमें कृषि कार्य पद्धति तथा तकनीकी पहलुओं पर भी विचार किया जाना शामिल है।

5.2. विस्तार शिक्षा में प्रारंभिक प्रयास

स्वतंत्रता पूर्व काल में अनेक ख्याति प्राप्त व्यक्तियों द्वारा विस्तार शिक्षा के नए विचारों पर प्रारंभिक प्रयोग किए गए। इन्हें श्रीनिकेतन, मार्तण्डम, गुडगांव, बड़ौदा, फिरका, इटावा, निलोखेरी और सेवाग्राम योजना या प्रयोग के नामों से जाना जाता है। जैसे पहले कहा जा चुका है इन योजनाओं का उद्देश्य खेती के तरीकों, सहकारी संस्थाओं का विकास, प्रौढ़ शिक्षा प्रसार तथा अन्य अनेक सामाजिक व आर्थिक मामलों में विस्तार शिक्षा देना ही था।

5.3. संगठन ढांचा

विस्तार शिक्षा, कृषि अधिकारी के कार्य क्षेत्र कक्ष में आती है। विस्तार कार्यकर्ता (EW) या कृषि पर्यवेक्षक (AS) जो कृषि अधिकारी को जवाबदेह होता है, वह किसानों की संख्या के आधार पर एक या अनेक गांवों की देखरेख करता है। पंचायत राज संस्थाओं का, इस विस्तार शिक्षा कार्यक्रम की सहायता में महत्त्वपूर्ण भाग होता है। विस्तार कार्यकर्ता या कृषि पर्यवेक्षक का चयन और प्रशिक्षण भी महत्त्वपूर्ण पहलू है। कृषि के कार्यक्रमों का महत्त्व देखते हुए सभी विस्तार कार्यकर्ताओं/कृषि पर्यवेक्षकों को कृषि विज्ञान में स्नातक होना आवश्यक है।

5.4. विस्तार कार्यक्रम का क्रियान्वयन

किसानों को पारम्परिक तरीकों से खेती करने की आदत पड़ गई है। जब तक नई सुधारित पद्धतियों के प्रति वे आश्वस्त नहीं हो जाते तब तक अपने पुराने तरीकों को सुधारने के लिए वे तैयार नहीं होंगे। इसके सिवाय नए सुधार और परिवर्तन, वर्तमान परिस्थितियों व वातावरण के अनुरूप भी होने चाहिएं। इसीलिए विस्तारक संस्था का कार्य गांव की वर्तमान व स्थानीय स्थिति के अध्ययन तथा पर्यवेक्षण से प्रारंभ होता है। इसमें सामाजिक व अन्य सभी पहलुओं – जैसे स्थानीय ग्रामीणों का कौशल्य, उपयोग में लाए जा रहे मशीनी औजार, आम तौर पर उगाई जा रही फसलें, खेती के लिए अपनाई जा रही पद्धतियां, बड़े, मध्यम व सीमांत किसानों तथा भूमिहीन मजदूरों की आर्थिक स्थिति आदि का समावेश होता है। अनुसंधान तथा विकास द्वारा सुझाए अनेक सुधारों में से, कृषि अधिकारी को ऐसे सुधारों का चयन करना पड़ता है जो किसानों को स्थानीय स्तर पर उचित और उपयोगी लगें। ऐसी भी स्थिति आ जाती है, जब गांववासियों को मौखिक रूप से समझा पाना पर्याप्त नहीं होता। अतः सुझावों को प्रभावी बनाने के लिए कृषि अधिकारी को प्रत्यक्ष रूप से प्रदर्शन कर

बात समझानी पड़ती है। ऐसी स्थिति में दो भू-खंड चुन कर उसमें से एक पर वर्तमान पद्धति से सामान्य रूप से बोआई की जाती है तथा दूसरे भू-खंड पर नए किस्म की फसल तथा सुधारित तरीके से बोआई की जाती है। यदि ऐसे प्रयोग से उत्पादन की गुणवत्ता में सुधार पाया जाता है, उत्पादकता भी बढ़ती है, तथा आय व्यय की दृष्टि से प्रयोग फायदेमंद सिद्ध होता है, तो किसान वर्ग भी विस्तार संस्थाओं की सलाह मानने के लिए राजी हो जायेंगे।

एक बार यदि किसान वर्ग नए तरीकों को अपनाना शुरू कर देता है तो विस्तार संस्था का यह उत्तरदायित्त्व हो जाता है कि वह सुधारित पद्धति के लिए आवश्यक सभी सामग्री के समयोचित प्रदाय की व्यवस्था करे। अन्यथा किसान नए सुधारित पद्धतियों का पालन करने से हतोत्साहित हो जाएंगे। मुख्य मुद्दा यही है कि सुधारों को तर्कसंगत तरीके से अन्त तक पहुंचाया जाये, ताकि विस्तार संस्थाओं द्वारा सुझाए गए तरीकों का उपयोग किसानों द्वारा किए जाने पर उन्हें लाभ मिलता रहे।

विस्तार शिक्षा में कृषि उत्पादन तथा सेवाओं में हो रहे निरंतर अनुसंधान व विकास से किसानों को अवगत कराते रहना सम्मिलित है। जब नई पद्धतियों का क्रियान्वयन होता है तो किसानों के समक्ष अनेक कठिनाईयाँ आती हैं। इस स्थिति में विस्तार संस्था को, इन आ रही कठिनाईयों या फायदों से अनुसंधान व विकास केन्द्रों को अवगत कराना चाहिए ताकि उन केन्द्रों को मिली जानकारी से वहां के अनुसंधान व विकास केन्द्र उन पर विचार कर सके, उन पर अधिक अनुसंधान कर सके और सुझाई गई नई पद्धतियों से होने वाली कठिनाईयों को दूर किया जा सके।

5.5. सामुदायिक सहभाग

अन्तंत: किसान समुदाय को इस तरह आश्वस्त किया जाना चाहिए कि यह विस्तार कार्यक्रम उन्हीं के हित के लिए बनाया गया है और यह विस्तार कार्यक्रम उन्हीं का है। यदि समुदाय को लगने लगे कि यह कार्यक्रम उन पर प्रशासन द्वारा थोपा जा रहा है तो वह कार्यक्रम सफल नहीं हो सकता। कार्यक्रम का प्रयास ही ऐसा हो कि गांववासियों को कार्यक्रम उनके स्व-सहायता के लिए है ऐसा लगे। कार्यक्रम में समुदाय की भागीदारी को तब और भी सहायता मिलेगी जब किसान और नेता, उचित परिवर्तन के समर्थक बनेंगे और उसके माध्यम से समुदाय की भागीदारी को सुनिश्चित करेंगे।

5.6. विस्तार शिक्षा देने की पद्धति

किसानों के लिए शिक्षा वर्ग लगाकर औपचारिक पाठ्यक्रम के माध्यम से विस्तार

शिक्षा दी जा सकती है। इसके सिवाय ग्रामवासियों के गुट बनाकर अनौपचारिक तरीकों से भी यह शिक्षा दी जा सकती है। ऐसी योजना में किसी स्थान का महत्त्व नहीं होता, किसी वृक्ष के नींचे बैठकर भी यह किया जा सकता है। विस्तार शिक्षा देने के और भी तरीके हैं जैसे, घरों में, खेत खलिहानों में जाकर व्यक्तिगत सम्पर्क से, गांववासियों को गुटों में बैठाकर उनसे विचार विनिमय से, पद्धति प्रदर्शन से, खेतों में जाकर व्यावहारिक प्रदर्शन से अथवा समाचार पत्रों, बुलेटिनों, विशेष प्रकाशनों, पत्रकों, कार्यक्षेत्र को भेट देकर, खेतों संबंधी मेंले लगाकर विशेष समारोह, प्रदर्शनी, दृश्य–श्रव्य प्रदर्शनी या रेडियो, दूरदर्शन आदि से भी यह कार्य हो सकता है।

5.7. कार्यक्रमों का मूल्यांकन

क्रियान्वित हो रहे कार्यक्रमों का समय–समय पर मूल्यांकन होना बहुत आवश्यक है, और विस्तार कार्यक्रम का यह महत्त्वपूर्ण अंग भी है। कई बार किसानों को कार्यक्रम के दौरान कुछ कठिनाईयों का सामना करना पड़ता है और वे समय पर सुधारात्मक उपाय कर नहीं पाते। कार्यक्रमों का मूल्यांकन प्रत्येक कार्यक्रम के अनुसार नहीं होना चाहिए। यदि कई कार्यक्रम एक साथ चल रहे हों, तो उनमें से किसी एक की जांच और मूल्यांकन होना पर्याप्त होगा। मूल्यांकन भी कार्यक्रम के सभी पहलुओं पर होना जरूरी है जैसे गुणवत्ता में वृद्धि, उत्पादन में बढ़ोत्तरी तथा पारस्परिक लागत का तुलनात्मक मूल्य तथा नई पद्धतियों के उपयोग से हुआ लाभ। ऐसे मूल्यांकन से किसान और प्रशासन को क्रियान्वित हो रहे कार्यक्रमों की कार्यक्षमता पर निर्णय लेना संभव हो सकता है।

(6) भूमि सुधार (Land Reforms)

1. ऐतिहासिक पृष्ठभूमि/भू-सुधार की आवश्यकता

भूमि सुधार तथा कृषि सुधार में काफी अंतर है। भूमि सुधार का तात्पर्य भू–स्वामित्व या भू–धारण का आकार, स्वामित्व में ढांचागत परिवर्तन तथा भूमि के पट्टे (किराये) की पद्धति की स्थापना से है। कृषि सुधार में कृषि से सम्बन्धित बहुविध घटकों के ढांचागत परिवर्तन से है। जिसमें भूमि सुधार भी आते हैं। ग्रामीण सुधार तो और भी विस्तृत क्षेत्र है जो कृषि सुधार के अतिरिक्त शिक्षा, स्वास्थ्य रक्षा आदि से सम्बन्धित है।

कृषि पर निर्भर रहने वालों की संख्या अधिक होने, परन्तु कृषि भूमि सीमित होने के कारण भूमि पर हमेंशा अधिक दबाव रहा है। पहले भूमि स्वामित्व अत्यधिक

असंतुलित था। पहले बड़े भूमिपति होते थे, मध्यम श्रेणी के भूमि मालिक तथा भूमिहीन मजदूर थे। इन बड़े भूमिपतियों द्वारा खुद खेती करना तो असंभव ही था। अत: वे अपनी भूमि किराए पर पट्टे पर देते थे। कई बार काफी बड़े भूखंड वैसे ही बिना खेती के पड़े रहते थे। किराये पर भूमि मिलने के कारण ये काश्तकार कम पूंजी लगाते थे। परिणामत: कृषि उत्पादन कम होता था। इन काश्तकारों का भूभिपतियों द्वारा शोषण होता था। कई बार काश्तकारी की रकम वढ़ा दी जाती थी या काश्तकारी बीच में ही समाप्त कर दी जाती थी। कुछ काश्तकारों का भूमि पर काश्तकारी अधिकार रहा करता था, पर अधिकांश लोग मौखिक आश्वासन पर ही काश्तकारी करते थे। परन्तु भूमिहीन मजदूरों को खेती के चार महीनों के मौसम के बाद शेष समय में बेकार रहना पड़ता था। इसी परिपेक्ष्य में भूमि सुधार की आवश्यकता को अधिक प्राथमिकता मिली।

भारतीय संविधान के अनुसार "जमीन, अर्थात उस पर अधिकार, भूमि की काश्तकारी, काश्तकार तथा भूमिपति के बीच के सम्बन्ध, किराया वसूली, स्थानांतरण व भूमि का बंटवारा, भूमि सुधार व कृषि ऋण तथा बस्तीकरण" सारी बातें राज्य सूचि क्रम संख्या 18 के अन्तर्गत आती हैं। अपने-अपने राज्यों में आपातकालीन आवश्यकताओं तथा वहां की स्थिति के अनुकुल राज्य सरकारों ने कानून बनाए हैं। इसी कारण देश के अन्तर्गत सभी राज्यों में भूमि सुधार सम्बन्धी कानूनों में एकरूपता नहीं है।

2. क्रियान्वयन का प्रयास

किसी भी भूमिपति को उसकी भूमि से चाहे वह जरूरत से ज्यादा क्यों न हो - बेदखल होने के लिए उसकी मानसिक व शारीरिक तैयारी करना अपने आप में एक भगीरथ प्रयास था। इसी परिपेक्ष्य में गांधीजी के अनन्य अनुयायी आचार्य विनोबा भावे ने 1951 में भूदान आंदोलन चलाया जिसमें कुछ अमीर भूमिपतियों द्वारा स्वेच्छा से अपनी भूमि का कुछ अंश दान कर देने के कार्य को अभूतपूर्व सहयोग मिला। 'सम्पूर्ण भूमि मातृभूमि है और कोई एक व्यक्ति भूमि का स्वामी नहीं हो सकता'। उन्होंने इस नीति तत्व के बारे में विशेषरूप से लोगों को समझाया। उन दिनों में इस आंदोलन को खासकर बिहार में अभूतपूर्व सफलत मिली।

सम्पूर्ण देश में भूमिखंडों का पुन:वितरणीकरण की समस्या के परिपेक्ष्य में भूदान आंदोलन के अन्तर्गत स्वेच्छा से दान करने में जो सीमाएं थीं उनका स्पष्ट रूप से अनुभव हुआ। अत: सरकार ने ही भूमि सुधार से सम्बन्धित अनेक प्रावधानों के

क्रियान्वयन की दिशा में कदम बढ़ाना प्रारंभ कर दिया जिनमें मध्यस्थों को हटा देना, काश्तकारों की काश्तकारी अवधि को सुरक्षित करना, भू-धारण कानून के अन्तर्गत अतिरिक्त भूमि की मात्रा का निर्धारण और उसका वितरण आदि सम्मिलित थे।

2.1. मध्यस्थों का उच्चाटन

मध्यस्थ वे व्यक्ति होते हैं, जो प्रत्यक्ष किसान और राज्य के बीच होते हैं। ऐसे अनेक भूमिपति हैं, जो खुद तो खेती नहीं करते, पर खेती के लिए जमीन काश्तकार को देते हैं। ऐसा तभी होता है जब भूमिपति के पास स्वयं खेती करने की क्षमता से अधिक मात्रा में भूमि होती है या वह अन्यत्र निवासी भूमिपति होता है या अन्य किन्हीं कारणों से खेती नहीं करता। स्वतंत्रता मिलते ही सरकार ने पहला कदम यही उठाया कि सरकार और प्रत्यक्ष किसानों के बीच मध्यस्थी करने वाले जमींदारों या जागीरदारों को ही हटा दिया। लगभग सभी राज्यों में 1948-54 के बीच, जमींदारी समाप्ति कानून पारित हुआ।

पांचवी पंचवर्षीय योजना के अनुसार इस जमींदारी समाप्ति कानून के फलस्वरूप 1974-75 तक लगभग 20 मिलियन काश्तकार लाभान्वित हुए हैं। फिर भी इस पद्धति की कई त्रुटियों के कारण कुछ भूमिपति अभी भी अच्छी खासी मिल्कियत बनाए हुए हैं। इसी प्रकार इस पद्धति से भूमिहीन मजदूरों और फसल के हिस्सेदारों की जमात को कोई लाभ नहीं मिल सका। फिर भी इन न्यूनता के बावजूद, जमींदारी प्रथा की समाप्ति, भूमि सुधार के क्रियान्वयन में एक अच्छा कदम सिद्ध हुआ है।

2.2. काश्तकारी की सुरक्षा (Security of Tenure)

काश्तकार के भी कई वर्ग हैं। कुछ काश्तकार स्थायी होते हैं, जो जब तक किराया देते रहते हैं तब तक उन्हें हटाया नहीं जा सकता। कुछ अस्थायी काश्तकार होते हैं, जिन्हें समय-समय पर मौखिक या लिखित समझौते के अनुसार खेती करने के लिए रखा जाता है। इनकी प्रमुख समस्या, सुरक्षा का अभाव तथा किराये में अकस्मात बढ़ोत्तरी है। राज्यों ने ऐसे नियम बनाए हैं जिसमें बड़ी मात्रा में काश्तकारों को हटा देने के विरुद्ध काश्तकारों की सुरक्षा का प्रावधान है। इन कानूनों के अनुसार काश्तकार तभी हटाए जा सकेंगे जब भूमिपति खुद खेती करना चाहता हो। ऐसी स्थिति में भी काश्तकार के पास न्यूनतम भूमि रखनी ही पड़ती है। ऐसे सुरक्षित काश्तकारों की संख्या अब धीरे-धीरे समाप्त होती जा रही है।

2.3. भूमि-धारण सीमा कानून (LCA)

भूमि सुधार का सबसे बड़ा उद्देश्य, भूमि-धारण या भूमि स्वामित्व की अधिकतम सीमा निर्धारित करना, तथा उस सीमा से अधिक भूमि को अतिरिक्त भूमि घोषित करना है। सरकार का अगला काम यही होता है कि इस अतिरिक्त भूमि को अपने अधिकार में लेना और फिर उस भूमि को भूमिहीन या छोटे सीमान्त किसानों में बांटना। प्रत्येक राज्य द्वारा इस भूमि-धारण की सीमा निश्चित करना कोई सहज सरल कार्य नहीं था। फिर भी अनेक राज्यों ने भूमि-धारण की सीमा के कानून पारित कर लिए हैं, जिनमें निम्न विशेषताएं हैं :

2.3.1. भूमि-धारण सीमा की नीति

ग्रामीण क्षेत्र में खेती ही मुख्य व्यवसाय होता है तथा अधिकांश ग्रामीणों की रोजगारी व जीविका का साधन खेती ही है। अत: भूमि-धारण सीमा कानून उन्हीं लोगों पर लागू होना चाहिए जिनके पास आवश्यकता से अधिक भूमि है।

2.3.2. सभी वर्गों की भूमि पर भू-धारण सीमा की प्रयोजनीयता

भूमि कई वर्गों की होती है – जैसे बंजर भूमि, कृषि के लिए अयोग्य भूमि, कृषि योग्य भूमि, सिंचित भूमि आदि। भूमि-धारण की सीमा भले ही विभिन्न वर्गों की क्यों न हो, सभी भूमि वर्गों पर लागू होनी चाहिए। इसका मूल उद्देश्य यही है कि बंजर या कृषि के लिए अयोग्य भूमि को कुछ अतिरिक्त प्रयत्नों द्वारा कृषि के लिए योग्य बना सके अथवा उनका चरागाह के रूप में उपयोग किया जा सके।

2.3.3. सिंचित भूमि की धारण सीमा

सिंचित भूमि की उत्पादकता अधिक होती है। इसके सिवाय सिंचाई एक सुविधा है जिससे वर्ष के दौरान एक से अधिक फसलें ली जा सकती हैं। इसी नीति के आधार पर ऐसे वर्गों की भूमि के लिए दो अलग-अलग प्रकार की धारण सीमा निश्चित की जा सकती है। ऐसी भूमि जिसमें वर्ष में दो बार फसलें ली जा सकती हैं, उनकी धारण सीमा 18 एकड़ तथा सिंचित पर वर्ष में एक बार ही फसल देने वाली भूमि की धारण सीमा 27 एकड़ हैं।

2.3.4. शेष भूमि के लिए भू-धारण सीमा

क्रम संख्या 2.3.3 को छोड़, अन्य सभी वर्गों की भूमि की धारण सीमा 54 एकड़ रखी गई है।

यह भूमि-धारण सीमा विभिन्न राज्यों में भिन्न-भिन्न है, परंतु अधिकांश राज्यों ने उपरोक्त सीमा को ही अपनाया है। भूमि-धारण सीमा में समानता तथा सामाजिक न्याय की नीतियों के आधार पर, राज्य सरकारों ने कुछ अपवाद छोड़ते हुए, भूमि-धारण की सीमा निश्चित करने वाले कानून पारित कर दिए हैं। इनमें निम्न अपवाद हैं - चाय व कॉफी के बगीचे, औद्योगिक व व्यापारिक प्रतिष्ठानों ने रखी भूमि तथा शक्कर कारखानों की जमीनें। ये सारे कानून 1961-62 तक पारित हो चुके थे। विस्तृत परिपेक्ष्य में भूमि सुधार, काश्तकारों पर की गई किराया वृद्धि पर अंकुश लगाने तथा भूमिपतियों द्वारा काश्तकारों को हटाने पर रोक, अथवा उनकी सुरक्षा से अधिक सम्बन्धित है। उपस्थित काश्तकारों को ही जमीन बेचे जाने को प्रोत्साहन दिया गया है। इसके सिवाय जनजातियों तथा अनुसूचित जाति के लोगों की भूमि को अन्य भूमिपतियों द्वारा किन्हीं भी कारणों से हड़प लेने के विरुद्ध विशेष प्रावधान बनाने की आवश्यकता भी समझी गई है।

यह भी ध्यान देने योग्य तथ्य है कि जिन काश्तकारों या भूमिहीन लोगों को भूमि वितरित की गई है, वे खेती करने के लिए अपने आप में समर्थ नहीं हैं। अतः उन्हें विस्तार शिक्षा तथा ऋण के रूप में संस्थागत सहायता देना आवश्यक है, ताकि वे कृषि के लिए साधन जुटा पाएं और उन्हें वितरित की गई भूमि से आत्मनिर्भर हो सकें।

संयुक्त परिवारों में पीढ़ी दर पीढ़ी होने वाले बंटवारों के कारण भूमि के छोटे-छोटे टुकड़े होते जा रहे हैं। इसी दृष्टि से भूमि का एकत्रीकरण - अर्थात् ग्रामवासियों के या उनके किसी समूह के अथवा सम्पूर्ण गांव के अधिकार में रही भूमि को एकत्रित समझकर उस पर सहकारिता नीति के अन्तर्गत खेती करने का प्रयोग कुछ स्थानों में हुआ है, जिसमें सफलता भी मिली है। व्यवस्थापूर्ण क्रमानुसार विशाल भू-आलेख तैयार करने तथा उसके उचित रख-रखाव का कार्य करने के लिए निम्न केन्द्रिय योजनाओं को शुरू किया है।

2.4. भू-आलेखों का कम्प्यूटरीकरण (CLR)

केन्द्र के तत्वावधान में भू-आलेखों के कम्प्यूटरीकरण की योजना, 1988-89 में अग्रक्रम (Pilot) योजना के रूप में आठ जिलों में प्रारंभ की गई जिसका मूल उद्देश्य, भू-आलेखों के हाथ से किये हुए रख-रखाव व नवीनीकरण के अन्तर्भूत आने वाली समस्याओं का निराकरण तथा विभिन्न वर्गों के उपभोक्ताओं की आवश्यकताओं को पूरा करना ही था। अभी यह योजना, देश के सभी जिलों में प्रारंभ कर दी गई है।

2.5. राजस्व प्रशासन का सबलीकरण एवं भू-आलेखों का नवीनीकरण (SRA & ULR)

राज्यों को उनके भू-आलेखों के नवीनीकरण में सहायता देने के उद्देश्य से 1987 में केन्द्र के तत्वावधान में 'राजस्व प्रशासन का सबलीकरण तथा भू-आलेखों के नवीनीकरण' की योजना प्रारंभ की गई। इस योजना के अन्तर्गत अनेक नए संसाधन खरीदने हेतु राज्यों को आर्थिक सहायता देने का प्रावधान है। इसमें ग्लोबल पोजीशनिंग सिस्टम, ईडीएम, टोटल स्टेशन, थिओडोलाईट, वर्क स्टेशन, तथा अन्य कार्यालयीन संसाधन सम्मिलित हैं। पर राज्य स्तर पर इस योजना का क्रियान्वयन बड़ा धीमा है।

3. भूमि सुधार में न्यूनता

भूमि सुधार की प्रक्रिया में दो प्रमुख तथा भिन्न पहलू आते हैं - एक तो भूमि से सम्बन्धित है और दूसरा उसके क्रियान्वयन से अर्थात् प्रत्यक्ष खेती करने की क्रिया से जुड़ा है। विभिन्न राज्यों द्वारा भूमि-धारण की सीमा निश्चित करने के लिए बनाए गए कानूनों के कारण इन दोनों मोर्चों पर निश्चित सुधार अवश्य आया है, फिर भी भूमि सुधार के उद्देश्य पूरी तरह साध्य नहीं हो सके। इन सुधारों के क्रियान्वयन में आने वाली कुछ प्रमुख खामियां इस प्रकार हैं -

3.1. अतिरिक्त भूमि का स्वरूप

किसी भी भूमिपति की प्रवृत्ति यही रहेगी कि उसकी भूमि का सबसे अच्छा भाग उसकी भू-धारण सीमा के अन्तर्गत रहे तथा शेष भूमि अतिरिक्त के रूप में घोषित करे। इस प्रक्रिया में अक्सर यही हुआ कि अधिकांश बंजर भूमि या कृषि के लिए अयोग्य भूमि या जिस पर खेती कर पाना कठिन था ऐसी ही भूमि अतिरिक्त भूमि के रूप में घोषित कि गई । प्रश्न तो अब यह उठता है कि गरीब किसान ऐसी भूमि पर बिना सरकारी सहायता के (अर्थात् विस्तार सेवा) या तांत्रिकी व आर्थिक सहयोग के बिना खेती कैसे कर पाएंगे?

3.2. स्वामित्व में असमानता

भारत सरकार के ग्रामीण विकास मंत्रालय के वार्षिक प्रतिवेदन 2004-05 के अनुसार 7.34 मिलियन एकड़ भूमि अतिरिक्त भूमि घोषित हुई थी जिसमें से 6.5 मिलियन एकड़ भूमि अधिगृहित की गई तथा उसमें से 5.40 मिलियन एकड़ भूमि वास्तविक रूप से वितरित की गई। यह भी देखा गया कि, भू-धारण कानून के अधिनियम के

44 वर्षों बाद भी, भूमि स्वामित्व का स्वरूप वैसा ही रहा – अर्थात् कुछ लोगों के पास ही काफी बड़ी मात्रा में भूमि है, जबकि अधिकांश लोगों के पास बहुत छोटे–छोटे टुकड़े हैं, या फिर वे भूमिहीन हैं। कुल भूमि स्वामित्त्व में से 59 प्रतिशत सीमान्त भू–धारक हैं, जिनके पास 1 हेक्टेयर से कम भूमि है। 19 प्रतिशत छोटे भूमि धारक हैं, जिनके पास 1 से 2 हेक्टेयर से कम भूमि है। इस तरह छोटे और सीमान्त भूमि धारक ही 80 प्रतिशत हो जाते हैं।

3.3. राजनीतिक संकल्प की कमी

सुधार की कोई भी प्रक्रिया, कठिन ही होती है, क्योंकि सदियों से चली आ रही स्थिति में वह एक परिवर्तन है। भूमि का पुनर्वितरण तो और भी दुष्कर कार्य हो जाता है, क्योंकि यह तो बरसों से चली आ रही अपनी बहुमूल्य सम्पत्ति जो भूमि है उसके स्वामित्व में परिवर्तन लाने का चुनौतीपूर्ण कार्य है। ऐसे सुधार कार्यों में राजनीतिक संकल्प की जरूरत होती है। विभिन्न राज्यों में भूमि सुधार के क्रियान्वयन में सफलता की विपरीत मात्रा से ही यह बात सिद्ध होती है। उदाहरण के लिए बिहार, मध्य प्रदेश, उत्तर प्रदेश, आंध्र प्रदेश, गुजरात तथा हरियाणा में भूमि सुधारों का प्रभाव कम रहा है जबकि पश्चिम बंगाल में इसे आशातीत सफलता मिली है। ऐसे गंभीर मामलों को निबटने के लिए राजनीतिक संकल्प और नौकरशाही की तत्परता बहुत अधिक मायने रखती है।

(7) ग्रामीण विपणन

1. विपणन व्यवस्था

किसान के लिए यह संवेदनशील क्षेत्र है। कृषि के अत्यन्त कष्टदायी एवं कड़े परिश्रमी कार्यवाहियों से निबटने के बाद जब फसल बिकने के लिए तैयार होती है तब किसान स्वाभाविक रूप से उचित मूल्य प्रदान करने वाले बाजार की आशा में रहता है। खेती के काम में उसने अपने पास का जितना भी धन लगा दिया उसकी आपूर्ति के लिए, पारिवारिक खर्चों के लिए तथा यदि कोई कर्ज भी लिया हो तो उसकी समयोचित अदायगी के लिए किसान को अपने फसल का उचित मूल्य एवं तुरंत अदायगी की अत्त्यधिक आवश्यकता होती है। धनी किसानों को छोड़, छोटे और सीमान्त किसान तो फसल से धन प्राप्त करने के लिए दिनों तक ठहर नहीं सकते। अपनी जरूरत की मात्रा को अलग रखकर जितनी भी बेचने लायक अतिरिक्त

फसल हो, उसे बेचने के लिए वे तैयार रहते हैं। ऐसे समय में जब बिकने योग्य नई फसल काफी बड़ी मात्रा में बाजार में आ जाती है तब कीमतें अक्सर काफी कम रहती हैं। जहां ये छोटे और सीमान्त किसान अधिक दिनों तक ठहर नहीं सकते, वहीं बिचौलिए स्थिति का फायदा उठाते हुए कम कीमतों पर माल खरीद कर उसे भंडार में रख देते हैं ताकि समय आते ही ऊंची कीमतों पर वही माल बेचा जा सके।

किसानों की सहकारी संस्था, 'कृषि उपज विपणन समिति (APMC)' किसानों के हितों की चिंता करने वाली अच्छी विपणन यंत्रणा है। पर इसका उचित उपयोग करने में किसानों को दो प्रकार की कठिनाईयों का सामना करना पड़ता है। पहली तो यह कि इस विपणन समिति की भंडारगृह सुविधाएं, जिलों तथा तालुका मुख्यालयों में उपलब्ध हैं। इस वजह से किसी भी किसान को व्यक्तिगत तौर पर इतने दूर स्थित भंडारगृहों तक अपना माल संवहन करना कठिन हो जाता है। दूसरी कठिनाई तुरंत भुगतान पाने सम्बन्धी है।

इस कृषि उपज विपणन समिति की दो कार्य पद्धतियां हैं – एक यह कि किसानों को भंडारगृहों की सुविधा किराये पर मिल सकती है। किसान किराया देकर अपना माल भंडारगृहों में रख सकते हैं तथा समय देखकर चयन करके अपनी इच्छा के अनुसार माल बेच सकते हैं। इस पद्धति में फसल पर किसान का स्वामित्व रहता है। दूसरी पद्धति यह है कि किसान, अपना माल भंडारगृह के सुपुर्द करते हैं और उसको अपना स्वामित्व सौंप देते हैं। फसल पर विपणन समिति का स्वामित्व होता है, और जब मूल्य अच्छे होते हैं तब समिति निलामी द्वारा माल बेचती है। ऐसी स्थिति में, माल देते समय ही प्रचलित मूल्य पर पूरी कीमत का 60 प्रतिशत किसान को ऋण स्वरूप अग्रिम राशि मिलती है, जिसके लिए उसे ब्याज भी देना पड़ता है जो बैंक की दरों से कुछ कम ही होता है। नीलामी के बाद, खरीददारों से वसूली होने के बाद किसानों को उनकी बकाया राशि–ऋण, ब्याज आदि काट लेने के बाद दे दी जाती है। विपणन पद्धति में कुछ सुधार किए जा सकते हैं, जैसे समिति को अपनी शाखाएं, उपकेन्द्रों के पास – अर्थात् किसी भी गांव से तीन से चार किलोमीटर दूरी के अंदर खोलनी चाहिए। इसके सिवाय किसानों को दी जाने वाली अग्रिम राशि में भी बढ़ोत्तरी होनी चाहिए और उसे पिछले बाजार के प्रचलित मूल्य पर आधारित होनी चाहिए।

2. गुणवत्ता क्रम तथा माप तौल

फसलों की गुणवत्ता क्रम (ग्रेडिंग) निश्चित करने का उद्देश्य किसानों को अच्छी

गुणवत्ता वाली फसलों के उत्पादन के लिए प्रोत्साहित करना है, ताकि उन्हें अच्छी कीमत मिल सके। इस पद्धति का यदि उचित उपयोग किया गया तो वह किसान तथा उपभोक्ता दोनों के लिए लाभदायक सिद्ध होगा। परन्तु दुर्भाग्य से इस गुणवत्ता क्रम निर्धारण पद्धति का प्रारंभिक स्तर पर जिस ढंग से उपयोग हो रहा है उससे तो किसान की ज्यादातर हानि ही होती है। यह सारी घटना विपणन समिति के गुणवत्ता क्रम निर्धारण करने वाले कुछ कर्मचारियों की स्वार्थी प्रवृत्ति के कारण होता है। फसल की गुणवत्ता के निर्णय का लाभ ज्यादातर कुछ खास व्यक्तियों को ही दिया जाता है और शेष लोगों को निचले स्तर पर रखा जाता है। इसी तरह फसलों के मापतौल में भी हेराफेरी होती है।

इसी परिपेक्ष्य में महाराष्ट्र राज्य सरकार की 'एकाधिकार कपास खरीदी योजना (MPCS)' का उदाहरण सटीक होगा। यह योजना गुणवत्ता क्रम निर्धारण की कुव्यवस्था तथा मापतौल में की गई हेराफेरी के कारण ही असफल रही। इसके अतिरिक्त सरकार को बाजार के मूल्य की तुलना में किसानों को अधिक मूल्य देना पड़ा जिससे नुकसान वहन करना पड़ा। यह किसानों को लाभकारी मूल्य दिए जाने की नीति से हुआ।

इन्ही बातों पर यदि योग्य ध्यान दिया गया तो कृषि उत्पन्न विपणन समिति तथा राज्य द्वारा चलाई गई खरीद योजनाएं, किसानों के लिए एकमात्र लाभदायक पर्याय सिद्ध होंगे। इससे किसानों को बिचौलियों (मध्यस्थों) तथा बाजार की बदलती अनियमितताओं से भी राहत मिलेगी।

(8) ग्रामीण ऋण सुविधाएं

1. आवश्यक सुविधाओं का स्वरूप

1.1. ग्रामीण ऋण के विशेष पहलू

ग्रामीण जनसंख्या के अधिकांश लोग कृषि पर ही निर्भर होते हैं, इसीलिए औद्योगिक क्षेत्र या शहरी जनता की तुलना में इनकी ऋण की आवश्यकता भी अलग होती हैं। ग्रामीण क्षेत्र में अनेक विभिन्नताएं है और वह भी असंगठित क्षेत्र जैसा है। जब ग्रामीण ऋण की बात की जाती है तब निर्धन ग्रामीणों की आवश्यकताओं से उसका सम्बन्ध होता है।

ग्रामीण क्षेत्रों में क्रेडिट की आवश्यकता, पुराने परम्परागत थकित की अदायगी

के लिए या वर्तमान आवश्यकताओं के लिए जैसे पारिवारिक खर्चों के लिए या खेती के कामों के लिए होती है। आवश्यकताएं प्राय: निम्न प्रकार की होती हैं :

(1) कम समय के लिए – बीज, खाद तथा कीटनाशकों की खरीद के लिए, (2) मध्यम अवधि – पानी के स्त्रोत के लिए कुओं का निर्माण या खेती के औजारों की खरीद के लिए, (3) लम्बी अवधि – जमीन खरीदने या ट्रेक्टर ट्रेलर खरीदने।

1.2. ग्रामीण ऋण लेने वालों की आशाएं

ग्रामीण क्षेत्र में ऋण की आवश्यकता बहुतांश में कृषि विषयक ही होती है। अत: उन्हें यह ऋण किसी विशिष्ट कृषि सम्बन्धी कार्य के समय पर ही मिलना चाहिए तथा वह भी इतनी पर्याप्त मात्रा में मिले जिससे वह कार्य पूरा और सफल हो सके। ग्रामीण समुदाय अधिकतर शिक्षित नहीं होता। अत: वह कर्ज लेते समय उसकी अनेक जटिल औपचारिकताओं को पूरा नहीं कर पाता। इसके सिवाय किसान अपनी खेती–बाड़ी के कार्यस्थल से अधिक समय के लिए अनुपस्थित भी नहीं रह सकता। इसीलिए इस ऋण पद्धति को इतना सरल बनाने की आवश्यकता है कि किसानों को ऋण लेते समय किसी भी प्रकार का झंझट न रहे। इतना ही नहीं बल्कि ऋण लेने वाले और ऋण देने वाले दोनों की दृष्टि से आवश्यक है कि ऋण, विस्तार शिक्षा के साथ समन्वित किया जाये, ताकि ऋण जिस काम के लिए लिया गया है, उसी काम के लिए उसका कारगर उपयोग किया जा सके।

2. ऋण वितरण के पूर्व स्त्रोत

आज हमें जो ऋण वितरण के संस्थागत स्त्रोत दिखाई दे रहे हैं, उनके पूर्व ग्रामीण जनता को कर्ज देने वाले स्थानीय व्यक्ति जिन्हें साहूकार कहते हैं, उन पर ही निर्भर रहना पड़ता था। इस पद्धति में अनेक त्रुटियां थी – जैसे (1) ब्याज की दर बहुत ऊंची रहती थी। (2) किसी वर्ष यदि फसल अच्छी नहीं हुई तो केवल ब्याज ही दे पाते। (3) कई बार ब्याज की अदायगी का उल्लेख भी ऋण–दस्तावेजों पर नहीं लिखा जाता था। इस पद्धति से उधार लेने वाला व्यक्ति पूरा कर्जदार बन जाता था। कई बार किसान यदि कर्ज दे नहीं पाते तो उनकी फसल साहूकार के पास गिरवी रख दी जाती थी। अनेकों बार तो साहूकार इसी प्रकार भूमि हड़प लेता था। इस पद्धति के कुछ फायदे भी थे – जैसे कि कर्ज लेने वाले को कर्ज बड़ी आसानी से बिना किसी दिक्कत के मिल जाता था और उसे कोई कागजी कार्रवाई नहीं करनी पड़ती थी। यह बातें साहूकार के स्वभाव से भी जुड़ी रहती रहती थीं। साहूकार यदि कर्जदार के घरेलू बातों से या उसकी परिस्थिति से परिचित हो तो ऋण अदायगी में उसे सहूलियतें मिल

जाती थीं। कर्ज देने वाले और लेने वाले दोनों के बीच व्यक्तिगत सम्बन्ध होते थे। साहूकार कई बार कर्जदार के अनेक पारिवारिक समारोहों में, जैसे विवाहोत्सव आदि में शामिल होता था। पर इन कुछ अपवादों को छोड़, इस पद्धति में कई बुराईया थीं।

इन कर्ज देने वाले व्यक्तियों द्वारा किए जाने वाले शोषण तथा कृषितंत्र अपनाने की पार्श्व भूमि में लगने वाली वृद्धिगत ऋण की आवश्यकता को देखते हुए, ग्रामीण क्षेत्र में संस्थागत ढांचा बनाना अत्यन्त जरूरी हो गया। इसी के परिणामस्वरूप सहकारी संस्थाएं तथा व्यावसायिक बैंकों की स्थापना हुई।

3. सहकारी संस्थाएं

3.1. सहकारिता का अर्थ

सहयोग का अर्थ है एक साथ मिलकर काम करना और इस सहयोग की धारणा को संस्थागत स्वरूप देने से सहकारी संस्था का निर्माण होता है। सहकारिता की आवश्यकता कम आय के व्यक्तियों को ही होती है, क्योंकि वे अकेले, व्यक्तिगत रूप में कोई काम कर पाने में समर्थ नहीं होते। सहकारिता की धारणा का प्रारंभ ऋण पाने के उद्देश्य से ही हुआ। इसका विशेष औचित्य, भारतीय कृषि क्षेत्र के सम्बन्ध में सिद्ध हुआ है, क्योंकि 80 प्रतिशत किसान छोटे या सीमान्त किसान ही हैं। इन किसानों को कृषि की अधिकांश सभी गतिविधियों – जैसे भूमि तैयार करना, बीज, उर्वरक व कीटनाशकों की खरीद, बोआई, कटाई, फसल भंडारण, बाजारों तक फसल का संवहन तथा विपणन आदि में आर्थिक कठिनाईयों का सामना करना ही पड़ता है। अतः संस्थागत ऋण सुविधा की आवश्यकता निर्विवाद है।

3.2. सहयोग/सहकारिता की नीतियां

सहकारी संस्थाए निम्नलिखित मूल नीतियों पर आधारित होती हैं :

(1) समान हित सम्बन्धों व कल्याण के इच्छुक सदस्य ही सहकारी संस्था बनाने के लिए एकत्रित होते हैं।

(2) यह विशुद्ध स्वैच्छिक संगठन होता है।

(3) सभी सदस्यों से समान व्यवहार होता है।

(4) संस्था के दैनंदिन कामकाज के लिए सदस्यों द्वारा संगठन के पदाधिकारियों का चुनाव किया जाता है ।

(5) यह गृहित होता है कि संगठन के पदाधिकारी स्वयं के लाभ की चिंता न करते हुए जन सेवा में दृढ संकल्प होंगे।
(6) सहकारी संस्था सभी के कल्याणार्थ लक्ष्य के प्रति कृत संकल्प रहेगी, अर्थात् वह किसी व्यक्ति या व्यक्ति समूह के लिए कार्य नहीं करेगी।
(7) सहकारी संस्था की नीति निर्धारण में सदस्यों का पूरा सहभाग रहेगा।
(8) सहकारी संस्था का पूरा कामकाज पूर्णतः प्रजातांत्रिक होगा।
(9) सहकारी संस्था आर्थिक दृष्टिकोण से स्वयंपूर्ण संस्था के रूप में कार्य करेगी, तथा सदस्यों द्वारा किए विनियोग का उचित फल देने में प्रयत्नशील रहेगी।

4. ऐतिहासिक पृष्ठभूमि

स्वतंत्रता-पूर्व काल में किसानों की हालत अत्यन्त गंभीर थी। उन्हें ऋण मिलना एक कठिन समस्या थी। 1895 में फ्रेडरिक निकलसन के प्रतिवेदन के माध्यम से ग्रामीण ऋण की समस्या पहली बार प्रकाश में आई। 1901 के 'अकाल आयोग (FC)' ने भी इस पर अधिक प्रकाश डाला। इन्हीं प्रतिवेदनों के परिणामस्वरूप, 1904 में पहली बार 'सहकारी क्रेडिट संस्था अधिनियम (CCSA)' पारित हुआ। इस अधिनियम की कुछ बातें इस प्रकार थीं - (1) किसी भी गांव या शहर के दस व्यक्ति मिलकर एक सहकारी संस्था स्थापित कर सकते हैं। (2) यह संस्था अपने सदस्यों से जमाराशि लेकर निधि इकट्ठा कर सकती है, इसके सिवाय वह अन्य व्यक्तियों, सरकार या अन्य सहकारी संस्थाओं से भी निवेश प्राप्त कर सकती है। (3) यह संस्था अपने सदस्यों या अन्य सहकारी संस्थाओं को, सहकारी संस्था पंजीयन की अनुमति से कर्ज दे सकती है।

प्राथमिक सहकारी संस्थाओं द्वारा चल सम्पत्ति (केवल आभूषणों को छोड़) के बजाय, केवल अचल सम्पत्ति के आधार पर ही कर्ज दिया जाता था। जर्मनी में सहकारी आंदोलन के प्रणेता रईफैसन और शुल्ज की नीतियों को ही भारत में सहकारी संस्थाओं के संगठन में मार्गदर्शक तत्वों के रूप में समझा जाता था।

लेकिन 1904 के कानून में कुछ त्रुटियां थीं - उनमें सबसे प्रमुख यही थी कि इन सहकारी संस्थाओं के समर्थन में सेन्ट्रल बैंक जैसा कोई मनोनीत बैंक या उस स्थान पर स्थित, कोई वित्तीय व्यवस्था नहीं थी। इन त्रुटियों को 1912 के कानून में हटाया गया। इस नए कानून में सहकारी संस्थाओं का कार्य क्षेत्र भी विस्तृत कर दिया गया। उन्हें खेती करने, विपणन, गृहनिर्माण, पैदावार वितरण आदि सभी क्षेत्रों में

सहकारी संस्थाएं बनाने का मार्ग खोल दिया। इस कानून में मध्यवर्ती बैंक और प्रांतीय बैंक स्थापित करने का प्रावधान भी है।

1912 के सहकारिता कानून के कार्य का पुनर्निरीक्षण करने हेतु 1914 में 'मॅक्लागन समिति' की नियुक्ति हुई। इस समिति ने बताया कि ये सहकारी संस्थाएं सहकारिता के मूल तत्त्वों पर कार्य नहीं कर रही हैं। उसने सुधार के सुझाव भी दिए जिसमें सहकारी संस्थाओं के जमा-खर्च ब्यौरे के लिए पद्धति निश्चित करने तथा लेखा जांच परीक्षा, एवं सदस्यों तथा पदाधिकारियों के उचित प्रशिक्षण की आवश्यकता सुझाई। इसके पश्चात् के काल में सहकारी संस्थाओं के संगठन में बाढ़ सी आ गई।

द्वितीय महायुद्ध के बाद सहकारी आंदोलन का महत्त्व समझते हुए, सरकार ने 1945 में 'सहकारी संस्था नियोजन समिति' की स्थापना की। इसके बाद 1945 में 'गाडगील समिति' 1946 में 'सरैया समिति', और 1947 में 'मनीलाल नानावटी समिति' जैसी अनेक समितियां स्थापित की जिन्हें सहकारी संस्थाओं के कार्य का पुनर्निरीक्षण करने व सुधार की सिफारिशें देने को कहा गया। सरैया समिति ने अपनी सिफारिशों में प्राथमिक सहकारी संस्थाओं को बहुउद्देशीय बनाने, सरकार द्वारा मध्यवर्ती तथा प्रमुख सहकारी बैंकों में पूंजी निवेश करने तथा योग्य किसानों के हितों की सुरक्षा करने की दृष्टि से सहकारी संस्थाओं के व्यवस्थापन में सरकार द्वारा भाग लेने को कहा गया। सरकार ने इन सिफारिशों को मान्य कर लिया।

1951 में 'रिजर्व बैंक ऑफ इंडिया (RBI)' ने, अखिल भारतीय ग्रामीण ऋण पर्यवेक्षण समिति नियुक्त की जिसने 1954 में अपनी सिफारिशें प्रस्तुत कीं। इनमें प्रमुख व महत्त्वपूर्ण सिफारिशें इस प्रकार हैं –

(1) एक 'राष्ट्रीय कृषि ऋण निधि' (दीर्घावधि ऋण के लिए) [NAC(LT)F] स्थापित की जाये जो राज्य सरकारों को ऋण देगी ताकि राज्य सरकारें सहकारी संस्थाओं में पूंजी निवेश कर सकें और राज्य सहकारी बैंकों (प्रमुख बैंक) को मध्यावधि ऋण दे सके – जो कृषि व अन्य सम्बन्धित गतिविधियों के लिए वित्तीय व्यवस्था कर सके।

(2) एक अन्य 'राष्ट्रीय कृषि ऋण निधि (स्थिरीकरण) [NAC(S)F] स्थापित की जाये जो सहकारी बैंकों के लिए निधि उपलब्ध करेगी, जो राज्य सहकारी बैंकों द्वारा रिजर्व बैंक को वापिस किए जाने वाले अल्पावधि ऋणों को मध्यावधि ऋणों में परिवर्तित करने में सहायक होगी। यह

कुछ आपातकालीन स्थिति में, जैसे नैसर्गिक आपत्तियों के आने पर व्यवस्था रहेगी क्योंकि ऐसी स्थिति में अल्पावधि ऋणों की अदायगी असंभव होती है।

(3) एक 'केन्द्रीय भंडारण निगम' (CWC) स्थापित किया जाये, और भंडारगृह की शाखाएं सारे देश में फैली हों, जिनमें कृषि उपज का भंडारण हो सके।

(4) प्रत्येक राज्य में एक 'केन्द्रीय भूमि गिरवी (Mortgage) बैंक' (CLMB) स्थापित हो, तथा निचले स्तर पर 'प्राथमिक भूमि गिरवी बैंक' (PLMB) बनाए जाये।

उपरोक्त सिफारिशें सरकार द्वारा स्वीकृत कर ली गईं। इसके पश्चात् 1959 में सरकार ने 'मेहता समिति' की नियुक्ति की जिसे सहकारी संस्थाओं के कार्य का पुनर्निरीक्षण करने तथा सुधार के लिए सुझाव देने को कहा गया। इस समिति की महत्त्वपूर्ण सिफारिशों में निम्न तत्वों का समावेश था -

(1) गांव को मूल इकाई मानते हुए प्राथमिक सहकारी ऋण संस्था को सक्षम इकाई का दर्जा दिया जाये और प्रत्येक संस्था को 5000 जनसंख्या के गांव या निकटस्थ गांवों का जिम्मा दिया जाये।

(2) 5000 रु. तक के अल्पावधि या मध्यावधि ऋण, किसानों को उनकी भूमि को गिरवी रखे बिना ही दिया जाये।

(3) प्राथमिक कृषि सहकारी ऋण संस्था में सरकार कम से कम 5000 रु. की पूंजी निवेश करे।

(4) जिला स्तर को मध्यवर्ती सहकारी बैंकों को ऋण सीमा निर्धारित करने में स्वतंत्रता दी जाये ताकि प्राथमिक ऋण संस्थाओं को अधिक निधि मुहैया कराने के लिए वे रिजर्व बैंक (नाबार्ड) से अधिक निधि ले सकें।

मेहता समिति की अधिकांश सिफारिशें सरकार द्वारा स्वीकृत कर ली गईं।

'वेंकटारैम्या पुनर्निरीक्षण समिति रिपोर्ट (1969)' में बताया गया कि कृषि क्षेत्र में ऋण की आवश्यकता तथा ऋण उपलब्धि में बहुत बड़ा अंतर है। रिपोर्ट के अनुसार ऋण की आवश्यकता का केवल 25 प्रतिशत ही उपलब्ध किया जा रहा है।

ऋण में वृद्धि के साथ ऋण उपलब्ध करा देने वाली बहु–संस्थाओं की निर्मिति के प्रयास किए जाने चाहिएं। इस तरह कृषि के लिए ऋण में वृद्धि की आवश्यकता को मान्यता दी गई।

इन सारे वर्षों में कृषि में निवेश लगातार बढ़ता जा रहा है। परन्तु सकल घरेलू उत्पाद में उसका प्रतिशत घटता जा रहा है। इससे कृषि क्षेत्र में लम्बे समय में गंभीर अड़चनें आ सकती हैं। कृषि ऋण की बढ़ती आवश्यकता को देखते हुए केन्द्रिय बजट 2004 में आगामी 3 वर्षों में कृषि ऋण को वितरण गति को दुगुना करने का प्रावधान किया गया है। 18 जून 2004 को घोषित कृषि ऋण की नीति का क्रियान्वयन अब सरकारी क्षेत्र, निजी क्षेत्रीय बैंकों, प्रादेशिक ग्रामीण बैंकों और सहकारी बैंकों के जिम्मे दिया गया है।

5. ग्रामीण क्रेडिट बैंक

5.1. कृषि व ग्रामीण विकास के लिए राष्ट्रीय बैंक (NABARD)

1935 में स्थापित रिजर्व बैंक ऑफ इंडिया ही पहले कृषि क्षेत्र की ऋण आवश्यकताओं का ध्यान रखा करती थी। किसानों की ऋण आवश्यकता की पूर्ति के लिए रिजर्व बैंक राज्य सहकारी बैंको को अल्पावधि व मध्यावधि ऋण दिया करती थी। इसी प्रकार मध्यवर्ती भूमि विकास बैंकों को वह दीर्घावधि ऋण भी देती थी। परंतु जब कृषि के लिए ऋण की आवश्यकता में कई गुना वृद्धि हुई तो सरकार ने 1979 में श्री बी. शिवरामन की अध्यक्षता में, 'कृषि और ग्रामीण विकास के लिए संस्थागत ऋण की व्यवस्था के पुनर्निरीक्षण (CRAFICARD)' हेतु एक समिति नियुक्त की। इस समिति की सिफारिशों के आधार पर, भारत सरकार ने 1982 में 'कृषि और ग्रामीण विकास के लिए राष्ट्रीय बैंक (NABARD)' की स्थापना की जिसका उद्देश्य ग्रामीण क्षेत्र की ऋण आवश्यकताओं की ओर पूरा ध्यान देना था।

इस बैंक के संचालक मंडल की नियुक्ति भारत सरकार द्वारा रिजर्व बैंक की सलाह पर की जाती है। इस संचालक मंडल में रिजर्व बैंक, सहकारी व व्यावसायिक बैंक तथा भारत सरकार के प्रतिनिधियों के सिवाय राज्य सरकार व कृषि तथा ग्रामीण क्षेत्र के विशेषज्ञ भी होते हैं।

इस नए नाबार्ड बैंक की जमा पूंजी में भारत सरकार व रिजर्व बैंक की एक समान हिस्सेदारी है। इस बैंक की गतिविधियों में निम्न तत्त्वों का समावेश है –

(1) ग्रामीण ऋण सम्बन्धी नियोजन, समन्वय, देखरेख, अनुसंधान तथा प्रशिक्षण है।

(2) राज्य सहकारी बैंकों (शीर्षस्थ), क्षेत्रीय ग्रामीण बैंकों तथा रिजर्व बैंक द्वारा निर्देशित वित्तीय संस्थाओं को पुनःवित्तीय सहयोग देना। उसे यह आश्वस्त करना होता है कि बैंकों द्वारा दिया गया ऋण का कम से कम 20 प्रतिशत छोटे व सीमान्त किसानों की सहायता के लिए उपयोग में लाया गया है।

(3) सहकारी संस्थाओं की पूंजी में अपना योगदान देने के लिए राज्य सरकारों को ऋण तथा अग्रिम राशि देना।

(4) प्राथमिक सहकारी क्रेडिट संस्थाओं और क्षेत्रीय ग्रामीण बैंकों को छोड़ अन्य सभी सहकारी संस्थाओं की जांच करना।

(5) केन्द्र तथा राज्य सरकारों द्वारा अनुदानित 'राष्ट्रीय ग्रामीण (दीर्घावधि गतिविधियों के लिए) निधि' तथा 'राष्ट्रीय ग्रामीण क्रेडिट (स्थिरीकरण) निधि' का व्यवस्थापन करना। अभी तक हुए वितरणों से पता चलता है कि नाबार्ड के प्रमुख लाभार्थियों में राज्य सहकारी कृषि व ग्रामीण विकास बैंक, व्यावसायिक बैंक तथा क्षेत्रीय ग्रामीण विकास बैंक और अंत में राज्य सहकारी बैंक रहे हैं।

5.2. राज्य सहकारी बैंक (SCB)

अल्पावधि व मध्यावधि ऋण देने वाले राज्य के त्रिस्तरीय बैंक पद्धति में यह शीर्षस्थ बैंक होता है। इस राज्य सहकारी बैंक का गठन, राज्य के सभी जिला मध्यवर्ती सहकारी बैंक सम्मिलित होकर किया जाता है। प्रत्येक राज्य में एक राज्य सहकारी बैंक होता है जिसकी क्षेत्रीय शाखाएं होती हैं। राज्य सहकारी बैंक की निधि सम्बन्धित जिला मध्यवर्ती सहकारी बैंकों तथा जनता द्वारा दिए अधिदानों से मिलती है। इन बैंकों की निधि का बड़ा हिस्सा 'नाबार्ड' से मिलता है, तथा आगे चलकर वे जिला मध्यवर्ती सहकारी बैंकों को वित्तीय सहायता देते है।

देश में कुल 29 (मार्च 2001) राज्य सहकारी बैंक हैं। इनकी चलपूंजी का प्रमुख स्त्रोत 'रिजर्व बैंक' ही है। इन बैंकों का कामकाज, विभिन्न राज्यों में अलग-अलग है। महाराष्ट्र और गुजरात के राज्य सहकारी बैंकों का कामकाज, अन्य राज्यों की तुलना में काफी अच्छा है। इन राज्यों में सहकारी आंदोलन भी अग्रक्रम पर हैं। परंतु हाल ही में कुछ सहकारी बैंकों में बड़ी मात्रा में घांधली की घटनाएं भी हुई हैं।

5.3. जिला मध्यवर्ती सहकारी बैंक (DCCB)

अल्पावधि व मध्यावधि ऋण देने वाले त्रिस्तरीय पद्धति की मध्यम स्तर के ये बैंक हैं। जिले के समस्त प्राथमिक कृषि क्रेडिट संस्थाओं को सम्मिलित होकर ये बैंक स्थापित होते हैं। प्रत्येक जिले में एक मध्यवर्ती सहकारी बैंक होता है तथा उसकी शाखाएं होती हैं। उन्हें उनकी निधि का प्रमुख भाग राज्य सहकारी बैंकों से मिलता है जिसका उपयोग प्राथमिक कृषि क्रेडिट संस्थाओं को वित्तीय सहायता देने में किया जाता है।

इन जिला मध्यवर्ती सहकारी बैंकों की अंश–पूंजी, राज्य सहकारी बैंक से मिले ऋण, प्राथमिक संस्थाओं से ली गई सदस्यता शुल्क तथा जनता द्वारा दिये अधिदानों से बनती है। इन जिला मध्यवर्ती सहकारी बैंकों से मिलने वाला ब्याज दर अधिक होने के कारण आम जनता इनमें निवेश करती थी। परन्तु हाल ही में महाराष्ट्र और गुजरात की कुछ सहकारी बैंकों में हुई धांधली की घटनाओं से लोग इन सहकारी बैंकों की अपेक्षा व्यावसायिक बैंकों की ओर आकृष्ट हुए हैं क्योंकि उन्हें जमा–पूंजी की सुरक्षा के बारे में शंका हो गई है।

5.4. प्राथमिक कृषि क्रेडिट संस्थाएं (PACS)

त्रिस्तरीय ऋण वितरण पद्धति के निचले पायदान पर यह संस्था है। भले ही केवल दस सदस्यों को लेकर संस्था प्रारंभ की जा सकती है, फिर भी प्रत्येक संस्था के सदस्यों की औसत संख्या 1000 के लगभग है। यह ऋण वितरण संस्था किसी एक गांव में स्थित होती है, और वह दो या तीन छोटे–छोटे गांव की जरूरतों का भी ध्यान रखती है। इस प्राथमिक 'कृषि ऋण वितरण संस्था' की निधि, अंश–पूंजी से, जिला मध्यवर्ती सहकारी बैंक से मिले ऋण से, जनता द्वारा दिए अधिदान से तथा सदस्यों की सदस्यता शुल्क से मिलकर बनती है। इसके बदले में यह संस्था अपने सदस्यों को विभिन्न कृषि सम्बन्धी गतिविधियों के लिए ऋण देती है। यह ऋण व्यक्तिगत गारंटी, ऋण लेने वाले सदस्य की मालमत्ता के गिरवी रखने से तथा गारंटी देने वालों के अभिवचन के आधार पर दिया जाता है। यह संस्था सबसे निचले स्तर की होने के कारण कर्ज वसूली की समस्त जिम्मेदारी इसी संस्था पर होती है, इस दृष्टि से इसका स्थान भी महत्त्वपूर्ण हो जाता है।

कृषि ऋण के वितरण में काफी बढ़ोत्तरी हुई है, तथा इसमें से अधिकांश ऋण, इसी प्राथमिक कृषि ऋण वितरण संस्था के माध्यम से ही जारी हुआ है। 1994 में

अप्राप्त ऋण की मात्रा, कुल जारी ऋण की मात्रा का 19.43 प्रतिशत थी। इतने बड़े अप्राप्त ऋण के कारणों का पता लगाने के लिए रिजर्व बैंक ने 1974 में 'दाते समिति' नियुक्त की जिसने बताया कि ऋण जारी करने की त्रुटिपूर्ण व्यवस्था, अर्थात् असमय ऋण वितरण व जरूरत से ज्यादा ऋण देना, देख-रेख की कमी, ऋण-भुगतान से मुक्ति, वसूली लागू करने में व्यवस्थापकों की विमुखता, जानबूझ कर ऋण अदा न करने वालों पर कड़ी कारवाई न करना तथा समय पर ऋण अदायगी करने की संस्कृति का स्थानीय स्तर पर अभाव, आदि कारणों से अप्राप्त ऋण मात्रा बढ़ी है। आज भी अनेक अवसर ऐसे दिखाई देते हैं, जब स्वयं राज्य सरकार ऋण अदायगी की छूट दे देती है। ऐसे निर्णयों से, नियमित कर्ज अदायगी करने वालों को गलत संदेश पहुंचता है।

राष्ट्रीय कृषि आयोग (1976) के प्रतिवेदन में कहा गया है कि सहकारी संस्थाओं द्वारा ऋण जारी करने की पद्धति से अधिकतर बड़े धनी कृषकों को ही लाभ मिला है तथा छोटे और सीमांत किसान इसका लाभ उठा नहीं पाए हैं। इसके मुख्य कारण ये बताए गए हैं - (1) नए सदस्यों के प्रवेश के लिए तथा ऋण मिलने के लिए भूमि स्वामित्व का होना सबसे प्रमुख व प्रभावशाली कारण रहा है। (2) सहकारी संस्थाओं का नेतृत्व और व्यवस्थापन भी इन्हीं बड़े किसानों के हाथों में रहा है, जो छोटे व सीमान्त किसानों की आवश्यकताओं को समझने में असमर्थ हैं और अनिच्छुक भी। (3) बैंकों की आय निर्मिति में बढ़ोत्तरी के लिए कर्ज देने की नीति के क्रियान्वयन से छोटे किसानों की बड़ी संख्या इसमें शामिल नहीं हो सकी।

5.5. भूमि विकास बैंक (LDB)

अल्पावधि व मध्यावधि ऋण देने के लिए उपरोक्त वर्णित सहकारी बैंकों के निर्माण के सिवाय, दीर्घावधि ऋण देने के लिए राज्य स्तर पर मध्यवर्ती भूमि विकास बैंक तथा जिला अथवा तालुका स्तर पर 'प्राथमिक भूमि विकास बैंकों (PLDB)' की स्थापना की गई। इन्हें भूमि गिरवी बैंक या लैण्ड मार्टगेज बैंक भी कहा जाता है। राज्य सरकार की गारंटी पर ऋण पत्र जारी कर इन भूमि विकास बैंकों की स्थापना की जाती है।

इस भूमि विकास बैंक की स्थापना के पीछे, गरीब किसानों को ऋण देकर उनका पूरा कर्ज उतार देने का विचार था ताकि ये गरीब किसानों की भूमि साहूकार अथवा निजी ऋण दाताओं के चंगुल में जाने से बचाया जाये।

अब दीर्घावधि ऋण आमतौर पर ट्रैक्टर ट्रेलर खरीदने या अतिरिक्त भूमि

खरीदने, या लघु सिंचाई योजना के लिए, अथवा कुआँ खोदने के लिए दिया जा रहा है। ये बैंक अभी भी किसानों को उनका कर्ज पूरी तरह समाप्त करने के लिए सहायता देने को तत्पर रहते हैं। परंतु यहां यह जान लेना बड़ा महत्त्वपूर्ण है कि इन भूमि विकास बैंकों द्वारा दी गई कर्ज की बकाया राशि की स्थिति, सहकारी बैंकों की स्थिति से भी बदतर है। अधिकांश भूमि विकास बैंक तो 'बीमार' हो गए हैं।

5.6. व्यावसायिक बैंक (CB)

1969 और 1980 में हुए, अनुसूचित बैंकों के राष्ट्रीयकरण का यह उद्देश्य था कि इन बैंकों का नियंत्रण सार्वजनिक क्षेत्र में सेवाओं के लिए किया जा सके। इसी उद्देश्य की पूर्ति के लिए इन व्यावसायिक बैंकों ने ग्रामीण क्षेत्र में अपनी गतिविधियां प्रारंभ कर दीं और वे सहकारी बैंकों के कार्य में पूरक सिद्ध हुई। स्टेट बैंक ऑफ इंडिया (जो पुराने इम्पीरियल बैंक तथा अन्य दस राज्यों से सम्बन्धित बैंकों को मिलाकर बनाया गया) इस क्षेत्र में प्रारंभिक काल से ही कार्यरत था तथा राष्ट्रीयकरण के बाद अन्य अनुसूचित बैंक भी इसी कार्य प्रवाह में शामिल हो गए। ये बैंक अक्सर व्यावसायिक नीतियों पर ही कार्य करते हैं तथा प्राथमिक कृषि ऋण संस्थाओं व व्यक्तिगत रूप से किसानों को, आवश्यक जांच पड़ताल के बाद उनकी ऋण अदायगी की क्षमता परख कर ऋण देता है।

डी आर गाडगील के नेतृत्व में बनी 'सर्वेक्षण समिति' तथा एफ. के. एफ. नरीमन की अध्यक्षता में बनी 'बैंक व्यावसायिकों की समिति' की सिफारिशों के आधार पर 1969 में ''अग्रगामी बैंक'' की योजना का प्रारंभ हुआ। इस योजना के अनुसार देश के जिलों को, सार्वजनिक क्षेत्र के बैंकों तथा निजी क्षेत्र के बैंकों की तीन शाखाओं के बीच बांट दिया गया। इन बैंकों को उनके अधिकार सीमा के अन्तर्गत आए क्षेत्रों के विकास का कार्यक्रम बनाने की जिम्मेदारी सौंपी गई। इस प्रकार इन बैंकों का कार्यक्षेत्र केवल ऋण देने मात्र तक सीमित न रहकर जनता की बढ़ती विकास मांगों के लिए योजना बनाने की ओर विस्तारित हुआ। ग्रामीण ऋण उपलब्ध कराने तथा सम्बन्धित सेवा प्रदान करने में इन व्यावसायिक बैंकों की भागीदारी अब कई गुना बढ़ गयी है, तथा सहकारी बैंकों को इनसे कड़ी प्रतियोगिता का सामना करना पड़ रहा है।

ये व्यावसायिक बैंक किसानों को अल्पावधि, मध्यावधि तथा दीर्घावधि ऋण देते हैं। फसल उगाने के लिए वार्षिक आधार पर वे सीधा ऋण भी देते हैं। कृषकों को साल के अंत में यह ऋण चुका देना पड़ता है ताकि अगले वर्ष के प्रारंभ में वे पुनः

नया ऋण ले सकें। कृषक सेवा संस्थाओं तथा प्राथमिक कृषि क्रेडिट समितियों को ऋण देकर वे कृषि क्षेत्र में, परोक्ष रूप से वित्तीय सहायता ही कर रहे हैं। प्राथमिक कृषि क्रेडिट समितियों द्वारा ग्रामीण क्षेत्र में वित्तीय व्यवस्था की प्रथा 1970 में प्रारंभ हुई थी। जिला मध्यवर्ती सहकारी बैंकों में कमजोरी की दशा में, प्राथमिक सहकारी क्रेडिट समिति का कार्य सुचारू रूप से चलाते रहने में इन व्यावसायिक बैंकों की सहायता मिलती है।

'गांव गोद लेने' की योजना के माध्यम से इन व्यावसायिक बैंकों को एक मात्र ऋण योजनाएं कार्यान्वित करने को कहा गया है ताकि समाज के कमजोर वर्ग को समय पर तथा पर्याप्त मात्रा में ऋण मिल सके।

5.7. क्षेत्रीय ग्रामीण बैंक (RRB)

उपरोक्त वर्णित संस्थागत ढांचे के बावजूद यह पाया गया कि छोटे किसानों तथा ग्रामीण जनता के कमजोर वर्गों तक ये लाभ पहुंच नहीं पाए हैं। एम. नरसिंहन के नेतृत्व में 1975 में बने कार्यदल ने, एक अभिनव बैंक संस्था की स्थापना का सुझाव दिया जिसमें सहकारी क्रेडिट संस्थाओं द्वारा ग्रामीण समाज की स्थानीय भावनाओं को समझने की शक्ति तथा व्यावसायिक बैंकों की व्यवस्थापन निपुणता का मिश्रण हो।

इस प्रस्तावना के तहत, 1975 में व्यावसायिक बैंकों के सहायक बैंक के रूप में इस क्षेत्रीय ग्रामीण बैंक का उदय हुआ। इस क्षेत्रीय ग्रामीण बैंक का संगठन ही इस प्रकार बनाया गया है कि इनका कर्मचारी वर्ग छोटे किसानों तथा ग्रामीण जनता के कमजोर वर्ग की सारी आवश्यकताओं से अच्छी तरह परिचित हो। जिन क्षेत्रों में सहकारी बैंक और ऋण वितरण संस्थाएं कमजोर पड़ गई हैं, उन्हीं क्षेत्रों में इन क्षेत्रीय ग्रामीण बैंकों की स्थापना की गई है। प्रत्येक बैंक को एक से लेकर पांच जिलों का जिम्मा सौंपा गया तथा हर शाखा की 5 से 10 किसान सेवा समितियों की वित्तीय सहायता करने को कहा गया है।

1977 में रिजर्व बैंक द्वारा स्थापित 'दन्तेवाला समिति' ने तथा "कृषि व ग्रामीण विकास के लिए औद्योगिक ऋण हेतु पुनरावलोकन समिति (CRAFICARD)" ने पाया कि ये क्षेत्रीय ग्रामीण बैंक, ग्रामीण विकास कार्य के लिए अच्छी तरह उपयोगी हो सकते हैं। इन बैंकों को अब वित्तीय सहायता, नाबार्ड द्वारा दी जा रही है।

5.8. किसान सेवा संस्थाएं (FSS)

ऋण उपलब्ध कराने के लिए संस्थागत पद्धति से बड़े किसानों के हितों की रक्षा हुई

है जबकि छोटे और सीमान्त किसान इस व्यवस्था का लाभ नहीं उठा सके। इन छोटे और सीमान्त किसानों ने ऋण प्राप्त किया भी तो वे उसका प्रभावशाली उपयोग नहीं कर पाए। 'राष्ट्रीय कृषि आयोग (NCA)' ने अपनी रिपोर्ट में कहा कि "केवल रुपया पैसा ही छोटे, सीमान्त किसानों की मूल आवश्यकता नहीं है, बल्कि कृषि के लिए आवश्यक वस्तुओं व अन्य सेवाओं का समय पर प्राप्त होना, तांत्रिकी सलाह तथा भंडारण की सुविधाएं, संवहन, प्रक्रिया तथा विपणन जैसी सेवाएं एक ही सम्पर्क बिन्दु से प्राप्त होना – उनकी प्रमुख जरूरते हैं।" इसी संदर्भ में 1970 में आयोग ने 'किसान सेवा समिति' की स्थापना की सिफारिश की।

उपरोक्त कथनानुसार इन किसान सेवा समितियों का उद्देश्य यही है कि ग्रामीण जनता के कमजोर वर्ग तथा छोटे किसानों को यह ऋण, सम्बन्धित विस्तार सेवाओं के साथ समय पर उपलब्ध हो ताकि ऋण जिस कार्य के लिए मांगा गया है, उसका उपयोग उसी कार्य को पूरा करने में हो तथा उत्पादकता भी बढ़े। इसमें प्रत्येक खंड के लिए एक समिति बनाने का प्रावधान है। ग्रामीण बैंकों के कार्य दलों ने भी इन समितियों की उपयोगिता की सराहना की है। राज्य सरकारों से भी कहा गया कि वे इन समितियों को क्षेत्रीय ग्रामीण बैंकों के साथ संलग्न करें ताकि ये किसान सेवा समितियां, बुनियादी तौर पर क्षेत्रीय ग्रामीण बैंकों का प्रतिरूप बन जाये। परन्तु इन समितियों की प्रगति में कुछ अड़चनें भी आईं। कुछ ही राज्यों ने इन समितियों के निर्माण में दिलचस्पी दिखाई।

इसी कारण किसान सेवा समितियों की एक समान प्रगति नहीं हो सकी। वास्तव में इन किसान सेवा समितियों तथा प्राथमिक कृषि ऋण समितियों के कार्यों में कुछ हद तक दोहरापन आ गया। अन्य वित्तीय संस्थाओं के समान इनके सम्मुख भी बड़ी मात्रा में अप्राप्त देय की समस्या निर्माण हो गया।

ऊपर वर्णन की गयी बहुउद्देशीय चर्चित ऋण समितियों के अतिरिक्त कुछ अन्य सहकारी संस्थाएं जैसे शक्कर सहकारी संस्था, दुग्ध पूर्ति सहकारी संस्थाएं भी, कुछ विशिष्ट क्षेत्रों में वहां की ग्रामीण जनता की सेवा के लिए स्थापित की गईं। ये संस्थाएं न केवल उत्पादन सुविधाओं के निर्माण में सहयोग देती हैं बल्कि उनके संवहन और विपणन में भी सहायता देती हैं। इसी सहकारिता तत्व के परिणामस्वरूप गांवों में 'स्वसहायता दल' भी स्थापित हुए। इन दलों को चलाने में महिलाओं ने काफी दिलचस्पी दिखाई है। इनकी गतिविधियों में घरेलू वस्तुओं का उत्पादन तो होता ही है, साथ-साथ गांव के छोटे-मोटे विकास कार्य भी सम्मिलित हैं। इन संस्थाओं की स्थापना से आर्थिक स्तर में कुछ सुधार तो हुआ है साथ ही ग्रामीण क्षेत्र में बेरोजगारी की समस्या को कम करने में कुछ सहायता भी मिली है।

5.9. सहकारी संस्थाओं की प्रमुख न्यूनताएं

भारत जिस समय कठिन स्थिति से होकर गुजर रहा था उस समय उसकी ग्रामीण जनता की सामाजिक, आर्थिक प्रगति में सहकारिता आंदोलन व सहकारी संस्थाओं ने बड़ी महत्त्वपूर्ण भूमिका निभाई है। परंतु इस संस्था की सबसे प्रमुख न्यूनता यही रही कि समाज के दुर्बल वर्ग को इनका लाभ नहीं मिला और केवल धनी लोगों ने ही उसका फायदा उठाया। यही नहीं अनेक सहकारी संस्थाएं भी 'बीमार' पड़ गईं। इन विफलताओं की जांच करने के लिए सरकार ने समय-समय पर उच्चस्तरीय समितियां और जांच दल नियुक्त किए। इस दौरान कुछ सामान्य तथ्य सामने आए जो निम्न क्षेत्रों से सम्बन्धित हैं :

5.9.1. संगठन में स्तरों के निर्माण से एकात्म का अभाव

सहकारी समितियों की सदस्यता तथा व्यवस्थापन में धनी किसानों की प्रबलता दिखाई देती है। अधिकांशत: यही धनी किसान लाभ प्राप्त कर लेते हैं। कुछ लोगों को छोड़ शेष सभी लोग, खासकर समाज का दुर्बल वर्ग, इन संस्थाओं से लाभ उठाने में कठिनाई महसूस करता है। सरकार द्वारा जारी किए गए अनेक सुरक्षात्मक प्रावधानों के बावजूद प्रारंभिक स्तर पर बदलाव की गति अत्यन्त धीमी है।

5.9.2. सहकारी संस्थाओं में राजनीति

किसी भी संस्था में थोड़ी बहुत राजनीति तो होती ही है, क्योंकि अन्ततः मनुष्य ही संस्थाएं चलाते हैं। फिर भी पाया गया है कि कुछ राजनीतिज्ञों ने सहकारी संस्थाओं को अपने हाथ का खिलौना बना लिया है और इसका उपयोग वे राजनीतिक स्वार्थ की पूर्ति के लिए करते हैं। व्यवस्थापन पदों पर एक बार पहुंच जाने पर फिर वे किसी अन्य व्यक्ति को उन पदों पर आने ही नहीं देते। अनेक संस्थाओं में तो एक ही व्यक्ति व्यवस्थापन समिति के अध्यक्ष, सभापति या संचालक पद पर 10 से 20 वर्षों तक बना रहता है। संगठन को व्यावसायिक तौर पर चलाने के लिए ऐसी स्थिति लाभदायक नहीं कही जा सकती।

5.9.3. क्रेडिट की अन्य गतिविधियों से असंबद्धता

कोई भी ऋण किसी एक विशिष्ट कार्य के लिए दिया जाता है। परंतु यदि ऋण देते समय, उस कार्य से सम्बन्धित अन्य गतिविधियों पर यदि विचार नहीं किया गया तो

ऋण देने का उद्देश्य ही समाप्त हो जाएगा। उदाहरण के लिए ऋण यदि बीज की खरीद के लिए दिया गया हो, पर उर्वरकों का विचार ही नहीं हुआ हो तो किसान को लाभ नहीं मिलेगा। इसीलिए ऋण को प्रभावी बनाने हेतु क्रेडिट के साथ विस्तार शिक्षा को जोड़ना भी जरूरी है।

5.9.4. ऋण स्वीकृति में विलंब तथा अपर्याप्त ऋण

कृषि की गतिविधियों का एक निश्चित क्रम होता है तथा सभी गतिविधियां मौसमी वर्षा पर निर्भर होती हैं। अतः समय पर ऋण मिलना किसान के लिए बहुत जरूरी है। कई बार ऋण वितरण कार्य पद्धति के विलंब के कारण ऋण समय पर नहीं मिलता। इसके सिवाय समस्त गतिविधियों के लिए ऋण की मात्रा भी अपर्याप्त होती है।

5.9.5. ऋणों का वसूल न होना

ऋणों की वसूली के लिए प्रभावी कदम न उठाए जाने के कारण कई सहकारी संस्थाएं रुग्णावस्था में पहुंच गई हैं। ऋणों की समय पर वसूली के लिए उचित निरीक्षण पद्धति नहीं है। केवल प्राकृतिक विपत्तियों के कारण उत्पन्न परिस्थिति को छोड़, सरकार द्वारा ऋण वसूली में माफी दिए जाने के प्रशासनिक आदेश, ऋण वसूली यंत्रणा में नुकसानदेह सिद्ध हुए हैं।

क्रेडिट पर्यवेक्षण पद्धति अपनाए जाने पर उपरोक्त कुछ न्यूनताओं पर काबू पाया जा सकता है।

6. पर्यवेक्षणपूर्ण क्रेडिट (Supervised Credit)

एच. बेल्शॉ ने इस पर्यवेक्षणपूर्ण क्रेडिट पद्धति का महत्त्व विशद किया। इसका मूल उद्देश्य यही है कि, छोटे और सीमान्त किसान, जिन्हें ऋण की सर्वाधिक आवश्यकता होती है, उनको उसके प्रभावी उपयोग के लिए कुछ विस्तार सेवाओं की भी जरूरत होती है। बेल्शॉ के अनुसार विपणन तथा अन्य सम्बन्धित गतिविधियों में भी किसान को इन सेवाओं की आवश्यकता होती है। ये सेवाएं सरकार या ऋण देने वाली संस्थाओं द्वारा दी जा सकती हैं। भारत जैसे विशाल देश में सरकार द्वारा यह सारी जिम्मेदारी उठाना तो लगभग असंभव ही है। ज्यादा से ज्यादा वह विस्तार शिक्षा के बारे में जानकारी देने या प्रशिक्षण दिलाने की व्यवस्था कर सकती है। आजकल तो व्यावसायिक बैंक ने भी कृषि ऋण के लिए विशेष विभाग खोला है तथा उस पर कृषि स्नातक की नियुक्ति की जाती है ताकि उस विभाग की गतिविधियों पर नजर

रखी जाये। इस तरह, ऋण का उपयोग, जिस कार्य के लिए लिया गया हो उसी के लिए उपयोग हो, इसका निरीक्षण करना सरल हो गया है।

इस विषय पर अधिक चर्चा, इसी अध्याय के अगले भाग में, 'क्या रणनीति अपनायी जानी चाहिए' में होगी।

आकृति 3.2 में 1990–91 से 1999-2000 तक सहकारी संस्थाओं की संख्या (क्रेडिट व गैर–क्रेडिट) तथा संस्थाओं में सदस्यता की जानकारी दी गई है।

आकृति 3.2 : सहकारी संस्थाओं की संख्या व संस्थाओं की सदस्य संख्या (1990–91 से 1999–2000)

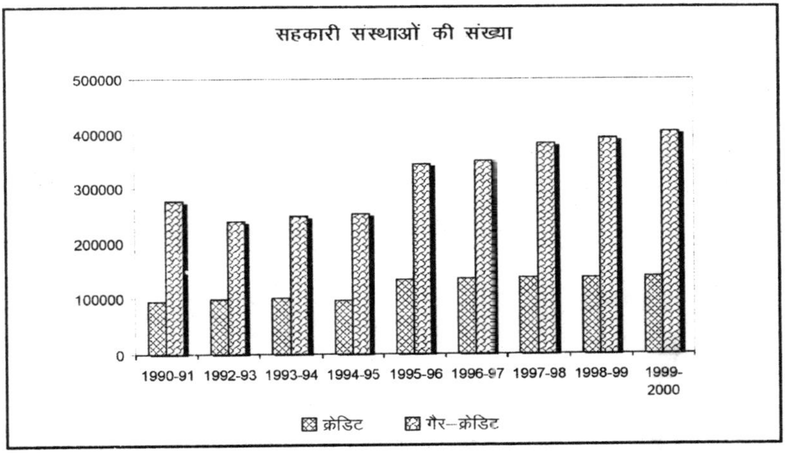

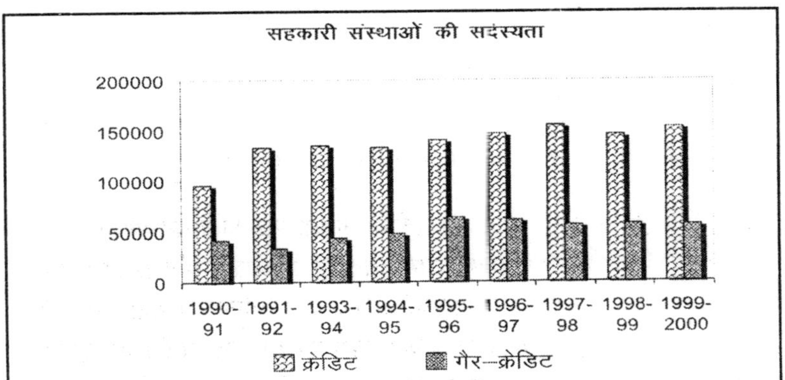

स्रोत – Statistical Abstract India-2003 (GOI Publication)

(9) ग्रामोद्योग और लघु उद्योग (VSI)

कृषि क्षेत्र के बाद ग्रामीण व लघु उद्योग से ही सर्वाधिक रोजगारी मिलती है। तालिका 3.9 में 2004-05 में ग्रामोद्योग में व लघु उद्योगों द्वारा उपलब्ध रोजगारी का ब्यौरा दिखाया गया है। रोजगारी उपलब्ध कराने के सिवाय इस क्षेत्र के कुछ और उल्लेखनीय फायदे हैं। इनमें उत्पादन कार्यों के लिए स्थानीय स्त्रोत जैसे श्रम तथा कच्चे माल का उचित उपयोग होता है। लघु उद्योग प्रारंभ करने के लिए बहुत कम पूंजी की आवश्यकता होती है। चूंकि ये उद्योग गांव के आस-पास ही निर्मित होते हैं, अतः सम्पूर्ण क्षेत्र में उद्योगों का फैलाव होता है। ये उन बड़े उद्योगों के समान नहीं होते जिनका चुनिंदा स्थानों पर निर्माण होता है और जो सम्पूर्ण क्षेत्र के विकास में असंतुलन निर्माण करते हैं।

तालिका 3.9 : ग्रामोद्योग व लघु उद्योगों से रोजगारी (2004-05)

(मिलियन व्यक्ति)

क्रम	*क्षेत्र*	*2004-05*
1.	लघु उद्योग	21.0
2.	खादी व ग्रामोद्योग	7.2
3.	रेशा उद्योग	0.6
4.	हथकरघा	12.0
5.	मशीनी करघे	5.2
6.	रेशम उद्योग	5.5
7.	हस्तकला उद्योग	6.3
8.	ऊन विकास	0.6
	कुल	58.4

स्त्रोत - NIRD Rural Development Statistics, 2004-05

14 वर्ष के कम उम्र के तथा 60 वर्ष से अधिक उम्र की जनसंख्या को छोड़, ग्रामीण क्षेत्र में काम के लिए उपलब्ध जनसंख्या 56.3 प्रतिशत अर्थात 418 मिलियन है। ग्रामोद्योग व लघु उद्योगों में रोजगारी की संख्या 58.4 मिलियन (2004-05) है, अर्थात् ग्रामीण क्षेत्र में काम करने योग्य जनसंख्या का 14 प्रतिशत है। भले ही यह स्थिति इतनी उल्लेखनीय नहीं कही जा सकती, फिर भी सम्पूर्ण देश में बेरोजगारी की समस्या को देखते हुए यह कोई मामूली बात भी नहीं है।

1. खादी और ग्रामोद्योग (KVI)

गांधीजी ने खादी को भारतीय जनता की एकता का प्रतीक माना है। खादी न तो नरम होती है, न मिलों के कपड़ों जैसी चमकदार या सस्ती होती है, पर उसकी सरल प्रक्रिया तथा न्यूनतम लागत के कारण खादी लाखों ग्रामीण जनता के रोजगार का साधन बन गई है। इसके सिवाय यह भारत के सभी मौसमों की आबो-हवा के अनुकूल है, और त्वचा की रक्षा के लिए भी अच्छी है। करीब 6.27 मिलियन ग्रामीण, खादी व ग्रामोद्योग में लगे हुए हैं। इस ग्रामोद्योग में, हथकरघा, विद्युत चलित करघा, हस्तकला, नारियल रेशा उद्योग, कालीन बनाना, दूध डेअरी, कुक्कुट पालन, मांस उद्योग, मत्स्योद्योग, मधुमक्खी पालन, बागवानी, खाद्यान्न प्रक्रिया, रेशम उत्पादन तथा साबुन बनाने जैसे उद्योग सम्मिलित हैं। फिर आजकल, खाद्यान्न प्रक्रिया उद्योग, बागवानी, फल सब्जियां उगाना, डेअरी उद्योग, मांस व मत्स्योद्योग, कुक्कुट पालन जैसे उद्योगों की उल्लेखनीय वृद्धि हुई है। सरकार भी इन ग्रामोद्योगों को करों में छूट देकर, तथा विपणन में सुविधाएं प्रदान कर, सहायता दे रही है।

सम्पूर्ण विश्व में भारत की कुछ अपनी अभूतपूर्व श्रेष्ठता है। यहां सर्वाधिक पशुधन है, तथा भारत दूध का सर्वाधिक उत्पादक देश है। फल व साग सब्जी उत्पादन में विश्व के दूसरे नंबर का देश है। चीन के बद भारत, ताजे जल की मछली उत्पादन का दूसरा देश है तथा विश्व में मछली उत्पादन में उसका चौथा स्थान आता है।

2. लघु उद्योग

लघु उद्योगों की विकास के लिए बुनियादी ढांचा तैयार करने हेतु 'समन्वित बुनियादी ढांचा विकास केन्द्र (IIDC)' खोले गए हैं। 'लघु उद्योग विकास बैंक (SIDB)' द्वारा उन्हें ऋण दिया जाता है। ग्रामीण क्षेत्र में लघु उद्योगों की स्थापना के लिए सरकार अनेक सुविधाएं प्रदान करती हैं। इनमें पूर्व निर्धारित क्षेत्रों में रियायती दरों पर भूमि का आबंटन, बुनियादी ढांचे का विकास तथा करों में रियायतें शामिल हैं।

अन्य उद्योगों के समान लघु उद्योगों को भी अनेक कठिनाईयों का सामना करना पड़ता है। उन्हें कच्चे माल की आपूर्ति, जैसे कपड़ा मिलों से हथकरघा उद्योगों को सूत की आपूर्ति, के लिए बड़े उद्योगों पर निर्भर होना पड़ता है। विश्वीकरण की प्रक्रिया ने भी इस लघु उद्योग के क्षेत्र पर बुरा प्रभाव डाला है। इन्हें बड़े कंपनियों के साथ प्रतियोगिता करना कठिन होता है, क्योंकि ना तो इनके पास बड़ी कंपनियों जैसी

आधुनिक तकनीक है न बढ़ती उत्पादकता फिर भी ऊपरी व्यय (overheads) कम होने से कुछ लघु उद्योग आज भी सक्षम हैं तथा टक्कर देने में पीछे नहीं हैं।

(10) राष्ट्रीय नमूना सर्वेक्षण (NSS)

1. 57 वां क्रम (जून 2001 से जून 2002)

भारत में वर्ष 2001–02 के दौरान घरेलू उपभोक्ता व्यय और रोजगार स्थिति राष्ट्रीय नमूना सर्वेक्षण के 57 वें चक्र के दौरान भारत की जनसंख्या का बड़ा भाग निम्न कारणों से पीड़ित है, यह तथ्य उजागर हुआ है।

1.1. भूखमरी

ग्रामीण भारत के हर 200 परिवारों में से एक तथा शहरी भारत के 1000 परिवारों में से एक परिवार सदैव भूखमरी का शिकार रहते हैं। अर्थात् उसे वर्ष के किसी माह में भरपेट भोजन नहीं मिलता। इसके सिवाय ग्रामीण क्षेत्र के हर 1000 घरों में से 16 घरों में और शहरी क्षेत्र के 1000 घरों में से 3 घरों में सामयिक भूखमरी है – अर्थात् वर्ष के कुछ महीनों में उन्हें भरपेट भोजन नहीं मिलता। यह एक क्रूर विडबना है कि हमारा देश भारत जहां अन्न का निर्यात करता है वहीं अपने देश की जनसंख्या के बड़े हिस्से को भूखा रहना पड़ता है।

1.2. मासिक उपभोक्ता व्यय

ग्रामीण क्षेत्र में मासिक उपभोक्ता व्यय केवल 498 रुपये है जबकि शहरों में यही व्यय 933 रु. है। अर्थात् ग्रामीण उपभोग, शहरी उपभोग की तुलना में लगभग आधा ही है। ग्रामीण क्षेत्र में कुल उपभोक्ता व्यय की आधी राशि केवल खाद्यान्न पर खर्च होती है।

1.3. निवास

ग्रामीण क्षेत्र में 6 प्रतिशत लोगों के पास रहने के लिए अपना मकान ही नहीं है। थोड़े बहुत जो मकान हैं, वे पुराने और जीर्णावस्था में हैं। उनका निर्माण भी अनियोजित ढंग से हुआ है, तथा उनकी उचित मरम्मत होना बहुत आवश्यक है। शहरी क्षेत्र में 69 प्रतिशत निवासी या तो बिना घर के हैं अथवा झुग्गी, झोपड़ियों में रहते हैं। 60 प्रतिशत लोग अपने मकानों में रहते हैं तथा 35 प्रतिशत किराये के मकानों में रहते हैं।

1.4. रोजगार

गांवों में 60 प्रतिशत जनता बेरोजगार है, इनमें 45 प्रतिशत पुरुष हैं तथा 69 प्रतिशत स्त्रियां हैं। शहरी बेरोजगारों में 45 प्रतिशत पुरुष है तथा 86 प्रतिशत महिलाएं हैं।

1.5. विद्युतीकरण

केवल 52 प्रतिशत ग्रामीण मकानों में बिजली पहुंची है। शहरी क्षेत्रों में भी 9 प्रतिशत मकानों में बिजली नहीं है।

उपरोक्त आंकड़े यह दर्शाते हैं कि ग्रामीण विकास के नाम पर अब तक जो कुछ भी पाया गया है, वह पर्याप्त नहीं है। ग्रामीण क्षेत्र को संपन्न बनाने के लिए अभी आगे बहुत कुछ करना बाकी है। शहरी क्षेत्र की गरीब जनता के लिए भी काफी कुछ करना होगा। इसे ध्यान में रखते हुए आर्थिक प्रगति के विषय में जो कुछ प्रगति होने का हम दावा करते हैं, उसकी कोई अहमियत नहीं जब तक जनसंख्या का बड़ा हिस्सा विकास एवं सुविधाओं से वंचित रहता है।

2. 58 वां क्रम (जुलाई से दिसंबर 2002) गांवों में सुविधाओं की स्थिति

वैज्ञानिक पद्धति से सामाजिक-आर्थिक आंकड़ों को जानकारी एकत्र करने वाली राष्ट्रीय नमूना सर्वेक्षण संस्था (NSS) संगठन ने 1 जुलाई 2002 से दिसंबर 2002 तक अपने सर्वेक्षण का 58 वां क्रम पूरा किया। इस सर्वेक्षण का मूल उद्देश्य, सामाजिक सूचकांकों के बारे में सूचना एकत्रित करना था जैसे अक्षमताएं, निवास व्यवस्था तथा गांवों में उपलब्ध विभिन्न सुविधाएं। इस सर्वेक्षण में देश भर के राज्यों के 4646 गांवों का समावेश किया गया।

आंध्र प्रदेश (303 गांव), अरूणाचल प्रदेश (71), असम (226), बिहार (364), छत्तीसगढ़ (84), गुजरात (119), हरियाणा (79), हिमाचल प्रदेश (100), जम्मू-कश्मीर (95), झारखंड (130), कर्नाटक (176), केरल (158), मध्य प्रदेश (240), महाराष्ट्र (291), मणिपुर (89), मेघालय (64), मिजोरम (35), नागालैण्ड (44), उड़ीसा (190), पंजाब (100), राजस्थान (227), सिक्किम (56), तमिलनाडु (227), त्रिपुरा (102), उत्तर प्रदेश (578), उत्तरांचल (47), पश्चिम बंगाल (370) तथा केन्द्र शासित प्रदेश ।

सर्वेक्षण से प्राप्त प्रमुख उल्लेखनीय जानकारियां इस प्रकार हैं -

★ इस 58 वें क्रम में 4646 गांवों का सर्वेक्षण हुआ।
★ वर्ष 2002 तक भारत के तीन चौथाई गांवों को बिजली पहुँचाई गई थी।
★ गैर पारंपरिक उर्जा स्त्रोत, 12 प्रतिशत से कम गांवों में उपलब्ध थे।
★ 55 प्रतिशत गांवों में पेयजल की पूर्ति नलकूपों या हैण्डपंपों से होती थी।
★ 18 प्रतिशत गांवों में ही नलों से पेय जल मिलता था।
★ 30 प्रतिशत गांवों में ही जल निकास की पद्धति उपलब्ध थी, इनमें कुछ पक्की लेकिन खुली नालियां थीं तथा कुछ खुली कच्ची नालियां थीं।
★ गांवों में सिंचाई की सुविधा 76 प्रतिशत नलकूपों द्वारा पूरी होती थी।
★ सहकारी संस्थाएं 30 प्रतिशत गांवों में थीं तथा 24 प्रतिशत गांवों में स्व–सहायता दल कार्यरत थे।
★ पेयजल आपूर्ति व्यवस्था तथा पहुंच मार्ग निर्माण की सरकारी विकास योजनाएं 60 प्रतिशत गांवों में चल रहीं थीं।
★ केवल एक तिहाई गांवों में 2 किलोमीटर की दूरी पर तारघर, टेलीफोन या इंटरनेट सुविधाएं पाई गयी।
★ 78 प्रतिशत गांवों में डाकघर की सुविधा नहीं थी।
★ वर्ष 2002 तक 66 प्रतिशत गांवों में पूर्व प्राथमिक शिक्षा की सुविधा उपलब्ध थी, जबकि 1991 में यह सुविधा केवल 39 प्रतिशत गांवों में ही थी।
★ प्राथमिक शाला सुविधा 72 प्रतिशत गांवों में उपलब्ध थी, जबकि 1991 में यह केवल 67 प्रतिशत गांवों में थी।
★ 37 प्रतिशत गांवों में साक्षरता अभियान तथा प्रौढ़ शिक्षा कार्यक्रम चलाए जा रहे थे।
★ 54 प्रतिशत गांव प्राथमिक स्वास्थ्य केन्द्र से 5 किलोमीटर से अधिक दूरी पर थे तथा 27 प्रतिशत गांव 10 किलोमीटर से अधिक दूरी पर थे।
★ केवल 10 प्रतिशत गांवों में दवाई की केवल एक ही दुकान थी तथा केवल 20 प्रतिशत गांवों में निजी अस्पताल या डॉक्टर थे।

★ अपंग, बहरे, गूंगे, अंधे या मानसिक विकृति वाले लोगों के लिए स्कूल आदि सुविधाएं तो नहीं के बराबर थी। 11 वर्षों पूर्व भी यही स्थिति थी जिसमें कोई सुधार नहीं हुआ।

(11) दृष्टान्त - उदाहरण द्वारा अध्ययन (Case Study)

1. नटाला (महाराष्ट्र) गांव में विकास का विशिष्ट अध्ययन

एक रमणीय तथा कुछ पहाड़ी इलाके का यह गांव नटाला-जिला मुख्यालय से 25 किलोमीटर तथा तालुका स्थान से 25 किलोमीटर दूरी पर बसा है। गांव में 150 मकान (10 पक्के मकान) है और आबादी 625 जिस में आधे पुरुष व आधी महिलाएं हैं। पेयजल के लिए दो नलकूप खोदे गए हैं तथा उस पर हैण्डपम्प बिठाए गए हैं।

जिला और तालुका से जोड़ने वाले प्रमुख मार्ग से 5 किलोमीटर की कच्ची सड़क, गांव में पहुंचने का एकमेंव मार्ग है। इस कच्ची सड़क से आने पर गांव पहुंचने के पूर्व एक नाला पार करना पड़ता है, जो बरसात में जलमय हो जाने से यह गांव अन्य गांवों से पूरी तरह कट जाता है। गांववासियों की तकलीफें दूर करने के लिए इस नाले पर पुल बनाना आवश्यक है। पर सरकार के पास पुल बनाने की कोई योजना नहीं है।

गांव में 500 एकड़ कृषि योग्य भूमि है। 15 किसानों के पास 10 एकर से अधिक भूमि है व 25 किसानों के पास 5 से 10 एकड़ भूमि तथा शेष सभी छोटे या सीमान्त किसान हैं। बिना भूमि के लोग बहुत थोड़ी संख्या में हैं। यहां की भूमि कपास, सोयाबीन, ज्वार, गेहूं तथा तुअर (दाल) को फसलों के लिए उपजाऊ भूमि हैं। यहां बारहमासी सिंचाई की कोई योजना नहीं है। फिर भी विभिन्न खेतों में लगभग 25 खुले कुएं हैं जो अंशतः सिंचाई का काम कर करते हैं। उपरोक्त फसलों के सिवाय यहां के किसान संतरों का उत्पादन भी कर लेते हैं। शेष किसानों को या तो आर्थिक दृष्टि से कुआँ खुदवाना संभव नहीं हो सका, या फिर व्यवहार्य गहराई तक जल स्त्रोत नहीं मिला। बस इन किसानों को पर्जन्य के लिए वरुण देवता पर ही निर्भर रहना पड़ता है। गरीब किसानों के लिए मौसमी वर्षा ही सिंचाई का एकमात्र साधन है। गांव वाले नाले से बहते पानी का भी सिंचाई के लिए उपयोग कर लेते हैं। वे इस बात से खुश हैं कि नाला उनके लिए कुछ तो काम आता है।

यहाँ बिजली तो आंख मिचौली का खेल खेलती है। दिन में केवल पांच घंटे ही

बिजली रहती है। बिजली की कटौती तो सिरदर्द बना हुआ है। खेती के मौसम में दिन में तो बिजली मिलती नहीं, अतः गांववासियों को रात में ही जोखिम उठाकर सिंचाई करनी पड़ती है। सर्प दंश से एक किसान की मृत्यु भी हो चुकी है। बिजली का निम्न दाब (लो वोल्टेज) भी एक गहन समस्या बनी हुई है। कई बार पम्प की मोटरें जल जाती हैं, तथा बल्बों में रोशनी भी धीमी आती है। गांव में 3 दूर दर्शन संयत्र हैं, पर बिजली के कम वोल्टेज के कारण उनमें चित्र ठीक से नहीं आता। बिजली सप्लाई में सुधार के लिए यहां विद्युत संयंत्र (ट्रान्सफार्मर) की शक्ति बढ़ाने, तथा नई विद्युत लाइनें डालने की योजना को स्वीकृति तो मिल गई है पर बिजली के तारों के अभाव में योजना खटाई में पड़ गयी है। एक अच्छी बात है कि गांव की सड़कों पर बिजली की व्यवस्था है।

गांव में बोरोजगारों की संख्या प्रतिवर्ष बढ़ती जा रही है। गांव में कृषि ही रोजगारी का एकमात्र साधन होने के कारण यहां के बेरोजगार युवक जिनकी संख्या 40 है जिनमें पांच स्नातक भी हैं, कई बार जिला स्थान पर नौकरी के लिए चक्कर लगाते हैं। कृषि कार्य तो मौसमी होता है, तथा मुख्य कृषि कार्य तो केवल चार महीने ही चलता है। बेकारी के मौसम में सरकार द्वारा चलाए जाने वाले सहायता कार्य ही, उनके लिए रोजगारी का एकमात्र साधन बन जाता है। इसी परिपेक्ष्य में जवाहर रोजगार योजना, तथा प्रधानमंत्री सड़क योजना के अन्तर्गत सड़क निर्माण तथा भवन निर्माण कार्य, इन बेरोजगार युवकों को काम व दाम दोनों दिलाते हैं। दुर्भाग्यपूर्ण बात यह है कि काम कराने वाली कुछ संस्थाएं मजदूरों को निर्धारित न्यूनतम मजदूरी भी नहीं देतीं।

गत वर्ष तक केवल एक ही टेलीफोन था और वह भी ग्राम पंचायत के कार्यालय में लगा था। अब तो तीन टेलिफोन हैं। जब तक वे ठीक से काम करते हैं तब तक अच्छा रहता है। पर एक बार कोई बिगाड़ आया तो उसे ठीक कराने में कम से कम 3–4 हफ्ते लग जाते हैं, क्योंकि टेलीफोन तंत्र सहायक गांव से पांच मील दूर अपने कार्यस्थल पर रहता है।

अधिकांश छोटे व सीमान्त किसान जिनकी संख्या अधिक है, कर्ज के बोझ में डूबे हुए हैं। जिन्होने बैंकों से कर्ज लिया है, उनकी हालत कुछ ठीक है, पर कर्ज की वसूली में समस्या होती है, क्योंकि बैंक निजी कर्ज वसूलने जैसे क्लेशदायी कदम उठा नहीं सकते। ऐसे अनेक मामले सामने आए हैं जिनमें गांव वालों को साहूकारों से लिए कर्ज के लिए भारी ब्याज दर देनी पड़ी है। तथा कई मामलों में तो फसल भी गिरवी रखी गयी थी।

गांव का छोटा और सीमान्त किसान वर्ग, सबसे ज्यादा नाजुक स्थिति में है। ऐसे किसानों को न तो कुआं खोदने की, न पानी का पम्प खरीदने की, या न ही बिजली का बिल देने की क्षमता होती है। उनकी खेती केवल पुराने पारंपरिक रीति पर चलती है। आधुनिक तंत्र का उपयोग तो बहुत दूर की बात है। एक खराब मौसमी सत्र किसानों की स्थिति को और भी बिगाड़ देता है और यदि दो ऐसे खराब सत्र एक के बाद एक चले आएं तो स्थिति बदतर हो जाती है। यह सारी स्थिति, खेती की आवश्यक सामग्री जैसे खाद, बीज, कीटनाशक आदि की कीमतों में हुई वृद्धि के कारण होती है। उधर उपज की कीमतों में उसके अनुरूप वृद्धि न होने के कारण एक समस्या उत्पन्न होती है। इस पर यदि वर्षा ही नहीं हुई तो किसान की लुटिया ही डूब जाती है, उसे भारी नुकसान होता है। इसीलिए अब खेती में पहले जैसा आकर्षण नहीं रहा है। गांव के 60 परिवार तो गरीबी रेखा के नीचे के वर्ग में आते हैं। कुछ किसानों ने अपने व्यवसाय में बदलाव लाया है, वे पशुपालन, दुग्ध व्यवसाय के काम में लग गए हैं। ऐसे किसानों की हालत कुछ अपेक्षाकृत अच्छी है।

अनेक गांववासी, सरकार की कल्याणकारी योजनाओं जैसे, सामाजिक सुरक्षा, वृद्धावस्था पेन्शन, किसान ऋण पत्र, बेटी के विवाह के लिए आर्थिक सहायता, शिक्षा के लिए छात्रवृत्ति, गरीबी रेखा के नीचे के परिवारों के लिए विशेष योजना आदि से पूर्णतः अनभिज्ञ होते हैं। राष्ट्रीय वृद्धावस्था पेंशन योजना के अन्तर्गत 250 रु. पेंशन प्रतिमाह मिलती है। सौभाग्य से गांव के दो लोगों को यह पेंशन मिल रही है। गांव के कुछ लोगों ने शौचालय, नाली योजना, गरीबों के लिए कम कीमतों पर गृहनिर्माण आदि योजनाओं से लाभ भी उठाया है। गांव में दो स्वसहायता दल भी हैं, एक महिलाओं द्वारा संचालित है और दूसरा नवयुवकों द्वारा। ये दल अपने सदस्यों से ही बचत एकत्रित करते हैं एवं घरेलू वस्तुओं का उत्पादन करते हैं तथा छोटे-मोटे काम भी करते हैं जिससे उन्हें कुछ धन अर्जित होता है।

ग्राम पंचायत कार्यालय का एक अलग भवन है। ग्राम पंचायत संस्था ने ग्रामवासियों में – विशेषतः महिलाओं, अनुसूचित जाति व अनुसूचित जनजातियों के लोगों में, जो कुल सदस्य संख्या के कम से कम 50 प्रतिशत है, एक प्रकार की प्रशासनिक अधिकार की भावना जागृत कर दी है। जहां भी पत्नियां सदस्य हैं पर पति सदस्य नहीं हैं, वहां ऐसे अनेक अवसर देखे गए हैं जब पतियों ने पत्नियों को कोई विशिष्ट निर्णय लेने को बाध्य किया है। जहां तक राजस्व का प्रश्न है, ग्राम पंचायत, सम्पत्ति कर व जल कर वसूल करती है, पर यह इतना कम होता है कि पंचायत को सरकारी निधि पर निर्भर रहना पड़ता है। गांव में पुस्तकालय के लिए

एक कमरा है, पर वहां पुस्तकें ही नहीं है। सार्वजनिक वितरण प्रणाली की दुकानों में खाद्यान्न का पर्याप्त संग्रह नहीं है।

केवल एक शिक्षक को छोड़ शेष कोई शिक्षक गांव में नहीं रहता। शेष निकट के शहरों से आते हैं, और परिवहन सेवा उपलब्ध न होने से जितनी जल्दी हो सके गांव छोड़ने के प्रयत्न में रहते हैं।

गांव में दो गोबर गैस संयंत्र हैं, पर दोनों बंद पड़े हैं। गांव में 10 मोटर साइकिलें है और 25 साधारण साइकिलें हैं।

दुर्भाग्यवश कुछ प्रौढ़ व्यक्तियों को शराब पीने की लत है जो उनके परिवार के महिला वर्ग को पसंद नहीं है, परंतु इन पुरुषों के सामने वे लाचार हैं। देशी शराब तो गांव में ही मिलती है। जिन्हें शराब पीने की आदत है वे तो यही समझते हैं कि इस जानलेवा गरीबी के कारण होने वाली तकलीफों से छुटकारा पाने का यही एकमात्र सर्वोत्तम उपाय है।

सारांश, अधिकांश परिवार, किमान जीवन स्तर जैसी स्थिति से अभी दूर ही हैं। भूमिहीन लोगों को जब तक काम मिलता है, और काम करने की शारीरिक शक्ति है, तब तक काम करते हैं। वृद्धावस्था में उनकी सारी जमा पूंजी समाप्त हो जाने के बाद वे यही समझते हैं कि उनकी देखभाल करने वाला अब कोई नहीं है, अतः वे अपने बच्चों की कृपा पर ही निर्भर रहते हैं।

गांव का कष्टमय जीवन और कठोर श्रम तथा अच्छे जीवन की कोई आशा न होने कारण गांव के अनेक लोग, विशेषतः युवा वर्ग, मजबूर होकर गांव छोड़कर शहरों में जाने का गंभीरता से प्रयत्न करते हैं। कई लोगों को उनके प्रयत्नों में सफलता भी मिली है।

2. कृषि उपज के लागत मूल्य तथा उत्पादन मूल्यों पर विशेष अध्ययन

कृषि पर लगने वाली लागत तथा कृषक को मिलने वाली शुद्ध आय का अभ्यास करने के लिए लेखक द्वारा नटाला गांव में दो विशेष अध्ययन किए गए। एक अध्ययन में कपास तथा दूसरा सोयाबीन की फसल का है।

विशेष अध्ययन क्र. 1

नटाला (महाराष्ट्र) में कपास उत्पादन का विशेष अध्ययन

खेती के लिए ली गई भूमि	**7 एकड़**
बोआई का समय	जून का तीसरा सप्ताह
फसल कटाई का समय	नवंबर से अगले वर्ष जनवरी तक

लागत मूल्य	**रुपयों में**
खेत की सफाई	1,000/-
हलाई, जोताई	4,000/-
बीज	7,700/-
खाद	5,600/-
बोआई (बीज डालना)	3,000/-
फसल के बीच के घास की सफाई	5,000/-
कीट नाशक तथा फुहारना	4,000/-
कपास चुनना	6,000/-
सिंचाई के लिए बिजली खर्च	3,000/-
स्थायी सहायक	6,000/-
कुल	45,000/-*
निवेश पर ब्याज 8.5 प्रतिशत	1,500/-
कुल व्यय	46,800/-
फसल (उत्पादन)	27.5 क्विंटल
आय	रु. 2,200/- प्रति क्विंटल दर से
कुल आय (27.5 x 2200)	रु. 60,500/-
कुल व्यय	रु. 46,800/-
शुद्ध आय	रु. 13,700/-

* इस 45,300 रु. में किसान की अपनी मेंहनत तथा निगरानी का मूल्य समाहित नहीं है।

विशेष अध्ययन क्र. 2

नटाला (महाराष्ट्र) में सोयाबीन फसल का विशेष अध्ययन

खेती के लिए ली गई भूमि **10 एकड़**
बोआई का समय जून का तीसरा सप्ताह
फसल काटने का समय नवंबर - 2002

लागत-मूल्य	रुपयों में
खेत की सफाई	1,500/-
हलाई, जोताई	5,000/-
बीज	9,400/-
खाद	4,950/-
बोआई	4,000/-
फसल के बीच के घास की सफाई	3,000/-
कीटनाशक तथा फुहारना	3,000/-
फसल कटाई	5,000/-
सिंचाई मूल्य	2,000/-
स्थायी सहायक	4,000/-
कुल योग	41,850/-*
निवेश पर ब्याज, 8.5 प्रतिशत	900/-
कुल व्यय	42,750/-
फसल (उत्पादन)	44 क्विंटल
आय	रु. 1,350/- प्रति क्विंटल की दर से
कुल आय	रु. 59,400/-
कुल व्यय (44 x 1350)	रु. 42,750/-
विशुद्ध आय	रु. 16,650/-

* इस कुल व्यय रु० 41,850/- में किसान की अपनी मेंहनत तथा निगरानी नहीं है।

यह दोनों अध्ययन उस भूमि पर किए गए हैं जहां सिंचाई की सुविधा खुले कुएं से उपलब्ध है तथा वर्षा भी ज्यादातर अनुकूल ही रही है। इसके बावजूद यह पाया

गया है कि कपास की फसल पर शुद्ध आय प्रति एकड़ 1,957 रु. तथा सोयाबीन की फसल पर शुद्ध आय 1,665 रु. प्रति एकर रही है। सोयाबीन के सम्बन्ध में तो उसी भूमि पर गेहूं की दूसरी फसल लेना संभव है, जिससे प्रति एकड़ आय 700 रु. मिलती है। सोयाबीन और गेहूं दोनों को मिलाकर प्रति एकड़ आय रु. 2,365/- होती है। इस तरह किसान के पास यदि पांच एकड़ जमीन हो तो उसकी वर्ष में औसत आय रु. 10,000 होगी - याने प्रतिमाह 1,000/- रु. से कम।

उपरोक्त हिसाब में किसान द्वारा की गई देखरेख का मूल्य नहीं लिया गया है। ये दोनों अध्ययन ग्रामीण क्षेत्र में प्रचलित पद्धति का ही प्रतिनिधित्व करते हैं। वास्तव में सीमान्त किसानों की दशा तो और भी खराब है। किसी वर्ष में यदि मौसमी वर्षा संतोषप्रद नहीं रही तो स्थिति और भी बिगड़ जाती है।

उपरोक्त दोनों अध्ययन हमें एक प्रश्न की ओर बरबस खींच लेते हैं कि आज स्वतंत्रता प्राप्ति के 59 वर्षों बाद भी कृषकों का भाग्य क्यों सुधरा नहीं है। यह अध्ययन ग्रामीण समस्याओं को और भी गंभीरता से विचार करने की ओर इंगित करता है। अगर केवल लागत मूल्य और उत्पादन आय की दृष्टि से ही इस ओर यदि देखें तो भविष्य में खाद, कीटनाशक व बिजली की कीमतों में होने वाली वृद्धि पर निश्चित ही प्रतिबंध लगाना होगा। उत्पादन आय के बारे में सोचा जाये तो किसान को उसकी मेहनत का उचित प्रति मूल्य तो मिलना ही चाहिये। अत: जब भी देश में कृषि की आवश्यक वस्तुओं पर लगने वाली लागत के बारे में चर्चा होती है तब कृषि पर दिये जाने वाले अंशदान में कटौती करने के पूर्व कृषि की वर्तमान आर्थिक स्थिति पर उससे होने वाले परिणामों को ध्यान में रखा जाना चाहिये। कृषि के लिए बिजली की पूर्ति में अंशदान जहां एक ओर न्यायपूर्ण होगा वहीं कृषि के लिए मुफ्त बिजली देने का सुझाव किसान के दीर्घावधि हित में नहीं होगा। रणनीति के अध्याय में इस विषय पर और चर्चा की गई है।

अध्याय-4

कृषि व ग्रामीण विकास के लिए रणनीति

(1) प्रस्तावना

सरकार तथा गैर-सरकारी संगठनों द्वारा ग्रामीण विकास की दिशा में किया गया कार्य कुछ कम नहीं है, फिर भी यह सत्य है कि गरीबी रेखा के नीचे की जनसंख्या का 75 प्रतिशत आज भी ग्रामीण क्षेत्र में ही रहता है। मूलभूत शिक्षा, प्राथमिक स्वास्थ्य रक्षा, आवास, शुद्ध पेय जल, तथा उचित मूलभूत ढांचा, ये सारी भौतिक सुविधाएं अभी तक ग्रामीण क्षेत्रों में पहुंच पाने में काफी समय लगेगा। इन सब न्यूनतम आवश्यकताओं को पूरा करने का लक्ष्य, साधारण तरीकों से प्राप्त होना तो लगभग असंभव है, इसी लिए इनके लिए विशेष रणनीति अपनाने की आवश्यकता है। किताब के पिछले उचित संदर्भों में जहां कार्यक्रमों/योजनाओं पर चर्चा की गई है वहां संक्षेप में इस विषय में कुछ सुझाव दिए गए हैं। फिर भी नीचे मुख्य मुद्दों पर चर्चा की जा रही है।

1. मूलभूत सुविधाएं

1.1. आवास

ग्रामीण क्षेत्र में आज भी बड़ी संख्या में भूमिहीन मजदूर हैं जिनके पास निवास सुविधा नहीं है। इसके सिवाय, पुराने जमाने में मकान भी बेतरतीब ढंग से बनते थे जिनमें आवश्यक सुधार करना जरूरी है। अनुसूचित जाति, अनुसूचित जनजाति तथा गैर-अनुसूचित जाति, जनजाति के गरीब लोगों के लिए निवास व्यवस्था करने में इंदिरा आवास योजना प्रमुख रूप से सहायक रही है। ग्रामीण क्षेत्र में आवास योजना की बढ़ोत्तरी के लिए इंदिरा आवास योजना के पूरक के रूप में स्वर्ण जयंती ग्रामीण

आवास योजना की शुरूआत 1997 में हुई। ग्रामीण आवास योजनाओं की सफलता में प्रमुख रुकावट के रूप में, भूमि के व्यक्तिगत स्वामित्व का प्रश्न उभरकर आया है। इस परिपेक्ष्य में पश्चिम बंगाल की सरकार ने आवास निर्माण को मालिकाना अधिकार को लेकर सुरक्षापूर्ण एवं सरल बनाने के लिए कानून बनाया है। अन्य राज्यों को भी इसमें जहां आवश्यक हो संशोधन कर उनका अनुकरण करना चाहिए।

आवास कार्यक्रम के लिए निधि की व्यवस्था 'गृहनिर्माण व शहरी विकास निगम (HUDCO)' तथा जनरल इन्शोरेंस कार्पोरेशन के माध्यम से की गई है। चूंकि इन संस्थाओं पर और भी अन्य क्षेत्रों का भार है, अतः वर्तमान संस्थागत पद्धति को और भी मजबूत बनाने तथा निधि के उचित उपयोग पर कड़ी नजर व देखरेख की आवश्यकता है। पुराने अवशिष्ट कार्य को पूरा करने के लिए प्रति वर्ष 2.5 मिलियन नई गृह इकाईयां बनाने का लक्ष्य रखा जाना चाहिए। यदि इसे सफल बनाना है तो ऋणों पर ब्याज दरों को भी कम करना जरूरी है। इसके सिवाय निधि आबंटन की राशि भी बढ़ाई जानी चाहिए क्योंकि जितनी निधि अभी तक आबंटित हुई है, वह लक्ष्य को पूरा करने में अपर्याप्त रही है।

1.2. शिक्षा

6 से 14 वर्ष की आयु वर्ग को प्रारंभिक शिक्षा देने के लिए आयोजित पिछले व वर्तमान साक्षरता अभियानों को, समय-समय पर निर्धारित लक्ष्यों को पूरा करने में सफलता नहीं मिली है। विशेषरूप से लड़कियों में साक्षरता का प्रतिशत बहुत कम है। इसी तरह प्रौढ़ शिक्षा का विस्तार भी आवश्यक है। इस कार्य में लगी लागत को देखते हुए, अनौपचारिक शिक्षा प्रारंभ करने की ओर प्रयास किये जा रहे हैं। नियमित श्रेणियों में नए शिक्षकों की भर्ती के स्थान पर शिक्षा कर्मियों की नियुक्ति ठेका पद्धति पर की जा रही है। इससे शिक्षा की गुणवत्ता, निस्संदेह प्रभावित हुई है। फिर भी अभियान के अन्तर्गत आने वाली जनसंख्या की विशालता को देखते हुए, औपचारिक शिक्षा के पूरक के रूप में अनौपचारिक शिक्षा प्रारंभ करने के अलावा दूसरा पर्याय नहीं है। नियमित शिक्षकों में समय पालन तथा नियमित उपस्थिति का अभाव, एक प्रमुख समस्या बनी हुई है। क्योंकि अधिकांश शिक्षक कार्य स्थान के बाहर रहते हैं। उपस्थिति निश्चित करने के लिए प्रशासनिक विभागों द्वारा नियमित जांच होनी चाहिए। किन्तु यह सारी पद्धति सफल नहीं हो सकी है, अतः यह कार्य ग्राम समितियों के सुपूर्द किया जाना ज्यादा उचित होगा। जहां तक शिक्षाकर्मी का सवाल है, उन्हें पढ़ाने का काम सौंपने से पहले अल्पावधि ओरियन्टेशन प्रशिक्षण देना जरूरी है।

ग्रामीण क्षेत्र में शिक्षा के सभी पहलुओं पर इसी पुस्तक के दूसरे अध्याय में विस्तृत चर्चा हो चुकी है।

1.3. स्वास्थ्य रक्षा

समन्वित स्वास्थ्य रक्षा में, स्वास्थ्य रक्षा, शिक्षा, औषधीय चिकित्सा, शुद्ध पेय जल की पूर्ति, तथा स्वच्छता ये सारी बातें सम्मिलित हैं। जिला अस्पताल, प्राथमिक स्वास्थ्य केन्द्र तथा उपकेन्द्र, इस प्रकार स्वास्थ्य रक्षा की त्रिस्तरीय व्यवस्था की गई है। फिर भी अनेक गांव अभी भी स्वास्थ्य उपकेन्द्रों से 5 से 20 किलोमीटर दूरी पर हैं। इसके सिवाय प्राथमिक स्वास्थ्य केन्द्रों तथा उपकेन्द्रों में कर्मचारियों की संख्या कम है, तथा कई बार आवश्यक दवाएं भी समय पर नहीं मिलती। इन केन्द्रों में साधनों का भी अभाव है। डॉक्टर वर्ग स्वयं प्रेरित नहीं होते, नहीं केन्द्र का वातावरण उन्हें व्यावसायिक दृष्टि से प्रोत्साहन देने वाला है। इसमें संदेह नहीं है कि वित्तीय अभाव काफी हद तक इस दयनीय अवस्था का मुख्य कारण बना हुआ है, फिर भी स्वास्थ्य मंत्रालय तथा स्वास्थ्य अधिकारियों की नौकरशाही प्रवृत्ति भी, इन प्राथमिक स्वास्थ्य केन्द्रों में, कर्मचारियों की समय पर नियुक्ति, उनके लिए योग्य निवास की व्यवस्था, दवाईयों की समय पर आपूर्ति तथा पर्याप्त निधि जैसी समस्याओं की ओर ध्यान न देने के लिए ज़िम्मेदार है। अतः इन ग्रामीण क्षेत्रों में काम करने के इच्छुक कर्मचारियों तथा पैरा मेडिकल कर्मचारियों की ही नियुक्ति करना जरूरी है। इसी के साथ ही प्रशासनिक कार्यालयों के कर्मचारी वर्ग में भी इन प्राथमिक स्वास्थ्य केन्द्रों व उपकेन्द्रों में आवश्यक सामग्री समय पर उपलब्ध करा देने की ओर संवेदनशीलता होनी चाहिए। 'ग्रामीण स्वास्थ्य मार्गदर्शक (VHG)' को भी स्वास्थ्य शिक्षा देने के साथ–साथ, स्वास्थ्य सम्बन्धी जागरूकता लाने का प्रयास भी करना चाहिए ताकि ग्रामीण क्षेत्र में स्वास्थ्य सेवाएं प्रदान करने में प्रचुरता आ सके। योजना को सफल बनाने के लिए प्रत्येक ग्रामीण स्वास्थ्य मार्गदर्शक को कार्य प्रारंभ करने के पूर्व प्रशिक्षण देना जरूरी है।

1.4. पौष्टिकता

शालेय बालकों को मध्यावधि भोजन में अनाज देने के बजाय पका भोजन देकर पौष्टिकता का ध्यान रखा जा सकता है। स्त्री समुदाय में, विशेषरूप से बच्चों को दूध पिलाती महिलाओं में पौष्टिकता के महत्त्व की जानकारी देकर उनमें इस बारे में सतर्कता लाना अत्यन्त आवश्यक है। निर्माणाधीन 'राष्ट्रीय खाद्यान्न गारंटी

योजना (NFGS)' के अन्तर्गत देश में, खासकर ग्रामीण क्षेत्र में उपलब्ध खाद्यान्न तथा उनकी गुणवत्ता पर अधिक ध्यान दिया जाना शामिल है। योजना आयोग ने ग्रामीण क्षेत्र में इस कार्यक्रम के लिए 150 गांवों का चयन किया है तथा वर्ष 2007 तक 'क्षुधामुक्ति' का लक्ष्य पूरा करने हेतु 7 सूत्रीय कार्यक्रम की योजना की है। कार्यक्रम के अन्तर्गत पूरे देश में 50,000 खेती-शालाएं खुलेंगी जिसमें 'किसान से किसान को शिक्षा' (एक जगह रहने वाले किसानों को दूसरी जगह रहने वाले किसानों के साथ आपसी विचार विमर्श करने)' के तत्व को प्रोत्साहन दिया जाएगा। कुपोषित क्षेत्रों तथा संकटग्रस्त भागों में स्व-सहायता दलों द्वारा ''सामुदायिक खाद्यान्न बैंक'' बनाने का विचार चल रहा है। जिसमें आगे बड़े बूढों तथा दुर्बल क्षीण लोगों के सिवाय एच.आई.व्ही/एड्स की ओर भी ध्यान दिया जाएगा तथा 2 वर्ष के कम उम्र के बालक, तरुण लड़कियों तथा दूध पिलाने वाली माताओं तक इसे विस्तारित किया जाएगा। इस कार्यक्रम में एक ''पोषण साक्षरता कार्यक्रम'' भी चलाया जाएगा। जिसमें हर परिवार को एक 'योग्यता कार्ड' देकर उसमें आवश्यक पोषण तत्वों की सूचि भी रहेगी ताकि ये परिवार कुपोषण से बचें। लेकिन देखना है कि यह कार्यक्रम वास्तविकता में कितना खरा उतरता है।

1.5. स्वच्छ पेयजल

भले ही सरकार ने सभी गांवों में शुद्ध पेयजल की पूर्ति करने के लिए नलकूपों के निर्माण का कार्यक्रम बनाया है, फिर भी ऐसे अनेक गांव हैं, जहां अभी तक यह कार्य नहीं हो सका, न ही गांव से उचित दूरी पर नलकूप उपलब्ध हैं। सरकार को यह मूलभूत आवश्यकता पूरी करने के लिए अपने प्रयत्नों में तेजी लानी होगी। शुद्ध पेय-जल के अभाव में, गांवों को हैजा, आंत्रशोध जैसी संसर्गजन्य बीमारियों का सामना करना पड़ता है।

ऐसे भी अनेक नलकूप हैं जो कुछ दिनों तक चलने के बाद खराब होकर बंद पड़े हैं। सम्बन्धित संस्थाओं के माध्यम से इन्हें सुधार कर ठीक करने की आवश्यकता है।

साधारणतौर पर बस्तियों में रहने वाली ग्रामीण जनता के लिए पेयजल की मात्रा 40 लिटर प्रति व्यक्ति प्रतिदिन, 'मरूस्थल विकास कार्यक्रम (DDP)' के अन्तर्गत आने वाले क्षेत्र में अतिरिक्त 30 लिटर प्रति व्यक्ति प्रतिदिन मवेशियों के लिए, हर 250 व्यक्तियों के पीछे एक हैन्डपम्प, तथा मैदानी इलाके या 100 मीटर तक ऊंचाई वाले पहाड़ी क्षेत्र में 1.6 किलोमीटर दूरी के अन्दर पेयजल स्त्रोत का

मानक रखा गया है। इस मानक के अनुसार पेयजल व्यवस्था करने के कार्य पर व्यापक दृष्टिकोण अपनाने हेतु राष्ट्रव्यापी सर्वेक्षण करने का आदेश जारी किया है। इसमें पेयजल की पूर्ति के साथ, जल की गुणवत्ता पर भी पर्याप्त ध्यान दिया जाना है।

1.6. स्वच्छता (Sanitation)

वैसे तो ग्रामीण लोग अपने घरों में सर्वाधिक स्वच्छता रखने के लिए माने जाते हैं, पर वही स्वच्छता का दृष्टिकोण, अपने घर का कूड़ा–करकट सड़कों पर फैंक देने या घर की नालियों का पानी सड़कों या गलियों में बहा देने में नहीं अपनाया जाता। पुराने जमाने में सरल और सस्ते शौचालयों की प्रथा प्रचलित नहीं थी। गांववासियों को नित्य प्रातःकर्म सड़कों के किनारों पर ही निबटने की आदत पड़ गई थी। ग्रामीण क्षेत्र में केवल छह प्रतिशत मकानों में ही शौचालय व्यवस्था है, शेष ग्रामीण जनता अपने नित्यक्रम निबटने के लिए सड़कों के किनारे या खुली जगह का उपयोग करती हैं। नित्य–प्रातः कर्म के लिये महिलाओं को सूर्योदय के पूर्व या सूर्यास्त के पश्चात् का समय ही चुनना पड़ता है। पर सरकार ने अब सुलभ शौचालय निर्माण करने का कार्य प्रारंभ किया है, जिसकी लागत 2000 रु. प्रति शौचालय आती है, जिसमें लाभार्थी को केवल 500 रु. देने पड़ते हैं तथा शेष खर्च सरकार उठाती है। फिर भी इस योजना को अच्छा प्रतिसाद नहीं मिला। यह संभवतः इसलिए प्राप्त नहीं हुआ क्योंकि गरीब ग्रामीणों को शौचालय के लिए 500 रु. भी देने की क्षमता नहीं है। कुछ ग्रामवासियों ने तो इन नवनिर्मित शौचालयों का उपयोग उपज के भंडारण के लिए किया क्योंकि उनके पास इस काम के लिए कोई दूसरी व्यवस्था नहीं है। ग्रामीण क्षेत्र में हर मकान के लिए शौचालय निर्माण करने हेतु सरकार को सरकारी सहायता में वृद्धि करने की आवश्यकता है, साथ–साथ ग्रामीणों को स्वच्छता व आरोग्य के महत्त्व की जानकारी देना भी जरूरी है, ताकि वे इन शौचालयों का उपयोग केवल उसी काम के लिए करें जिसके लिए उनका निर्माण हुआ है। ग्राम पंचायतें या ग्राम समितियां यह कार्य अच्छी तरह कर सकते हैं।

स्वास्थ्य रक्षा का उद्देश्य प्रतिबंधात्मक तथा बीमारियों का इलाज–दोनों में होना चाहिए पर ग्रामीण क्षेत्र में प्रतिबंधात्मक तरीकों पर अधिक ध्यान दिया जाना चाहिए। मलेरिया, आंत्रशोध, चेचक ये बीमारियां गांव में आम बीमारियां हैं। इसी परिपेक्ष्य में शुद्ध पेयजल की आपूर्ति का काम महत्त्वपूर्ण हो जाता है। प्राथमिक स्वास्थ्य केन्द्र, औषधीय इलाज के साथ, आरोग्य व स्वच्छता के सम्बन्ध में जागरूकता लाने का महत्त्वपूर्ण कार्य कर सकते हैं।

2. बुनियादी ढांचे का विकास

2.1. ग्रामीण विभागों से संपर्क

2.1.1. सड़कें

ग्रामीण क्षेत्र के आंतरिक ढांचे में सर्वाधिक आवश्चकताओं में सड़कों का स्थान महत्त्वपूर्ण है। वर्तमान में शहरों, जिला मुख्यालय तथा तहसील स्थान को जोड़ने वाले मार्ग ही संतोषप्रद स्थिति में हैं, क्योंकि इन पर ही सर्वाधिक ध्यान दिया जाता है। जहां तक ग्रामीण क्षेत्र का सवाल है, अनेक गांवें में पहुंचने के लिए अभी तक सड़कें नहीं है। जहां भी सड़कें हैं, वे सभी ऋतुओं के उपयुक्त अर्थात बारहमासी मार्ग नहीं हैं, उनका रख-रखाव भी निम्न दर्जे का है। कृत्रि मौसम को छोड़, शेष अवधि में सरकार गांवों में सड़क यातायात के विकास का कार्य कर सकती है। इससे दो ध्येय साध्य होते हैं - एक, ग्रामीण बुनियादी ढांचे का विकास होता है तथा दूसरा गैर कृषि दिनों में ग्रामीण जनता को रोजगारी भी मिलर्त है।

ग्रामीण क्षेत्र में सड़कों की तेजी से हो रही दुर्दशा को देखते हुए, इनके निर्धारित गुणात्मक निर्माण के बारे में जांच की आवश्यकता है ताकि सुनिश्चित किया जा सके कि सारा काम, दिए गए निर्देशों व बताए गए नियमें के अनुसार हुआ या नहीं तथा गलती करने वालों के विरुद्ध कार्रवाई भी की जानी चाहिए।

2.1.2. टेलिफोन सुविधा

भारत के कई गांवों में टेलिफोन सुविधा अभी पहुंची नहीं है। भारत संचार निगम लिमिटेड, के 30,000 एक्सचेंज अभी चल रहे हैं - जिसमें देश का 80 प्रतिशत भाग, ''बैंड विड्थस कनेक्टीविटी' से जुड़ा है। यदि हर 'एक्सचेंज' 20 गांवों से अपनी पहुंच और बढ़ा लेता है तो देश के सभी गांव इनसे जुड़ सकते हैं। परंतु केवल टेलीफोन की तार डालने से और टेलीफोन संयंत्र देने भर से काम नहीं चलेगा। टेलीफोन सुविधा प्रारंभ करने के साथ उसकी संतोषप्रद देखभाल और अन्य सुविधाएं भी मिलनी चाहिए। मतलब टेलीफोन के खराब होने पर जायज अवधि के अंदर उसे ठीक कराने की पद्धति की व्यवस्था भी करनी होगी।

2.2. लघु सिंचाई/जल संग्रहण व्यवस्थापन

भू-धारण सीमा कानून (लैण्ड सिलिंग एक्ट) के कारण भूमि-धारण की मात्रा में

लक्षणीय कमी हुई है। यह मात्रा, बड़ी सदस्य संख्या वाले परिवारों में (परिवार नियोजन पर उचित ध्यान न दिए जाने कारण) तथा पीढ़ियों से चले आ रहे संयुक्त परिवारों में होने वाले विभाजनों से और भी कम होती गई। इसका परिणाम यही हुआ कि 80 प्रतिशत किसान, छोटे और सीमांत किसानों के वर्ग में वर्गीकृत हो गए। भू–धारण की यह अल्प मात्रा, सिंचाई सुविधा के बिना आर्थिक दृष्टि से पोषक तो हो नहीं सकती। सिंचाई की बड़ी योजनाओं में विशाल वित्तीय निवेश जरूरी होता है, विस्थापितों की संख्या भी बहुत अधिक होती है, बड़ी मात्रा में भू–भाग जलमय हो जाता है तथा योजना पूर्ण होने की अवधि भी लम्बी होती है। इन्हीं कारणों से बड़ी योजनाएं प्रारंभ करना कठिन कार्य हो गया है।

सदियों से भारतीय कृषि, प्रकृति और मानव निर्मित ढांचों –जैसे तालाब, झील या पोखर, बांध आदि पर निर्भर रही है। अब सारा ध्यान सिंचाई की बड़ी योजनाओं से हटकर, लघु सिंचाई योजनाओं तथा जलसंधारण कार्यक्रमों की ओर आकर्षित हो रहा है। इसमें खुले कुएं, पास पड़ौस के तालाब या कुंड तथा छोटी नहरें सम्मिलित हैं। महाराष्ट्र के 'रालेगांव सिद्धि', तथा 'हिवरे बाजार' एवं राजस्थान के 'तरुण भारत संघ' द्वारा किये प्रयासों से जलसंधारण व्यवस्थापन की सफलता के उल्लेखनीय उदाहरण मिले हैं। जिस प्रकार सड़क निर्माण कार्य में हुआ है, उसी प्रकार गैर–कृषि मौसम में इन प्रयत्नों से दोनों उद्देश्य प्राप्त किए जा सकते हैं – एक तो सिंचाई सुविधा का विकास तथा दूसरा गांवों में रोजगार तथा बेरोजगार बैठे कृषि मजदूरों की समस्या का समाधान भी। सरकार इस दिशा में कम ब्याज वाली कर्ज की व्यवस्था, कार्यों का अग्रिम नियोजन एवं उचित विज्ञापन देते हुए गैर–सरकारी संस्थाओं व स्थानीय समुदायों को इस काम में लगाकर एक महत्त्वपूर्ण कार्य कर सकती है। कार्य पूर्ण होने के बाद इन निर्मित कार्यों का स्वामित्व, उन्हें चलाने एवं रख–रखाव की जिम्मेदारी पंचायत राज संस्थाओं को दी जा सकती है।

2.3. विद्युत

विद्युतीकरण तक पहुंच :– छोटे और सीमांत भूमि–धारक जिनकी संख्या काफी अधिक मात्रा में है, उन्हें अपनी सीमित जमीन आर्थिक दृष्टि से सबल करने के लिए किसी न किसी प्रकार की सिंचाई सुविधा आवश्यक होती है। ऐसी सिंचाई के लिए पंपों की आवश्यकता होती है जो बिजली से ही चलते हैं। प्रकाश के लिए भी बिजली की जरूरत होती है। गांवों तक बिजली पहुंचाने का उत्तरदायित्व 'राज्य विद्युत मंडलों (SEB)' को दिया हुआ है। ग्रामीण क्षेत्रों में इस कार्य को बढ़ावा देने

के लिए 'ग्रामीण विद्युतीकरण निगम (REC)' की स्थापना की गई है जो इस कार्य में राज्य विद्युत मंडलों को सहयोग देता है। विद्युतीकरण की नई परिभाषा के अनुसार किसी गांव को तभी 'विद्युतीकृत गांव' कहा जाएगा जब उसके कम से कम 10 प्रतिशत घरों में विद्युत शक्ति का प्रदाय होने लगेगा। अभी भी 1,25,000 गांवों (पूर्व आकलन 80,000) में विद्युतीकरण होना बाकी है। 'द्रुत गति ग्रामीण विद्युतीकरण कार्यक्रम (AREP)' के अन्तर्गत यह कार्य क्रमिक रूप से पूरा करने की योजना है। इसमें कम से कम 5 वर्ष लग सकते हैं।

तालिका 4.1 में 31-3-2003 तक शहरों व गांवों में हुए विद्युतीकरण की स्थिति बताई गई है। राज्य विद्युत मंडलों का आर्थिक स्वास्थ्य बिगड़ जाने से गत कुछ वर्षों में 'ग्राम विद्युतीकरण' की गति धीमी हो गई है। इसके सिवाय कृषि क्षेत्र से आने वाले राजस्व में कमी के कारण ग्रामीण क्षेत्र में बिजली के आपूर्ति में भी कमी हुई है। रात्रि में खेतों पर काम करना खतरनाक होने की जानकारी के बावजूद यह कहा जाता है कि उद्योगों के समान, खेतों में भी रात्रि में जब बिजली अधिक मात्रा में उपलब्ध होती है काम हो। इस सम्बन्ध में सर्पदंश की घटनाओं के समाचार भी मिलते रहे हैं।

उपरोक्त कारणों से गांवों में विद्युतीकरण को गति बढ़ाने की आवश्यकता समझी जा सकती है। भारत सरकार द्वारा 2 फरवरी 2005 को स्वीकृत 'राष्ट्रीय विद्युत नीति (NEP)' 2005 के अनुसार प्रत्येक मकान में 2010 तक विद्युत पूर्ति हो जानी है।

तालिका 4.1: विद्युतीकृत गांवों की संख्या (31.3.2003)

राज्य	*कुल गांव (1)*	*विद्युतीकृत गांव (2)*	*प्रतिशत*
आंध्र प्रदेश	26,586	26,565	99.9
अरूणाचल प्रदेश	3,649	2,316	63.5
असम	24,685	19,081	77.1
बिहार	67,513	48,166	71.2
छत्तीसगढ़	19,720	18,540	92.9
गोवा	360	360	100.00
गुजरात	18,028	17,940	99.5
हरियाणा	6,759	6,759	100.00

(जारी)

राज्य	*कुल गांव (1)*	*विद्युतीकृत गांव (2)*	*प्रतिशत*
हिमाचल प्रदेश	16,997	16,891	99.4
जम्मू कश्मीर	6,477	6,303	97.3
झारखंड	--	--	--
कर्नाटक	27,066	26,772	98.9
केरल	1,384	1,384	100.00
मध्य प्रदेश	51,806	50,474	97.3
महाराष्ट्र	40,412	40,351	99.8
मणिपुर	2,182	2,084	95.5
मेघालय	5,484	3,484	63.5
मिजोरम	698	695	99.6
नागालैण्ड	1,216	1,216	100.0
उड़ीसा	46,989	37,347	79.5
पंजाब	12,428	12,428	100.0
राजस्थान	37,889	37,255	98.3
सिक्किम	447	405	90.6
तमिलनाडु	15,822	15,822	100.0
त्रिपुरा	855	812	95.9
उत्तरांचल	15,681	13,317	84.9
उत्तर प्रदेश	97,122	55,461	57.1
पश्चिम बंगाल	37,910	31,705	83.6
★ सम्पूर्ण भारत	5,87,258	4,95,031	84.3

★ केन्द्र शासित प्रदेश मिलाकर (1) 1991 जनगणनानुसार (2) 31.3.2003

स्त्रोत – Statistical Abstract - 2004 (GOI Publication)

2.4. अपारंपरिक उर्जा स्त्रोत (NES)

1970 के प्रारंभ से ही भारत में पुनश्च उपयोग में लाने वाली ऊर्जा स्त्रोतों का महत्त्व बढ़ने लगा था। भारत में वर्तमान में पुनश्च उपयोग में लाने वाली उर्जा के सबसे बड़े कार्यक्रम चलाए जा रहे हैं। इन कार्यक्रमों में बायो गैस तथा सौर उर्जा का समावेश है। सुदूर व दुर्गम बस्तियों की दृष्टि से ये स्त्रोत बहुत महत्त्वपूर्ण हैं, क्योंकि इन स्थानों तक बिजली या अन्य उर्जा स्त्रोत पहुंचाने में अनेक व्यावहारिक अड़चनें हैं।

2.4.1. जैविक उर्जा स्त्रोत – बायोगैस

अभी तक अन्न पकाने के लिए लकड़ी का ही ईंधन के रूप में उपयोग किया जाता रहा है। परंतु अब जंगलों की हो रही अंधाधुंध कटाई और आवश्यकता के अनुरूप सामाजिक वनीकरण पर्याप्त नहीं होने से, भोजन बनाने के लिए लकड़ी तो साधारण तौर पर मिलती ही नहीं।

मवेशियों के गोबर से बनने वाली गोबर गैस खाना पकाने या पानी गरम करने के लिए सबसे सस्ती और सरल उर्जा के रूप में पाई गई है। इस उर्जा स्त्रोत के लिए मवेशियों का गोबर उपयोग में लाए जाने से ग्रामीण क्षेत्र में स्वच्छता की स्थिति भी सुधरी है सरकार को इस गोबर गैस संयंत्र की बड़ी संख्या में निर्मिति के लिए अधिकाअधिक सरकारी सहायता देनी चाहिए क्योंकि यह संयंत्र बनाना गरीब ग्रामीणों की क्षमता के परे हैं।

ऐसे भी कई बायोगैस संयंत्र है जो काफी ताम झाम से शुरू तो हुए पर बाद में बंद पड़ गए हैं। इनकी आम शिकायत यही है कि इन संयंत्रों में थोड़ी सी भी खराबी आ जाने पर, जिन संस्थाओं ने इनका निर्माण किया है वे इनको सुधार करने अथवा इनकी खराबी ठीक करने के लिए दिखाई ही नहीं देती। इनमें अक्सर यही त्रुटि पाई जाती है कि उचित मिलान के अभाव में या मुख्य कुएं में यदि कोई पत्थर जैसी ठोस वस्तु गिर जाये तो धातु का बना कुएं का ढक्कन वहीं परिधि में कहीं फस जाता है या अटक जाता है तथा हिलता नहीं। ऐसी दिक्कतों को हटाने के लिए तुरंत कदम उठाए जाने चाहिए ताकि सारे संयंत्र ठीक से काम करना प्रारंभ कर दें। इन बायोगैस संयंत्रों की बिगड़ी अवस्था में रहने का एक और प्रमुख कारण यह भी है उसके उपभोक्ता ही उनका उपयोग बंद कर देते हैं – संभवतः उसमें उनको कोई दिलचस्पी नहीं रहती है या उन्हें पर्याप्त मात्रा में गोबर नहीं मिलता हो। ऐसे मामलों में यह अधिक हितावह होगा यदि पास पड़ोस के परिवार मिलकर सामूहिक रूप से संयंत्रों का निर्माण करे और रख-रखाव भी।

2.4.2. जैविक प्राणी उर्जा

जैविक प्राणी उर्जा, जैविक उर्जा का ही भाग है। कृषि में यंत्रीकृत साधनों, जैसे ट्रैक्टर के बढ़ते प्रयोगों के बावजूद, किसान आज भी जैविक प्राणी उर्जा, जिसमें बैलों का सर्वाधिक हिस्सा है – पर निर्भर रहता है। अच्छे उत्पादन के लिए इन मवेशियों की नस्ल में सुधार लाना जरूरी है। खेती का काम मौसमी होता है, अतः मवेशियों को

भी काम के मौसम में अच्छा खिलाया जाता है परन्तु शेष दिनों में इन पशुओं को केवल चारे या घास पर चरागाह पर संतुष्ट रहना पड़ता है। कई बार ये मवेशी आधा पेट ही रहते हैं, यह अवस्था इनके साथ अन्याय करने जैसा है। इसलिए यदि अच्छा काम लेना हो तो मवेशियों को साल भर ठीक से खिलाना जरूरी है। इसी परिपेक्ष्य में एक नई संस्था 'पशु खाद्यान्न निगम (LFC)' की स्थापना होने जा रही है जो मवेशियों के लिए चारा तथा "खाद्य बैंक" की ओर ध्यान देगी।

2.4.3. सौर उर्जा

सौर उर्जा का उपयोग दो तरीकों से हो रहा है – एक सौर उष्णता – 'सोलर थर्मल (ST)' तथा दूसरा 'सोलर फोटो व्होल्टेइक (SPV)'। भारत के 'अनुसंधान तथा विकास (RED)' संस्था द्वारा ही इन 'सोलर फोटो व्होल्टेइक सेल तथा मॉड्यूल' तंत्र को विकसित किया गया है। भारत में इसके मॉड्यूल के उत्पादन की मात्रा 23 मेगावाट के बराबर है जो सम्पूर्ण विश्व के 5 प्रतिशत के बराबर है।

'सोलर थर्मल' उपकरणों का उपयोग पानी गरम करने, वातावरण गरमाने, भोजन पकाने, सुखाने, जल को नमक विरहित करने (खारापन दूर करने) तथा औद्योगिक व विद्युत निर्माण कार्य प्रणालियों में वाष्प बनाने के काम में किया जाता है। 'सोलर फोटोव्होल्टेइक' पद्धति का उपयोग प्रकाश करने, पम्पों से पानी फेंकने, तथा दूर संचार, संवहन एवं आवश्यकता पड़ने पर गांवों में विद्युत निर्मिति के लिए भी किया जाता है।

उपरोक्त लाभप्रद उपयोग के बावजूद सौर उर्जा के उपकरणों के उपयोग के प्रति लोगों की अभिरुचि बहुत नरम है। इसका मुख्य कारण यही है कि इन संसाधनों की मूल लागत ही, पारम्परिक स्त्रोतों की तुलना में बहुत अधिक होती है, भले ही सरकार इसके लिए पर्याप्त सरकारी अनुदान व प्रोत्साहन देती है। पारम्परिक बिजली तो दुर्गम स्थानों की बस्तियों तक आसानी से नहीं पहुंच पाती, पर सोलरफोटो व्होल्टेइक के माध्यम से उर्जा सरलता से पहुंच सकती है। एक बार इन संयंत्रों का ठीक से निर्माण कर दिया तो समुदाय को इनके व्यवस्थापन और रख–रखाव में शामिल किया जा सकता है जिसके लिए इसके पूर्व उचित प्रशिक्षण देना जरूरी है। इस विषय में सरकार अधिक अच्छा कार्य कर सकती है।

2.5. कोठारगृह/गोदाम तथा शीतगृह (Coldchains)

अभी तक भारत में कृषि का अधिकतम उत्पादन 213 मिलियन टन तक पहुंच गया

है, पर भंडारण व्यवस्था केवल 70 मिलियन टनों को ही है। जब नई फसल बाजार में पहुंचती है तो उसकी कीमतें कम होती हैं। दो तीन महीनों के बाद कीमतें बढ़ने लगती हैं। क्योंकि किसानों के पास उनके रहने भर की जगह वाला मकान होता है, इस बीच की अवधि के लिए भंडारण सुविधा आवश्यक होती है। ये भंडारगृह उत्पादकों के नजदीक होने चाहिएं, अन्यथा फसल को दूर ले जाने में लागत भी बढ़ सकती है। इसके सिवाय ग्रामीण क्षेत्र की सड़कों की खराब हालत के कारण, संवहन की तकलीफें और भी बढ़ती हैं। जल्दी नष्ट होने वाली वस्तुएं जैसे साग-सब्जियाँ, दूध, फल आदि के लिए शीतगृहों की भी आश्यकता होती है, ताकि ये वस्तुएं नष्ट न हों। यदि उत्पादित वस्तुओं को दूर के स्थानों में भेजना हो तो उनकी उचित पैकिंग करने की सुविधा उपलब्ध होना भी महत्त्वपूर्ण हो जाता है। उत्पादन का निर्यात कराना हो तो इन सारी चीजों का महत्त्व और भी बढ़ जाता है।

3. मानव संसाधन विकास (HRD) व संगठन का ढांचा (OS)

3.1. मानव संसाधन की स्थिति

साधारण तौर पर यही कहा जाता है कि विशाल जनसंख्या देश के लिए अभिशाप है, पर इसके विरुद्ध यह भी कहा जा सकता है कि भारत की विशाल जनसंख्या ही उसकी शक्ति बन सकती है, बशर्ते उसकी क्षमताओं का उचित उपयोग किया जाये। सब के लिए शिक्षा, स्वास्थ्य तथा लाभ दिलाने वाली रोजगारी के माध्यम से देश की विकास प्रक्रिया में हाथ बंटाते हुए जनता को शक्ति सम्पन्न बनाने पर न केवल जनता का कल्याण होगा बल्कि सर्वांगीण आर्थिक प्रगति की प्रक्रिया को बल मिलेगा। इसी परिपेक्ष्य में, देश की कुल जनसंख्या का 72.22 प्रतिशत तथा देश की कुल श्रम शक्ति का 58.4 प्रतिशत जनता जो गांवों में बसती है, उसे यदि उचित प्रशिक्षण दिया गया तो वह भी देश का एक प्रभावी स्त्रोत बन सकता है। इसमें से 14 वर्ष से कम आयु के 35.7 प्रतिशत तथा 60 वर्ष की आयु के ऊपर वाले 8 प्रतिशत को यदि छोड़ भी दिया जाये तो शेष (56.3 प्रतिशत) जनता ही काम के लिए उपलब्ध होती है। इसके सिवाय कृषि में वास्तविक रोजगारी मौसमी होती है। अतः (1) कृषि में उत्पादन वृद्धि के लिए किसानों को विस्तार शिक्षा देना आवश्यक है। इसी विषय में कृषि विज्ञान केन्द्रों की भूमिका महत्त्वपूर्ण हो सकती है। तथा (2) ग्रामीण कारीगरों को प्रशिक्षण सुविधाएं दी जानी चाहिएं ताकि ग्रामीण उद्योगों में भाग लेने की दृष्टि से उनकी क्षमता में वृद्धि होगी।

'औद्योगिक प्रशिक्षण संस्थाओं (ITI)' में व्यावसायिक प्रशिक्षण की व्यवस्था से यह कार्य पूरा हो सकता है। इन संस्थाओं में सिखाए जाने वाले कौशल्य को, उद्योगों की बढ़ती तांत्रिकी मांगों के साथ कदम मिलाकर चलना होगा। भारत सरकार तो अब केन्द्रीय क्षेत्र में एक नया कार्यक्रम चलाने का प्रस्ताव रख रही है, जिसमें औद्योगिक प्रशिक्षण संस्थाओं में उचित ढांचा, संसाधन तथा पाठ्यक्रम में बढ़ोत्तरी लाकर, उसका स्तर उंचा उठाया जाएगा।

जैसा ऊपर कहा गया है, कृषि में कार्य मौसमी होने के कारण कुछ राज्यों ने स्व–रोजगार निर्माण करने की योजना प्रारंभ कर दी है। इस योजना में छोटे आकार के कृषि आधारित लघु उद्योग शामिल हैं। इनकी योजना लागत का 25 प्रतिशत भार सरकार वहन करेगी तथा शेष लाभार्थी द्वारा दिया जाना है। परंतु किसानों के पास इतनी भी रकम उपलब्ध न होने से इस योजना को अच्छा प्रतिसाद नहीं मिला। अतः इनमें सरकार की भागीदारी 40 प्रतिशत तक बढ़ाने की आवश्यकता है।

3.2. रोजगार

ग्रामीण क्षेत्र में कृषि ही रोजगार मिलने का प्रमुख स्थान है। ग्रामीण व लघु उद्योग का क्षेत्र भी दूसरा स्थान है। कृषि में रोजगार की विशेषता यही है कि उसके सारे काम ऋतुओं या मौसमों के अनुसार चलते हैं। कृषि की प्रमुख गतिविधियाँ साधारणतः साल के चार महीनों में ही चलती हैं। अतः ग्रामीण क्षेत्र में अल्प–रोजगारी की स्थिति प्रमुखता से बनी रहती है। यही कारण है कि ग्रामीण क्षेत्र से ज्यादातर श्रमिक खासकर युवा वर्ग काम की तलाश में गांवों से शहरों की ओर स्थानांतरित हो जाते हैं। इसका एक मात्र हल इसी में है कि खेती के कामों का मौसम छोड़कर खाली दिनों में सड़क निर्माण, तालाब या जल संग्रहण क्षेत्रों का निर्माण, तथा छोटी–मोटी सिंचाई योजनाओं जैसे विकास के काम लिए जाये, जिससे स्थानीय ग्रामीण बेरोजगारों को काम मिल सके। ऐसी योजनाओं को प्रोत्साहन दिया जाये, जिसमें स्थायी सम्पत्ति के निर्माण कार्य की व्यवस्था हो तथा कामगारों को उनके काम के बदले उचित वेतन मिल सके।

कुछ राज्यों ने तो बेरोजगारी भत्ता देने की योजना प्रारंभ कर दी है जो ऐसे व्यक्तियों को दिया जाता है जिनके नाम रोजगार कार्यालयों (EE) में दर्ज हैं पर उन्हें काम नहीं मिल पाया है।

उदाहरण के लिए महाराष्ट्र राज्य में रोजगार गारंटी योजना प्रारंभ तो की है, पर दुर्भाग्य से अनेक मामलों में या तो न्यूनतम मजदूरी से कम राशि मिली है या राशि समय पर मिलती नहीं है। 23 दिसंबर 2004 को लोक सभा में 'राष्ट्रीय ग्रामीण

रोजगार गारंटी विधेयक - 2004 (NGEG)' प्रस्तुत किया गया था। जो सितम्बर 2005 में पास हुआ और 2 फरवरी 2006 से अधिनियम के रूप में लागू हुआ। अतः तदनुसार 'राष्ट्रीय ग्रामीण रोजगार गारंटी योजना (NREGS)' में देश के ग्रामीण क्षेत्रों में स्थित गरीब परिवारों को जीवन की सुरक्षा दिलाने के उद्देश्य से, हर परिवार को जिनमें वयस्क गृहस्थ शारीरिक श्रम कर सकते हैं - वित्तीय वर्ष में कम से कम 100 दिनों का रोजगार देने का प्रावधान है। यह विधेयक, महाराष्ट्र के 'रोजगार गारंटी योजना (EGS)' पर आधारित है तथा विधेयक बनाते समय महाराष्ट्र में मिले अनुभवों तथा खामियों का ध्यान रखा गया है।

इसमें कोई संदेह नहीं कि सूखा, नैसर्गिक आपत्ति या किसी विशेष संकटकालीन स्थिति में अल्प समय के लिए बेरोजगारी भत्ता देना न्यायसंगत है पर लम्बी अवधि तक ऐसी योजनाओं को चलाते रहने का, उनकी यथार्थ उपयोगिता अभी सिद्ध होनी बाकी है। ऐसी योजनाओं के असफल होने की संभावनाएँ भी हैं। क्योंकि बेरोजगारी की समस्या का स्थायी हल ढूंढने का जो ध्येय है वह इन आधे अधूरे प्रयासों के कारण अल्प रोजगार में परिवर्तित हो जाते हैं। यदि ऐसे प्रयास दीर्घकाल तक चलते रहे तो स्थायी रोजगार ढूंढने या स्व-सहायता से खुद का विकास करने की व्यक्तिगत क्षमता व तत्परता का ह्रास होने लगेगा। इसका स्थायी हल तो इसी में है कि कृषि क्षेत्र तथा ग्रामीण ढांचे में अधिक निवेश हो, ग्रामीण व लघु उद्योगों को प्रोत्साहन मिले, अपनी आय खुद निर्माण करने की योजनाओं की सहायता की जाये ताकि ग्रामीण अर्थव्यवस्था की प्रगति को अधिक सक्षम बनाया जाये जिसके फलस्वरूप आश्वस्त रोजगार का निर्माण हो सके।

3.3. शिक्षा और व्यावसायिक (Vocational) पाठ्यक्रम/प्रशिक्षण

ग्रामीण क्षेत्र में साक्षरता की दर महज 60 प्रतिशत है। शिक्षा का महत्त्व समझाते हुए, शिक्षा को संविधान में मूलभूत अधिकार का स्थान दिया गया है। 6 से 14 वर्ष तक की आयु के प्रत्येक बालक को साक्षर बनाने के लिए सरकार को शालाओं में शिक्षक, भवन, प्रशिक्षण साधन, पेय जल, शौचालय, खेलकूद के मैदान आदि सारी बातों की व्यवस्था हेतु विशाल स्त्रोत निर्माण करने पड़ते हैं। वर्तमान पद्धति में बालकों की अधिक संख्या में भरती को ही प्रमुखता दिए जाने के कारण, शिक्षा की गुणवत्ता को द्वितीय प्राधान्य दिया गया है। अतः पांचवें, आठवें तथा दसवें स्तर पर स्कूल छोड़कर जाने वाले विद्यार्थियों की संख्या बहुत अधिक हो गई है। ये व्यवहार-शून्य युवक स्कूल छोड़कर जाने के बाद आखिर क्या करेंगे? गांधीजी ने ऐसी स्थिति की पूर्व कल्पना की थी। इसीलिए उन्होंने पाठ्यक्रम में व्यावसायिक

शिक्षा को स्थान देने पर जोर दिया था। शालेय शिक्षा के बाद औद्योगिक प्रशिक्षण संस्थाएं तथा बहुतंत्रीय शिक्षा संस्थाएं विशेष व्यावसायिक प्रशिक्षण दे सकती हैं, तथा ग्रामीण संस्थाएं कृषि व सम्बन्धित सेवाओं व ग्रामीण उद्योगों में विस्तार कार्यक्रमों को आयोजित कर क्षमता–निर्माण का कार्य कर सकती हैं। आगामी वर्षों में, ग्रामीण युवकों को क्षमता सम्पन्न बनाने के लिए इन्हीं लक्ष्यों पर ध्यान केंद्रित करना होगा।

3.4. पंचायत राज संस्थाओं का सक्षमीकरण (Empowerment)

पंचायत राज संस्थाओं के कार्य का सिंहावलोकन करने के उद्देश्य से देश के समस्त पंचायत प्रमुखों की एक अखिल भारतीय परिषद मई 2003 में नई दिल्ली में सम्पन्न हुई। इस परिषद में बताया गया कि पर्याप्त निधि न दिए जाने एवं उसके उचित उपयोग के अभाव के कारण पंचायत राज संस्था का कार्य प्रभावित हुआ है। परिषद द्वारा स्वीकृत घोषणा–पत्र में कहा गया है कि पंचायतों के लिए स्वीकृत धनराशि अब सीधे पंचायतों को ही मिलेगी, पर राज्य सरकार के माध्यम से और वह भी इस सूचना के साथ कि पंचायतों को दी जाने वाली राशि केवल विकास कार्यों के लिए ही खर्च की जाएगी। बताया जाता है कि उपरोक्त प्रस्ताव केवल इसी चिंता के कारण प्रस्तुत हुआ कि पंचायत राज संस्थाओं की 'प्रभावहीन कार्यप्रणाली' का मुख्य कारण पर्याप्त निधि का न मिलना, देरी से मिलना तथा उसके उचित उपयोग का अभाव ही रहा है। फिर भी इस प्रस्ताव पर राष्ट्रीय सहमति तो बनानी ही पड़ेगी क्योंकि राज्य सरकारों को इस विकेन्द्रीकरण को स्वीकृत करने के लिये तैयार होना पड़ेगा तथा निधि के उचित उपयोग के देखरेख की जिम्मेदारी भी अन्ततः राज्य सरकारों को ही निभानी पड़ेगी।

3.5. ग्रामीण नेतृत्व की भूमिका

गांव के विकास की प्रक्रिया में ग्रामीण नेतृत्व का बहुत महत्त्वपूर्ण भाग होता है। इसका प्रमाण तो दो समान स्थिति वाले गांवों के हुए विकास में पाए जाने वाले अंतर से समझा जा सकता है। जिस गांव के नेता गांव के विकास के प्रति समर्पित हों उस गांव की प्रगति अच्छी होती है। लेकिन जिन गांवों में नेतागण गांवों की प्रगति के प्रति उदासीन रहते हैं वहाँ अच्छी प्रगति नहीं हो पाती। गांववासियों के कल्याण के लिए सरकार द्वारा अनेक योजनाएं स्थापित होती हैं परन्तु इन योजनाओं के क्रियान्वयन में एक त्रुटि यह पाई गई है कि समुदायों में इन योजनाओं के विषय में पर्याप्त जानकारी नहीं होती। ऐसी स्थिति में गांव का नेतृत्व ही महत्त्वपूर्ण भूमिका निभा सकता है। वह

अशिक्षित तथा गरीब गांववासियों को समझाकर उन्हें योजनाओं की जानकारी देकर योजनाओं से लाभ उठाने में उन्हें सहायता प्रदान कर सकता है।

हमारी प्रजातंत्रीय कार्य प्रणाली में, जनता विभिन्न राजनीतिक दलों के प्रति अपनी श्रद्धा रखती है। कई बार यह पद्धति गांववासियों के लिए हानिप्रद सिद्ध होती है। वह इस तरह कि इससे एक छोटे से ग्रामीण समुदाय के बीच कृत्रिम दीवार खड़ी हो जाती है। हमारी ग्रामीण जनता को वैसे ही निसर्ग पर बहुत ज्यादा निर्भर रहना पड़ता है, फिर इसके साथ जात-पात का विभाजन भी है ही, पर इसके भी ऊपर, गांव की प्रगति को कुंठित कर देने वाली यह मानव निर्मित राजनीतिक दीवार, गांववासियों की सहनशक्ति के परे हैं। इसी परिपेक्ष्य में ग्रामीण नेतृत्व का कार्य और भी महत्त्वपूर्ण हो जाता है। गांव के नेतृत्व को इस दलगत राजनीति से ऊपर उठकर गांव के विकास से सम्बन्धित विषयों पर एकजुट हो जाना चाहिए। राजनीतिक दलों को भी चाहिए कि वे अपनी परिपक्वता का परिचय देते हुए ग्रामीण संस्थाओं को बिना किसी बाहरी हस्तक्षेप के काम करने दें।

3.6. परिवार कल्याण योजनाओं को प्रोत्साहन

2001 की जनगणना के अनुसार भारत की जनसंख्या 1028.7 मिलियन है और जनगणना के आंकड़े सुझाते हैं कि 2035 तक भारत की जनसंख्या चीन को मात देते हुए 1460 मिलियन पहुंच जाएगी। स्पष्ट है कि परिवार नियोजन, प्रजनन एवं बाल स्वास्थ्य सम्बन्धी हमारी नीतियां अपेक्षानुसार सफल नहीं हो पाई हैं। सारे देश में चले परिवार कल्याण कार्यक्रम का परिणाम यह हुआ कि ग्रामीण क्षेत्र की अपेक्षा शहरी क्षेत्र में जन्मदर कम हो गई। ग्रामीण क्षेत्र में परिवार का बड़ा होना निरीह गरीबी का मूल कारण रहा है। आज भी गांवों में छोटी उम्र में विवाह का प्रचलन है। विशेषतः जातीय परिवारों में 20 वर्षों से कम उम्र में स्त्रियां दो बच्चों की माँ बन जाती हैं। छोटे परिवार के महत्त्व की जानकारी देने वाला अभियान अभी तक ग्रामीण क्षेत्र में इच्छित परिणाम लाने में असमर्थ रहा है। नाटक, चलचित्र, प्रदर्शन, दूरदर्शन तथा रेडियो पर होने वाले नवीनतम कायक्रमों के जरिये इस विषय में ज्यादा जागरूकता लाई जा सकती है। ग्राम पंचायत, ग्राम सभाएं तथा गैर-सरकारी संस्थाएं इस क्षेत्र में प्रभावी योगदान कर सकती हैं। लड़कियों में शिक्षा प्रचार-प्रसार, परिवार कल्याण कार्यक्रमों की सफलता की सबसे बड़ी कुंजी है।

3.7. ग्राम विकास में महिलाओं की भूमिका

2001 की जनगणना के अनुसार भारत की कुल जनसंख्या 1028.7 मिलियन में से

743 मिलियन ग्रामीण जनसंख्या है और इनमें से 48.61 प्रतिशत महिलाएं हैं। अतः ग्रामीण विकास में महिलाओं का स्थान बड़ा महत्त्वपूर्ण है। भारतीय संस्कृति का इतिहास बड़ा रंग-बिरंगा चौकाने वाला है। वैदिक काल से, ग्रंथों से, यही स्पष्ट होता है कि तब समाज में महिलाओं का बड़ा सम्मान होता था तथा लिंग के आधार पर कोई भेदभाव नहीं था। यह भेदभाव समाज में पुरुषों के प्रभुत्व जताने के साथ प्रारंभ हुआ तथा बाद में बढ़ता गया। स्वतंत्रतापूर्व काल में, राजा राममोहन रॉय, गोपाल कृष्ण गोखले और गांधीजी जैसे महान सुधारक हुए जिन्होंने महिलाओं का महत्त्व बढ़ाने में कठोर परिश्रम किया तथा विकास प्रक्रियां में दोनों को एक जैसा समान स्थान दिया। संविधान में भी महिलाओं के हितों की सुरक्षा के लिए प्रावधान किया गया है। इन सब के बावजूद महिलाएं देश के सामाजिक, आर्थिक तथा राजनीतिक पद्धति में समान सहभागी होने सें अभी बहुत दूर हैं। पारिवारिक कार्यों तथा आय के मामलों में सहभागी होने के बाद भी भोजन, शिक्षा, स्वास्थ्य, रहने की जगह, तथा पारिवारिक निर्णयों के बारे में आज भी पुरुषों का पलड़ा स्त्रियों की तुलना में भारी है। अत्तः स्थिति में सुधार लाने के लिए लड़कियों को शिक्षा देना, इन क्षेत्रों में काफी कुछ किया जा सकता है। ग्रामीण क्षेत्र में महिलाओं की साक्षरता दर तो महज 47 प्रतिशत है। शेष सभी घर-गृहस्थी के काम में या फिर खेती-बाड़ी अथवा उससे सम्बन्धित कार्यों में जुटी रहती हैं। स्कूलों में इनकी भर्ती संख्या भी बहुत कम है क्योंकि गांवों में अनेक माता-पिता लड़कियों को शिक्षा देने को कोई खास महत्त्व नहीं देते, इसके सिवाय ग्रामीण क्षेत्र की गरीबी भी इसका प्रमुख कारण है।

जहां तक काम में महिलाओं की हिस्सेदारी का प्रश्न है, तालिका 4.2 में 1991 तथा 2001 में व्यवसाय-गत पुरुष-महिलाओं की संख्या दी गई है।

तालिका 4.2 : व्यवसायानुसार पुरुष-महिलाओं की संख्या (1991 तथा 2001)

(प्रतिशत में)

क्रम संख्या	मजदूरों का वर्गीकरण	1991			2001		
		व्यक्ति	पुरुष	स्त्री	व्यक्ति	पुरुष	स्त्री
1.	खेती	48.2	51.4	38.6	40.1	42.2	36.5
2.	कृषि मजदूर	32.2	26.4	49.3	33.2	27.5	43.4
3.	अन्य मजदूर	17.5	20.3	9.2	26.7	30.3	20.1

स्त्रोत-NIRD Rural Development Statistics, 2004-05 and Census of India.

उपरोक्त आंकड़ों से पता चलता है कि खेती तथा कृषि मजदूरी के क्षेत्र में स्त्रियों व पुरुषों की हिस्सेदारी बराबर है। इसके सिवाय, समय के साथ ग्रामीण क्षेत्रों से खेती तथा कृषि मजदूरी वर्ग से अन्य व्यवसायों की ओर स्थानांतरण स्पष्ट रूप से दिखाई देता है।

यह भी एक ध्यान देने योग्य बात है कि कृषि में एक जैसे काम के लिए महिलाओं व पुरुषों को मिलने वाली मजदूरी में जो – न्यायपूर्ण नहीं है – फर्क है, अर्थात पुरुषों की तुलना में महिलाओं को मजदूरी कम मिलती है।

महिलाओं की स्थिति सुधारने, उनकी क्षमता में वृद्धि करने हेतु से महिला/भगिनी मंडल नामक संस्थाएं अनेक राज्यों में निर्मित हुई हैं। ये संस्थाएं महिलाओं के लिए सहायक सिद्ध हुई हैं। ये मंडल महिलाओं की कार्य कुशलता तथा उनके क्रियात्मक गुणों को विभिन्न तरीकों तथा अवसरों द्वारा विकसित करने के प्रयास करते हैं।

'भारतीय समाज विज्ञान अनुसंधान परिषद् (ICSSR)' ने इन मंडलों की गतिविधियों की सराहना की है। पर यह भी कहा है कि इन मंडलों में समाज के कमजोर वर्ग तथा अनुसूचित जाति का उचित प्रतिनिधित्व इन संगठनों में नहीं है। IRDP/TRYSEM के अन्तर्गत विकास के लिए महिलाओं को ध्यान देने योग्य क्षेत्र के रूप में स्वीकृत किया गया है। इसके सिवाय "ग्रामीण क्षेत्र में महिला और बालकों का विकास (DWCRA)" नामक संगठन 1982–83 में स्थापित किया गया है जिसका उद्देश्य महिलाओं को ग्रामीण–कलाकारी, बुनाई, रंगाई, डेअरी विकास, कुक्कुट पालन तथा मधुमक्खी पालन जैसे व्यवसायों की शिक्षा देना है।

महिलाओं के सबलीकरण के माध्यम से अनेक राज्यों में 'स्व–सहायता दल (SHG)' निर्मित हुए है। आन्ध्र प्रदेश में तो इन दलों में महिलाओं की अति विशाल संख्या में भागीदारी हो रही है। प्रत्येक स्व–सहायता दल में 16 से 20 सदस्य होते हैं, तथा औसत परिवार की सदस्य संख्या यदि 5 या 6 ली जाये तो प्रत्येक दल 100 लोगों की सहायता करता है। 'ग्रामीण क्षेत्र में महिला तथा बाल विकास' संगठन द्वारा इन स्व–सहायता दलों को ऋण मिलता है जो दल अपने सदस्यों में आवश्यकतानुसार बांट देता है। इस ऋण की वसूली दल द्वारा ही की जाती है, जिसके लिए प्रथम अनुनय का सहारा लेता है, पर इस तरह यदि वसूली नहीं हो रही हो तो दल सामाजिक दबाव लाकर वसूली कराता है। इन स्व–सहायता दलों की सर्वोत्तम धन वापिसी को देखते हुए रिजर्व बैंक की ग्रामीण कर्ज वितरण संस्था – नाबार्ड ने 1992 से इन स्व–सहायता दलों को औपचारिक बैंक पद्धति के अनुसार ऋण देना प्रारंभ कर दिया है तथा गैर–सरकारी संगठनों को सुविधादायकों के रूप में रखा है। ऋण

की पात्रता के महत्त्व को विशद करने के लिए उन्होंने इन स्व-सहायता दलों के वर्गीकरण की पद्धति भी बनाई है। इन दलों की गतिविधियों को देखते हुए विश्व बैंक भी एक वित्तीय कार्यक्रम लेकर आया है, जिससे ये दल कुशल कारीगरों की नियुक्ति करने तथा छोटे ढांचागत कार्य करने की स्थिति में आ गए हैं। अनुभवी स्व-सहायता दल अब ज्यादा परिपक्व होकर, साधारण उपभोक्ता या उत्पादन कर्ज की क्षमता से उपर उठकर छोटे उद्योग चलाने का विचार कर सकते हैं। अब ये स्व-सहायता दल, केवल ऋण लेकर, उसे अपने सदस्यों में आवश्यकतानुसार ऋण बांटने वाली संस्था न रहकर उससे अधिक ऊंचा उठ गए हैं। ये दल महिलाओं के सबलीकरण का प्रतिनिधित्व करते हैं ताकि महिलाएं विकास की प्रक्रिया में भाग ले सकें।

'हिन्दू-उत्तराधिकार कानून (HSA)' के अनुसार एक स्त्री को उसकी पिता की उत्तराधिकार प्राप्त सम्पत्ति में उसके अन्य पुरुष भाईयों के बराबरी का अधिकार होता है, पर पैतृक सम्पत्ति में कोई अधिकार नहीं होता। परिवार सम्बन्धी कानून, संविधान की संयुक्त सूची का विषय होने के कारण, समाज सुधार के दृष्टि से आंध्र प्रदेश में (1985 में), उसके बाद तमिलनाडु में और तुरंत बाद (1994 में) महाराष्ट्र में इस हिन्दू उत्तराधिकार कानून में कुछ संशोधन प्रस्तावित किए है। इन संशोधनों में 'हिन्दू अविभाजित कुटुम्बों (HUF)' के पैतृक सम्पत्ति में भी पुत्रियों को भी समानता का अधिकार दिए जाने का प्रावधान किया गया है। महिलाओं को समानता देने के उद्देश्य से प्रत्येक राज्य द्वारा अलग-अलग कानून बनाने के बजाय केन्द्र सरकार ने एक मॉडेल विधेयक पास करके उसे सारे देश में लागू करने का प्रयास किया है। परंतु इस प्रक्रिया में एक और महत्त्वपूर्ण बात ध्यान में रखनी होगी :

महिलाओं को सम्पत्ति में बराबरी का अधिकार दिए बिना कोई भी समाज, अपने आपको पक्षपातहीन प्रजातांत्रिक समाज कहलाने का दावा नहीं कर सकता। इन संशोधनों से महिलाओं में उनकी स्वयं की योग्यता की भावना में आमूल परिवर्तन होने की संभावना है। परंतु इन संशोधनों को महिला सबलीकरण की दिशा में प्रारंभिक कदमों के रूप में देखा जाना चाहिए। यद्यपि किसी भी सकारात्मक परिणाम के लिए समाज की वृत्ति में भी अनुकूल परिवर्तन होने चाहिए।

सामाजिक व सांस्कृतिक गतिविधियों में जहां महिलाओं की भागीदारी उल्लेखनीय रही है वहीं विकास कार्यों में उनकी उपस्थिति नगण्य ही है। अतः विकास प्रक्रिया में महिलाओं का स्तर ऊंचा उठाने के लिए किए जाने वाले प्रयत्नों में दुगुनी फूर्ति लानी परमावश्यक है।

3.8. गैर-सरकारी संगठनों तथा कारपोरेट संस्थानों का सहभाग

ग्रामीण विकास का क्षेत्र इतना विशाल है कि अकेले सरकार के प्रयत्न पर्याप्त नहीं होते। इस लक्ष्य की पूर्ति के लिए बहुआयामी तथा बहुस्तरीय प्रयत्नों की आवश्यकता है। इसी परिपेक्ष्य में गैर-सरकारी संगठनों द्वारा महत्त्वपूर्ण कार्य हो सकता है। सरकारी संगठनों, ऋण वितरण संस्थाओं और ग्रामीण जनता के बीच का अंतर पाटने का कार्य ये गैर-सरकारी संगठन अच्छी तरह कर सकते हैं। इन्हें निजी या सार्वजनिक किसी भी स्त्रोत से निधि मिल सकती है। इन गैर-सरकारी संगठनों पर सरकार या किसी भी प्रकार का कोई नियंत्रण नहीं होने से ये संगठन ग्रामीण जनता की समस्याओं को दूर करने के लिए नये कल्पनाशील तरीकों को आजमा सकते हैं। फिर भी सरकार से निधि प्राप्त करने वाले इन संगठनों पर सरकार की ओर से कोई न कोई देखरेख होनी ही चाहिए। सभी संगठन पूरी तरह से ईमानदार व कार्यतत्पर नहीं होते, पर सभी संगठन बुरे भी नहीं होते। यदि किसी गैर-सरकारी संगठन का कार्य संतोषप्रद नहीं पाया जाता है तो ऋण देने के मामलों में सरकार को ऐसे संगठन की मान्यता वापिस ले लेनी चाहिए। ऐसे भी कई मामले सामने आए हैं जिनमें इन संगठनों से सम्बन्धित सरकारी कर्मचारी, संगठनों को अच्छे काम का प्रमाणपत्र दिलाने के लिए उनसे पैसे ऐंठते हैं, इस बहाने कि इन संगठनों को सरकारी सहायता निधि मिलती रहे। ऐसी घटनाओं से संगठन के कार्य पर बुरा असर पड़ता है। अतः गैर-सरकारी संगठनों के साथ व्यवहार करने वाली सरकारी पद्धति में पारदर्शिता लानी ही चाहिए। संगठनों के क्रियाकलापों का सिंहावलोकन करने के लिए किसी एक कर्मचारी को यह काम सौपने के बजाय एक समिति के माध्यम से काम कराना इस समस्या का सही हल होगा।

कारपोरेट संस्थान भी ग्रामीण विकास के काम में सहायक हो सकते हैं। जैसे (1) उद्योगों के निकट बसे गांव को गोद लेना (2) ग्रामीण क्षेत्र में विकास योजनाओं का काम सम्हालना तथा (3) स्वयंसेवी संगठनों के माध्यम से ग्रामीण विकास के लिए अपने स्त्रोतों का उपयोग करना आदि। मानव कल्याण की भावना से प्रेरित धनी उद्योजकों को तो ग्रामीण विकास का क्षेत्र प्रगति के अच्छे अवसर प्रदान करता है।

4. कृषि व सम्बन्धित क्षेत्रों में उचित तकनीक का प्रयोग

4.1. सिंचाई की सहायता से बहु-फसल

गत दो दशकों में कृषि उत्पादन में भले ही सुधार हुआ है, फिर भी सम्पूर्ण उत्पादन

मात्रा, अलग–अलग वर्षों में भिन्न–भिन्न ही रही है, जो मुख्यतः होने वाली वर्षा की मात्रा तथा उसके उचित समय पर होने पर निर्भर रही है। तालिका 4.3 में 2000–01 से 2006–07 तक खाद्यान्न उत्पादन की प्रगति दर बताई गई है।

तालिका 4.3 : खाद्यान्न उत्पादन को प्रगति दर (2000–01 से 2006–07)

क्रम संख्या	*खाद्यान्न*	*गत वर्ष की तुलना में खाद्यान्न/प्रगति दर*						
		2000-01	*2001-02*	*2002-03*	*2003-04*	*2004-05*	*2005-06*	*2006-07*
1.	खाद्यान्न उत्पादन (मिलियन टनों में)	195.9	212.9	174.8	213.5	204.6	208	209
2.	खाद्यान्न उत्पादन (गत वर्ष की तुलना में % वृद्धि)	(–)6.6	8.7	(–)17.9	22.1	(–)4.2	0.02	0.005

स्रोत–Economic Survey (GOI) from 2000–01 to 2006–07 / Statistical Abstract 2004 (GOI)

अधिक मात्रा में उत्पादन और अच्छी उत्पादकता के लिए अधिक फसल देने वाले बीज एवं रासायनिक खाद आवश्यक होते हैं, अधिक फसल देने वाले बीजों के लिए रासायनिक खाद तथा भरपूर सिंचाई परमावश्यक है। इस तरह देखा जाये तो अच्छी उत्पादकता के लिए सिंचाई बड़ी महत्त्वपूर्ण हो जाती है।

वर्तमान में भारत के कुल फसली क्षेत्र के 35 प्रतिशत क्षेत्र में ही सिंचाई व्यवस्था उपलब्ध है। सिंचित कृषि का अर्थ उस खेती से हैं जिसमें सिंचाई व्यवस्था हो। चिरस्थायी जल स्त्रोतों से वर्ष भर सिंचाई होना संभव है। पम्पों के माध्यम से नहरों के पानी से भी सिंचाई होती है। परन्तु भारतीय स्थिति में यह सिंचाई अधिकांशतः अनेक प्रकार की छोटी जल सिंचन योजनाओं से होती है, जो अपने आप में कृषि के लिए योग्य तंत्र बन गई है। बिन बरसात के दिनों में सिंचाई के लिए छोटे तालाब ही काम में आते हैं, जिनमें वर्षाकालीन जल रोककर संग्रहित किया जाता है। बिजली से चलने वाले नलकूपों का भी छोटा वितरण जाल होता है जो काफी लाभदायक सिद्ध हुआ है।

एक जमाना था जब 5 लाख जल संचयों से 4 मिलियन हेक्टेयर भूमि का

सिंचन होता था। इनसे अब केवल दो मिलियन हेक्टेयर भूमि ही सिंचित हो पाती है। यदि इन जल स्त्रोतों का पुनर्निमाण, पुर्नगठन होकर उन्हें पुनर्जीवित किया गया तो सिंचाई की क्षमता तुरंत दुगुनी हो जाएगी। जल उपयोग प्रवीणता की दृष्टि से भारत, विश्व में सबसे निचले स्तर पर है। अतः लघु सिंचन योजनाओं को प्रोत्साहन देना जरूरी है, जिसमें फौवारों द्वारा छिड़काव, तथा बूंद सिंचन का समावेश होता है। इस लघु सिंचन तंत्र में अभी तक 1.2 मिलियन हेक्टेयर एकड़ भूमि सिंचित की गई है।

सिंचित कृषि से अनेक फसलें उगाई जा सकती हैं तथा प्रति हेक्टेयर उत्पादन भी बढ़ सकता है। 2000-01 के दौरान 141.10 सिंचित कृषि से 45.91 हेक्टेयर भूमि पर एक से अधिक बार बोआई की गई। उपलब्ध सिंचाई क्षमता का उपयोग कर ज्यादा बड़े क्षेत्र में एक से अधिक फसले ली जा सकती है। विभिन्न तत्वों को ध्यान में रखते हुए भारत में 31-3-2002 को कुल सिंचन क्षमता 139.88 मिलियन हेक्टेयर आंकी गई है। 93.98 मिलियन हेक्टेयर भूमि निर्मित की गई है, जिसमें बड़ी व मध्यम सिंचाई योजनाओं से 37.08 मिलियन हेक्टेयर तथा लघु सिंचाई योजनाओं से 56.90 मिलियन हेक्टेयर भूमि है। परंतु प्रतिवर्ष कम होते जलस्तर को देखते हुए कुल सिंचन क्षमता भूमि का जो आकलन किया गया है वह ज्यादा दिखाई पड़ता है।

इसके सिवाय यह भी चिंताजनक तथ्य है कि 1991-2000 में 56.76 मिलियन हेक्टेयर सिंचित भूमि की मात्रा 2001-02 में कम होकर 55.70 मिलियन हेक्टेयर रह गई है। 2001-01 व 2001-02 में सिंचित भूमि की मात्रा में गिरावट का एक कारण यह भी हो सकता है कि ग्रामीण क्षेत्रों में विद्युत नियमन के कारण कृषि के लिए बिजली की बिक्री में ही गिरावट हुई है, जिस कारण सिंचाई नहीं हो सकी। कृषि के लिए बिना रुकावट के बिजली प्रदाय का महत्त्व इसी से सिद्ध हो जाता है। सिंचाई की कमी का एकमात्र दूसरा कारण यह भी हो सकता है कि उस सिंचन क्षेत्र में वर्षा कम हुई होगी।

सिंचित कृषि में पंपों, विद्युत, छिड़काव यंत्रों आदि के लिए पूंजीगत व्यय के साथ जलसंधारण, अधिक उत्पादन देने वाले महंगे वीज, रासायनिक खाद तथा कीटनाशकों के लिए भी काफी धन की आवश्यकता होती है। परंतु उत्पादन में बढ़ोत्तरी होने से इस अतिरिक्त व्यय की भरपाई हो जाती है। इसीलिए उपरोक्त वर्णित उपयुक्त तंत्र का उपयोग किया जाना हितावह है।

4.2. सूखी खेती

भारत की कुल फसली क्षेत्र का 65 प्रतिशत भाग वर्षा पर निर्भर है। अतः वर्षा के जल को बहने से रोकने तथा ज्यादा से ज्यादा समय तक उसे संग्रहित करने के तौर

तरीके ढूंढे जा रहे हैं। इनमें से एक तरीका जलसंधारण व्यवस्थापन का है जिसमें वर्षा के जल को संग्रहित करने के लिए छोटे-छोटे तालाब निर्मित किए जाते हैं। यह संग्रहित जल बाद में छिड़काव या बूंद सिंचन के तंत्र का उपयोग कर काम में लाया जा सकता है। यदि उतार की ढाल ज्यादा हो तो छोटा बांध बनाकर पानी को रोका जा सकता है।

पानी को संग्रहित करने के अन्य उपाय हैं – बीज बोने के पूर्व गहराई तक हल चलाना, ढलान के किनारों पर फसल बोना, फसल की बोआई ढलान की दिशा के बजाय उसके आड़े में बोना, कन्टुर के आकार में फसल बोना, आदि। सूखी खेती में पौधों के बीच का अंतर, सिंचित भूमि की अपेक्षा ज्यादा होना चाहिए, ताकि पौधों को पोषण मिल सके।

फसल भी ऐसी चुनी जाय जो कम समय में तैयार हो जैसे 3-4 महीनों में कटाई के लिए तैयार हो जाये, ताकि मौसमी वर्षा के बाद के दिनों में यदि वर्षा न भी हो तो कोई प्रभाव नहीं पड़ेगा। प्रति वर्ष बदल बदलकर फसल लेना सूखी खेती के लिए लाभप्रद होगा। सूखी खेती के सम्बन्ध में किसान को इन सारी बातों पर मार्गदर्शन करने में विस्तार सेवाओं की बहुत महत्त्वपूर्ण भूमिका होती है।

कुछ अनुसंधान प्रयोगशालाओं ने ऐसे बीज खोज निकाले हैं जो सूखे की स्थिति का सामना कर सकते हैं तथा अल्पवर्षा की स्थिति में जीवित रह सकते हैं। परंतु इन पर अभी कृषि तथा जमीन की स्थिति विषयक प्रयोग होने हैं। यदि वे सफल हुए तो किसान उनका उपयोग कर सकेंगे।

4.3. जैविक कृषि (Organic Farming)/नैसर्गिक खेती/केंचुआ खाद (Vermiculture)

आजकल उत्पादन बढ़ाने के लिए रासायनिक खाद का तथा फसल में लगने वाले कीड़े-कीटकों का नाश करने के लिए कीटनाशकों का बड़े प्रमाण में उपयोग हो रहा हैं। परंतु इन रासायनिक खादों तथा कीटनाशक द्रव्यों का लम्बे समय तक उपयोग हानिकारक सिद्ध हो रहा है क्योंकि इनसे हुए उत्पादनों में रासायनिक अवशेष रह जाने की संभावना है। यही नहीं, इन रसायनों सें भूमि की प्राकृतिक रचना ही परिवर्तित हो सकती है, भूमि के पोषक तत्वों का संतुलन बिगड़ सकता है, जमीन की हालत खराब हो सकती है, भूमि विषाक्त हो सकती है, और विष पानी को भी जहरीला कर सकता है। इन सारे परिणामों के अंदेशे से अब जैविक कृषि के पक्ष में जनमत बढ़ता जा रहा है।

इस जैविक कृषि में न कोई कीटनाशक का और न कोई रासायनिक खाद का ही प्रयोग होता है। इसके स्थान पर गोबर, पानी और गोमूत्र तथा जल्दी सड़ान लाने के लिए कालेगुड़ का प्रयोग कर खाद बनाई जाती है। लगमग एक सप्ताह के बाद यह मूल्यवान खाद पानी के साथ खेतों में फैला दी जाती है। एक अन्य प्रक्रिया में घरों से निकला जूठन और कूड़ा तथा फसल कटाई के बाद बचा भूसा एक बड़े गड्ढे में कुछ दिनों तक रहने दिया जाता है, जो बाद में खाद के रूप में बदल जाता है। इसे सम्मिश्र खाद (कम्पोस्ट) भी कहा जाता है।

एक और प्रक्रिया है जिसे केंचुआ-खाद कहते हैं। उसमें कम्पोस्ट खाद. सूक्ष्म जीवाणुओं तथा जैविक कूड़े से मिलकर बनती है। इसमें पहली क्रिया जीवाणु-निर्माण-भूमितल बनाने की होती है, जिसमें गीला-कूड़ा डाला जाता हैं और इन्हें हरे पत्तों तथा गोबर से 10 दिनों तक ढांप दिया जाता है। इस सतह पर पुनः गीला कूड़ा बिछाकर उसकी सड़न प्रक्रिया को और तेज किया जाता है ताकि वह बायोडिग्रेडेबल वस्तु बन सके। मांस या फलों की तीखी आम्ल पदार्थिय मतली को दूर करने के लिए उस पर चट्टानों की धूल ढाकी जाती है। इस जगह पर लगातार पानी डाला जाता है तथा बाद में कूड़े की परतें और बिछाई जाती है। यह सम्मिश्र (कम्पोस्ट) खाद एक वर्ष में तैयार हो जाता हैं। कुछ कृषक तो खेतों के किनारों पर नीम के वृक्ष लगाने का समर्थन करते हैं, जिससे पक्षी आते हैं तथा फसल को नष्ट करने वाले कीड़ों को खा जाते हैं। रसायन शून्य खाद की तरह रसायन शून्य कीटनाशक भी उपलब्ध हैं जैसे 'निमार'।

जैविक कृषि से होने वाला उत्पादन रसायन विरहित होने से ज्यादा स्वास्थ्यकर माना जाता हं। विकसित देशों में रासायनिक खाद तथा कीटनाशकों का भले ही अधिकाधिक उपयोग हो रहा है, फिर भी अमेरिका तथा यूरोप संघ के कुछ वर्गों में जैविक कृषि उत्पादनों की मांग बढ़ती जा रही है और इस हद तक पहुंच गई है कि वे ऐसे जैविक खेत तैयार करने के लिए सहायता देने को आतुर हैं और उपभोक्ता भी ऐसे उत्पादन के लिए कीमत देने के लिए तैयार हैं।

4.4. बंजर भूमि (Waste Land) का विकास

चौथी पंचवार्षिक योजना के व्याख्यानुसार सूखी खेती उस क्षेत्र को कहते है जहाँ एक सात में लगभग 375 से 1125 मिलीमीटर वर्षा होती है। जिस क्षेत्र में 375 मिलीमीटर से कम वर्षा होती है उस क्षेत्र को पूर्णतया बंजर (arid) या मरुभूमि कहा जाता है।

भौगोलिक क्षेत्र का 20 प्रतिशत भाग (63.85 मिलियन हेक्टेयर) मरुस्थल, उसर जंगलों तथा कंदराओं से व्याप्त है। इस्राईल में भी बड़े आकार के मरुस्थल थे, पर उन्होंने उस बंजर भूमि को उपजाऊ कृषि भूमि में परिवर्तित करने में उल्लेखनीय

प्रगति की है। भारत, इस्राइल के अनुभवों सें सीख ले सकता है तथा उन्हीं तरीकों का उपयोग भी कर सकता है।

बंजर भूमि कें विकास के लिए 'राष्ट्रीय बंजर भूमि विकास मंडल (NWDB)' की स्थापना की गई है। अन्य कार्यों के अतिरिक्त इस मंडल का प्रमुख लक्ष्य बड़ी मात्रा में बंजर भूमि को जलाऊ लकड़ी के वृक्षों तथा चरागाहों में परिवर्तित करना है। इस भूमि के विकास का एक तरीका यह भी है कि गरीब व्यक्तियों को स्वामित्व का अधिकार देते हुए, सहकारी संस्थाओं के माध्यम से वृक्ष पट्टे दिए जायें, जिस पर फल देने वाले तथा अन्य वृक्ष लगाए जा सकेंगे। पर इसमें एक सावधानी यही बरतनी होगी कि जो भूमि आवश्यक रूप से सामुदायिक उपयोग के लिए है, उसे केवल कुछ परिवारों के ही हित में बांट न दिया जाये।

4.5. भूमि की गुणवत्ता घटने से रोकना

भूमि का स्तर घटने के अनेक कारण होते हैं– जिनमें से मुख्य है– सूखा पड़ना, जल ठहराव, मानव निर्मित जल स्खलन, क्षारहीनता तथा रासायनिक खाद का अत्यधिक प्रयोग। 1999 में भारत सरकार ने यह अनुमान लगाया कि कुल 329 मिलियन हेक्टेयर के आधी भूमि को निम्न स्तर भूमि के वर्ग में वर्गीकृत किया जा सकता है। भूमि की इस स्तर पतन को यदि नहीं रोका गया तो लम्बे समय में उत्पादकता पर बहुत बुरा प्रभाव पड़ेगा। अतः भूमि का स्तर अधिक गिरने से रोकने के लिए तथा स्थिति को नियंत्रण में लाने के प्रयासों को संस्थागत रूप देना तथा नए तौर तरीके खोजना जरूरी है।

4.6. एकीकृत कीट नियंत्रण कार्यक्रम (IPCP)

कृषकगण अक्सर कीटनाशकों का प्रयोग अपने खेतों में व्यक्तिगत रूप से करते हैं। कई किसान अपने खेतों में इन कीटनाशकों का उपयोग करते ही नहीं। वह इसलिए कि एक तो यह उनकी आर्थिक क्षमता से परे होता है या फिर उन्हें कीटनाशकों के महत्त्व की जानकारी ही नहीं होती। ऐसी स्थिति में ऐसे खेतों में जहां ये कीटक सक्रिय होते हैं, वहां यदि कीटनाशकों का उपयोग नहीं होता तो कुछ अवधि के बाद ये कीटक उन नजदीकी खेतों की फसलों को भी नष्ट कर देते हैं, जहां पहले कीटनाशकों का उपयोग हुआ होता है। इसके उल्टे, खेतों में बचे हुए कीटक – जहां खेतों में पहले कीटनाशकों का उपयोग हुआ हो, उन नजदीकी खेतों की फसलों को नष्ट कर देते हैं, जहां कीटनाशकों का प्रयोग ही नहीं हुआ है। इन परिस्थितियों में इन कीटनाशकों के सर्वाधिक प्रभावी उपयोग का यही तरीका है कि सब किसान एक

कीटनाशकों के सर्वाधिक प्रभावी उपयोग का यही तरीका है कि सब किसान एक होकर सम्मिलित कार्यक्रम बनाकर इसका उपयोग करें ताकि आस-पास का सम्पूर्ण क्षेत्र कीट विरहित हो जाये।

4.7. सहकारी खेती

परिवारों में पीढ़ी दर पीढ़ी चले आ रहे विभाजनों के कारण, भू-धारण टुकड़ों में बंटता जा रहा है। परिणामस्वरूप छोटे और सीमान्त किसानों की संख्या में लगातार वृद्धि हो रही है। तालिका 4.4 में 1990-91 तथा 1995-96 में क्रियाशील (operational) भू-धारण (holding) का वर्ग तथा भू-धारण क्षेत्र की जानकारी दी गई है।

तालिका 4.4 : क्रियाशील भू-धारण तथा भू-धारण क्षेत्र (1990-91, 1995-96)

भू धारण का वर्गीकरण	*क्रियाशील भू-धारण (मिलियन)*	*प्रतिशत*	*क्रियाशील भू-धारण क्षेत्र मिलियन हेक्टेयर*	*प्रतिशत*
सीमांत	71.18★	61.59	28.12	17.21
(1 हेक्टेयर से कम)	(62.11)★★	(59.0)	(24.62)	(14.9)
छोटे	21.64	18.72	30.72	18.81
(1 से 2 हेक्टेयर)	(19.96)	(19.0)	(28.70)	(17.3)
उप-मध्यम	14.26	12.34	38.95	23.84
(2 से 4 हेक्टेयर)	(13.91)	(13.20)	(38.35)	(23.20)
मध्यम	7.09	6.13	41.40	25.34
(4 से 10 हेक्टेयर)	(7.63)	(7.2)	(45.05)	(27.2)
बड़े	1.40	1.21	24.16	14.79
(10 हेक्टेयर से अधिक)	(1.67)	(1.6)	(28.90)	(17.4)
कुल योग 1995-96	115.58	100.00	163.36	100.00
(1990-91)	(105.28)	(100.00)	(165.62)	(100.00)

★ ये आंकडे 1995-96 के है।

★★ कोष्ठक में दिए आंकड़े 1990-91 के है।

स्रोत - NIRD Rural Development Statistics, 2004-05.

उपरोक्त तालिका से निम्न झुकाव दिखाई देता है -

(1) सालों साल भूमि के टुकड़े होते जा रहे हैं।

(2) बड़े और मध्यम भू-धारकों की संख्या में कमी ही रही है तथा सीमान्त, छोटे व उप मध्यम भू-धारकों की संख्या में बढ़ोत्तरी हुई है।

(3) सीमान्त (61) तथा छोटे भू-धारकों (19) को मिला दिया जाये तो वे कुल भू-धारकों का लगभग 80 प्रतिशत हो जाते हैं।

(4) सीमान्त और छोटे भू-धारक जो कुल भू-धारकों के 80 प्रतिशत है लेकिन उनके पास केवल 32 प्रतिशत भूमि का स्वौमित्त्व है जबकि बड़े और मध्यम भू-धारक जो कुल भू-धारकों के 20 प्रतिशत है उनके पास 68 प्रतिशत भूमि का स्वामित्त्व है।

प्रत्येक किसान द्वारा खेती के लिए अलग से स्त्रोत जुटाना कठिन व खर्चिला होता है। ऐसी स्थिति में यदि ऐसे किसान एक सहकारी संस्था बना लें, अपने सारे स्त्रोत एक जगह एकत्रित कर लें और सम्मिलित खेती करें तो बहुत अच्छा होगा। ऐसी स्थिति में किसान अपनी भूमि के स्वामी रहेंगे, लेकिन खेती का काम सहकारिता से होगा। यदि कोई सदस्य अपनी सेवाएं प्रदान करता है तो सहकारी संस्था उसका मूल्य देगी। सहकारिता की यही नीति विपणन व्यवस्था में भी लागू की जा सकती है। सहकारिता के लाभों को मान्यता देते हुए गांधीजी ने कहा था कि "मुझे इस बात का पक्का विश्वास है कि सहकारी खेती के माध्यम से ही हमें कृषि का पूरा लाभ मिलेगा। मेंरे विश्वास व धारणा की सहकारी खेती से भूमि का चेहरा ही बदल जाएगा, गरीबी समाप्त हो जाएगी।"

इन सारे स्पष्ट दिखाई देने वाले फायदों के होते हुए भी सहकारी खेती को कोई खास प्रतिसाद नहीं मिला। केवल दो प्रतिशत किसानों ने ही सहकारी समितियां बनाईं, जो कुल जोत क्षेत्र का 0.2 प्रतिशत भूमि पर खेती करती हैं। इस प्रतिक्रिया का मूल कारण कृषि समुदाय में उचित नेतृत्व का अभाव, तथा स्थानीय लोगों में तत्परता की कमी ही है। परंतु अब समय की गति के साथ, टुकड़ों टुकड़ों पर खेती करने वाले किसानों के पास, एकत्र होकर, सम्मिलित रूप से खेती करने के सिवाय दूसरा कोई पर्याय नहीं रह गया है, जिससे वे कृषि से लाभ उठा सकें। सहकारी खेती की मूल धारणा को लोकप्रिय बनाने के लिए तौर तरीके ढूंढने में सरकार सक्रिय भूमिका निभा सकती है।

एक सुझाव यह भी दिया जा रहा है कि 'ठेके पर खेती (Contract farming)' को सहकारी खेती का एक भाग बना दिया गया तो स्थिति में सुधार अवश्य आएगा, क्योंकि इससे निजी क्षेत्र व सहकारी संस्थाओं में गठबंधन अधिक मजबूत होगा।

इस धारणा की अभी तक जांच, परख नहीं की गई है। इसमें प्रमुख सवाल यही उठेगा कि इन नयी व्यवस्था में कृषि मजदूरों का जो अभी काम में लगे हुए हैं - क्या हश्र होगा?

4.8. खादी और ग्रामोद्योग तथा ग्रामीण लघु उद्योगों का विकास

खादी और ग्रामोद्योग योजना का उद्देश्य ग्रामीण औद्योगिकरण को बढ़ावा देना है। क्षमता-निर्माण तथा तांत्रिकी प्रगति के उद्देश्य से महात्मा गांधी द्वारा 1935 में स्थापित वर्धा की संस्था का दर्जा बढ़ाने की योजना बनाई गई है तथा उसे 'महात्मा गांधी ग्रामीण औद्योगिकरण संस्था' का नाम दिया जाएगा। परंतु इन उद्योगों की प्रगति में एक बड़ी समस्या है बाजार का मिलना। उदाहरणार्थ अधिकांश लोग खादी के बजाय मिलों में बने सूती कपड़ों को ज्यादा पसंद करते हैं क्योंकि मिलों में बने वस्त्र अधिक महीन होते हैं, उनका रख-रखाव भी सरल होता है। परंतु खादी तो भारत के सभी मौसमों के अनुकूल होती है इसके सिवाय इससे ग्रामीण जनता को रोजगार भी मिलता है। इसी परिपेक्ष्य में 'भारतीय रेल' अपनी जरूरत के लिए खादी का ही उपयोग करेगा जब तक 'खादी ग्रामोद्योग आयोग (KVIC)' इसकी पूर्ति करते रहेगा। यह निर्णय इस दिशा में सही कदम है। इसी प्रकार का सहयोग विभिन्न संगठनों द्वारा अन्य कुटीर उद्योग को दिया जाना चाहिए।

लघु उद्योगों के उत्पादनों को बाजार में लाने के लिए उन उत्पादनों की गुणवत्ता, पैकेजिंग तथा मूल्य, राष्ट्रीय व अन्तर्राष्ट्रीय बाजरों में प्रतिस्पर्धात्मक होने चाहिएं। इनके लिए उन्हें ढांचागत सुविधाएं - जैसे गुणवत्ता परिक्षण प्रयोगशाला, शीतगृह तथा पैकेजिंग ईकाईयों की जरूरत होती है। यही नहीं बल्कि इन लघु उद्योगों में तांत्रिकी आधुनिकीकरण, प्रक्रिया व साधनों की नवीनता तथा आधुनिकता लानी होगी ताकि अपने देश तथा अन्य देशों के विकास के साथ अपना सामंजस्य बिठा सकें। सरकार को इस क्षेत्र में इच्छित प्रगति लाने के लिए उपरोक्त वर्णित सारी सुविधाएं जुटा देनी होंगी, जो ग्रामीण विकास के लिए आवश्यक है। खादी व ग्रामोद्योगों को निधि के अभाव का सामना करना पड़ रहा है और इसीलिए उन्हें समय पर आवश्यक पूंजी प्रदान करने के लिए पृथक वित्तीय संस्था की आवश्यकता है।

4.9. डेअरी विकास

दूध उत्पादन में भारत विश्व में प्रथम स्थान पर है। वर्ष 2003-04 में देश में 88.1 मिलियन टन दूध का उत्पादन हुआ। दूध और दूधजन्य पदार्थों के विश्व-निर्यात में

भारत का हिस्सा 0.24 प्रतिशत है। ग्रामीण और शहरी दोनों क्षेत्रों में दूध तथा दूध-जन्य पदार्थों की मांग काफी बढ़ी है। स्थान की अनुपलब्धता, चरागाह का अभाव तथा प्रदूषण के कारण शहरी क्षेत्र में डेअरी उद्योग का विकास संभव नहीं है, पर ग्रामीण क्षेत्र में स्थान उपलब्ध है, चरागाह भी है अत: यहां डेअरी उद्योग का विकास संभव है। वास्तव में डेअरी विकास एक फलने फूलने वाला व्यवसाय है तथा कृषि के अतिरिक्त अच्छी रोजगारी देने वाला उद्योग भी है। इस क्षेत्र में विशाल स्तर पर विस्तार हो रहा है। फिर भी गुजरात का ऑपरेशन फ्लड़ 1 व 2 तथा पंजाब और हरियाणा की 'श्वेत क्रांति' की जानकारी देश के अन्य प्रदेशों जैसे बिहार, गोवा, छत्तीसगढ़ तथा झारखंड आदि में दी जानी चाहिए। पूर्वोत्तर राज्यों में भी यह जानकारी अधिक प्रकर्षता से दी जानी चाहिए क्योंकि ये राज्य दूध उत्पादन में पिछड़े हैं तथा इन प्रदेशों में प्रति इकाई दूध उत्पादन राष्ट्रीय औसत के आधे से कम है।

सम्पूर्ण विश्व की तुलना में हमारे देश की भैसे सर्वोत्तम है। 'काला सोना' कहे जाने वाले इस प्राणी की वर्षों से उपेक्षा की जा रही है। उनकी उत्पत्ति क्षमता को बढ़ाना जरूरी है। भारत की ''इंडिया इम्युनोलॉजिकल लिमिटेड'' तथा अमेरिका की ''को-ऑपरेटिव रिसोर्सेज इंटरनेशनल'' इन दो संस्थाओं ने संयुक्त उपक्रम बनाया है, जो दूध उत्पादकों तथा किसानों को भैसों की उत्पत्ति सम्बन्धी एवं अन्य बातों पर सलाह देता है। दूध उत्पादन को बढ़ाने की दिशा में कृत्रिम गर्भाधान का एक नया तरीका भी ध्यान में लिया गया है।

दुग्ध व्यवसाय में दूध को संग्रहित करने के लिए शीतगृहों की तथा दूध उत्पादन को शहरों में ले जाने के लिए संवहन व्यवस्था की आवश्यकता होती है। यह कार्य समस्त उपलब्ध स्त्रोतों को एकत्रित कर, बड़े स्तर पर सहकारिता के माध्यम से किया गया तो यह लाभप्रद होगा। ग्रामीण क्षेत्र में दूध सहकारी संस्थाओं के गठन की प्रक्रिया को अधिक तेज व प्रभावी बनाने में 'राष्ट्रीय डेअरी विकास संस्था (NDDB)' प्रामाणिक कार्य कर सकती है। इसी परिपेक्ष्य में सहकारी क्षेत्र में आणंद की 'अमूल (AMUL)' डेअरी संस्था की सफलता का उल्लेख सारे विश्व में उत्कृष्ट उदाहरण के तौर पर किया जाता है। देश के अन्य स्थानों में यह आदर्श अनुकरणीय है।

4.10. महाराष्ट्र में कृषि सप्तक (सात सूत्री) कार्यक्रम, डॉ. एम.एस.स्वामीनाथन समिति की सिफारिशें

कृषि के क्षेत्र में सम्मुख खड़े अनेक आव्हानों को देखते हुए आगामी 25 वर्षों में कृषि के विकास के लिए महाराष्ट्र सरकार ने इस क्षेत्र के जाने माने विशेषज्ञ

डॉ. एम.एस. स्वामीनाथन की अध्यक्षता में एक समिति बनाई जिसकी रिपोर्ट 31 दिसंबर 2002 को प्रस्तुत हुई। समिति द्वारा दी गई विभिन्न सिफारिशों में से महाराष्ट्र सरकार ने निम्न 7 सिफारिशों को कृषि सप्तक कार्यक्रम के अंतर्गत 2003-04 से क्रियान्वयन के लिए चुना है।

(1) सूखी खेती करने वाले किसानों के लिए फसल बीमा का क्रमशः विस्तार।
(2) सूखी खेती में उत्पादन बढ़ाने के लिए वृहत पैमाने पर कार्यक्रम जैसे जैविक कृषि, एकीकृत कीट व्यवस्थापन, केचुआं कम्पोस्ट खाद का उपयोग, जैविक खाद तथा जैविक औषधि का उत्पादन आदि का बड़े पैमाने पर संचालन तथा जांच के सम्बन्ध में किसानों को मार्गदर्शन तथा साहित्य उपलब्ध करवाना।
(3) कृषि व फलोत्पादन के विषय में सूचनाओं व निपुणता को अधिक से अधिक स्तरों तक फैलाना ताकि किसानों को कृषि एवं विपणन के सम्बन्ध में मार्गदर्शन मिल सके एवं तंत्रज्ञान के हस्तांतरण के लिए व्हर्च्युअल विश्वविद्यालय स्थापित किया जाये।
(4) कृषि उपज की गुणवत्ता वर्ग निश्चित करने के लिए विभिन्न प्रयोगशालाएं स्थापित हों तथा अनेक सूचना केन्द्र भी खोले जाये।
(5) कृषि सम्बन्धित कार्यक्रमों में महिलाओं के सहयोग को प्रोत्साहन।
(6) कृषि व सम्बन्धित क्षेत्रों में स्व-रोजगार के अवसर निर्मित करने के प्रयासों का विशाल स्तर पर आयोजन एवं प्रोत्साहन, तथा
(7) कृषि मंत्री की अध्यक्षता में एक 'कृषि परिषद' का गठन जिसमें कृषि व अन्य सम्बन्धित क्षेत्रों के विशेषज्ञ, प्रगतिशील किसान, वैज्ञानिक आदि सम्मिलित हों।

5. संस्थात्मक विकास (Institutional Development)

5.1. राष्ट्रीय जल नीति

जल, संस्कृति की जीवन रेखा है। कहा जाता है कि 21 वीं सदी का सबसे बड़ा संकट, जल संकट ही होगा तथा भविष्य में युद्ध जल को लेकर ही होंगे। जल प्रमुख प्राकृतिक स्त्रोत है, मानव की आधारभूत आवश्यकता है, तथा बहुमूल्य राष्ट्रीय

सम्पत्ति भी है। अतः जल स्त्रोतों का अधिकाधिक विकास तथा कार्यक्षम उपयोग अपने आप में बहुत महत्त्वपूर्ण हो जाता है। जल स्त्रोत मंत्रालय, देश के जलस्त्रोतों के नियमन, एवं विकास के लिए नीति निर्धारित करता है, तथा कार्यक्रम भी चलाता है।

जल स्त्रोतों की क्षमता - देश में सम्पूर्ण जल की उपलब्ध मात्रा 1869 बिलियन घन मीटर आंकी गई है। इसमें से कुल उपयोग योग्य जल की मात्रा 1122 बिलियन घन मीटर है - जिसमें सतही जल 690 बिलियन घन मीटर तथा 432 बिलियन घन मीटर भूमि जल आंका गया है। विभिन्न जल संग्रह क्षेत्रों में जल की उपलब्ध मात्रा में परिवर्तनों के सिवाय, राष्ट्रीय स्तर पर प्रति व्यक्ति जल उपलब्धि मात्रा वर्ष 1951 की 5177 घन मीटर से घटकर वर्ष 2001 में 1820 घन मीटर ही रह गई है। देश में जल के महत्त्व को देखते हुए 'राष्ट्रीय जल नीति (NWP)' 2002 में जल स्त्रोतों के एकत्रित विकास तथा अच्छे व उचित व्यवस्थापन के लिए किया गया है, पर इसमें अन्तरराज्यीय जल विवाद जो बड़ा क्लिष्ट है - सम्मिलित नहीं है।

राष्ट्रीय जलनीति में जल को राष्ट्रीय स्त्रोत की मान्यता देते हुए इस विचार को अधोरेखित किया गया है कि प्रत्येक नागरिक तक जल पहुंचाना और पर्याप्त व उपयुक्त मात्रा में जल संग्रहित करना उसकी मूलभूत आवश्यकता है, तथा जल के अन्य पर्यायी उपयोगों की तुलना में पेयजल के उपयोग का अधिकार प्रमुख है। भूमिजल के स्त्रोत जिस पर करोड़ों ग्रामीण परिवार अपने पेयजल तथा सिंचाई के कामों के लिए निर्भर रहते हैं, तेजी से घटते जा रहे हैं। 2050 तक भारत को 1.6 बिलियन जनसंख्या के लिए आवश्यक पेयजल, खाद्यान्न उत्पादन (लगभग 450 मिलियन टन के लिए) तथा औद्योगिक उपयोग के लिए आवश्यक जल की व्यवस्था करनी होगी। सतही जल के अयोग्य उपयोग तथा प्रदूषण के कारण स्थिति और भी बिगड़ती जा रही है। अतः नीतिगत निर्णय लिया गया है कि प्रदूषणकर्ता को जल प्रदूषण की कीमत चुकानी होगी। इसके अतिरिक्त वर्षा जल के संधारण, स्थानीय जल स्त्रोतों का संरक्षण, सिंचन योग्य जल का समान और कार्यक्षम वितरण, भूमिगत जल का रख-रखाव एवं दूषित जल का शुद्धिकरण आदि बातों पर ध्यान देना आवश्यक है।

भूमि जल उपयोग का नियमन - भूमिगत जल के घटते स्तर को देखते हुए केन्द्र ने राज्यों को हाथ से चलाए जाने वाले नलकूपों के नियमन के लिए कानून बनाने की तथा वर्षा जल के संधारण एवं संरक्षण योजनाओं की ओर अधिक ध्यान देने की सलाह दी है। भूतल-जलस्तर के घटने के कारण तथा फ्लोराइड और आर्सेनिक प्रदूषण के कारण जल की गुणवत्ता प्रभावित हुई है। भारत सरकार ने इस

विषय में एक विधेयक राज्यों को उनकी विधान-सभाओं द्वारा पारित करने के लिए भेजा हुआ है। इस मिलावट तथा खारेपन के कारण कई राज्य सरकारों को कम लागत वाले हैन्ड पंपों को खारिज कर अधिक कीमत वाले नल-जल पूर्ति योजनाओं की ओर मुड़ना पड़ा है।

इसके अतिरिक्त, एक ओर जहां पेयजल के लिए नलकूपों की गहराई की सीमा (60 मीटर) निश्चित कर दी गई है, वहीं सिंचाई के लिए नलकूपों की गहराई की कोई सीमा निश्चित नहीं है। भू-जल स्तर को बनाए रखने के लिए इस पर नियंत्रणों की आवश्यकता है।

5.2. नदियों को जोड़ना

देश के कुछ भागों में औसत से ज्यादा वर्षा होती है, खासकर गंगा व ब्रह्मपुत्र नदियों के क्षेत्र में बाढ़ आती है जिसमें जान-माल की बहुत हानि होती है। इसके विपरीत भारतीय प्रायद्वीप के काफी बड़े क्षेत्र में औसत से भी कम वर्षा होती है जिससे सूखा पड़ता है। देश के कुल जल स्त्रोत में से 60 प्रतिशत जल स्त्रोत तो गंगा व ब्रह्मपुत्र नदियों के पात्र में ही है। उपरोक्त चर्चित बाढ़ व सूखे की समस्या के हल की कल्पना से ही इन नदियों को जोड़ने के विचार का जन्म हुआ। संविधान के प्रावधानों के अनुसार केन्द्र को जल सम्बन्धी मामलों में प्रभारी की भूमिका निभानी होगी। केन्द्रीय विषय-सूची के 56 वें प्रवेश में संसद द्वारा आम जनहित में अन्तरराज्यीय नदियों व नदी-घाटियों के नियमन एवं विकास के लिए कानून बनाने का प्रावधान है। नदियों को जोड़ने की योजना का उद्देश्य विनाशकारी बाढ़ जल पर नियंत्रण कर उसका समुचित उपयोग करना है। इस प्रस्ताव में 9000 किलोमीटर लम्बी 31 जोड़-नहरों के माध्यम से 37 नदियों को जोड़ने का प्रावधान है। इसमें सारे देश भर में जल संग्रह भंडारों का जाल बिछाने का काम भी सम्मिलित है।

प्रारंभिक आकलन के अनुसार योजना की लागत 5,60,000 करोड रु. होगी, जिसमें जुड़ने वाली नदियों से 175 बिलियन घन मीटर जल उपलब्ध होगा। परंतु इस योजना के लिए आवश्यक वित्तीय स्त्रोतों के सम्बन्ध में खड़े किए प्रश्नों के सिवाय कुछ विशेषज्ञों ने तो नदियों को जोड़ने की मूल कल्पना के बारे में अपनी शंका व्यक्त की है। उन्हें लगता है कि ऐसे उच्च कोटि के तांत्रिकी हस्तक्षेप सर्वथा अप्राकृतिक, पर्यावरण विरोधी तथा संभवतः अनुत्पादक ही सिद्ध होंगे, तथा बड़ी संख्या में पीड़ित परिवारों के पुनर्वसन की समस्या भी खड़ी हो जाएगी। इतनी बड़ी योजना के क्रियान्वयन के पूर्व, उसके पर्यावरणीय प्रभाव का निर्धारण, उसकी संभाव्यता तथा

तकनीकी व आर्थिक अध्ययन होना आवश्यक है। यह भी समझने योग्य है कि इस योजना के सलाहकारों का सलाह मूल्य भी भारी भरकम रहेगा। कुछ राज्य, जिनके क्षेत्र से होकर ये अन्तरराज्यीय नदियां बहती हैं, केवल इस अंदेशे से कि योजना से जल स्त्रोत का उनका वर्तमान हिस्सा भी जाता रहेगा, ये राज्य अपने क्षेत्र में प्रारंभिक जल सम्बन्धी जांच तक कराने के लिए राजी नहीं हैं। नर्मदा तथा कावेरी जल विवाद का बखेड़ा तो अभी चल ही रहा है, उस सूची में अब सतलज-यमुना जोड़ की समस्या भी जुड़ गई है। नदियां तो जनता की जीवन रेखा होती हैं। भारतीय परिपेक्ष्य में वे केवल जल वाहिनीयां नहीं, बल्कि भारत की जीवित संस्कृति की प्रतीक हैं। केवल संवैधानिक प्रावधानों से हल तो मिलेगा नहीं। जब तक स्थानीय जनता सार्वजनिक हित में और उनके अपने हितों की रक्षा के बारे में पूरी तरह आश्वस्त नहीं हो जाती तब तक ये प्रश्न नहीं सुलझेंगे। इस योजना की मुख्य व्यावहारिकता (feasibility) रिपोर्ट 2005-06 तक तैयार होनी थी। इस पूरी योजना से घिरे बृहत् हितों को देखते हुए तथा दुर्लभ वित्तीय स्त्रोतों की फिजूल खर्ची रोकने के लिए यही अच्छा होगा कि नदियों को जोड़ने वाले इस कार्य का प्रारंभ करने के पूर्व, सर्वप्रथम इस प्रस्ताव पर बड़े पैमाने पर तकनीकी और राजकीय स्तर पर अनुकूलता प्राप्त की जाये।

हालांकि किसी भी हालत में, दक्षिण की नदियों को जोड़ने के काम को प्राथमिकता देनी पड़ेगी, क्योंकि उत्तर की नदियों से अन्तर्राष्ट्रीय पहलू जुड़े हुए हैं।

5.3. कृत्रिम वर्षा

भारत में बहुतांश कृषि आज भी वर्षा पर निर्भर है। एक बार वर्षा होकर रुक जाने के बाद लम्बी अवधि तक वर्षा न होने के अनेक अवसर आते हैं और ऐसी स्थिति में फसल सूख जाती है। कई बार तो बीज बोने के बाद लम्बे समय तक वर्षा ही नहीं होती, और किसानों को दोबारा बीज बोने पड़ते हैं। इससे न केवल खर्च अधिक होता है बल्कि फसल की लय भी टूट जाती है ऐसी स्थिति से निबटने के लिए महाराष्ट्र राज्य में "वर्षा योजना" का प्रारंभ हुआ है जिसमें कृत्रिम ढंग से वर्षा कराने का प्रयोग किया जा रहा है। शेगांव तथा बारामती इन दो शहरों में ऊंची इमारतों पर 'रडार' यंत्रणा लगाई गई है, जो बादलों की टेह लेने में सहायता करती है। सूचना मिलते ही, 'पाईपर' जाति के विमान के चालकों को जानकारी दी जाती है जो इन वर्षा-बादलों के उपर उड़ान भरकर उन बादलों पर 'सिल्व्हर आयोडाइड' 'सोडियम आयोडाइड', तथा 'सोडियम क्लोराइड' के बीज डालते हैं। इससे कुछ मिनटों में ही

वर्षा होती है। इन बादलों के कमजोर या सबल होने पर अर्थात् उनमें कितना जल है इस पर प्रयोगों के परिणाम निर्भर होते हैं। कृत्रिम वर्षा का यह प्रयोग नया नहीं है। महाराष्ट्र में लगातार पड़ रहे सूखे की स्थिति को देखते हुए यह प्रयोग किया जा रहा है। इन प्रयोगों का मूल्यांकन तकनीकी आर्थिक आधार पर, एक तार्किक अवधि तक किया जाना जरूरी है, ताकि उसे फिर बड़े पैमाने पर कार्यान्वित किया जा सकता है।

5.4. भूमि सुधार तथा भूमि अभिलेखों का संगणकीकरण

जैसे पहले चर्चा की जा चुकी है, भूमि सुधार के क्रियान्वयन में अनेक कठिन अड़चनें आ रही हैं। 7.34 मिलियन एकड़ भूमि अतिरिक्त घोषित हो चुकी है, जिसमें से 6.5 मिलियन एकड़ जमीन अधिग्रहित हो गई है और 5.4 मिलियन एकड़ भूमि का वस्तुतः वितरण हो चुका है। शेष भूमि को भी भूमिहीन, छोटे व सीमान्त किसानों में बांट दिया जाना चाहिए।

अधिकतम भूमि-धारण कानून तथा संयुक्त परिवारों में पीढ़ी दर पीढ़ी चले आ रहे विभाजनों के कारण, प्रति परिवार भू-धारण मात्रा अब दिनों-दिन छोटी होती जा रही है। परिणामतः छोटे और सीमांत किसानों की संख्या बढ़ती जा रही है। खेती के साधनों के लिए लगने वाली ऊंची लागत आवश्यक हो जाने से छोटे-छोटे टुकड़ों पर, सिंचाई व्यवस्था हो तो स्थिति कुछ हद तक बेहतर हो सकती है। अथवा इस पृष्ठभूमि में किसानों को एकत्र कर सामूहिक रूप से खेती करना ही एक मात्र पर्याय है। यह कार्य, छोटे व सीमान्त किसानों द्वारा सहकारी समिति बनाकर उस पर सहकारी खेती तथा विपणन करने जैसा ही है। इसके प्रयोग अनेक स्थानों पर हुए हैं तथा इसके सम्मिश्र परिणाम मिले हैं।

भूमि अभिलेख पटवारी द्वारा रखे जाते हैं। चूंकि ये सारे अभिलेख हाथ से लिखे जाते हैं, अतः इनमें हेराफेरी किए जाने की संभावना होती है तथा इसी कारणवश अनेक विवाद भी चल रहे हैं। इसी कठिनाई से बचने के लिए देश के कुछ भागों में तालुका स्तर पर इन अभिलेखों को संगणकीकृत किया गया है, और यह दूसरी पद्धति कई मामलों में सफल सिद्ध हुई है। देश के सभी भागों में इसका अनुकरण होना चाहिए। भूमि अभिलेखों को समयानुसार सुधारते रखना भी एक निरंतर प्रक्रिया है और राजस्व प्रशासन को इस कार्य के लिए आवश्यक परिवर्तन करते हुए तैयार रहना होगा तथा आवश्यक ढांचागत सुविधाएं व आधुनिकतम सर्वेक्षण साधन जैसे ग्लोबल पोजीशनिंग सिस्टम, इ डी एम, टोटल स्टेशन, थिओडोलीट तथा वर्क स्टेशन आदि की आपूर्ति करनी होगी।

5.5. ग्रामीण बैंक पद्धति की पुनर्रचना

ग्रामीण क्षेत्र के किसानों, कारीगरों व कुटीर उद्योगों को ऋण देने के लिए विस्तृत संस्थागत ढांचा तैयार किया गया है। इस क्षेत्र में व्यावसायिक बैंकों की 33,000 शाखाएं हैं, क्षेत्रीय बैंकों की 14,500 शाखाएं हैं तथा ग्रामीण सहकारी क्रेडिट समितियों की संख्या 1,35,000 है।

18 जून 2004 को भारत सरकार द्वारा घोषित कृषि क्रेडिट की नवीनतम नीति का क्रियान्वयन सार्वजनिक क्षेत्र व निजी क्षेत्र के बैंक, क्षेत्रीय ग्रामीण बैंक तथा सहकारी बैंक को सौंपा गया है। तीन वर्षों में कृषि क्रेडिट का प्रवाह दुगुना कर देने का प्रस्ताव है। वर्ष 2006-07 में ही कृषि क्रेडिट की सकल मात्रा 1,75,000 (अपेक्षित उपलब्धि 1,90,000) करोड़ रु. थी, जो इसके पूर्व वर्ष 2005-06 में वितरित 1,41,500 करोड़ रु. से 34 प्रतिशत अधिक है। पर इन लक्ष्यों के रहते, सहकारी बैंकों तथा क्षेत्रीय ग्रामीण बैंकों - जिन्हें सार्वजनिक व निजी बैंकों के साथ मिलकर इस क्षेत्र में महत्त्वपूर्ण कार्य करना है, उनकी हालत खराब है और उनकी पूरी तरह पुनर्रचना होना जरूरी है।

5.5.1. सहकारी बैंक

भूतकाल में सहकारी बैंकों ने, कृषि क्षेत्र में ऋण देने का कार्य निस्संदेह अच्छी तरह किया है। इससे निजी साहूकारों के शोषण से लोगों को अवश्य राहत मिली है। पर अब इन बैंकों की अवस्था ऐसी स्थिति में पहुँच गई है कि, सकल ऋण वितरण की मात्रा में न कोई वृद्धि हुई है, न और कोई प्रगति दृष्टिगोचर है। यही नहीं, अब तो कुल आर्थिक व्यवस्था में कृषि क्षेत्र में होने वाला वित्तीय निवेश घटता जा रहा है।

अध्यक्ष तथा निर्देशकों को लेकर बना मंडल, इन सहकारी बैंकों को चलाता है। परंतु इन पर अंतिम अधिकार राज्य सरकार के प्रशासनिक अधिकारी का होता है। कार्य की दृष्टि से ये बैंक, रिजर्व बैंक के अधीन होते हैं क्योंकि रिजर्व बैंक द्वारा दिए दिशा-निर्देशों के अनुसार ही उन्हें चलना पड़ता है। रिजर्व बैंक समय-समय पर इन सहकारी बैंकों का निरीक्षण करती है और यदि उन्हें कहीं त्रुटियाँ नजर आती हैं तो उसके सुधार के लिए आवश्यक कदम उठाए जाते हैं। इस तरह इन बैंकों पर दोहरा नियंत्रण रहता हैं। कई मामलों में किसान की आवश्यकता को पूरी करने के लिए राज्य सरकार तथा बैंक के व्यवस्थापक कर्जों की शर्तो में कुछ ढील देते हैं या सारी शर्तें पूरी किए बगैर ही ऋण दे दिया जाता है। बड़ी संख्या में किसानों को इससे लाभ होता है। परंतु इस लचीले दृष्टिकोण से— जिसमें एक ओर कुछ गरजू कृषक को सहायता देने में सामाजिक चिंता का भाव है, वहीं दूसरी ओर निजी स्वार्थ साधने का

प्रयास भी होता है। इस वजह से कई बार बड़ी मात्रा में ऋणों की वसूली नहीं हो पाती। कुछ सहकारी बैंकों ने मध्यस्थों के द्वारा सरकारी सेक्यूरिटी पत्र में निवेश किया। परंतु मध्यथी लोग समय पर इनका भुगतान बैंकों को कर नहीं पाए। इस तरह सहकारी बैंको ने न केवल अपनी निधि गवां दी बल्कि, कठिनाई के दिनों में भी समुदाय को सेवा अर्पित करने के बावजूद, उन्हें बदनामी झेलनी पड़ी तथा समूचा क्षेत्र ही बदनाम हो गया।

ऋणों की वसूली की स्थिति सारे देश में, संतोषप्रद नहीं है, यहां तक कि सम्पूर्ण बकाया ऋण का 20 प्रतिशत अभी वसूल होना है। इसी परिपेक्ष्य में, लोकप्रियता प्राप्त करने के लिए ठीक चुनावों के पूर्व सारा बकाया पुराना ऋण माफ कर देने का कभी-कभी अपनाया जाने वाला यह तरीका न्यायप्रिय किसानों को पूरा ऋण चुका देने के मार्ग से भटका देता है। और ऋण न चुकाने वालों की भी हिम्मत बढ़ा देता है। इसलिए इसके बजाय किसानों को दिए ऋण पर लगाए ब्याज की दर में कुछ छूट दे देनी चाहिए। वर्तमान में 'नाबार्ड' सहकारी बैंकों का कृषि कर्ज के लिए निधि पर 6 प्रतिशत ब्याज दर लगाता है, पर किसानों को यह ऋण दुगुने ब्याज दर से चुकाना पड़ता था, जिसे अब कम कर 6 से 7 प्रतिशत किया गया है। इसका दूसरा पहलू यह भी है कि इन सहकारी बैंकों का मूल उद्देश्य किसान वर्ग को जिसमें सर्वाधिक आवश्यकता वाले छोटे और सीमान्त किसान भी आते हैं, कर्ज की सहायता करना है। पर दुर्भाग्यवश यह सहायता समाज के इस वर्ग तक पहुंचती ही नहीं। इसका मुख्य कारण यही है कि सहकारी बैंकों का व्यवस्थापन बड़े किसानों के हाथ में है और वे छोटे और सीमान्त किसानों की आवश्यकताओं के प्रति संवेदनशील नहीं हैं। इसके अतिरिक्त बैंक के अध्यक्ष तथा मंडल के सदस्य अनेक वर्षों तक स्वयं ही उन पदों पर बने रहने का जुगाड़ कर लेते हैं। फलतः संगठन को समय के अनुरूप प्रगतिशील बनाए रखने तथा समकालिक संस्थाओं के प्रतियोगात्मक वातावरण से जूझने के लिए नई पद्धतियों को लागू करने का अवसर ही नहीं मिलता। व्यवस्थापन के पदों पर रहने की कालावधि 3 से 5 वर्षों तक सीमित कर देने तथा दूसरी बार सहकारी संस्था का चुनाव लड़ने की अनुमति न देने का नियम बना देने से स्थिति में सुधार आ सकता है।

गांधीजी सहकारिता की धारणा के प्रबल समर्थक थे, खासकर कृषि क्षेत्र में उसके उपयोग की आवश्यकता के हिमायती थे। फिर भी सहकारी आंदोलन के शुरुआत के समय ही, सहकारिता के सम्मुख आने वाले खतरों का उन्हें पूर्वाभास था। इसलिए उन्होंने कहा था कि "सहकारी आंदोलन भारत के लिए वरदान होगा, उस समय तक जब वह नैतिकता के दायरे में रहे तथा उसकी बागडोर धार्मिक भावनाओं

से प्रेरित व्यक्तियों के हाथों में रहेगी। इससे यह स्पष्ट हो जाता है कि सहकारिता नैतिक आचरण वाले व्यक्तियों तक सीमित रहे।"

दुर्भाग्य है कि गांधीजी के विचारों में सही बैठने वालों की संख्या बहुत कम है। इनमें से एक जिसने भारत के सहकारिता आंदोलन के इतिहास में अपना नाम ऊंचा उठाया वे वर्गीज कुरियन हैं। तत्कालीन प्रधान मंत्री श्री लाल बहादुर शास्त्री अक्तूबर 1975 में जिस समय गुजरात में आए थे, उस समय कुरियन अमूल डेअरी के महाप्रबंधक थे। डेअरी विकास के आदर्श नमूने के तौर पर 'अमूल' को देखकर शास्त्री जी बहुत प्रभावित हुए थे। उन्होंने उसी समय कुरियन को सारे देश में 'अमूल' के नमूने जैसी डेअरी बनाने की योजना तैयार करने को कहा। इसी कारण 'राष्ट्रीय डेअरी विकास मंडल (NDDB)' की स्थापना हुई जिसका मुख्यालय आणंद में है। प्रधान मंत्री ने कुरियन को इस मंडल का अध्यक्ष नियुक्त किया तथा वे (श्री कुरियन) इस पद पर एक नवंबर 1954 तक रहे। बाद में उन्हें इस मंडल का लम्बी अवकाश के बाद का अध्यक्ष बनाया गया। बाद में वे 'ग्रामीण प्रबंधन संस्थान, आणंद (IRMA)' के अध्यक्ष रहे। 'ऑपरेशन फ्लड़' नामक योजना उन्हीं की कल्पना थी, जिसने सारे देश में अक्षरशः दूध की नदियां बहा दीं। वे इस योजना की सफलता के कर्णधार थे। कुरियन का कार्य तथा उनके नेतृत्व में अमूल सहकारी संस्था ने जो प्रगति की, उसकी विश्व की कई महत्त्वपूर्ण संस्थाओं ने असामान्य प्रशंसा की है।

जब तक सहकारी बैंक स्वयं स्वस्थ तथा कर्ज देने योग्य नहीं बने रहते तब तक वे जरूरतमंद किसानों को कर्ज पहुंचाने में सफल नहीं होंगे। वर्तमान में सहकारी बैंक पद्धति की हालत बहुत खराब है। यह पाया गया की छह राज्य मध्यवर्ती सहकारी बैंक तथा 140 जिला मध्यवर्ती सहुकारी बैंक, बैंक नियमन कानून— 1949 की धारा 11 का पालन नहीं कर रहे हैं। कृषि कर्ज के लिए पुनर्निवेश प्राप्त करने में उन्हें बड़ी कठिनाई हो रही है। यही हाल भूमि विकास बैंकों का भी है। इन सब का स्थायी हल पाने के लिए ए. वैद्यनाथन की अध्यक्षता में एक कार्यदल की नियुक्ति 2004 में हुई जिसे सहकारी बैंक पद्धति तथा नियमन-शासन पद्धति में आवश्यक सुधार सुझाने को कहा गया। इस कार्यदल ने 5 जनवरी 2005 को अपनी रिपोर्ट प्रस्तुत की। इस की प्रमुख सिफारिशें हैं – सहकारी बैंकों में पुनः नए से निधि निवेश किया जाय, उसी प्रकार जैसा 1990 में सार्वजनिक क्षेत्र के बैंकों के लिए किया गया था, सहकारी बैंकों पर रिजर्व बैंक तथा राज्य सरकार के कानूनों इन दोनों का दुहरे नियंत्रण का पृथक्कीकरण हो, बैंकों की लाभ प्रद स्थिति को क्षति पहुँचाने वाली अनियमितताओं को दूर किया जाय तथा उधार मूल्य में कमी हो, आदि।

इन सिफारिशों को लागू करने की दृष्टि से केन्द्र सरकार ने निश्चय किया है कि

यदि राज्य सरकार कानूनी, प्रशासनिक तथा ढांचागत परिवर्तनों के लिए दी गई शर्तों को स्वीकार करने तथा योजना में शरीक होकर आर्थिक उत्तरदायित्व स्वीकार करने के लिए तैयार हो तो केन्द्र सरकार राज्य सरकार को आगे दिये गये मुद्दों पर सहायता देगी - गारंटी पत्र जो दाखिल हुए लेकिन जिनका भुगतान नहीं हुआ। उनका भुगतान करना, राज्य की पूंजी को निर्धारित न्यूनतम मात्रा तक बढ़ाना, सरकारी भागीदारी पूंजी की वापसी करना, तथा तकनीकी सहायता देना।

5.5.2. क्षेत्रीय ग्रामीण बैंक (RRB)

प्रत्येक क्षेत्रीय ग्रामीण बैंक का एक प्रतिभू (sponsord) बैंक है। इन क्षेत्रीय ग्रामीण बैंकों को उनका ऋण लक्ष्य 40 प्रतिशत बढ़ाने को कहा गया है। हर प्रतिभू बैंक उसके अधीनस्थ क्षेत्रीय ग्रामीण बैंकों के लिए जिम्मेदार होता है। अभी कुल 198 क्षेत्रीय ग्रामीण बैंक हैं जो प्रायः बेकार पड़े हैं। क्षेत्रीय ग्रामीण बैंक जो नए अधिकार नियमों को स्वीकृत करने के लिए तैयार है तथा विवेकपूर्ण नियमों के अनुसार कार्य करने के प्रति वचनबद्ध हैं उन बैंकों को उनके पुनःरचना के लिये सरकार से निधि प्राप्त करने की पात्रता प्राप्त होगी।

इन बैंकों की विफलताओं का मुख्य कारण यहो है कि वे कर्ज के लिए आए आवेदन पत्रों की जांच, इस दृष्टि से नहीं करते कि कर्ज मांगने वाला किसान आर्थिक दृष्टि से योग्य है या नहीं, उसमें ऋण वापस करने की क्षमता है या नहीं, उसके पास ढांचागत सहयोग है या नहीं तथा ऋण मांगे जाने के कारणों का अन्य सम्बन्धित गतिविधियों से सम्बन्ध है अथवा नहीं।

5.6. ग्रामीण जनहितावह ऋण वितरण पद्धति

इस उदाहरण के एक छोर पर छोटे किसान और समाज का कमजोर वर्ग है जिसे अभी तक की विभिन्न योजनाओं से कोई लाभ नहीं मिला है तो दूसरे छोर पर बैंकों की वह विशाल बकाया राशि है जिसमें प्रगति के कोई आसार नहीं हैं। परिस्थिति में सुधार के लिए विस्तार सेवाओं को ऋण वितरण का एक हिस्सा ही बना दिया जाना चाहिए ताकि गरीब छोटे किसान अपने छोटे भूखंडों से ज्यादा से ज्यादा लाभ उठा सकें। खंड विकास कार्यालयों/कृषि अधिकारी कार्यालयों का कर्मचारी वर्ग तथा बैंकों के एक विशेष कार्य दल ने यदि केवल ऋण देने वाले मामलों की ओर पूरा ध्यान दिया तो स्थिति सुधर सकती है। इसके सिवाय बैंकों को हर एक मामले में किसानों की ऋण वापस करने की क्षमता का सही आकलन करना चाहिए ताकि उनकी पूरी भूमि गिरवी न रखी जाये।

कृषि गतिविधियों में समय का मूल्य महत्त्वपूर्ण है। यदि समय पर ऋण नहीं

मिला, तो उसका उपयोग ही नहीं रह जाता। इसके सिवाय, ऋण भी इतनी पर्याप्त मात्रा में हो कि कृषि की समस्त कार्यवाहियों से लेकर फसल के बाजार में पहुँचने तक की सारी आवश्यकताएं पूरी हो सकें।

सहकारी बैंकों की ब्याज रचना, ऋण लेने वाले गरीब लोगों के हित में बिल्कुल नहीं है। लाक्षणिक रूप से प्रत्येक स्तर पर लगने वाले ब्याज दर को जोड़ें– अर्थात नाबार्ड के 5 प्रतिशत, राज्य सहकारी बैंक का 3 प्रतिशत, जिला मध्यवर्ती सहकारी बैंक का 2 प्रतिशत तथा प्राथमिक कृषि सहकारी समिति का 2 प्रतिशत – तो अन्ततः ऋण लेने वाले व्यक्ति को 12 से 16 प्रतिशत ब्याज दर देनी पड़ती थी। अतः अंतर–बैंक ब्याज दर को घटाकर अब ऋणों पर लगने वाला ब्याज दर 12–16 प्रतिशत से कम कर 6 से 7 प्रतिशत तक लाया गया है।

औरों की अपेक्षा निर्धन ग्रामीणों के लिए अलग कम ब्याज दर होनी चाहिए। आज जैसा दिखाई दे रहा है, कुछ व्यावसायिक बैंकों ने शहरी क्षेत्र में गृह–निर्माण के लिए कम ब्याज दर की घोषणा की है। दुर्भाग्य है कि ये व्यावसायिक बैंक, कृषि क्षेत्र के छोटे·वर्ग के लोगों की कीमत पर उपभोक्ता और कारपोरेट क्षेत्र के उधार लेने वालों को अधिक प्राधान्य देते हुए उन्हें कम ब्याज दर पर ऋण देते थे, और किसानों से ज्यादा दर वसूल करते थे। यह तो पुराने जमाने की याद दिलाता है कि जब निजी साहूकार जाति प्रथा के मद्देनजर गरीब किसानों से ज्यादा दर की मात्रा वसूलते थे। उधार देने की योजना निजी उधार लेने वालों के लिए यह दर व्यक्तिगत ज्ञात–तथ्यों पर आधारित होनी चाहिए न कि केवल किसी गुण विशेष के आधार पर। जो ईमानदार उधार लेने वाले हैं उनको बैंक इसी तरीके से कम ब्याज दर पर रकम दे सकते हैं।

वर्तमान में बहुत सारी ऋण योजनाएं उपलब्ध हैं तथा किसानों को इस दफ्तर से उस दफ्तर तक भटकना पड़ता है पर यदि 'एक खिड़की योजना' (सिंगल विंडो स्किम) सही मायनों में शुरू हो तो किसानों को सहायता ही मिलेगी। शीघ्र ऋण मिलने के लिए 'ऋण मेंलों' का आयोजन भी बहुत अंशों में सहायक सिद्ध होता है। ऐसी योजनाएं और भी सफल हो सकती है, बशर्ते उनका राजनीतिकरण न हो।

छोटे किसानों तथा समाज के कमजोर वर्ग के लोगों को चाहिए कि वे, अपनी खातिर,पारिवारिक जमा–खर्च का हिसाब रखना प्रारंभ करें, तथा कुछ व्यक्तिगत रकम की चाहे वह छोटी क्यों न हो, अवश्य बचत करें ताकि वर्ष का सारा खर्च चल सके और भविष्य के लिए भी कुछ सामाजिक सुरक्षा के इंतजाम कर सकें। ऐसे क्षेत्र भी हैं, जहां कुछ मितव्ययता हो सकती है – जैसे शादी, विवाह, पारिवारिक समारोह।

ऐसे पहलुओं पर ग्रामीण जनता को जानकारी देने तथा उनमें जागरूकता लाने में गैर-सरकारी संगठन बहुत महत्त्वपूर्ण रोल अदा कर सकते हैं।

5.7. एकीकृत किसान क्रेडिट कार्ड

उधार देने वाले बैंकों से प्रतिवर्ष उधार लेने में किसानों को बड़ी दिक्कतों का सामना करना पड़ता है। किसान क्रेडिट कार्ड से न केवल ये दिक्कतें दूर होंगी, बल्कि इस क्रेडिट कार्ड-धारक को उसके द्वारा अभी तक लिए गए सारे ऋणों की जानकारी उपलब्ध रहेगी। यह किसी बैंक के पास बुक जैसा ही रहेगा। इससे किसानों का संतुष्टि स्तर भी बढ़ेगा। वर्तमान में इस साख पत्र पर 50,000 रुपयों से भी अधिक ऋण लेने की सीमा निश्चित की गई है। परंतु इस सुविधा को जारी करा लेने में किसानों को अच्छी खासी रकम (अनधिकृत तौर पर) देनी पड़ती है। यह सुरक्षित कर लेना जरूरी है कि ये क्रेडिट कार्ड भ्रष्यचार मुक्त होकर जारी हों। इसके सिवाय इन्हीं क्रेडिट कार्ड में अन्य महत्त्वपूर्ण सेवाओं जैसे स्वास्थ्य बीमा, फसल बीमा आदि को भी सम्मिलित किया जाना चाहिए ताकि किसान के पास उसके पारिवारिक कल्याण और कृषि सम्बन्धी सारी जानकारी उपलब्ध रहे।

5.8. प्रभावी विस्तार सेवा (Extension Services)

ग्रामीणों पर कृषि के पारम्पारिक पद्धतियों का इतना गहरा प्रभाव है कि उन्हें कृषि के नए तथा सुधारित तरीके अपनाने एवं विभिन्न प्रकार की फसलें उगाने के लिए राजी करने में कड़ी मेहनत कर समझाना बुझाना पड़ता है । विस्तार सेवाओं का काम तो जमीन के परोक्षण के लिए सहायता देने के स्तर से ही प्रारंभ हो जाता है, जब उस भूमि की गुणवत्ता की जांच होती है और उस भूमि के लिए उपयुक्त फसलों को चुना जाता है। इस जाँच परीक्षण से उस जमीन में अगर निम्न पोषक तत्त्वों का अभाव है तो इसका भी पता चल जाता है ।

खेतों के सुधारित तरीकों को अपनाने तथा नई फसलों के प्रयोग से होने वाले फायदों के प्रति किसानों को आश्वस्त कराना आवश्यक है। उदाहरण के लिए छोटे और सीमान्त किसानों के सम्बन्ध में, यदि सिंचाई की थोड़ी भी सुविधा उपलब्ध हो तो उन खेतों में फल और सब्जियों की खेती निस्संदेह लाभदायक होगी । विस्तार सेवाओं में बीज बोने के लिए खेत को तैयार करने के काम से लेकर उत्पादन के विपणन तक की कृषि सम्बन्धी सारी गतिविधियों का समावेश होता है । इसमें उचित किस्म की फसल का चयन, अच्छी जोताई, ज्यादा फसल देने वाले बीजों का उपयोग, समय पर बोआई, सही पोषक तत्वों की पूर्ति के लिए उचित खाद का चयन,

जहां भी संभव हो सिंचाई, समय पर घास फूस की निंदाई, फसल को प्रभावित करने वाले कीटकों पर नजर तथा विशेष स्थिति आने पर योग्य कीटनाशकों का छिड़काव, समय पर फसल की कटाई, विपणन के लिए बाजार में ले जाने के पूर्व योग्य भंडारण आदि बातों का समावेश होता है। इन सारी गतिविधियों में न केवल प्रक्रिया समय पर होना आवश्यक है बल्कि सारे काम समय पर होना ज्यादा महत्त्वपूर्ण है। विस्तार सेवाओं को प्रभावी बनाने के लिए विस्तार सेवा कर्मचारियों को प्रत्यक्ष रूप से नमूने के तौर पर खेतों में इन प्रक्रियाओं का प्रदर्शन करना पड़ता है ताकि किसान इन नई पद्धतियों से होने वाले लाभ के प्रति आश्वस्त हों और नये तरीकों से भली–भांति आश्वस्त होकर, पुरानी भ्रांतियों को दूर करते हुए इन पद्धतियों पर अमल करना प्रारंभ करें।

विकास को विभिन्न योजनाओं के सिलसिले में ग्रामीणों तथा किसानों की सहायता के लिए गांवों में ग्राम विकास अधिकारी (VDO) या ग्राम सेवकों की नियुक्ति होती है । बड़े गांवों में ग्राम विकास अधिकारी तथा छोटे गांवों में ग्राम सेवक होते हैं। ये ग्राम विकास अधिकारी तथा ग्राम सेवक दोनों खंड विकास अधिकारी (BDO) को जवाबदेह होते हैं। जहां तक विस्तार सेवाओं का प्रश्न है, ये सेवाएं ग्राम विस्तार सेवकों (VEW) /कृषि पर्यवेक्षकों (AS) के माध्यम से दी जाती है जो कि तालुका स्तर पर कृषि अधिकारी तथा जिला स्तर पर जिला कृषि अधिकारी को जवाबदेह होते हैं । हर 1500 से 3000 किसानों के लिए एक ग्राम विस्तार सेवक/कृषि पर्यवेक्षक होता है। विस्तार सेवाओं की प्रचुरता को देखते हुए एक व्यक्ति के लिए यह संख्या, बहुत बड़ी प्रतीत होती है। चीन में जितना क्षेत्र एक विस्तारक को दिया जाता है वह भारत की संख्या के एक चौथाई के बराबर है । इस प्रकार अधिक संख्या में विस्तारकों की आवश्यकता है, खासकर इस दृष्टि से कि ग्रामीण भारत में प्रौढ़ साक्षरता दर चीन की अपेक्षा बहुत कम है । इसके अतिरिक्त विस्तार सेवकों की नियुक्ति के लिए शैक्षणिक पात्रता (बी.एस.सी. कृषि–कृषि स्नातक) निर्धारित करना भी जरूरी है। साथ में उन्हें उचित प्रशिक्षण भी दिया जाना चाहिए ताकि वे इन सेवाओं को प्रभावी बना सकें ।

वर्तमान में विस्तार सेवाएं, कृषि में किए जा रहे अनुसंधान तथा विकास की उपलब्धियों से प्राप्त जानकारी को किसानों तक पहुंचाने का कार्य करती हैं। नई पद्धतियों को लागू करते समय किसानों को अनेक कठिनाईयाँ आ सकती हैं। दूसरी तरफ विस्तार सेवाओं को अनुसंधान व विकास केन्द्रों को यह जानकारी पहुंचानी पड़ती है, कि इन नए सुधारों के क्रियान्वयन से किसानों को कौन से फायदे हो रहे हैं या कैसी अड़चनें आ रही हैं। इस प्राप्त जानकारी व तथ्यों पर, अनुसंधान व विकास केन्द्र अगली खोज व परीक्षण में लग जाते हैं तथा पूर्व में सुझाए तरीकों के क्रियान्वयन

तंत्र इच्छित ढंग से काम नहीं कर रहा है जिसके परिणामस्वरूप किसानों और अनुसंधान विकास केन्द्रों के बीच जानकारी व तथ्यों के प्रसारण में अंतर आ रहा है। अत: नई पद्धतियों के क्रियान्वयन और उस दौरान निर्माण समस्याओं को दूर करने के नए सुझावों को लेकर किसानों तथा अनुसंधान व विकास केन्द्रों के बीच नियमित रूप से आदान-प्रदान आवश्यक है। कृषि क्षेत्र में विस्तार सेवाओं का महत्त्व समझते हुए केन्द्र के तत्वावधान में "विस्तार सुधारों के लिए राज्य विस्तार कार्यक्रम को सहायता (SSEPER) योजना" जारी करने का विचार किया जा रहा है, जो राज्यों को विस्तार सुधार लागू करने के लिए सहायता प्रदान करेगी ।

5.9. अनुसंधान व विकास के द्वारा उत्पादकता बढ़ाना/कृषि में नई तकनीक का आविष्कार

गत दो दशकों में भारत में फसलों के उत्पादन में भारी मात्रा में (टनों में) वृद्धि हुई है। परंतु विकसित देशों की तुलना में यहां तक कि चीन की तुलना में भारत का प्रति एकड़ उत्पादन कम ही है। तालिका 4.5 में वर्त्र 2003-04 के दौरान भारत में महत्त्वपूर्ण फसलों की उत्पादन मात्रा दर्शायी गई है ।

तालिका 4.5 : महत्त्वपूर्ण फसलों की औसत उत्पादकता (2003-04)

(क्विंटल प्रति हेक्टेयर)

फसलें	*औसत उत्पादकता*
चावल	20.8
गेंहू	27.1
दाल	6.4
कुल खाद्यान्न	17.3
कुल तिलहन	10.7
कपास	3.1
गन्ना	589.9

स्त्रोत – Statistical Abstract 2004 (GOI Publication)

कृषि की उत्पादकता बनाम उद्योगों में वस्तु निर्माण व सेवाओं में हुई वृद्धि के बीच के अंतर को समझना योग्य होगा। किसी क्षेत्र के सकल घरेलू उत्पाद को उस क्षेत्र में लगाए श्रमिकों की संख्या से भाग देने से श्रम की औसत उत्पादकता निकाली

जा सकती है। 70वें साल के दशक के प्रारंभ से 90वें दशक के अंत तक कृषि का उत्पादकता सूचकांक 1 से 1.5 के बीच बढ़ा, जब कि उसी अवधि में वस्तु निर्माण के क्षेत्र में 2 से 4.5 अंक एवं सेवा क्षेत्र में 2 से 5.5 अंक तक बढ़ा। सेवा क्षेत्र के अंतर्गत छोटे संगठित क्षेत्र में श्रम की प्रति ईकाई उत्पादकता सर्वाधिक रही (30 जब कि कृषि क्षेत्र में यह वृद्धि केवल 1.5 ही थी)। कृषि में उत्पादकता जहां गत अनेक वर्षों में क्रमशः बढ़ी है, वही वस्तु निर्माण तथा सेवा क्षेत्र में यह तेजी से बढ़ी है। उपरोक्त वर्णित बढ़ोत्तरी के बावजूद हमारे देश में कृषि की औसत उत्पादकता चीन की तुलना में कम है। उदाहरण के लिए – हमारे देश में गेहूं का प्रति हेक्टेयर उत्पादन 2.62 टन है जो चीन के प्रति हेक्टेयर 3.9 टन की तुलना में बहुत ही कम है। भौगोलिक दृष्टि से चीन का क्षेत्र, भारत से तिगुना भले ही हो पर उसका फसली क्षेत्र भारत के इतना ही है, फिर भी चीन भारत की तुलना में डेढ़ गुना अधिक खाद्यान्न उत्पन्न करता है। यह एक गहन चिंता का विषय है कि भूमि की उत्पादकता या तो थम गई है या कम हो रही है। भारत में कम उत्पादकता के कारण है भूमि–धारणों के अत्यधिक टुकड़े होना, वर्षा पर अटूट निर्भरता, सिंचाई की कम मात्रा, उचित मूलभूत ढांचे का अभाव तथा खेती प्रक्रिया में मशीनीकरण का न होना आदि। भारत में आज भी कृषि के अधिकांश कार्य हाथों से होते हैं। किसान भी उसकी गिरती आर्थिक अवस्था तथा परिणामों का भरोसा न होने के कारण वह कृषि के कामों में ज्यादा निवेश करने की स्थिति में नहीं होता।

इसी परिपेक्ष्य में कृषि में सर्वांगीण विकास लाने में अनुसंधान तथा विकास अहम भूमिका निभा सकते हैं। भारतीय कृषि अनुसंधान संस्था, कृषि विश्वविद्यालय, कृषि महाविद्यालय, उपलब्ध स्त्रोतों के सहारे, कृषि तंत्र को आधुनिकतम करने तथा सुधारित किस्म के बीजों का विकास करने का महत्त्वपूर्ण कार्य कर रहे हैं। कृषि क्षेत्र के अनुसंधान व विकास कार्य में निजी भागीदारी, इन संस्थाओं के प्रयत्नों को अधिक शक्ति प्रदान कर सकते हैं। परंतु कृषि अनुसंधान में भारत का निवेश केवल 0.26 प्रतिशत ही है जो अन्य विकसित देशों में 2.4 प्रतिशत है। इसके अतिरिक्त, परीक्षण प्रयोगशालाओं की सुविधा तथा वहां होने वाली अनुसंधान की गतिविधियों का लाभ कृषि को मिलने के लिए 'प्रयोगशाला से भूमि (Land to Lab)' कार्यक्रम का क्रियान्वयन होना जरूरी है ताकि आधुनिक अनुसंधानों को कृषि में प्रत्यक्ष रूप से उपयोग की ओर बढ़ाया जा सके।

5.10. कृषि यांत्रिकी साधनों का अनुसंधान व विकास

विशिष्ट आवश्यकताओं के अनुसार ही कृषि यांत्रिक साधनों की रचना की जानी

चाहिए। यदि भूमि का आकार बड़ा हो तो उसके लिए अधिक क्षमता वाले ट्रैक्टर ही उचित होंगे। उसी प्रकार छोटे आकार की भूमि के लिए छोटे ट्रैक्टर ही उपयोगी होंगे। इस तरह अन्य औजार जैसे बीज बोने वाले हल, डवरनी औजार तथा थ्रेशर आदि यांत्रिक साधनों में भी, भूमि की वर्तमान स्थिति, उनकी भौगोलिक रचना तथा फसल के ढंग को देखते हुए इनमें लगातार सुधार तथा पुनर्रचना करनी पड़ती है। उत्पादकता बढ़ाने में इन यांत्रिक-औजारों के सुधारों की महत्त्वपूर्ण भूमिका होती है तथा सभी विकसित देश कृषि में मशीनीकरण का विस्तार से उपयोग करने लगे हैं। विकसित देशों में भूमि की स्थिति तो निश्चित ही भिन्न होती है क्योंकि खेतों के आकार बहुत बड़े होते हैं, इसलिए विस्तृत मशीनीकरण भी संभव होता है।

5.11. अधिक उपज देने वाले बीजों के निर्माण में अनुसंधान व विकास

उत्पादकता बढ़ाने की दृष्टि से अनुसंधान व विकास का लक्ष्य, ज्वार, गेहूं, धान, कपास जैसी फसलों के अधिक उपज देने वाले बीजों की पहचान की ओर अग्रसर होता है। ऐसे बीजों से उत्पादित उपज की मात्रा कई गुना बढ़ी है। परंतु इन बीजों का उपयोग करने में कई अन्य जरूरतों की - जैसे बीच-बीच में पानी देना - अर्थात् सिंचाई, खाद तथा कीटनाशकों का प्रयोग आदि की आवश्यकता होती है। चूंकि यह पद्धति निवेश-मूल होती है, किसानों को इन सारी व्यवस्थाओं के लिए बीज, कीटनाशक आदि खरीद के लिए काफी ऋण की जरूरत होती है। इन समस्त साधनों की पूर्ति का क्रम यदि ठीक से संभाला गया तो किसान अच्छे दिनों की आशा कर सकते हैं।

किसानों द्वारा ऐसे बीजों के विकास किए जाने के सम्बन्ध में एक नया विधेयक संसद में प्रस्तुत किया जाने वाला है, जो पुराने 'बीज-कानून-1966' का स्थान लेगा। अभी वर्तमान 'पौधों के किस्म का संरक्षण एवं कृषक अधिकार (PPVFR) कानून 2001' में बीज के मूल स्रोत, उसकी किस्म एवं वंशावली की पूरी जानकारी घोषित करने का प्रावधान है, जो बीज कानून में नहीं है। अतः उपरोक्त प्रावधानों के रहते, किसानों का अहित ना हो तथा बीज उद्योग पर कोई प्रतिकूल असर न पड़े, विधेयक पर पुनर्विचार किए जाने की आवश्यकता है।

5.12. जैविक तंत्रज्ञान/फसलों की आनुवांशिकता पर अनुसंधान

रासायनिक खाद, कीटनाशक द्रव्यों के उपयोग तथा मशीनीकरण से की गई उपजवर्धक खेती अब उसकी उच्चतम सीमा पर पहुंच चुकी है। प्रतियोगिता में टिकने के लिए अधिक उपज व पोषकता देने वाले बीजों पर अनुसंधान प्रक्रिया लगातार चल रही है। संकरण से सुधारित किस्म पाई जा सकती है पर वंश संग्रह (जेनेटिक पूल) सीमित

होने से उनमें नए गुणतत्व डाले नहीं जा सकते इसीलिए आनुवांशिक सुधारित तांत्रिकी ज्ञान की आवश्यकता होती है । आनुवांशिक सुधार पद्धती (GM) द्वारा उसी से या दूसरी जाति से वंश लेकर उत्पादन में बढ़ोत्तरी पाई जा सकती है। ऐसे बीजों के किस्म का वायदा किया जा रहा है जिस पर ना किसी बिमारी या कीटकों का प्रभाव पड़े, जो बिना पानी के अर्थात् सूखे की स्थिति में भी काम करे तथा कृषि रसायनों पर भी निर्भर ना रहे। ऐसी आनुवांशिक बीज उत्पत्ति के प्रयोग, कपास, मक्का, सरसों, गन्ना, सोरघूम, पीजन पी, चिक पी, चावल, टमाटर, बैंगन, आलू, केला, पपई फूलगोभी, तिलहन, एरंडी (कॅस्टर) सोयाबीन तथा अन्य औषधीय पौधों पर हो रहे हैं। ऐसे ही प्रयोग मछलियों की विविध प्रजातियों पर भी किए जा रहे हैं। ऐसे प्रजाति–उत्पत्ति तकनीक के काम में अनुसंधान कर रही कम्पनियों में मोनसेन्टो, कारगील–दोनों बहुराष्ट्रीय कम्पनियां–सबसे आगे हैं। पर्यावरण व वन मंत्रालय की 'आनुवांशिक अभियांत्रिकी स्वीकार समिति (GEAC)' को इन निर्णयों के स्वीकार या अस्वीकार करने के लिए अधिकृत किया गया है। बी.टी. कपास जाति, हमारे देश की प्रथम ट्रान्सजेनिक फसल है। इस बी.टी. कपास प्रजाति पर खेती–परीक्षण किए गए और आनुवांशिक अभियांत्रिकी अनुमोदन समिति ने इसे स्वीकृति भी दी है, पर भारतीय परिस्थितियों में उसकी उपयोगिता पर जैविक–सुरक्षा सम्बन्धी अनेक चिंताएं व्यक्त की जा रही हैं। इन आनुवांशिक प्राप्त सुधारित (GM) खाद्यान्न की उत्पादकता तथा पोषक तत्वों के लाभ के बावजूद, किसी भी ऐसे खाद्यान्न के हानिकारक व नकारात्मक पहलुओं पर विचार के बारे में कोई दो राय नहीं हो सकती और उनके व्यापारिक उपयोग करने के पूर्व इनके हानिकारक व नकारात्मक गुणों को कम करते हुए उन्हें स्वीकार–योग्य सीमा तक लाने पर विचार भी किया जाना चाहिये। फिर भी अभी तक हुए समग्र आकलन यही बताते हैं कि इन आनुवांशिक उत्पत्ति सुधारित GM पौधों के उपयोग से ठोस फायदे हैं। देश में कृषकों द्वारा बी.टी. कपास के बीज बड़ी तेजी से अपनाए गए हैं। वर्ष 2005 में इस बी.टी. की खेती 62,000 एकड़ से बढ़ कर 2002 में एक मिलियन एकर तक पहुँच गई है, जो उल्लेखनीय कृषि–आर्थिक लाभ तथा अच्छे परिणामों की गवाही देती है। 'व्यापार सम्बन्धित बुद्धि ज्ञान सम्पत्ति कानून (TRIPS)' आनुवंश व कोषिकाओं का विशेष अधिकार पत्र (पेटेन्ट) प्रदान करता है। परंतु इस क्षेत्र में विशाल क्षमता वाली कम्पनियां ही प्रवेश कर सकती हैं, क्योंकि अनुसंधान का यह अति गहन क्षेत्र है, जिस में विस्तार से महंगे अनुसंधान के लिए भारी भरकम स्त्रोतों की आवश्यकता होती है, जो ये कम्पनियां ही कर सकती हैं।

गत दशक में भारत में खाद्यान्न के उत्पादन की समस्त वार्षिक वृद्धि दर 3 प्रतिशत दर्ज की गयी है। यदि देश को उत्पादन की वृद्धि दर में सुधार लाना हो तो और अन्तर्राष्ट्रीय बाजार की प्रतियोगिता में बने रहने के लिए हमें नए तंत्रज्ञान को अपनाने से आंखें नहीं मूंदना चाहिए, बशर्ते वह हमारे लिए उपयोगी हो। जब अधिक उत्पादन देने वाले बीजों (HYV) का उपयोग पहली बार हुआ था तो उस समय भी ऐसी ही गंभीर रुकावटे आयी थीं, पर अब तो केवल इन्हीं बीजों का उपयोग हो रहा है।

फसलों के जैविक तंत्रज्ञान के उपयोग की गति बढ़ाने के लिए राष्ट्रीय जैविक तंत्र नीति (बायो टेक्नोलॉजी पॉलिसी) बनाई जानी चाहिए तथा नई जैविक तंत्र उत्पादनों की स्वीकृति या अस्वीकृति देने के लिए 'एक खिड़की-नियमन संस्था' (सिंगल विंडो रेगुलेटरी बॉडी) नियुक्त की जानी चाहिए ताकि किसानों को अनेक फसलों बीजों में से चयन करने का अवसर मिल सके।

5.13. विद्युत शुल्क (Tariff) नियंत्रण तंत्र/क्या कृषि को निःशुल्क विद्युत पूर्ति की जाये?

वर्तमान में अनेक राज्य कृषि पंपों के लिए दी जा रही बिजली के लिए कम शुल्क लगा रहे हैं और कुछ राज्यों ने तो कृषि पंपों के लिए निशुल्क आपूर्ति की घोषणा कर दी है। परंतु राज्य विद्युत मंडलों की गिरती आर्थिक दशा के कारण कृषि को दी जा रही विद्युत-शुल्क में बढ़ोतरी का दबाव बढ़ता जा रहा है। औद्योगिक संगठनों ने भी विभिन्न मोर्चों से यही मांग उठाई है क्योंकि उन्हें लगता है कि किसानों को दी जा रही बिजली के कम शुल्क का भार उन पर थोंपा ज रहा है। तालिका 4.6 में वर्ष 2003-04 के दौरान वर्गीकृत उपभोक्ताओं द्वारा बिजली का उपभोग दिखाया गया है। कृषि द्वारा बिजली का उपभोग कुल उपभोग का 24.13 प्रतिशत है ।

तालिका 4.6 : उपभोक्तानुसार बिजली का उपभोग (2003-04)

उपभोक्ता वर्ग	*बिक्री ईकाई (GWH)*	*कुल उपभोग का प्रतिशत*
घरेलू	89,736	24.86
व्यावसायिक	28,202	7.82
औद्योगिक	1,24,573	34.51
कृषि	87,089	24.13
अन्य	31,337	8.68
कुल	3,60,937	100.00

कृषि को बेची जा रही बिजली की मात्रा प्रति वर्ष घटती जा रही हैं। तालिका 4.7 में वर्ष 1998–99 से 2003-04 तक बिजली बिक्री की स्थिति वर्णित है।

तालिका 4.7 : बेची गई कुल बिजली में कृषि का हिस्सा – प्रतिशत में (1998–99 से 2003-04)

वर्ष	*देश में बिजली की कुल बिक्री (GWH)*	*कृषि को बेची गई कुल मात्रा (GWH)*	*कृषि को बेची गई विद्युत का सकल बिक्री का प्रतिशत*
1998–1999	309,734	97,195	31,38
1999–2000	312,841	90,934	29,07
2000–2001	316,600	84,729	26,76
2001–2002	322,459	81,673	25,33
2002–2003	339,598	84,486	24,88
2003–2004	360,937	87,089	24,13

स्रोत – Statistical Abstract 2004 (GOI Publication)

स्पष्ट दिखाई देता है कि पिछले वर्ष की तुलना में क्रमशः कृषि को बेची बिजली की मात्रा में लगातार गिरावट आई है जो बिजली ईकाई की मात्रा में तथा कुल बेची गई मात्रा के प्रतिशत में भी दिखाई देती है।

इसी परिपेक्ष्य में यह जान लेने योग्य है कि कुछ बड़े भू–स्वामियों को छोड़ सभी छोटे और सीमान्त किसानों को–जो कुल किसानों की संख्या के 80 प्रतिशत से ज्यादा है उन्हें प्रतिवर्ष निर्वाह योग्य आय नहीं मिलती। प्रश्न यही उठता है कि ये गरीब किसान इतना महंगा विद्युत शुल्क कहां से दे पाएंगे ? विकसित देशों में किसानों की दशा इतनी खराब नहीं होती, फिर भी कृषि को बड़ी मात्रा में सरकारी सहयोग–राशि दी जाती है। भारत में तो खेती करने वालों को तो मात्र उनके जीवन–निर्वाह के लिए सहायता की जरूरत होती है। इसी के साथ विद्युत की पूर्ति करने वालों के हितों की भी सुरक्षा होनी चाहिए। 'राज्य विद्युत मंडलों (SEB)' के आर्थिक संकट का प्रभाव तो कृषि क्षेत्र पर पहले पड़ ही चुका है, आवश्यक निवेश करने कि उनकी क्षमता का ह्रास हुआ है, वृद्धिगत स्थानीय मांगों की पूर्ति करने तथा रोजमर्रा के कामकाज चलाने में भी कठिनाईयां आ रही हैं। अतः इस बढ़ती हुई

बिजली की सब्सिडी का भार सरकार को उठाना चाहिए। अंशदान बंद करने का एक उपाय यह कि बिजली सप्लायर को पूंजीगत सहायता (capital subsidy) दी जाये, ताकि ग्रामीण क्षेत्रों में बिजली पहुंचाने में उन्हें सहायता मिले। दूसरा उपाय यह भी हो सकता है कि इस क्षेत्र में कम मूल्य में बिजली पूर्ति के लिए नई पद्धतियां अपनाने वाले निजी सप्लायर को इस क्षेत्र में आसान प्रवेश की सुविधा दी जाये।

किसानों को लगाया जाने वाला विद्युत शुल्क एक ऐसी विशेषज्ञ समिति द्वारा निर्धारित किया जाना चाहिए जिससे विद्युत सप्लायर तथा किसान दोनों के हितों को ध्यान में रखते हुए इस पर विचार हो। किसानों को निःशुल्क विद्युत पूर्ति नहीं होनी चाहिए, क्योंकि इससे विद्युत सप्लायर को अपरिमित हानि ही होगी। अकेले महाराष्ट्र में यह आंकड़ा 1500 करोड़ रुपये प्रतिवर्ष तक पहुंच गया था। इतना बड़ा नुकसान उठा पाना, सहज न होने के कारण, यह व्यवस्था प्रारंभ करने से डेढ़ साल के अंदर उसे वापिस ले लिया गया। इस राजस्व हानि के अतिरिक्त ऐसी योजना में विद्युत–मीटर भी हटा दिए जा सकते हैं, जिससे कृषि को कितनी बिजली दी गई इसका हिसाब ही नहीं लगाया जा सकेगा। निःशुल्क विद्युत आपूर्ति का यह अर्थ हो जाएगा कि हठी किसानों द्वारा बिजली के जानबूझकर किए अनुचित उपयोग के लिए कोई अवरोध नहीं रहेगा। जिसका परिणाम अत्यधिक विद्युत खिंचाव एवं उसका दुरुपयोग ही होगा। इसी कारण किसानों को दी जाने वाली विद्युत आपूर्ति का शुल्क समान दर (फ्लॅट रेट) के बजाय उपभोग के आधार पर लगाया जाना चाहिए।

चुनावों के पूर्व किसानों को निःशुल्क विद्युत आपूर्ति की लोकप्रिय घोषणाएं, किसानों की दृष्टि से दीर्घावधि में हानिकारक ही हैं। विद्युत पूर्ति करने वालों को हो रहे भारी नुकसान के कारण ही किसानों को विद्युत आपूर्ति प्रतिवर्ष बढ़ने के बजाय, निरंतर कम होती जा रही है, यह सत्य सर्वेक्षण के बाद तालिका में वर्णित आंकड़ों से उजागर हो जाता है। कुछ विद्युत मंडल ग्रामीण क्षेत्र में अभी हो रही विद्युत आपूर्ति थ्री फेज के बजाय केवल सिंगल फेज में करने का विचार कर रहे हैं। ऐसी योजना से रोशनी (लाइटिंग) के काम में तो कोई फर्क नहीं पड़ेगा, पर इसका असर विद्युत–चलित पम्प सेटों को मर्यादित समय के लिए विद्युत आपूर्ति के लिए कंट्रोल के रूप में होगा, साथ में सप्लायर पर अतिरिक्त निवेश का भार पड़ेगा। आंध्र प्रदेश तथा कर्नाटक राज्यों ने कुछ क्षेत्रों में इस योजना को क्रियान्वित कर दिया है तथा महाराष्ट्र में भी प्राथमिक तौर पर शीर्ष रूप से इसे चलाया जा रहा है। ऐसी उलझी हुई स्थिति में किसानों के लिए उचित अनुदानित विद्युत शुल्क की व्यवस्था ही एकमात्र सर्वोचित तार्किक हल प्रतीत होता है।

इस विशाल आर्थिक नुकसान को सहन कर पाना असंभव होने के कारण कुछ राज्य सरकारों ने निःशुल्क विद्युत आपूर्ति की घोषणा के महीनों/वर्ष के अंदर ही उसे वापिस ले लिया है। आंध्र प्रदेश में किसानों को निशुल्क विद्युत पूर्ति की घोषणा के एक वर्ष बाद (31-1-2005) ही इसमें सुधार किया है। नई नीति 1-4-2005 से लागू है जिसमें धनी किसानों को मुफ्त बिजली के नियम से बाहर रखा जाएगा और सूखी खेती वाले किसानों को तथा सिंचित क्षेत्र के छोटे व सीमांत किसानों को दी जाने वाली विद्युत मूल्य में कमी की जाएगी।

5.14. फसल की गुणवत्ता में क्रांति

हर किसान को फसल की अंतिम गुणवत्ता बड़ी महत्त्वपूर्ण होती है, क्योंकि इस गुणवत्ता के आधार पर ही स्थानीय बाजार में उसकी फसल का मूल्यांकन होता है। फसल न केवल अच्छे किस्म की होनी चाहिए बल्कि दूसरे देशों से होने वाली कठिन प्रतियोगिता में उसे टिकना भी चाहिए। इसके अतिरिक्त उत्पादन को आयात करने वाले देशों के खाद्यान्न विषयक नियमों के अनुकूल भी होना जरूरी है। इस अंतिम उत्पादन की गुणवत्ता, कृषि की प्रत्येक प्रक्रिया पर निर्भर होती है। अतः किसानों को शुरू से ही, अर्थात् खेत को तैयार करने की स्थिति से लेकर खरीदने वाले के पास माल पहुँचने तक की सारी गतिविधियों से भली-भांति परिचित रहना जरूरी हो जाता है।

जमीन या फसल या और किसी भी वस्तु की गुणवत्ता की जांच के लिए किसानों को जांच सुविधा सहजता से उपलब्ध करा देना आवश्यक है। इसी दृष्टि से 'प्रयोगशाला से भूमि' (लैब टू लैण्ड) कार्यक्रम महत्त्वपूर्ण हो जाता है। इसके सिवाय जल्दी नष्ट होने वाले उत्पादन की सुरक्षा के लिए शीतगृहों की श्रृंखला एवं संवहन के लिए 'कंटेनर' सुविधा भी आवश्यक होती है।

5.15. सुलभ विपणन पद्धति

फसल के लिए अच्छी कीमत पाने के लिए बिचौलियों को जहां तक संभव हो हटा दिया जाना चाहिए। किसानों की सहकारी संस्था "कृषि उत्पादन विपणन समिति (APMC)" इसी कार्य के लिए बनाई गई है। परंतु इन समितियों के कार्य में कुछ त्रुटियाँ हैं। विपणन समितियों के भंडारगृह अनेक गांवों के लिए सुविधाप्रद नहीं हैं। चूकि भंडारगृह दूरस्थ स्थान में रहते हैं, अतः छोटे व सीमान्त किसानों को उनका माल वहां तक ले जाना सुविधाप्रद नहीं होता, और वे इस लाभ से वंचित रह जाते हैं।

किसी भी गांव से 3 से 5 किलोमीटर की दूरी पर इन के उपकेन्द्र खुलने चाहिएं ताकि सभी वर्ग के किसानों को उनका लाभ मिल सके। नियुक्त खरीददार गांव से ही समय-समय पर माल उठा ले तो किसानों को सुविधा होगी। इनमें दूसरा सुधार यह भी होना चाहिये कि गत कुछ वर्षों के मूल्य व्यवहार के आधार पर किसानों को उत्पादन मूल्य दिया जाये साथ ही किसानों को बढ़ी हुई अग्रिम राशि दी जाये जो वर्तमान मूल्य के स्तर से 60 प्रतिशत बढ़कर हो।

कुछ कृषि उत्पादन विपणन समितियों की कार्यशीलता में बहुत कुछ सुधार लाना बाकी है। कई मौके आए हैं जिनमें किसानों को मिलने वाली राशियों की अंतिम किश्ते, लंबे समय तक नहीं मिलती। इसका कारण है, या तो खरीददार विपणन समिति को पूरा धन नहीं दे पाते, या खुद विपणन समिति को, पूरा पैसा मिलने के बाद भी किसानों को धन देने में देर लगती हैं। छोटे तथा सीमान्त किसानों को जानकारी प्राप्त करने या पैसे लेने के लिए समिति में बार-बार जाना कष्टप्रद होता है। ऐसी विपणन समितियों के कार्यों व त्रुटियों के लिए उनके व्यवस्थापन को जवाबदेह बनाकर उनमें सुधार लाना जरूरी है।

भारत सरकार के कृषि विपणन समिति कानून के प्रस्तावित संशोधन में ऐसी व्यवस्था है जिसमें किसान किसी भी बाजार में अपना उत्पादन बेच सकेगा। सरकार ने इस सम्बन्ध में एक आदर्श कानून का प्रारूप राज्य सरकारों को भेज दिया है जिसमें 'सीधे विपणन' (डायरेक्ट मार्केटिंग) तथा ठेके पद्धति से खेती की धारणाएं अन्तर्भूत हैं। कुछ राज्यों (जैसे महाराष्ट्र) ने इस दिशा में कानूनी व प्रशासनिक कार्यों की शुरुआत भी कर दी है।

5.16. कृषि में उदारीकरण - सम्पूर्ण देश को एकमेंव बाजार का स्वरूप

'आवश्यक उपयोगी वस्तु कानून (ECA)' 1955 के अन्तर्गत सरकार को आवश्यक वस्तुओं के लाने, ले जाने, संग्रह करने तथा आयात-निर्यात पर नियंत्रण करने का अधिकार है। वस्तुओं की कमी अथवा कीमतों के अत्यधिक बढ़ने आदि के कारण ये नियंत्रण स्थगित किए जा सकते हैं, उनमें ढील दी जा सकती है, या उन्हें पुनःस्थापित किया जा सकता है। परंतु बाजारों को अपनी स्वाभाविक भूमिका निभाने में रुकावट डालने से नुकसान भी होता है। जब भी वस्तुओं की मांग और पूर्ति में भारी तफावत होती है तब सरकार को नियंत्रणों में ढील देनी पड़ती है या उन्हें स्थापित अथवा पुनःस्थापित करना पड़ता है। परन्तु इस क्रिया में कुछ देर लगती है और इसी बीच परिस्थिति और भी बिगड़ जाती है। इसी को देखते हुए सरकार ने 2000 में लाइसेंस

की आवश्यकता तथा निजी व्यापारियों द्वारा वस्तुओं की आवाजाही व भंडारण के नियंत्रणों को समाप्त कर दिया था।

यह उदारता की नीति अब लगभग सभी क्षेत्रों में फैल गई और अधिकांश क्षेत्रों में अच्छी प्रगति भी हुई है। अत: सम्पूर्ण भारत को सभी प्रकार की वस्तुओं के लिए खासकर कृषि उत्पादनों के लिए एकमेंव (सिंगल) बाजार का स्वरूप धारण करना चाहिए जिसमें सारी वस्तुओं की मुक्त आवाजाही होती रहे।

हालांकि निजी कंपनियों को किसानों का माल खरीदने में पूर्णत: खुली छूट देना भी खतरे से खाली नहीं है। इसका उदाहरण 2006 और 2007 में गेहूं की कीमतें बड़ी मात्रा में बढ़ने में देखा जा सकता है। आवश्यक वस्तु कानून में सुधार व फार्वर्ड ट्रेडिंग के अन्तर्गत कुछ निजी कंपनियां फसल मार्केट में आने के पहले ही कम दाम में खरीद लेते हैं और बाद में बड़े गोदामों में उसका संग्रह करते हैं। इस वजह से कुछ ही दिनों में मार्केट में कृत्रिम न्यूनता की स्थिति पैदा होती है और वस्तुओं के दाम काफी बढ़ जाते हैं। इसी का फायदा उठाकर निजी कंपनियां माल ज्यादा कीमतों पर बेचती हैं और बड़े पैमाने पर फायदा कमाती हैं। इसलिए जरूरी है कि आवश्यक वस्तुओं के ट्रेडिंग और वायदा कारोबार (Futures trading) पर सरकार का उचित नियंत्रण होना चाहिये।

5.17. कृषि उत्पादन में विविधता-कच्चे माल का पक्के माल में रूपांतर-विपणन ज्ञान

प्रथम हरित क्रांति से कृषि उत्पादन इस स्तर तक पहुंच गया कि देश में अकाल या अभाव की स्थिति नहीं रही। अब खाद्यान्न क्षेत्र में दूसरी हरित क्रांति के प्रवेश की आवश्यकता है। भूमि का गुणवत्ता वर्गीकरण, उचित खाद का चयन तथा सिंचाई व्यवस्थापन से यह काम पूरा हो सकता है।

किसान वर्ग अक्सर पारम्परिक फसल पद्धति का ही अवलंब करता है। ऐसी अनेक प्रकार की फसलें हैं जिनका बाजार में अधिक मूल्य मिल सकता है। इनमें उद्यान या बागवानी, फूल उत्पादन, तिलहन, फल-साग-सब्जी तथा मत्स्य पालन आदि सम्मिलित हैं। वर्ष 2003-04 में भारत ने जहाँ 25 मिलियन टन खाद्यान्न तेल का उत्पादन किया वहीं 2.5 बिलियन अमरीकी डालर मूल्य का खाद्य-तेल आयात भी किया। ग्रामीण क्षेत्र में यदि खाद्यान्न शुद्धिकरण प्रक्रिया प्रारंभ होती है तो ग्रामीण अर्थव्यवस्था में सुधार आ सकता है। अभी केवल 2 प्रतिशत उत्पादन पर ही प्रक्रिया हो रही है। डेअरी उत्पादनों से भी काफी आय मिल सकती है। बल्कि उद्यानी-बागवानी

एवं फूलोत्पादन के लिए हरित गृह/पॉली हाऊस की सुविधाएं जरूरी होती हैं। यह भी ध्यान में रखने योग्य है कि खाद्यान्न तथा अन्य खेतीहर उत्पादनों की प्रक्रिया के लिए पूंजी निवेश की आवश्यकता होती है। यह आणंद में स्थित अमूल डेअरी जैसी सहकारी संस्थाओं की स्थापना से तथा उपयुक्त ठेका पद्धति से कृषि द्वारा ही यह संभव है।

कृषि में उत्पादन तथा उपभोग पद्धति पर आधारित विपणन कौशल्य लाने वाली संस्थाओं के निर्माण पर जोर देना जरूरी है। अब तक ऐसी कोई पद्धति ही नहीं थी जिसमें इस प्रकार की जानकारी एकत्रित कर उसे किसानों तक पहुंचाया जा सके, परिणामतः किसान परम्परागत फसल ही उगाते थे। कृषि को जीवित रखने के लिए इस क्षेत्र की ओर तुरंत ध्यान दिया जाना जरूरी है। फसल पद्धति में परिवर्तन आने से प्रभावी विस्तार सेवाओं की जरूरत भी पड़ती है। इस पर पहले विचार किया जा चुका है।

खाद्यान्न क्षेत्र एक और संभ्रम पूर्ण स्थिति से ग्रसित है। अहम यह है कि केन्द्र में खाद्यान्न विषयक 22 कानूनों का नियंत्रण होना। इनसे कई मामलों पर विभिन्न मंत्रालयों के बीच आपसी मतभेद खड़े हो जाते हैं। खाद्यान्न, कानून तथा स्वास्थ्य, ये तीन मंत्रालय इस विषय से सीधे सम्बन्धित है। इसलिए खाद्यान्न प्रक्रिया उद्योग की प्रगति के लिए एक समन्वित खाद्यान्न कानून बनाने की आवश्यकता है जिसमें खाद्यान्न-प्रक्रिया के प्रावधान भी होंगे।

5.18. कृषि तथा विपणन में सूचना तंत्रज्ञान (IT) का उपयोग

अभी तक सूचना तंत्र का उपयोग शहरी क्षेत्रों तक सीमित था, परंतु हाल ही में 'ई-चौपाल' नामक सॉफ्टवेअर तैयार हुआ है जिसमें किसानों को इंटरनेट पर अन्तर्राष्ट्रीय बाजार का हाल-चाल, तथा वस्तुओं की कीमतें दिखाई देती हैं। चूंकि भारत में वस्तुओं की कीमतें अन्तर्राष्ट्रीय स्थिति से प्रभावित होती हैं, अतः ई-चौपल भारतीय किसानों को अपनी चीजें यहां के बाजारों में बेचने के लिए समय चुनने का अवसर प्रदान करता है। यही नहीं वे अपने संगणकों पर सर्वोत्तम खेती की पद्धति, भारतीय तथा विश्व परिपेक्ष्य में फसलों की स्थिति तथा संकटकाल व्यवस्थापन की जटिलताएँ और स्थानीय मौसम सम्बन्धी जानकारी भी प्राप्त कर सकते हैं।

नए सूचना तंत्र से ग्रामीण क्षेत्र में कृषि में हो रहे नए अनुसंधान व उसके परिणामों की जानकारी मिल सकती है। फाइबर ऑप्टिक केबल बिछाकर सम्पूर्ण देश के सभी स्थानों को आपस में जोड़ा जा सकता है। सूचना क्षेत्र से ग्रामीण जनता

को न केवल अनुसंधान के विकास को अपने क्षेत्र में लागू करने में सहायता मिलेगी बल्कि उनमें साक्षरता बढ़ाने में भी सहयोग प्राप्त होगा। यही सूचना रेडियो, दूरदर्शन (टेलीविजन) तथा समाचार पत्रों के जरिये अन्य किसानों तक पहुंचाई जा सकती है। भारत में अनेक मौसमी विभाग विभिन्न तापमानी इलाके हैं, जमीन की अलग अलग किस्में हैं और जलसुविधा भी उपलब्ध है। इसी परिपेक्ष्य में सारी विशेषताओं को एक स्थान पर लाकर, केन्द्र सरकार एक नई दूरदर्शन वाहिनी (चैनेल) चला सकती है जो पूर्णतः कृषि को समर्पित हो, जिसमें मौसम, भूमि, वर्षा, तापमान, बीज, खाद, बाजार आदि बातों पर कार्यक्रम प्रसारित हो, एवं विभिन्न मौसमों में ली जाने योग्य फसलों की पूर्णतः विस्तृत जानकारी दी जाये।

ISRO ने रिसोर्ससेट प्रस्थापित करके 'ग्राम रिसोर्स सेंटर (VRC)' 18 अक्तूबर 2004 को उद्घाटित होने पर सारे देश भर के अनेक गांवों में स्त्रोत केन्द्र स्थापित करने का निश्चय किया है, जिसमें ग्रामीण जनता को भूमि, राजस्व, कृषि, मौसम तथा ऋण सम्बन्धी सभी बातों पर 'एक खिड़की योजना' के अन्तर्गत एक ही स्थान पर उसी समय में सारी जानकारी देने की व्यवस्था रहेगी।

इन केन्द्रों में ग्रामीण समुदायों को आबो-हवा, मौसम सम्बधी अति महत्त्वपूर्ण जानकारी, बाजार में होने वाले उतार-चढ़ाव तथा पोषक तत्व, स्वास्थ्य, सरकार प्राप्त सुविधाओं सम्बन्धी सूचनाएं दी जाएगीं।

5.19. नगर-ग्राम (Rurban) समन्वय केन्द्रों का निर्माण

उदाहरण के लिए एक छोर पर - अर्थात् शहरी क्षेत्र में जहां उद्योगों का भारी जमावड़ा है, वहीं दूसरी ओर ग्रामीण क्षेत्र में कृषि को छोड़ दूसरा कोई प्रमुख व्यवसाय नहीं है। दोनों क्षेत्रों के बीच असंतुलित विकास का यही कारण है। हम चाहें जितना भी विचार कर लें, पर प्रत्येक गांव में विकास का संस्थागत ढांचा खड़ा करना, न तो व्यवहार्य है और न ही संभव। इसके विरुद्ध शहरों में जनसंख्या इतनी अधिक बढ़ गई है कि उचित नागरी सुविधाएं देना भी एक बड़ी समस्या बन गई है। इस दूरी को समाप्त करने के लिए शहरों और ग्रामों के बीच उचित स्थान पर नगर-ग्राम समन्वय केन्द्र विकसित करना आवश्यक है। इन केन्द्रों से, शहरों और गांवों के बीच की दूरी, समय तथा आर्थिक असमानता को कम किया जा सकता है। इन केन्द्रों से दो उद्देश्यों की पूर्ति होगी - एक तो ग्रामीण उत्पादनों के लिए निकट बाजार मिलेगा तथा दूसरा छोटे उद्योगों के लिए साधनों तथा तैयार कच्चे माल की पूर्ति की व्यवस्था नजदीक होगी। उद्योजकों को इन केन्द्रों के पास छोटे उद्योग जैसे साबुन तैयार करना, कागज

बनाना, विद्युत मोटर की वाइंडिंग, वाहन सुधारना, फल प्रक्रिया, दरी तैयार करना आदि की स्थापना करने को प्रोत्साहन दिया जाएगा । राज्यों द्वारा उद्योगों के विकास को विकेन्द्रिकृत कर गांवों के पास ऐसे प्रगति केन्द्रों की स्थापना करने के लिए नीति अपनाने की आवश्यकता है।

5.20. कृषि उत्पादन पर व्यय और उसके मूल्य निर्धारण के लिए व्यवस्था

'कृषि उत्पादनों की कीमतें व मूल्य निर्धारण के लिए नियुक्त आयोग (CACP)' को गन्ना व जूट सहित खरीफ तथा फसलों का अध्ययन कर निश्चित समय पर, न्यूनतम समर्थन मूल्य (MSP) की सिफारिश सरकार को देनी पड़ती है। वर्ष 2002 में खाद्यान्न पर नियुक्त उच्चस्तरीय समिति के निर्देशानुसार सरकार को विभिन्न फसलों पर, उनकी बोआई मौसम के दौरान ही न्यूनतम समर्थन मूल्यों की घोषणा करनी पड़ती है। 2003-04 में देश में तिलहन का उत्पादन 25 मिलियन टन हुआ था। फिर भी देश में 2.5 बिलियन अमेरीकी डालर का खाद्य तेल आयात किया गया। अतः मूल्य निर्धारण आयोग को 2004-05 के लिए ऊंचे दर का समर्थन मूल्य घोषित करना पड़ा, क्योंकि देश में तिलहन का अभाव था। इसी पार्श्वभूमि में तथा अन्तर्राष्ट्रीय बाजार में ठोस स्थिति बनाए रखने के लिए भारत सरकार ''फसल-धोरण'' बनाने का विचार कर रही है जिसका किसानों को पालन करना पड़ेगा।

इस तरह मूल्य निर्धारण आयोग न्यूनतम समर्धन मूल्य घोषित करते समय विभिन्न फसलों का सर्वेक्षण करती है। दुर्भाग्य है कि प्रत्यक्ष व्यवहार में अनेकों बार राजनीतिक प्रतिबद्धताएं तथा नौकरशाही हस्तक्षेप के कारण आयोग का कार्य काफी हद तक प्रभावित होता है।

5.21. कृषि में अनुदान की भूमिका तथा उन्हें हटाने का उपयुक्त समय

भारत में 65 प्रतिशत कृषि वर्षा पर निर्भर है और भूमि स्वामित्व भी टुकड़ों में बंटा हुआ है। इससे अकेली खेती (खासकर छोटे और सीमान्त किसानों के लिए) जीवन निर्वाह का पर्याप्त साधन तब तक नहीं कहा जा सकता जब तक वर्षा पर्याप्त मात्रा में लगातार एक जैसी न होती रहे। किसानों की स्वाभाविक कठिनाईयाँ तो एक ओर, कृषि के महंगें साधनों (जैसे बीज, खाद, उर्वरक, कीटनाशक आदि) के कारण उलझती रहती है, वहीं दूसरी ओर मूलभूत ढांचे (जैसे सड़कें, सिचाई सुविधा) का अभाव, सस्ती सरल ऋण सुविधा, भंडारगृह, बाजारों तक सहज पहुंच, एवं कृषि उत्पादनों को उचित भाव आदि के न मिलने से कठिनाईयाँ द्विगुणित होती जाती हैं।

इन्हीं कठिनाईयों के मद्देनजर कृषि क्षेत्र भारी अनुदानित क्षेत्र हो गया है तथा वर्ष 2002–03 में खाद्यान्न अनुदान 242 बिलियन रु. तथा खाद अनुदान 110 बिलियन रु. रहा है। परन्तु यह तत्व केवल भारत में ही नहीं बल्कि अधिकांश विकसित व विकासशील देशों में भी व्याप्त है। फर्क केवल अनुदान के स्वरूप तथा देने के तरीके में हो सकता है।

इस तथ्य के बारे में अब कोई दो राय नहीं है कि भारत में कृषि को सार्वजनिक सहायता अनुदान अत्त्याधिक आवश्यक हैं तथा वर्तमान में दिए जा रहे अनुदानों को कम करना तब तक सही कदम नहीं होगा, जब तक हम उसका अन्य बेहतर पर्याय नहीं ढूंढते। उदाहरण के लिए खाद पर दिए जा रहे अनुदान को ही लें, जिसमें केवल 50 से 60 प्रतिशत लाभ किसानों को मिलता है तथा शेष लाभ खाद निर्मात्री कम्पनियों को चला जाता है। वर्ष 2001–02 में सरकार ने सार्वजनिक व्यय सुधार आयोग की सिफारिशों को क्रियान्वित करते हुए, खाद कीमतें सीमित व न्यायोचित करने की घोषणा की, जिसमें कीमतों में प्रति वर्ष 7 प्रतिशत की बढ़ोत्तरी होगी तथा अप्रैल 2006 तक यूरिया को नियंत्रण मुक्त कर दिया जाने का प्रावधान था।

जहां तक न्यूनतम समर्थन मूल्य यंत्रणा का सवाल है किसानों को उनके उत्पादन पर न्यूनतम मूल्य दिलाने का आश्वासन तो है ही, पर इस यंत्रणा के कारण कई बार किसानों को कठिनाईयां झेलने को भी मजबूर होना पड़ता है। उदाहरणार्थ आश्वासित समर्थन मूल्यों पर यदि सरकार द्वारा उत्पादन खरीदा जाने पर जब भंडार पूरे लबालब भर जाते हैं तो और भी अधिक उत्पादन को संभालना सरकार के लिए कठिन हो जाता है। परिणामस्वरूप फसल की खुले बाजार में कीमतें गिरती हैं, जो किसानों के हित में नहीं होती।

ऱ्कृषि को सहायता देने का दूसरा तरीका यह भी है कि सड़कों के निर्माण, सिंचाई व्यवस्था में सुधार, सस्ते व सुलभ ऋण की उपलब्धि, भंडारण व्यवस्था तथा बाजारों में सहजता से पहुंचने की सहूलियत जैसे विकास के ढांचागत कार्यों में अधिक निवेश किया जाये।

फिलहाल कृषि को दिए जा रहे अनुदानों में किसी भी प्रकार की बड़ी कटौती करने का उचित समय नहीं आया है और जब भी इन अनुदानों को कम करने का विचार उठेगा, उस समय उपरोक्त बताए पर्यायों में संतुलन लाना आवश्यक होगा।

5.22. योग्य फसल बीमा योजना

भारतीय कृषि बहुतांश में प्रकृति के लहरी स्वभाव पर निर्भर करती है – खासकर

वर्षा की मात्रा और कृषि कार्यों के दौरान वर्षा का फैलाव। इनका फसल के उत्पादकता पर सालों साल सीधा प्रभाव पड़ता है। अभाग्य की इस दुर्दशा से किसानों को उबारने के लिए 1999-2000 के रबी मौसम से 'राष्ट्रीय कृषि बीमा योजना (NSIS)' लागू की गई है जो फसल या उसके उत्पन्न का बीमा करती है। योजना की शुरूआत सार्वजनिक क्षेत्र में काम कर रही साधारण (जनरल) बीमा कंपनियों ने की थी, पर अब सार्वजनिक क्षेत्र की कृषि बीमा कंपनी (AIC) जिसकी स्थापना दिसंबर 2002 में हुई, यह कार्य कर रही है। उद्देश्य पूर्ति के लिए इसे किसानों की आवश्यकताओं को पूरा करते हुए इस काम में पर्याप्त गति प्राप्त करना जरूरी है।

परंतु वर्तमान योजना किसानों में लोकप्रिय साबित नहीं हुई। इसका मुख्य कारण बीमा कंपनी की वे शर्तें हैं जिन्हें किसानों को पूरी करनी पड़ती हैं तभी वे बीमा राशि प्राप्ति के हकदार हो सकते हैं। योजना में केवल प्राकृतिक आपदाओं के होने पर ही बीमा राशि दिए जाने का प्रावधान है और वह केवल 60 प्रतिशत फसल पर ही लागू होती है। इस बीमा योजना में कृषि माल की मांग तथा उसके दामों में होने वाले उतार-चढ़ाव को ध्यान में नहीं लिया जाता और इससे किसानों को भारी नुकसान पहुँच सकता है। इस योजना का उपयोग अधिकांशतः बड़े किसानों या उद्यानी खेती करने वाले बागायतदार ने ही किया है। फसल कटने के बाद, बाजार में नई फसल के आते ही छोटे तथा सीमांत किसान वर्ग के अधिकांश किसान, आपात-बिक्री करने को मजबूर होते हैं क्योंकि उन्हें कर्ज अदा करना होता है तथा घरेलू खर्च भी पूरे करने होते हैं।

प्रयोगात्मक योजना के रूप में एक नई योजना 'कृषि आय बीमा योजना' प्रारंभ की गई है। उपरोक्त योजना में कुछ आवश्यक एवं महत्त्वपूर्ण सुधार करने का प्रयास किया गया है। यह योजना 12 राज्यों के 19 जिलों में वर्ष 2003-04 को गेंहू व चावल के साथ रबी फसल से लागू की गई है। योजना में पूर्व ऋणी लोगों को तथा जिन पर ऋण नहीं ऐसे इच्छुक किसानों को शामिल किया गया है। योजना के अन्तर्गत एक निर्धारित क्षेत्र में आई प्राकृतिक संकट की स्थिति के कारण या बाजार में कीमतों में आये परिवर्तनों के कारण, न्यूनतम समर्थन मूल्यों की तुलना में कृषि आय में हुई हानि के लिए पूर्ण रूप से (काम्प्रीहेन्सिव) जोखिम बीमा करने का प्रावधान है। बीमा की दर वास्तविक परिस्थिति के आधार पर निश्चित होती है। छोटे व सीमान्त किसानों को बीमा दर में 75 प्रतिशत सरकारी अनुदान तथा अन्य किसानों को 50 प्रतिशत अनुदान का भी प्रावधान है। बीमा का दावा तभी देय होता है जब उस मौसम की फसल की कृषि की वास्तविक आय (एक्चुअल इनकम) जमानती या

निश्चित आय (गैरेन्टीड इनकम) की अपेक्षा कम होती है। वास्तविक आय, उस मौसम की फसल की उत्पन्न मात्रा को, उसी मौसम के बाजार भाव से गुणा करके निकाली जाती है। जमानती या निश्चित आय, पिछले 7 वर्षों की फसल की औसत मात्रा के जमानती स्तर (80% से 90%) को, चालू वर्षों के न्यूनतम समर्थन मूल्य से गुणा करके पाई जाती है। राज्य सरकार द्वारा दिए बाजार मूल्य के आंकड़ों, तथा उपजी फसल की मात्रा के हिसाब से दावे की रकम यदि निकलती हो तो वह अपने आप (automatically) निश्चित हो जाती है। इस योजना में किसानों को दावा प्रस्तुत करने की जरूरत नहीं होती। दावे की रकम अपने आप किसानों के खातों में जमा कर दी जाती है।

इस योजना में भी एक त्रुटि यह है कि निश्चित आय जानने के लिए गत 7 वर्षों की फसल ध्यान में ली जाती है। ज्यादातर यह देखा गया है कि, कम फसल वाले वर्षों की मात्रा ज्यादा फसल वाले वर्षों से अधिक है। अतः 7 वर्षों की औसत अगर ध्यान में ली जाती है तो किसानों को इसका कोई लाभ मिलने की संभावना कम ही होती है।

फिर इसके व्यतिरिक्त, आबोहवा बीमा के रूप में 'वर्षा बीमा योजना' का भी प्रस्ताव है। दिसंबर 2002 को संस्थापित कृषि बीमा कम्पनी द्वारा यह योजना 20 वर्षा मापक केन्द्रों में परीक्षण के तौर पर प्रारंभ की जा रही है। इस योजना की रचना करने वाले पुणे की राष्ट्रीय बीमा अकादमी (NIA) ने योजना की रूपरेखा बनायी है। इसके मूल्यांकन नीति में भौगोलिक स्थिति सादृश्य. बीमा रकम का प्रावधान है। इसमें पांच कारणों का समावेश है – मौसमी वर्षा की स्थिति, वर्षा की अनुकूलता से कम वितरण, सम्मिलित कारण, बोआई मौसम तथा आपातकालीन स्थिति (सूखा या भूस्खलन आदि) को भी इस बीमा में शामिल किया गया है।

अन्ततः योजना का चयन इस पर निर्भर होगा कि वह योजना बीमा करने वाली कम्पनी के लिए तथा बीमा करवाने वाले किसान दोनों के लिए लाभप्रद है। योजना ऐसी होनी चाहिए जिसमें किसान को कोई धन खर्च किए बगैर, बिना समय गवाएं दावा मिल सके। किसान समुदाय में बीमा कराने की संस्कृति लाने के लिए योजना को आकर्षक तथा झंझट मुक्त होना चाहिए।

5.23. मौसमी वर्षा, बाढ़ और सूखे की सही भविष्यवाणी

देश की 65 से 70 प्रतिशत जनसंख्या को जीवन निर्वाह देने वाली कृषि के लिए, मौसमी वर्षां बाढ़ तथा सूखे की लगभग अचूक भविष्यवाणी की केन्द्रीभूत आवश्यकता

होती है। किसानों को पर्यायी फसल बोने की योजना के लिए यह मार्गदर्शक होती है। परन्तु 'भारतीय मौसम विभाग (IMD)' द्वारा अभी तक की गई भविष्यवाणियों का सम्मिश्र अनुभव रहा है। अंतरिक्ष विज्ञान तथा उपग्रह संदेश संवहन के क्षेत्र में हुई उल्लेखनीय प्रगति के बावजूद अचूक भविष्यवाणी प्राप्त होने में निराशा ही हुई है। इसका एक कारण यह भी है कि एक ओर यह सारा चक्र अनेक अदृश्य, अनजान कारणों पर निर्भर है, जैसे दक्षिण अमेरिका तट की EL-NINO से लेकर दक्षिण चीन के समुद्री तट से उठने वाले चक्रवात तक। वहीं दूसरी ओर हमारे भारतीय मौसम विभाग के पास अपर्याप्त साधन हैं जो ऐसी हलचलों को समय पर पकड़ नहीं पाते। अतः भारतीय मौसम विभाग अपनी भविष्यवाणियां "पेरामिट्रीक पावर रिग्रेशन मॉडल" नामक सोलह पेरॉमिटरों वाले नमूने के आधार पर करता है। वर्षा सम्बन्धी भविष्यवाणियां मौसम में दो बार की जाती हैं ताकि सरकार और किसानों को अपने कामों की योजना करने में समय मिल सके।

आज भारतीय मौसम विभाग के पास अच्छे साधनों की कमी है। देश में अभी एक भी स्वचलित वर्षा मापक केन्द्र नहीं है। उसके 10 चक्रवाती निरीक्षण रडार तथा सभी 35 तूफान का पता लगाने वाले रडार पुराने हो गए हैं। मूलभूत जानकारी एकत्रित करने के लिए जहां 1850 वेधशालाएं होनी चाहिएं वहां केवल 182 वेधशालाएं ही हैं। मौसम विभाग को 5000 उपग्रह आधारित स्वचलित वर्षा मापक केन्द्रों की जरूरत है।

इस सम्बन्ध में अंतरिक्ष ज्ञान के क्षेत्र में चीन काफी आगे हैं। 'चीनी अंतरिक्ष विज्ञान प्रशासन (CMA)' एक ऐसे केन्द्र की स्थापना की प्रक्रिया में व्यस्त है जो अतिसूक्ष्म संवेदनशील साधन सुविधाओं के माध्यम से मौसम में होने वाले परिवर्तनों को भांप सकेगा।

अतः वर्तमान स्थिति को सुधारने तथा ठीक समय पर स्थानीय भविष्यवाणी करने के लिए सरकार द्वारा अधिक पूंजी निवेश द्वारा अंतरिक्ष विज्ञान विभाग को अच्छी ढांचागत सुविधाएं तथा कम्प्यूटर सुविधाएं देने का प्रयत्न किया जाना आवश्यक है।

5.24. भू-संदर्भ का अत्याधुनिक संकलन ***(Geo-Referencing Project)***

राज्य के अनेक गांवों में से किसी एक विशिष्ट गांव का निर्धारण करने में भू-निर्देशन (जिओ-रेफरेन्सिंग) पद्धति सहायक होती है तथा उस गांव की भूमि की समस्त जानकारी संगणक पर उपलब्ध हो जाती है। इस आधारभूत जानकारी (डेटाबेस)

का, अतिसूक्ष्म-स्तरीय योजना बनाने तथा विकास कार्यों के कार्यक्षम सर्वेक्षण में बहुमूल्य उपयोग होता है। इस जानकारी का उपयोग विभिन्न कार्यों में भी होता है- जैसे जल संधारण विकास कार्य की प्रगति, सिंचाई योग्य भूमि-जलसंचय क्षेत्र का आकलन, फसलों की किस्मों के अनुसार उत्पादन का अनुमान, यहां तक कि वर्षा या बाढ़ अथवा ओले गिरने के कारण कितनी खेतीहर भूमि नष्ट हुई है या प्रभावित हुई है इसका अंदाजा भी लगाया जा सकता है। महाराष्ट्र में हाल ही में यह योजना पूरी कर ली गई है। अन्य राज्यों में भी इसका अनुकरण किया जा सकता है। पुनर्स्थापना कमिश्नर तथा भू-आलेख विभागीय अधिकारियों द्वारा 33 जिलों के 350 तालुकों के गांवों के नक्शों का संगणकीय भाषा में अंकीकरण हो गया है। यह कार्य, उपग्रहों के आकृति पटल (इमेजरी) पर भूमि सम्बन्धी सारी जानकारी का एक लेखा नक्शा (कॅडस्ट्रल मैप) है तथा अंतरिक्ष विभाग के 'राष्ट्रीय रिमोट सेसिंग एजन्सी (NRSA)' द्वारा दी गई गांवों के नक्शों की, अति उच्च विश्लेषक उपग्रहीय जानकारी की सहायता से कम्प्यूटर नक्शों का भू-निर्देशन है। इस भू-निर्देशन की वास्तविकता भूमि पर स्थित नियंत्रण केन्द्रों से पुष्टि होने पर निश्चित की जाती है। यह सारी जानकारी राज्य के केन्द्रीय संगणक पटल पर अथवा इंटरनेट पर उपलब्ध की जाती है ताकि कोई भी विभाग उसका उपयोग कर सकें।

इस योजना का सबसे महत्त्वपूर्ण मुद्दा यह है कि संगणकीय आंकड़ों को वास्तविक भौगोलिक स्थिति के अनुसार समय-समय पर सुधारा जाना चाहिए, लेकिन सामान्यतः यह नहीं हो पाता है।

5.25. आपत्ति व्यवस्थापन (Disaster Management)

27 दिसंबर 2004 को दक्षिण एशियाई देशों पर आई सुनामी लहरें 1,50,000 व्यक्तियों की मृत्यु का कारण बनी। यह प्राकृतिक विपत्ति, समकालीन स्मृति पटल पर सबसे बड़ी आपदा थी। इसमें लाखों लोग मरे, करोड़ों लोग बेघर भी हुए। साथ में पशुधन, वन्य जीव तथा सम्पत्ति की भी अपरिमित हानि हुई। अकेले भारत में 10,000 से अधिक लोगों की जानें गईं, पशुधन तथा वन्य जीवों व सम्पत्ति का भी नाश हुआ। यह जानने योग्य तथ्य है कि सर्वाधिक हानि समुद्र तट पर जीविका के लिए रहने वाले मछुआरों तथा ग्रामीण जनता की हुई है। इसके पूर्व महाराष्ट्र के लातुर में तथा गुजरात में भी भूकम्प के कारण बड़े पैमाने पर विनाश हुआ था।

उदाहरण के तौर पर भारत में एक ओर तो पानी के संकट के कारण सूखे की स्थिति है तो वहीं दूसरे ओर बाढ़ के कारण खासकर ब्रह्मपुत्र नदी के क्षेत्र में हानि हुई

है। इसके सिवाय उड़ीसा तथा पश्चिम बंगाल के सनुद्रतटीय क्षेत्र में जल निकासी की बहुत विकट समस्या है जिसके कारण बहुत बड़ा क्षेत्र पानी में डूब जाता है, जिससे फसल, मवेशियों व मकानों को बहुत नुकसान पहुंचता है। इन विपत्तियों के बाद बिमारियों का प्रकोप होता है। यह सारा विनाश, सम्बन्धित अधिकारियों द्वारा उचित उपाय योजना के अभाव तथा संकटों से जूझने की तैयारी न होने की वजह से होता है। यह सच है कि प्राकृतिक आपदाओं के लिए उचित उपाय योजना द्वारा विनाश की गंभीरता को तो कम किया ही जा सकता है। उदाहरण के तौर पर तमिलनाडु, आंध्र प्रदेश, उड़ीसा तथा पश्चिम बंगाल के राज्य, जहां हर मौसमी वर्षा काल में बंगाल समुद्र से उठी लहरों तथा विनाशकारी हवाओं से विनाश होता रहता है, वहाँ आज तक तूफानों से राहत दिलाने वाले शरण-स्थल का निर्माण ही नहीं हुआ है। इनमें संकट-पूर्व की उपाय योजना तथा विनाशोपरांत व्यवस्थापन की आवश्यकता होती है। इसी संदर्भ में देश में ऐसी कानूनी व्यवस्था होनी जरूरी है, जिसमें संकटकालीन व्यवस्थापन का उपयुक्त प्रावधान हो। कुछ वर्षों पूर्व 2001-02 में, विनाश व्यवस्थापन पर एक कार्य दल की नियुक्ति हुई थी, जिसे संकटों के सभी पहलुओं पर विचार करने को कहा गया था। इसी सिलसिले में, संकटकालीन व्यवस्था पर राष्ट्रीय समिति द्वारा दिए सिफारिशों को मान्य करते हुए केन्द्र सरकार ने 'संकटकालीन व्यवस्थापन अधिकरण (DMA)' नियुक्त किया है। यह कहने की आवश्यकता नहीं है कि विनाशलीला के पश्चात् बिगड़ी स्थिति को उचित तरीकों से संभालने के लिए आवश्यक कानून बनाते हुए नीति-निर्धारण की सख्त जरूरत है। रेल (railway) तथा खानों में दुर्घटना होने पर कौन सी कार्यवाहियां की जायें, इसकी सुव्यवस्थित कार्य प्रणाली निश्चित की गई है। इसी के अनुसार अन्य विपत्तियों के समय भी उनका सामना करने के लिए स्थायी कार्य प्रणाली सुनिश्चित की जानी चाहिए।

विपत्ति आने के पूर्व की अग्रिम कार्य योजना तथा विपत्ति का सामना करने के लिए व्यवस्थापन, राज्य या स्थानीय स्तरों पर किया जा सकता है। विनाशलीला के पश्चात् उत्पन्न स्थिति का सामना करने के लिए व्यवस्थापन का विकेन्द्रीकरण सबसे महत्त्वपूर्ण सूत्र है। बिगड़ी स्थिति का हल प्राप्त करने के प्रयासों के समय समुदायों को सभी प्रकार की जोखिमों से भली-भांति अवगत करा देना चाहिए तथा प्रभावित परिवारों की पुनर्स्थापना सहित सभी कार्यों की देख-भाल तथा क्रियान्वयन में उनका सहभाग लिया जाना चाहिए।

सुनामी तथा भूकम्प जैसे आपत्तियों को राष्ट्रीय सीमाओं से कोई सरोकार नहीं होता। प्रत्येक देश को दुर्गम क्षेत्रों में दूरस्थ-भू-मापक केन्द्र तथा पर्यवेक्षण केन्द्र

स्थापित करना खर्चीला होता है। अतः क्षेत्र के सभी देशों को अपने स्त्रोतों को एकत्र कर संयुक्त रूप से विपत्ति नियंत्रण की व्यवस्था करना ही हितावह होगा। दक्षिण एशियाई देशों की समिति - साउथ एशियन एसोसिएशन फॉर रीजनल को-ऑपरेशन (SARC) के घोषणा-पत्र में विज्ञान तथा तांत्रिकी व अंतरिक्ष विज्ञान क्षेत्रों को सहयोग के प्रमुख क्षेत्रों के रूप में निर्देशित किया है। इसी प्रादेशिक देशों (SAARC) तथा 'एसोसिएशन ऑफ साउथ इस्ट एशियन नेशन्स (ASEAN)' तक विस्तारित करना चाहिए ताकि इन देशों की भौगोलिक नजदीकी से इस व्यवस्थापन द्वारा विपत्तियों का सामना अधिक प्रभावी ढंग से हो सकेगा।

5.26. ग्रामीण मजदूरों के लिए सामाजिक सुरक्षा

ग्रामीण जनसंख्या में भूमिहीन मजदूरों की बड़ी संख्या है जो गरीबी रेखा के नीचे हैं। इसके सिवाय कृषि भूमि पर भी बहुत अधिक दबाव है क्योंकि उसकी मात्रा भी सीमित है। अतः ऐसे क्षेत्र ढूंढे जाने हैं जहा ग्रामीण मजदूरों के श्रम को साल भर के लिए उत्पादकता बढ़ाने की दिशा में उपयोग में लाया जा सके। इसी संदर्भ में ग्रामीण औद्योगिकरण, संस्थागत कर्ज का प्रावधान तथा साथ में स्थायी आय दिलाने वाली सहायक सेवाओं की योजना, कृषि-मजदूरों को न्यूनतम वेतन व्यवस्था, गरीब ग्रामीण समाज को सामाजिक सुरक्षा दिलाने के उपाय, आदि बातों पर सरकार का ध्यान अधिक केंद्रित होना चाहिए। "राष्ट्रीय ग्रामीण रोजगार गारंटी अधिनियम 2 फरवरी 2006 को लागू होने से ग्रामीण श्रमिकों को वर्ष में कम से कम 100 दिनों की रोजगारी मिलने से सहायता अवश्य मिल रही है।

5.27. किसानों द्वारा अंतिम कदम (आत्महत्या) उठाए जाने की घटनाएं

फसलों की अत्यन्त खराब स्थिति तथा कर्ज में डूबे रहने के कारणों से किसानों द्वारा अंतिम कदम उठाने का अर्थात् आत्महत्या करने की अनेक घटनाएं समाचार-पत्रों में छपती हैं। आत्महत्या करने की स्थिति तक पहुंचने के अनेक कारण बतलाए जा सकते हैं, इनमें जान लेवा बीमारी, वृद्धावस्था, पारिवारिक समस्याएं, लगातार पड़ने वाला मानसिक दबाव, निरीह गरीबी, और भी अन्य अनेक छोटे बड़े कारण हो सकते हैं। कहना न होगा कि जीवन में किसी भी समस्या के तरफ देखने का व्यक्ति का अपना दृष्टिकोण, उस समस्या की अपेक्षा अधिक मायने रखता है। अतः एकदम अंतिम कदम उठाए जाने वाली घटना पर, उस मामले की पूरी छान-बीन किए बिना उस घटना के लिए किसी एक कारण को जिम्मेदार ठहराना उचित नहीं होगा। खराब फसल की वजह से या साहूकार द्वारा ऋण वसूली के लिए अपनाए जाने वाले तरीकों के कारण आत्महत्या की काफी घटनाएं हुई हैं।

आमतौर पर किसान जो अपेक्षाकृत अधिक कठिन परिस्थितियों में मेहनत करता है, जिसकी नीतिमत्ता तथा मानसिक धैर्य अधिक होता हो तथा जिसने स्वतंत्रता संग्राम में भी अपने इन गुणों से सहयोग का परिचय दिया हो उनका इस तरह आत्महत्त्या की तरफ उठाया कदम चिंतनीय बात है।

इन परिस्थितियों से एक निष्कर्ष निकाला जा सकता है कि ग्रामीण-विकास के मामलों को इतनी सहजता से नहीं लिया जा सकता, वरन् उनकी आवश्यकताओं पर पर्याप्त गंभीरता से विचार किया जाना जरूरी है। अत्यधिक गरीबी ही इन घटनाओं का प्रमुख कारण है, और इन्ही कारणों से कई आतंकवादी संगठनों का भी निर्माण हुआ है।

इस स्थिति का पूर्ण समाधान पा लेना कोई सरल काम नहीं है। इसका कारण यह है कि कृषि साधनों के दाम प्रतिक्षण बढ़ते जा रहे हैं तो उसके विपरीत उत्पादनों का मिलने वाला मूल्य अपेक्षाकृत कम होने से, खेती अब अपने आप में लाभप्रद आर्थिक व्यवसाय नहीं रह गया है, मात्र उन वर्षों को छोड़ जिनमें खेती अच्छी हुई है या बड़े किसानों के मामले में जिनके पास बड़ी मात्रा में भू-स्वामित्व है. अथवा उन भाग्यवान किसानों के लिए जिनके पास सिंचाई व्यवस्था होती है या जिनके पास पशुपालन या दूध उत्पादन का सहायक व्यवसाय है। गरीबी निर्मूलन का स्थायी हल हरेक अध्याय के अंत में दी गई रणनीतियों को अपनाने के प्रयासों में निहित है। महत्त्वपूर्ण तथ्य यह है कि सस्ती तथा सरल ऋण प्राप्ति ही, किसानों को उन निजी उधार देने वालों के पास जाने से रोक सकती है, जो 37 से 120 प्रतिशत ब्याज पर ऋण देते हैं और वसूली के लिए क्रूर तरीकों का उपयोग करते हैं।

5.28. सर्वांगीण आर्थिक विकास के लिए ग्रामीण क्षेत्र में पूंजी निर्माण की आवश्यकता

यह एक गलत धारणा है कि देश में केवल ग्रामीण विकास पर ही खर्च हो रहा है, या ग्रामीण क्षेत्र से कोई सहायता नहीं मिल रही है। वास्तव में ग्रामीण क्षेत्र ही देश की बढ़ती जनसंख्या के भोजन की पूर्ति कर रहा है। वह उद्योगों को अगली प्रक्रियाओं के लिए तंतु तथा कच्चा माल देता है। इसके अतिरिक्त शहरी क्षेत्र व उद्योगों को अपने अतिरिक्त श्रम की आपूर्ति भी करता है। यही नहीं बल्कि उद्योग जो खेती के लिए खाद, कीटनाशक, पंप, ट्रैक्टर्स, पावर टीलर्स, थ्रेशर्स आदि देते हैं, वह उद्योग भी कृषि के भरोसे ही चलते हैं।

यह कहना भी गलत नहीं होगा कि अकेली कृषि ही अनुचित उत्पादन मूल्यों

के बावजूद अतिरिक्त आर्थिक उत्पादन का निर्माण करता है। कारखानों में निर्माण व वाणिज्यिक कार्य के लिए जो कच्चा माल लगता है उस माल के लागत मूल्यों को केवल उतना ही बढ़ाते हैं जितना कि कर्मचारियों को वेतन देने के लिये पर्याप्त हो और वस्तुओं की कीमतें बढ़ा कर सामाजिक दृष्टि से अन्यायपूर्ण लाभ उठाते हैं। इसके विपरीत किसान अपने माल की कीमत केवल उतनी ही ले पाते जो लागत मूल्य और मजदूरी के रूप में वह खर्चा करता है। समाज के अन्य घटकों की तुलना में यह अत्यन्त कम या अन्यायपूर्ण है।

अनेक कठिनाईयों के बावजूद भारत, खाद्यान्न तथा अन्य कृषि उत्पादनों को अन्य देशों को निर्यात करने की स्थिति में आ गया है। भारत के कुल निर्यात का 14.7 प्रतिशत कृषि क्षेत्र से ही आता है। विश्व परिपेक्ष्य की तुलना में भारत गेहूं व चावल का विश्व में दूसरे नंबर का उत्पादक देश है, चावल निर्यातकर्ताओं में वह तीसरे स्थान पर है, तथा गेहूं निर्यात के लिए विश्व में वह सांतवें स्थान पर है।

भारत जैसे अल्प विकसित देश में, कृषि उत्पादन की बढ़ोत्तरी तथा सकल घरेलू उत्पाद की बढ़ोत्तरी में घनिष्ट सम्बन्ध है। आकृति 4.1 में 1950 से 2001 तक जनसंख्या में वृद्धि, तथा सकल घरेलू उत्पाद व खाद्यान्न उत्पादन की स्थिति बताई गई है।

आकृति 4.1 : जनसंख्या वृद्धि, सकल घरेलू उत्पाद व खाद्यान्न उत्पादन के आकड़े (1951 से 2001)

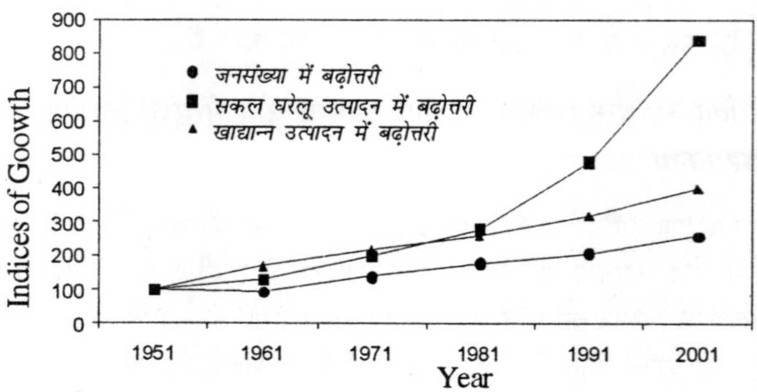

स्त्रोत – India 2004, (GOI Publication)

उपरोक्त आकृति से पता चलता है कि खाद्यान्न उत्पादन तथा सकल घरेलू उत्पाद की बढ़ोत्तरी दोनों में सीधा सम्बन्ध है। 1951 से आगे के वर्षों में, केवल उन

वर्षों को छोड़ जिसमें वर्षा कम हुई थी, खाद्यान्न का उत्पादन लगातार बढ़ता रहा है। यह कहने की आवश्यकता नहीं है कि जनसंख्या के वृद्धि दर के साथ निर्वाह करने के लिए, तथा सकल घरेलू उत्पाद में बढ़ोत्तरी के लिए, कृषि क्षेत्र में अधिक गति से उत्पादन वृद्धि अत्यन्त आवश्यक है।

आकृति 4.2 : कृषि तथा सम्बन्धित क्षेत्रों में समग्र पूंजी निर्माण

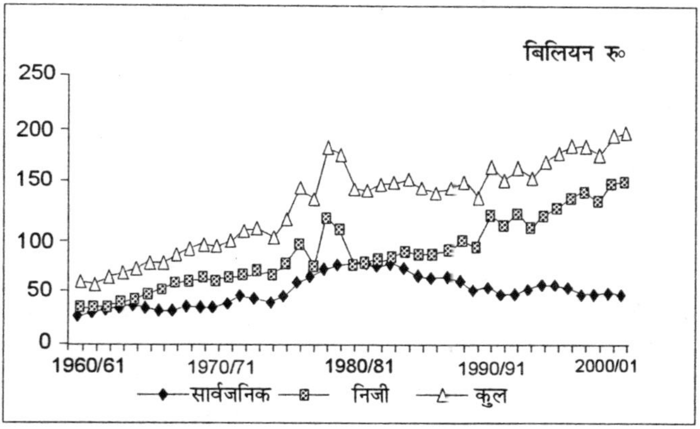

स्रोत – MOA (GOI)/India Sustaining Reform, 2003

यह भी ध्यान देने योग्य तथ्य है कि कृषि क्षेत्र में सार्वजनिक निवेश की मात्रा क्रमशः घटती जा रही है। कृषि के समग्र पूंजी निर्माण में सार्वजनिक निवेश जो 1985–86 में 44 प्रतिशत था 2000–01 में घटकर 23 प्रतिशत ही रह गया है। इसके विरुद्ध निजी निवेश बढ़ता जा रहा है। कृषि क्षेत्र में निरंतर कम हो रहे सार्वजनिक निवेश, दीर्घावधि में समग्र प्रगति दर को प्रभावित किए बिना नहीं रहेगा क्योंकि सिंचाई, उर्जा आदि में सार्वजनिक निवेश के अभाव में खेती के संसाधनों में निजी निवेश भी प्रभावित होगा।

5.29. कृषि का कारपोरेटाइज़ेशन

कारपोरेट कम्पनियां ही उद्योगों का संचालन करती हैं। कृषि के कारपोरेटाइजेशन के हिमायती दावा करते हैं कि इस कारपोरेटाइजेशन से कृषि में निवेश, उत्पादन की प्रक्रिया, भंडारण एवं विपणन, तथा वस्तु मूल्यों को प्रभावी बनाने के लिए नए तंत्रों

के उपयोग एवं अन्तर्राष्ट्रीय बाजार में भारतीय उत्पादन को प्रतियोगिता सक्षम स्थिति में लाने में बड़े पैमाने पर आर्थिक सहायता मिलेगी। आलोचकों का कहना है कि कारपोरेटाइजेशन का कदम, अनेक खतरों का अंदेशा लिए है जैसे इस परिवर्तन से ग्रामीण क्षेत्र का सामाजिक संतुलन बिगड़ जाएगा, किसानों में किसी भी कार्य को प्रारंभ करने की उत्सुकता जो अभी उनमें विद्यमान है- जाती रहेगी, उत्पादन के लिए बड़े पैमाने पर अपनाए जाने वाले साधनों तथा तौर तरीकों से कृषि श्रमिकों में बेराजगारी और भी बढ़ेगी आदि। इसके सिवाय इस बात का भी कोई भरोसा नहीं है कि उद्योग के रूप में कृषि एकदम अच्छा कार्य करेगी ही। अक्सर यह भी देखा गया है कि छोटे किसान भी कई बार बड़े किसानों की तुलना में ज्यादा अच्छा परिणाम देते हैं।

कुछ कारपोरेट कम्पनियों में से आई. टी.सी. (ITC) ने ही अब तक कृषि क्षेत्र में पदार्पण किया है। वह कृषि गतिविधियों में सहायता प्रदान करती है, तथा विपणन की व्यवस्था भी करती है। किसानों से इस कम्पनी के प्रवेश की सकारात्मक प्रतिक्रिया मिली है।

कृषि में कारपोरेटाइजेशन के पक्ष और विपक्ष दोनों की ओर से सशक्त दावों के रहते, योग्य सुझाव यही होगा कि बड़ी कारपोरेट कम्पनियों को इस क्षेत्र में उतरने के लिए प्रोत्साहित करने के पूर्व उसके लाभ व हानि दोनों को गंभीरता से तौला जाना चाहिए। अच्छा तो यही होगा कि कृषक तथा कृषि मजदूर ही इन औद्योगिक कम्पनियों के तौर तरीकों को खुद अपना लें या कार्यक्षम सहकारी संस्थाओं का स्वयं ही निर्माण कर कृषि को उद्योग के रूप में चलाएं।

5.30. कृषि आय पर कर - लाभ और हानि

केन्द्रीय आयकर नियमों के अनुसार कृषि आय साधारण तौर पर प्रत्यक्ष करों से मुक्त है। परन्तु किसी व्यक्ति के पास दूसरे स्त्रोतों से आय हो और साथ में कृषि आय भी हो, तो कृषि से मिलने वाली आय, अन्य स्त्रोतों से मिली आय पर, अतिरिक्त आय समझी जाएगी। अतः वह आय ऊंची दरों के लिए कर पात्र हो जाती है। जहां तक राज्यों द्वारा लगाए जाने वाले करों का प्रश्न है वह अलग-अलग राज्यों में अलग-अलग है। कुछ राज्य जहां भू-राजस्व वसूल करते हैं, वहीं कुछ अन्य राज्य भू-अधिभार लेते हैं जो नाम मात्र का होता है। अंतिम विश्लेषण यही दर्शाता है कि कृषि आय से मिलने वाला कर, संपूर्ण राजस्व आय का अल्प भाग है- संभवतः 2 या 3 प्रतिशत होगा।

कृषि आय पर प्रत्यक्ष कर लगाने का विचार करते समय अनेक बातों को ध्यान में रखना आवश्यक है। इसमें संदेह नहीं कि कुछ प्रावधानों का अनुचित लाभ उठाते हुए अमीर वर्ग के कुछ लोग अन्य स्त्रोतों से हो रही आय को भी कृषि आय बनाकर लाभ उठाते हैं। इनके सिवाय ऐसे भी अनेक बड़े किसान हैं जिनके पास सिंचाई सुविधा युक्त जमीनें बड़ी मात्रा में हैं तथा उन्हें अच्छी खासी आय भी होती है। उपरोक्त वर्णित दोनों वर्गों के किसानों की कृषि आय पर प्रत्यक्ष कर लगाना सामाजिक न्याय की दृष्टि से न केवल न्यायोचित होगा बल्कि उचित भी होगा।

लेकिन इसके कुछ विरोधी पहलू भी हैं – (1) शहरी आय की बात अलग है। खेतों से होने वाला उत्पादन और आय दोनों, मौसम की मार, फसलों पर बीमारी, बाजारों में मूल्यों के उतार-चढ़ाव जैसी अनेक अनिश्चितताओं से ग्रसित होती है। इससे प्रत्यक्ष करों की सर्व सामान्य नीतियों को कृषि पर लागू करना कठिन होता है। (2) लगमग 40 प्रतिशत किसान छोटे किसान वर्ग 1 से 2 हेक्टेयर भूमि धारक तथा सीमान्त किसान वर्ग 1 हेक्टेयर भूमि से कम में आते हैं तथा शेष मध्यम वर्ग 2 से 10 हेक्टेयर भूमि वाले तथा उच्च वर्ग 10 हेक्टेयर भूमि से अधिक भूमि स्वामित्व किसानों में आते हैं । छोटे सीमान्त वर्ग तथा मध्यम वर्ग के अधिकांश किसान किमान निर्वाह योग्य आय वाले होते हैं। अतः केवल वही किसान जिनके पास सिंचाई सुविधा युक्त जमीनें हैं, उच्च वर्ग के किसानों में आते हैं, तथा मध्यम वर्ग के थोड़े से किसान ही आयकर के घेरे में आ सकते है। (3) अधिकांश किसान साक्षर नहीं होते, उन्हें लिखा पढ़ी का ज्ञान नहीं होने से संभत्र है कि वे आयकर विभाग के कुछ भ्रष्यचारी अधिकारियों के चंगुल में फंस जाएंगे तथा उन्हें शहरों के चक्कर काटने की एक और अनिवार्यता हो जाएगी, उसी तरह जैसे वे आज भी कोर्ट कचहरी के चक्कर काटते हैं। (4) सरकार को कर लगाने तथा उसे वसूलने के लिए संगठन बनाने और चलाने के लिए अतिरिक्त धन लगाना होगा।

चीन, जापान और रूस में कृषि आय पर कर लगता है। इसी परिपेक्ष्य में, जनसंख्या के मामले में भारत और चीन एक जैसे होने के कारण, चीन में अपनाई जा रही नीति के परिणामों का अध्ययन करना हितावह होगा।

5.31. जानकारी संग्रह (Data Bank)

अभी तक राजस्व विभाग की सारी जानकारी या आधार सामग्री एवं आलेख जिसमें लोगों के स्वाभित्व की जमीनें उनका आकार, उनका किराया, भू राजस्व कर आदि सारी सूचनाएं हाथों से लिख कर रखी जाती थी। सूचना तथा तांत्रिकी क्षेत्र में भारत

में हुई प्रगति ने इस क्षेत्र में भी क्रांति ला दी है। सूचना तंत्र के क्षेत्र में दुनिया के अग्रिम देशों में भारत एक है। इसलिए हमें खंड और जिलास्तर पर जानकारी अधिकोष स्थापित करना चाहिए। कुछ राज्यों ने इस दिशा में कार्य प्रारंभ कर दिया है। भूमि और भू–राजस्व सम्बन्धी सारे आलेख जितनी जल्द हो सके, उसे संगणकीकृत कर देना होगा ताकि यह जानकारी किसानों के पास सहजता से पहुंच सके। नई पद्धति में इन आलेखों के साथ छेड़–छाड़ की बहुत कम गुंजाइश है क्योंकि इसी प्रकार की समानांतर जानकारी केन्द्र स्थान पर भी रखी जाती है। इसमें जमीन की भौगोलिक बनावट, भू–धारण, भू–स्वामित्व, भू–राजस्व, काश्तकारी, वर्षा, फसल उपज, सिंचाई की मात्रा, ऋण पूर्ति, उत्पादकता, साधनों का लागत–मूल्य, बाजार में फसलों की मांग, कीमतें आदि सभी सम्बद्ध क्षेत्रों की जानकारी एवं उसकी आधार सामग्री एकत्रित करके रखी जाती है। इस समस्त जानकारी के एकत्रीकरण के साथ उसे समय–समय पर सुधारते रहना तथा समयानुकूल बनाए रखना भी बहुत जरूरी है, अथवा लोगों का इस नयी पद्धति पर विश्वास नहीं रहेगा।

6. ग्रामीण/कृषि क्षेत्र को वित्तीय स्त्रोतों का पर्याप्त आबंटन

स्वतंत्रता मिलने के पश्चात् ग्रामीण विकास की प्रगति को गतिमान करने के लिए संस्थागत ढाँचे तैयार करने का प्रयास किया गया। शुरू में राज्यों ने ही ग्रामीण विकास की विभिन्न गतिविधियों में महत्त्वपूर्ण भूमिका निभायी। इसके पश्चात् सहकारी संस्थाए आयीं। उनके बाद राष्ट्रीयकृत बैंकों का पदार्पण हुआ और अब निजी क्षेत्र भी कार्यरत है। इस तथ्य को नकारा नहीं जा सकता कि ग्रामीण क्षेत्र में विशाल निवेश की आवश्यकता है। यह सारा धन, बढ़े हुए सार्वजनिक निवेशों से तथा क्रेडिट योग्य निजी निवेश के माध्यम से आना चाहिए। हर क्षेत्र की भूमिका दूसरे क्षेत्र को पूरक होनी चाहिए । पर अब यह चिंता का विषय हो गया है कि राष्ट्रीयकृत बैंकों तथा निजी क्षेत्र के आ जाने से, सहकारी संस्थाएं किनारे पर चली गई हैं। सहकारिता की धारणा व तत्वों पर किसी भी प्रकार का संदेह व्यक्त करना उचित नहीं होगा। वास्तव में ग्रामीण विकास के प्रारंभ से ही सहकारी संस्थाओं की महत्त्वपूर्ण भूमिका रही है। पर इस क्षेत्र को नौकरशाही नियंत्रण तथा सहकारी संस्थाओं में लंबे समय तक चले आ रहे नेतृत्व से उपजे निहित स्वार्थ के कारण ही अधिक हानि हुई है। इसके विपरीत गुजरात के आणंद में अमूल डेअरी, सहकारी संस्था का एक अनुपम उदाहरण है जो आज भी विश्व के सबसे सफल सहकारी संस्थाओं में गिना जाता है। यह उदाहरण सबके लिए अनुकरणीय है।

इस समय देश में इस विषय पर गहन चर्चा चल रही है कि ग्रामीण क्षेत्रों में उद्योगों की स्थापना तथा कृषि के लिए कितनी सब्सिडी दी जाये। जब तक किसानों को उनकी खेती से जीवन निर्वाह की न्यूनतम आवश्यकताएँ - जैसे भोजन, शिक्षा, स्वास्थ्य रक्षा तथा मकान - पूरी नहीं होती तब तक राज्यों को सब्सिडी के रूप में सहायता देने की जिम्मेदारी निभानी पड़ेगी। विश्व के सभी देशों में चाहे वे विकसित हों या अविकसित, कृषि के क्षेत्र में सब्सिडी दी जाती है। हां उसकी मात्रा और सहायता का रूप भिन्न हो सकता है। इस बारे में इस सहायता को "कृषि के लिए सब्सिडी" कहने के बजाय "गैर-व्यापार सहायता (non-trade support)" कहा जाना ज्यादा उचित होगा।

आकृति 4.3 में 2005-06 के दौरान ग्रामीण विकास मंत्रालय द्वारा जारी योजनाओं के वित्तीय आबंटन की स्थिति बताई गई है।

आकृति 4.3 : ग्रामीण विकास मंत्रालय द्वारा योजनाओं में वित्तीय आबंटन (2005-06)

(करोड़ रु०)

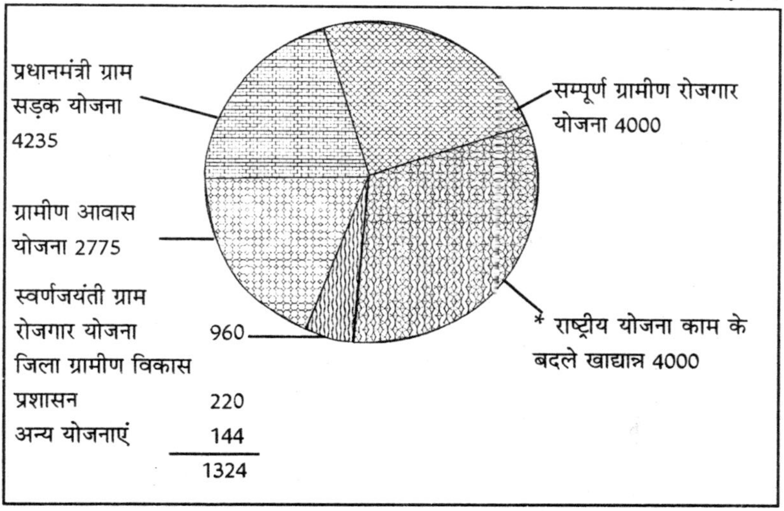

* यह योजना अब राष्ट्रीय ग्रामीण रोजगार गारंटी योजना में विलीन हुई है।

स्रोत :- NIRD Rural Development Statistics, 2004-05

उपरोक्त चित्र से स्पष्ट हो जाता है कि योजनाओं के लिए कुल आबंटन 18334 करोड़ रुपयों में से राष्ट्रीय योजना-काम के बदले खाद्यान्न, सम्पूर्ण ग्रामीण रोजगार

तालिका 4.8 : कृषि व पंचवर्षीय योजनायें (1951–56 से 2002–07)

व्यय/खर्च	पं.व.योजना I	II	III	AP	IV	V	VI	VII	VIII	IX	X
	1951-56	1956-61	1961-66	1966-69	1969-74	1974-78	1980-85	1985-90	1992-97	1997-2002	2002-07
कुल सार्वजनिक व्यय	2,378	4,800	8,577	6,665	15,902	39,303	97,500	1,80,000	4,34,100	8,59,169	15,25,639
कृषि व संबंधित गतिविधियाँ	360	565	1,089	1,051	2,385	--	5,695	10,524	22,467	42,462	58,933
सिंचन व बाढ़ नियंत्रण	400	458	664	445	1,087	--	12,160	16,979	32,525	55,420	1,03,315
कृषि पर कुल व्यय	760	1,023	1,753	1,496	3,472	8,253	17,855	27,503	54,992	97,882	1,62,248
कृषि पर कुल सार्वजनिक खर्च का प्रतिशत	32	21	20	22	22	21	18	15	13	11.4	10.6

AP - Annual Plan

स्रोत : Five Year Plan Reports/Statistical Abstract - India, 2004 (GOI)

योजना और प्रधान मंत्री ग्राम सड़क योजना के लिए करोड़ रुपये दिए गए जो कुल वित्तीय आबंटन का 78 प्रतिशत है। इसके सिवाय राष्ट्रीय ग्रामीण रोजगार गारंटी योजना के क्रियान्वयन के लिए भी अतिरिक्त वित्तीय स्त्रोत की व्यवस्था है।

संविधान में कृषि राज्य की सूची का विषय होने के कारण कृषि पर सर्वाधिक निवेश राज्य स्तर पर ही होता है तथा केन्द्रीय आबंटन राज्यों के लिए सहायता के रूप में होता है।

तालिका 4.8 में योजनागत वित्तीय व्यय में कृषि पर कुल व्यय, तथा कुल वित्तीय व्यय में कृषि पर व्यय का प्रतिशत दिखाया गया है। तालिका से स्पष्ट होता है कि कृषि तथा सम्बन्धित गतिविधियां व सिंचाई पर ठोस रूप से वित्तीय व्यय में भले ही बढ़ोत्तरी दिखाई देती है फिर भी कुल सार्वजनिक व्यय में कृषि के लिए आबंटित व्यय के प्रतिशत में लगातार कमी हो रही है जो प्रथम योजना (1951-56) में 32 प्रतिशत था, अब दसवीं योजना (1997-2002) तक पहुंचते 10.6 प्रतिशत ही रह गया है।

हाल के वर्षों में (2001-02 से 2002-03) कृषि व कृषि सम्बन्धित गतिविधियों तथा सिंचाई में प्रतिवर्ष निवेश, सकल घरेलू उत्पाद का महज 2 प्रतिशत रहा है जबकि कृषि व सम्बन्धित गतिविधियों से सकल घरेलू उत्पाद (2003-04) में 21 प्रतिशत का योगदान रहा है जो देश की कुल निर्यात आय का 14.7 प्रतिशत है।

कुल सकल घरेलू उत्पाद तथा कृषि संबंधित क्षेत्रों में वृद्धि की दर का आकलन तालिका 4.9 में दिया गया है। यह वर्ष 2000-01 से 2006-07 तक का है।

तालिका 4.9 : कुल सकल घरेलू उत्पाद व कृषि संबंधित क्षेत्रों में प्रतिशत वृद्धि (2000-01 से 2006-07)

क्रम में वृद्धि	*सकल घरेलू उत्पाद में पिछले वर्ष की तुलना में प्रतिशत वृद्धि*						
	2000-01	*2001-02*	*2002-03*	*2003-04*	*2004-05*	*2005-06*	*2006-07*
1. कुल सकल घरेलू उत्पाद	4.4	5.8	4.0	8.5	7.5	9.0	9.4
2. कृषि व कृषि संबंधित क्षेत्र (सकल घरेलू उत्पाद से संबंधित)	(-) 0.1	6.3	(-) 5.2	9.6	1.1	NA	NA

स्त्रोत - Economic Survey (GOI) from 2000-01 to 2005-06

कम निवेश ही कृषि में अच्छी विकास दर न मिलने का एक प्रमुख कारण है, यही नहीं बल्कि अन्य क्षेत्रों में चाहे वह ग्रामीण विकास हो या शिक्षा या स्वास्थ्य रक्षा अथवा गरीबी हटाओ का कार्यक्रम हो, इनमें भी पूर्व निर्धारित लक्ष्यों की प्राप्ति के लिए अल्प निवेश ही रुकावट होता है। इसका दूसरा प्रमुख कारण यह भी है कि जिन व्यक्तियों के लाभ के लिए योजनाएं बनाई व चलाई जाती हैं उन तक योजनाओं का लाभ पहुंच ही नहीं पाता। भूतपूर्व प्रधान मंत्री स्व.राजीव गांधी ने ठीक ही कहा था कि सरकार द्वारा खर्च किए गए हर 100 रुपयों में से केवल 15 रुपये ही अंतिम व्यक्ति को मिलते हैं। बाकी सारा पैसा प्रशासन विभागों के रखरखाव में तथा निहित स्वार्थों के खाते में चला जाता है। इसका हल यही है कि (1) ग्रामीण क्षेत्र के लिए निवेश, कुल सार्वजनिक लागत का वर्तमान 10.7 प्रतिशत से बढ़ाकर 20 प्रतिशत किया जाये, (2) नियोजन प्रक्रिया का विकेन्द्रीकरण हो तथा योजना को बनाने में ग्रामीण जनता का सहभाग लिया जाये, और (3) ग्रामीण संस्थाओं को योजनाओं के क्रियान्वयन में पूर्ण स्वतंत्रता दी जाये।

ग्रामीण विकास के दो प्रमुख अंग, मूलभूत शिक्षा तथा प्राथमिक स्वास्थ्य रक्षा, इन दोनों का जहां तक सवाल है, इस बारे में सुझाया गया है कि इस क्षेत्र के लिए आवश्यक वित्तीय स्त्रोत तथा प्रत्यक्ष में उपलब्ध किए गए स्त्रोतों में यदि अंतर हो तो यह अतिरिक्त स्त्रोत, कम प्राथमिकता वाले क्षेत्रों के स्त्रोतों से लेकर पूरे किए जा सकते हैं। इसके बाद भी यदि दूरी पूरी नहीं होती है तो प्रत्यक्ष करों पर अधिभार लगा कर उसे पूरा किया जा सकता है बशर्ते कि उन शर्तों को पूरा किया जाये जो इस पुस्तक में बजट पर दिए अध्याय के अंत में वर्णित हैं। विगत वर्षों में ऐसी स्थिति में सहायता पाने के लिए प्रत्यक्ष करों पर अधिभार लगाए गए थे।

7. बाहरी तत्वों का व्यवस्थापन–विश्व व्यापार संगठन (WTO)

7.1. विश्व व्यापार संगठन की रूपरेखा

विश्व व्यापार संगठन जिसे पहले 'जनरल एग्रीमेंट ऑन ट्रेड एण्ड टैरिफ (GATT)' कहा जाता था–का प्रमुख उद्देश्य शुल्क का नियंत्रण तथा अन्य अड़चनों को दूर करते हुए अंतर्राष्ट्रीय व्यापार की सुविधा प्रदान करना है ताकि सारे विश्व में वस्तुओं की मुक्त आवाजाही चलती रहे। गैट (GATT), जिसे डंकेल प्रस्ताव भी कहा जाता है, पर 1994 में हस्ताक्षर हुए थे। उस समय आर्थर डंकेल, गैट संस्था के संचालक थे और उन्होंने इस विषय पर विभिन्न देशों की अनुकूलता प्राप्त करने में महत्त्वपूर्ण भूमिका निभायी थी, जिसके परिणामस्वरूप भारत सहित 124 देशों ने संधि पर

हस्ताक्षर किए थे। 1 जनवरी 1995 से गैट के स्थान पर विश्व व्यापार संगठन का उदय हुआ।

7.1.2. कार्य क्षेत्र

1. विश्व व्यापार संगठन का सम्बन्ध निर्मित वस्तुओं तथा कृषि उत्पादनों के व्यापार से है।
2. **व्यापार संबंधित बौद्धिक सम्पत्ति अधिकार कानून (TRIPS):-** इस बौद्धिक सम्पत्ति में निम्न बातें आती हैं – प्रकाशनाधिकार, व्यापार चिन्ह, व्यापारिक गोपनीयता, भौगोलिक निर्देशन संकेत, औद्योगिक नक्शे, इंटीग्रेटेड सर्किटें की रचना, व्यावहारिक अधिकार या पेटेन्ट, सूक्ष्म जीवाणुओं व पौधों की किस्में एवं (sui-generis) पद्धति अर्थात् अपने प्रकार की अनोखी पद्धति। पहले केवल प्रक्रिया का मूल अधिकार-पेटेन्ट दिया जाता था पर अब इसमें वस्तुएं भी सम्मिलित कर दी गई हैं। जिसके तहत पेटेंट वस्तुओं के निर्यात पर अधिकार शुल्क (रॉयल्टी) देना पड़ता है।
3. **व्यापार सम्बन्धित निवेश के तरीके (TRIMS):-** इसका उद्देश्य एक देश से दूसरे देश में पूंजी की अनिर्बन्ध आवाजाही कराना है, जिसमें विश्व व्यापार संगठन द्वारा जारी निर्यात की औपचारिकताओं या स्थानीय वस्तुओं के उपयोग की शर्ते पूरी करने की जरूरत नहीं होती।
4. **सेवाएं** – जैसे बिनतारी संदेश वहन, बैंकिंग के कामकाज, बीमा आदि को भी शामिल किया गया है।

7.2. विश्व व्यापार संगठन का भारतीय कृषि पर प्रभाव

विश्व व्यापार संगठन निर्मित वस्तुओं तथा कृषि उत्पादनों के व्यापार में संलग्न है। भारतीय कृषि पर उसके लाभकारी तथा हानिप्रद दोनों प्रभाव पड़ सकते हैं, जिसका विवेचन नीचे किया जा रहा है।

7.2.1. अनुदान

अनुदान तीन प्रकार के है – (1) साधन, (2) निर्यात तथा (3) सरकारी कार्यक्रमों और सेवाओं पर अनुदान । अनुदान निश्चित करने के लिए 'सहायता के सकल मापन' (AMS)' का आधार लिया जाता है। सहायता के सकल मापन में उत्पादित व गैर-उत्पादित वस्तुओं दोनों की सहायता शामिल है। कृषि-उपज का घरेलू मूल्य और

उस उत्पाद का निश्चित मूल्य इनमें जो अंतर होता है उसको सहायता देने योग्य उपज की मात्रा से गुणा करने पर, विशेष उत्पाद सहायता पाई जा सकती है। गैर–उत्पाद विशेष सहायता का मापन, कृषि के साधनों के लिए जैसे खाद, नहरों से सिंचाई, विद्युत, बीज, तथा ऋण आदि के लिए दिए अनुदानों से किया जाता है।

करार के अनुसार, कृषि पर दिए जाने वाले अनुदानों पर, कुल उत्पादन मूल्य के 10 प्रतिशत तक की सीमा बांध दी गई है। भारत ने अभी तक इस सीमा का उल्लंघन नहीं किया है। परन्तु यदि उपज का सरकारी खरीद मूल्य इसी प्रकार बढ़ता रहा तथा कृषि के लिए साधनों को दी जाने वाली वर्तमान अनुदान राशि कायम रही तो कुछ समय पश्चात् 10 प्रतिशत सीमा का उल्लंघन हो जाएगा। अगर विकसित देश किसानों को दी जाने वाली वर्तमान अनुदान की मात्रा में कटौती करने के लिए राजी नहीं होते तो भारत जैसे विकासशील देश को अपना अतिरिक्त उत्पादन अमेरिका व यूरोप जैसे विकसित देशों को निर्यात करना कठिन हो जाएगा।

7.2.2. बीजों का पेटेन्ट

बौद्धिक सम्पत्ति अधिकार (TRIPS) के अनुसार कृषि सम्बन्धित अति सूक्ष्म जीवाणुओं तथा सूक्ष्म जीव विद्या सम्बन्धी प्रक्रियाओं का पेटेन्ट लिया जा सकता है, जब कि भारतीय कानून में इनका पेटेन्ट लेने का प्रावधान नहीं है। फिर भी किसान, उसके द्वारा उपजाए बीजों को अगली खेती के लिए उपयोग में ला सकता है पर वह उन बीजों को व्यापारिक वस्तु की तरह बाजार में बेच नहीं सकता। यह गतिविधियां प्लांट ब्रीडर्स देखते हैं जो ''पौधा पैदाइशी अधिकार (PBR)'' के अन्तर्गत आती है। अनुसंधानकर्ता एक संरक्षित जाति के बीज से दूसरी नई किस्म पैदा कर सकता है। इस स्थिति में 'भारतीय कृषि अनुसंधान संस्था (IARI)' द्वारा उपजाए गए बीजों के सम्बन्ध में कोई कठिनाई नहीं आ सकती। भारत में कृषि के लिए आवश्यक बीजों की बहुतायत मात्रा की पूर्ति, भारतीय किसानों द्वारा उपजाए गए बीजों से ही हो जाती है।

7.2.3. कृषि उत्पादनों का आयात

विश्व व्यापार संगठन संधि के अनुसार हरेक देश को, उसकी आवश्यकता का तीन प्रतिशत कृषि उत्पादन आयात करना ही पड़ेगा। वर्तमान में भारत को इस अनिवार्यतता का पालन करने की कोई आवश्यकता नहीं है, क्योंकि उसे एक ऐसे दूसरे प्रावधान का लाभ मिला है जो शेष देय राशि (बैलेंस ऑफ पेमेंन्ट - BOP) से सम्बन्धित है। जब तक शेष देय राशि नकारात्मक (negative) है, तब तक भारत पर उपरोक्त शर्त

लागू नहीं होगी। परंतु कृषि उत्पादनों का निर्यात हमारा लक्ष्य है तो हमें निम्न उपाय योजना करनी होगी (1) ऐसी वस्तुओं का उत्पादन करें जिनकी अन्तर्राष्ट्रीय बाजार में मांग हो, (2) उत्पादन की गुणवत्ता में सुधार लाकर उसे अन्तर्राष्ट्रीय दर्जे की बनाएं, (3) उत्पादन मूल्य-प्रभावी हो अर्थात् वस्तु का मूल्य अन्तर्राष्ट्रीय बाजार में स्पर्धा करने योग्य हो। ऐसी स्थिति तभी आ सकती है जब किसान खेती के नए तकनीकी तरीकों को विस्तार से अपनाए तथा सरकार द्वारा विस्तार सेवाओं के माध्यम से कृषि को उचित मार्ग दर्शन और सहायता मुहैय्या करें।

7.2.4. सार्वजनिक वितरण प्रणाली

सार्वजनिक वितरण प्रणाली से वितरित खाद्यान्नों में अनुदान का अंश होता है अतः वह विश्व व्यापार संगठन की कक्षा में आता है। भारत में खाद्यान्नों पर अनुदान पूर्णतः न्यायोचित है क्योंकि उसकी कुल जनसंख्या का 27 प्रतिशत गरीबी रेखा के नीचे हैं। इस सार्वजनिक वितरण प्रणाली से अधिक आय वाले गुट को यदि निकाल दिया जाये तो सरकार पर अनुदान का बोझ कम हो जाएगा। इस वितरण प्रणाली की धारणा भले ही सुविचार पूर्ण है, फिर भी कुछ अकार्यक्षम तत्वों ने इसका इतना दुरुपयोग किया है कि इस प्रणाली का खाद्यान्न खुले बाजार में पहुंच जाता है और ऊंचे दामों पर बिकता है। समय=समय पर निरीक्षण तथा क्रियान्वयन के समय पर्याप्त सतर्कता अपना कर इन त्रुटियों को हटाया जा सकता है।

7.3. विश्व व्यापार संगठन की कॅनकून परिषद की कार्यवाही (सितम्बर 2003)

विगत 10 से 14 सितंबर 2003 तक मेक्सिको के कॅनकून शहर में विश्व व्यापार संगठन की परिषद सम्पन्न हुई जिसमें 146 सदस्य देशों ने भाग लिया। इसके पूर्व 'दोहा' में भी एक परिषद हुई थी जिसमें कृषि व अन्य मामलों पर चर्चा हुई थी। निवेश सम्बन्धी कुछ और मामले जिन पर सिंगापुर में चर्चा हुई थी, उन पर भी चर्चा की जानी थी। इनमें पारदर्शिता, स्पर्धा, व्यापारिक सुविधाएं, सरकारी खरीद का ढांचा आदि विषय सम्मिलित थे। भारत कृषि सम्बन्धी विषयों पर चर्चा करने के लिए आतुर था-खासकर अमेरिका व यूरोप जैसे विकसित देशों द्वारा उनके किसानों को दिए जा रहे भारी अनुदान के विषय में, जिसके कारण भारत जैसे विकासशील देशों द्वारा कृषि उत्पादनों का निर्यात करना कठिन हो गया था। दूसरी ओर ये विकसित देश अपने किसानों को दिए जा रहे अनुदानों में किसी भी प्रकार की कटौती

करने को राजी नहीं थे, क्योंकि उनके विचार में इस प्रक्रिया से विकासशील देशों से अनाज आयात करना पड़ेगा तथा इससे उनके किसानों का अहित ही होगा। परिषद में सिंगापुर का निवेश सम्बन्धी प्रस्ताव भी उठाने का असफल प्रयास हुआ। पर G-21 के नेतृत्व में भारत, चीन व ब्राज़ील ने पहले कृषि का मामला हल किए जाने पर जोर दिया। अन्ततः कृषि में अनुदान के प्रश्न को लेकर, परिषद गतिरोध की स्थिति में पहुंच कर वहीं समाप्त हो गई। दूसरे शब्दों में कहा जाये तो परिषद असफल ही रही। चाहे कोई मंच क्यों न हो, जब तक सदस्य देश 'ले भी और दे भी' की नीति नहीं अपनाते ऐसी परिषदें तो असफल ही होती रहेंगी। इसके सिवाय प्रजातांत्रिक तरीकों से चुने गए देशों में सरकारों को ऐसी किसी स्थिति को अपनाना कठिन हो जाता है जिसमें देश की अधिकांश जनता असंतुष्ट हो ।

यूरोपीय यूनियन के समान क्षेत्रीय एकीकरण के भी कुछ फायदे हैं। हमारे सम्मुख सार्क (SAARC) जैसे संगठन है, परंतु दुर्भाग्यवश राजनीतिक मोर्चे पर जो मतभेद पनप रहे हैं, उससे क्षेत्रीय सहयोग की प्रगति में रुकावटें आ रही हैं। इसके सिवाय हमारे पड़ौस में एक और क्षेत्रीय संगठन (ASEAN) है।

7.4. जिनेवा में विश्व-व्यापार संगठन की व्यापार चर्चा -(जुलाई 2004)

147 सदस्य देशों के बीच पहले हुई व्यापारिक चर्चाओं में खेती सम्बन्धी व्यापार, एक सबसे बड़ा विवाद का मुद्दा था। सम्पन्न देश अपने किसानों को अनुदान देते हैं, उसी प्रकार गरीब देश भी अपने किसानों को अनुदान देते हैं। परन्तु सम्पन्न देश विकासशील देशों को उनके बाजार खोलने का आग्रह करते हैं तथा विकासशील देशों को सब्सिडी तीव्र गति से कम करने का आग्रह करते हैं। लगभग 10 वर्षों से चल रही 'उरूग्वे' की लम्बी व्यापार चर्चा में सम्पन्न राष्ट्रों ने अनुदान समाप्त करने तथा बाजार खोलने की कुछ प्रतिबद्धता व्यक्त की। पर उन प्रतिबद्धता को नकारते हुए हर बार चर्चाओं के लिए आते ही वे, वही पुरानी बातें दोहराते हैं जो उन्होनें बरसों पूर्व की थी। बदले में विकासशील देशों से कुछ अधिक सुविधाओं की मांग भी करते हैं। इसी पृष्ठभूमि में 31 जुलाई 2004 को समाप्त 'जिनेवा' चर्चा भी अधूरी ही रही। परंतु इनसे दो सफलताएं अवश्य मिलीं। एक तो यह कि 2005 में अगली चर्चाओं के लिए दरवाजा खुला रखा था। तथा दूसरी उन्होंने भारत जैसे गरीब देशों की महत्त्वपूर्ण मांगों को स्वीकार करने के लिए समृद्ध देशों को राजी कर लिया था। विश्व व्यापार संगठन के शीर्ष सदस्यों – जिनमें अमेरिका, यूरोपीय संघ तथा जापान जैसे देश हैं – ने विकासशील देशों की महत्त्वपूर्ण मांग – निर्यात पर अनुदान समाप्त

करना सैद्धान्तिक तौर पर स्वीकार कर लिया। इसकी तिथि अभी निश्चित नहीं हुई है। इसके सिवाय अन्य अनुदानों को भी सीमित करने तथा शुल्क-अवरोधों को कम करना स्वीकार किया है। पर यह सब सैद्धान्तिक तौर पर ही सीमित है। यह उल्लेखनीय है कि इन मीटिंग्स के पश्चात् हुई चर्चाओं से कोई प्रगति नहीं हुई।

13. ग्रामीण आर्थिक स्थिति पर विश्वीकरण का प्रभाव

कोई चाहे या न चाहे, विश्वीकरण को टाला नहीं जा सकता। आज की स्थिति में कोई भी देश अलग नहीं रह सकता। विश्वीकरण ने, भारत में उत्पादकता, गुणवत्ता मूल्य-प्रभावीकरण तथा कार्य पद्धति में परिवर्तन की आवश्यकता के प्रति जागरूकता ला दी हैं। इसने कृषि समुदाय में आय स्तर को बढ़ावा दिया है। वैश्वीकरण के यह ठोस फायदे हैं पर उसी के साथ आय के ढांचे में एक ऐसी अड़चन पैदा कर दी है जिससे विभिन्न क्षेत्रों की आय में असंतुलन हो गया है। सत्तर के दशक के दौरान 74 प्रतिशत श्रमशक्ति (workforce) कृषि कार्य में लगी हुई थी तथा सकल घरेलू उत्पाद में उसका हिस्सा 48 प्रतिशत (74/48) था। उसी अवधि के दौरान वस्तु निर्माण व सेवा क्षेत्र में 11/20 तथा 15/32 हिस्सेदारी थी। इसके विपरीत 2000 के दशक में चित्र नाटकीय ढंग से बदल गया तथा स्थिति, कृषि में 16/28, वस्तु निर्माण में 16/25 तथा सेवा क्षेत्र में 24/47 हो गई। यह स्थिति यही दर्शाती है कि वस्तु निर्माण तथा सेवा क्षेत्र में लगी श्रमशक्ति, कृषि में लगी श्रनशक्ति से बहुत कम है, फिर भी वह बड़े पैमाने पर उत्पादन मूल्य से जुड़ी होने के कारण ज्यादा लाभ अर्जित करती है। किन्तु समग्र दृष्टि से देखा जाये तो यह स्थिति ठीक नहीं लगती क्योंकि इसने आय की असमानता को ऊंचे स्तर तक पहुंचा दिया है। इसी संदर्भ में सामाजिक न्याय दिलाने तथा सभी के लिए समान अवसर देने का प्रयास करने वाली योजनाएं लागू करने में सरकारी प्रयत्नों का महत्त्व बहुत बढ़ जाता है।

'डिस्कवरी ऑफ इंडिया पुस्तक (1946) के पृष्ठ 556 पर आर्थिक आदर्श ढांचे पर व्यक्त विचारों में पं. जवाहरलाल नेहरू ने कहा है कि यह आधुनिक सभ्यता की कमजोरी है कि वह प्रगति की दिशा में जीवनदायी तत्वों से निरंतर और भी दूर होती जा रही है। आधुनिक पूंजीवादी समाज के स्पर्धात्मक एवं हर चीज को पाने की लालसा के गुणों ने, धन दौलत को सब का सिरमौर बना दिया है। लगातार पड़ने वाले दबाव से बहुतों को असुरक्षित की भावना से मानसिक हालत भी बिगाड़ दी है तथा उन्हें मनस्ताप ग्रस्त कर दिया है। एक स्वस्थ और अधिक संतुलित ढांचा ही इस स्थिति को सुधारने में सहायक हो सकता है। तब भी हमें प्रकृति और भूमि के साथ घनिष्ट जीवित सम्पर्क बनाए रखना आवश्यक होगा। इसका अर्थ यह नहीं होता कि

हम पुरानी व सीमित दृष्टि अपनाए अथवा पाषाणयुग में लौट जायें। यह इलाज तो बीमारी से भी अधिक बुरा होगा।

जैसा पहले कहा जा चुका है कि वैश्वीकरण अटल है, अतः भारतीय किसान को अपने उत्पादन की गुणवत्ता, तथा स्पर्धात्मक मूल्य बनाए रखना होगा ताकि वह अन्तर्राष्ट्रीय बाजार में स्थान बना सके। पिछड़ापन दूर करने के उपायों, जैसे खेती के तरीकों में सुधार, अच्छे बीज, खाद, सिंचाई सुविधा जैसे साधनों की उपलब्धता की ओर ध्यान देना होगा। सरकार को भी 'प्रयोगशाला से भूमि, भंडारण सुविधा, पैकिंग तथा संवहन जैसी ढांचागत सुविधाएं देनी पड़ेंगी।

14. उपसंहार

ग्रामीण विकास सम्बन्धित गांधीजी की विचारधारा आज भी उतनी ही प्रासंगिक हैं। उन्होंने जहां तक हो सके ग्रामीण क्षेत्र को आत्मनिर्भर बनाने पर जोर दिया था तथा शहरी लोगों को ग्रामीण जनता द्वारा बनाई वस्तुओं का ही जहां तक संभव हो, उपयोग करने को कहा था ताकि ग्रामीण अर्थव्यवस्था जीवनयापन करने योग्य हो सके। पर इस दृष्टिकोण ने, विकास योजनाओं में आवश्यक वस्तुओं के भारी मात्रा में निर्माण को नकारा नहीं था। इसमें संदेह नहीं है कि गांवों में स्वतंत्रता प्राप्ति के बाद प्रगति हुई है, लेकिन इसे संतोषजनक नहीं कहा जा सकता। गांवों में आज भी उन मूलभूत आवश्यकताओं, जैसे सभी योग्य अवस्था के बालकों के लिए शिक्षा, स्वास्थ्य रक्षा, मकान. स्वच्छ पेयजल तथा स्वच्छता आदि बुनियादी सुविधाओं का अभाव है। सभी मौसमों में उपयोग युक्त पक्की सड़कें, तथा संवहन की सुविधाओं की कमी आज भी बनी हुई है।

किसान अभी भी प्रकृति के मनमौजी स्वभाव पर निर्भर है क्योकि सिंचाई सुविधाओं को बढ़ाने की दिशा में पर्याप्त प्रगति नहीं हो रही है। नये खेती तंत्र को अपनाने से उपज में वृद्धि हो सकती है। पर यह सब तभी संभव होगा जब सस्ती और सहज ऋण की सुविधा किसानों को उपलब्ध हो। साथ में कार्यक्षम व ईमानदार कर्मचारी वर्ग, तथा समर्पित विस्तार सेवाएं भी मुहैया कराई जायें। चूंकि कृषि में रोजगारी मौसमी होती है, अतः ग्रामीण युवकों के सम्मुख बेरोजगारी की समस्या खड़ी हो जाती है। स्कूली शिक्षा के पाठयक्रम में व्यावसायिक शिक्षा भी दी जानी चाहिए ताकि युवक वर्ग आय उत्पन्न करने वाली योजनाओं को खुद प्रारंभ कर सके।

ग्रामीण महिला वर्ग की सामाजिक स्थिति को सुधारने के विशेष प्रयास होने आवश्यक हैं, जिसमें शालाओं में लड़कियों की भरती संख्या में वृद्धि करना, रोजगारी के मामलों में महिलाओं के साथ होने वाले पक्षपात को दूर करना तथा

सामाजिक, आर्थिक, राजनीतिक पद्धति में पुरुषों की बराबरी पर महिलाओं को स्थान दिलाना आदि प्रयत्न आते हैं। छोटा परिवार रखने में लाभ अधिक है, इसकी जानकारी ग्रामीण क्षेत्र में प्रसारित करना, किसानों में वार्षिक आय-व्यय की बजटीय धारणा की जागरूकता लाना जरूरी है। ताकि लोगों को ऋण के बोझ से मुक्त किया जा सके । ग्रामीण जनता को सहायता देने के लिए संस्थागत ढांचा तैयार किया जा चुका है। परंतु यह देखा गया है कि मध्यम तथा धनी किसान ही, विभिन्न योजनाओं का लाभ उठा लेते हैं, जनजाति, अनुसूचित जाति तथा समाज के आर्थिक दृष्टि से निर्बल लोगों तक ये लाभ पहुंच ही नहीं पाते।

यह भी देखा गया है कि पर्याप्त निधि के अभाव तथा उचित उपयोग न होने के कारण, पंचायत राज संस्थाओं का कार्य प्रभावित हुआ है। ग्रामीण जनता द्वारा स्वशासन की धारणा को सफल बनाने के लिए सत्ता का विकेन्द्रीकरण करके ग्रामीण संस्थाओं को ज्यादा अधिकार देना चाहिए। इसी संदर्भ में, इस प्रस्ताव पर राष्ट्रीय जनमत तैयार करना होगा कि पंचायतों के लिए आबंटित धन, केन्द्रीय सरकार से सीधे पंचायतों को ही मिले। यह राज्य सरकार के मार्फत, इस निर्देश के साथ पहुंचे कि इस राशि का उपयोग केवल विकास के कामों में ही हो। यह बात ध्यान देने योग्य है कि जिनके लिए योजना खास रूप से बनाई व चलाई जाती है, उनको योजना की अल्प राशि भी नहीं मिल पाती। ग्रामीण क्षेत्रों में केवल ऐसे कर्मचारी वर्ग की नियुक्ति होनी चाहिए जिन्हें सामाजिक कार्यों के प्रति लगांव हो तथा ग्रामीणों की समस्याओं के प्रति उनमें संवेदनशीलता हो।

यह चिंता का विषय है कि कुल योजना अर्थसंकल्प में कृषि पर निवेश का प्रतिशत लगातार गिरता जा रहा है, इस तथ्य के बावजूद कि कृषि अपने आप में स्व-निर्वाह योग्य नहीं है तथा ग्रामीण क्षेत्र के बड़े भाग में जीवन निर्वाह की मूलभूत सुविधाएं भी उपलब्ध नहीं हैं।

क्योंकि विकास का सीधा सम्बन्ध स्त्रोतों से हैं, इस में सुधार की आवश्यकता है। कुछ लोग कृषि तथा कृषि सम्बन्धित क्षेत्रों, तथा ग्रामीण व लघु उद्योगों को दी जाने वाली आर्थिक सहायता (अनुदान) कम करने या पूर्णतः समाप्त कर देने की हिमायत करते हैं। वे कृषि आय पर प्रत्यक्ष कर लगाने का भी समर्थन करते हैं। लेकिन इन सारी ग्रामीण समस्याओं को विस्तृत परिपेक्ष्य में देखा जाना चाहिए, क्योंकि ग्रामीण जनता के विशाल वर्ग में व्याप्त अत्यधिक निर्धनता को ध्यान में रखते हुए सभी नागरिकों को सामाजिक न्याय व समान सुअवसर प्राप्त हो इसके प्रति राष्ट्र की वचनबद्धता अत्यावश्यक है।

अध्याय-5

ग्रामीण क्षेत्र में प्राथमिक स्वास्थ्य रक्षा-एक दृष्टिक्षेप

(1) प्राथमिक स्वास्थ्य रक्षा (Primary Health Care) की प्रस्तावना

1. स्वास्थ्य रक्षा को प्राथमिकता

अंग्रेजी में एक अच्छी कहावत है "Health is Wealth" भारतीय धर्मग्रंथों में भी उत्तम स्वास्थ्य के महत्त्व को विशद किया गया है। अच्छा स्वास्थ्य व्यक्तिगत सुखोपभोग व प्रगति के लिए तो आवश्यक है ही, साथ ही वह सामुदायिक उत्पादन एवं विकास का भी आवश्यक अंग है। इसी दृष्टि से हमारे संविधान में प्रदत्त मूल अधिकारों में स्वास्थ्य रक्षा को महत्त्वपूर्ण स्थान दिया गया है। परंतु हमारा देश भारत, सभी को स्वास्थ्य रक्षा दे पाने में, अभी भी कोसों दूर है। नोबेल पुरस्कार विजेता डॉ. अमर्त्य सेन के शब्दों में निरक्षरता, कुपोषण और उचित स्वास्थ्य रक्षा का अभाव, ये तीन, एक न्यायपूर्ण समाज के घातक दुश्मन हैं।

हमारे देश की वर्तमान जनसंख्या 102.87 करोड़ है, जो सम्पूर्ण विश्व की कुल जनसंख्या के छठे हिस्से के बराबर है। इस जनसंख्या का 26 प्रतिशत अभी भी 'गरीबी रेखा' के नीचे है, और ये परिवार बड़ी संख्या में गांवों में ही रहते हैं। इनके जीवनयापन की स्थिति अत्यन्त दुखदायक है। रोगों और बीमारियों के लिए गरीबी ही सीधा कारण है। इन लोगों के पास, अन्न, शिक्षा, निवास तथा स्वास्थ्य सुरक्षा जैसी जीवनोपयोगी सुविधाएं प्राप्त करने के लिए जरूरी साधन भी नहीं हैं। भारत में आवश्यकता से अधिक अन्नोत्पादन होता है, परंतु 'सार्वजनिक वितरण प्रणाली (PDS)' में अनेक त्रुटियाँ होने के कारण यह खाद्यान्न उन लोगों तक पहुंच ही नहीं पाता, जिन्हें उसकी सख्त जरूरत है। यदि इस जन वितरण प्रणाली को सुधार कर उसे त्रुटिहीन बनाया गया तो भूख से कोई नहीं मरेगा। वैसे तो सरकार की कई प्राथमिकताएं हैं, परंतु सभी के लिए प्राथमिक शिक्षा और स्वास्थ्य रक्षा इन दो बातों

को अधिक प्राधान्य दिया गया है। मूल धारणा यही है कि, मूलभूत शिक्षा और स्वास्थ्य रक्षा पर उचित ध्यान दिया गया तो अन्य विकास कार्य अपने आप होते चले जायेंगे। स्वतंत्रता के पश्चात् सरकार को ही ढांचागत सुविधाएं मुहैय्या कराने के लिए इस क्षेत्र में उतरना पड़ा, क्योंकि इन विकास योजनाओं को क्रियान्वित करने के लिए इने–गिने उद्यमियों को छोड़, निजी उद्यमियों का अभाव ही रहा। अब यह लगभग निश्चित हो गया है कि सरकार को (1) व्यावसायिक क्षेत्र की गतिविधियों से अपना हाथ खींच लेना चाहिए। (2) सभी के लिए प्राथमिक शिक्षा तथा स्वास्थ्य रक्षा देने की दिशा में अपना पूरा ध्यान केन्द्रित कर देना चाहिए और शिक्षा तथा स्वास्थ्य रक्षा के उद्देश्यों की पूर्ति के लिए अपने सीमित स्त्रोतों का विनियोग पहले करना चाहिए। इस चतुर्थ अध्याय में शिक्षा जैसे उतने ही महत्त्वपूर्ण स्वास्थ्य रक्षा के विविध विषयों पर चर्चा होगी। वैसे तो स्वास्थ्य सुरक्षा कार्य में बिमारियों का इलाज और उसके प्रतिबंधात्मक उपाय दोनों का समावेश होता है पर अधिक महत्त्व प्रतिबंधात्मक तरीकों को दिया जाना चाहिए।

2. स्वास्थ्य की परिभाषा

'विश्व स्वास्थ्य संगठन (WHO)' ने 1948 में स्वास्थ्य की निम्न परिभाषा की है, ''स्वास्थ्य का अर्थ केवल बीमारियों या व्याधियों का न होना ही नहीं, बल्कि एक पूर्णतः शारीरिक, मानसिक व सामाजिक सुस्थिति का होना है।'' अब इस परिभाषा को विस्तारित कर उसमें ''सामाजिक व आर्थिक दृष्टि से सक्रीय जीवन जीने की सक्षमता'' को भी मिला दिया गया है।

3. मानवीय विकास सूचकांक (HDI)

मूलभूत शिक्षा के दूसरे भाग में चर्चा की गई है, कि आयुर्मान, शैक्षिक प्राप्ति तथा आय इन तीन सूचकांकों के औसत पर ही देश की प्रगति आंकी जाती है। यहां जन्म के समय अपेक्षित आयु को आयुर्मान माना जाता है। स्वास्थ्य रक्षा पर देश में उपलब्ध व्यवस्थाओं पर अपेक्षित आयु निर्भर होती है। अतः स्वास्थ्य सुरक्षा को काफी महत्त्वपूर्ण स्थान दिया गया है। स्वास्थ्य रक्षा की व्यवस्था तथा उसकी गुणवत्ता, शहरी क्षेत्रों की अपेक्षा ग्रामीण क्षेत्रों के लिए अधिक प्रासंगिक है, क्योंकि गांवों में तुरंत इलाज के लिए निजी विशेषज्ञ डॉक्टरों के पास जा पाना संभव ही नहीं है, क्योंकि एक तो ये डॉक्टर गांवों में रहते ही नहीं और दूसरे इनकी फीस और उनकी लिखी महंगी दवाएं खरीद पाना ग्रामीण जनता के बस के बाहर होता है।

(2) संवैधानिक स्थिति और राष्ट्रीय स्वास्थ्य नीतियां

1. स्वास्थ्य का अधिकार

स्वास्थ्य सम्बन्धी मामले और मानव अधिकारों का परस्पर दृढ़ सम्बन्ध है। सर्वोच्च न्यायपालिका ने कहा है कि राज्य की नीति के निर्देशक तत्त्वों (Directive Principles of State Policy) के अनुसार स्वास्थ्य और अन्न का अधिकार अधिनियम के अन्तर्गत कार्यान्वित किया जा सकता है। संविधान के अनुसार 'जन स्वास्थ्य व आरोग्य विषय', 'राज्य सूची (State list)' के अन्तर्गत आते हैं तथा जनसंख्या नियंत्रण और परिवार नियोजन 'समवर्ती सूची (Concurrent list)' के विषय हैं। संविधान की धारा 41, 42, 45 तथा 47 में कहा गया है कि:

41. राज्य अपनी आर्थिक सामर्थ्य और विकास की सीमाओं के भीतर, काम पाने के, शिक्षा पाने के और बेकारी, बुढ़ापा, बीमारी और निःशक्तता (disablement) तथा अन्य अनर्ह अभाव की दशाओं में लोक सहायता पाने के अधिकार को प्राप्त कराने का प्रभावी प्रबंध करेगा।
42. राज्य काम की न्यायसंगत और मानवोचित दशाओं को सुनिश्चित करने के लिये और प्रसूति सहायता के लिये उपबंध करेगा।
45. राज्य, सभी बालकों के लिये छह वर्ष की आयु पूरी करने तक, प्रारंभिक बाल्यावस्था देख-रेख और शिक्षा देने के लिये उपबंध करने का प्रयास करेगा।
47. राज्य अपने लोगों के पोषाहार स्तर और जीवन स्तर को ऊंचा करने और लोक स्वास्थ्य के सुधार को अपने प्राथमिक कर्तव्य में मानेगा।

भारत की सर्वोच्च न्यायालय ने किए व्याख्यानुसार भारतीय संविधान में वर्णित निर्देशक तत्वों के स्वास्थ्य व भोजन के अधिकार को न्यायालय द्वारा कार्यान्वित करने का अधिकार बताया है।

ये मूल अधिकार और संवैधानिक प्रतिभूतियां उन अभावग्रस्त तबके तक पहुंचनी चाहिएं और भूखमरी, कुपोषण तथा महामारी जैसी बीमारियों से होने वाली दुर्भाग्यपूर्ण मौतें, प्रभावकारी स्वास्थ्य सुरक्षा पद्धतियों एव जनहित प्रेरित व्यक्तियों व समुदाय के सम्मिलित मिले-जुले प्रयासों से रोकी जानी चाहिए।

'विश्व स्वास्थ्य संगठन (WHO)' की प्रस्तावना में भी इस अधिकार को स्थान दिया गया है तथा यह भी कहा गया है कि उच्च श्रेर्णी की स्वास्थ्य सुविधाओं का उपभोग करने का हर मनुष्य मात्र का मूलभूत अधिकार है।

भारत ने 'अल्मा-आटा घोषणा पत्र (Alma-Ata Declaration)' पर हस्ताक्षर किए हैं , जो 1978 में सम्पन्न विश्व स्वास्थ्य संगठन तथा यूनिसेफ (UNICEF) के अन्तर्राष्ट्रीय परिषद द्वारा अनुमोदित है। विश्व के 134 देशों ने इस परिषद में भाग लिया था। इस परिषद में वर्ष 2000 तक, प्राथमिक स्वास्थ्य तथा शिक्षा के माध्यम से विश्व स्वास्थ्य संगठन के स्वास्थ्य सम्बन्धी उद्देश्यों की पूर्ति का आह्वान किया गया था।

विश्व स्वास्थ्य संगठन ने भी स्वास्थ्य की परिभाषा, उस स्थिति की उपलब्धि को बताया है, जिसमें हर व्यक्ति को सामाजिक, आर्थिक दृष्टि से सक्रिय जीवन जीने का मौका मिले।

2. राष्ट्रीय स्वास्थ्य नीतियां (NHP) - 1983 तथा 2003

राष्ट्रीय स्वास्थ्य नीति 1983 में वर्ष 2002 तक सब के लिए स्वास्थ्य के उद्देश्य के प्रति अपना वचन दोहराया। 2002 तक पूरे किए जाने वाले लक्ष्य थे - बाल मृत्यु दर (IMR) 125 (1978) से घटाकर 60 पर लाना, साधारण (crude) जन्म दर प्रति 1000 पर 33 को घटाकर 21 पर लाना तथा साधारण मृत्यु दर प्रति 1000 पर 14 को कम कर 9 पर लाना। इसके सिवाय समस्त ग्रामीण जनता के लिए पेयजल की सुविधा प्रदान करना।

इन लक्ष्यों के परिपेक्ष्य में वर्ष 2002 तक जो उपलब्धियां हुई वे इस प्रकार हैं-

बाल मृत्यु दर 67 हुई, साधारण जन्म दर 25, तथा साधारण मृत्यु दर 8.1 पर रही। ग्रामीण क्षेत्रों में पेयजल की सुविधा में कुछ सुधार अवश्य आया है, पर अभी भी अनेक गांव ऐसे हैं, जहां यह मूलभूत सुविधा, या तो गांवों तक पहुंची ही नहीं है, या यथोचित दूरी पर उपलब्ध नहीं है।

राष्ट्रीय स्वास्थ्य नीति 2002 में अब कुछ सुनिश्चित लक्ष्य निर्धारित किए हैं, जिन्हें वर्ष 2015 तक पूरा करना है। ये लक्ष्य इस प्रकार हैं -

पोलिओ का समूल उन्मूलन	2005
कुष्टरोग उन्मूलन	2005
काला आजार उन्मूलन	2010

हांथी–पांव (फाइलेरिया) उन्मूलन	2015
एच.आई.वी (HIV)/एड्स (AIDS) के प्रसार स्तर को शून्य करना	2007
क्षय रोग, मलेरिया एवं अन्य वायु व जल के माध्यम से होने वाले रोगों की मृत्यु दर को 50 प्रतिशत कम करना	2010
अंधत्व की स्थिति 0.5 प्रतिशत पर लाना	2010
बाल मृत्यु दर को कम कर प्रति 1000 पर 30 तक तथा प्रसव (maternal) मृत्यु दर (MMR) को प्रति लाख पर 100 तक लाना	2010
सार्वजनिक स्वास्थ्य सुविधाओं के वर्तमान उपयोगिता दर 20 प्रतिशत से कम से बढ़ाकर 75 प्रतिशत से अधिक पर लाना	2010
स्वास्थ्य व्यवस्था की निगरानी, राष्ट्रीय स्वास्थ्य का लोखा–जोखा और स्वास्थ्य सम्बन्धी गणना विज्ञान	2005
स्वास्थ्य विभाग पर वर्तमान सरकारी व्यय, सकल घरेलू उत्पादन का 0.9 प्रतिशत से बढ़ाकर 2 प्रतिशत पर लाना	2010
स्वास्थ्य पर होने वाले कुल व्यय में केन्द्रीय अनुदान की राशि कम से कम 25 प्रतिशत तक लाना	2010
स्वास्थ्य पर राज्य सरकारों के 5.5 प्रतिशत व्यय को बढ़ाकर 7 प्रतिशत व्यय पर लाना	2005
इस व्यय का प्रतिशत और बढ़ाकर उसे 8 प्रतिशत पर लाना	2010

(3) प्राथमिक स्वास्थ्य रक्षा पर समितियों की सिफारिशें

तत्कालीन स्वास्थ्य रक्षा पद्धतियों के सिंहावलोकन के लिए समय–समय पर अनेक समितियां नियुक्त हुई थी, जिन्होंने सुधार के लिए सिफारिशें दी थीं। इसी परिपेक्ष्य में सबसे पहले नियुक्त 'भोरे समिति' तथा 'श्रीवास्तव समिति' द्वारा दी गई कुछ सिफारिशें नीचे दी जा रही हैं।

1. भोरे समिति (1946)

श्री जोसेफ भोरे की अध्यक्षता में नियुक्त 'स्वास्थ्य सर्वेक्षण व विकास समिति' ने उस समय की स्वास्थ्य सेवाओं का व्यापक सर्वेक्षण कर स्वास्थ्य सेवाओं में सुधार की अनेक सिफारिशें की थीं। उनमें से एक यह भी थी कि स्वास्थ्य कार्यक्रमों में रोगों के प्रतिबंधात्मक पहलू पर अधिक ध्यान देते हुए चिकित्सा का काम भी साथ–साथ चलाया जाना चाहिए। समिति ने प्रतिबंधात्मक (preventive) तथा चिकित्सात्मक

(curative) सेवाओं का एकत्रीकरण करने की सिफारिश करते हुए ग्रामीण क्षेत्रों में प्राथमिक स्वास्थ्य केन्द्रों की स्थापना की सलाह दी थी। प्राथमिक स्वास्थ्य केन्द्रों में दीर्घावधि कार्यक्रम अपनाकर 10,000 से 20,000 को जनसंख्या तक पहुंचाने का लक्ष्य रखना चाहिए। प्रत्येक स्वास्थ्य केन्द्र में दो मेडिकल ऑफिसर (MO) के सिवाय अन्य चिकित्सा कर्मचारी भी होने चाहियें।

2. श्रीवास्तव समिति (1975)

"चिकित्सा शिक्षा तथा सहयोगी कर्मचारीगण" पर 1975 में बनी समिति के अध्यक्ष श्री श्रीवास्तव थे। समिति द्वारा दी गई सिफारिशों में सबसे प्रमुख यह थी कि समुदाय में से ही नियुक्त स्वास्थ्य सेवकों को इस तरह प्रशिक्षित किया जाये, कि वे समुदाय को प्रतिबंधात्मक पद्धतियों एवं चिकित्सा के लिए प्राथमिक व सरल सेवाएं दे सकें। इसका अर्थ यह हुआ कि लोगों को अपनी स्वास्थ्य सुरक्षा के लिए स्वयं आगे आना चाहिए तथा कार्यक्रम में शामिल होना चाहिए। समिति ने हर 5000 लोगों के लिए एक पुरुष व एक महिला स्वास्थ्य सेवक रखने की सिफारिश की। ये सिफारिशें आगे चलकर ग्रामीण स्वास्थ्य योजनाओं में परिवर्तित हुईं।

(4) सामुदायिक स्वास्थ्य रक्षा

1. विस्तार (Scope)

स्वास्थ्य पर अनेक तत्वों जैसे अन्न, निवास, जीवन पद्धति, शुद्ध पेयजल, आरोग्यशाला, स्वच्छता आदि गुणों का समुचित प्रभाव पड़ता है। केवल औषधीय चिकित्सा से इसका पर्याप्त तात्पर्य नहीं निकलता। सम्पूर्ण जनसंख्या के स्वास्थ्य सुरक्षा में इच्छित परिणामों के लिए बहुआयामी प्रयासों को अपनाना ही होगा।

2. सामुदायिक स्वास्थ्य की धारणा (Concept)

ग्रामीण क्षेत्र में किसी अकेले व्यक्ति के लिए अलग से स्वास्थ्य सेवाएं दे पाना कठिन है। स्वास्थ्य सेवाओं की दिशा, सम्पूर्ण समुदाय की स्वास्थ्य आवश्यकताओं को पूरी करने की ओर हो तो व्यक्ति की स्वास्थ्य सेवा आवश्यकता उसमें अपने आप समाहित हो जाती है। सामुदायिक स्वास्थ्य सुरक्षा का गंतव्य प्राप्त करने के दो तरीके हैं – एक तो यह कि साफ सफाई, स्वच्छ पेयजल, खाद्यान्न व पौष्टिकता जैसी आवश्यक सुविधाओं की व्यवस्था कर सम्पूर्ण गांव के लिए स्वस्थ वातावरण तैयार

किया जाये, तथा दूसरा स्वास्थ्य केन्द्रों में व्यक्तिगत स्वास्थ्य रक्षा उपलब्ध की जाये। इसी धारणा से प्राथमिक स्वास्थ्य केन्द्रों तथा उपकेन्द्र के माध्यम से, मूलभूत स्वास्थ्य सेवाएं देने के विचारों का जन्म हुआ। इस तरह सामुदायिक स्वास्थ्य का विचार भी प्रसृत हुआ। बीमारियों की रोक थाम तथा स्वास्थ्य की प्रगति दोनों कार्यों के लिए यह एक तरह से संयुक्त मंच ही बन गया।

3. स्वास्थ्य रक्षा सेवाओं के स्तर

स्वास्थ्य रक्षा सेवाएं तीन स्तरों के अन्तर्गत आती हैं –

3.1. प्राथमिक स्तर

मूलभूत तथा आवश्यक स्वास्थ्य सेवाएं इसी स्तर पर मुहैय्या कराई जाती हैं। ग्रामीण क्षेत्रों में बने प्राथमिक स्वास्थ्य केन्द्रों तथा उपकेन्द्रों के माध्यम से ये सेवाएं दी जाती हैं। इसी प्राथमिक स्तर पर स्वास्थ्य सेवाओं का सम्बन्ध समुदाय के साथ जुड़ता है।

3.2. माध्यमिक स्तर

जिला अस्पताल तथा ग्रामीण स्वास्थ्य केन्द्र स्वास्थ्य सेवाओं का माध्यमिक स्तर बनती है, जहां अच्छी, सुधारित औषधीय व चिकित्सा पद्धति उपलब्ध होती है। ये केन्द्र प्रथम–निर्देश (referral) अस्पतालों के रूप में भी कार्य करते हैं।

3.3. महाविद्यालय स्तर के अस्पताल

इस स्तर में औषधीय व चिकित्सा महाविद्यालयों से जुड़े अस्पतालों तथा अतिविशिष्ट अस्पतालों का समावेश होता है। इस स्तर पर अत्याधुनिक जांच व निदान उपकरण तथा अनुभवी डॉक्टरों व विशेषज्ञों व ऊंचे दर्जे की चिकित्सा उपलब्ध होती है। इन अस्पतालों में अधिक जटिल व दुर्धर बीमारियों, रोगियों की चिकित्सा और अनुसंधान कार्य भी होता है।

4. प्राथमिक स्वास्थ्य रक्षा पर अल्मा–अटा घोषणा पत्र

1978 में जारी अल्मा–अटा घोषणा पत्र में प्राथमिक स्वास्थ्य रक्षा के आवश्यक तत्वों पर प्रकाश डाला गया। जैसे वर्तमान स्वास्थ्य सम्बन्धी समस्याओं के सम्बन्ध में शिक्षा तथा उनके रोकथाम की पद्धतियों की योजना, अन्न व उचित पौष्टिकता का प्रदाय, शुद्ध पेयजल तथा मूलभूत स्वच्छता की व्यवस्था, जच्चा–बच्चा के स्वास्थ्य

की रक्षा तथा परिवार नियोजन, दुर्धर छूत की बीमारियों से मुक्ति, स्थानीय प्रचलित रोगों की रोकथाम, उन पर नियंत्रण, साधारण रोगों पर उचित इलाज तथा जख्मों की चिकित्सा, तथा आवश्यक दवाओं की सहज उपलब्धता।

प्राथमिक स्वास्थ्य रक्षा के उपरोक्त वर्णित तत्वों से स्पष्ट होगा कि आम जनहित के क्षेत्र में ही स्वास्थ्य सेवाओं की प्रगति करना उसका प्रमुख ध्येय है।

(5) भारत में 'सभी के लिए स्वास्थ्य' योजना का जायजा लेने हेतु विश्व स्वास्थ्य संगठन के निर्देश के परिपेक्ष्य में कार्यक्रम की स्थिति

भारत में 'सभी के लिए स्वास्थ्य' योजना का जायजा लेने हेतु विश्व स्वास्थ्य संगठन ने कुछ निर्देश जारी किए थे। उन निर्देशों के परिपेक्ष्य में इस कार्यक्रम की वर्तमान स्थिति पर तथा उसकी प्रगति पर चर्चा की जा रही है।

1. स्वास्थ्य नीति

1.1. 'सभी के लिए स्वास्थ्य' के प्रति राजनीतिक प्रतिबद्धता

विश्व स्वास्थ्य संगठन तथा अल्मा-अटा अन्तर्राष्ट्रीय परिषद में हुई चर्चाओं और दिशानिर्देशों के अनुपालन में भारत ने 1983 में 'राष्ट्रीय स्वास्थ्य नीति (NHP)' निर्धारित की जिसमें 'सभी के लिए स्वास्थ्य' की धारणा को जोड़ा गया और बाद में 2002 में संशोधन हुआ। कार्यक्रम के लिए उपरोक्त संस्थाओं का दिशानिर्देश भले ही 'अंतिम शब्द' के रूप में लिया गया हो फिर भी उसकी प्रगति का जायजा लेने के लिए स्वास्थ्य सम्बन्धी मानदंड एवं लक्ष्य निर्धारित करते समय देश की वर्तमान परिस्थिति का भी विचार किया गया है। जहां तक नीति का सवाल है, इसमें कोई अनौचित्य नहीं है। परन्तु सम्पूर्ण जनसंख्या को लेते हुए 'सभी के लिए स्वास्थ्य' की लक्ष्यपूर्ति में कुछ महत्त्वपूर्ण विषय जैसे, आवश्यक धन स्त्रोत, राजनीतिक संकल्प, तथा अफसरों की प्रतिबद्धता इन सब की कमी महसूस हुई है। अतः लक्ष्यपूर्ति में अनेक रुकावटें आई हैं।

1.2. स्त्रोतों का आबंटन

भारत जैसे विकासशील देश में जिसकी जनसंख्या 102.87 करोड़ है, पर्याप्त स्त्रोतों

की उपलब्धि कठिन समस्या है। स्वास्थ्य, शिक्षा, कृषि, संवहन, विद्युत, यातायात, सुरक्षा, खनिज तेल, खाद जैसे अनेक विभाग हैं, जिनके विकास के लिए धन की आवश्यकता होती है। विकासशील देशों में पर्याप्त स्त्रोत उपलब्ध करना कठिन होता है क्योंकि हर क्षेत्र में स्त्रोत का अभाव रहता है। इसके सिवाय कुछ सार्वजनिक उपक्रमों में निरंतर हो रही भारी हानि के कारण स्थिति और भी बिगड़ती जा रही है। अतः सरकार को ऐसे प्रतिष्ठानों में अपनी भागीदारी कम करना या उन्हें निजी उद्यमियों के हाथों बेच देने के सिवाय और दूसरा कोई पर्याय नहीं बचता। अब समय दूर नहीं है जब सरकार को, केवल कुछ अति संवेदनशील क्षेत्रों को छोड़ सारी व्यावसायिक गतिविधियों से हटना पड़ेगा और शिक्षा, स्वास्थ्य, सुरक्षा, निवास, अन्न व पेयजल जैसी मूलभूत आवश्यक सेवाओं की पूर्ति में अपना सारा ध्यान केन्द्रित करना होगा। स्वास्थ्य रक्षा जैसे विषय के महत्त्व को पहचान कर ही सरकार ने अपनी राष्ट्रीय स्वास्थ्य नीति–2002 में इस क्षेत्र में कुछ समय निर्धारित विशेष स्त्रोतों का आबंटन किया है।

स्वास्थ्य विभाग पर वर्तमान सरकारी व्यय, सकल घरेलू उत्पाद का 0.9 प्रतिशत से बढ़ाकर 2 प्रतिशत पर लाना	2010
स्वास्थ्य पर होने वाले कुल व्यय में केन्द्रीय अनुदान की राशि कम से कम 25 प्रतिशत पर लाना	2010
स्वास्थ्य पर राज्य सरकारों के वार्षिक 5.5 प्रतिशत व्यय को बढ़ाकर 7 प्रतिशत व्यय पर लाना	2005
इसी व्यय का प्रतिशत और बढ़ाकर 8 पर लाना	2010

विभिन्न क्षेत्रों के लिए अधिक निधि की बढ़ती मांग के बावजूद, स्वास्थ्य जैसे अति महत्त्वपूर्ण क्षेत्र के लिए नियत उपरोक्त लक्ष्यों की पूर्ति में कोई अड़चनें नहीं आनी चाहिएं।

स्वास्थ्य सेवाओं के लिये केन्द्र सरकार, राज्य सरकारें तथा जिला परिषदों के माध्यम से निधि आबंटित होती है। कुछ खास प्रकार के रोगों के नियंत्रण तथा परिवार कल्याण कार्य का सारा खर्च, केन्द्र सरकार वहन करती है। राज्य सरकारों द्वारा नियुक्त डॉक्टरों व कर्मचारियों का वेतन राज्य सरकार द्वारा तथा जिला परिषदों द्वारा नियुक्त कर्मचारियों का वेतन जिला परिषदों द्वारा दिया जाता है। राज्य सरकारें केवल सुविधाएं प्रदान करती हैं। इसके सिवाय 'विश्व बैंक (WB)', 'एशियाई विकास

बैंक (ADB)' जैसी अन्तर्राष्ट्रीय संस्थाओं से भी सहायता मिलती है, जो विशिष्ट योजनाओं तथा स्वास्थ्य सम्बन्धी कार्यक्रमों के लिए धन देती है।

परन्तु खेद का विषय यह है कि वित्तीय आबंटन का 80 प्रतिशत भाग केवल डॉक्टरों और कर्मचारियों के वेतन पर ही खर्च हो जाता है, और विकास कार्यक्रमों के लिए केवल 20 प्रतिशत ही धन बचता है। प्राथमिक स्वास्थ्य केन्द्रों तथा उपकेन्द्रों में अपर्याप्त सुविधाओं तथा उनके कम दर्जे की कार्यक्षमता का यही प्रमुख कारण है।

1.3. स्वास्थ्य सेवाओं की उपलब्धता में समानता

संस्थागत स्वास्थ्य सेवाएं शहरी क्षेत्रों में ही पनपती हैं। निजी डॉक्टर और निजी अस्पताल की उपलब्धता शहरी क्षेत्रों में ही होती है। इसका एक कारण यह भी है कि शहरी क्षेत्रों में रहने वाले लोगों की धन खर्च करने की क्षमता अधिक होती है, तथा वहां का जीवनमान भी आरामदेह सुविधापूर्ण होता है। निजी डॉक्टरों व अस्पतालों की सेवाएं महंगी व खर्चीली होती हैं, अतः इनका उपयोग भी अच्छी कमाई करने वाले व्यक्ति ही कर सकते हैं। शेष शहरी लोगों को इलाज के लिए सरकारी या नगरपालिका अस्पतालों पर ही निर्भर होना पड़ता है। यह समस्या ग्रामीण क्षेत्रों में और भी विकट हो जाती है, क्योंकि स्वास्थ्य सेवाओं तक पहुंच पाना ही कठिन होता है। भारत की जनसंख्या का 77.27 प्रतिशत भाग गांवों में बसने के कारण स्वास्थ्य सेवाओं के समान वितरण का प्रश्न अधिक महत्त्वपूर्ण हो जाता है। स्वास्थ्य सेवाओं का विकेन्द्रीकरण और ग्रामीण क्षेत्रों में उनकी स्थापना करने से ही यह कार्य संभव होगा। ऐसा करते समय स्वास्थ्य सेवाओं के प्रतिबंधात्मक व प्रथम स्तर की चिकित्सा पहलू को ज्यादा अधिमान देना होगा। इसका परिणाम पहले से स्थापित प्राथमिक स्वास्थ्य केन्द्रों और उपकेन्द्रों को अधिक कार्यक्षम बनाने से होगा तथा जिन स्थानों पर स्वास्थ्य सुविधाएं उपलब्ध नहीं हैं, वहां नए प्राथमिक स्वास्थ्य केन्द्रों की स्थापना से होगा।

मलेरिया, क्षय रोग, अंधत्व, कुष्टरोग, एच.आई.व्ही./एड्स जैसे गंभीर संक्रामक रोगों का खर्च भार अत्यधिक होता है। इन प्रमुख बीमारियों का निवारण, उनका नियंत्रण तथा बाल मृत्यु व प्रसव मृत्यु दर को कम करना इत्यादि पर भी गंभीरता से विचार करना तथा इनके लिए आर्थिक स्रोतों की उपलब्धता को प्राधान्य देना होगा।

1.4. समुदाय का सहभाग

आम जनता की एक अपेक्षा होती है कि स्वास्थ्य सेवाएं कुछ खास व्यक्तियों के लिए

ही न होकर सर्वसाधारण लोगों को आसानी से उपलब्ध हो सके। इसी परिपेक्ष्य में स्वास्थ्य सेवाओं के प्रतिबंधात्मक तथा चिकित्सात्मक, इन दोनों पहलुओं पर ध्यान देना होगा। इस महान लक्ष्य को प्राप्त करने का एकमात्र तरीका यह है कि जनता तथा समुदायों तक पहुंच पाने वाली प्राथमिक स्वास्थ्य रक्षा पद्धति का समुचित विकास हो और समस्त समुदाय, स्वयं अपनी स्वास्थ्य प्रगति के लिए इस कार्यक्रम में सहभागी हो। इस प्रयोग से ही कार्य सफलता की संभावना अधिक है, बनिस्पत ज्यादा औषधालयों और अस्पतालों के निर्माण करने से, जिनके लिए वित्तीय व भौतिक स्त्रोतों की कमी हमेशा बनी रहती है।

स्वास्थ्य के मूल तत्वों के प्रति जानकारी और अच्छा स्वास्थ्य कैसे रखा जाये, ये दो बातें ग्रामीण क्षेत्र की जनता को समझाना आवश्यक है। इसी दृष्टिकोण से, स्वास्थ्य मार्गदर्शक (guide) का उत्तरदायित्व कई गुना बढ़ जाता है। यही बात ग्रामीण समुदाय की स्थानीय दाईयों को भी लागू होती है, जो प्रसव सम्बन्धी अनेक समस्याओं का निबटारा करती हैं।

1.5. संगठनात्मक ढांचा

हमारी केन्द्रीय सरकार में 'स्वास्थ्य व परिवार कल्याण मंत्रालय' नामक प्रमुख मंत्रालय है, इसके सिवाय 'स्वास्थ्य सेवा महासंचालक (DGHS)' है, तथा 'स्वास्थ्य व परिवार कल्याण केन्द्रीय समिति (CCHFW)' भी है। यह केन्द्रीय समिति, देश के स्वास्थ्य सम्बन्धी मामलों की योजना व समन्वय करती है। केन्द्रीय मंत्री, स्वास्थ्य व परिवार कल्याण केन्द्रीय समिति के अध्यक्ष तथा राज्यों के बीच चर्चा तथा सलाह मशविरे के लिए यह सेतु जैसी संस्था है जो स्वास्थ्य तथा परिवार कल्याण के मामलों में नीतिगत सिफारिशें करती है। 'इंडियन मेडिकल काउन्सिल (IMC)' मेडिकल कालेजों व अस्पतालों में मेडिकल शिक्षा के लिए सुनिश्चित मानकों के अनुपालन का निरीक्षण करती है। 'भारतीय मेडिकल अनुसंधान समिति (ICMR)' द्वारा मेडिकल क्षेत्र में अनुसंधान के सिवाय, देश में स्थापित होने वाले चिकित्सालयों तथा डॉक्टरी पेशे की मान्यता, निरीक्षण तथा नियमन के लिए राष्ट्रीय नियमावली भी बनाती है। नीतिगत डॉक्टरी पेशे में न्यूनतम प्रमाणों के अनुसरण के लिए प्रमाणीकरण जरूरी है।

राज्य स्तर पर 'स्वास्थ्य तथा परिवार कल्याण मंत्रालय', और 'स्वास्थ्य व परिवार कल्याण संचालक' होता है जो स्वास्थ्य तथा परिवार कल्याण के सभी मामलों में राज्य सरकार का प्रमुख सलाहकार होता है। कुछ राज्यों में मेडिकल कॉलेजों की देखभाल के लिए मेडिकल शिक्षा संचालक भी होता है।

जिला स्तर पर, जिले के स्वास्थ्य व परिवार कल्याण कार्यक्रमों के लिए चीफ

मेडिकल ऑफिसर (CMO)/जिला स्वास्थ्य अधिकारी (DHO) होते हैं। मेडिकल ऑफिसर (MO), प्राथमिक स्वास्थ्य केन्द्र का प्रमुख होता है तथा उपकेन्द्र जो स्वास्थ्य रक्षा पद्धति की ग्रामीण स्वास्थ्य चौकी होते हैं-में एक पुरुष व एक महिला स्वास्थ्य सेवक होते हैं। ग्रामीण स्तर पर ग्रामीण स्वास्थ्य मार्गदर्शक तथा स्थानीय दाई, स्वास्थ्य व्यवस्था की अंतिम स्वास्थ्य कड़ी (Last post) के समान है।

उपरोक्त संगठनात्मक ढांचा वैसे तो अपने आप में पूर्ण है तथा अच्छी तरह से परिभाषित है। परंतु प्रत्यक्ष क्रियान्वयन में मंत्रालय तथा शहरी डॉक्टरों के नौकरशाही वृत्ति से बुरी तरह प्रभावित रहता है। स्त्रोतों की कमी तो स्वास्थ्य क्षेत्र सहित सभी क्षेत्रों में है ही। नौकरशाही की वृत्ति से उसकी कठिनाईयां और भी बढ़ जाती हैं, क्योंकि जो भी निधि उपलब्ध होती है वह समय पर इन प्राथमिक स्वास्थ्य केन्द्रों व उपकेन्द्रों पर नहीं पहुंचती। इन केन्द्रों में पर्याप्त साधन नहीं होते तथा अनेक केन्द्रों में आम बीमारियों के लिए दवाएं भी उपलब्ध नहीं होतीं। इसके सिवाय केन्द्रों में स्वीकृत मात्रा में स्वास्थ्य कर्मचारियों की नियुक्ति में लापरवाही बरती जाती है, खासकर डॉक्टरों की नियुक्ति के मामले में। केन्द्रों में डॉक्टरों की हमेशा कमी महसूस होती है, क्योंकि वे शहरी क्षेत्रों में ही नियुक्त होना पसंद करते हैं।

2. स्वास्थ्य से सम्बन्धित सामाजिक व आर्थिक तत्व

2.1. जनसंख्या में बढ़ोत्तरी

विश्व की जनसंख्या अभी 600 करोड़ के लगभग है और तेज गति से बढ़ती जा रही है। ब्रिटेन की रॉयल सोसायटी द्वारा प्रकाशित एक सर्वेक्षण के अनुसार, पृथ्वी पर उत्पन्न होने वाले कार्बन डाइऑक्साईड का निर्माण, उर्जा का उपयोग, जीव, खाद्य तथा भौगोलिक स्थिति आदि की क्षमता के 1000 गुना अधिक जनसंख्या विद्यमान है। भारत की दृष्टि से यह समस्या तो और भी विकट है।

गत जनगणना (2001) के अनुसार भारत की जनसंख्या 102.87 करोड़ है जो विश्व की कुल जनसंख्या का 16.87 प्रतिशत है। भारत की जनसंख्या का 72.22 प्रतिशत ग्रामस्थ है। इस वृद्धिगत जनसंख्या के अच्छे और बुरे दोनो पहलू है। अधिक जनसंख्या का अर्थ, उद्योंगों के लिए अधिक मानवशक्ति तथा उत्पादन की लागत में श्रममूल्य का हिस्सा अल्प होना है। अतः विश्व बाजार में मूल्य की दृष्टि से भारत की वस्तुएं अधिक प्रतिस्पर्धात्मक होनी चाहिएं। सभी स्थानों में उत्पादन की अन्य परिस्थितियां यदि एक समान हों तो, विकसित देशों को भारत में पूंजी निवेश कर उद्योग स्थापित करना चाहिए। इससे भारत की आर्थिक स्थिति में सुधार हो सकता है। वृद्धिगत जनसंख्या का दूसरा पहलू यह है कि विकास के जो भी प्रयास अभी तक

हुए हैं, उनसे ग्रामीण विभाग के अति महत्त्वपूर्ण मूलभूत क्षेत्रों जैसे शिक्षा, स्वास्थ्य, रक्षा, तथा जीवनमान की अभिवृद्धि में कोई उल्लेखनीय सुधार नहीं हो पाया है। इसके विपरीत भारी मात्रा में जनसंख्या ने ग्रामीण व शहरी दोनों क्षेत्रों की सार्वजनिक सेवाओं पर अत्यधिक बोझ डाला है। इस कारण आम जनता के लिए खासकर ग्रामीण क्षेत्र में स्वच्छ पेयजल तथा स्वच्छता (sanitation) का प्रबंध करना कठिन हो गया है। जल प्रदाय, विद्युत, परिवहन जैसी सेवाओं पर इस अनियंत्रित जनसंख्या का काफी दबाव पड़ा है। इसके सिवाय बेरोजगारी की विकट समस्या भी उत्पन्न हुई है। बेरोजगारों की बढ़ती संख्या को अपराधों की बढ़ती प्रवृत्ति का कारण बताया जा रहा है। अत: एक निश्चित सीमा के ऊपर बढ़ी जनसंख्या का, आम मनुष्य के जीवनमान पर अनुचित प्रभाव पड़ता ही है।

तालिका 5.1 में भारत में 1998–99 में सम्पन्न 'राष्ट्रीय पारिवारिक स्वास्थ्य सर्वेक्षण (NFHS)' के अनुसार साक्षरता, निवास का स्थान – शहर या गांव, धर्म, जाति और जीवनमान आदि गुणकों की पार्श्वभूमि में कुल प्रसव दर (TFR) का सम्बन्ध बताया गया है।

तालिका 5.1 : गुणकों की पार्श्वभूमि में कुल प्रसव दर (TFR) (1996–1998)

पार्श्वभूमि के गुणक	**कुल जन्म दर**
निवास	
शहरी क्षेत्र	2.27
ग्रामीण क्षेत्र	3.07
शिक्षा	
अशिक्षित	3.47
साक्षर लेकिन पूर्व माध्यमिक शिक्षा पूर्ण न किए हुए	2.64
पूर्व माध्यमिक शिक्षा पूर्ण	2.26
माध्यमिक शिक्षा पूर्ण तथा उसके ऊपर	1.99
धर्म	
हिन्दू	2.78
मुसलमान	3.59
ईसाई/ क्रिश्चन	2.44
सिख	2.26

(जारी)

(जारी)

पार्श्वभूमि के गुणक	कुल जन्म दर
धर्म	
जैन	1.90
बौद्ध/नवबौद्ध	2.13
अन्य	2.33
बिना धर्म के	3.91
जाति/जनजाति	
अनुसूचित जाति	3.15
अनुसूचित जनजाति	3.06
अन्य पिछड़े वर्ग	2.83
अन्य	2.66
जीवनमान के सूचकांक	
निम्न	2.37
मध्यम	2.85
उच्च	2.10
कुल	2.85

स्त्रोत – Park - 2007

सूचना – 'कुल प्रसव दर' का अर्थ महिला द्वारा प्रसवित बच्चों की औसत संख्या, तथा 'कुल प्रसव दर' का मापक, पूर्ण परिवार के आकार की घनता को प्रदर्शित करता है।

परिवार नियोजन के प्रति शहरों में जहां अच्छा प्रतिसाद मिला है, वहीं ग्रामीण क्षेत्रों में उदासीनता दिखाई देती है। 'परिवार नियोजन' की परिभाषा ही सख्ती का परिचायक है। प्रजातंत्र में जनता पर परिवार नियोजन लादा नहीं जा सकता, अतः परिवार नियोजन कार्यक्रम के नाम को 'परिवार कल्याण कायक्रमों (FWP)' में बदल दिया गया। इसी सम्बन्ध में राष्ट्रीय जनसंख्या नीति–2000 की कुछ विशेषताओं पर प्रकाश डाला जा रहा है।

राष्ट्रीय जनसंख्या नीति 2000 (NPP) : इस नीति में सर्वप्रथम, गर्भावरोध, स्वास्थ्य रक्षा का बुनियादी ढांचा, तथा स्वास्थ्य कर्मचारियों के प्रशिक्षण की अभी

तक अपूर्ण आवश्यकताओं को पूरा करना ही अपना प्रथम लक्ष्य रखते हुए स्वास्थ्य संबंधी समन्वित सुविधाएं मुहैय्या कराना निश्चित किया है। इस नीति के उद्देश्य हैं– (1) सामुदायिक स्वास्थ्य केन्द्र, प्राथमिक स्वास्थ्य केन्द्र तथा उपकेन्द्रों को कार्यक्षम बनाना, (2) स्वास्थ्य मार्गदर्शक एवं स्वास्थ्य प्रदायकों की कार्यकुशलता को वृद्धिगत करना, (3) सामाजिक क्षेत्रों में चल रहे अनेक कार्यक्रमों के क्रियान्वयन के साथ इस कार्य को भी सम्मिलित करना ताकि यह परिवार कल्याण का कार्यक्रम जन कार्यक्रम बन जाये। इस राष्ट्रीय जनसंख्या नीति का प्रावधान, वर्ष 2010 तक कुछ विशिष्ट सामाजिक जनजीवन (demographic) लक्षों को प्राप्त करना भी है, जिसका उद्देश्य 2045 तक जनसंख्या में स्थिरता लाना है। राष्ट्रीय जनसंख्या नीति (2000) का उद्देश्य है कि किसी भी प्रकार की सख्ती का प्रयोग न करके 'target free' प्रयास से परिवार कल्याण हेतु साध्य कर सकें। दूसरी तरह से देखा जाये तो जनता संतति प्राप्त करने के लिए स्वास्थ्य सेवाओं द्वारा सुझाए गए पर्यायों का अपनी इच्छानुसार लाभ उठा सकती है। जनता को संतती नियमन के लिये स्वास्थ्य सेवाओं को अपने इच्छानुसार उपयोग के लिए पूर्व सूचित पर्याय चुनने का अवसर दिया जाना भी अभिप्रेत है। साक्षरता का स्तर जो अभी 64.84 प्रतिशत है – बढ़ने से इस प्रयोग की सफलता में सहयोग ही मिल सकता है। लड़कियों में साक्षरता का प्रमाण केवल 53. 67 प्रतिशत है और इसी तबके पर राष्ट्रीय जनसंख्या नीति की सफलता का दारोमदार है, अतः इस तबके पर पूरा ध्यान देना जरूरी ही है। उल्लेखनीय है कि वर्तमान स्थिति में साक्षरता में वृद्धि तथा छोटे परिवारों से होने वाले फायदों के प्रति जागरूकता के कारण जनता में अनूठे सामाजिक रीति रिवाजों तथा धार्मिक निष्ठा में आस्था कम हो रही है। यह एक प्रोत्साहन जनक प्रगति है, भले ही ग्रामीण क्षेत्रों में इसके परिणाम धीमें रहे हों।

फिर भी कुछ लोगों का मत यह है कि जन्म दर पर नियंत्रण का ऐच्छिक प्रयोग सफल नहीं होगा। इसके लिए तो 'केवल दो बच्चे' को मानक समझकर, कल्याणकारी योजनाओं का सख्ती से क्रियान्वयन होना आवश्यक है।

उल्लेखनीय है कि जनसंख्या नियंत्रण की दृष्टि से भारत का भौगोलिक विभाजन हो गया है। जहाँ महाराष्ट्र सहित दक्षिण के राज्यों में जन्म दर में गिरावट आना इस बात को दर्शाता है कि इस कार्यक्रम की सफलता की प्राप्ति अब ज्यादा दूर नहीं है, वहीं उत्तरी क्षेत्र के बड़े राज्यों में, जैसे बिहार, मध्य प्रदेश, उत्तर प्रदेश व राजस्थान में जनसंख्या नियंत्रण की दृष्टि से आवश्यक सुधार नहीं हुआ है। फिर भी देश के कुछ राज्यों तथा भागों में इस वस्तुस्थिति को लेकर कुछ अपवाद हो सकते हैं।

तालिका 5.1 में, 1991 से 2002 तक जन्म दर, मृत्यु दर तथा बाल मृत्यु दर (शहरी व ग्रामीण) दर्शाई गई है।

गत अनेक वर्षों में जन्म दर, मृत्यु दर, तथा बाल मृत्यु दर में भले ही निरंतर कमी आई है, फिर भी शहरी क्षेत्रों की तुलना में ग्रानीण क्षेत्र में यह दर अधिक है। जन्मदर, मृत्युदर तथा बाल मृत्युदर में निरंतर कमी यही प्रदर्शित करती है कि स्वास्थ्य सेवाओं, साक्षरता तथा जीवनमान के भूतकालीन स्तर में अब थोड़ा सुधार अवश्य आया है।

जनसंख्या नीति में, वर्ष 2045 तक जनसंख्या को स्थिर करने का लक्ष्य रखा गया है। जैसा पहले कहा जा चुका है, शहरी क्षेत्रों में परिवार नियोजन का अच्छा स्वागत हुआ है। परन्तु अत्यधिक निरक्षरता तथा अन्य सामाजिक व आर्थिक कारणोंवश ग्रामीण क्षेत्र में परिवार नियोजन को अच्छा प्रतिसाद नहीं मिला। इन्हीं कारणोंवश तथा राष्ट्रीय जनसंख्या नीति के अनुपालन हेतु आवश्यक स्त्रोतों के अभाव तथा उन्हें उपलब्ध कराने में हो रही कठिनाई को देखते हुए, 21 वीं शताब्दी के मध्यकाल तक जनसंख्या स्थिर होने के कोई आसार दिखाई नहीं दे रहे हैं।

2.2. सकल घरेलू उत्पाद (GDP)/सकल राष्ट्रीय उत्पाद (GNP)

देश की आर्थिक स्थिति तथा स्वास्थ्य रक्षा के लिए किये जाने वाले आबंटन के बीच एक सम्बन्ध होता है। आर्थिक स्थिति यदि सुदृढ़ हो तो स्वास्थ्य रक्षा के लिए अधिक धन आबंटित किया जा सकता है। सकल घरेलू उत्पाद तथा सकल राष्ट्रीय उत्पाद, देश की आर्थिक स्थिति के परिचायक होते हैं। सकल घरेलू उत्पाद में अन्य देशों से मिली शुद्ध आय को जोड़ देने पर सकल राष्ट्रीय उत्पाद मिलता है। इस तरह सकल राष्ट्रीय उत्पाद देश के समूचे आर्थिक क्षमता को प्रगट करता है। सकल राष्ट्रीय उत्पाद को जनसंख्या से भाग देने पर 'प्रति-व्यक्ति (per capita) सकल राष्ट्रीय उत्पाद' मिलता है। भारत का प्रति व्यक्ति सकल घरेलू उत्पाद (2002) 487 अमेरीकी डालर है, जो अन्य दक्षिण एशियाई देशों, जैसे इंडोनेशिया, श्रीलंका, थाइलैण्ड तथा चीन से बहुत कम है।

2.3. राष्ट्रीय आय वितरण

राष्ट्रीय आय का यदि एक समान वितरण नहीं हुआ, तो समाज के विभिन्न स्तरों के विकास में असंतुलन दिखाई देता है। इसी परिपेक्ष्य में, गरीबी भी एक आयाम है, जिसका जीवनमान पर असर पड़ता है। भारत में 'गरीबी रेखा' का नियमन, ग्रामीण

क्षेत्रों में 2400 कैलोरी तथा शहरी क्षेत्र में 2100 कैलोरी के समकक्ष-शक्ति की पूर्ति के लिए होने वाले खर्च के आधार पर होता है। इस नियमन के अनुसार कुल जनसंख्या का 26 प्रतिशत भाग गरीबी रेखा के नीचे आता है, जिसमें से 75 प्रतिशत लोग ग्रामीण क्षेत्रों में रहते हैं।

आकृति 5.1 : जन्मदर, मृत्युदर, तथा बाल मृत्युदर (शहरी-ग्रामीण) (1991- 2002)

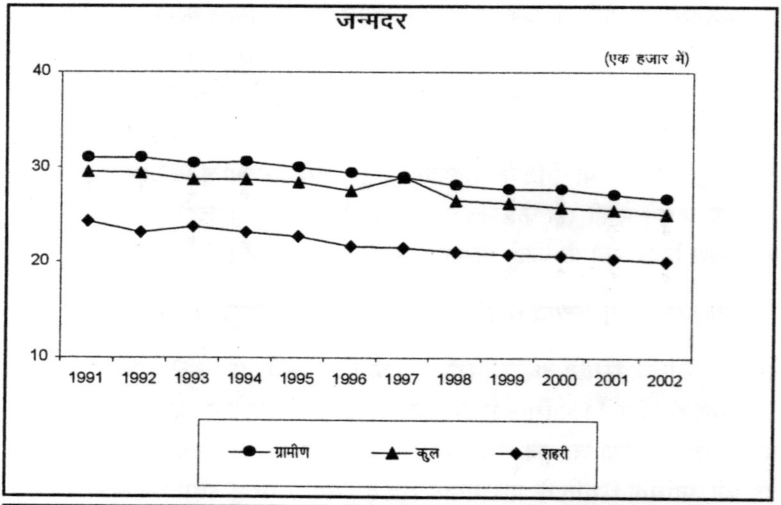

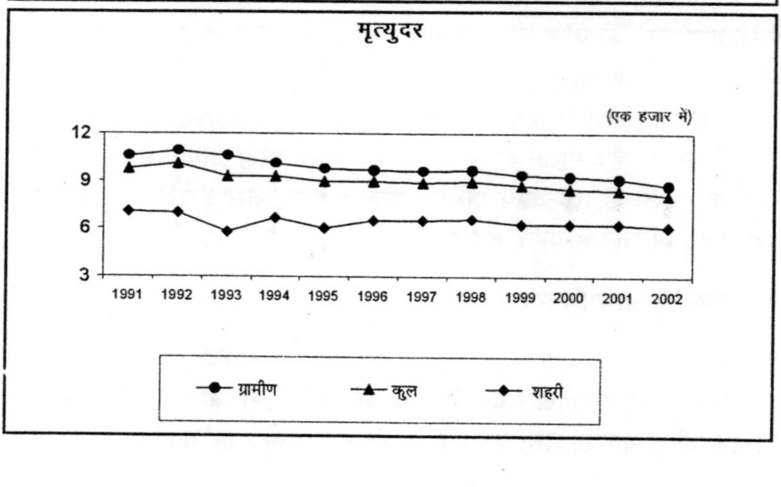

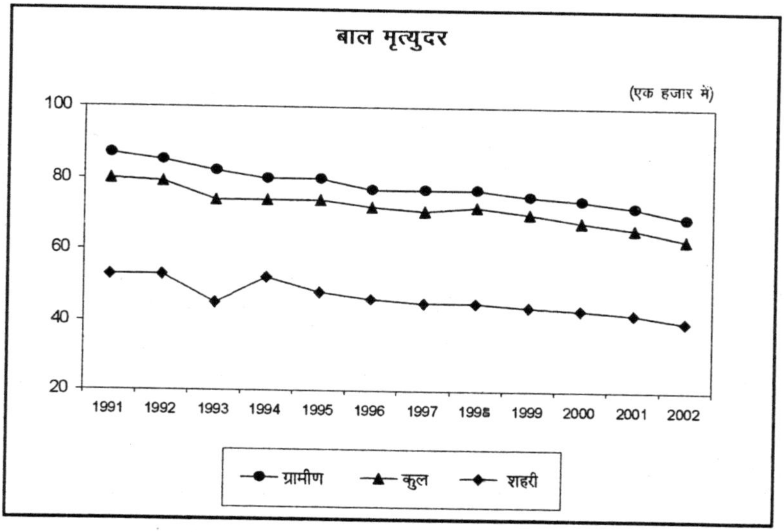

स्रोत – Statistical Abstract India 2004 (GOI)

साधारणतः किसी भी व्यक्ति की आर्थिक स्थिति का असर उसके जीवनमान पर पड़ता है और इन दोनों का परिणाम उसके व्यक्तिगत स्वास्थ्य सुरक्षा पर पड़ता है। अर्थात् यदि व्यक्ति धनहीन हो तो उसको अपने स्वास्थ्य की रक्षा करना मुश्किल हो जायेगा। अतः यह सरकार की जिम्मेंदारी हो जाती है कि वह स्वास्थ्य रक्षा के लिए आबंटन को प्राथमिकता दे, ताकि 'सब के लिए स्वास्थ्य' का लक्ष्य पूरा हो सके।

2.4. कार्य स्थिति (work conditions)

जिस स्थिति में काम किया जाता है, उस स्थिति का काम करने वाले व्यक्ति के स्वास्थ्य पर गहरा परिणाम पड़ता है। औद्योगिक विकास से समाज सुधार की गति में उल्लेखनीय प्रगति हुई है। लेकिन विकास के साथ-साथ औद्योगिकरण से वातावरण काफी दूषित हुआ है। ऐसी स्थिति में वहाँ काम करने वाले व्यक्ति के स्वास्थ्य पर विपरीत परिणाम पड़ता है। इससे वहाँ कार्यरत लोग तो प्रभावित होते ही हैं, लेकिन इसके पास-पड़ोस के लोग भी पीड़ाग्रस्त होते हैं। ऐसी अनेक औद्योगिक प्रक्रियाएं हैं, जो कार्य करने वाले व्यक्ति के स्वास्थ्य के लिए हानिकारक साबित होती है। यह प्रक्रिया तथा प्रदूषण का बढ़ता स्तर सांस के रोग, दमा, फेफड़े के रोग, कर्क रोग, हृदय रोग तथा बहिरेपन जैसी दुर्धर बीमारियों का कारण बना है।

कार्यालयों तथा कारखानों में लगातार तीन–तीन पालियों में काम करते रहने से इन स्थानों में कार्यरत लोगों का दैनंदिन जीवनक्रम (Biological clock) प्रभावित होता है। ये लोग अक्सर पेट की बीमारियों से पीड़ित रहते हैं, तथा इनमें रोगों के विरुद्ध प्रतिकारात्मक शक्ति भी कम हो जाती है।

कम्प्यूटर ने तो कारखानों व कार्यालयों में होने वाले कार्य में क्रांति ला दी है तथा जीवन को सरल बना दिया है। परन्तु कम्प्यूटर के अत्यधिक प्रयोग के कारण लोगों में पीठ का दर्द, नेत्रपीड़ा तथा सिरदर्द की शिकायतें होती हैं।

ग्रामीण क्षेत्र में तो भूसा तथा खाद्यान्न की भूसी का सामना करना पड़ता है। पशुओं तथा उनके मल–मूत्र के निकट रहना पड़ता है, रसायनों तथा उर्वरकों को भी झेलना पड़ता है। अर्थात कृषि में लगे व्यक्ति, स्वास्थ्य संबन्धी समस्याओं से अक्सर पीड़ित हो सकते हैं। इसके सिवाय ग्रामीण क्षेत्र में खुले आसमान के नीचे असुरक्षित स्थिति में खेती का काम करने वाले लोग, गर्मी में चिलचिलाती धूप तथा जाड़े की ठिठुरती ठंड के कारण स्वास्थ्य सम्बन्धी समस्याओं से ग्रस्त हो सकते हैं।

स्वास्थ्य चिकित्सा व प्रतिबंधात्मक उपाय :– उपरोक्त स्वास्थ्य विपत्तियों के निराकरण के लिये प्रतिकारात्मक उपायों में निम्न बातें सम्मिलित हैं–

(1) अनैच्छिक गैसों तथा कणों को सांस के माध्यम से शरीर के अंदर जाने से रोकने के लिए प्रतिरक्षात्मक मास्क (mask) तथा तत्सम उपकरणों का प्रयोग करना।

(2) निश्चित अवधि के बाद कामगारों के काम तथा स्थान में परिवर्तन लाना, उन्हें सुरक्षित स्थानों पर नियुक्त करना ताकि उन्हें किसी भी प्रकार की स्वास्थ्य को हानि या चोट लगी हो तो उसे ठीक करने व उबरने का समय मिल सके।

(3) स्वास्थ्य की दृष्टि से हानिप्रद कार्यों में लगे लोगों की नियमित डॉक्टरी जांच हो।

(4) साफ–सुथरी सुविधाएं, जैसे शौचालय, निवास के स्थान, पौष्टिक तत्वों से युक्त अन्न इससे स्वास्थ्य सम्बन्धी समस्याओं के प्रभाव को रोका जा सकता है। ग्रामीण क्षेत्र में इन उपायों का महत्त्व अधिक है, क्योंकि ये क्षेत्र कई समस्याओं से बड़ी मात्रा में पीड़ित रहते हैं।

स्वास्थ्य समस्याओं के बारे में जानकारी :– स्वास्थ्य क्षेत्र में अच्छे परिणामों के लिए यह सबसे महत्त्वपूर्ण उपाय है। हर व्यक्ति को, वह जिस काम से जुड़ा है,

जानकारी दी जानी चाहिए। यदि ऐसा हुआ तो वह इन स्वास्थ्य समस्याओं का प्रतिकार करने के लिए सक्षम रहेगा। वास्तविकता तो यह है कि उपरोक्त प्रतिबंधात्मक उपायों से बीमारियों का बोझ अपने आप कम हो जायेगा। परिणामस्वरूप शारीरिक क्षमता बढ़ेगी और बीमारियों की चिकित्सा के लिए होने वाले खर्च में भी कमी आएगी। ''इलाज के बजाय प्रतिबंध अच्छा'' यह उक्ति यहां यथार्थता से लागू होती है।

2.5. प्रौढ़ साक्षरता

इसका उद्देश्य यह है कि 15 से 35 आयु के कार्यशील वर्ग के सभी लोगों को साक्षर बनाना है। तथ्य की बात यह है कि यदि प्रौढ़ व्यक्ति शिक्षित है तो वह स्वास्थ्य रक्षा के महत्त्व को अच्छी तरह समझ पाने की स्थिति में रहेगा तथा राज्य द्वारा चलाई जा रही विभिन्न योजनाओं का लाभ उठा सकेगा। महिलाओं में अगर साक्षरता हो तो परिवार नियोजन करने में काफी सहायता मिलेगी। इस कार्यक्रम की सफलता अशिक्षित प्रौढ़ों को शिक्षा के लिये प्रेरित करके तथा उनके लिये उचित समय सुनिश्चित करने पर ही इस कार्यक्रम की सफलता निर्भर करती है, क्योंकि ज्यादातर लोग रोजी रोटी के लिये कृषि के कार्यों में व्यस्त रहते हैं। राज्य सरकार के अतिरिक्त, समुदाय के सुशिक्षित लोग, पंचायत संस्थाएं तथा सामाजिक संगठन भी प्रौढ़ों को शिक्षित करने तथा निरंतर शिक्षा दिलाने के काम में महत्त्वपूर्ण भूमिका अदा कर सकते हैं। यदि एक शिक्षित व्यक्ति केवल एक भी अशिक्षित व्यक्ति को शिक्षा दिलाने का बीड़ा उठाता है तो समस्या का हल पाना सरल होगा।

2.6. निवास

लिओनेल कर्टिस ने हमारें गांवों का वर्णन 'कूड़े के ढेर कह कर किया था'। ग्रामीण क्षेत्रों में मकानों का निर्माण योजनाबद्ध तरीके से न होने के कारण, पूरा वातावरण ताजी हवा और सूर्यप्रकाश से युक्त होने के बावजूद गांवों के मकानों में न शुद्ध हवा प्रवेश कर पाती है न सूर्यप्रकाश। गांवों में जल निकासी की व्यवस्था भी होती नहीं तथा कुछ इने-गिने घरों में ही निजी शौचालय होते हैं। ऐसा वातावरण अनेक प्रकार की बीमारियों का उत्पत्तिस्थान बन जाता है।

उद्देश्य तो यह होना चाहिए कि हर परिवार के लिए चाहे निम्नस्तर का हो लेकिन कम से कम एक मकान हो। कई मामलों में सरकार द्वारा समाज के दुर्बल घटकों को निवासी भूखंड आबंटित किए जाते हैं तथा घर निर्माण के लिए वित्तीय सहायता भी दी जाती है। फिर भी यह राशि, आवश्यक दो करोड़ नए मकानों के निर्माण और तीन करोड़ पुराने निवासों के पुनर्निमाण के लिए सर्वथा अपर्याप्त ही है।

2.7. खाद्यान्न की उपलब्धता

भारत में जरूरत से ज्यादा खाद्यान्न पैदा होता है। एक ओर जहां खाद्यान्न लम्बे समय तक भंडारगृहों में पड़ा रहकर या तो सड़ जाता है या उसे चूहे खा जाते हैं। वहीं दूसरी ओर ग्रामीण तथा पर्वतीय क्षेत्र में अनेक लोग हैं, जो इतने निर्धन है कि परिवार के भरण–पोषण के लिए खाद्यान्न खरीदने में असमर्थ होते हैं। एक अनुमान के अनुसार 20 करोड़ से अधिक लोग ग्रामीण क्षेत्रों में बसते हैं, जो 'गरीबी रेखा' के नीचे हैं। भारत में 'गरीबी रेखा' का आधार व्यय करने की उस क्षमता से लिया जाता है जो ग्रामीण क्षेत्रों में 2400 कैलोरी तथा शहरी क्षेत्र में 2100 कैलोरी प्रति व्यक्ति प्रतिदिन उपयोग के लिए जरूरी है।

सार्वजनिक वितरण प्रणाली की स्थापना का प्रारंभिक लक्ष्य 'गरीबी रेखा' के नीचे रहने वाले परिवारों को खाद्यान्न की पूर्ति ही था। इस प्रणाली का दूसरा मुख्य उद्देश्य खुले बाजार में आवश्यक वस्तुओं के मूल्य को स्थिर करना है। किन्तु इस सार्वजनिक वितरण प्रणाली में अनेक त्रुटियां हैं जिसके कारण खाद्यान्न सभी लोगों तक पहुंच नहीं पा रहा है। ऐसे अनेक उदाहरण हैं जब सस्ते अनाज की दुकानों की अच्छी किस्म की वस्तुएं, सार्वजनिक वितरण प्रणाली के प्रशासकीय कर्मचारियों की मिलीभगत के कारण खुले बाजार में चली जाती हैं। यदि इस सार्वजनिक वितरण प्रणाली को सुनियोजित रूप से चलाया गया तो देश में भूखमरी का कोई कारण ही नहीं रह जायेगा।

बेरोजगारों को काम दिलाने के उद्देश्य से खासकर जब खेत–खलिहानों में काम नहीं होता उन अभावग्रस्त दिनों में अनेक राज्य सरकारों द्वारा 'काम के बदले अनाज' के कार्यक्रम समय–समय पर चलाए जाते हैं, जिनमें सार्वजनिक वितरण प्रणाली के माध्यम से खाद्यान्न दिया जाता है। इन कार्यक्रमों ने खासी सफलता प्राप्त की है तथा इनकी उल्लेखनीय बात यह है कि जो लोग इन कार्यक्रमों में भाग लेते हैं, उन्हें काम तो मिलता है साथ में आवश्यक अनाज भी मिलता ही है। महत्त्वपूर्ण पहलू यह भी है कि अभी तक उपेक्षित रहे दूर दराज के ग्रामीण क्षेत्रों में जो विकास कार्यक्रम चल रहे हैं, उन्हें अधिक गतिशील बनाने में इन कार्यक्रमों से बहुत सहयोग मिला है।

3. स्वास्थ्य रक्षा के लिए प्रावधान

3.1. स्वास्थ्य सेवा की उपलब्धता

भारत को जब स्वतंत्रता प्राप्त हुई उस समय ग्रामीण क्षेत्र में स्वास्थ्य रक्षा की कोई व्यवस्था नहीं थी। लोग अपने भाग्य के भरोसे थे। स्वतंत्रता मिलने के बाद ही

सरकार का ध्यान, मूलभूत स्वास्थ्य रक्षा प्रदान करने की आवश्यकता की ओर आकृष्ट हुआ।

एक आदर्श राज्य का अंतिम उद्देश्य यही होता है कि देश के सभी लोगों को स्वास्थ्य रक्षा प्रदान की जाये तथा इसका मान्यता प्राप्त तरीका यही है कि प्राथमिक स्वास्थ्य रक्षा मुहैया की जाये जिसमें समस्त ग्रामीण जनता भी समाविष्ट हो। विभिन्न समितियों की सिफारिशों के आधार पर ग्रामीण जनता की सेवा के लिए, निम्न स्वास्थ्य सेवाओं का प्रावधान किया गया है।

1. प्राथमिक स्वास्थ्य केन्द्र और उपकेन्द्र : सभी लोगों के लिए स्वास्थ्य रक्षा के मूल उद्देश्य को लेकर ग्रामीण क्षेत्रों में प्राथमिक स्वास्थ्य केन्द्र तथा उपकेन्द्र खोले गए हैं। इस स्तर पर बुनियादी स्वास्थ्य रक्षा सेवाएं उपलब्ध कराई जाती हैं। यह पहला स्तर है, जहां स्वास्थ्य सेवाओं से समुदाय का परिचय होता है। सितम्बर 2004 तक देश में 23,109 प्राथमिक स्वास्थ्य केन्द्र तथा 1,42,655 उपकेन्द्र खोले जा चुके हैं।

वैसे, भोरे समिति ने, प्रति 10, 000 से 20,000 की जनसंख्या के पीछे एक प्राथमिक स्वास्थ्य–केन्द्र स्थापित करने की सिफारिश की थी, पर स्त्रोतों की कमी के कारण, फिलहाल प्रति 30,000 जनसंख्या के पीछे एक स्वास्थ्य केन्द्र चल रहा है इसी तरह प्रति 5000 जनसंख्या के पीछे एक प्राथमिक स्वास्थ्य उपकेन्द्र है। प्रत्येक प्राथमिक स्वास्थ्य रक्षा के लिए एक डॉक्टर तथा हर उपकेन्द्र के लिए एक महिला तथा एक पुरुष स्वास्थ्य सेवक होता है। प्राथमिक स्वास्थ्य रक्षा केन्द्र, जो प्रतिबन्धात्मक तथा चिकित्सा देने का काम करता है, वही उपकेन्द्र जच्चा–बच्चा की स्वास्थ्य रक्षा, परिवार कल्याण तथा रोगों के संसर्ग से मुक्ति दिलाने हेतु लसीकरण (Immunisation) का उत्तरदायित्त्व निभाता है।

स्वास्थ्य सेवा तथा समुदाय के बीच समन्वय साधने या सेतु निर्माण करने के हेतु से, ग्राम स्वास्थ्य मार्गदर्शक (guide) योजना 1977 में प्रारंभ हुई। यह ग्राम स्वास्थ्य मार्गदर्शक, अक्सर महिला होती है तथा समुदाय से ही, समुदाय द्वारा चुनी जाती है। यह ग्राम स्वास्थ्य रक्षक स्थानीय होता है, तथा अंशकालिक (पार्ट टाईम) सेवक भी होता है। इन स्वास्थ्य मार्गदर्शकों को स्वास्थ्य सम्बन्धी प्रशिक्षण भी दिया जाता है और उसे आवश्यक दवाएं तथा स्वास्थ्य सम्बन्धी सारे उपकरण भी दिए जाते हैं।

हर गांव में एक दाई भी नियुक्त होती है जो प्रसव के दौरान, जच्चा–बच्चा की प्रारंभिक चिकित्सा एवं देखभाल भी करती है।

2. माध्यमिक स्तर :– जिला अस्पताल तथा सामुदायिक (ग्रामीण) स्वास्थ्य केन्द्र माध्यमिक स्तर की स्वास्थ्य सेवा है, जिनमें कुछ अच्छी सुधरी हुई सेवा

उपलब्ध कराई जाती है। ये प्रथम-निर्देश (first referral) अस्पतालों के रूप में कार्य करते हैं। सितम्बर 2004 तक 3222 सामुदायिक स्वास्थ्य केन्द्र बन चुके हैं। हर विकास खंड में, प्राथमिक स्वास्थ्य सेवा केन्द्र से पदोन्नत ये सामुदायिक स्वास्थ्य केन्द्र लगभग 80,000 से 1,20,000 लोगों को अपनी सेवा के अन्तर्गत लाते हैं। इनमें चार डॉक्टर और अन्य मेडिकल तथा स्वास्थ्य सहायक (Paramedical) कर्मचारी होते हैं।

3. उच्च (Tertiary) स्तर :- इस स्तर में मेडिकल कॉलेजों के अस्पताल तथा विशेष श्रेणी के अस्पतालों का समावेश होता है। इस स्तर पर उच्चस्तरीय जांच, निर्देश, आधुनिकतम मशीनें तथा अनुभवी विशेषज्ञ उपलब्ध होते हैं। इन अस्पतालों में जटिल रोगों का निदान व इलाज भी होता है।

वर्तमान में हमारे देश में हर 20,000 लोगों के लिए एक डॉक्टर (चिकित्सक) का अनुपात है। चीन की तुलना में यह अनुपात बहुत कम है जहां हर 10,000 के पीछे एक डॉक्टर है। भारत की जनसंख्या का 72.22 प्रतिशत अर्थात् लगभग तीन चौथाई हिस्सा 5.94 लाख गांवों में बसता है, जब कि डॉक्टरों की कुल संख्या की एक तिहाई संख्या ही गांवों में कार्यरत है। प्रशिक्षित डॉक्टर तथा कर्मचारीगण इन सामुदायिक स्वास्थ्य केन्द्रों तथा प्राथमिक स्वास्थ्य केन्द्रों-जो गांवों में ही खुलते हैं-में काम करने से कतराते हैं। इस कारण इन स्वास्थ्य रक्षा केन्द्रों में डॉक्टरों तथा कर्मचारियों की अनुपस्थिति दर में चिंताजनक वृद्धि हुई है। तालिका 5.2 में वर्ष 2003 के दौरान प्रमुख राज्यों में स्वास्थ्य रक्षा कर्मचारियों की अनुपस्थिति दर दर्शाई गई है।

तालिका 5.2 : स्वास्थ्य रक्षा कर्मचारियों की अनुपस्थिति दर (2003)

राज्य	*अनुपस्थिति दर %*
बिहार	58
गुजरात	52
कर्नाटक	43
उड़ीसा	35
राजस्थान	39
उत्तर प्रदेश	42
प. बंगाल	43

स्त्रोत – India Sustaining Reform - 2003

अनुभवी डॉक्टरों का इन केन्द्रों में न टिकने का एक कारण यह भी है कि न तो इन केन्द्रों में स्वास्थ्य जांच सम्बन्धी उचित साधन सामग्री उपलब्ध है और न गांवों में शहरों जैसी जीवन की अच्छी सुविधाएं ही उपलब्ध हैं। अतः इन केन्द्रों में डॉक्टरों का नौकरी छोड़ना बड़ी मात्रा में लगा रहता है। इन केन्द्रों के निकृष्ट कार्य का यह भी एक प्रमुख कारण है।

उल्लेखनीय है कि ऊपर लिखे संस्थागत ढांचे जहां अनेक स्थानों में स्थापित हो चुके हैं, वहीं ग्रामीण क्षेत्र के ऐसे अनेक भाग हैं, जहां स्वास्थ्य सेवाएं देखने को भी नहीं मिलती। ऐसे स्थानों से ये सेवा-केन्द्र काफी दूरी पर स्थित हैं।

3.2. स्वास्थ्य सेवा की सुगमता (Accessibility)

प्राथमिक स्वास्थ्य केन्द्रों या उपकेन्द्रों से दूर बसने वाले लोगों की स्वास्थ्य सम्बन्धी समस्याओं का हल पाना दुर्धर कार्य है। औषधि या इलाज की सुविधा प्राप्त करने के लिए कुछ गांववासियों को 5 से 20 किलोमीटर की दूरी तय करनी पड़ती है। चिकित्सा के लिए बीमार लोगों को बैलगाड़ियों पर ले जाना एक आम दृश्य है। ग्रामीण क्षेत्रों में मार्गों की खराब हालत के कारण यह दूरी की समस्या और भी जटिल हो जाती है। नियमित व विश्वसनीय सार्वजनिक परिवहन व्यवस्था का सर्वथा अभाव है। इसके सिवाय ग्रामवासी अपनी काम की जगहों से ज्यादा समय के लिए दूर नहीं रह सकते। यदि मेडिकल ऑफिसर निश्चित अवधि में नियमित रूप से गांवों में जाता रहे या गांवों में स्वास्थ्य शिविर आयोज्ति होते रहें, तो स्थिति में सुधार हो सकता है।

अस्पतालों तथा स्वास्थ्य केन्द्रों में भर्ती हुए रोगियों को कुछ विशिष्ट दवाएं बाहर से खरीदने को कहा जाता है, जो इन निर्धन बिमारों के लिए कठिन हो जाता है।

स्वास्थ्य सेवा के लाभ प्राप्ति की क्षमता के विषय में आर्थिक स्तर पर धनी और निर्धनों के बीच स्पष्ट विभाजन रेखा है। जहां धनवानों के लिए शहरों में बल-संवर्धन केन्द्र (फिटनेस क्लब) तथा अति आधुनिक सुविधाएं उपलब्ध हैं, वही निर्धन ग्रामीणों द्वारा कर्ज से उबरने के लिए अपने शरीर के अंगों (organs) तक की बिक्री करने के उदाहरण भी आम मिलते हैं।

3.3. स्वास्थ्य सेवा उपभोग की मात्रा का उपयोग

स्वास्थ्य सेवाओं की उपयोगिता, ग्रामीण समुदाय की स्वास्थ्य संबंधी आवश्यकताओं को किस हद तक पूरा कर पाती है, यह चिंतन का विषय है। भले ही बहुत अधिक

मात्रा में जनसंख्या को स्वास्थ्य रक्षा की सुविधाओं की आवश्यकता हो, लेकिन कई समस्याओं के कारण इन स्वास्थ्य सेवा केन्द्रों तक पहुँच पाना ग्रामीण लोगों की क्षमता के बाहर है। स्वास्थ्य केन्द्रों तथा उपकेन्द्रों से दूर स्थित गांवों से रोगियों को केन्द्रों तक इलाज के लिए ले जाने में बड़ी कठिनाई महसूस करते हैं। राज्यों द्वारा चलाए जा रहे अस्पतालों तथा स्वास्थ्य केन्द्रों में आवश्यक दवाओं तथा औषधिय सुविधाओं की हमेशा कमी बनी रहती है, जो रोगियों को हतोत्साहित करती है। ऐसे अनेक उदाहरण हैं जहां अस्पतालों में रखे जांच व रोग निदान के महंगे उपकरण खराब हो जाने पर उन्हें समय पर सुधारा नहीं जाता। यह स्थिति अक्सर आवश्यक निधि के अभाव तथा सम्बन्धित कर्मचारियों की नौकरशाही प्रवृत्ति के कारण उत्पन्न होती है।

राज्य सरकार ने परिवार कल्याण सेवाओं का भी प्रावधान किया है, पर अपेक्षाकृत इनका उपयोग ही नहीं किया जाता। परिवार नियोजन से होने वाले फायदों के प्रति ग्रामीण जनता में पर्याप्त जानकारी न होना इसका प्रमुख कारण है। साक्षरता अभियान द्वारा तथा जरूरतमंद दम्पत्तियों को कारगर सलाह मशविरा देकर इस क्षेत्र में जागरूकता लायी जा सकती है।

उपरोक्त चर्चा के अनुसार राज्यों द्वारा चलाई जा रही स्वास्थ्य सेवाओं में और अधिक सुधार की सम्भावनाएं हैं। जो भी स्थिति हो ग्रामीण जनता इन्हीं सेवाओं पर निर्भर करती है क्योंकि आर्थिक क्षमता की दृष्टि से तथा शहरों की तुलना में नजदीक होने के कारण उन्हें ही उपयोगी मानते हैं।

3.4. स्वास्थ्य सेवा की गुणवत्ता

सरकारी अस्पतालों में निधि की कमी तथा भारी मात्रा में रोगियों की अत्यधिक भीड़ के कारण अस्पतालों के काम-काज का दर्जा अच्छा नहीं रह पाता। रोगी को डॉक्टरों तक पहुंचाने और उनका इलाज करवाने में लंबा समय लगता है। जांच और रोग निदान के उपकरणों पर भारी बोझ रहता है। अस्पताल में बिस्तरों की संख्या भी कम होती है। रोगियों को विशिष्ट दवाईयां बाहर से खरीदकर लाने को कहा जाता है, जो गरीब रोगियों के लिए मुश्किल होता है। निजी अस्पतालों में सलाह, और व्यक्तिगत चिकित्सा उपलब्ध होती है, पर गांव के गरीब लोगों के लिए यह उनकी आर्थिक क्षमता की पहुँच के बाहर की बात है।

ग्रामीण स्वास्थ्य केन्द्रों में साधनों की कमी है, और ग्रामीण वातावरण में रहने से ये व्यक्तिगत सुविधाओं से सम्पन्न नहीं होते, अतः अच्छे अनुभवी डॉक्टर इन

केन्द्रों में लंबे समय तक रहना नहीं चाहते। फलस्वरूप इन केन्द्रों में डॉक्टरों की आवाजाही ही चलती रहती है। इन सारी बातों का केन्द्रों द्वारा दी जाने वाली सेवाओं पर गलत प्रभाव पड़ता है। यह स्थिति इतनी भयावह हो गई है कि मेडिकल कॉलेजों में प्रवेश पाने के इच्छुक छात्रों को इस आशय का शपथपत्र देना अनिवार्य कर दिया है कि वे मेडिकल की अपनी अंतिम परीक्षा के बाद राज्य सरकारी अस्पतालों या स्वास्थ्य केन्द्रों में कम से कम दो साल अपनी सेवाएं अर्पित करेंगे। इन स्वास्थ्य केन्द्रों को चलाए रखने के लिए ऐसी अनिवार्यता जरूरी है, पर इससे डॉक्टरों को इन ग्रामीण क्षेत्रों के स्वास्थ्य केन्द्रों में बने रहने का प्रोत्साहन नहीं मिलता।

स्वास्थ्य सेवाओं में कम दर्जे की गुणवत्ता का एक कारण यह भी है कि डॉक्टरों की नियुक्तियां तथा समय पर अच्छी दवाईयां उपलब्ध कराने के लिए, प्रशासनिक कार्यालयों द्वारा नौकरशाही का लाल फिताशाही वाला रुख अपनाया जाता है। यह दुर्भाग्यपूर्ण है कि स्वास्थ्य केन्द्रों तथा अस्पतालों के प्रयासों को उनके सहयोगियों द्वारा भी ठीक से सहयोग नहीं मिलता।

4. स्वास्थ्य की वर्तमान स्थिति

4.1. कम वजन वाले जन्म (Low Birth Weight)

जन्म के समय शिशु का वजन, उसके स्वास्थ्य, अस्तित्व (survival) तथा विकास का परिचायक होता है। 'विश्व स्वास्थ्य संगठन' ने जन्म के समय 2.5 किलोग्राम से कम वजन को 'कम वजन वाले जन्म' करार दिया है। भारत में कुल जीवित जन्मों का 26 प्रतिशत इस कम वजन वाले जन्म की श्रेणी में आता है, जबकि चीन में यह 6 प्रतिशत ही है। यूनिसेफ द्वारा संकलित ये आंकड़े 5 वर्ष की आयु तक के बालकों के हैं। UNDP - HDR की वर्ष 2004 की रिपोर्ट के अनुसार पांच वर्ष की आयु तक के कम वजन वाले बच्चो की संख्या भारत में 47 प्रतिशत (1995 से 2002) है तथा चीन में केवल 11 प्रतिशत है। इन कम वजन जन्मों का कारण, समुदायों में, खासकर ग्रामीण माताओं में कुपोषण, अत्यधिक परिश्रम वाले काम, तथा कमजोर स्वास्थ्य स्थिति ही है।

प्रतिरोधात्मक उपाय : प्रतिरोधात्मक उपायों में समयोचित प्रसव-पूर्व की सावधानी, तथा माताओं को पौष्टिक भोजन दिलाना सम्मिलित है। माताओं को हल्का काम दिया जाना चाहिए, उन्हें अधिक परिश्रम वाले कामों से दूर रखा जाना चाहिए। भारत सहित विश्व के उन सभी स्थानों में जहां यह समस्या है, वहां इसका प्रतिशत 10 पर लाने का लक्ष्य रखा गया है।

चिकित्सा : जन्मतः कम वजन वाले शिशुओं के सम्बन्ध में प्रसव पश्चात् की सावधानियां बरती जानी चाहिए। बड़े गंभीर व नाजुक स्थिति के मामलों में 'अतिदक्षता कक्ष (ICU)' और 'समयपूर्व जन्में शिशुओं के लिए बनाये गये यंत्रों (Incubator)' का उपयोग आवश्यक होता है, पर ये उपकरण आम तौर पर ग्रामीण क्षेत्रों में उपलब्ध नहीं होते। ग्रामीण क्षेत्रों में अत्यधिक बाल मृत्यु दर होने का यह भी एक प्रमुख कारण है।

4.2. बालकों के पौष्टिक आहार की स्थिति

गरीबी हमारे देश की प्रमुख समस्या है। 27 प्रतिशत लोग 'गरीबी रेखा' के नीचे आते हैं। दो वक्त की रोटी की व्यवस्था करना इनकी समस्या है। जब तक इनके भोजन की मूलभूत आवश्यकता भी पूरी नहीं हो जाती तब तक आहार में पौष्टिकता के पहलू पर विचार करना निरर्थक हो जाता है। यह बात नहीं है कि हमारी सम्पूर्ण जनसंख्या का पेट भरने के लिए हमारे देश में पर्याप्त अन्नोत्पादन नहीं होता, वरन् इसके विपरीत आवश्यकता से इतना अधिक अनाज होता है कि भारत से अन्य देशों को खाद्यान्न का या तो निर्यात होता है, या बड़ी मात्रा में अनाज भंडारों में रहकर ही जाया हो जाता है, या चूहे खा जाते हैं। मूल समस्या यह है कि सार्वजनिक वितरण प्रणाली का क्रियान्वयन ठीक नहीं है तथा और उसे अधिक कार्यक्षम बनाने की आवश्यकता है।

साधारणतः भारत में खाद्यान्न के चुनाव में निम्न तत्त्व प्रमुख–एक तो भौगोलिक क्षेत्रानुसार वहाँ उत्पन्न होने वाला अनाज, तथा दूसरा पुराने सामाजिक रीति रिवाज तथा बचपन से लगी आदतें। अब कहीं जाकर, आहार में पौष्टिक तत्त्वों का महत्त्व धीरे-धीरे लोगों की समझ में आ रहा है। इस सम्बन्ध में जागरूकता ग्रामीण क्षेत्रों में अभी भी कम है, इसलिये विभिन्न कार्यक्रमों के माध्यम से पौष्टिकता सम्बन्धी शिक्षा का प्रचार, एवं वर्तमान परिस्थिति में प्रसार माध्यमों का इस क्षेत्र में सहयोग महत्त्वपूर्ण सिद्ध हो सकता है।

खाद्यान्न में पौष्टिकता, उद्जन (कार्बोहाइड्रेट) प्रोटीन, चर्बी, खनिज तथा वियमिनों के कारण आती है। उद्जन (कार्बोहाइड्रेट) का काम शक्ति प्रदान करना होता है, जो चावल तथा शक्कर में मिलती है। प्रोटीन का कार्य शरीर की रचना तथा उसका रखरखाव करना है। यह अन्न, दालों, तेल, मूंगफली, मांस तथा अंडों से मिलता है। चर्बी से बड़ी मात्रा में कैलोरियां मिलती हैं। मूंगफली तेल, नारियल तेल, घी, दूध, मांस आदि से चर्बी मिलती है। इसका मूलभूत कार्य शक्ति देना न होकर, स्वास्थ्य की देखभाल तथा आवश्यक पौष्टिकता प्रदान करना है। आहार में आवश्यक

कैलोरियों की पूर्ति का आधार लेकर इनका आदर्श मिश्रण होना चाहिये और शरीर में पौष्टिकता का प्रमाण बढ़ना चाहिये। किसी परिवार या समुदाय की खाद्यान्न पद्धति में कुछ परिवर्तन के सुझाव भले ही दिए जा सकते हैं, पर अन्ततः खाद्यान्न का चयन व्यक्तिगत आवश्यकताओं के आधार पर ही होता है।

यह एक विरोधाभास ही है कि जहाँ गरीब जनता खाद्यान्न में पौष्टिकता के अभाव से ग्रस्त है, वहीं विकसित देश तथा विकासशील देशों के धनी व्यक्ति मोटापे से पीड़ित हैं, जो जरूरत से ज्यादा खाने-पीने तथा अति पौष्टिक आहार के कारण होता है। इसी कारण विश्व भर में शरीर को दुबला-पतला कराने वाली दुकानों की बेशुमार वृद्धि हुई है और यह व्यवसाय जोर-शोर से फल फूल रहा है।

4.3. बाल-मृत्यु

'बाल' का तात्पर्य 1 वर्ष की आयु से कम के शिशुओं से है। देश की 'बाल मृत्युदर', उसकी महिलाओं व बच्चों के सामाजिक स्वास्थ्य स्थिति का परिचायक होता है। मूल स्तर पर स्वास्थ्य सेवाओं के प्रभावी क्रियान्वयन का भी दर्शक है। अतः बाल मृत्युदर देश के विकास का महत्त्वपूर्ण आईना है। बालक मृत्युदर निम्न तरीके से आंकी जाती है।

$$\text{बाल मृत्युदर} = \frac{\text{बाल मृत्यु संख्या (किसी एक वर्ष में एक वर्ष से कम की आयु के बालकों की)}}{\text{उसी वर्ष में जीवित - जन्में बालकों की संख्या}} \times 1000$$

इस दिशा में हुए प्रभावी प्रयत्नों के फलस्वरूप, विकसित देशों में इस बाल मृत्युदर में लगातार कमी आई है। भारत में यह वर्ष 2002 में 67 (2004 में 58)है, जबकि अन्य विकसित देशों में यह 10 या उससे कम है। इसमें भी अकेले प्रसव पश्चात् (अर्थात 28 दिनों से कम आयु के बालक) होने वाली मृत्यु, बाल मृत्युदर 70 है। हमारे देश में यह दर विभिन्न राज्यों में अलग-अलग तथा शहरी व ग्रामीण जनता के बीच भी भिन्न-भिन्न है। जहां शिक्षा है तथा जीवनमान भी ऊंचा है, वहां बाल मृत्युदर कम है। शहरी जनता की तुलना में यह दर ग्रामीण जनता में अधिक है। इस अधिक बाल मृत्युदर के कारणों तथा उसके निराकरण के निम्न उपाय हैं -

★ **जीवनमान :-** गरीबी और बाल मृत्युदर में गहरा सम्बन्ध है। गरीब जनता गर्भवती माताओं के लिए उचित पौष्टिक अन्न, स्वस्थ वातावरण

तथा आरामदेह स्थिति जुटा पाने में असमर्थ होती है, और इसी का परिणाम शिशुओं के स्वास्थ्य पर होता है। सभी समुदायों में ग्रामीण व शहरी क्षेत्रों में संतुलित आर्थिक विकास ही इसका एकमात्र हल है।

★ **स्वास्थ्य रक्षा की योग्य उपलब्धता :-** गर्भधारणा की पुष्टि होते ही हर माता को स्वास्थ्य रक्षा पाने का पूरा अधिकार है, पर भारत में केवल 43 प्रतिशत (वर्ष 2002) प्रसव ही प्रशिक्षित कर्मचारियों की देखभाल में हो पाते हैं। ग्रामीण क्षेत्रों के स्वास्थ्य केन्द्रों में जटिल तथा कठिन प्रसवों से सम्बन्धित गहन या प्रसव–पूर्व सेवाएं उपलब्ध नहीं होती। इन स्वास्थ्य केद्रों या उपकेन्द्रों में यदि पर्याप्त निधि एवं उसके प्रभावी उपयोग की व्यवस्था की गई तो ग्रामीण क्षेत्रों में भी उचित स्वास्थ्य रक्षा संभव हो सकेगी।

★ **'कम वजन वाले जन्म' :-** बाल मृत्यु का यह एक मुख्य कारण है। निम्न श्रेणी के जीवनमान के कारण ही गर्भवती माताओं की विशेष स्वास्थ्य रक्षा की देखभाल नहीं हो पाती, इसके सिवाय प्रसव–पूर्व तथा प्रसव–पश्चात् स्वास्थ्य रक्षा और उससे उत्पन्न होने वाली व्याधियों पर भी प्रभावी इलाज व चिकित्सा उपलब्ध नहीं होती। गरीबी ही इस समस्या का मूल कारण है।

★ **रोग प्रतिबंधन (लसीकरण) :-** धनुर्वात (अकड़न या टिटनेस), घटसर्प, क्षय, फेफड़ों में सूजन, लकवा ऐसी संसर्गजन्य बीमारियां हैं जो प्रतिबंधात्मक तरीकों या लसीकरण से रोकी जा सकती हैं। प्रत्येक बालक को इस लसीकरण के दायरे के अन्तर्गत लाना जरूरी है। यह पालकों के सहयोग तथा प्रभावी स्वास्थ्य सेवाओं से ही संभव है। 'पल्स पोलियो' लसीकरण अभियान को रोग प्रतिबंधन में जितनी अभूतपूर्व सफलता मिली है, उतनी सफलता अन्य रोगों के प्रतिबंधक उपायों के लिए आयोजित विभिन्न कार्यक्रमों के लिये नहीं मिली है। उल्लेखनीय है कि 'राष्ट्रीय परिवार स्वास्थ्य नमूना (NFHS - 3)' के अनुसार गत 7 वर्षों में महाराष्ट्र, उड़िसा, छतीसगढ़, गुजरात व पंजाब इन पांच राज्यों में बाल मृत्युदर में काफी गिरावट आई है।

★ **प्रसवों के बीच का फासला :-** प्रसवों के बीच फासलों की कमी तथा बारंबार प्रसवों से माताओं की शक्ति का ह्रास होता है, तथा प्रथम प्रसव के बाद होने वाले प्रसवों में बाल मृत्यु की बढ़ोत्तरी होती है।

वर्तमान स्थिति में प्रसवों के बीच 3 से 5 वर्षों का अंतराल होना चाहिए। वर्तमान स्थिति में छोटे परिवार की धारणा को स्वीकार करना ही बुद्धिमानी है। प्रभावी परिवार कल्याण कार्यक्रमों से इस मृत्युदर को कम किया जा सकता है।

★ **माता की आयु :-** निरोगी गर्भधारणा के लिए माताओं का अल्पायु होना या प्रौढ़ होना, बाल मृत्यु की संभावनाओं को बढ़ाता है। बीस से तीस की आयु गर्भधारणा के लिए सर्वोत्तम होती है।

★ **स्तनपान :-** यह तो अब सुनिश्चित हो गया है कि शिशुओं का कुपोषण, स्तनपान द्वारा समाप्त किया जा सकता है। इससे बालकों में अनेक रोगों के विरुद्ध रोग-प्रतिबंधात्मक शक्ति भी बढ़ती है।

★ **स्वच्छता व आरोग्य :-** ग्रामीण क्षेत्रों में मकान बहुत पुराने ढंग के होते हैं, जिनका निर्माण पर्याप्त सूर्यप्रकाश तथा स्वच्छ हवा की दृष्टि से नहीं होता है। अनेक ग्रामीण मकानों में तो शौचालय भी नहीं होते। स्वच्छता तथा स्वास्थ्यप्रद वातावरण बाल मृत्युदर को कम करने में सहायक हो सकता है।

★ **स्वास्थ्य शिक्षा :-** समुदायों खासकर महिलाओं में इस बाल मृत्यु के कारणों तथा उनके निवारण के उपायों की जानकारी एवं जागरूकता होने एवं प्रभावी परिवार कल्याण कार्यक्रमों से स्थिति में तीव्र गति से सुधार आ सकता है।

4.4. बालक मृत्यु

बालकों की मृत्युदर का तात्पर्य 1 से 4 वर्ष की आयु तक के बालकों की मृत्यु से है जिसमें एक वर्ष से कम आयु के बालकों का मृत्युदर सम्मिलित नहीं है। बालकों की मृत्युदर (CMR) की मात्रा देश की सामाजिक एवं आर्थिक स्थिति को दर्शाती है। यह दर इस तरीके से आंकी जाती है –

$$\text{बालक मृत्युदर} = \frac{\text{किसी एक वर्ष में 1 से 4 वर्ष की आयु के बालकों की मृत्यु संख्या}}{\text{उसी वर्ष के मध्य तक 1 से 4 वर्ष की आयु के बालकों की संख्या}} \times 1000$$

भारत में 1 से 4 वर्षों की आयु के बालकों की मृत्युदर प्रति हजार 112 (वर्ष 1991) है। यूनीसेफ पांच वर्षों तक की आयु के बालकों की संख्या का सर्वेक्षण करती है। UNDP, HDR - 2004 रिपोर्ट के अनुसार भारत में पांच से कम आयु के बालकों की मृत्युदर प्रति हजार जीवित जन्मों के आधार पर 93 है, जबकि चीन में यह 39 है। यह मृत्यु अक्सर अतिसार, फेफड़ों में सूजन, तथा पीलिया जैसे रोगों से होती है। इन मृत्यु के कारण लगभग वहीं हैं जो बाल मृत्यु के हैं।

4.5. जन्म के समय अपेक्षित आयुर्मान (LEB)

किसी भी आयु काल में, उस देश में प्रचलित मृत्यु पद्धति को ध्यान में रखते हुए, किसी व्यक्ति के जीवनकाल के उन वर्षों की औसत संख्या है, जितने वर्ष वह व्यक्ति जीवित रह सकता है। यह संख्या देश के विकास का स्तर तथा जनता के कुल स्वास्थ्य स्थिति की वास्तविकता को दर्शाता है। तालिका 5.3 में भारत में 1991 से 2001 तक प्रति दशक में जन्म के समय अपेक्षित आयु बताई गई है। तालिका 5.4 में कुछ चुने हुए देशों में जन्म के समय (2002 में) अपेक्षित आयु बतायी गयी है।

तालिका 5.3 : भारत में जन्म के समय अपेक्षित आयुर्मान (वर्ष) (2002)

वर्ष	*पुरुष*	*स्त्रियां*
1901	23.63	23.96
1911	22.59	23.31
1921	19.42	20.91
1931	26.91	26.56
1941	32.09	31.37
1951	32.45	31.66
1961	41.89	40.55
1971	46.40	44.70
1981	50.90	50.00
1991	58.10	59.10
2000	62.80	63.80
2001	62.80	64.00

स्रोत – DGHS (GOI)

तालिका 5.4 : चुने हुए देशों में जन्म के समय अपेक्षित आयुर्मान (2002, 2004)

देश	वर्ष 2002	वर्ष 2004	
	(कुल)	पुरुष	स्त्रियां
भारत	63.7	63.9	66.9
ब्रिटेन	78.1	76	81
अमेरिका	77.0	75	80
जापान	81.5	79	86
चीन	70.9		

स्त्रोत - UNDP HDR - 2004/Park 2007

सभी देशों में अपेक्षित आयुर्मान में निरंतर बढ़ोत्तरी देखी गई है। आमतौर पर यह स्वास्थ्य रक्षा सेवाओं में सुधार को दर्शाती है। वर्ष 2002 में भारत में जन्म के समय, अपेक्षित आयुर्मान 63.7 वर्ष है, जो अन्य विकसित देशों की तुलना में बहुत कम है। चीन की 70.9 की तुलना में तो और भी कम है। जापान का अपेक्षित आयुर्मान सर्वाधिक है। एक और विशेषता यह भी है कि अधिकांश देशों में पुरुषों की अपेक्षा स्त्रियों का अपेक्षित आयुर्मान अधिक है। इसके लिए जैविक तत्व कारणीभूत हैं, या स्त्रियां, पुरुषों की अपेक्षा, जीवन में आने वाली कठिनाईयों का सामना करना बेहतर जानती हैं, कहा नहीं जा सकता ?

'सभी के लिए स्वास्थ्य-2002' कार्यक्रम में स्त्रियों व पुरुषों दोनों के लिए अपेक्षित आयुर्मान 64 तक लाने का उद्देश्य है।

4.6. माता की गर्भावस्थाकालीन तथा प्रसवोपरांत मृत्यु (Maternal Mortality)

गर्भधारणा या उससे सम्बन्धित कारणोंवश अथवा उससे उत्पन्न समस्याओं या उसके व्यवस्थापन के कारण, गर्भावस्था में ही अथवा गर्भपात के पश्चात् 42 दिनों के अन्दर माता की मृत्यु को, विश्व स्वास्थ्य संगठन ने माता की गर्भावस्थाकालीन तथा प्रसवोपरांत मृत्यु को परिभाषित किया है। नाता की मृत्यु निम्न प्रकार से आंकी जाती है -

$$\text{माता की मृत्यु} = \frac{\text{किसी एक वर्ष में गर्भावस्था से सम्बन्धित अथवा किसी कारणवश गर्भावस्था में या गर्भपात के बाद 42 दिनों के अंदर हुई मृत्यु संख्या}}{\text{उसी वर्ष में जीवित जन्मों की संख्या}} \times 1000$$

भारत में वर्ष 2002 में माता की गर्भावस्थाकालीन तथा प्रसवोपरांत मृत्युदर प्रति एक लाख में 540 है, जो चीन में 56 तथा अन्य यूरोपीय देशों तथा अमेरिका में 10 से कम है। माता की मृत्युदर, अन्यों के समान, सामाजिक एवं आर्थिक स्थिति, शिक्षा का स्तर खासकर महिलाओं में तथा समुदाय के स्वास्थ्य रक्षा की व्यवस्था का परिचायक है। प्रसूति, एक स्वाभाविक प्रक्रिया होने के कारण अनेक माताओं की मृत्यु केवल जटिल मामलों को छोड़, टली जा सकती है। सबसे बड़ी समस्या यह है कि गर्भावस्था में होने वाली ऐसी अनेक मौतें होती है जिनका पंजीयन स्वास्थ्य सेवाओं के पास सलाह प्राप्त करने या प्रगतिशील इलाज के लिए होता ही नहीं। ऐसे भी अनेक मामलों की बहुतायत है, जिनमें प्रसव, किसी स्वास्थ्य केन्द्र में अथवा स्वास्थ्य संस्था में नहीं होता, या किसी प्रशिक्षित स्वास्थ्य सेवक की निगरानी में भी नहीं होता। ये मामले अक्सर गांवों में होते हैं, जहाँ प्रशिक्षित दाई भी उपलब्ध नहीं होती। माता की मृत्यु को प्रभावित करने वाले कुछ तत्त्व निम्न हैं – (1) गर्भधारणा के लिए स्त्री की परिपक्व आयु, अर्थात् न तो अल्पायु हो या न प्रौढ़ावस्था हो। स्त्री की बीस से तीस की आयु गर्भधारणा के लिए उपयुक्त समझी जाती है। (2) लगातार प्रसव या प्रसवों के बीच बहुत कम फासला होना भी मृत्यु का कारण हो सकता है। (3) गर्भावस्था में स्त्री को अच्छा पौष्टिक खाद्यान्न मिलना चाहिए ताकि खून की कमी (Anaemia) न हो, जो इस अवस्था में सबसे ज्यादा जान लेवा बीमारी है। (4) गर्भावस्था में स्त्री को अधिक परिश्रम वाले कामों से दूर रखना चाहिए, उससे हल्के काम ही करवाएं जाने चाहिएं। (5) नजदीक के स्वास्थ्य केन्द्र में पंजीयन करवाकर कार्ड बनवा लेना चाहिए, जिसमें गर्भावस्था की महिला के स्वास्थ्य की सारी जानकारी एवं प्रगति लिखी जाती है। नजदीक के स्वास्थ्य केन्द्र में प्रसव के पूर्व निश्चित कालावधि में कम से कम तीन बार जाकर, स्वास्थ्य जांच करानी चाहिए ताकि कोई समस्या या तकलीफ हो तो उस बारे में जानकारी ली जा सकती है। (6) कुछ मामलो में यह सुनिश्चित करना पड़ता है कि गर्भ में अर्भक ठीक स्थिति में है या नहीं, और उसका विकास ठीक से हो रहा है या नहीं। यह वहीं संभव है, जहां 'रेडियॉलॉजी' की व्यवस्था है। ग्रामीण क्षेत्र इस विषय में बड़े प्रतिकूल स्थिति में है। (7) प्रसव किसी ऐसी स्वास्थ्य संस्था में ही होना चाहिए जहां कम से कम एक प्रशिक्षित दाई अवश्य हो। (8) जच्चा-बच्चा दोनों के लिए स्वास्थ्यप्रद वातावरण हो, ताकि कोई संसर्गजन्य रोग न हो। (9) यदि प्रसव मामला बिगड़ जाये, और स्थिति आपातकालीन हो जाये तो सहायता का कोई न कोई प्रबंध होना चाहिए।

उपरोक्त चर्चा से यह स्पष्ट दिखाई देतों है कि माता की मृत्यु एक वृहत् समस्या है, जिसकी ओर तथा सामाजिक एवं आर्थिक विकास, शिक्षा का स्तर तथा सबसे महत्त्वपूर्ण, ग्रामीण क्षेत्र में स्वास्थ्य सेवाओं के उपलब्ध होने की आवश्यकता के परिपेक्ष्य में विशेष ध्यान दिया जाना चाहिए।

4.7. विशिष्ट बीमारी से मृत्यु

बीमारियों का बोझ (disease burden) समय-समय पर बदलता रहता है। अनेक संसर्गजन्य रोगों में लसीकरण कार्यक्रम के कारण गिरावट आयी है, पर हृदयरोग तथा कर्क रोग जैसी बीमारियों में वृद्धि हुई है। हृदय रोग का सम्बन्ध वर्तमान युग के तनाव तथा तेज गति की जीवन शैली से है, तो कर्क रोग, हानिकारक वातावरण तथा विषैले तत्वों के शरीर में प्रवेश करने से होता है। 1985 से तो एक नया रोग एड्स (AIDS) आ गया है जो लगभग सभी देशों में खतरनाक गति से बढ़ता जा रहा है। सार्स (SARS) नामक एक नई बीमारी भी हाल ही में प्रविष्ट हुई है। मधुमेह का रोग तो चारों ओर फैल गया है, पर रोगी किसी और दूसरे रोग से पीड़ित होकर मरता है, जो मधुमेंह द्वारा ही बढ़ाया गया होता है। किसी एक विशिष्ट बड़ी बीमारी के फैलाव तथा उसके प्रभाव को आंकना हो तो उस खास रोग के कारण और होने वाले मृत्यु दर का पता लगाना पड़ता है, जिसका उपयोग उस रोग के रोकथाम के लिए बनाई जाने वाली नीति के निर्धारण में तथा स्वास्थ्य सेवाओं के पुनर्गठन के काम में लाया जा सकता है। परिणामों के सर्वेक्षण में भी उसका उपयोग होता है।

4.8. रोगग्रस्तता (Morbidity) - फैलाव व प्रचलन

मृत्यु मानवी जीवन का अंतिम पड़ाव होता है। वह निरीह संख्या में गिना जा सकता है, परन्तु वह समुदाय के स्वास्थ्य का पूर्ण परिचायक नहीं होता। उदाहरण के लिए समुदाय या समाज किन रोगों से पीड़ित है, यह बता पाना कठिन है। अस्वस्थता सूचकांक से यह स्थिति जानी जा सकती है। यह सूचकांक कार्यस्थलों में अस्वस्थ होने से हुई अनुपस्थिति के कारण हुए कार्य की क्षति (Mandays lost) से, या शिक्षा संस्थाओं में छात्रों व शिक्षकों की अनुपस्थिति के कारण हुई क्षति से, अथवा अस्पतालों के बाह्यरोगी कक्ष में आने वाली रोगियों की संख्या तथा भर्ती होने वाले व छोड़ने वाले रोगियों की संख्या आदि से संकलित की जा सकती है।

4.9. नि:शक्तता (Disability) का प्रचलन

पहले ही बताया जा चुका है कि रोगग्रस्तता सूचकांक द्वारा समाज के स्वास्थ्य की स्थिति की पूरी जानकारी नहीं हो पाती। ऐसी स्थिति में असमर्थता दर से कुछ सहायता मिल सकती है। यह असमर्थता किसी बीमारी के कारण अथवा दुर्घटना में लगी चोट या जख्म के कारण हो सकती है। ऐसी असमर्थता के कारण यदि व्यक्ति को काम से हटा दिया जाता है या उचित काम कर पाने में वह असमर्थ हो जाता है, और इस असमर्थता की अवधि उस व्यक्ति के अपेक्षित जीवनकाल से घटा दी जाये तो हमें असमर्थता शून्य अपेक्षित जीवनकाल की अवधि मिलती है। इसे 'सुलीवान का इंडेक्स' (Sullivan's Index) कहा जता है। वैसे रोगग्रस्तता सूचकांक या असमर्थता दर का संकलन बड़ा कठिन कार्य है, फिर भी जितने भी आंकड़े मिलते हैं, स्वास्थ्य नीति के विस्तृत आधार के लिए उनका उपयोग किया जा सकता है।

(6) जनता की स्वास्थ्य स्थिति का अवलोकन

गत कुछ दशकों में भारत में जन्म के समय अपेक्षित आयु सीमा में निरंतर बढ़ोत्तरी तथा मृत्युदर में कमी पाई गई है। तालिका 5.5 में भारत में लिंग तथा निवास क्षेत्र के अनुसार विभिन्न आयु गुटों में अनुमानित मृत्यु दर प्रदर्शित की गई है। वर्ष 2002 में अपेक्षित आयु 41 (1999) से बढ़कर वर्ष 2001 में 63.7 वर्ष तथा मृत्युदर 21 (1965 की) से घटकर 8.1 ही रह गई है। यह स्थिति, स्वास्थ्य सेवाओं में सुधार, शिक्षा में बढ़ोत्तरी तथा जनता के जीवनमान में सुधार का परिचायक है – फिर भी इस विषय में कुछ महत्त्वपूर्ण तथ्य निम्न प्रकार के हैं –

1. विकसित देशों की तुलना में भारत में अपेक्षित आयुर्मान अभी भी कम ही है, और मृत्युदर, विदेशों की तुलना में ज्यादा है।
2. भारत में अपेक्षित आयुर्मान ग्रामीण क्षेत्रों में कम तथा शहरी क्षेत्र में अधिक है। इसी तरह मृत्युदर शहरों की अपेक्षा ग्रामीण क्षेत्र में अधिक है।
3. 0 से 4 आयु वर्ग में मृत्युदर सर्वाधिक है।
4. पुरुषों की अपेक्षा महिलाओं की मृत्युदर कम है।

तालिका 5.5 : भारत में लिंग तथा निवास क्षेत्र के अनुसार आयु वर्ग में प्रति 1,000 के पीछे मृत्युदर (2003)

	संयुक्त			*ग्रामीण क्षेत्र*			*शहरी क्षेत्र*		
आयु वर्ग	*कुल*	*पुरुष*	*स्त्री*	*कुल*	*पुरुष*	*स्त्री*	*कुल*	*पुरुष*	*स्त्री*
1 वर्ष से कम	71.1	68.3	74.4	77.5	75.2	80.2	45.0	39.6	50.9
1-4	4.6	3.9	5.3	5.2	4.5	6.0	2.2	1.7	2.8
0-4	17.3	16.3	18.5	19.1	18.2	20.1	10.2	8.7	11.8
5-9	1.4	1.3	1.5	1.6	1.5	1.7	0.6	0.6	0.6
10-14	1.0	0.9	1.0	1.0	1.0	1.0	0.8	0.7	0.8
15-19	1.6	1.3	1.9	1.6	1.5	1.9	1.3	0.8	1.8
20-24	1.9	1.8	2.0	2.1	1.9	2.3	1.3	1.6	1.0
25-29	2.3	2.4	2.2	2.5	2.6	2.4	1.6	1.6	1.7
30-34	2.6	3.0	2.2	2.8	3.3	2.4	2.1	2.5	1.7
35-39	3.3	3.9	2.6	3.5	4.3	2.8	2.5	2.9	2.0
40-44	4.4	5.5	3.3	4.8	5.7	3.7	3.5	4.8	2.0
45-49	5.9	7.5	4.3	6.6	8.2	4.9	4.2	5.5	2.7
50-54	9.8	11.9	7.5	10.4	12.5	8.2	8.3	10.4	5.8
55-59	15.0	18.7	11.4	15.8	19.2	12.5	12.7	17.2	8.0
60.64	23.8	27.6	19.9	25.1	28.9	21.4	20.0	24.2	15.6
65-69	36.7	43.3	30.6	38.3	45.0	32.3	31.1	38.1	24.6
70-74	54.1	59.9	48.8	58.0	64.0	52.7	42.1	47.5	37.2
75-79	79.8	91.0	69.7	84.7	96.2	74.5	63.7	74.4	54.3
80-84	109.0	115.7	103.1	112.6	119.9	106.1	99.1	104.1	95.0
85 +	175.1	193.8	159.6	182.0	203.5	163.8	154.9	163.8	147.9
सभी आयुवर्ग साधारण (Crude) मृत्युदर	8.0	8.4	7.5	8.7	9.1	8.2	6.0	6.4	5.4

स्त्रोत – Park 2005

इस सम्पूर्ण स्थिति का तात्पर्य यही है कि आमतौर पर स्वास्थ्य सेवाओं में सुधार लाना, खासकर ग्रामीण क्षेत्रों में जरूरी है। संसर्गजन्य रोग ही भारत के स्वास्थ्य की सबसे प्रमुख समस्या है। प्रमुख संसर्गजन्य रोग निम्न है –

(1) मलेरिया – वर्ष 1984 तक इस रोग के बिमारों की संख्या भले ही बहुत अधिक घटी है, फिर भी उसके बाद इसमें कोई अधिक सुधार नहीं हुआ है। **(2) क्षयरोग** – अनुमान किया गया है कि देश की कुल जनसंख्या का 30 प्रतिशत क्षय रोग का संवाहक है तथा करीब 4 लाख लोग प्रतिवर्ष इसी रोग से मरते हैं।

(3) अतिसार - पांच वर्ष से कम की आयु के बालकों में यह सबसे बड़ी स्वास्थ्य समस्या है। इस बीमारी से करीब 7.1 लाख प्रतिवर्ष मरते हैं। इस बीमारी का भीषण रूप हैजे जैसे संक्रामक रोग हो सकता है। **(4) सांस सम्बन्धी बीमारियां** - 5 वर्ष आयु से कम बालकों की मृत्युदर में इस रोग की प्रमुखता है। अस्पताल में भर्ती हुए बालकों में मरने वालों की संख्या करीब 13 प्रतिशत है। **(5) कुष्ठरोग** - हर 10,000 जनसंख्या के पीछे इस रोग से ग्रसित रुग्णों की संख्या 2.3 है। इसमें संसर्गजन्य रोगियों की संख्या 6 से 8 प्रतिशत है। विश्व के समस्त कुष्ठ रोगियों के 60 प्रतिशत रोगी केवल भारत में हैं। **(6) हाथीपांव रोग (Fileria)** - इस रोग का चलन अब बढ़ता ही जा रहा है। अनुमान है कि 40 प्रतिशत जनता इस रोग-भय से ग्रसित है। **(7) एड्स** - 1986 में इस रोग की पहचान होने के बाद इसके रोगियों की संख्या तेज गति से बढ़ रही है एवं यह संख्या 1,24,995 तक पहुंच गई है। करीब 57 लाख लोग HIV+ से ग्रसित पाए गए हैं, जिसकी रोकथाम समय पर होना अत्यधिक आवश्यक है।

(7) डॉक्टरों द्वारा ली जाने वाली शपथ (Hippocratic Oath)

हर एक डॉक्टर एक शपथ में बंधा होता है। पवित्र जीवन के लिए उपदेशों के समान डॉक्टरों को भी शपथ लेनी पड़ती है। इस शपथ में अन्य बातों के सिवाय, यह कहा गया है कि "मैं अपनी योग्यता एवं निर्णय का उपयोग रोगियों की चिकित्सा के लिए करूंगा। एवं किसी को दुख देने या गलत काम के लिए कभी नहीं कहूंगा।" परंतु व्यवहार में अन्य अनेक क्षेत्रों के समान स्वास्थ्य क्षेत्र में भी व्यापारीकरण हो गया है। जब आम जनता को सार्वजनिक स्वास्थ्य सेवाएं, सहजता से उपलब्ध नहीं होती या उनके गुणात्मक परिणाम नहीं मिलते, तब कुछ लोग निजी डॉक्टरों की ओर जाते हैं। परंतु आजकल निजी उपचार बड़ा महंगा हो गया है, तथा आम जनता की क्षमता के परे है। इस खर्चीली चिकित्सा के लिए निम्न बातें कारणीभूत हैं -

बड़ी-बड़ी औषधि निर्माण कम्पनियों द्वारा निर्देशित दवाईयां ही डॉक्टरों द्वारा लिखी जाती हैं और बदले में डॉक्टरों को नियमित रूप से आकर्षक पारितोषकों द्वारा रिझाया जाता है। ये दवाईयां अक्सर नई और कीमती होती हैं। आम डॉक्टरों तथा विशेषज्ञों में आपसी सांठगांठ भी होती है जो रुग्णों के लिए बड़ी खर्चीली साबित होती है। इसी तरह सही व अचूक निदान के लिए डॉक्टरों द्वारा ज्यादा से ज्यादा जांच व परिक्षणों की सलाह दी जाती है, जिसका परिणाम, जांच व निदान केन्द्रों की बेशुमार वृद्धि हुई है। दूसरी ओर सारी स्थिति के लिए ये डॉक्टरगण, उपभोक्ता

न्यायालयों के माध्यम से रोगियों द्वारा की जा रही त्रसदी को जिम्मेदार ठहराते हैं।

इसके बावजूद अनेक ईमानदार डॉक्टर हैं, जो ली गई शपथ का पालन करते हैं, परन्तु उन्हें लोकप्रिय बनने में लंबे समय तक प्रयास करना पड़ता है। डॉक्टरों तथा रोगियों, दोनों के लिए, मेडिकल चिकित्सा को अधिक मैत्रीपूर्ण बनाने के लिए आवश्यक है कि दोनों में उपरोक्त गलत तरीकों के बुरे परिणामों की पूरी जानकारी हो ताकि शपथ में प्रतिपादित नीति का पालन हो।

(8) विश्व स्वास्थ्य संगठन रिपोर्ट-2003

हमारे देश में स्वास्थ्य रक्षा सेवाओं के लिए अनुरूप वितरण एवं स्त्रोतों के आबंटन की आवश्यकता पर पहले विस्तृत चर्चा की जा चुकी है। विश्व स्वास्थ्य संगठन की वर्ष 2003 की रिपोर्ट में, धनी और निर्धन राष्ट्रों के बीच की असमानता का उल्लेख किया गया है। रिपोर्ट में उदाहरण के तौर पर बताया गया है कि जापान में जन्मी एक लड़की को जहां प्रति वर्ष औसतन 550 अमरीकी डालरों के मूल्य की चिकित्सा सहायता उपलब्ध होती है वहीं Sierra leone जैसे देश में एक लड़की के जन्म पर मुश्किल से 3 डालर से कम मूल्य की सहायता मिल पाती है। रिपोर्ट में इसे ही प्रतिलक्षित करते हुए कहा गया है कि विरोधाभास की इस खाई को मिटाना ही विश्व समुदाय का प्रमुख कार्य होना चाहिए। संगठन ने, स्वास्थ्य सम्बन्धी अच्छी गुणात्मक सेवाओं की समान व कुशल वितरण की आवश्यकता प्रतिपादित की है।

रिपोर्ट में यह भी कहा गया है कि मृत्यु या अपंगता लाने वाली सभी संसर्गजन्य या असंसर्गजन्य बीमारियों में से एच.आई.व्ही. तथा एड्स की बीमारियों पर तुरंत ध्यान दिया जाना जरूरी है।

इन एड्स (AIDS) तथा सार्स (SARS) जैसी तेजी से फैलने वाले संसर्गजन्य रोगों से जूझने के लिए अधिकाधिक परस्पर निर्भरता व सामूहिक प्रयास आवश्यक है।

(9) नटाला गांव में स्वास्थ्य रक्षा सुविधाओं का विशेष अध्ययन

नटाला गांव में कोई प्राथमिक स्वास्थ्य केन्द्र या उपकेन्द्र नहीं है। सबसे नजदीक स्वास्थ्य केन्द्र 5 किलोमीटर दूर है, परन्तु गांव में एक स्वास्थ्य मार्गदर्शक है।

प्राथमिक स्वास्थ्य केन्द्र में एक स्नातक डॉक्टर (MBBS) तथा एक आयुर्वेदिक (BAMS) डॉक्टर है। इस स्वास्थ्य केन्द्र में कोई भी डॉक्टर 2-3 वर्षों से अधिक नहीं टिकते। स्वास्थ्य केन्द्र में साधनों की कमी है, जितने भी है, उनमें से कुछ काम के

नहीं हैं, खराब पड़े हैं। डॉक्टरों में से एक डॉक्टर तथा कुछ स्वस्थ्य कर्मचारी इस केन्द्र स्थान में नहीं रहते, तथा केन्द्र में उनकी उपलब्धता अनिश्चित ही होती है। स्वास्थ्य केन्द्र में एम्बुलैंस तो नहीं लेकिन एक जीप है। यदि उसे सुधार के लिए भेजा जाता है, या डीज़ल की कमी रहती है तो आपातकालीन स्थिति में उस जीप का कोई उपयोग भी नहीं हो पाता। अनेक बार बीमार व्यक्ति को गांव से साइकिल पर या बैलगाड़ी पर लाने के उदाहरण भी मिले हैं।

25 किलोमीटर दूरी पर स्थित एक नए ग्रामीण अस्पताल का उदाहरण लेते हैं। वहाँ केवल एक ही डॉक्टर है। इस अस्पताल का भवन, विश्व बैंक से मिली सहायता से बनाया गया है। कुछ दिनों पूर्व इस अस्पताल में एक पुरुष डॉक्टर और एक महिला डॉक्टर की नियुक्ति हुई थी, पर उन्होने अपने त्यागपत्र दे दिए। प्रतिदिन लगभग 300 से अधिक रोगी बाह्यरोगी विभाग में आते हैं, इसके सिवाय 20–25 मरीज अस्पताल में भर्ती रहते हैं। वास्तविकता में अकेले डॉक्टर से इतनी बड़ी संख्या में रुग्णों को सम्हालना बड़ा कठिन कार्य है।

गांववासी स्वास्थ्य सम्बन्धी आपातकालीन मुश्किलों का सामना नहीं कर पाते। वर्षा ऋतु में तो चिकित्सा सहायता प्राप्त करना बड़ा कठिन कार्य हो जाता है, क्योंकि पास से बहने वाले नाले के कारण गांववासी नजदीक के स्वास्थ्य केन्द्र में पहुंच नहीं पाते। अनेक उदाहरण हैं, जब गांववासियों को समय पर चिकित्सा सहायता न मिलने के कारण कुछ व्यक्तियों को जान भी गंवानी पड़ी। अब तो गांववासी बीमारियों से इतने अधिक डर से गए हैं कि वे अपनी खुशहाली के लिए, दवाओं की बजाय दुआओं पर निर्भर रहते हैं।

आंगनवाड़ी में डॉक्टर महीने में एक बार आता है। गांव में यदि स्वास्थ्य शिविर लगता है तो गांववासी बहुत प्रसन्न होते हैं। पर इस गांव में पिछला स्वास्थ्य शिविर आठ वर्षों पूर्व लगा था। इस शिविर में आए डॉक्टर तथा विशेषज्ञ जिला स्तर के अस्पताल के थे। शिविर के प्रति गांववासियों का अनुभव अत्त्यधिक सकारात्मक रहा।

गांव में न तो कोई भूमिगत जल निस्तारण व्यवस्था है न शौचालय ही है। केवल खुली नालियां हैं, जो अक्सर पानी से भरी रहती हैं, पानी ऊपर से बहता है, तथा बहने वाली गंदगी, निवासियों के लिए स्वास्थ्य समस्या की जड़ बनती है। जो भी जल निष्कासन व्यवस्था थी उसको मानवी अतिक्रमण से और भी खराब कर दिया। केवल इने–गिने घरों में ही उचित शौचालय है। गांव में अनुदानित शौचालयों की योजना प्रारंभ की गई थी जिसमें 2,000 रु. की लागत का शौचालय ग्रामवासियों को केवल 500/– रु. में उपलब्ध कराया गया। जिन ग्रामवासियों ने इस योजना को

स्वीकार किया उनमें से कुछ लोगों ने इन निर्मित शौचालयों को स्नानगृहों के रूप में उपयोग में लाया है, क्योंकि उनके पास महिलाओं के लिए पृथक स्नानगृह नहीं थे।

(10) "सभी के लिए स्वास्थ्य रक्षा" लक्ष्य पूर्ति के लिए अपनाई जाने वाली रणनीति

स्वास्थ्य रक्षा के लिए सरकार तथा गैर-सरकारी संस्थाओं द्वारा किए गए प्रयत्नों से मिली सफलता कुछ कम नहीं है, फिर भी यह सच है कि 'सभी के लिए स्वास्थ्य रक्षा' की लक्ष्य पूर्ति अभी भी दूर है। यह कोई छोटा-मोटा लक्ष्य नहीं है, और उसकी पूर्ति भी कोई सरल काम नहीं है, अतः इस कार्य की सफलता के लिए रणनीति अपनाना आवश्यक है। इसका वर्णन पहले आ चुका है। इसका विस्तृत वर्णन नीचे दिया जा रहा है।

1. समुदाय के सहभाग का प्रयास

अच्छे स्वास्थ्य के लिए आवश्यक आरोग्य, स्वच्छता तथा शुद्ध पेयजल का महत्त्व ग्रामीण जनता को समझाना तथा उस बारे में उन्हें शिक्षित करने की आवश्यकता है। दाई तथा स्वास्थ्य मार्गदर्शक जो ग्रामीण क्षेत्र के 'आघडी के आखिरी सिपाही' समझे जाते हैं, ग्रामीण जनता में स्वास्थ्य सम्बन्धी जागरूकता लाने में महत्त्वपूर्ण योगदान कर सकते हैं। समुदाय के पास यह संदेश पहुंचना चाहिए कि अपनी स्वयं की स्वास्थ्य रक्षा में उनका अपना प्रयास महत्त्वपूर्ण है। साफ सफाई, स्वच्छता, स्वच्छ पेयजल जैसी ढांचागत सुविधाएं तो निस्संदेह सरकार द्वारा दी जानी चाहिएं।

जहां तक चिकित्सा का प्रश्न है, गांवों में समय-समय पर चिकित्सा शिविर आयोजित करना प्रभावी साबित हुआ है। ऐसे शिविरों में दूरस्थ गांवों को भी सम्मिलित किया जाना चाहिए। सम्पूर्ण समुदाय की भागीदारी के लिए, शिविर आयोजित करने के पूर्व उस बारे में पर्याप्त विज्ञापन दिया जाना जरूरी है। इन चिकित्सा शिविरों की सफलता के लिए गैर-सरकारी संगठनों का सहयोग भी उपयोगी होगा।

2. संगठन के ढांचे में सुधार

आजकल ग्रामीण स्वास्थ्य केन्द्रों में आने वाले चिकित्सा कर्मचारी वर्ग दो स्त्रोतों से आते हैं - एक राज्य सरकार द्वारा की गई नियुक्तियों तथा दूसरा जिला परिषद की

नियुक्तियों से। इस व्यवस्था में द्विविध अवस्था उत्पन्न होती है, और उससे उत्पन्न होने वाले संघर्षों से निबटने के लिए तरीके ढूंढने पड़ते हैं।

चालू पद्धति में राजनीतिक वर्ग तथा नौकरशाही को अपनी धाक जमाने का पूरा अवसर मिलता है जो कई बार इन स्वास्थ्य केन्द्रों के सुचारू रूप से चलने के कार्य में बाधाएं उत्पन्न करता है। इसी परिपेक्ष्य में, राज्य सरकार से पंचायत राज संस्थाओं में सत्ता का विकेन्द्रीकरण, परिणामदायक सिद्ध हो सकता है। जहां–जहां ये अधिकार पंचायत राज संस्थाओं को प्रदत्त किए गए हैं वहां निश्चित सुधार दिखाई दिया है।

3. स्वास्थ्य सेवाओं तक सुगम पहुंच

ग्रामीण क्षेत्रों में स्वास्थ्य सेवाओं की उपलब्धि के लिए इन सेवाओं तक सरलता से पहुंच पाना ही प्रमुख रुकावट है। स्वास्थ्य–केन्द्रों की दूरी के अलावा, रास्तों की दुरावस्था भी कठिन समस्या है। सेवाओं तक पहुंच पाने की इस समस्या को निम्न तरीकों से हल किया जा सकता है – (1) दूरस्थ गांवों से 3 से 5 किलोमीटर दूरी पर स्वास्थ्य केन्द्र स्थापित हो, (2) स्वास्थ्य केन्द्रों को गांवों से जोड़ने वाले मार्गों की हालत में सुधार किया जाये, (3) इन मार्गों पर जन–परिवहन व्यवस्था में सुधार किया जाये, (4) चिकित्सा कर्मचारी समय–समय पर गांवों को भेंट दे तथा गांवों में चिकित्सा शिविर आयोजित किए जाये।

ग्रामीण क्षेत्रों में फैली विशाल जनसंख्या तक पहुंचने के उद्देश्य से चीन में प्रारंभ की गई ''पैदल (barefoot) डॉक्टर'' की पद्धति को वहाँ अत्त्युत्तम सफलता मिली है। भारत में भी स्थिति वैसी ही है। इस पद्धति को यहां भी लागू करना लाभदायक सिद्ध होगा। इस परिपेक्ष्य में भारत में स्वास्थ्य मार्गदर्शकों की जो नियुक्ति की गई है वह ग्रामीण समाज व स्वास्थ्य केन्दों के बीच महत्त्वपूर्ण कड़ी का काम करती है।

4. प्राथमिक स्वास्थ्य केन्द्रों तथा उपकेन्द्रों के कार्य में सुधार

प्राथमिक स्वास्थ्य केन्द्रों तथा उपकेन्द्रों की वर्तमान कार्य पद्धति में बहुत कुछ सुधार होना बाकी है। ऐसी स्थिति उत्पन्न होने के कई आंतरिक व बाहरी कारण हैं। आंतरिक कारणों में सबसे महत्त्वपूर्ण इन सेवाओं के प्रति दृष्टिकोण या मनोवृत्ति का है। इन स्वास्थ्य केन्द्रों में कार्यरत कर्मचारियों की मनोवृत्ति, आमतौर पर अशिक्षित

ग्रामीण जनता की समस्याओं के प्रति सहानुभूतिपूर्ण होनी चाहिए। यह कहने में अतिशयोक्ति नहीं होगी कि स्वास्थ्य सेवा कर्मचारियों का ध्येय ही वंचित लोगों की सेवा करना होना चाहिए। इस दिशा में, नियुक्ति के समय ही, प्रशिक्षण के माध्यम से कर्मचारियों में सेवा भाव जागृत करना तथा नौकरी के दौरान पुनः (refresher) प्रशिक्षण की व्यवस्था करना अधिक उपयुक्त कदम होगा।

कुछ बाहरी कारण भी हैं। स्वास्थ्य केन्द्रों के सुचारू संचालन में, अनेक बार नौकरशाही का रुख सहयोगपूर्ण नहीं होता। इन स्वास्थ्य केन्द्रों का आम जनता से सीधा सम्बन्ध होने से, जनता को इन केन्द्रों से बहुत आशाएं होती हैं। अतः राजनीतिक वर्ग तथा नौकरशाही ने इन्हें सभी प्रकार की सहायता देनी चाहिए, जिसके बिना केन्द्रों का ठीक ढंग से कार्य कर पाना संभव ही नहीं हैं।

चिंता का दूसरा क्षेत्र, स्वास्थ्य केन्द्रों का उचित रूप से साधन युक्त न होना भी है। यह तथ्य, महाराष्ट्र में सम्पन्न 15 दिनों के एक प्रशिक्षण कार्यक्रम के दौरान उजागर हुआ, जिसमें 100 से अधिक ग्रामीण डॉक्टरों ने हिस्सा लिया था। विश्व बैंक के तत्वावधान में एक योजना के अन्तर्गत यह कार्यक्रम आयोजित हुआ था। ग्रामीण डॉक्टरों ने बताया कि उनके अस्पताल में आंतों की जांच (एन्डोस्कोपी) के उपकरण ही नहीं हैं, जबकि आंतों की बीमारी के 50 प्रतिशत रोगी अक्सर मृत्यु के शिकार होते हैं। व्यावसायिक तौर पर ग्रामीण डॉक्टरगण, चिकित्सा तथा रोग निदान सम्बन्धी अनेक आधुनिक नवीनतम उपलब्धियों से वंचित ही रहते हैं। कई बार तो मूलभूत रूप से आवश्यक दवाएं भी केन्द्रों में उपलब्ध नहीं रहतीं। गांवों में चिकित्सा कर्मचारियों के निवास की व्यवस्था नहीं होती, उनके बच्चों के लिए शहरों जैसी अच्छी शिक्षा सुविधाएं नहीं होतीं। संक्षेप में कहा जाये तो स्वास्थ्य केन्द्रों में सुविधाएं तथा निवास के मोर्चे पर शहरी व ग्रामीण क्षेत्र में विभाजन की विषमता स्पष्ट रूप से दिखायी देती है। ग्रामीण क्षेत्रों में नियुक्त डॉक्टर, शहरों व नगरों में रहने वाले अपने डॉक्टर साथियों से तुलना करते हैं। तथा ग्रामीण-नियुक्ति को शहरों में स्थान पाने का एक परिवर्तन पूर्व कदम मानते हैं। इसका परिणाम यही हुआ है कि शहरों में डॉक्टरों का केन्द्रीकरण (73.6% तक) हो गया है जबकि शहरों में केवल 27.78 प्रतिशत जनता ही रहती है। इस परिस्थिति में सुधार लाने का एकमात्र तरीका यही है कि स्वास्थ्य केन्द्रों में आवश्यक सभी सुविधाओं में बढ़ोत्तरी की जाये ताकि डॉक्टर व कर्मचारी वर्ग पूरी लगन तथा कुशलता से अपनी सेवाएं प्रदान करने के लिए प्रोत्साहित हों।

नियुक्ति स्थान से अन्यत्र रहने वाले डॉक्टरों तथा स्वास्थ्य कर्मचारियों की

कार्यस्थल पर नियमित उपस्थिति एवं समयबद्धता भी एक समस्या हैं। केन्द्रों के कार्य पर इसका बहुत असर पड़ता है। केन्द्र के स्थानों में ही यदि इनके लिये निवास व्यवस्था बनाई जाये तो इन्हें केन्द्रों में ही रहने की प्रेरणा मिलेगी। निवास व्यवस्था के बाद भी यदि समय पालन नहीं हुआ तो अनुशासनिक कार्रवाई ही एकमात्र पर्याय है। चूंकि अधिकांश कर्मचारी समय का पालन नहीं करते और मूलतः उन पर कोई कार्रवाई नहीं की जाती, तो गलतियां करने वाले कर्मचारियों पर कोई अनुशासनिक कार्रवाई करना आसान नहीं होता। यदि किसी पर कोई कार्रवाई होती भी है, तो वह राजनीतिक या नौकरशाही से दबाव लाकर उस पर हो रही कार्रवाई को निरस्त करवा लेता है।

अतः आवश्यक है कि गलती के कारण हो रही कार्रवाई पर कोई बाहरी दखल न हो।

5. बढ़ती जनसंख्या के लिये रणनीति

राष्ट्रसंघ के विभिन्न संगठनों तथा अन्तर्राष्ट्रीय विज्ञान विकास संस्थाओं के विशेषज्ञों द्वारा 95 राष्ट्रों के सर्वेक्षण के पश्चात् संकलित जानकारी पर, 'मिलेनियम इकोसिस्टम असेसमेंट (MEA)' के 45 सदस्य मंडल ने 30-3-2005 को रिपोर्ट प्रकाशित की जिसमें कहा गया है कि "मनुष्य अभूतपूर्व गति से पृथ्वी नामक इस ग्रह को क्षतिग्रस्त कर रहा है, जो प्रकृति में अप्रत्याशित उथल-पुथल का कारण बन रहा है, जिससे बीमारियां बढ़ सकती हैं, निर्वनीकरण हो सकता है, तथा समुद्रों में 'मृत क्षेत्र' बन सकते हैं"। गत 50 वर्षों में निरंतर बढ़ रही जनसंख्या ने इस ग्रह पर जहाँ जीवन शुद्ध हवा तथा ताजा पेयजल पर निर्भर है उसके दो तिहाई वातावरणीय क्षेत्र का अतिशोषण कर उसे दूषित कर डाला है

आकृति 5.2 में विश्व के पांच सर्वाधिक जनसंख्या वाले देश दिखाए गए हैं, जिसमें चीन के बाद भारत का स्थान है। फिलहाल विश्व की जनसंख्या 6.3 बिलियन से अधिक बताई गई है। जनगणना 2001 के अनुसार भारत की जनसंख्या 1028.7 मिलियन है। भारत और चीन की जनसंख्या को यदि मिला दिया जाये तो वह विश्व की कुल जनसंख्या का 38 प्रतिशत अर्थात 1/3 से अधिक हो जाती है। भारत, चीन, इंडोनेशिया, यू.एस.ए. और ब्राज़ील की कुल मिलाकर जनसंख्या विश्व की आधी जनसंख्या के बराबर होती है।

आकृति 5.2 : विश्व के पांच सबसे बड़ी जनसंख्या वाले देश

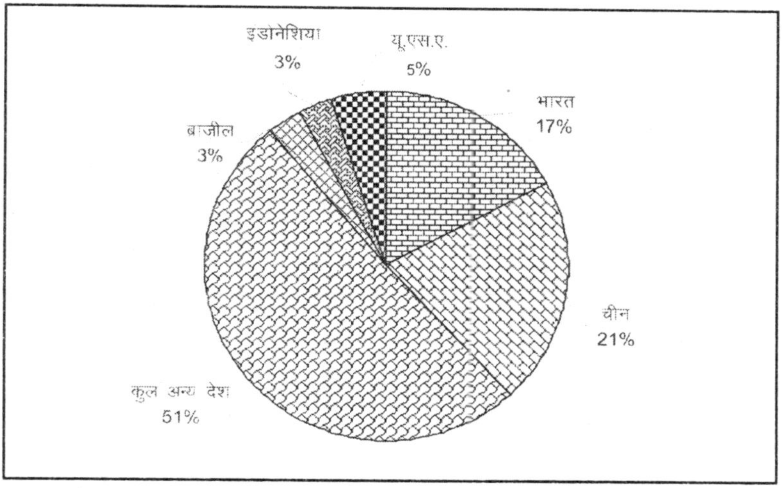

स्रोत – Census India 2001, World Population Day Reports

1990–2000 की दशाब्दी में यह संख्या प्रति वर्ष 1.4 प्रतिशत की दर से बढ़ी है। कुछ चुने हुए देशों में इसी दशाब्दी में हुई जनसंख्या वृद्धि के आंकड़े इस प्रकार हैं –

देश	*वार्षिक वृद्धि दर (प्रतिशत)*
विश्व	1.4
भारत	1.9
चीन	1.0
अमेरिका	0.9

चीन और अमेरिका दोनों देशों में जनसंख्या वृद्धि की दर लगभग समान है।

भारत की जनसंख्या विश्व की कुल जनसंख्या का 16.87 प्रतिशत है जबकि उसका क्षेत्र विश्व क्षेत्र का 2.42 प्रतिशत ही है।

तालिका 5.6 में कुछ चुने हुए देशों में साधारण (crude) जन्मदर तथा मृत्युदर दर्शायी गई है।

तालिका 5.6 : कुछ प्रमुख देशों में साधारण जन्मदर तथा मृत्युदर (2004)

(प्रति एक हजार)

देश	जन्मदर	मृत्युदर
भारत	24.1	8(2003)
चीन	13	7
जापान	9	8
ब्रिटेन	11	10
अमेरिका	14	8

स्त्रोत – Park 2007

ऊपरी आंकड़ों से स्पष्ट होता है कि भारत में साधारण (crude) जन्मदर दूसरे नंबर पर चीन की दर से 1.50 प्रतिशत है।

तालिका 5.7 में जनगणना 2001 के अनुसार गत दो दशाब्दियों में, धर्मों के अनुसार भारत में जनसंख्या में हुई वृद्धि दर्शाई गई है। हिन्दू और मुसलमान ये दो धर्म के लोगों की संख्या भारत की कुल जनसंख्या का 93.8 प्रतिशत है तथा इन धर्म के लोगों की जनसंख्या वृद्धि 1991-2001 दशाब्दि में पिछली दशाब्दि 1981-91 की तुलना में क्रमशः 2.8 तथा 3.6 प्रतिशत की दर से घटी है। 1991-2001 दशाब्दि में इन धर्म के लोगों की जनसंख्या वृद्धि दर क्रमशः 20.9 तथा 29.3 रही है।

हिन्दू धर्म की तुलना में मुसलमान धर्म में अधिक वृद्धि दर के निम्न कारण बताए जाते हैं –

1. **शिक्षा** – 7 वर्ष से अधिक आयु वर्ग में साक्षरता दर हिन्दुओं में 65.1 प्रतिशत है तो मुसलमानों में 59.1 प्रतिशत है।
2. **निर्धनता** – हिन्दुओं में काम करने वालों का प्रमाण 40.4 प्रतिशत है, जबकि मुसलमानों में 29.3 प्रतिशत ही है। निर्धनता, अधिक वृद्धि दर का एक और कारण हो सकता है।
3. **लोगों का सामाजिक** – सांस्कृतिक दृष्टिकोण।

1991-2001 दशक में ख्रिस्ती व जैन समुदायों में जनसंख्या वृद्धि दर, दशक 1981-91 की तुलना में क्रमशः 5.1 प्रतिशत तथा 22 प्रतिशत रही है।

तालिका 5.7 : गत दो दशाब्दियों में धर्मों के अनुसार भारत की जनसंख्या तथा उनकी वृद्धि की प्रतिशत दर

धर्म	*जनसंख्या (समायोजित) जनगणना के अनुसार*		*जनसंख्या में वृद्धि पिछली दशाब्दि की तुलना में*		*वृद्धि (+) घटोत्तरी (-)*
	1991	*2001*	*1981-91*	*1991-2001*	
सभी धार्मिक समुदायों की	100	100	23.8	21.5	(-) 2.3
हिन्दू	82.4	81.4	22.8	20.0	(-) 2.8
मुसलमान	11.7	12.4	32.9	29.3	(-) 3.6
ख्रिस्ती	2.3	2.3	17.0	22.1	(+) 5.1
सिख	2.0	1.9	25.5	16.9	(-) 8.6
बौद्ध	0.8	0.8	36.0	23.2	(-) 12.8
जैन	0.4	0.4	4.0	26.0	(+) 22.0
अन्य	0.4	0.7	13.2	111.3	(+) 98.1
अनुल्लेखित धर्म	नगण्य	नगण्य			

स्त्रोत - Census of India-2001
website:<w.w.w.censusindia.net >

गत दशक 1991-2001 में अन्य धर्म समुदायों में जनसंख्या की वृद्धि दर ख्रिस्ती समुदाय की 22.1 प्रतिशत, बौद्ध समुदाय की 23.2 प्रतिशत तथा जैन समुदाय की 26 प्रतिशत रही।

किसी भी सामाजिक परिवर्तन के लिए समय लगता है। धर्म समुदाय चाहे वह हिन्दू, मुसलमान, ख्रिस्ती, बौद्ध, सिख, जैन या अन्य कोई भी क्यों न हो, उसकी वर्तमान जनसंख्या वृद्धि दर को कम करने में काफी प्रयासों की आवश्यकता होती है। सांस्कृतिक विभिन्नता से जन जीवन में मूल्यांकित बढ़ोत्तरी होती है। यदि इसे भली-भांति संभाला गया तो धार्मिक पहचान, जो सांस्कृतिक विभिन्नता में परिणत होती है - एक ठोस उपलब्धि बन सकती है। फिर भी स्वास्थ्य रक्षा सहित विभिन्न क्षेत्रों में विकास के लिए स्त्रोतों की कमी को देखते हुए भारत में लगातार हो रही

जनसंख्या की वृद्धि गंभीर चिंता का विषय हो गया है। भारत में साधारण जन्मदर (2002) प्रति हजार 25 तथा मृत्युदर 8.1 है। अधिक जन्मदर का अर्थ है, पहले से ही पीड़ित जन सेवाओं पर अधिक बोझ डालना है। जनसंख्या की वार्षिक वृद्धि दर 1.95 प्रतिशत है, जिसके अनुसार अगले 30 वर्षों में जनसंख्या दुगुनी हो जायेगी। स्वास्थ्य नीति में वर्ष 2045 तक जनसंख्या स्थिर होने का अनुमान है। 'लंदन स्कूल ऑफ इकॉनॉमिक्स एन्ड सोशल साइंसेंस' के प्रोफेसर टीम डायसन ने भारत की जनसंख्या का अध्ययन किया है, उनके अनुसार वर्ष 2051 में ''स्थिर स्थिति'' आने के पूर्व, वर्ष 2026 तक भारत की जनसंख्या 140 करोड़ तथा वर्ष 2051 तक 160 करोड़ के आसपास होने की संभावना है। ये आंकड़े कुछ ऐसे आशावादी अनुमानों पर आधारित हैं, जिनमें जनसंख्या स्थिति में सुधार अर्थात कमी के आसार हैं तथा वर्ष 2016-21 में प्रति स्त्री प्रसव दर 2.1 प्रतिशत तक कम होने की उम्मीद पर आधारित है।

चीन में भारत जैसी ही समस्या थी, परन्तु उन्होंने केवल एक बच्चा का नियम अपनाकर स्थिति पर काबू पा लिया है। भारत में जनसंख्या वृद्धि दर का लक्ष्य, वर्तमान 1.95 प्रतिशत के स्थान पर केवल 1 प्रतिशत रखा गया है। भारत एक प्रजातांत्रिक देश है, अतः परिवार की संख्या को सीमित करने के लिए कठिन दंडात्मक प्रावधान नहीं अपनाए जा सकते। इसीलिए परिवार नियोजन कार्यक्रमों को परिवार कल्याण कार्यक्रमों में बदल देना पड़ा। परन्तु इन कार्यक्रमों का ग्रामीण क्षेत्रों में खासकर जातीय क्षेत्रों पर प्रभावी परिणाम नहीं पड़ा है। इन क्षेत्रों में छोटे परिवारों का महत्त्व समझाने तथा 'हम दो हमारे दो' के नियम को स्वीकार कराने के लिए अधिक प्रभावी योजना चलाने की महद् आवश्यकता है।

दो बालकों का सिद्धान्त :- कुछ व्यक्तियों का यह मत है कि दो बालकों का सिद्धान्त अपनाए जाने पर स्त्री की विद्यमान सामाजिक प्रतिष्ठा में कमी आयेगी, या इससे गरीबों के हित में भी कमी आयेगी। परन्तु ये लोग इस तथ्य की अनदेखी कर रहे हैं कि आज स्त्री की महत्ता केवल उसके प्रजनन शक्ति में नहीं, बल्कि उसके अन्य गुणों जैसे स्वयं के बजाय दूसरों की सेवा करना, उसकी कृपालु वृत्ति तथा संवेदनशील भावनाओं के कारण है। अत्यधिक प्रसवों से तो उसकी शक्ति में ह्रास होता है, जो उसको उसके मनपसंद जीवनशैली के लिए रोड़ा ही बनता है।

सर्वोच्च न्यायालय ने अपने एक निर्णय (2003) में हरियाणा सरकार के उस आदेश को स्वीकृति प्रदान की है, जिसमें दो से अधिक जीवित बच्चों वाले व्यक्ति को गांव के सरपंच या उपसरपंच पदों के लिए अपात्र घोषित किया है। न्यायालय ने अपने निर्णय में कहा है कि ''हमारे मतानुसार दो से अधिक जीवित बच्चों वाले व्यक्ति को चुनाव में खड़े होने की अपात्रता, किसी मौलिक अधिकार का न हनन है

और न औचित्य की सीमा को लांघता ही है''। देश में जनसंख्या वृद्धि को देखते हुए इस निर्णय ने, उपरोक्त कानून के पीछे निहित उद्देश्यों की सराहना की है। महाराष्ट्र, राजस्थान तथा आंध्र प्रदेश भी इसी आशय के कानून बनाने के विचार में है।

इस तथ्य को नकारा नहीं जा सकता कि जबरदस्ती किए गए क्रूर उपायों या प्रभोलन अथवा दंडात्मक उपायों के बजाय दीर्घावधि शिक्षा, विकास तथा महिलाओं व बच्चों के कल्याण के तरीके ही परिवार की संख्या को सीमित करने के प्रभावी उपाय हैं। जनसंख्या नियंत्रण के बजाय प्रजननात्मक स्वास्थ्य बेहतर होने का तत्व ही, 1994 के काहिरा (Cairo) परिषद में अपनाया गया। परन्तु स्त्रोतों की अत्यधिक कमी तथा सामाजिक व सांस्कृतिक आचार-विचार के कारण, काफी समय तक, उपरोक्त लक्ष्य पूरा करना कठिन कार्य हो गया था। अतः जनसंख्या वृद्धि दर में इच्छित कमी लाने के उद्देश्य से वर्तमान स्थिति में दो बच्चों के सिद्धान्त को अपनाना आवश्यक है। आवश्यक हुआ तो समय-समय पर नीति का पुनर्निरीक्षण किया जा सकता है और उचित समय आने पर दो बच्चों का सिद्धान्त भी त्याग दिया जा सकता है।

दूसरी समस्या यह है कि स्त्री-पुरुष दर में लगातार गिरावट आ रही है, जो लड़कों के प्रति लगातार चली आ रही सामाजिक पसंदगी को दर्शाती है। 2001 की जनगणना के अनुसार, सम्पूर्ण भारत के आधार पर हर 1000 पुरुषों की तुलना में स्त्रियों की संख्या केवल 933 है। एक आश्चर्यजनिक तथ्य यह भी है कि स्त्री-पुरुष दर ग्रामीण क्षेत्र में महिलाओं के पक्ष (946) में है जो शहरी क्षेत्र में (901) है। जबकि शिक्षा दर शहरी भाग में ग्रामीण भाग से कहीं ज्यादा है। यह पाया गया कि सम्पत्ति ही इस स्त्री-पुरुष की असंगत दर का मुख्य कारण है। धनी लोग चाहते हैं कि उनकी सम्पत्ति के लिए पुरुष-उत्तराधिकारी ही मिले। इसके अतिरिक्त अत्याधुनिक मशीनों (सोनोग्राफी) द्वारा लिंग का पता लगाकर यदि मालूम हुआ कि लड़की होने वाली है तो कुछ माता-पिता कोख में ही उसका गर्भपात करवाते हैं। इन मामलों में डॉक्टर व माता-पिता दोनों का ही दोष होता है। यह दुर्भाग्य है कि लड़की की तुलना में लड़के को ज्यादा प्राधान्य देने जैसे भेदभाव की भावना को बदलने के प्रयासों पर साक्षरता का भी कोई सकारात्मक ठोस प्रभाव नहीं पड़ा। इसी परिपेक्ष्य में, इस आम रूढ़ हुई भावना को सुधारने के लिए समाज सुधारकों तथा संस्थाओं की भूमिका महत्त्वपूर्ण सिद्ध हो सकती है।

5.1. राष्ट्रीय जनसंख्या आयोग (NCP)

राष्ट्रीय जनसंख्या नीति के क्रियान्वयन व समीक्षा करने के उद्देश्य से मई 2000 में

'राष्ट्रीय जनसंख्या आयोग' की स्थापना की गई। जिन राज्यों की जनसंख्या में बेशुमार वृद्धि हो रही ऐसे राज्यों का संकलन किया गया। इनमें उड़ीसा, छत्तीसगढ़ सहित मध्यवर्ती तथा उत्तरक्षेत्रीय राज्य, बिहार, मध्य प्रदेश, उत्तरांचल, झारखंड आदि सम्मिलित हैं। 1996-2016 की अवधि में इन राज्यों में 55 प्रतिशत वृद्धि का अनुमान किया गया है। अतः उचित सीमा तक जनसंख्या वृद्धि को रोक न पाने वाले इन पिछड़े राज्यों की ओर विशेष ध्यान रखते हुए क्षेत्रों के अनुसार कार्यक्रम बनाने के लिए एक 'अधिकृत क्रियान्वयन गुट (EAG)' की नियुक्ति की गई है।

जनसंख्या स्थिरता कोष (NPSF) - जून 2003 : इस कोष को संस्था के रूप में पंजीकृत किया गया जिसके लिए 1000 करोड़ रुपयों का गर्भ-मुद्रा (Seed money) कोष रखा गया है। जनसंख्या स्थिरीकरण के लिए चलाई जाने वाली अनेक योजनाओं व सहायता कार्यक्रमों के लिए धन एकत्रित करने के संयोजक संस्था के रूप में इसका उपयोग होगा।

6. परिवार कल्याण योजनाओं को प्रोत्साहन

भारत की जनसंख्या नीति 2000 में, आम जनता को, पूर्व नियोजित लक्ष्य के स्थान पर उपलब्ध स्वास्थ्य सेवाओं का स्वेच्छा से चयन करने का पूरा अवसर दिया गया है। हमारे देश में जनसंख्या के स्थिरीकरण (stabilisation) कार्यक्रमों की सफलता सभी क्षेत्रों में एक समान नहीं पायी गई है। महाराष्ट्र सहित दक्षिणी राज्यों में जहाँ जन्म दर में गिरावट पायी गई है तथा कुछ ही समय में स्थिरीकरण स्थिति में पहुंचने में अब देर नहीं लगेगी, वहीं उत्तरी क्षेत्र के बिहार, राजस्थान, उत्तर प्रदेश, मध्य प्रदेश जैसे राज्यों में जनसंख्या नियंत्रण की स्थिति में कोई उल्लेखनीय प्रगति नहीं देखी गई है। सरकार द्वारा संतति निरोधक ऑपरेशन लक्ष्यों (targets) को छोड़ दिये जाने के निर्णय का इन राज्यों में चले परिवार नियोजन कार्यक्रम पर और भी विपरीत प्रभाव पड़ा है। यह इस तथ्य की पुष्टि करता है कि कुछ अपवादों को छोड़ परिवार नियोजन की योजनाएं उत्तरी राज्यों की अपेक्षा दक्षिणी राज्यों में अधिक परिणामकारी सिद्ध हुई हैं। अतः दक्षिणी राज्यों में हुए प्रयत्नों को उत्तरी राज्यों में दोहराना चाहिए। ग्रामीण क्षेत्रों में साक्षरता सुधार का परिवार नियोजन कार्यक्रमों की सफलता से सीधा सम्बन्ध है, इसलिए ग्रामीण क्षेत्रों में खासकर जनजाति के इलाकों व विशेषतः लड़कियों व महिलाओं में शिक्षा की पहुंच, परिवार कल्याण कार्यक्रमों के उद्देश्यों को प्राप्त करने में बहुत कारगर सिद्ध हो सकती है। यह दुर्भाग्यपूर्ण है कि वर्तमान में जहां परिवार नियोजन के लिए विभिन्न तरीकों जैसे गर्भनिरोधक साधनों का उपयोग, स्त्रियों के लिए गर्भनिरोधक गोलियां या वन्ध्याकरण पर काफी जोर दिया जाता रहा

है, वहीं आत्मनियंत्रण, इन्द्रिय संयम जैसे परिवार नियोजन के स्वास्थ्यप्रद तरीकों का कोई विचार ही नहीं करता। फिर भी परिवार कल्याण के लिए इतनी विभिन्न नीतियों के बावजूद आज भी अनेक लोगों का दृढ़ मत है कि स्वैच्छिक तरीकों से जन्मदर नियंत्रित नहीं होगी, और दो बालकों का सिद्धान्त सख्ती से लागू करना ही एकमात्र तरीका है।

6.1. प्रसव एवं शिशु स्वास्थ्य कार्यक्रम (RCHP)

जिले को इकाई मानकर क्षेत्रीय आवश्यकता तथा क्षमता से जुड़ी जरूरतों का आधार लेते हुए बनाया गया, यह बहुआयामी कार्यक्रम है। परिवार कल्याण योजना का यह प्रमुख (Flaghip) कार्यक्रम है जिसमें प्रसूति योग्य स्वास्थ्य, शिशु का संवर्धन तथा प्रसव नियमन के उद्देश्यों को शामिल किया गया है।

प्राथमिक स्वास्थ्य केन्द्रों के माध्यम से यह कार्यक्रम क्रियान्वित होता है जिसमें 'दाई' प्रशिक्षण भी एक आवश्यक पहलू है। इसका मूल उद्देश्य, माताओं व बाल मृत्यु दर में कमी लाना, रोगग्रस्तता को न्यूनतम करना, प्रसूति योग्य स्वास्थ्य तथा स्वैच्छिक निर्णय का आश्वासन देना आदि है, जिससे जनसंख्या को स्थिर किया जा सके। इस कार्यक्रम को विश्व बैंक, यूरोपीय कमीशन, यूनीसेफ तथा अन्य द्विपक्षीय संस्थाओं से सहायता मिलती है।

7. सार्वजनिक स्वास्थ्य केन्द्रों को योग्य गैर-सरकारी संगठनों (NGO) के माध्यम से चलाना

आजकल राज्य सरकार के स्वास्थ विभाग द्वारा चलाए जा रहे प्राथमिक स्वास्थ्य केन्द्र तथा उपकेन्द्रों को नौकरशाही की वजह से कई कठिनाईयों को झेलना पड़ता है तथा केन्द्रों में निकृष्ट सेवा का भी शिकार होना पड़ता है। कई डॉक्टर तो कार्यस्थल से दूर अन्य स्थानों में निवास करते हैं। उनमें से अनेक, काम पर समय से कभी नहीं पहुंचते। ये डॉक्टर, उनके अधिकार क्षेत्र में आने वाले गांवों में भी निश्चित समय पर नहीं जाते। इन स्वास्थ्य केन्द्रों को अधिक कार्यक्षम बनाने का एक तरीका यह भी है कि इन्हें चलाने के लिए ऐसे काम गैर-सरकारी संगठनों को सौंप दिए जाये, जो ग्रामीण क्षेत्रों में स्वास्थ्य सेवाएं दे पाने में सक्षम हैं। प्रयोग के तौर पर महाराष्ट्र राज्य सरकार ने महात्मा गांधी मेडिकल कॉलेज सेवाग्राम को कुछ केन्द्र चलाने के लिए सौंप दिये हैं, जिनका कार्य अच्छे ढंग से चल रहा है। इस व्यवस्था में सारा ढांचा राज्य सरकार का ही है। डॉक्टर भी राज्य सरकार के हैं। उनका वेतन व अन्य सारा खर्च राज्य सरकार द्वारा ही चलाया जाता है, केवल केन्द्रों का प्रशासन तथा उसका कामकाज गैर-सरकारी संस्थाओं को दिया गया है

8. 'कुपोषण से मृत्यु' का नियंत्रण तथा बाल–अधिकारों की सुरक्षा

यूनिसेफ (UNICEF) के 2 में 2006 को प्रकाशित हुई "बच्चों का विकास तथा पोषण का रिपोर्ट कार्ड" के अनुसार पूरी दुनिया में भारत में सबसे ज्यादा बच्चों (0 से 5 वर्ष आयु) की मृत्यु कुपोषण से होती है। इस विषय में उत्तर प्रदेश, राजस्थान, उड़िसा और महाराष्ट्र यह राज्य सबसे ज्यादा प्रभावित है।

कुपोषण से होने वाली मृत्यु सारे देश में आम बात हो गई है, पर आजकल कुछ राज्यों में कुपोषण से हुई मृत्यु की ओर प्रसार माध्यमों का ध्यान ज्यादा आकृष्ट हुआ है।

प्रति वर्ष 5 वर्ष के कम आयु के मरने वाले 24 लाख बालकों में से 60 प्रतिशत बाल–कुपोषण के कारण मरते हैं। इनमें से दो तिहाई एक वर्ष से कम की आयु में ही मरते हैं। इस समस्या का तुरंत समाधान होना आवश्यक है, क्योंकि पहले दो वर्षों में ही कुपोषण के परिणाम शरीर में प्रविष्ट हो जाते हैं, जो फिर कभी ठीक नहीं हो पाते। मस्तिष्क का विकास भी पहले तीन वर्षों में ही होता है, अतः ऐसी स्थिति में तुरन्त उपाय योजना अधिक महत्त्वपूर्ण हो जाती है।

विश्व स्वास्थ्य संगठन के अनुसार शिशुओं को दिये जाने वाले आहार की अनुचित पद्धतियां ही इस बाल–कुपोषण का प्रमुख कारण हैं, और भारत में स्थिति बहुत गंभीर है। केवल 40 प्रतिशत बच्चों को ही प्रथम छह महीनों में स्तनपान कराया जाता है, तथा 33 प्रतिशत बच्चे ही बाद के छह महीनों में उचित समपूरक आहार का लाभ प्राप्त कर पाते हैं। वयस्क लोग तो बेबी फूड्स के चमकीले प्रकाशनों से भ्रमित हो जाते हैं, फलस्वरूप उनके बालकों को संतोषप्रद आहार नहीं मिलता। कार्यरत महिलाओं के शिशुओं तथा कम उम्र के बालकों के आहार की पद्धति में सुधार लाने के लिए देशव्यापी, कार्य स्थल पर स्तनपान समर्थक केन्द्र स्थापित करने चाहिएं। इस कार्य के लिए जनता एवं निजी संस्थाओं द्वारा इन केन्द्रों में सारी सुविधाएं उपलब्ध कराने से ही स्थिति में सुधार हो सकता है।

यह समझना महत्त्वपूर्ण है कि बाल्यकाल में बच्चे अपनी देखभाल करने वालों पर ही निर्भर होते हैं, जिनका शिशु व उनके पौष्टिक आहार सम्बन्धी ज्ञान नगण्य होता है। इस परिपेक्ष्य में भारत ने "समन्वित बाल विकास कार्यक्रम (ICDS)" अपनाकर इस विषय में अपनी चिंता व्यक्त की है। एक तो यह समन्वित बाल विकास कार्यक्रम, कुल बाल जनसंख्या के एक चौथाई भाग तक ही पहुंच पाया है, और दूसरे यह कार्यक्रम पूरी तरह आंगनवाड़ी कार्यकर्ता की कार्यशैली पर ही निर्भर है, जिसको इस क्षेत्र में पर्याप्त ज्ञान या कौशल्य नहीं होता। अन्य अनेक कामों में वह इतनी व्यस्त रहती है कि वह इस कार्यक्रम की ओर पूरा ध्यान नहीं देती। समुदाय के

समर्थन से और पारिवारिक प्रयासों के माध्यम से ही इस योजना को प्रभावी बनाया जा सकता है। अधिक बाल मृत्यु दर, जन्म के समय कम वजन, संक्रमण के विरुद्ध क्षीण प्रतिकारात्मक शक्ति तथा विभिन्न रोगों का शिकार होने की संभावना आदि इस कुपोषण के परिणाम हैं। कुपोषण प्रोटीन से प्राप्त शक्ति की कमी, दृष्टिजन्य समस्याएं, कंठमाला (आयोडीन की कमी की वजह से), खून की कमी, हृदयरोग, मधुमेह आदि रोगों के प्रादुर्भाव का कारण बनता है। कुपोषण के कारण 'खून की कमी के रोग' का फैलाव भारतीय स्त्रियों व बालकों में सर्वाधिक पाया गया है। करीब 50 प्रतिशत गर्भधारण न करने वाली स्त्रियां व बच्चे, एवं 50 से 80 प्रतिशत गर्भधारित स्त्रियां व बच्चे खून की कमी से पीड़ित है। 20 से 40 प्रतिशत माता की मृत्यु का कारण खून की कमी ही बताया गया है। हाल ही के सर्वेक्षणों से पता चला है कि ग्रामीण क्षेत्र में खून की कमी का रोग बहुत अधिक फैला हुआ है, यह पुरुषों में भी व्याप्त है।

बच्चों में कुपोषण का स्तर मापा जा सकता है तथा इसका वर्गीकरण 1 से 4 (सर्वाधिक कुपोषित) वर्गों में हुआ है। ऐसे शिशु जिनका वजन, साधारणतः उस आयु के अपेक्षित वजन के 50 प्रतिशत से कम होता है उन्हें तीसरे व चौथे वर्ग में आंका जाता है। इन तीसरे व चौथे वर्ग के बालकों को उनकी हालत सुधरने तक अस्पताल में भर्ती किया जाना चाहिए। अक्सर देखा गया है कि ऐसे पीड़ित बच्चों के पालक उन्हें अस्पताल में भर्ती करने में आनाकानी करते हैं और बीमारी से छुटकारा पाने के लिए गैर-व्यावसायिक लोगों अथवा फर्जी वैद्यों के पास जाते हैं।

जनजाति क्षेत्र में कुपोषण के कारण मृत्यु का प्रमाण अधिक है। अनुचित आहार के अलावा, गरीबी, कम उम्र में विवाह, अंधविश्वास और अस्वच्छता भी कुपोषण-मृत्यु के कारण हैं। जनजाति के क्षेत्रों में प्रभावी शिक्षा प्रचार आवश्यक है। ताकि कुपोषण के दुष्परिणामों की उचित जानकारी दी जा सके। कुपोषण से बड़ी संख्या में होने वाली मृत्यु संख्या, उस क्षेत्र में सार्वजनिक वितरण प्रणाली की निम्नस्तर की कार्यक्षमता तथा न्यूनतम प्राथमिक स्वास्थ्य रक्षा सुविधाओं की अनुपलब्धता को दर्शाता है।

इस गंभीर समस्या का महत्त्व समझते हुए, बालकों के अधिकारों की सुरक्षा के लिए एक राष्ट्रीय आयोग की स्थापना का प्रस्ताव है। यह कदम बालकों के अधिकारों (CRC) पर हुए संयुक्त राष्ट्रसंघ परिषद (1992) के सिफारिशों के अनुकूल है। यह प्रस्तावित आयोग, बालकों की राष्ट्रीय नीति के क्रियान्वयन पर नजर रखेगा तथा बालकों (खासकर लड़कियों) के जीवनमान दर, स्वास्थ्य, पोषण, शिक्षा तथा अन्य विषयों के सुधार के प्रयत्न करेगा।

अन्ततः छह वर्ष से कम आयु के बालकों के लिए बनाए गए 'समन्वित बाल विकास कार्यक्रम' के पर्याप्त आर्थिक प्रावधान की जरूरत है।

9. सार्वजनिक वितरण प्रणाली (PDS) में सुधार

जरूरत से ज्यादा अन्न का उत्पादन करने वाला, तथा विशाल खाद्यान्न भंडार रखने वाले देश की 20 करोड़ जनता यदि भूखी रहे तो देश की सार्वजनिक वितरण प्रणाली की कार्यक्षमता पर उंगली उठना स्वाभाविक है। इस सम्पूर्ण प्रणाली का पहले कायाकल्प करना होगा, और उसके बाद उस पद्धति को चलाने में कोताही बरतने वालों का कड़ाई से विरोध होना चाहिए। दूर–दूर के स्थानों में खाद्यान्नों का भंडार बनाने के बजाय, स्थानीय खाद्यान्न कोष बनाए जाने चाहिए ताकि खाद्यान्न का संवहन सरल, सहज व सस्ता हो सके।

वर्ष 2003–04 में हुए सर्वेक्षण के अनुसार योजना आयोग के कार्यक्रम मूल्यांकन विभाग ने पाया कि खाद्यान्न का 50 प्रतिशत जिन गरीबी रेखा के नीचे के लोगों के लिए रखा गया था वह उन तक पहुंच ही नहीं पाया। हर वर्ष, निर्धारित गरीब लोगों के लिए अलग से प्रायोजित 4000 करोड़ रुपयों का खाद्यान्न अनुदान के उपयोग का ही पता नहीं चलता। इसका एकमेंव कारण यही है कि अनाज अनुदान से दोहरे मूल्य हो जाते हैं – एक अनुदानित मूल्य या सस्ता मूल्य तथा दूसरा उसी वस्तु का बाजार में बिक्री मूल्य, याने व्यापारियों के लिए सस्ती दर से खरीद और ऊंची दर पर बिक्री। इस दरार को पाटने का एकमात्र उपाय यही है कि गरीबों को खाद्यान्न–टिकट (Coupons) दिए जाये, जिसे लेकर वे चाहे जिस दुकान से अनाज खरीद सके।

10. शुद्ध (Safe) पेयजल और स्वच्छता प्रबन्ध (Sanitation)

10.1. शुद्ध पेयजल

अनेक गांवों में भले ही पीने के पानी के लिए हैंड पंपों (हापसी) की व्यवस्था की गई हो, फिर भी अनेक दूरस्थ क्षेत्रों में पानी के लिए लोगों को मीलों चलना पड़ता है। अतः पीने योग्य सुरक्षित जल सरलता से उपलब्ध कराने हेतु उचित उपायों को प्राधान्य देना होगा। क्योंकि अशुद्ध पेयजल से अनेक संक्रामक बीमारियों का प्रादुर्भाव होता है।

10.2. स्वच्छता प्रबन्ध (Sanitation)

ग्रामीण जनता अपने व्यक्तिगत स्वास्थ्य के विषय में भले ही सतर्क रहती हो, पर सार्वजनिक स्थानों में स्वच्छता रखने के विषय में उतनी जागरूक नहीं होती। ग्रामीण क्षेत्र में जनता शौचालय के अभाव से प्रातःविधि के लिए खुले में चली जाती है। इस स्थिति के लिए अकेले ग्रामीण जनता पर दोषारोपण नहीं किया जा सकता। घरों में शौचालय बनाने के लिए स्थान की कमी, सादे शौचालय की रचना के बारे में

अनभिज्ञता, और निर्धनता आदि इस स्थिति के लिए कारणीभूत है। और कुछ नहीं तो कम से कम महिलाओं की सुविधा के लिए घरों में शौचालय की व्यवस्था तो होनी ही चाहिए। 2001 की जनगणना के अनुसार 13.83 करोड़ ग्रामीण मकानों में से केवल 21.9 प्रतिशत के पास ही शौचालय है। मात्र 6 प्रतिशत परिवारों के पास स्नानघर हैं। अनेक राज्य सरकारों ने गांवों में 'सुलभ शौचालय' की योजना प्रारंभ की है, जिसके लिए 75 प्रतिशत अनुदान दिया जाता है। परंतु इस योजना को केवल 15 प्रतिशत प्रतिसाद मिला है। गांवों में स्वच्छता तथा आरोग्य के महत्त्व के प्रति जागरूकता लाने के लिए अभियान चलाना जरूरी है। यह कार्य ग्राम पंचायत, ग्राम सभा द्वारा अच्छी तरह से किया जा सकता है और गैर-सरकारी संगठनों का भी इसमें महत्त्वपूर्ण योगदान लिया जा सकता है।

इस योजना के लिए अभी दिए जा रहे अनुदान को यदि बढ़ाया गया तो उसकी लोकप्रियता अवश्य बढ़ेगी। किन्तु इसके विपरीत अब तो इस अनुदान को भी समाप्त करने का विचार चल रहा है, और उसके स्थान पर शिक्षा के माध्यम से समुदाय में आरोग्य का महत्त्व समझाने के लिए कार्यक्रम चलाने का सुझाव दिया गया है। परन्तु इस 'सम्पूर्ण स्वच्छता अभियान (TSC)' की सफलता, भरपूर अनुदान के बिना, केवल जागरूकता अभियान द्वारा संभव नहीं है।

11. 'स्कूलों में मध्यान्ह भोजन' योजना का क्रियान्वयन

सरकार द्वारा जारी की गई अनेक योजनाओं में से "स्कूलों में मध्यान्ह भोजन" की योजना, जहां कहीं भी क्रियान्वित हुई, वहां सर्वाधिक लोकप्रिय सिद्ध हुई है। यह योजना केन्द्र सरकार के तत्वावधान में चलती है, तथा आंगनवाड़ी व प्राथमिक शाला के कक्षा पांच तक के बालक इसके अन्तर्गत आते हैं। इस योजना के पूर्व गरीब परिवारों के बच्चे स्कूल जाने में आनाकानी करते थे, क्योंकि उनके पालक स्कूल में जाते समय उन्हें भोजन दे पाने में असमर्थ होते थे। योजना के अन्तर्गत दिया जाने वाला भोजन स्वास्थ्यप्रद तथा 300 कैलोरी शक्तिदायक एवं 8-12 ग्राम प्रोटीनयुक्त होने का दावा किया गया है। इस योजना के शुरू होते ही स्कूल में जाने वाले छात्रों की संख्या तो बढ़ी है, साथ ही स्कूली छात्रों की पोषण स्थिति में सुधार भी आया है। इस योजना का दायरा दसवीं कक्षा के छात्रों तक बढ़ाने का सुझाव दिया गया है। यदि यह नहीं भी हो सका तो कम से कम आठवीं कक्षा तक के छात्रों तक इस योजना को विस्तारित किया जा सकता है।

परन्तु सभी राज्यों ने इस योजना को उसके पूरे आशय, उद्देश्यों व अर्थों में क्रियान्वित नहीं किया है। देश के कई भागों में पके हुए भोजन के स्थान पर मुफ्त

राशन-अर्थात कच्चा चावल या गेहूं बांट जाता है। इससे योजना के निहित उद्देश्यों की पूर्ति नहीं होती। बालकों के स्वास्थ्य की दृष्टि से, योजना जिस ढंग से बनी है, उसी के अनुसार उसका क्रियान्वयन होना चाहिए। सर्वोच्च न्यायालय ने सभी राज्यों को आदेश दिया था कि जनवरी 2005 के पूर्व, पांचवीं वर्ग तक के छात्रों को पका हुआ भोजन देना प्रारंभ किया जाये।

12. विशेष स्वास्थ्य सेवाओं में आधुनिक तकनीक का उपयोग

उदाहरण में जहां एक ओर ग्रामीण जनता के लिए अति आवश्यक न्यूनतम स्वास्थ्य सेवाएं प्रदान करने के लिए स्त्रोतों की कमी है, वहीं दूसरी ओर शहरों में पंचतारांकित होटलों जैसी निवास सुविधाओं से युक्त अति उच्च तकनीकी इलाज मुहैया कराने वाले अस्पताल के निर्माण बड़ी संख्या में हो रहे हैं। केवल धनाढ्य शहरी लोग ही इस चिकित्सा का लाभ उठा सकते हैं।

ऐसे अस्पतालों की सुविधाएं विदेशी रोगियों को आकर्षित करती हैं। अमेरिका तथा ब्रिटेन जैसे देशों में रोगियों को इलाज के लिए हफ्तों या बरसों रुकना पड़ता है। वहाँ तुरन्त इलाज करवाना बड़ा खर्चीला और मुश्किल भी होता है। इसी पार्श्वभूमि में ब्रिटेन के रोगी भारत में इलाज करवाना अधिक पसंद करते हैं। भारत यात्रा करने में उन्हे कोई दिक्कत महसूस नहीं होती क्योंकि कुल खर्च भी अपेक्षाकृत कम ही होता है।

जहां तक ग्रामीण क्षेत्रों में विशिष्ट चिकित्सा को उपलब्ध कराने का प्रश्न है, कर्नाटक ही इस देश का पहला राज्य है जिसने जिला/तालुका स्तर पर ''फोन से औषधि योजना'' को क्रियान्वित किया है।

इस योजना के अन्तर्गत आगे सभी जिला अस्पतालों को 'अति विशिष्ट केन्द्रों' (सुपर स्पेशिलिटी सेंटरों) से टेलीफोन माध्यम से जोड़ दिया जायेगा। इस राष्ट्रव्यापी 'फोन द्वारा औषधि' की अगुवा (Pilot) योजना में जम्मू-कश्मीर तथा उत्तर पूर्वी राज्यों सहित दुर्गम स्थानों के 40 अस्पतालों को 14 अति विशिष्ट केन्द्रों से जोड़ा जा रहा है। इस योजना में अधिकाधिक स्थानों पर सुविधा प्राप्त करने के उद्देश्य से एक पृथक अंतरिक्ष उपग्रह स्थापित करने का मानस है जो देश के अति दुर्गम स्थानों में स्वास्थ्य सेवाएं प्रदान करने का कार्य करेगा। देश के दुर्गम स्थानों में बसे लोगों तक उच्च तांत्रिकी युक्त स्वास्थ्य सुविधाएं पहुंचाना ही इस योजना का मूल उद्देश्य है।

इसके सिवाय, चिकित्सा निपुणता को क्षेत्रीय विस्तार करने हेतु दिल्ली स्थित अखिल भारतीय आयुर्विज्ञान संस्था (AIIMS) जैसी पांच और संस्थाएं देश में खोलने का मानस है।

13. सांसर्गिक रोगों के विरुद्ध समन्वित प्रयास

विश्वीकरण से जहां एक ओर अनेक लाभ हैं, वहीं दूसरी ओर उससे हानि यह है कि कई जानलेवा संक्रामक रोग बड़ी खतरनाक गति से सारे विश्व में फैल रहे हैं। इनमें सबसे नया, 2003 में विश्वभर में तेजी से फैला 'सार्स' रोग है। इस रोग का प्रादुर्भाव चीन के गुआंगडोंग प्रदेश में हुआ, और उसके बाद चीन ही नहीं बल्कि दूर–दूर के देशों–अमेरिका, कनाडा, स्पेन, इटली, स्वीजन, स्वीटजरलैण्ड, दक्षिण अफ्रीका, कुवैत, रूस, रोमानिया, फिलीपीन, सिंगापुर यहां तक कि भारत में भी तेजी से फैला। ज्ञात 8100 रोगियों में से 750 रोगियों की मृत्यु हो गई। विभिन्न देशों में यह रोग इतनी भयानकता से फैला कि सभी देशों को विमान स्थलों पर आने वाले यात्रियों की सतर्कता के तौर पर इस रोग के लक्षणों की जांच प्रारंभ करनी पड़ी। आज भले ही इस रोग पर नियंत्रण पा लिया गया हो, परंतु वह कब पुनः सिर उठाएगा, कहां नहीं जा सकता।

इसके पूर्व एड्स रोग की संक्रामकता थी, जिसे एक शीघ्र फूटने वाला बम कहा गया था। इसका प्रादुर्भाव भी 1980 में हुआ, और अब तो शायद एक भी देश ऐसा नहीं बचा है, जो इस रोग से अछूता हो, इसमें एशिया व अफ्रीकी देश सर्वाधिक पीड़ित देश है। अकेले भारत में इस रोग से ग्रस्त लोगों की संख्या 57 लाख बताई गई है। इस संक्रामक रोग से जुड़ी बदनामी के भय से अनेक लोग अपनी जांच कराने से कतराते हैं। पीड़ितों की संख्या तो और भी अधिक होने की संभावना है। साधारणतः यह रोग (84.3%) लैंगिक सम्बन्धों के कारण फैलता है। इसका प्रभाव न केवल परिवार के वयस्कों पर बल्कि बच्चों पर भी हुआ है। एड्स के लिए ली जाने वाली औषधियाँ अत्त्यधिक महंगी हैं। पर अब सरकार तथा औषधि निर्माण करने वाली कंपनियों के बीच समझौता हुआ है, जिसके अनुसार इस रोग से उबरने के लिए औषधियों व इलाज की कीमतों में काफी कमी आने की उम्मीद है। अमेरिका की 'बिल एण्ड मिलिंडा गेट्स फाउन्डेशन' ने इस रोग की रोकथाम के लिए भारत को काफी अनुदान दिया है। GATT जिसे अब 'विश्व व्यापार संगठन (WTO)' कहा जाता है, वह भी एड्स तथा क्षयरोग की चिकित्सा के लिए औषधियों के बिना कठिनाई के निर्यात के लिए प्रयत्नशील है तथा इस दिशा में, पेटेन्ट के नियमों में बदलाव किए जा रहे हैं, ताकि किसी भी रॉयल्टी के बगैर पंजीकृत औषधियों का निर्यात हो सके।

भारत में हाल ही में बर्ड फ्लू के मामले सामने आये हैं, जिसके भय से लाखों मुर्गियों को मार डाला गया। इस वजह से गांवों में हो रहे मुर्गीपालन व्यवसाय पर काफी बुरा असर पड़ा है। अभी चिकन गुनिया रोग से भी काफी लोग पीड़ित हो रहे हैं।

महत्त्वपूर्ण बात यह है कि सार्स, एड्स, क्षय, बर्ड फ्लू, चिकन गुनिया जैसे संक्रामक रोगों का फैलाव तेज गति से सारे विश्व में हो सकता है। अतः गरीब या अमीर ऐसे किसी भी भेदभाव के बिना सभी देशों को इसके उन्मूलन के लिए सामूहिक प्रयास करना जरूरी है। आंतरिक तौर पर हमारे देश की जनता को खासकर ग्रामीण लोगों को प्रतिबंधात्मक तरीकों, सुरक्षित पद्धतियों, और उपलब्ध स्वास्थ्य सेवाओं की जानकारी दी जानी चाहिए ताकि आवश्यकता पड़ने पर वे सहायता ले सके।

14. चलते-फिरते अस्पतालों की व्यवस्था

भारत जैसे विस्तीर्ण देश के ग्रामीण क्षेत्रों तथा दुर्गम गांवों में प्राथमिक स्वास्थ्य सेवा पहुंचाने के लिए कुछ नवीनतम तरीकों पर विचार होना जरूरी है। पहाड़ों तथा दुर्गम स्थानों से बीमार लोगों को लाना–ले जाना बड़ा दुष्कर तथा खर्चीला होता है। ऐसी स्थिति में सभी प्रकार की चिकित्सा सुविधाओं से युक्त चल–वाहनों का विचार किया जाना प्रासंगिक होगा। भारत के अनेक प्रमुख अस्पतालों द्वारा ऐसे वाहनों का चलन सफल पाया गया है। इस योजना को अधिक प्रभावी बनाने के लिए गांवों में चिकित्सा दल के दौरे की जानकारी पहले से गांववासियों को देना जरूरी है। ये चलते–फिरते चिकित्सा वाहन यदि समर्पित व्यवस्थापनों द्वारा नियंत्रित व संचालित हों तो स्वास्थ्य सेवाओं की पूर्ति में महत्त्वपूर्ण योगदान कर सकते हैं। सरकारी कामकाज में अक्सर अनुभव में आने वाली लाल–फीताशाही को यदि टालना हो, तो एक तरीका यह भी है कि किसी गैर–सरकारी संगठन अथवा किसी प्रमुख संस्था को इन वाहनों का संचालन भार सौपा जाये तथा स्वास्थ्य विभाग के सरकारी डॉक्टर यहां प्रति–नियुक्त (deputation) होते रहें।

प्रत्येक वाहन की कीमत 30 से 50 लाख रुपयों के आसपास होती है। सरकार के अतिरिक्त, बड़ी कंपनियां इस कार्य में मुक्त हस्तों से सहायता दे सकती हैं।

15. चिकित्सकों (doctors) व परिचारिकाओं (nurses) के लिए अधिक महाविद्यालयों की स्थापना

योजना आयोग द्वारा देश के स्वास्थ्य विभाग के हाल ही में किए सर्वेक्षण के अनुसार भारत में प्रति 1800 लोगों के लिए एक डॉक्टर तथा 1123 लोगों के लिए अस्पताल में एक बिस्तर का अनुपात है। भारत के साथ अक्सर तुलना किए जाने वाले चीन में हर 850 लोगों के लिए एक डॉक्टर उपलब्ध है। कहना न होगा कि सरकारी अस्पतालों में डॉक्टरों व स्वास्थ्य कर्मचारियों की बेहद कमी है।

ग्रामीण स्वास्थ्य केन्द्रों में भी डॉक्टरों तथा स्वास्थ्य कर्मचारी वर्ग की नितांत आवश्यकता है। तालिका 5.8 में ग्रामीण प्राथमिक स्वास्थ्य संस्थाओं में वर्ष 2000 के दौरान, डॉक्टरों व स्वास्थ्य कर्मचारियों की स्थिति का वर्णन है –

तालिका 5.8 : ग्रामीण प्राथमिक स्वास्थ्य रक्षा केन्द्रों में कर्मचारियों की संख्या (30-03-2001)

(संख्या)

शीर्षक	*प्रति केन्द्र*	*आवश्यकता*	*नियुक्त*	*कमी प्रतिशत*
डॉक्टर्स	1/PHC	22842	25724	(+)12.6
विशेषज्ञ	4/CHC	12172	4124	66.9
बाल रोगतज्ञ	1/CHC	3043	440	85.5
चिकित्सक	1/CHC	3043	704	76.9
स्त्री रोगतज्ञ		3043	780	74.4
शल्य चिकित्सक		3043	781	74.3
खंड विस्तार शिक्षक/ स्वास्थ्य शिक्षक	1/PHC	22842	5708	75.0
स्वास्थ्य सहायक (पु)	1/PHC	22842	19927	12.8
स्वास्थ्य सहायक (स्त्री)	1/PHC	22842	19855	13.0
स्वास्थ्य कर्मी (पु)	1/SC	137311	71053	48.3
फार्मासिस्ट		25885	21118	18.4
प्रयोगशाला तकनीतिज्ञ	1/CHC + 1/PHC	25885	13262	48.8
बहुउद्देशीय कर्मी (स्त्री)	ANM	160153	137407	14.2
परिचारिका/Nurse Midwife	7/CHC + 1/PHC	44143	27336	38.1
कुल		5,09,089	3,48,219	31.6

PHC—Primary Health Centre; SC : Sub Centre
CHC—Community Health Centre

स्त्रोत – NIRD Rural Development Statistics - 2004-05

सामान्यतः सभी विभागों में डॉक्टरों तथा कर्मचारी वर्ग की कमी है। प्राथमिक स्वास्थ्य केन्द्रों में तो डॉक्टरगण अधिक काल तक टिकते नहीं।

1980 के दौरान, सरकारी महाविद्यालयों को छोड़कर देशभर में 10 से कम निजी कॉलेज थे। आर्थिक स्त्रोतों के अभाव के कारण सरकार को अधिक मात्रा में निजी कॉलेज खोल पाना संभव नहीं था, अतः 1990 में सरकार ने निजी संस्थाओं

को मेडिकल कॉलेज खोलने की अनुमति दी। परिणामस्वरूप इन मेडिकल कॉलेजों की संख्या अधिकाधिक बढ़ती गई। इसके बाद पता चला कि इस क्षेत्र के सभी संगठनों के पास मेडिकल कॉलेज खोलने व चलाने के लिए न्यूनतम सुविधाएं देने की क्षमता नहीं थी। अत: तय किया गया कि नए मेडिकल कॉलेज खोलने के पूर्व, उसकी क्षमता के विषय में भारतीय चिकित्सा परिषद (इंडियन मेडिकल काउंसिल) तथा भारत सरकार से उनकी संतोषप्रद अनुमति लेना अनिवार्य होगा। इन शर्तों के कारण नये मेडिकल कॉलेज खोलने की गति काफी मात्रा में कम हुई। भारत सरकार द्वारा नये मेडिकल कॉलेज खोलने की असमर्थता तथा मेडिकल कउंसिल के कड़े नियमों के कारण निजी संगठनों द्वारा मेडिकल कॉलेज खोलने पर रोक लगने से परिणाम यह हुआ कि देश में आवश्यक डॉक्टरों की संख्या तथा मेडिकल कॉलेजों से निकलने वाले डॉक्टरों की संख्या में गहरी खाई का निर्माण हुई। इसके सिवाय महाविद्यालयों में प्रवेश की पद्धति तथा शिक्षा शुल्क के कारण भी अनेक समस्याएं निर्मित हुईं। अनेक मामलों में कानूनी निबटारों के लिए सर्वोच्च न्यायालय के दरवाजे खटखटाने पड़े।

भारत में चिकित्सा शिक्षा इतनी महंगी हो गई है कि निजी मेडिकल कॉलेज में सशुल्क–प्रवेश (पेड सिट्स) माध्यम से होकर स्नातक डॉक्टर (MBBS) बनकर निकलने के लिए छात्र को कम से कम 15 लाख रुपये तथा स्नातकोपरान्त (Post-graduate) डिग्री के लिए 25 लाख रुपये खर्च करने पड़ते हैं। अब समय आ गया है जब इंडियन मेडिकल कांउसिल तथा भारत सरकार नए वैद्यकीय महाविद्यालय खोलने के लिए वास्तववादी नियम निर्धारित करे ताकि निजी संस्थाएं भी वास्तविक आवश्यकताओं को देखते हुए महाविद्यालय प्रारंभ करने के लिए प्रोत्साहित हों। इसी तरह स्वास्थ्य कर्मचारियों के लिये भी ऐसी ही अधिक संस्थाएं खोलने के प्रयास होने चाहिये।

16. 'ग्रामीण स्वास्थ्य सेवा' का निर्माण तथा डॉक्टरों व कर्मचारियों के लिए विशेष सुविधाओं की व्यवस्था

ग्रामीण क्षेत्र के डॉक्टर, हमेशा अपनी आय, जीवनमान की स्थिति, तथा सामाजिक जीवन की तुलना, शहरी क्षेत्र में बसने वाले अपने साथियों की स्थिति से करते हैं। सरकार द्वारा इन डॉक्टरों व कर्मचारी वर्ग को ग्रामीण क्षेत्रों में बनाए रखने के सारे प्रयत्न असफल हुए हैं। इसी दृष्टि से डॉक्टरों व कर्मचारी वर्ग के लिए आकर्षक वेतनमान वाली एक पृथक 'ग्रामीण स्वास्थ्य सेवा' का निर्माण करना आवश्यक हो

गया। अधिकांश डॉक्टर तथा स्वास्थ्य कर्मचारीगण ग्रामीण स्वास्थ्य केन्द्रों में निवास नहीं करते। पहले चर्चा हो चुकी है कि डॉक्टरों व कर्मचारी वर्ग की अनुपस्थिति दर बहुत ज्यादा हैं। अतः केन्द्रों के स्थान में ही अच्छे से मकान तथा मनोरंजन की अच्छी सुविधाएं मुहैया कराना आवश्यक है। डॉक्टरों का कार्य आपातकालीन सेवा का है। अतः जरुरत पड़ने पर या बुलाए जाने पर उनकी तुरंत उपस्थिति आवश्यक होती है। ग्रामीण क्षेत्रों में शिक्षा की सुविधा अच्छी नहीं होती, अतः इन्हें, बच्चों के लिए नजदीक के शहरों या जिला स्थानों में अच्छे स्कूलों में प्रवेश तथा छात्रावास मिलने का आश्वासन दिया जाना चाहिए। इन स्वास्थ्य केन्द्रों में डॉक्टरों तथा कर्मचारियों की नियमित रूप से उपस्थिति का निरीक्षण होना चाहिए, जो अभी नहीं होता।

17. राष्ट्रीय ग्रामीण स्वास्थ्य मिशन (NRHM) की स्थापना

क्रियान्वयन की दृष्टि से समानता होने के बावजूद, स्वास्थ्य और परिवार कल्याण इन दोनों सेवाओं में काम अलग-अलग चल रहा है। इसी के साथ स्वास्थ्य सम्बन्धी अनेक कार्यक्रम विविध रूप में चल रहे हैं। इन अनेक कार्यक्रमों में एकरूपता या संयुक्तता नहीं आ पायी, तथा इसके परिणाम भी संतोषप्रद नहीं मिले। इसीलिए भारत सरकार ने 'राष्ट्रीय ग्रामीण स्वास्थ्य मिशन' की स्थापना की है, जो 12 अप्रैल 2005 से क्रियाशील हुआ। इसका मूल उद्देश्य ग्रामीण क्षेत्र के गरीब लोगों को एकीकृत स्वास्थ्य रक्षा सेवा प्रदान करना है।

देश के ग्रामीण क्षेत्र में स्वास्थ्य रक्षा सेवाओं में सुधार लाने के सिवाय, इस मिशन का ध्यान, व्यवस्थापन के विकेन्द्रीकरण, चल रहे अनेक स्वास्थ्य कार्यक्रमों का समन्वय तथा स्वास्थ्य योजनाओं के लिए पंचायतों द्वारा तैयार किए गए अवसरों का उचित उपयोग करने की ओर लगाया जायेगा।

इसके अतिरिक्त सामुदायिक स्वामित्व के आधार पर, मूल स्तर से होने वाली स्वास्थ्य सेवाओं के माध्यम से प्राथमिक स्वास्थ्य रक्षा व्यवस्था को मजबूत करना ही इस मिशन का उद्देश्य है। मिशन हर गांव में एक स्वास्थ्य केन्द्र स्थापित करेगा। इस केन्द्र का प्रमुख गांव की महिलाओं का प्रतिनिधित्व करने वाली 'आशा' - याने सामाजिक स्वास्थ्य की अधिकृत कार्यकर्ती (ASHA) रहेगी। 'आशा' का चयन ग्राम पंचायत की स्वास्थ्य समिति, सहायक नर्स (ANM) तथा स्थानीय महिला समिति द्वारा किया जायेगा। स्वास्थ्य तथा परिवार कल्याण के लिए हुए वित्तीय प्रावधानों में वृद्धि लाकर, तथा सिगरेट व अन्य तम्बाकू उत्पादनों पर अतिरिक्त कर लगाकर उससे होने वाली आय से मिशन के व्यय की व्यवस्था होगी।

ऐसा तो नहीं कि सरकार ने इसके पूर्व, स्वास्थ्य सेवाओं में सुधार के प्रयत्न ही

नहीं किए। पर उसमें विशेष सफलता नहीं मिली। इसकी कुछ त्रुटियां इस प्रकार हैं- यह स्वास्थ्य प्रदान पद्धति जिस समुदाय के लिए काम करती है, उसके प्रति वह उत्तरदायी नहीं होती। इन सेवाओं के लिए उचित धनराशि या पर्याप्त निधि नहीं मिलती। डॉक्टरों की अनुपस्थिति एक स्थायी समस्या बन गई है। चूंकि यह निधि सरकार के माध्यम से आबंटित होती है, अतः उसे अंतिम (गन्तव्य) स्थान तक पहुंचने में विलंब होता है। व्यवस्थापन में नौकरशाही नियंत्रण के कारण प्रशासन में लाल फीताशाही व्याप्त है। आशा की जाती है कि यह उच्चाधिकार वाला मिशन अपने वृद्धिगत कार्यकाल में इन सारी त्रुटियों की ओर ध्यान देगा।

(11) स्वास्थ्य रक्षा के लिए आर्थिक स्त्रोतों का पर्याप्त आबंटन

वर्ष 2005-06 (बजट अनुमान) में स्वास्थ्य तथा परिवार कल्याण के लिए 10,280 करोड़ रुपयों का प्रावधान किया गया है। जन स्वास्थ्य पर सरकारों द्वारा किए जा रहे व्ययों पर संयुक्त राष्ट्रसंघ के प्रसारित आंकड़ों के अनुसार भारत अपने सकल घरेलू उत्पाद का केवल 0.9 प्रतिशत ही सार्वजनिक स्वास्थ्य पर खर्च करता है। खर्च करने की इस प्रक्रिया में 175 देशों में भारत का स्थान 127 वें नम्बर पर है जो नाइजीरिया, इंडोनेशिया, सूडान व म्योनमार देशों से थोड़ा ही ऊपर है। इस प्रकार जनस्वास्थ्य पर हो रहे व्यय के सम्बन्ध में भारत एकदम निचले स्तर पर है। चीन, जिसकी तुलना अक्सर भारत से की जाती है, वह अपने घरेलू उत्पाद का 1.9 प्रतिशत स्वास्थ्य पर खर्च करता है। तालिका 5.9 में वर्ष 2001 के दौरान भारत और चीन का प्रति व्यक्ति घरेलू उत्पाद का जनस्वांस्थ्य पर हो रहे खर्च का प्रतिशत बताया गया है।

तालिका 5.9 : भारत-चीन में स्वास्थ्य पर व्यय (2001)

देश	*प्रति व्यक्ति सकल घरेलू उत्पाद (GDP per capita) (डॉलर में)*	*जनस्वास्थ्य पर हुआ खर्च (GDP का. %)*
भारत	460	0.9
चीन	890	1.9

स्त्रोत - India Sustaining Reform - 2003

राष्ट्रीय स्वास्थ्य नीति 2002 में इस तथ्य को माना है तथा नीति-निर्देशों में एक निर्देश यह भी है कि सरकार स्वास्थ्य पर अपना खर्च वर्ष 2002 के सकल घरेलू

उत्पाद के 0.9 प्रतिशत से बढ़ाकर वर्ष 2010 तक 2 प्रतिशत पर ले आना। फिर भी इस क्षेत्र की विशालता और महत्त्व को देखते हुए यह व्यय कम ही है। यह एक विडंबना ही है कि हमारे देश में सामाजिक क्षेत्रों पर अपनी राष्ट्रीय आय का व्यय प्रतिशत 1980 दशक की तुलना में बहुत कम है।

वर्तमान में जनस्वास्थ्य के कार्यक्रमों पर सरकारी खर्च 20 प्रतिशत (सकल घरेलू उत्पाद का 0.9 प्रतिशत) है जब कि जनता द्वारा निजी खर्च 80 प्रतिशत (सकल घरेलू उत्पाद का 4.2 प्रतिशत) है। इलाज के लिए अस्पतालों में भर्ती के 40 प्रतिशत मामलों में गरीब जनता कर्ज लेकर अस्पताल का खर्च करती है, जो उसे अपने जीवनोपयोगी निजी मालमत्ता बेभाव बेचकर चुकाना पड़ता है। काफी समय से चल रहे स्थापित स्वास्थ्य उपकेन्द्र बंद हो जाने के समाचार भी मिले हैं। इन सब घटनाओं का मूल कारण, जनस्वास्थ्य सेवाओं के लिए धन का न्यूनतम आबंटन ही है।

गांवों में स्वास्थ्य सेवाओं की पहुंच में सुधार के लिए अधिक संख्या में स्वास्थ्य केन्द्र खोलना आवश्यक है। वर्तमान ग्रामीण स्वास्थ्य केन्द्र भी अभी भली-भांति साधनयुक्त नहीं हैं। अनेक आवश्यक दवाईयां भी इन केन्द्रों में उपलब्ध नहीं होती। बस धन की कमी ही इन सारी स्थिति का प्रमुख कारण है। अतः इन प्राथमिक स्वास्थ्य सेवाओं के लिए धन का आबंटन वर्तमान स्तर से, संतोषप्रद स्थिति तक बढ़ाया जाना जरूरी है। आवश्यक हुआ तो प्राथमिक स्वास्थ्य तथा प्रारंभिक शिक्षा को प्राथमिकता देते हुए विभिन्न अन्य क्षेत्रों से स्रोतों के आबंटन को इस तरफ परिवर्तित करना होगा।

प्राथमिक स्वास्थ्य और मूलभूत शिक्षा के महत्त्व की दृष्टि से स्वास्थ्य व शिक्षा के लिए अतिरिक्त स्रोतों की व्यवस्था हेतु, केवल शिक्षा अधिभार ही नहीं, बल्कि स्वास्थ्य और शिक्षा दोनों के लिए अतिरिक्त अधिभार लगाने पर विचार किया जाना चाहिए। आशा की जाती है कि राष्ट्रीय ग्रामीण स्वास्थ्य मिशन इन सारे विषयों पर पूरी गंभीरता से विचार करेगा।

(12) उपसंहार

भारत में बाल मृत्यु दर बहुत अधिक है। यही नहीं, स्थानीय व राष्ट्रीय समाचारों में कुपोषण से बच्चों की मृत्यु के अनेक मामले सामने आये हैं। इनमें से कुछ एक में अतिशयोक्ति होना संभव है तथा मृत्यु के कुछ अन्य कारण भी हो सकते हैं। परंतु इसमें एक आंतरिक ठोस संदेश मिलता है कि स्वतंत्रता प्राप्ति के 59 वर्षों के बाद

भी, 'सभी के लिए स्वास्थ्य' - खासकर ग्रामीण क्षेत्र का लक्ष्य पूरा करने में अभी बहुत कुछ करना बाकी है। इसमें संदेह नहीं कि ग्रामीण क्षेत्र में व्याप्त बहुतांश गरीबी ही ग्रामीण क्षेत्र के स्वास्थ्य समस्याओं की पूर्ति में एक बड़ी रुकावट है। हाल ही में गरीब जनता को किसी अच्छे किस्म की स्वास्थ्य बीमा योजना के अन्तर्गत लाने का विचार बहुत दिनों से चल रहा है। पर केवल बीमा सुरक्षा से ग्रामीण क्षेत्र की स्वास्थ्य सम्बन्धी समस्याओं का हल नहीं हो पाएगा। इसी पृष्ठभूमि में ग्रामीण क्षेत्र की जनता के लिए किसी ऐसी उपयुक्त प्राथमिक स्वास्थ्य सुरक्षा योजना की व्यवस्था कराना आवश्यक है, जो उन्हें सहजता से उपलब्ध हो सके। प्राथमिक स्वास्थ्य केन्द्र तथा उपकेन्द्र अधिकाधिक संख्या में बनाए जा रहे हैं, फिर भी आवश्यकता के अनुपात में यह वृद्धिगत संख्या कम ही है। इसके पश्चात् इन केन्द्रों के लिए डॉक्टर मिलने की भी समस्या है, ऐसे डॉक्टर जो इन केन्द्रों में रहने के लिए तैयार हो तथा अच्छी स्वास्थ्य सेवाएं देने को तत्पर हों। इन स्वास्थ्य सेवाओं के सुचारू संचालन के लिए पर्याप्त निधि की उपलब्धता भी एक कठिन समस्या है। साथ ही स्वास्थ्य केन्द्रों को साधनयुक्त बनाना तथा स्वास्थ्य सेवाओं के विकास तथा रख-रखाव की ओर भी उचित ध्यान देना आवश्यक है। इन सारी समस्याओं की गंभीरता को देखते हुए कुछ विशेष उपायों की योजना करना नितांत आवश्यक है। तभी "सभी के लिए स्वास्थ्य" का लक्ष्य पूरा हो सकेगा।

अध्याय - 6

सामाजिक व ग्रामीण क्षेत्रों के बजट आबंटन का समालोचन

(1) बजट 2004-05 - एक अग्रदूत

वर्ष 2004-05 का बजट भले ही केवल सात महीनों के लिए ही लागू था, पर आने वाले पांच वर्षों में अपनाए जाने वाले मार्ग का यह अग्रदूत ही है। अतः इस बजट में हम केवल उन्हीं बातों पर चर्चा करेंगे, जिनका हमारे प्रमुख विषय ग्रामीण विकास से सीधा सम्बन्ध है, जिसमें सामाजिक विभाग भी सम्मिलित है।

1. मूलभूत शिक्षा तथा मध्यान्ह भोजन योजनाओं के लिए अतिरिक्त वित्तीय स्त्रोत

मूलभूत शिक्षा के लिए वर्ष 2004-05 के बजट में 4732 करोड़ रुपयों का प्रावधान है। सभी बालकों के लिए मूलभूत शिक्षा उपलब्ध कराने के उद्देश्य से केन्द्रीय करों में 2 प्रतिशत अधिभार लगाने का प्रस्ताव है, जिससे 4000 से 5000 करोड़ रुपयों की अतिरिक्त आय प्राप्त होगी। इस तरह सर्व शिक्षा अभियान तथा मध्यान्ह भोजन योजंना के लिए 8732 से 9732 करोड़ रुपयों की निधि उपलब्ध होगी।

2. राष्ट्रीय रोजगार गारंटी अधिनियम (NEGA)

'राष्ट्रीय रोजगार गारंटी अधिनियम' के अनुसार, हर परिवार के एक सशक्त व्यक्ति को वर्ष में 100 दिन रोजगार दिलाने की गारंटी देने का उद्देश्य रखा गया है। महाराष्ट्र में प्राप्त अनुभव के आधार पर यह कार्य किया जा रहा है। 'सम्पूर्ण ग्रामीण रोजगार योजना (SGRY)' जिसमें 'ग्रामीण भूमिहीन रोजगार गारंटी योजना (RLEGP)' को शामिल किया गया है - के अनुसार हर भूमिहीन परिवार के एक व्यक्ति को वर्ष में कम से कम 100 दिन रोजगार दिलाने की गारंटी दी गई है। इन दोनों रोजगार गारंटी योजनाओं (केन्द्र तथा महाराष्ट्र की) को कुछ कठिनाईयों का सामना करना पड़ा

है। अतः सरकार इन कठिनाईयों का सामना करने के लिए सभी प्रकार के उपाय करेगी।

3. सर्वव्यापी (Universal) स्वास्थ्य बीमा योजना (UHIS)/समूह (Group) स्वास्थ्य बीमा योजना (GHIS)

अभी चल रही 'सर्वव्यापी स्वास्थ्य बीमा सुरक्षा योजना' को पर्याप्त सफलता नहीं मिली है। अतः इसी योजना को बीमा किश्तों में कुछ कमी लाते हुए एक नए ढंग से लाने का प्रस्ताव है, जिससे गरीबी रेखा के नीचे सभी व्यक्तियों व परिवारों को इस योजना का लाभ मिल सके।

सार्वजनिक क्षेत्र में गैर–जीवन (non-life) बीमा कंपनियों के अलावा दूसरे माध्यम से एक नई 'समूह स्वास्थ्य बीमा योजना' लाने का प्रस्ताव है। बीमा धारक व्यक्ति किसी 'स्व–सहायता गुट (SHG)' और अन्य 'क्रेडिट सम्बन्धित दल (CLG)' का सदस्य होता है, जिसे बैंकों या सहकारी संस्थाओं से ऋण मिल सकता है। इस योजना के अन्तर्गत बीमा किश्त रु. 120 होगी तथा उसे 10,000 रु. तक बीमा कर्ज मिल सकेगा।

4. कृषि के लिए ऋण

आगामी तीन वर्षों में कृषि के लिए ऋण की राशि को दुगुनी करने का मानस है। कृषि के लिए ऋण नीति का क्रियान्वयन, सार्वजनिक व निजी क्षेत्र के बैंकों, क्षेत्रीय कृषि बैंकों, तथा सहकारी बैंकों को दिया गया है। वर्ष 2004–05 के दौरान खेती के लिए ऋण की राशि 30 प्रतिशत से बढ़ाकर 1,05,000 करोड़ रुपये कर दी गई है जिसमें व्यावसायिक बैंकों द्वारा 57,000 करोड़ रु., क्षेत्रीय ग्रामीण बैंकों द्वारा 8,500 करोड़ रुपयों तथा सहकारी बैंकों द्वारा 39,000 करोड़ रुपयों का हिस्सा रहेगा। सहकारी बैंकों की स्थिति गंभीर हो चली है, अतः इस स्थिति का दीर्घकालीन हल निकालने के लिए एक विशेष कार्य समिति बनाने का प्रस्ताव है, जो सहकारी बैंकों की पद्धति में तथा नियमन प्रणाली में आवश्यक सुधार लाने का प्रयास करेगी।

5. ऋण में राहत

केन्द्र सरकार ने 18 जून 2004 को ऋण में राहत दिलाने तथा बैंकों द्वारा कृषि के लिए ऋण में बढ़ोत्तरी के एक पैकेज की घोषणा की है। इस विशेष पैकेज में ऋण न चुका

सकने वाले गरीब तथा अत्त्यल्प भूमि धारकों को ऋण से एकमुश्त राहत की योजना बनाई गई है। इसमें बकाया ऋण में कुछ राहत दी जायेगी, पूर्ण माफी नहीं। बकाया ऋण वाले सारे किसानों जिन्हें इसी कारण ऋण की नयी सुविधा नहीं मिल पाती, ऋण अदायगी के लिए नई समय-सीमा दी जायेगी। तथा पुनः बैंक से ऋण भी मिलेगा।

6. जल भंडारों का पुनर्स्थापन

सदियों से भारतीय किसान खेती के लिए प्रकृति प्रदत्त एवं मानव निर्मित जल भंडारों – जैसे झील, तालाब, पोखर, बांध आदि पर निर्भर रहा है। अनुमान किया गया है कि ऐसे जल भंडारों की संख्या 10 लाख से अधिक है। जिसमें से केवल 5,00,000 को ही सिंचाई के लिए काम में लाया जाता है। इनमें से कई निरुपयोगी हो गए है, कईयों में रेत, मिट्टी या गाद जमा हो गया है। अनेक जल भंडारों का रखरखाव होना भी जरूरी है। अतः कृषि से सम्बन्धित सभी जल भंडारों को सुधारने, उनका नवीनीकरण करने तथा उन्हें पुनः उपयोगी बनाने के उद्देश्य से एक विशाल योजना बनाने का प्रस्ताव रखा गया है। प्रारंभिक तौर पर 100 करोड़ रुपयों की लागत से हर क्षेत्र में कम से कम पांच जिलों में ऐसी प्रयोगात्मक (pilot) योजना चलाई जायेगी।

इन प्रयोगात्मक योजना के पूर्ण होने तथा प्रमाणित होने पर सरकार 'राष्ट्रीय जल-स्त्रोत विकास योजना (NWRDP)' जारी करेगी। जिसे 7 से 10 वर्षों के अंदर पूरा किया जायेगा। योजना की वित्तीय व्यवस्था के लिए बहुआयामी संस्थाओं को काम सौंपे जाने की संभावना है।

7. जल संधारण (Harvesting) योजना

अनेक आर्थिक संस्थाओं द्वारा जल संधारण योजनाओं को सहायता दी जा रही है। किन्तु अनुसूचित जाति तथा जनजाति के किसानों को इन योजनाओं से बहुत कम लाभ मिलता है। इन किसानों की सहायता के लिए सरकार ने 100 करोड़ रुपयों की लागत से एक राष्ट्रव्यापी जल संधारण योजना लागू की है। इस योजना में प्रति इकाई 20 हजार रुपयों की लागत से एक लाख सिंचाई इकाईयां चलाई जायेंगी। सरल शर्तों व आसान किश्तों पर यह कर्ज बिना किसी अग्रिम जमानत या धन के, किसानों को नाबार्ड (NABARD) द्वारा दिया जायेगा। सरकार, इसमें नाबार्ड के माध्यम से 50 प्रतिशत अनुदान देगी।

8. राष्ट्रीय बागवानी मिशन (NHM)

कृषि योग्य भूमि पर बागवानी जैसे नवीन कार्यों को प्रोत्साहन देने के उद्देश्य से सरकार द्वारा राष्ट्रीय बागवानी मिशन प्रारंभ करने का प्रस्ताव है, जिसका उद्देश्य वर्तमान बागवानी उत्पादन 15 करोड़ टन से बढ़ाकर वर्ष 2011-12 में 30 करोड़ टन करने का है। इस दिशा में एक बढ़ते कदम के रूप में राज्यों को 'आनंद डेयरी' का आदर्श रखने एवं बागवानी को प्रोत्साहन देने के लिए राज्य स्तर पर सहकारी संस्थाएं बनाने की सलाह दी गई है।

9. राष्ट्रीय कृषि बीमा योजना (NAIS)

कृषि बीमा कंपनी द्वारा 1999-2000 के रबी मौसम में जारी राष्ट्रीय कृषि बीमा योजना की अब पुनर्रचना की गई है। इस दरमियान, 12 राज्यों के 19 जिलों में 2003-04 के रबी मौसम से फसलों के बजाय, कृषि-आय का बीमा कराने की एक प्रयोगात्मक योजना लागू की गई है। इस योजना की संभावना की जांच करने के लिए सरकार ने इस योजना को 2004 की खरीफ मौसम तक विस्तारित करने का निश्चय किया है। प्रायोगिक तौर पर कृषि बीमा कंपनी इसी फसल के मौसम में 20 वर्षा-मापन स्थानों (rain gauge stations) में मौसम-बीमा योजना प्रारंभ करने जा रही है। इन तीनों योजनाओं की सफलता का मूल्यांकन करके सर्वोत्तम योजना निर्धारित की जायेगी।

10. परम्परागत उद्योग

नारियल रेशा, हथकरघा, हस्तकला, रेशम उद्योग, चर्मकला, कुम्हार उद्योग तथा अन्य घरेलू उद्योगों जैसे हमारे पारंम्परिक उद्योग में न केवल प्रगति व निर्यात की अपार क्षमता है बल्कि ये हमारी सांस्कृतिक धरोहर के अभिन्न अंग हैं। ऐसे परम्परागत उद्योगों के कायापलट के लिए 100 करोड़ रुपयों के प्रारंभिक प्रावधान से एक निधि खड़ी करने का प्रस्ताव है।

11. सार्वजनिक वितरण प्रणाली (PDS)

सस्ते अनाज की दुकान (FPS), हमारी खाद्यान्न वितरण व्यवस्था का मुख्य आधार है। इस व्यवस्था में अनेक त्रुटियां है जिन पर ध्यान देना जरूरी है। योजना आयोग ने अपने दसवीं योजना के दस्तावेज में प्रयोगात्मक आधार पर खाद्यान्न कूपन बांटने का सुझाव दिया है। प्रत्येक इष्ट परिवार को पहले से सुनिश्चित वितरण केन्द्र से मासिक

खाद्यान्न कोय का कूपन लेना होगा और इस कूपन से वह किसी भी खाद्यान्न दुकान से अनाज खरीद सकेगा। किसी एक राज्य के दो या तीन निकटस्थ जिलों में, सस्ते अनाज की दुकानों से खाद्यान्न वितरण के स्थान पर, खाद्यान्न कूपन के बंटवारे के लिए एक प्रयोगात्मक योजना प्रारंभ करने का प्रस्ताव है।

12. अंशदान (Subsidies)

सभी प्रकार के अंशदान, गरीब तथा वास्तव में अल्प तथा अत्यल्प भूमि धारकों, खेतीहर मजदूरों तथा शहरों के निर्धनों के लिए ही वितरित होंगे।

(2) बजट 2005-06 निरंतरता

हर नए बजट के अनुरूप, इस बजट में भी प्रावधानों में सदा के समान बढ़ोत्तरी की गई है। इन पर यहां चर्चा नहीं होगी। 2005-06 के बजट में सामाजिक क्षेत्र तथा ग्रामीण विकास से सम्बन्धित कुछ विशेषताओं की झलकियां यहां दी जा रही हैं।

1. कृषि के लिए ऋण

वर्ष 2004-05 के लिए नियत 1,05,000 करोड़ रुपयों की कृषि के लिये ऋण का लक्ष्य 3500 करोड़ रुपयों से बढ़ने की उम्मीद है। इसी प्रगति के साथ, वर्ष 2005-06 में, बैंकों को भी कृषि के लिए ऋण की राशि 30% से बढ़ाने को कहा गया है। जिन माध्यमों से यह ऋण दिया जा रहा है, उनके सर्वेक्षण से पता चला है कि इसकी राशि में व्यावसायिक बैंकों का हिस्सा 61%, सहकारी बैंकों का 28% तथा क्षेत्रीय ग्रामीण बैंकों का हिस्सा 11% ही है। इसकी तुलना में सहकारी बैंकों का हिस्सा, वर्ष 2004-05 में गत वर्ष (2003-04) की अपेक्षा कम ही है, जो इन सहकारी बैंकों की कार्यक्षमता में गिरावट का द्योतक है।

इन सहकारी बैंकों की कार्य पद्धति में सुधार लाने के लिए नियुक्त विशेष कार्य समिति ने निम्न प्रमुख सिफारिशें दी हैं -

(1) इन सहकारी बैंकों को विशेष आर्थिक सहायता देकर, उनकी अब तक की संचित हानि को समाप्त करते हुए, उनके पूंजीगत आधार को मजबूत किया जाये।

(2) इन क्रेडिट संस्थाओं की संगठनात्मक व्यवस्था की पुनर्रचना करते हुए उनमें प्रजातांत्रिक व्यवस्था लाई जाये, तथा

(3) कानूनी ढांचे में आवश्यक परिवर्तन कर इन क्रेडिट संस्थाओं पर विवेकपूर्ण प्रबंधन के लिए रिजर्व बैंक ऑफ इंडिया को अधिकृत किया जाये।

सरकार की तरफ से विशेष कार्य समिति की समस्त सिफारिशों को लागू करने का प्रस्ताव है।

2. बारहवां वित्त आयोग (TFC)

27 फरवरी 2004 को संसद में प्रस्तुत 'बारहवें वित्त आयोग' की सिफारिशों में करों का अवक्रमण (devolution), राज्यों को अनुदान, कर्जों में राहत, सहायता, व्यय की वित्तीय व्यवस्था व अन्य तत्सम विषय शामिल हैं। इन सिफारिशों से राज्यों को कुछ राहत अवश्य मिली है, साथ ही अभी तक दुर्लक्षित सामाजिक क्षेत्र व ग्रामीण विकास की योजनाओं को अधिक वित्तीय सहायता देने में लचीलापन आया है। फिर भी राज्यों की आर्थिक स्थिति व कारोबारी जिम्मेदारियों को देखते हुए इन राज्यों को सिफारिशों में दी गई सुविधाओं से भी अधिक वित्तीय अधिकार सौंपा जाना न्यायपूर्ण होगा।

3. राष्ट्रीय ग्रामीण स्वास्थ्य मिशन (NRHM) को वित्तीय सहायता

राष्ट्रीय ग्रामीण स्वास्थ्य मिशन का सारा ध्यान प्राथमिक स्वास्थ्य रक्षा को सशक्त बनाना तथा स्वास्थ्य स्वयं सेवकों को प्रशिक्षित करने में केन्द्रित रहेगा। स्वास्थ्य तथा परिवार कल्याण के लिए अधिक आबंटन के अलावा राष्ट्रीय ग्रामीण स्वास्थ्य मिशन के लिए निधि संकलन हेतु, स्वास्थ्य के लिए हानिकारक जैसे सिगरेट, तंबाकू आदि वस्तुओं के उत्पादन पर अधिक कर लगाने का प्रस्ताव है। फिर भी इससे प्राथमिक स्वास्थ्य रक्षा के लिए कुल आवश्यक राशि की पूर्ति हो पाना संभव नहीं है।

4. राष्ट्रीय ग्रामीण रोजगार गारंटी योजना (NREGS)

"काम के बदले अनाज" कार्यक्रम, जिसे नया नाम "काम के बदले अनाज का राष्ट्रीय कार्यक्रम" दिया गया है – वर्ष 2005-06 के लिए नगद राशि, पिछले वर्ष के 4020 करोड़ रुपयों से बढ़ाकर 5400 करोड़ रुपये कर दी गई है तथा 50 लाख मेट्रिक टन खाद्यान्न की व्यवस्था भी की गई है। इस कार्यक्रम को "राष्ट्रीय ग्रामीण रोजगार गारंटी योजना" का मानस है।

5. अन्य विशेष योजनाएं

पेयजल की सभी योजनाएं अब 'राजीव गांधी राष्ट्रीय पेयजल मिशन (RGNDWM)' के अन्तर्गत सम्मिलित कर ली गई है। इस मिशन में अब और भी आवासीय बस्तियों को शामिल करने तथा जल की गुणवत्ता की ओर ध्यान दिया जायेगा। अभी 452 जिलों में 'सम्पूर्ण स्वच्छता अभियान (TSC)' चल रहा है, आगे देश के अन्य सभी जिलों में उसे विस्तारित किया जायेगा।

कृषि में महज खाद्यान्न उत्पादन के अतिरिक्त फल, साग-सब्जियां, फूल, दुग्ध व्यवसाय, मुर्गीपालन, मत्स्योद्योग, दलहन व तेल बीजों के उत्पादन को प्रोत्साहित किया जा रहा है। 'राष्ट्रीय बागवानी मिशन (NHM)' का यही उद्देश्य है कि इस क्षेत्र में अनुसंधान, उत्पादन, फसल प्राप्ति के बाद की व्यवस्था, प्रक्रिया, भंडारण, विपणन इत्यादि जैसे सभी कार्यों की ओर ध्यान देना। कृषि मंडी, विपणन ढांचा, तथा वर्गीकरण, मानकीकरण, एवं गुणवत्ता प्रमाण जैसी सहायक सेवाओं के निर्माण के लिए निजी और सहकारी विभागों पर बड़ी मात्रा में विनियोग के लिए मार्ग सुलभ करने हेतु एक नई योजना 'कृषि विपणन ढांचा, वर्गीकरण एवं मानकीकरण का विकास तथा सक्षमीकरण (DSAMIGS)' चलाई गई है। इसके सिवाय वर्ष 2005 में जल भंडारों के सुधार एवं पुनर्निर्माण हेतु राष्ट्रव्यापी प्रयास भी किए जाएंगे। इसके लिए एक प्रयोगात्मक योजना 9 राज्यों के 16 जिलों में चलाई जायेगी।

मिशन 2007 के अन्तर्गत समूचे देश के हर गांव में एक 'ज्ञान केन्द्र (KC)' खोला जायेगा, ताकि नवीनतम तांत्रिकी व संचार तकनीकों (ICT) के माध्यम से सारा देश जुड़ जाये। लगभग 80 संगठनों के एक प्रतिनिधि समूह ने इस कार्य का बीड़ा उठाया है। कृषि महाविद्यालयों के आधुनिकीकरण तथा उन्हें सशक्त बनाने के लिए एक महत्त्वाकांक्षी कृषि अनुसंधान नीति बनाई गई है, जिसकी वित्तीय व्यवस्था के लिए राष्ट्रीय निधि (NFSAR) तैयार की जा रही है।

(3) बजट 2006-07 व 2007-08 - एक संघटित प्रयास

ग्रामीण विकास के सम्बन्ध में बजट 2006-07 व 2007-08 में किसी नए कार्यक्रम को सम्मिलित नहीं किया गया। परंतु ग्रामीण विकास के सम्बन्ध में आठ शीर्षस्थ कार्यक्रमों के वित्तीय आबंटन में वर्ष 2005-06 के तुलना में उल्लेखनीय वृद्धि की गई है जो निम्न प्रकार से हैं।

तालिका 6.1 : ग्रामीण विकास के शीर्षस्थ कार्यक्रमों के लिए वित्तीय आबंटन (2004–05 से 2007–08)

(करोड़ रु.)

क्रम संख्या	शीर्षस्थ योजनाएं	बजट आबंटन			
		2004-05	2005-06	2006-07	2007-08
1.	सर्व शिक्षा अभियान	4,754	7,156	10,041	10,671
	(प्रारंमिक शिक्षा कोष) (SSA)	—	(7,156)	(8,746)	(10,671)
2.	मध्यान्ह भोजन योजना (MDMS)	1,675	3,010	4,813	7,324
3.	राजीव गांधी पेयजल मिशन (RGDWM)	3,300	3,645	4.680	5,850
4.	सम्पूर्ण स्वच्छता अभियान (TSC)	540	630	720	954
5.	राष्ट्रीय ग्रामीण स्वास्थ्य मिशन (NRHM)	5,367	6,553	8,207	9,947
6.	समन्वित बाल विकास सेवा (ICDS)	1,623	3,315	4,087	4,761
7.	राष्ट्रीय ग्रामीण रोजगार गारंटी योजना (NREGS) (a)	4,020	11,000	14,300	14,800
8.	राजीव गांधी ग्रामीण विद्युतीकरण योजना (RGGVY)	433	1,100	3,000	3,983
	कुल	21,712	26,409	49,848	58,290

(a) includes SGRY

स्त्रोत– केन्द्रीय बजट 2004–05, 2005–06, 2006–07 तथा 2007–08

2007–08 बजट की विशेषताएं

ग्रामीण विकास के सभी आठ शीर्षस्थ कार्यक्रमों के कुल आबंटन में वर्ष 2005 - 06 बजट की तुलना में वर्ष 2006-07 में 37 प्रतिशत वृद्धि तथा वर्ष 2007-08 में वर्ष 2006-07 की तुलना में केवल 17 प्रतिशत वृद्धि हुई है।

1.1. सर्व शिक्षा अभियान

स्वतंत्र रुप से किए गए दो परीक्षणों में पाया गया है कि 6-14 वर्ष आयु के 93 प्रतिशत बालक अब स्कूलों में जा रहे हैं तथा स्कूलों से बाहर रहने वाले बालकों की संख्या घट कर एक करोड़ के लगभग रह गई है।

1.2. मध्यान्ह भोजन योजना

इस मध्यान्ह भोजन योजना के अन्तर्गत 12 करोड़ बालकों को मध्यान्ह भोजन दिया जा रहा है, जो विश्व में सबसे बड़ा शालेय भोजन कार्यक्रम है।

1.3 और 1.4. पेयजल व स्वच्छता

दिसम्बर 2006 तक 55,512 आवासीय बस्तियों एवं 34,000 स्कूलों में पेय जल की आपूर्ति की गई।

1.5. राष्ट्रीय ग्रामीण स्वास्थ्य मिशन

इस राष्ट्रीय ग्रामीण स्वास्थ्य योजना की शुरूआत 12 अप्रैल 2005 को की गई थी। अब तक 3,20,000 'आशा (ASHA)' स्वास्थ्य कर्मियों को नियुक्त किया गया तथा इनमें से 200,000 को (orientation) प्रशिक्षण दिया गया।

1.6. समन्वित बाल विकास सेवा

यह समन्वित बाल विकास सेवा को विस्तारित करके, 107, 274 आंगनवाड़ी व 25,961 उपआंगनवाड़ी केन्द्रों को प्रमाणित किया गया।

1.7. राष्ट्रीय ग्रामीण रोजगार गारंटी योजना

इस राष्ट्रीय ग्रामीण रोजगार गारंटी योजना का शुभारंभ 2 फरवरी 2006 को हुआ है। राष्ट्रीय रोजगार गारंटी कानून के अन्तर्गत, रोजगार की गारंटी विदित है, अतः आवश्यकतानुसार अधिक निधि आबंटित होगी।

1.8. राजीव गांधी ग्रामीण विद्युतीकरण योजना

सभी राज्यों ने इस योजना के अनुबद्धपत्र (MoU) पर हस्ताक्षर किए हैं। इस योजना के अन्तर्गत अब तक 19,758 गांवों में बिजली पहुँचाई गई।

2. ग्रामीण मूलभूत ढांचा विकास निधि - (RIDF)

31 जनवरी 2007 तक ग्रामीण मूलभूत ढांचा विकास निधि XII में स्वीकृत राशि 8440 करोड़ रु. तक (वर्ष 2006-07 का लक्ष्य 10,000 करोड़ रु.) पहुंच गई है। अगली ग्रामीण मूलभूत ढांचा विकास निधि XIII का कोष, पूर्व निश्चित 10,000 करोड़ रु. से बढ़ाकर 12,000 हजार करोड़ रु. करने का प्रस्ताव है। बारहवें कोष के अन्तर्गत, वर्ष 2006-07 में ग्रामीण सड़कों के लिए 4000 करोड़ रु. निधि संचय की एक पृथक व्यवस्था (opening separate window) की गई है।

3. कृषि

वर्ष 2006-07 में कृषि की वृद्धि दर 2.7 प्रतिशत रही है, जब की 2005-06 में यह

यह 6.0 प्रतिशत थी। वर्ष 2006-07 में कुल खाद्यान्न उत्पादन अनुमानतः 209 मिलियन टन रहेगा, जो पूर्व वर्ष 2005-06 (सुधारित) 208 मिलियन टन था। कृषि व सम्बन्धित गतिविधियों के लिए बजट आबंटन की स्थिति नीचे दी जा रही है।

(करोड़ रु.)

कार्यक्रम	*बजट आबंटन*		
	2005-06 (सुधारित)	*2006-07*	*2007-08*
दुतगति सिचंन लाभ कार्यक्रम (AIBP)	4,500	7,121	11,000
राष्ट्रीय कृषि बीमा योजना (NAIS)	749	499	500

जल संग्रहों के सुधार का कार्यक्रम, 13 राज्यों के 23 जिलों में पाइलट योजनाओं के माध्यम से चलाया जा रहा है। इस योजना के लिए तमिलनाडु, आंध्र प्रदेश, कर्नाटक, उड़ीसा व पं० बंगाल राज्यों ने विश्व बैंक की सहायता के लिए प्रयास किया है। अन्य राज्यों को भी इस दिशा में प्रयत्न करना होगा।

4. कृषि ऋण

किसानों को दी जाने वाली संस्थागत ऋण राशि में उल्लेखनीय बढ़ोत्तरी हुई है।

(करोड़ रु.)

ऋण	2004-05	2005-06	2006-07	2007-08
कृषि ऋण	1,25,309	1,41,500	1,75,000*	225,000

*(achievement expected 1, 90,000)

बजटीय प्रावधानों के अनुसार वर्ष 2005-06 से खरीफ व रबी फसलों के लिए व्यावसायिक बैंकों, क्षेत्रीय ग्रामीण बैंकों, तथा प्राथमिक कृषि ऋण संस्थाओं द्वारा कृषकों को मिलने वाली एक लाख रुपयों तक की फसल ऋण की मूल राशि पर ब्याज की दरों में 2 प्रतिशत बिन्दुओं तक की ब्याज में रियायत दी गई है। इसकी लागत करीब 1,700 करोड़ रु. है। सरकार ने यह भी सुनिश्चित किया है कि वर्ष 2006-07 खरीफ फसल से किसानों को दी जाने वाली लघु अवधि ऋण पर 3 लाख रु. की सीमा तक अधिकाधिक ब्याज दर 6 से 7 प्रतिशत ही रहेगी।

अल्प वित्तीय प्रबंधन - वर्ष 2004-05 तथा 2005-06 में 8.01 लाख स्व–सहायता दलों (SHG) को ऋण प्रबंधन से जोड़ा गया है तथा इस माध्यम से 4,863 करोड़ रु. का ऋण वितरित किया गया। वर्ष 2006-07 तथा 2007–08 में अधिक स्व–सहायता दलों को इस ऋण व्यवस्था से जोड़ने का प्रस्ताव है।

राष्ट्रीय नमूना सर्वेक्षण (NSS) के 59 वें चक्र (2003) का निष्कर्ष है कि सम्पूर्ण खेतीहर परिवारों में से 27 प्रतिशत ही औपचारिक ऋण सूत्रों से तथा 22 प्रतिशत परिवार अनौपचारिक ऋण सूत्रों से ऋण प्राप्त करते हैं। शेष परिवार जो मुख्यत: गरीब तथा सीमांत किसान होते हैं, उनकी ऋण वितरण संस्थानों तक पहुंच ही नहीं हो पाती। अत: एक ऐसी वित्तीय प्रबंधन समिति के निर्माण का प्रस्ताव है जो ऋण उपलब्ध न हो पाने के कारणों की जांच करेगी तथा ऋण देने वाली संस्थाओं के पास पहुंचने वाले सभी परिवारों को ऋण उपलब्ध करा देने के तौर तरीकों व योजनाओं को प्रस्तुत करेगी।

5. भारत निर्माण

भारत निर्माण कार्यक्रम के छह घटक हैं – द्रुतगति सिंचाई लाभ कार्यक्रम, द्रुतगति ग्रामीण जल प्रदाय योजना, ग्रामीण सड़क कार्यक्रम, ग्रामीण आवास, ग्रामीण विद्युतीकरण, तथा ग्रामीण क्षेत्रों में टेलीफोन व्यवस्था। इन कार्यक्रमों में वर्ष 2006-07 (दिसम्बर 2006 तक) की उल्लेखनीय उपलब्धियाँ इस प्रकार है – 24 लाख हेक्टेयर भूमि के लिए सिंचाई क्षमता का निर्माण, 55,512 आवासीय बस्तियों में ग्रामीण जल प्रदाय 12,198 km लम्बी ग्रामीण सड़कों से जोड़ना, 7.8 लाख ग्रामीण आवासों का निर्माण, 19758 गांवों का विद्युतीकरण व 15,054 गांवों में टेलीफोन व्यवस्था। इसके सिवाय भारत निर्माण कार्यक्रमों के लिए बजट आबंटन, वर्ष 2006-07 के 18,696 करोड़ रु. को बढ़ाकर वर्ष 2007-08 के लिए 24,603 करोड़ रु. किया गया है जो कि 31.6 प्रतिशत अधिक है।

(4) स्वतंत्रता प्राप्ति के पश्चात् प्रस्तुत सभी बजटों का मूल्यांकन

1. मूलभूत शिक्षा के लिए अधिभार

संविधान द्वारा आदेशित, 'सर्व शिक्षा अभियान' के अन्तर्गत मूलभूत शिक्षा कार्यक्रम एवं मध्यावधि योजना की लक्ष्यपूर्ति के लिए अतिरिक्त वित्तीय स्त्रोत जुटाने की

आवश्यकता है। मूलभूत शिक्षा कार्यक्रम के लिए आवश्यक निधि तथा उपलब्ध निधि के बीच की खाई को पाटने के लिए 2004–05 से 2007–08 में 2 प्रतिशत अधिभार लगाया गया है। नीचे कुछ विशेष स्थितियों पर चर्चा की गई है। जिनके लिए अतिरिक्त स्त्रोत जुटने हेतु अधिभार लगाने के सिवाय दूसरा कोई पर्याय नहीं है–

(1) मूलभूत शिक्षा कार्यक्रम के लिए अतिरिक्त स्त्रोत तैयार करने हेतु कम प्राथामिकता वाले विभागों को दी जाने वाली निधि कम करके वह राशि मूलभूत शिक्षा के लिए दी जानी चाहिए। परन्तु यदि अन्य किसी क्षेत्र के प्रावधानों में कमी करना संभव न हो तो अधिभार लगाने के सिवाय दूसरा कोई पर्याय नहीं बचता। इस तरह अधिभार लगाना ही अंतिम उपाय होगा।

(2) अधिभार का आबंटन किसी एक योजना या योजनाओं के लिए कर दिया जाना चाहिए तथा इस अधिभार का विस्तृत लेखा–जोखा एवं उपयोगिता का ब्यौरा रखा जाना चाहिए।

(3) योजना तथा योजनाओं का अधिभार आबंटन प्राप्त होने का अर्थ यह न लगाया जाये कि साधारण स्थिति में उसे मिलने वाले आबंटन में कमी कर दी जायेगी। तात्पर्य यही कि अधिभार आबंटित योजनाएं, अन्य वित्तीय कार्यक्रमों के लिए वित्तीय सहायता का माध्यम न बनें और अपनी मूल योजनाओं पर ही केन्द्रित रहें।

(4) इस अधिभार का पृथक लेखा–जोखा अलग रखा जाये तथा एक बार इकठ्ठा किया गया अधिभार यदि उस वर्ष में उपयोग में न लाया जा सका तो उसको कालबाधित न किया जाये। अनुपयोगिता राशि अगले वर्ष में अतिरिक्त स्त्रोत के रूप में काम में लाई जानी चाहिये, और अगले वर्ष में लगे तो अधिभार उतनी मात्रा में कम किया जा सकता है।

(5) मूलभूत शिक्षा के अतिरिक्त प्राथमिक स्वास्थ्य रक्षा भी एक महत्त्वपूर्ण क्षेत्र है, जिसे निधि का अभाव हमेशा से सताता रहा है। अतः इस क्षेत्र की कुछ विशेष योजनाएं जैसे नए प्राथमिक स्वास्थ्य केन्द्र या उपकेन्द्र खोलना, तथा इन केन्द्रों व उपकेन्द्रों में आवश्यक साधन सामग्री

मुहैया कराना आदि को मूलभूत शिक्षा तथा मध्यावधि भोजन योजनाओं के साथ सम्मिलित कर दिया जाना चाहिए।

अधिभार लगाने योग्य उपरोक्त स्थितियों को चर्चा इसी पुस्तक में अन्यत्र हो चुकी है। भूतकाल के अनेक बजटों में ऐसी ही कुछ विशेष स्थितियों में अधिभार या अतिरिक्त कर लगाए जाने के अनेक उदाहरण मिलते हैं।

2. संसाधनों की कमी

सामाजिक क्षेत्र (जिसमें शिक्षा, स्वास्थ्य तथा परिवार कल्याण, जल प्रदाय तथा आवास, समाज कल्याण, पौष्टिक आहार और ग्रामीण विकास के कार्यक्रम आते हैं) पर किया जा रहा व्यय, केन्द्र सरकार के कुल वार्षिक व्यय का 10 से 11 प्रतिशत ही है। इसी सामाजिक क्षेत्र पर केन्द्र व राज्य सरकारों द्वारा किया जा रहा खर्च मिला भी दिया जाये तो वह कुल व्यय का 20 प्रतिशत ही होता है। UNDP ने राष्ट्रीय आय का 25 प्रतिशत सार्वजनिक खर्च के लिए रखने की तथा इस सार्वजनिक व्यय का हिस्सा सामाजिक क्षेत्र पर खर्च करने की सिफारिश की है। भारत में निर्धनता को देखते हुए, सामाजिक कार्यों के लिए व्यय की दर इस 40 प्रतिशत से भी अधिक होनी चाहिये।

इसी तरह कृषि व अन्य सम्बन्धित कार्यों के लिए आबंटन कुल बजट के आबंटन का 10 से 11 प्रतिशत ही है, जो आवश्यकता के आधार पर 20 प्रतिशत होना चाहिए। सामाजिक व कृषि क्षेत्रों में पर्याप्त स्त्रोतों का कम आबंटन ही इन कार्यक्रमों की प्रगति व सफलता के लिए एक रोड़ा बना हुआ है।

3. कृषि के लिए ऋण वितरण

यह प्रसन्नता की बात है कि प्रत्येक वर्ष में कृषि के लिए कर्ज की राशि की उपलब्धि निर्धारित लक्ष्य को पार कर रही है। इसी वृद्धि के अनुरूप बैंकों को प्रत्येक वर्ष में कर्ज वितरण बीते वर्ष के तुलना में 30% से बढ़ाने को कहा गया है। परंतु इस निर्धारित राशि में, सहकारी क्षेत्र का हिस्सा गत वित्तीय वर्ष की तुलना में अपेक्षाकृत कम ही रहा है। इस वृद्धिगत कर्ज राशि के साथ तालमेल रखने के लिए पूरक एक्स्टेन्शन सेवाओं की उपलब्धता में भी प्रगति लानी होगी, अन्यथा इसका परिणाम यही होगा कि किसानों पर कर्ज का बोझ तो बढ़ता जायेगा, पर आय में वृद्धि नहीं होगी।

4. विभिन्न योजनाओं की पुनर्रचना

अभी योजनाओं का जमघट हो गया है, कई बहुत पुरानी योजनाएं हैं, और हर बजट के साथ अनेक नई योजनाएं जुड़ती जा रहीं हैं। कई पुरानी योजनाओं में काम पूरा नहीं हो पाता और उन्हें नई योजनाओं में समाविष्ट कर लिया जाता है। कभी–कभी एक ही काम विभिन्न योजनाओं में सम्मिलित होते हैं। ग्रामीण–विकास एक जटिल समस्या है और ऐसी स्थिति से उलझनें और भी बढ़ जाती हैं। पता चला है कि योजना आयोग जैसी शीर्षस्थ संस्था भी इन सारी योजनाओं के संयुक्तिकरण में बड़ी कठिनाई महसूस कर रही है, फिर जिला स्तर पर अनुभव की जा रही कठिनाईयों की बात ही क्या ! इसलिए इन सारी योजनाओं के पुनरावलोकन तथा पुनर्गठन की अत्यन्त आवश्यकता है।

5. क्या प्रायोजित लाभार्थियों को लाभ पहुंच रहा है ?

वर्ष 2004–05 से 2007–08 के बजटों में तथा उसके भी पूर्व स्वतंत्रता प्राप्ति के पश्चात्, सत्तारूढ़ दलों द्वारा प्रस्तुत बजटों में प्रत्यक्ष अथवा अप्रत्यक्ष रूप से यह बात मान ली गई है कि इन योजनाओं का लाभ जिनके लिए प्रायोजित था, उन तक वह पहुंच ही नहीं पाया है। आखिर इन सब का कारण क्या है? इनके निवारण के उपाय क्या हो सकते हैं ?

इन समस्याओं का समाधान, इसी पुस्तक में, प्रत्येक विभाग के अंत में प्रस्तुत "लक्ष्य प्राप्ति के लिए रणनीति" के अन्तर्गत दिया गया है।

अध्याय- 7

समन्वित ग्रामीण विकास के घटकों के विशिष्ट पहलू

ग्रामीण विकास के निर्धारित लक्ष्य की पूर्ति अभी तक न हो पाने का एक कारण यह भी है कि विकास के आवश्यक तत्वों की ओर समग्र दृष्टि से नहीं बल्कि अलग-अलग दृष्टि से से देखा गया। इसके सिवाय नीति-निर्धारण एवं उनके क्रियान्वयन के लिए समाज, नौकरशाही और राजनीतिक नेतृत्व को एक सूत्र में पिरोने योग्य कोई सर्वमान्य धागा भी नहीं है। यही नहीं वित्तीय स्त्रोतों के अपर्याप्त आबंटन के कारण उद्देश्य पूर्ति में कठिनाईयां आती रही। जितना भी स्त्रोत मिला उसका भी पूर्णरूप से प्रभावी उपयोग नहीं किया जा सका। इस परिपेक्ष्य में ग्रामीण विकास के लिए समन्वित प्रयासों का उपक्रम अनिवार्य हो जाता है, जो लक्ष्य पूर्ति का एकमात्र उपाय है। इस उद्देश्य की सफलता के लिए नींचे दिए गए समन्वित ग्रामीण विकास के घटकों के विशिष्ट पहलूओं पर गंभीरता से विचार-विमर्ष तथा क्रियान्वयन की आवश्यकता है।

1. मूलभूत शिक्षा, प्राथमिक स्वास्थ्य रक्षा और ग्रामीण विकास के परस्पर सम्बन्ध
2. राजनीतिक प्रतिबद्धता/समर्पित नेतृत्व
3. नौकरशाही का उत्तरदायित्व
4. योजनाओं के क्रियान्वयन प्रक्रिया में पारदर्शकता
5. अधिकारियों/कर्मचारियों में अनुपस्थिति की ऊंची दर
6. नियोजन व क्रियान्वयन प्रक्रिया में ग्रामीण समुदाय की भागीदारी
7. ग्रामीण जनता में अपने अधिकारों के प्रति जागरूकता
8. ग्रामीण जनता में समाज के प्रति उसके उत्तरदायित्व की जागरूकता
9. गैर-सरकारी संगठनों की भूमिका
10. कारपोरेट सेक्टर की भूमिका

11. संसद सदस्य स्थानीय क्षेत्र विकास योजना
12. जनसंख्या वृद्धि बाहरी देशों से लोगों का अवैध प्रवेश
13. मूलभूत शिक्षा, प्राथमिक स्वास्थ्य रक्षा, तथा ग्रामीण विकास के लिए पर्याप्त आर्थिक स्त्रोतों का आबंटन
14. बजट में आबंटित निधि का उपयोग
15. मूलभूत शिक्षा तथा प्राथमिक स्वास्थ्य रक्षा आदि के लिए अतिरिक्त वित्तीय स्त्रोतों को गतिमान करना
16. केन्द्र से राज्यों की ओर अधिकारों का विकेन्द्रीकरण
17. सार्वजनिक सुपुर्दगी की कार्यक्षम प्रणाली
18. विकास योजनाओं की पुनर्रचना
19. ग्रामीण विकास कार्यक्रमों का वैज्ञानिक व्यवस्थापन
20. संक्षिप्त सार
21. उपसंहार

(1) मूलभूत शिक्षा, प्राथमिक स्वास्थ्य रक्षा, तथा ग्रामीण विकास के परस्पर सम्बन्ध

1.1. शिक्षा द्वारा स्वास्थ्य रक्षा व ग्रामीण विकास की प्रगति

1.1.1. परिवार कल्याण

स्वास्थ्य रक्षा के आवश्यक तत्वों में परिवार नियोजन का बड़ा महत्त्वपूर्ण स्थान है। परन्तु ग्रामीण क्षेत्रों में व्याप्त निरक्षरता, परिवार नियोजन के लिए सबसे बड़ी रुकावट है। लड़कियों में निरक्षरता का दर इस समस्या में और भी उलझनें पैदा करती हैं। शहरी क्षेत्र की तुलना में ग्रामीण क्षेत्रों में जन्मदर की अधिकता इसी तथ्य को प्रमाणित करती है। सामाजिक और सांस्कृतिक पृष्ठभूमि भी ग्रामीण जनता को छोटे परिवार का आदर्श अपनाने में रुकावट पैदा करती है। देश की कुल जनसंख्या का 26 प्रतिशत, गरीबी रेखा के नीचे आती है और इसमें से तीन चौथाई जनता ग्रामों में बसती है। पीढ़ी दर पीढ़ी चले आ रहे परिवार विभाजन के कारण जमीन खंडित होती जा रही है। जितना बड़ा परिवार उतना ज्यादा विभाजन। इसका परिणाम यही हुआ कि बड़ी–बड़ी जमीनें छोटे–छोटे भूखंडों तथा सीमांत भू–धारण सीमा में परिवर्तित हो गई जो आर्थिक दृष्टि से कृषि योग्य नहीं रहीं। अतः ग्रामीण क्षेत्र में परिवार नियोजन की नितांत आवश्यकता है। ग्रामीण क्षेत्र की यह दशा उसकी आवश्यकता के सर्वथा

प्रतिकूल है। यह स्थिति तभी परिवर्तित होगी जब ग्रामीण जनता खासकर लड़कियां शिक्षित होंगी।

1.1.2. पोषक आहार

ग्रामीण क्षेत्र में ऐसे अनेक लोग है जिन्हें रोज दो वक्त का भोजन भी नहीं मिलता। गांवों में अधिकांश लोग जो भोजन करते हैं, उसमें पोषक तत्वों का अभाव ही रहता है, जो गांववासियों के खराब स्वास्थ्य का एक कारण है। होने वाली माताओं के सम्बन्ध में यह पहलू और भी संयुक्तिक है। पोषक अन्न के महत्त्व के बारे में अनभिज्ञता, बाल मृत्युदर की अधिकता का एक प्रमुख कारण है। शिक्षा से समाज में जागरूकता आती है, यह तथ्य इस बात से भी सिद्ध होता है कि शहरी क्षेत्र में साक्षरता की दर अधिक होने के कारण वहां समस्याएं ग्रामीण क्षेत्र की तुलना में कम होती हैं।

1.1.3. अधिकारों व कर्तव्यों के प्रति सजगता

भारतीय संविधान में सभी नागरिकों को कुछ कर्तव्य और अधिकार दिए हैं। ग्रामीण भारत में बहुतों को इसका ज्ञान नहीं है। ग्रामीण जनता की सहायता तथा भलाई के लिए अनेक कार्यक्रम तथा योजनाएं चलती हैं। ये कृषि तथा अन्य व्यवसायों से सम्बन्धित हैं। अक्सर यह पाया गया है कि इन योजनाओं का लाभ छोटे और सीमान्त किसानों तथा समाज के कमजोर वर्ग तक योग्य प्रमाण में पहुंचा ही नहीं है। इसका मुख्य कारण यह है कि इन दुर्लक्षित लोगों को न तो इन फायदों की जानकारी है और न उन फायदों को प्राप्त करने की पद्धति से वे अवगत हैं। यदि सम्बन्धित संस्थाओं और गैर-सरकारी संगठनों से सहायता प्राप्त करने का सौभाग्य इन्हें न मिला तो वे इन लाभों से वंचित ही रह जायेंगे। केवल शिक्षा के माध्यम से ही ग्रामीण जनता इन कार्यक्रमों व योजनाओं का पूरा लाभ उठा पाएगी।

1.1.4. भूमि अभिलेख

जो व्यक्ति शिक्षित नहीं होते वे अपनी भूमि का उचित लेखा-जोखा या दस्तावेज ठीक से रख पाने में कठिनाई महसूस करते हैं। निहित स्वार्थी तत्वों के कहने में आकर राजस्व अधिकारियों द्वारा भूमि सम्बन्धी दस्तावेजों में हेराफेरी किए जाने के अनेक मामले प्रकाश में आए हैं। इन्हीं से कानूनी फसाद खड़े होते हैं तथा अशिक्षित लोग बिना किसी वजह से कोर्ट-कचहरी के मामलों में फंस जाते हैं। यदि ग्रामीण जनता शिक्षित हो तो ऐसी उलझनें टली जा सकती हैं।

1.1.5. ऋण सुविधा का लाभ उठाना

किसानों को ऋण सुविधा मिलने की अनेक योजनाएं हैं। हर योजना की कुछ खास विशेषताएं होती हैं, तथा ऋण प्राप्त करने की अलग पद्धतियां भी होती हैं। यदि किसान पढ़े-लिखे न हों तो उन्हें ऐसी सुविधा मिलने में अनेक कठिनाईयां झेलनी पड़ती है।

1.1.6. कृषि विस्तार शिक्षा

सदियों से चली आ रही खेती की पद्धतियां, किसान आज भी अपनाए जा रहा है। कृषि तथा कृषि तंत्र में आधुनिकतम अनुसंधान तथा विकास की उन्हें तनिक भी जानकारी नहीं होती। कृषि-विस्तार कर्मचारियों के माध्यम से राज्य सरकार किसानों को सहायता तो पहुंचाती है पर उनकी पहुंच सीमित है, सभी किसानों तक वे पहुंच ही नहीं पाते। यदि ग्रामीण जनता शिक्षित हो तो विभिन्न माध्यमों से विकास की जानकारी वे खुद ले सकते हैं।

1.1.7. रोजगार

कृषि कार्य मौसमी होते हैं और इसीलिए काफी मात्रा में कृषि मजदूर बेरोजगार रहते हैं। यदि वे शिक्षित हों तो ग्रामीण क्षेत्र में ही कोई व्यवसाय कर सकते हैं या शहरों में जा सकते हैं, जहां उन्हें उपयुक्त रोजगार मिल सकता है।

1.1.8. ग्रामीण जनता को सबल करना

देश की कुल जनसंख्या का तीन चतुर्थांश भाग चूंकि गांवों में ही बसता है, अतः भारत की प्रगति ग्रामीण क्षेत्र के मानव संसाधन विकास पर निर्भर है। निरक्षरता के वर्तमान दर के रहते ऐसी प्रगति तो संभव ही नहीं। इसी परिपेक्ष्य में देश के अति दुर्गम स्थान तक शिक्षा की पहुंच बढ़ाना, परमावश्यक कार्य है।

1.2. स्वास्थ्य रक्षा से शिक्षा की प्रगति व ग्रामीण विकास की संभावना

1.2.1. स्कूलों में मध्यान्ह भोजन की योजना

बड़ी मात्रा में भूमि धारकों तथा अतिरिक्त व्यवसाय करने वालों को छोड़, ग्रामीण क्षेत्र में नितांत गरीबी में व्याप्त है। गरीबी रेखा के नीचे आने वाले ग्रामीण परिवारों को भोजन प्राप्त करने में कठिनाई होती है और उनके बच्चे कुपोषित रह जाते हैं।

ऐसी परिस्थिति में, स्कूलों में मध्यान्ह भोजन की योजना अधिक लोकप्रिय हुई हैं। क्योंकि इससे एक तो बच्चों को आवश्यक पोषण मिलता है, दूसरे स्कूलों में बच्चों को भर्ती कराने के लिए यह प्रोत्साहन भी देती हैं।

1.2.2. स्कूलों में बच्चों की उपस्थिति में बढ़ोत्तरी

ग्रामीण क्षेत्र में बालकों की भर्ती, तथा उनकी नियमित उपस्थिति कुछ अन्य कारणों के सिवाय इस बात पर भी निर्भर होती है कि बच्चे कितने स्वस्थ हैं। परिवार के अन्य सदस्यों की देखभाल करने की वजह से बच्चों के स्कूल में न आने के अनेक उदाहरण हैं। शहरी क्षेत्र की तुलना में ग्रामीण क्षेत्र में खराब स्वास्थ्य की समस्या अधिक विकट है क्योंकि ग्रामीण क्षेत्र में स्वास्थ्य रक्षा सुविधाएं सहजता से उपलब्ध नहीं होती।

1.2.3. ग्रामीण जनता पर बीमारियों व संक्रामक (epidemics) रोगों का प्रभाव

उचित स्वच्छताप्रद सुविधाएं, सुरक्षित पेय जल, पोषक अन्न, तथा अन्य स्वास्थ्य रक्षा सुविधाओं के अभाव के कारण ग्रामीण क्षेत्र में बीमारियां तथा व्यापक रूप से फैलने वाले रोगों का बोलबाला हैं। इसका ग्रामीण जनता के स्वास्थ्य पर खासकर उनकी उत्पादक क्षमता पर सीधा प्रभाव पड़ता है। दूसरा कारण यह भी है कि पालतू पशुओं के लिए अलग से पशु गृह नहीं होते। लोगों का निवास पशुओं के सान्निध्य में ही होता है, इससे भी अनेक प्रकार के रोग बढ़ते हैं।

1.3. अल्प ग्रामीण विकास - शिक्षा व स्वास्थ्य रक्षा के लिए रुकावट

यहां ग्रामीण विकास का तात्पर्य ग्रामीण आर्थिक स्थिति से हैं।

1.3.1. गरीबी के कारण स्कूलों में बालकों की भर्ती तथा उपस्थिति पर प्रभाव

देश की 26 प्रतिशत जनसंख्या गरीबी रेखा के नीचे जीवनयापन करती हैं और इनमें से अधिकांश परिवार गांवों में रहते हैं। ये गरीब परिवार केवल भोजन जुटाने के काम में जुटे रहते हैं। शिक्षा सहित कोई भी अन्य कार्य उनके लिए कम प्राथमिकता का है। बच्चों को स्कूलों में भर्ती न कराने का यह भी एक प्रमुख कारण है। इसी पृष्ठभूमि में मध्यान्ह भोजन की शुरूआत से गरीब परिवारों से बड़ी उत्साहजनक प्रतिक्रिया मिली है, तथा बच्चों को स्कूलों में भर्ती कराने के साथ शिक्षा जारी रखने का प्रयास भी हुआ है।

1.3.2. स्वास्थ्य रक्षा पर व्यय

ग्रामीण क्षेत्र में सर्वव्याप्त निर्धनता के कारण, ग्रामीण परिवार के कुल व्यय में स्वास्थ्य रक्षा पर व्यय का हिस्सा बहुत अल्प ही होता है। अत्यन्त गम्भीर स्थिति में ही गांव के लोग स्वास्थ्य रक्षा की ओर मुड़ते हैं तथा उस पर खर्च करने को तैयार होते हैं। इसके विपरीत शहरी क्षेत्रों में लोग न केवल बीमार पड़ने पर व्यय करते हैं बल्कि बहुत से लोग तो स्वयं की तन्दुरूस्ती की खातिर, स्वस्थ रहने के बावजूद स्वास्थ्य क्लबों या व्यायामशालाओं पर खर्च करते हैं। ग्रामीण क्षेत्रों में यदि सर्वांगीण विकास होकर उनकी आर्थिक स्थिति में सुधार हुआ तो ग्रामीण परिवार भी स्वास्थ्य रक्षा पर खर्च करने की अच्छी स्थिति में रहेंगे तथा आवश्यकता पड़ने पर जरूरी मात्रा में धन भी खर्च करेंगे।

(2) राजनीतिक प्रतिबद्धता/समर्पित नेतृत्व

2.1. विभिन्न क्षेत्रों के बीच प्राथमिकता

जब भी नीति निर्धारण एवं निधि आबंटन का प्रश्न आता है तब केन्द्र और राज्य स्तर पर ऐसे अनेक क्षेत्र हैं जो अधिक प्राधान्यता का दावा करते हैं। लेकिन इस परिपेक्ष्य में मूलभूत शिक्षा, प्राथमिक स्वास्थ्य रक्षा और ग्रामीण विकास के प्रति राजनीतिक प्रतिबद्धता की आवश्यकता है, क्योंकि अनेक दृष्टिकोण से ये क्षेत्र अब तक उपेक्षित ही रहे हैं। इन क्षेत्रों में कार्य–प्रवृत्त लोगों का प्रतिनिधित्व करने वाली कोई शक्तिशाली संस्थाएं या संगठन नहीं हैं। और यदि कोई हो भी तो वे भिन्न–भिन्न और आपस में असम्बद्ध हैं। इसका एक और पहलू यह भी है कि इन क्षेत्रों की ओर आय प्राप्त करने या लाभ कमाने के संकीर्ण दृष्टिकोण से नहीं देखा जा सकता, भले ही इन्हीं ग्रामीण लोगों द्वारा उत्पादित वस्तुओं से अन्य लोग मुनाफा कमा लेते हैं। दूसरी ओर सामाजिक न्याय एवं संतुलित विकास की दृष्टि से देखा जाये तो मूलभूत शिक्षा, प्राथमिक स्वास्थ्य रक्षा तथा ग्रामीण विकास को अन्य सभी क्षेत्रों की तुलना में अधिक प्राधान्य मिलना चाहिए। इसी दृष्टि से मूलभूत शिक्षा, प्राथमिक स्वास्थ्य रक्षा तथा ग्रामीण विकास का स्तर ऊंचा उठाने के लिए राजनीतिक प्रतिबद्धता होना बहुत जरूरी है, ताकि कम प्राथमिकता वाले क्षेत्रों के आर्थिक स्त्रोत इस ओर परिवर्तित किए जा सकें।

2.2. पंचायत राज संस्थाओं को अधिकार सम्पन्न करना

निर्धारित उद्देश्यों की पूर्ति के लिए ही योजनाएं बनती हैं, लक्ष्य रखे जाते हैं, तथा

निधि आबंटित होती हैं। परंतु देखा यह गया है कि मूलभूत शिक्षा, प्राथमिक स्वास्थ्य रक्षा, तथा ग्रामीण विकास के क्षेत्रों में निर्धारित लक्ष्यों की पूर्ति नहीं हो पाती। यह इसीलिए होता है कि योजनाओं के क्रियान्वयन के अंतिम छोर पर योजना चलाने वाले व्यक्ति के पास या तो निर्णय लेने के पर्याप्त अधिकार नहीं होते या योजना पूरी करने के लिए समयोचित आवश्यक निधि की आपूर्ति नहीं होती। अतः निर्देशित उद्देश्यों व परिणामों की प्राप्ति के लिए आवश्यक है कि ग्रामीण संगठनात्मक ढांचे-अर्थात् ग्राम पंचायत/ग्राम सभा पंचायत समिति या जिला परिषद जो भी हो, उन्हें सही अर्थों में अधिकार देकर उनके हाथ मजबूत किए जाने चाहिए।

2.3. राजनीतिक हस्तक्षेप को टालना

जिस स्थान पर कामकाज ठीक ढंग से न चल रहा हो, वहां राजनीतिक हस्तक्षेप न केवल न्यायपूर्ण होगा बल्कि स्वागतार्ह भी होना चाहिए। इतना ही नहीं बल्कि उत्तरदायी लोगों को उनकी अकार्यक्षमता के लिए उचित रूप से दंडित भी करना चाहिए। परंतु यही हस्तक्षेप यदि रोजमर्रा के सरकारी कामकाज में होने लगा तो परिणामों के लिए प्रयत्नशील लोगों के कार्यप्रभाव पर असर पड़ेगा। यह राजनीतिक वर्ग सेवा कर्मचारियों की नियुक्तियों व स्थानांतरण को अपने स्वार्थ का साधन या माध्यम बना लेता है। पर इसके लिए अकेले राजनीतिक वर्ग को दोषी नहीं ठहराया जा सकता, क्योंकि यही सरकारी अफसर तथा कर्मचारी वर्ग कई बार, ऊंचे ओहदे, सुविधाएं तथा धन-लाभ के लिए इसी राजनीतिक वर्ग के पास जाकर उनकी कृपा याचना करते हैं।

इसी परिपेक्ष्य में, कर्नाटक राज्य ने स्थानांतरण को सीमित कर दिया है। तथा स्थानांतरण सम्बन्धी सभी जानकारी वेबसाईट पर जारी कर दी हैं। स्थानांतरण के लिए प्राप्त आवेदनों की जाँच-पड़ताल के लिए प्रबंधन समितियाँ नियुक्त की हैं। महाराष्ट्र में भी स्थानांतरण के लिए कुछ मार्गदर्शक सूचनाएं जारी की गई हैं। इसी तरह अन्य राज्यों को भी स्थानांतरण के लिए मार्गदर्शक सूचनाएं जारी कर देनी चाहिए।

(3) नौकरशाही का उत्तरदायित्व

3.1. नीति/कार्यक्रमों का क्रियान्वयन

संसद या विधान मंडलों द्वारा स्वीकृत सभी नीतियों व कार्यक्रमों का क्रियान्वयन एक

संगठनात्मक ढांचे, जिसे नौकरशाही या नागरी सेवा कहा जाता है – के माध्यम से होता है। नौकरशाही का साहित्यिक अर्थ "अधिकारियों का गुट" होता है। नीति व कार्यक्रम का क्रियान्वयन सही अर्थों में ग्राम पंचायत, पंचायत समिति या जिला परिषदों द्वारा होता है। परन्तु आवश्यक साधन, जैसे कर्मचारी वर्ग, निधि, तांत्रिकी सहयोग, इन सबकी प्रक्रिया व पूर्ति नौकरशाही द्वारा ही होती हैं। समय पर यदि धन न मिला तो योजना का क्रियान्वयन ही ठप्प हो जाता है। इस प्रकार किसी भी योजना की सफलता, समय पर सारी सुविधाएं दिलाने में नौकरशाही की तत्परता व लगन पर निर्भर होती है। अक्सर देखा गया है कि क्षेत्रीय संगठनों को आवश्यक सुविधाएं व वस्तुएं उपलब्ध कराने में सम्बन्धित कर्मचारियों की लाक्षणिक नौकरशाही प्रवृत्ति, योजनाओं के विफल हो जाने के लिए कारणीभूत होती हैं। योजनाओं के सफल क्रियान्वयन के लिए क्षेत्रीय संगठनों के साथ यदि नौकरशाही पर भी जिम्मेदारी डाल दी जाय तो स्थिति सुधरने में देर नहीं लगेगी।

3.2. नौकरशाही में सुधार

स्वतंत्रता पूर्व काल में नागरी सेवा का मुख्य कार्य सार्वजनिक अमन चैन रखना था, पर स्वतंत्रता प्राप्ति के बाद प्रशासनिक आवश्यकताएं बदल गई हैं। सार्वजनिक अमन चैन के साथ विकास का महत्त्व भी बढ़ा है, जो इसके पहले नहीं था। स्वतंत्रता प्राप्ति के बाद राजकीय स्थिति में काफी बदलाव हुआ है और इसी प्रकार का परिवर्तन नागरी सेवा में भी आना आवश्यक था। परंतु साम्राज्यवाद के काल से चली आ रही नागरी सेवा की कार्यपद्धति में राजकीय स्थिति के अनुकूल बदलाव नहीं आया। खासकर 'बाबू' इस नए परिवर्तन के दौर से अछूते रहे। राजनीतिक प्रक्रिया में हुए प्रजातंत्रीकरण और उस मंथन से उभरे समाज को, नागरी सेवा की ओर से भी उसी प्रकार का अनुकूल समर्थन आवश्यक था। सार यही है कि प्रशासन और कार्य क्षमता में सुधार की आवश्यकता है। प्रशासन कार्य में भागीदारी अपनाते हुए नागरी सेवा की वर्तमान कार्यपद्धति में परिवर्तन आना जरूरी है। यदि नागरी सेवा, जनता को अपना ग्राहक समझकर कार्य करे तो काफी सुधार आ सकता है। केन्द्रीय प्रतिष्ठानों, बैंकों और एअर इंडिया जैसी संस्थाओं में इसी ढंग के परिवर्तन ने अच्छी सफलता दिखाई हैं। फिर भी यह सच है कि सार्वजनिक जन-सेवा में काम करने वाले कर्मचारी की प्रवृत्ति पर सारा कुछ निर्भर है। इनमें कई लोग ऐसे भी है जो जनता में बहुत लोकप्रिय हैं, क्योंकि वे जनता की यथार्थ जरूरतों के प्रति ठोस सकारात्मक दृष्टिकोण अपनाते हैं।

जनप्रशासन के कुल कर्मचारियों की संख्या भले ही ठीक हो, परंतु दफ्तरी प्रशासन विभाग में कर्मचारियों की संख्या कुछ कम की जा सकती हैं, तथा उन्हें क्षेत्रीय इकाईयों में भेजा जा सकता हैं। अनुत्पादक विभागों को समाप्त करते हुए प्रशासनिक विभागों की पुनःरचना की जा सकती हैं ताकि समन्वय में सुधार हो सके, विलंब कम किया जा सके, तथा जनता का कार्य संतोषप्रद हो।

कार्य पूर्ति के योग्य क्रियान्वयन की प्रक्रिया में कुछ ऐसे अवसर आ सकते हैं जब कुछ कर्मचारियों के विरूद्ध अनुशासनिक कार्रवाई करना आवश्यक हो जाता है। ऐसे कार्रवाई के लिए वर्तमान पद्धति बड़ी क्लिष्ट है। इन पद्धतियों को सरल बनाया जाना चाहिए तथा ईमानदार व कार्यक्षम कर्मचारियों को पुरस्कृत भी किया जाना चाहिए।

3.3. संवेदनशीलता-प्रशिक्षण

ग्रामीण जनता में यह आम भावना घर कर गई है कि राज्य सरकार/संगठनों के अधिकारी व कर्मचारी वर्ग, उनकी समस्याओं के प्रति उदासीन रहते हैं तथा उनकी कठिनाईयों की ठीक ढंग से सुनवाई नहीं हो पाती। इस स्थिति को सुधारने के लिए जिन अधिकारियों/कर्मचारियों को ग्रामीण जनता से रोजमर्रा का व्यवहार करना पड़ता है, उन्हें उचित संवेदनशीलता प्रशिक्षण दिया जाना जरूरी है। इस योजना में नियुक्ति के पूर्व तथा नियुक्ति के बाद, सेवाकाल के दौरान भी पुनः प्रशिक्षण दिया जाना चाहिए।

ग्रामीण क्षेत्रों में काम करने वाले लोगों की कठिनाइयों को देखते हुए, नागरी सेवा के जिन कर्मचारियों को ग्रामीण क्षेत्रों में कार्य करने हेतु भेजा जाना है, उन्हें हर 5–7 वर्षों की शहरी सेवा के पश्चात् 2–3 वर्षों के लिए ग्रामीण-क्षेत्र में सेवा के लिए स्थानांतरित करना अधिक संयुक्तिक होगा।

3.4. सूचना का अधिकार (RTI)

देखा गया है कि ग्रामीण लोगों को सरकारी कार्यालयों में पड़े उनके मामलों की स्थिति की उचित जानकारी नहीं होती। 'सूचना के अधिकार' के उपयोग किये बिना आवश्यक जानकारी सम्बन्धित व्यक्ति को मिलने का दूसरा कोई रास्ता नहीं है। ऐसे अधिकार मामलों से सम्बन्धित कर्मचारी की न केवल जवाबदेही बढ़ेगी बल्कि मामलों के निबटारे में अभी पाई जाने वाली निष्क्रियता भी दूर होगी। केन्द्रीय व महाराष्ट्र सरकार ने तो ऐसा कानून बना लिया है।

'टाइम्स ऑफ इंडिया' समाचारपत्र के (21–3–2005) इसी 'सूचना के अधिकार' के अन्तर्गत महाराष्ट्र मंत्रालय से प्राप्त जानकारी के अनुसार दिसम्बर 2004 को 1.89 लाख ग्रामीण मामले अभी तक अनिर्णित हैं। तथा निबटारें की गति व प्रति मामले का निबटारा करने का खर्च निम्न प्रकार से हैं –

तालिका : निबटाए गए ग्रामीण मामले तथा निबटाने का खर्च

विभाग	*दिसंबर–2004 में वेतन पर व्यय (रु. लाखों में)*	*मामले निबटाए गए – संख्या*	*प्रति मामले का खर्च – रु.*
सामान्य प्रशासन	177	524	33,806
गृह	58.36	2511	2324
लोक निर्माण विभाग	64.72	733	8830
वित्त विभाग	57.78	2677	2158
सिंचाई	65.43	1078	6070
राजस्व तथा वन	63.29	1204	5257

स्त्रोत – Times of India – 21–03–2005

महाराष्ट्र जैसे प्रगतिशील राज्य में स्थिति यदि इतनी खराब है तो अन्य राज्यों में स्थिति और भी दयनीय होगी। इस सम्बन्ध में, मामलों के निबटारे के लिए निश्चित समयावधि, अनावश्यक कागजी घोड़े दौड़ाने पर रोक, तथा जवाबदेही, इन सब के लिए कानूनी आदेश जारी किए जाने चाहिए। विभागीय प्रमुखों द्वारा भी समय–समय पर मामलों की स्थिति की जांच करने एवं उनके शीघ्र निबटारे के लिए आदेश जारी किए जाने चाहिए।

(4) योजनाओं के क्रियान्वयन प्रक्रिया में पारदर्शकता

भ्रष्ट देशों की विश्व सूची में भारत का स्थान ऊंचाईयों पर हैं। बर्लिन में स्थित 'ट्रान्सपरेंसी इंटरनेशनल (TI)' नामक भ्रष्टाचार विरोधी संस्था ने भ्रष्टाचार मापने के लिए 'भ्रष्टाचार ज्ञान सूचकांक (CPI)' बनाया है। इस सूचकांक में ''निजी लाभ के लिए सार्वजनिक पद के दुरूपयोग'' को भ्रष्टाचार की परिभाषा कहा है तथा देश के

जनसेवा अधिकारियों, एवं राजनीतिज्ञों में व्याप्त भ्रष्यचार की जानकारी तथा उसका मापदंड सुनिश्चित किया है। ट्रान्सपरेंसी इंटरनेशनल 2004 की रिपोर्ट के अनुसार 146 भ्रष्ट देशों की सूची में भारत 90 के स्थान पर हैं। रोचक जानकारी तो यह है कि अक्सर 'सम्पन्न लोग' ही गलत तरीकों का उपयोग करते हैं जिससे "असम्पन्न" लोगों का शोषण होता है- जैसे ग्रामीण जनता का इससे यह सिद्ध होता है कि भ्रष्यचार लोभ के कारण पनपता है, जरूरतों के कारण नहीं। यूरोप के देशों और अमेरिका जैसे देशों के प्रजातांत्रिक व्यवस्था के कुछ अंगों में भ्रष्यचार है पर वहां का साधारण व्यक्ति इससे प्रभावित नहीं है। हमारे देश में तो ऐसे अनेक उदाहरण हैं, जहां नियमों के दायरे में होते हुए भी, पहले पैसे दिए बगैर काम नहीं हो पाते हैं। इस विषय में तो ग्रामीण जनता पर सर्वाधिक असर पड़ता है क्योंकि उनमें से अधिकांश निरक्षर होते हैं और बड़ी सहजता से शोषित किए जा सकते हैं। कुछ अपवादों को छोड़, ग्रामीणों के लिए पैसे दिए बिना काम करवा लेना दुष्कर कार्य हैं।

वास्तव में सच तो यह है कि केन्द्रीय वेतन आयोग द्वारा समय-समय पर दी गई सिफारिशों तथा राज्य सरकारों द्वारा उनका अनुकरण किए जाने से सरकारी सेवा कर्मचारियों को मिलने वाले धन में लगातार बढ़ोत्तरी हुई हैं। निजी कम्पनियों द्वारा इतने ही काम के लिए दिए जाने वाले धन की तुलना में यह कहीं ज्यादा हैं। अतः कम वेतन के कारण, व्यक्ति के भ्रष्ट होने का तर्क एकदम खोखला है। भ्रष्ट कर्मचारी तो इसे भ्रष्यचार कहने को तैयार नहीं है, वे इसे 'सुविधा-शुल्क' कहने तक में हिचकिचाते नहीं।

भ्रष्ट देशों की सूची में भारत का स्थान ऊंचा होने का अर्थ यह है कि हमारा वर्तमान प्रजातांत्रिक संस्थागत ढांचा हमें अच्छा, स्वस्थ प्रशासन दे पाने में पूर्णतः असफल रहा है। सर्वसाधारण धारणा तो यह है कि प्रशासन की निचली कड़ी को ऊपर से ही संकेत मिलता है, अतः सुधार अभियान की शुरूआत भी ऊपर से नीचे की ओर होनी चाहिए। अर्थात् पहले राजनीतिक वर्ग, फिर नौकरशाही का नंबर लगेगा। इसी परिपेक्ष्य में आंतरिक जांच प्रक्रिया को अधिक मजबूत बनाना चाहिए तथा भ्रष्यचार निर्मूलन रणनीति बड़े पैमाने पर लागू करनी चाहिए।

नौकरशाही के कार्य में पारदर्शकता लाई जानी चाहिए। किसी भी नागरी कार्य को प्रारंभ करने के पूर्व उसकी सारी विशेषताएं कार्यालय के सूचना फलक पर प्रभावी ढंग से प्रदर्शित की जानी चाहिए। कार्य की सफलता में यह बड़ा सहायक होगा। यही नहीं बल्कि कर्मचारियों के कार्यालयीन प्रक्रिया में यदि जवाबदेही आ जाये तो नाजायज तरीकों का इस्तेमाल काफी अंशों में कम हो जाएगा। योजनाओं का

क्रियान्वयन करने वाले संगठनों के कामकाज में भी सुधार की बहुत संभावनाएं हैं। ऐसे अनेक उदाहरण हैं, जहां पंचायत राज संस्थाओं द्वारा विकास कार्य, किसी अयोग्य संगठनों को दे दिए जाते हैं, जो अन्ततः कम दर्जे का काम ही कर पाते हैं। इस त्रुटि को दूर करने का एकमात्र उपाय यह है कि पंचायत राज संस्थाओं के कामकाज में पारदर्शकता लाई जाये। यह तभी संभव होगा जब ग्रामीण जनता को सूचना पाने का अधिकार हो, तथा क्रियान्वित हो रहे कार्यक्रम व योजनाओं की जानकारी हो। महाराष्ट्र राज्य में ऐसा प्रावधान किया जा रहा है, परंतु उसके उचित क्रियान्वयन की जांच होना बाकी है।

महाराष्ट्र राज्य में नागपुर के जिला प्रशासन ने हाल ही में "आधार" नामक एक योजना चलाई है जिसके अन्तर्गत कल्याणकारी योजनाओं के लाभार्थियों को नगद बंटवारे के लिए बैंकों के एटीएम जैसे 'स्मार्ट कार्ड' दिये जाते हैं, जिसमें कार्ड धारक के अंगूठे की छाप लगाने की एक अभिनव व्यवस्था है। इस कार्यक्रम का उद्देश्य बड़ी संख्या में बनावटी लाभार्थियों तथा बिचौलियों की जमात को समाप्त करना है, जो बड़ी–बड़ी रकमें हड़प जाते हैं। ऐसी कल्पक योजनाएं ग्रामीण क्षेत्रों में भी लाई जानी चाहिए ताकि ग्रामीण जनता का हो रहा शोषण समाप्त हो जाए। भ्रष्टाचार एक संक्रामक रोग है जिसका हर मोर्चे पर सामना करना होगा। अन्य व्यावसायिक विशेषज्ञ भी इसके लिए दोषी कहे जा सकते हैं। केवल उचित नियमबद्ध कार्यवाही अपनाए जाने की आवश्यकता है। गांधीजी ने ठीक ही कहा था, प्रत्येक व्यक्ति को जो भी कारोबार सौंपा गया है, उसे वह विश्वस्त संरक्षक (ट्रस्टी) के रूप में करे। जीवन के हर पहलू पर यदि यही नियम लागू किया गया तो साधारण व्यक्ति का जीवन सुखमय हो सकता है।

परन्तु सभी जनप्रतिनिधियों, नौकरशाहों, कर्मचारियों तथा अन्य व्यावसायिक विशेषज्ञों को एक ही रंग में रंगना उचित नहीं होगा। सच्चाई तो यह है कि इन्हीं जनप्रतिनिधियों, नौकरशाहों, तथा व्यावसायिक विशेषज्ञों में से ही कुछ अच्छे लोगों की ठोस कार्रवाई के परिणामस्वरूप थोड़ी बहुत प्रगति परिलक्षित होती है, और साधारण व्यक्ति को कठिनाईयों को सहन करने का बल मिलता है।

(5) अधिकारियों/कर्मचारियों में अनुपस्थिति की ऊंची दर

राज्य सरकार/जिला परिषद के अधिकारियों व कर्मचारियों की अनुपस्थिति तथा समय पर न आना, ग्रामीण जनता के सम्मुख एक बड़ी भारी समस्या है। अनुमान किया गया है कि शिक्षकों की अनुपस्थिति की दर 15 से 26 प्रतिशत है तथा डॉक्टरों

व स्वास्थ्य कर्मचारियों की अनुपस्थिति दर तो लगभग इनसे दुगुनी है। यहां जब हम अधिकारियों/कर्मचारियों की अनुपस्थिति की चर्चा करते हैं तो उनमें सभी विभागों, जैसे नागरी प्रशासन, विद्युत मंडल, स्कूल, प्राथमिक स्वास्थ्य केन्द्र तथा उपकेन्द्र आदि के कर्मचारी सम्मिलित है। इनके सिवाय अन्य - शिक्षक, पटवारी, डॉक्टर, स्वास्थ्य कर्मचारी, लाइन मैन सभी शामिल हैं। इनमें से अधिकांश कर्मचारी, नियुक्ति के स्थान से दूर अन्य जगहों में निवास करते हैं। अतः कार्यस्थल पर समय पर उपस्थिति के बारे में वे विशेष चिंतित नहीं रहते। परंतु उनके काम पर इसका असर तो पड़ता ही है। ये सारे अनुपस्थित रहने वाले कर्मचारी, सरकारी वेतनों के लाभार्थी है। अतः सरकार का धन भी अनावश्यक ढंग से बर्बाद होता है। इसमें यदि रिक्त जगहों को मिला दिया जाये तो जनकार्य की पूर्ति की दर और भी गिर जाएगी।

अन्यत्र स्थानों पर उठने वाली कठिनाईयों का जहां तक सवाल है, ये ग्रामीण लोग अपना काम का स्थान छोड़कर बार-बार अन्यत्र नहीं जा सकते, क्योंकि गांव छोड़ने का उनके पास कोई साधन नहीं होता। इसी मायने में गांव के लोग सर्वाधिक पीड़ित होते हैं। उच्च पदस्थ अधिकारियों द्वारा समय-समय पर दौरों तथा निरीक्षणों से तथा गलती करने वाले कर्मचारियों के विरूद्ध कठोर कारवाई से ही यह दुर्दशा समाप्त हो सकती है। इसी दृष्टि से कर्मचारियों की समय पर उपस्थिति पक्की करने के लिए ग्राम पंचायतों को अधिकृत किया जा सकता है।

आकस्मिक या संकटकालीन स्थिति के मद्देनजर, डॉक्टरों तथा वैद्यकीय सेवा कर्मचारियों के लिए प्राथमिक स्वास्थ्य केन्द्रों या उपकेन्द्रों के परिसर में ही निवास की व्यवस्था होना आवश्यक है। इससे उनकी समय पर उपस्थिति तथा हाजिरी को भी प्रोत्साहन मिलेगा। इसी तरह स्कूल के परिसर में ही शिक्षकों के लिए विश्राम कक्ष जैसी निवास व्यवस्था का विचार भी किया जा सकता है।

(6) नियोजन व क्रियान्वयन प्रक्रिया में ग्रामीण समुदाय की भागीदारी

मूलभूत शिक्षा, प्राथमिक स्वास्थ्य रक्षा तथा ग्रामीण विकास के क्षेत्र में निर्धारित लक्ष्यों की प्राप्ति में मिली असफलता का मुख्य कारण यह भी है कि योजनाएं - जमीनी वास्तविकताओं का विचार किए बिना ही बना ली जाती हैं। ग्रामीण जनता अच्छी तरह से जानती है कि उसकी भलाई किसमें है। इसलिए योजनाएं बनाते समय ही उनसे विस्तृत परामर्श करना चाहिए। योजनाओं के सम्बन्ध में ऊपर से नीचे आदेश देने की पद्धति के बजाय निचले स्तर पर विचार विमर्श करके जो ठीक जानकारी मिलती है उसको ऊपर के स्तर पर अमल में लाना जरूरी है। पुरानी पद्धति

से इच्छित परिणाम मिले नहीं, पर नई पद्धति जहां भी उपयोग में आई वहां उसके परिणाम उत्साहजनक रहे।

(7) ग्रामीण जनता में अपने अधिकारों के प्रति जागरूकता

अपने अधिकारों तथा कर्तव्यों के प्रति ग्रामीण जनता में जागरूकता कम है। सरकार द्वारा अनेक कार्यक्रम और योजनाएं चलाई जाती हैं, उनका क्रियान्वयन भी जारी रहता है, पर ग्रामीण जनता इनसे पूरी तरह अनभिज्ञ रहती है, फलस्वरूप वह योजनाओं का पूरा लाभ नहीं उठा पाती। सेवा कर्मचारी, जैसे ग्राम सेवक, विस्तारक, स्वास्थ्य मार्गदर्शक आदि लोग इन मामलों में ग्रामवासियों को प्रशिक्षित कर सकते हैं। इसमें गैर–सरकारी संस्थाएं भी महत्त्वपूर्ण भूमिका निभा सके।

(8) ग्रामीण जनता में समाज के प्रति उसके उत्तरदायित्व की जागरूकता

यह समझ लेना बहुत जरूरी है कि अधिकारों के साथ–साथ, ग्रामीणों की समाज के प्रति भी कुछ जिम्मेदारियां होती हैं, जिसको कुछ ग्रामवासी नहीं निभाते। यह इसी बात से स्पष्ट हो जाता है कि कई योजनाएं – जिस काम के लिए बनती हैं, उसी काम की पूर्ति के लिए उस योजना राशि का उपयोग नहीं होता। ऐसे अनेक उदाहरण मिलेगें, जिनमें यदि कुँआ खोदने अथवा मवेशी खरीदने के लिए अथवा किसी ऐसे ही खास काम के लिए कर्ज लिया गया हो, तो वह धन अन्य किसी काम के लिए जैसे पारिवारिक उत्सव मनाने के लिए खर्च कर दिया जाता है। कुछ लोग ऐसे भी हैं जो समय पर कर्ज की अदायगी के लिए तत्परता नहीं बरतते।

(9) गैर-सरकारी संगठनों की भूमिका

भारत जैसे विशाल देश में सभी के लिए शिक्षा, सभी के लिए स्वास्थ्य तथा सर्वांगीण ग्रामीण विकास का लक्ष्य इतना महान है कि अकेले सरकार द्वारा यह महत्कार्य हो पाना लगभग असंभव ही है। इस कार्य के लिए विभिन्न स्तरीय तथा बहुआयामी दृष्टिकोण का प्रयास जरूरी है। इसी परिपेक्ष्य में गैर–सरकारी संगठनों का महत्त्व बहुत अधिक बढ़ जाता हैं। सरकारी संस्थाओं के काम–काज में लाल फीताशाही तो अंदर से भिनी हुई हैं। अच्छा यह होगा कि कुछ काम किसी गैर–सरकारी संस्था को दे दिए जाये और सरकार केवल निधि देने वाली व सुविधाएं प्रदान करने वाली संस्था के रूप में कार्य करती रहें। इसी नीति के आधार पर कई स्कूल अन्य संस्थाओं द्वारा चलाए जा रहे है। पर इन संस्थाओं में भी अनेक समस्याएं है। अनेक गैर–सरकारी

संगठन है, जिनका कार्य संतोषप्रद नहीं है। अतः इन गैर-सरकारी संगठनों के कामकाज की निरंतर जांच होती रहनी चाहिए और जिनका कार्य संतोषप्रद नहीं पाया जाता, उनका पंजीकरण रद्द कर दिया जाना चाहिए। इन गैर-सरकारी संगठनों के कार्यस्तर की जांच के लिए कुछ मानक निश्चित किया जाना जरूरी है। कार्य के आधार पर इन गैर-सरकारी संगठनों का वर्गीकरण होना चाहिए तथा उसी अनुपात में निधि भी आबंटित होनी चाहिए।

परंतु कई बार, इन गैर-सरकारी संगठनों के साथ, काम का समन्वय करने वाले विभागीय अधिकारियों की, कुछ विशेष लाभ प्राप्त करने के लिए, इन गैर-सरकारी संगठनों के लोगों के साथ सांठगांठ होती है, परिणामस्वरूप इन संगठनों के कार्यों की सही गुणदोषात्मक समीक्षा होना संभव नहीं होता।

देश में आज 12 लाख गैर-सरकारी संगठन कार्यरत हैं, जिनमें केवल 50 प्रतिशत ही पंजीकृत हैं। इन गैर-सरकारी संगठनों के कामकाज को गुणवत्ता के आधार पर वर्गीकृत करना होगा। इन गैर-सरकारी संगठनों के लिए, सरकार का नियामक मंडल स्थापित करने का विचार कर रही हैं। परंतु फिलहाल, इन संगठनों की आधारभूत जानकारी तैयार करना तथा उसके आधार पर संस्थाओं का सर्वोत्तम उपयोग के लिए निर्देश तत्व जारी करना अधिक संयुक्तिक होगा। अतः वर्तमान स्थिति को ध्यान में रखते हुए गैर-सरकारी संगठनों को सरकार में नियुक्त बाबुओं को खुश रखना लाजमी हो गया है। वर्ष 2005-06 के आय-व्यय पत्रक में तो सरकार ने इन अल्पवित्तीय गैर-सरकारी संगठनों को विदेशी बाजार से ऋण का मार्ग खोल दिया है, जिससे ये गैर-सरकारी संगठन, सरकारी अनुदानों की परवाह न करते हुए अपना कारोबार स्वतंत्र रूप से चला सकेंगे।

(10) कारपोरेट सेक्टर की भूमिका

आज विश्व का प्रत्येक देश अपनी जनता के नाजुक मसलों के हल ढूंढने में अपना ध्यान केन्द्रित कर रहा है। कारपोरेट सेक्टर की भी इस विशाल मिशन में योगदान की जिम्मेदारी है। कारपोरेट सेक्टर को, आर्थिक बढ़ोत्तरी के साथ-साथ, स्थायी रोजगार के अवसरों की निर्मिति के माध्यम से प्राकृतिक पूंजी की परिपूर्ति तथा गरीबी दूर करने की ओर ध्यान देना आवश्यक है। साधारणतः इन समूहों के सामाजिक तथा पर्यावरण सम्बन्धी कार्यक्रम परोपकारी दृष्टिकोण के होते हैं, परंतु अब इन कारपोरेट सेक्टर ने ग्रामीण विकास के कुछ कार्य में अपना सहयोग देना प्रारंभ कर दिया है। उदाहरणतः एनटीपीसी, टाटा, आई टी सी जैसे समूहों ने इसी लक्ष्य की पूर्ति की ओर, अपनी नीतियों में कुछ आवश्यक बदलाव किये हैं। ग्रामीण क्षेत्र के सर्वांगीण

विकास का इतना विशाल कार्य अकेले सरकार द्वारा हो पाना तो संभव नहीं है, अतः कारपोरेट सेक्टर को इस कुलीन कार्य में सहयोग देना बहुत जरूरी हो गया है।

10.1. एनटीपीसी की कारपोरेट सामाजिक उत्तरदायित्व सामुदायिक विकास (CSR- CD) नीति

एनटीपीसी ने बड़ी परियोजनाओं पर या तो निर्माण कार्य पूरा कर लिया, या अभी कर रही है। यह परियोजनाएं है - अन्ता, औरय्या, बदरपुर, फरीदाबाद, दादरी, बाढ़, फराक्का, कहलगांव, तालचर (सुपर), तालचर (थर्मल), उत्तरी करणपुरा, ऊंचाहार, रिहन्द, सिंगरौली, टान्डा, राजीव गांधी क.सा.पा.प्रो., रामगुन्डम, सिम्हाद्री, झानोर गन्धार, कवास, कोरबा, सीपत, विन्ध्याचल, कोलडैम, लोहारीनाग - पाला, तपोवन - विष्णुगाढ़ इ.।

एनटीपीसी ने कारपोरेट सामाजिक उत्तरदायित्व सामुदायिक विकास नीति बनाई जिसका वर्णन नीचे दिया है।

10.1.1. राष्ट्रीय स्तर पर

एनटीपीसी राष्ट्रीय स्तर पर सामाजिक विकास के मुख्य क्षेत्रों पर ध्यान देने के लिए भारतीय न्याय अधिनियम के अधीन एक फाउन्डेशन की स्थापना करेगा।

एनटपीसी फाउन्डेशन द्वारा सामाजिक-आर्थिक विकास के निम्नलिखित मुख्य क्षेत्रों को शामिल किया जाएगा-

(1) विकेन्द्रीकृत वितरित उत्पादन और विद्युत की आपूर्ति का सवंर्धन करना।

(2) राष्ट्रीय आपदाओं आदि के दौरान राहत और सहायता प्रदान करना।

(3) बेरोजगार लोगों को पावर स्टेशनों के आस-पास सहकारी समितियों/स्व-सहायता समूहों के माध्यम से स्व-रोजगार में सुविधा प्रदान करना।

(4) आर्थिक आत्म-निर्भरता और परामर्श की परियोजना के लिए लघु वित्तपोषण और उपक्रम प्रारंभिक पूंजी सुविधाजनक बनाना।

(5) व्यावसायिक/प्रबंधकीय प्रशिक्षण कार्यक्रम की पहचान तथा उसे प्रशासित करना जिसका जीविकोपार्जन अवसर से स्पष्ट सम्बन्ध हो।

(6) व्यक्तियों के समूह को शामिल करने वाली लघु और मध्य परियोजनाओं को अधिमानता देना।

(7) पावर स्टेशनों के आस-पास बेरोजगार लोगों को सहकारी समितियों/स्व-सहायता समूहों के माध्यम से स्व-रोजगार में सुविधा प्रदान करना।

10.1.2. यूनिट स्तर प्रचालनरत पावर स्टेशनों में

नीति का यह भाग प्रचालनरत पावर स्टेशनों के आसपास के क्षेत्र में "सामुदायिक विकास" जहां यह पूरा हो गया है और एनटीपीसी की पुनर्स्थापन नीति के अनुसार पूर्ण हो गया है, के मुद्दों पर ध्यान देना हैं–

(1) महिलाओं, बच्चों, विकलांग व्यक्तियों और वृद्ध व्यक्तियों पर विशेष ध्यान सहित प्रचालनरत स्टेशनों के आस-पास के क्षेत्र में सामुदायिक विकास करना।
(2) परामर्श और भागीदारी के माध्यम से सामुदायिक विकास कार्यक्रम की प्रभावी सुपुर्दगी के लिए संबंधित पणधरियों (stakeholders) के साथ उपयुक्त भागीदारी सृजित करना।
(3) स्वास्थ्य, शिक्षा,पेय जल, संबद्ध विकास आदि जैसे सामुदायिक विकास के विभिन्न क्षेत्रों की खोज करना और उनमें कार्य करना।

शिक्षा :

लोगों की कुशलता और रोजगार योग्यता सुधारने अथवा लोगों को आमदनी पैदा करने वाली स्कीम प्रारंभ करने में समर्थ बनाने के लिए कुशलता व्यावसायिक प्रशिक्षण और अन्य प्रशिक्षण कार्यक्रम आयोजित करना। इसमें व्यावसायिक प्रशिक्षण, आईटीआई प्रशिक्षण, कम्प्यूटर प्रशिक्षण आदि के लिए लोगों को प्रायोजित करना शामिल होगा।

स्वास्थ्य :

(1) बच्चों के लिए नियमित प्रतिरक्षण कार्यक्रम और स्कूलों में स्वास्थ्य संबंधी जांच करना।
(2) महिलाओं, बच्चों, विकलांग तथा वृद्ध व्यक्तियों पर विशेष ध्यान केन्द्रित करते हुए परिवार नियोजन, आंख और हृदय आदि के लिए जांच जैसे नियमित स्वास्थ्य कैम्पों का आयोजन।

संबद्ध विकास :

(1) क्षेत्र के विद्युतीकरण, सामुदायिक केन्द्र, पंचायत घर, जल-निकास नालियां, सड़कें जैसी बुनियादी सुविधाओं की वृद्धि करना।

(2) संबंधित सरकारी एजेंसियों और स्थानीय समुदाय की भागीदारी से सामुदायिक स्वास्थ्य/शैक्षणिक सुविधाओं का सृजन सुविधाजनक बनाना।

अन्य :

(1) साधन –साम्रगी और अन्य सुविधाएं प्रदान करके गांवों में ग्रामीण खेलकूद का संवर्धन।

(2) पशुधन के लिए पशु चिकित्सा कैम्प आयोजित करना।

(3) सामुदायिक और वानिकी कार्यक्रम का संवर्धन करना।

(4) पावर स्टेशनों के आस–पास बेरोजगार लोगों के सहकारी समितियों/स्व–सहायता समूहों के माध्यम से स्व–रोजगार सुविधाजनक बनाना। इस कार्यक्रम में निविष्ट संसाधनों की व्यवस्था करने और विपणन आदि प्रावधान शामिल हो सकते हैं।

इस नीति के तहत परिचालन केन्द्रों, एनटीपीसी फाउंडेशन, तथा राष्ट्रीय आपदाओं पर किए जाने वाले सामुदायिक विकास कार्यक्रमों के लिए 17.0 करोड़ रु. की वार्षिक राशि निर्धारित की गई है।

(11) संसद सदस्य स्थानीय क्षेत्र विकास योजना (MPLADS)

किसी भी नियोजन की प्रक्रिया कुछ पूर्व निर्धारित मार्ग दर्शक तत्वों से संचालित होती हैं, जो वस्तुमूल्य, निधि आबंटन और प्रस्तावित कार्य के महत्त्व से सम्बन्धित होते हैं। अतः सभी परिस्थितियों में जनता की समस्त जरूरी आवश्यकताओं को योजना में सम्मिलित किया जाना, हर बार संभव नहीं हो पाता। इसी दृष्टिकोण से, इस खाई को पाटने एवं जनता की जरूरी आवश्यकताओं की पूर्ति के उद्देश्य से नियोजन प्रक्रिया में कुछ लचीलापन लाने का प्रयास किया गया और तदनुसार 'संसद सदस्य स्थानीय क्षेत्र विकास योजना' दिसंबर, 1993 में प्रारंभ की गई। इसी सम्बन्ध में कुछ दिशा निर्देशक तत्व भी निर्धारित किए गए हैं।

योजना की मूलभूत विशेषताएं हैं (1) योजना के अन्तर्गत लिया जाने वाला कार्य विकासोन्मुख प्रवृत्ति का होना चाहिए। (2) योजना में लिये जाने वाले कार्य की लागत 25 लाख रु. से अधिक नहीं होनी चाहिए। (3) कुछ विशिष्ट शर्तों के साथ पंजीकृत संस्थाओं के कुछ जनोपयोगी कार्य भी इस योजना के अन्तर्गत लाये जा सकते हैं। (4) कुछ कार्य जैसे कार्यालय के लिए भवन निर्माण सुधार तथा

रखरखाव के लिए कार्य, तथा व्यक्तिगत लाभ के लिए पूंजी तैयार करने वाले कामों को इस योजना में अनुमति नहीं मिलेगी।

इस योजना में प्रत्येक संसद सदस्य को दो करोड़ रुपये, प्रतिवर्ष दिये जाते हैं। फिर भी 31 मार्च 2005 तक जारी की गई राशि (13,490 करोड रु.) में से केवल औसतन 88.35 प्रतिशत का ही उपयोग हो पाया। 'लेखा जांच' के अनुसार इस योजना में खर्च हुई राशि का हिसाब-किताब रखने की कोई व्यवस्था नहीं है। केन्द्र के नियामक मंत्रालय द्वारा यह राशि सीधे जिला कलेक्टर को भेज दी जाती हैं, जो सांसद की स्वीकृति के बाद काम करने वाली संस्था को दे दी जाती हैं। इसके बाद चल रहे कामकाज की प्रगति का कोई सही निरीक्षण नहीं होता। यह भी देखा गया है कि इस निधि में रास्ते, पुल तथा निर्माण कार्य ही हुआ है। जब कि स्वास्थ्य, शिक्षा और आरोग्य जैसे प्राथमिक योजनाओं की ओर कम ध्यान दिया गया है। वास्तव में किस काम को प्रधानता दी जाये, यह सुझाने के लिए स्थानीय स्तर की समितियां बनाई जानी चाहिए, जो क्रियान्वित हो रही योजनाओं की प्रगति पर नजर भी रखेंगी तथा अपव्यय या आर्थिक घोटालों से योजनाओं की दुर्गति को रोक सकेगीं।

इस योजना को जारी रखने के बारे में विभिन्न मत हैं। 'संविधान के कार्य का अवलोकन करने के लिए नियुक्त राष्ट्रीय आयोग तथा (NCRWC) समाजशास्त्र संस्था (ISS)' ने तो इस योजना को रद्द कर देने की सिफारिश की है। इसके लिए अनेक कारण भी बताए हैं। इनमें से एक तो यह भी है कि विधायक तथा प्रशासन के बीच उत्तरदायित्व की जो सीमा रेखा है, उसका उल्लंघन हो रहा है और दूसरा यह भी कि जिन उद्देश्यों को लेकर यह योजना कल्पित की गई थी, वे पूरे नहीं हो पाए हैं। कुछ भी हो, पर योजना में अधिक पारदर्शिता लाने, निधि के उचित उपयोग तथा नियत योजनाओं के शीघ्र क्रियान्वयन के लिए नए मार्गदर्शक तत्व निश्चित करने की आवश्यकता है-

(12) जनसंख्या वृद्धि-बाहरी देशों से लोगों का अवैध प्रवेश

किसी भी जनगणना या सर्वेक्षण की जानकारी को बड़ी सावधानी से देखा परखा जाना जरूरी है। और भारत जैसे देश के लिए यह और भी महत्त्वपूर्ण इसलिये है कि उसकी 100 करोड़ से अधिक की आबादी देश के एक छोर से दूसरी छोर तक बिखरी पड़ी है और यह सब आंकड़ेवारी, गणना करने वाली सीमित मानव-शक्ति-स्त्रोत द्वारा पूर्ण की जा रही है। इसके पूर्व के अध्यायों में हमने आंतरिक जनसंख्या वृद्धि पर नियंत्रण पाने के लिए, किए जाने वाले उपायों पर विस्तृत चर्चा की है।

इसके सिवाय पडो़सी देशों से अनधिकृत रूप से सीमा लांघकर आने वाली जनता की भीड़ को रोकना एक समस्या है। उत्तर-पूर्व राज्यों में वहां के ग्रामीण इलाकों में जनसंख्या के पूर्ण परिवर्तन (demographic change) के अनेक समाचार पहले से आ रहे हैं। भारत अपनी ग्रामीण क्षेत्र की समस्याओं को सुलझाने में अभी वैसे ही व्यस्त है। ऐसी स्थिति में अन्य देशों से आने वाले अनधिकृत लोगों की भीड़ से निबटना, उसके लिए नया सिरदर्द हो गया है। इतनी लम्बी सीमा पर बाड़ लगा देने से सीमा-पार कर आने वालों की संख्या कुछ कम अवश्य हो जाएगी, पर यह यथार्थ या स्थायी हल नहीं है। मेक्सिको से संयुक्त राज्य अमेरिका में झुंडों में घुसपैठ की घटनाएं अक्सर हो रही हैं, बावजूद इसके कि अमेरिका ने इस ओर कड़े कदम उठाए हैं। इस समस्या के सही हल के लिए पड़ोसी देशों में व्याप्त अत्यन्त गरीबी को हटाने हेतु उन देशों की सहायता करने की दिशा में कुछ कदम उठाने का प्रयास करना ही उचित होगा। यह सहायता केवल वित्तीय ही न होकर तांत्रिकी या व्यवस्थापन में सलाहकारी की भी हो सकती है। अथवा अपने विकास कार्यों के हमारे अनुभवों को भी हम उनके साथ बांट सकते हैं। पर इसका यह अर्थ कतई नहीं होता कि अपनी सीमा पर बाड़ लगाने या सीमासुरक्षा के कार्यों को शिथिल कर दें। बाड़ लगाना वास्तव में सीमा पार करने वालो को रोकने की दिशा में एक प्रभावी कदम है।

(13) मूलभूत शिक्षा, प्राथमिक स्वास्थ्य रक्षा तथा ग्रामीण विकास के लिए पर्याप्त आर्थिक स्त्रोतों का आबंटन

प्राथमिक शिक्षा की पहुंच को वृद्धिगत करने के लिए नए स्कूल खोलना जरूरी है। अभी तक चल रहे स्कूलों में आवश्यक सुविधाएं भी दी जानी है। गांवों तक स्वास्थ्य रक्षा व्यवस्था को पहुंचाने के लिए अधिक संख्या में प्राथमिक स्वास्थ्य केन्द्र तथा उपकेन्द्र भी चलाने पड़ेगें। ग्रामीण क्षेत्र में जीवनमान और ग्रामीण आर्थिक स्थिति सुधारने के लिए सडकें, सुरक्षित पेय जल, मकान तथा विपणन और ऋण सुविधा जैसी ढांचागत आवश्यकताएं पूरी करनी होगी। देखा गया है कि अधिकांश योजनाएं/कार्यक्रम पर्याप्त निधि के अभाव में लड़खड़ा जाती हैं। इसीलिए मूलभूत शिक्षा, प्राथमिक स्वास्थ्य रक्षा तथा ग्रामीण विकास के लिए निधि आबंटन में उपयुक्त वृद्धि होनी चाहिए। प्रतिवर्ष आबंटित निधि में स्पष्ट रूप से वृद्धि होती है। लेकिन सामाजिक क्षेत्र के लिए दी जा रही निधि (सकल घरेलू उत्पाद की तुलना में) अनुपात की मात्रा प्रतिवर्ष घटती जा रही हैं। आबंटित पूर्ण निधि में जो वृद्धि दिखाई देती है वह ज्यादातर सरकारी कर्मचारियों के वेतन में हुई बढ़ोत्तरी का परिणाम हैं, जो

केन्द्रीय वेतन आयोग (CPC) की सिफारिशों और राज्यों तथा राज्य पर निर्भर संस्थाओं पर हुए प्रभाव के कारण हुई हैं। ऐसे संस्थाओं के शिक्षकों का वेतन भी राज्य सरकारों द्वारा दिया जाता हैं।

शिक्षा और स्वास्थ्य क्षेत्र में आबंटित निधि का 80 प्रतिशत तो कर्मचारियों के वेतन तथा प्रशासनिक खर्चों में लग जाता है। अतः निचले स्तर तक यदि सेवा पहुचानी हो तो पर्याप्त निधि सुरक्षित रखनी होगी जिसके लिए वेतनों पर आकस्मिक तीव्र बढ़ोत्तरी पर लगाम कसना आवश्यक हो जाता है। अन्यथा ये सारी योजनाएं केवल शिक्षकों तथा स्वास्थ्य कर्मचारियों को नौकरी/रोजगार दिलाने के काम की रह जायेगीं और सभी के लिए शिक्षा, सभी के लिए स्वास्थ्य तथा ग्रामीण विकास के उद्देश्य, (कर्मचारियों को छोड़कर बची) पर्याप्त निधि प्राप्त न होने से पूरे नहीं हो पाएंगे।

(14) बजट में आबंटित निधि का उपयोग

केन्द्र के तत्वावधान में चल रहे कार्यक्रमों के लिए केन्द्र द्वारा विभिन्न विभागों के अन्तर्गत जो निधि आबंटित होती हैं, वह कई बार राज्यों के एक विशाल कोष में पहुँचते ही, अपनी पहचान खो देती हैं। इस कोष में गाडगील फार्मूला के अन्तर्गत केन्द्र से स्थानांतरित निधि, तथा राज्यों की निधि भी समाविष्ट होती हैं। प्रशासनिक व्ययों में हो रही बढ़ोत्तरी तथा निधि पर निहित स्वार्थों द्वारा किए जा रहे गलत नियंत्रणों के कारण समस्या और भी जटिल होती जा रही हैं। वेतन आयोग की हर नई सिफारिशों के आते ही प्रशासनिक व्यय बढ़ जाता हैं। केन्द्र के तत्वावधान में रोजगार निर्माण कार्यक्रम के लिए अलग से रखे गए 5000 करोड़ रुपयों की राशि में से, बजट द्वारा आबंटित राशि का 50 प्रतिशत ही उपयोग में लाया जाता है। इस 50 प्रतिशत जिसके उपयोग का दावा किया जा रहा है – में से 40 प्रतिशत ही योजना के लिए प्रत्यक्ष रूप से लगाया गया है। बजट आबंटन के दो वर्षों बाद रिजर्व बैंक ऑफ इंडिया द्वारा संकलित 'लेखा-रिपोर्ट' से ही उपरोक्त बातें स्पष्ट हुई हैं। इस तरह केन्द्र के आबंटित निधि से केवल 20 प्रतिशत राशि ही, अन्ततः असली लाभार्थियों तक पहुंची हैं।

योजनाओं के क्रियान्वयन प्रक्रिया के दौरान नौकरशाही के लाल फीताशाही के कारण निधि के आबंटन और पर्याप्त सुविधाएं देने में हुई अक्षम्य देरी, अनावश्यक प्रशासकीय व्यय, विभिन्न स्तरों पर धन का रिसाव आदि से योजनाओं की अपरिमित हानि हो रही हैं।

आबंटित राशि के उपयोग के सम्बन्ध में, 'जिला प्राथमिक शिक्षा कार्यक्रम'

का उदाहरण ही ले। वित्त-वर्ष 2001-02, 2002-03, 2003-04 इन तीन वर्षों की कुल आबंटित राशि 5847.2 करोड़ रुपये थी जिसमें से केवल 3275.2 करोड़ रुपयों का ही उपयोग हुआ जो कुल आबंटित राशि का 56 प्रतिशत ही है। वर्ष 2003-04 में ही यह व्यय कुछ अच्छा, अर्थात् 64.2 प्रतिशत था। स्कूलों में मध्यान्ह भोजन योजना के लिए इन तीन वित्तीय वर्षों में कुल आबंटित खाद्यान्न 84.59 लाख मेट्रिक टन या जिसमें से केवल 74.6 प्रतिशत याने 63.09 लाख मे.ट. खाद्यान्न उपयोग में लाया गया।

राज्य स्तर पर ही सारा दोष थोपना अनुचित होगा। चाहे वह केन्द्र में हो या राज्य में हो या राज्य के भीतर कहीं भी हो, निधि के स्थानांतरण में हर कदम पर देरी होती रहती हैं। इसका सारा दोष सम्बन्धित विभागों के नौकरशाही प्रवृत्ति पर जाता हैं। परंतु इन योजनाओं का क्रियान्वयन अब पंचायत राज संस्थाओं को दिया गया हैं। अतः केन्द्र के तत्वावधान में चली योजनाओं के लिए निधि अब केन्द्र से सीधे पंचायत राज संस्थाओं (PRI) को राज्यों के मार्फत दिए जाने का प्रस्ताव हैं। परंतु हमारे संघीय (Federal) ढांचे में ऐसे प्रस्तावों की स्वीकृति कठिन कार्य ही है। इतना ही नहीं बल्कि पंचायत राज संस्थाओं में भी धन का उपयोग न किए जाने या धन के अनुचित उपयोग के अनेक मामले कई बार दिखाई देते हैं।

भारत में आधुनिक सूचना तकनिक (IT) के उपलब्ध होने से, पंचायत स्तर पर भी योजनाओं की प्रगति और आबंटित राशि के उपयोग पर नियमित देखरेख रखना संभव हैं। आवश्यक जानकारी मिलने पर, धन का अपव्यय यदि हो रहा हो तो उस पर सुधारात्मक उपाय किया जाना संभव हैं।

(15) मूलभूत शिक्षा तथा प्राथमिक स्वास्थ्य रक्षा आदि के लिए अतिरिक्त वित्तीय स्त्रोतों को गतिमान करना

15.1. करों पर अधिभार लगाना

मूलभूत शिक्षा तथा प्राथमिक स्वास्थ्य रक्षा, सरकार की सबसे प्रमुख जिम्मेदारी है। विभिन्न क्षेत्रों के बीच आबंटन, उन क्षेत्रों के प्राथमिकता को देखते हुए किया जाना चाहिए और आवश्यकता पड़ने पर विभिन्न क्षेत्रों के बीच पुनः आबंटन भी किया जाना चाहिए। इतना करने के बाद भी यदि निधि का अभाव रहता हो, तो नये वित्तीय स्त्रोत निर्माण करने की दिशा में ध्यान दिया जाना अधिक संयुक्तिक होगा। इनमें से एक तरीका, करों पर अधिभार लगाने का भी है, जिसमें केन्द्रीय करों पर एक

निश्चित प्रतिशत (गुजरात में भूकम्प के बाद लगाए अधिभार जैसा) अधिभार के रूप में लगाया जा सकता है।

15.2. मूलभूत शिक्षा, प्राथमिक स्वास्थ्य रक्षा तथा ग्रामीण विकास क्षेत्र में विदेशी निवेश

भारत ने 'सुधारवादी शासन तंत्र (RR)' अपनाया है, इसलिए मूलभूत शिक्षा तथा प्राथमिक स्वास्थ्य रक्षा के क्षेत्र में विदेशी निवेश स्वीकृत करने में कोई कठिनाई नहीं होनी चाहिए। अतः इस ओर विदेशी पूंजी निवेश को आकृष्ट करने के लिए उपयुक्त नीतियां निर्धारित करनी पड़ेगी।

इसी तरह पांच लाख जलसंग्रहों में से आधे ही उपयोग योग्य हैं, शेष की मरम्मत, रखरखाव तथा पुनर्निमाण की आवश्यकता है। इस कार्य के लिए निवेश की मात्रा भी बहुत अधिक होगी, अतः बहुआयामी निधि व्यवस्था, खासकर विश्व बैंक जैसी संस्था, के लिए प्रयास करने होंगे।

15.3. अंशदान (Subsidy) में सुधार लाना

सार्वजनिक वित्त एवं नीति निर्धारण को राष्ट्रीय संस्था के सहयोग से भारत सरकार द्वारा बनाया प्रतिवेदन 23 दिसंबर 2004 को लोकसभा के पटल पर रखा गया। इस प्रतिवेदन के अनुसार वर्ष 2003-04 में कुल अंशदान 1,15,824 करोड़ रुपये थी जो सकल घरेलू उत्पाद का 4.18 प्रतिशत है, जिसमें से अनुचित (नॉन मेरिट) अंशदान की राशि 67,250 करोड़ रुपये थी जो कुल व्यय का 58 प्रतिशत है। उचित (मेरिट) अंशदान की सूची में मूलभूत शिक्षा, बाढ़ नियंत्रण, सड़कें या पुल बनाना, सफाई व आरोग्य सेवाओं का समावेश होता है, जबकि बिजली, सिंचाई, परिवहन, उच्च शिक्षा, कृषि और उद्योग, अनुचित अंशदान की सूची में आते हैं। प्रतिवेदन में कहा गया है कि –

"अंशदान सुधार का उद्देश्य अनुचित अंशदान को समाप्त करते हुए, एक सर्वमान्य नई मूल्य नीति बनाना है। इसमें गरीबी रेखा के नीचे आने वाले परिवारों को खाद्यान्न कूपन देने की भी एक योजना है, क्योंकि वर्तमान सार्वजनिक वितरण प्रणाली के अन्तर्गत दोहरे मूल्य नीति निर्धारण से धन के अपव्यय को बढ़ावा ही मिला है। राजस्थान में यह योजना लागू की है और अब कुछ राज्यों में भी लागू करने का प्रस्ताव है। इस योजना के अनुसार राशन शॉप गरीबी रेखा के नीचे रहने वाले लोगों को कूपन के बदले खाद्यान्न देंगे और राशन शॉप को यह कूपन सरकारी गोदाम से माल उठाने के वक्त पेश करने होंगे।

खाद (उर्वरक) अंशदान नीति भी उसके वर्तमान रूप में समाप्त कर दी जानी चाहिए। यूरिया की बिक्री खुले–आम हो, तथा समतल (flat rate) अंशदान पद्धति प्रारंभ की जानी चाहिए तथा कृषकों को उनके खेतों पर मिलने वाली यूरिया के मूल्य में समय–समय पर उचित वृद्धि हो ऐसी एक निश्चित पद्धति होनी चाहिए। घरेलू रसोई गैस तथा सार्वजनिक वितरण प्रणाली के तहत मिट्टी के तेल के लिए दिए जा रहे अंशदान के इच्छित परिणाम प्राप्त करने में प्रभावी न होने के कारण रसोई गैस को दी जा रही अंशदान राशि को, सतर्कता पूर्ण नीति अपनाते हुए, धीरे–धीरे समाप्त कर देनी चाहिए। केवल सरकारी तेल कम्पनियों को ही, अंशदान प्राप्त घरेलू रसोई गैस एवं सार्वजनिक वितरण प्रणाली के मिट्टी तेल को बाजार में लाने की अनुमति होने से, प्रतियोगिता को हतप्रभ करते हुए, निजी चिल्लर विक्रेताओं का प्रवेश सीमित कर दिया हैं। सीधे तथा स्वस्थ्य प्रतियोगिता को प्रोत्साहन देने वाले विपणन का वातावरण ही, प्रतियोगितात्मक मूल्यों पर मिट्टी–तेल तथा घरेलू रसोई गैस की उपलब्धि और पूर्ति का सबसे प्रभावी तरीका होगा।

अब तो उचित अंशदान और अनुचित अंशदान इसका सही विभाजन करने वाली परिभाषा का ही पुनर्विचार करने की आवश्यकता है। चूंकि कृषि अपने आय में जीवनयापन करने में समर्थ नहीं है, अतः उसे उचित अंशदान की सूची में बिठाना होगा। ग्रामीण जनता के लिए सामाजिक सुरक्षा–कवच (social safetynet) तैयार करते हुए उपरोक्त सिफारिशें सरकार द्वारा स्वीकृत की जानी चाहिए। अनुचित अंशदान का प्रवाह अब रोक कर, उसे मूलभूत शिक्षा, प्राथमिक स्वास्थ्य रक्षा, तथा ग्रामीण विकास में से जिसमें भी आवश्यक हो, इस दिशा में मोड़ देना अधिक समयोचित होगा, क्योंकि निधि के अभाव से हमेशा यही विभाग पीड़ित रहते हैं।

15.4. भू-जल पर कर वसूली

'बोतलों में पानी' तथा 'सौम्य पेय' बनाने वाले उद्यमी काफी बड़ी मात्रा में भू–जल का उपयोग करते हैं। ये कारखाना मालिक जिनमें बहुराष्ट्रीय कंपनियां (MNC) भी शामिल हैं, इस निःशुल्क भू–जल से बहुत अधिक मुनाफा कमा रहे हैं। इन कम्पनियों से भू–जल की मात्रा के उपयोग के लिए एक निश्चित रकम वसूल कर उसे प्राथमिक स्वास्थ्य रक्षा तथा मूलभूत शिक्षा के लिए आबंटित कर देना चाहिए।

15.5. ढांचागत विकास के लिए विदेशी मुद्रा कोष का उपयोग

बुनियादी सुविधाओं के विकास के लिए बहुत बड़ी मात्रा में धन की आवश्यकता,

भारत के लिए एक समस्या ही है। अनुमान किया गया है कि आगामी 10 वर्षों में भारत को इस काम के लिए 150 बिलियन डालर की आवश्यकता होगी। अतः विदेशी मुद्रा कोष से 15 बिलियन डालर की राशि इस ढांचागत विकास के लिए लिया जाना संभव होना चाहिए। यह 15 बिलियन डालर, मूलधन के रूप में रहेगा, जिसका उपयोग दस गुना ऋण एवं समभाग के रूप में निर्माण के लिए किया जाएगा। उदाहरण के तौर पर चीन की सरकार ने हाल ही में, अपने विदेशी मुद्रा कोष से 45 बिलियन डालर की राशि का उपयोग ढांचागत विकास के काम में किया है।

(16) केन्द्र से राज्यों की ओर अधिकारों का विकेन्द्रीकरण

अच्छे परिणामों के उद्देश्य से, योजनाओं का क्रियान्वयन जिस प्रकार पंचायत राज संस्थाओं को सुपुर्द किया जा रहा है, उसी प्रकार अधिकाधिक वित्तीय अधिकार भी केन्द्र से राज्यों व पंचायत राज संस्थाओं को सौंपे जाने चाहिए। प्रजातांत्रिक संघीय व्यवस्था में यह कार्य तो अनिवार्य हो जाता है। इसमें शक नहीं कि राज्य स्तर पर जिन लोगों के पास सत्ता है, उनके द्वारा इन अधिकारों का दुरूपयोग होने का खतरा तो है ही, और इसके अनेक उदाहरण भी पाये गये हैं। स्कूलों में मध्यान्ह भोजन की योजना, केन्द्र से राज्यों को स्थानांतरित करने के सम्बन्ध में एक जनहित याचिका में सर्वोच्च्व न्यायालय ने इस स्थानांतरण पर अपनी असहमति दर्शाई है।

उपरोक्त स्थिति के बावजूद, जब तक केन्द्र से राज्यों को या जनता के निकट संस्थाओं को उचित अधिकार सौंपे नहीं जाते तब तक भारत जैसे विस्तृत देश में खासकर ग्रामीण क्षेत्र में – सर्वांगीण विकास की अपेक्षा करना व्यर्थ है। वास्तव में 'सरकारिया आयोग' सहित, समय-समय पर भारत सरकार द्वारा नियुक्त अन्य वित्तीय आयोगों ने अधिकारों के विकेन्द्रीकरण का सुझाव दिया है। ज्यादा से ज्यादा, ये अधिकार सौपे जाने पर उनके उचित उपयोग के लिए मार्गदर्शक नियम बनाए जा सकते हैं, तथा निरीक्षण व्यवस्था भी तैयार की जा सकती है।

इसी बीच भारत सरकार ने 1 फरवरी 2005 को सुप्रसिद्ध अर्थशास्त्री सी. रंगराजन के नेतृत्व में बने '12 वें वित्त आयोग' की सिफारिशों को पूरी तरह स्वीकृत करते हुए उसे 'निर्णय' का रूप दे दिया है, जिसमें केन्द्रीय करों व शुल्कों में राज्यों का हिस्सा 30.5 प्रतिशत से एक प्रतिशत और बढ़ा दिया है, सभी केन्द्रीय ऋणों पर ब्याज की दर 9 प्रतिशत से घटकर 7.5 प्रतिशत की गई हैं, तथा राज्य कर सम्बन्धी नियमों का उपयोग कर, अगले पांच वर्षों में राज्यों को अपने समस्त बकाया ऋणों को समाप्त कर देने की व्यवस्था भी की है।

इस बारहवें वित्त आयोग की सिफारिशों के क्रियान्वयन का केन्द्रीय बजट पर कुल प्रभाव 26 हजार करोड़ रुपयों का या सकल घरेलू उत्पाद के प्रतिशत बिन्दू के तीन चौथाई (0.75%) अधिक्य के बराबर का होगा। इसका प्रभाव 'वित्तीय जिम्मेदारी तथा बजट व्यवस्थापन कानून (FRBM)' के प्रति केन्द्र की क्षमता पर भी पड़ेगा। राज्य सरकारें भी यदि वित्तीय जिम्मेंदारी तथा बजट व्यवस्थापन कानून बना लें और उसके अनुसार कार्य भी करें तो यह व्यय भी सार्थक हो सकता है।

(17) सार्वजनिक सुपुर्दगी की कार्यक्षम प्रणाली (EPDS)

स्वतंत्रता प्राप्ति के बाद सरकार ने ग्रामीण समुदाय के लिए अनेक कल्याणकारी योजनाएं/कार्यक्रम जारी किये हैं। इन योजनाओं पर काफी बड़ी रकम भी खर्च की गई हैं। परंतु इससे ग्रामीण क्षेत्र के विकास पर कोई लक्षणीय प्रभाव नहीं पड़ा है। एक प्रभावी और कार्यक्षम सुपुर्दगी प्रणाली का न होना ही इसका प्रमुख कारण है, जिसका परिणाम यह हुआ कि योजना के लाभ, इच्छित लाभार्थियों को मिल नहीं पाए। उदाहरणार्थ कई बार एक छोटे किसान को किसी बैंक से ऋण प्राप्त करना हो तो वह टेढ़ी खीर होगी, भले ही यह ऋण उसके लिए कितना भी आवश्यक क्यों न रहा हो। इसीलिए उस गरीब किसान को ऊंची दर पर निजी ऋण–दाता से कर्ज लेना ही पड़ता है, और उस पर ऋण का बोझ तो बढ़ता ही जाता है।

किसानों को खेती के लिए आवश्यक साधन जुटाना जैसे समय पर अच्छे बीज मिलना बड़ा कठिन कार्य होता है। बाजार में निकृष्ट दर्जे के बीजों की बहुतायत है, और उन्हें पहचान पाना भी कठिन होता है। कई बार अच्छे किस्म के बीज बाजार में देर से पहुंचते हैं। इस प्रकार की अनिश्चितता के कारण किसानों को निकृष्ट वर्ग के बीज खरीदना अनिवार्य हो जाता है, क्योंकि वे बोआई के लिए रुक नहीं सकते और बोआई तो वर्षा पर निर्भर होती है। समय पर यूरिया जैसे खाद की उपलब्धि में भी बड़ी कठिनाईयों का सामना करना पड़ता हैं। कई बार किसानों को खाद बड़ी देर से मिलती है। यह समझकर कि खाद की ज्यादा मात्रा डालने से विलंब की कमी पूरी हो जायेगी ये किसान अक्सर आवश्यकता से अधिक मात्रा में खाद का उपयोग कर बैठते हैं।

एकाध छोटी योजना को छोड़, सरकार या पंचायतों को योजनाओं के क्रियान्वयन से अलग ही रहना चाहिए। यह कार्य सक्षम गैर–सरकारी संस्थाओं या निजी संस्थाओं को दे देना चाहिए। सरकार या पंचायतों को नियामक संस्था या सुविधा प्रदान करने वाली संस्था बनकर ही रहना चाहिए, तथा योजना की कार्यगति पर ध्यान रखना चाहिए।

किसानों को यदि कोई ऑफिस में काम करा लेना हो तो वह भी सहजता से नहीं हो पाता। कई बार तो उन्हें निजी तौर पर धन देना पड़ता है। इन गरीब किसानों को तो, धन दिए बगैर किसान क्रेडिट कार्ड भी नहीं मिलते। अतः योजना प्रारंभ करते समय ही एक सशक्त वितरण प्रणाली बना लेना अत्यन्त आवश्यक है। इसी दृष्टि से योजना के प्रारंभ में ही नियोजन से लेकर योजना के अंत तक की सारी प्रक्रिया को कम्प्यूटरीकृत कर लेने से काफी सहायता मिल सकती हैं। कार्यपद्धति में यदि कार्यक्षमता और पारदर्शकता हो तो सफलता सुनिश्चित है। इसमें सूचना का अधिकार मिलने से भी कुछ सहायता अवश्य मिलेगी। उपरोक्त सुधार लाने में, निहित स्वार्थों की ओर से कड़ा प्रतिरोध तो स्वाभाविक है, पर उन सब पर विज्य हासिल करनी होगी।

साधारण अनुभव यही है कि राज्य सरकार व जिला परिषद के कर्मचारी शाला शिक्षक, डॉक्टर वर्ग, मेडिकल कर्मचारी, तथा राजस्व विभाग आदि के लोगों में कार्यस्थल में अनुपस्थिति की ऊंची दर का सार्वजनिक सुपुर्दगी प्रणाली पर बुरा प्रभाव पड़ता है। शालाओं तथा स्वास्थ्य के क्षेत्रों में रिक्त पदों की संख्या से जनता के दुखों में और भी बढ़ोत्तरी हुई है।

ग्रामीण क्षेत्र में पूर्ण सफलता के लिए दूरगामी सुधार खासकर नौकरशाही क्षेत्र में होना बहुत जरूरी है, क्योंकि इसी नौकरशाही का ही योजना के पूर्ति पर पूरा नियंत्रण रहता है।

(18) विकास योजनाओं की पुनर्रचना (Restructuring)

केन्द्र सरकार द्वारा चलाई योजनाओं की संख्या 200 से अधिक है। अनेक योजनाएं तो केवल कागजों पर ही धरी रह जाती हैं, या कुछ अधूरी रह जाती हैं। कुछ योजनाएं केवल नए नाम बदलकर सामने लाई जाती हैं, तो कुछ बीच में ही किसी नई योजना में सम्मिलित कर दी जाती हैं, भले ही पिछली योजनाओं का काम अधूरा रह गया हो। कुछ योजनाएं तो अनेक मंत्रालयों द्वारा एक साथ चलाई जाती हैं जिससे दोहरापन आ जाता है। इससे योजना आयोग को सभी योजनाओं का आकलन करने में कठिनाई हो रही हैं।

'केन्द्र द्वारा संचालित (CSS)' 200 योजनाओं के लिए सरकार प्रतिवर्ष 39,000 करोड़ रुपये खर्च कर रही है। कुछ समय पूर्व हुए योजनाओं के पुनर्गठन के प्रयास में 5000 करोड़ रुपयों की लागत से 80 ऐसी योजनाएं नामांकित हुई, जिन्हें या तो समाप्त कर देना था, या उन्हें राज्यों को सुपुर्द किया जाना चाहिए था, क्योंकि इन

योजनाओं की उपयोगिता ही नहीं रह गई है। परंतु अब कम से कम 7 योजनाओं को समाप्त करने तथा शेष को चालू रखने पर एकमत हो गया है।

परंतु इन सारी योजनाओं की वर्तमान स्थिति तथा उपयोगिता की जांच करने और जहां भी आवश्यक हो, उनके पुनर्गठन करने का उचित समय आ गया है। इसके सिवाय स्थानीय क्षेत्र नियोजन की आवश्यकता को प्रोत्साहन भी दिया जा सकता है। इस तरह इन योजनाओं के पुनर्गठन के लिए अनेक आव्हान सामने आये हैं – जैसे कर्ज स्वीकृति के अनुपात का प्रमाणीकरण, योजनाओं का विभक्तिकरण या संधीकरण, परिवर्तनों के लिए राज्यों की स्वीकृति, केन्द्रीय योजनाओं का विभक्तीकरण या संधीकरण करके उन्हें स्थानीय संस्थाओं के सुपुर्द किया जाने पर केन्द्र के घटते नियंत्रण पर नौकरशाही की स्वीकृति तथा स्थानीय संस्थाओं की कार्यक्षमता पर विश्वास आदि। उपरोक्त सारी कठिनाईयों के बावजूद योजनाओं का पुनर्गठन अत्यन्त आवश्यक है। वस्तुतः 'राष्ट्रीय विकास परिषद (NDC)' की सह–समितियों को योजनाओं के सिंहावलोकन का कार्य दिया जा चुका है। इसी परिपेक्ष्य में कार्य का आरंभ भी हो चुका है तथा इन प्रयासों का प्रथम पुष्प, केन्द्र द्वारा चलाई जा रही, शालाओं में मध्यान्ह भोजन की योजना के रूप में सामने आने वाला ही था। परंतु इस योजना का महत्त्व तथा गंभीरता को देखते हुए सर्वोच्च न्यायालय ने इस पर रोक लगा दी है।

(19) ग्रामीण विकास कार्यक्रमों का वैज्ञानिक व्यवस्थापन

हमारे अनेक ग्रामीण विकास कार्यक्रम, अयोग्य व्यवस्थापन के कारण ही असफल हुए हैं। यदि इन्हें सफल करना हो तो वैज्ञानिक तरीकों पर उनका व्यवस्थापन किया जाना चाहिए। वैसे तो व्यवस्थापन की अनेक परिभाषाएं हैं, पर उनमें से, हमारे विषय ग्रामीण विकास के सबसे निकट की परिभाषा, मेरी कुशिंग नाइल्स ने इन शब्दों में दी हैं –

''अच्छा और वैज्ञानिक व्यवस्थापन, मानवीय व भौतिक शक्तियों तथा समय का सर्वोत्तम उपयोग करते हुए, आम जनता एवं भाग लेने वाले व्यक्तियों को पूरी तरह संतुष्ट करने वाले सामाजिक उद्देश्यों की पूर्ति को ही कहा जा सकता है।''

व्यवस्थापन के विभिन्न गुणधर्मों तथा विशेषताओं का विश्लेषण करने पर पता चलता है कि यह नियोजन, संगठन, समन्वय व नियंत्रण की प्रक्रिया है। अच्छे परिणामों के लिए इन सब कार्यों को वैज्ञानिक तरीकों से पूरा किया जाना आवश्यक हैं।

नियोजन (Planning)

हार्ट नामक एक प्रबंधन विशेषज्ञ के अनुसार, निश्चित परिणामों की प्राप्ति के लिए कोई भी कार्य के पूर्व उसकी दिशा निश्चित करने को ही नियोजन कहा जा सकता है। स्वाभाविक तरीकों से ग्रामीण विकास कर पाना असंभव हो जाने से राष्ट्रीय स्तर पर ग्रामीण विकास के कार्यक्रमों के नियोजन की ओर विशेष ध्यान देना आवश्यक है। वैज्ञानिक तरीके के नियोजन के लिए योजना के उद्देश्यों में योजना का मिशन क्या है, और कार्यक्रम किसलिये है, आदि का स्पष्ट उल्लेख होना जरूरी है। क्या, कहां और कैसे करना, आदि बातों का पूर्व निश्चय ही नियोजन है। नियोजन प्रक्रिया में प्रत्येक इकाई के उद्देश्य को लक्ष्य में परिवर्तित करना, नीति निर्धारित करना, कार्यक्रम आंखना, बजट तैयार करना, कार्यसूची बनाना, रणनीति बनाना आदि बातें आती हैं। इनका अंतिम लक्ष्य इच्छित परिणाम प्राप्त करना ही होता है।

नियोजन - यह दीर्घावधि, अल्पावधि, सप्ताहभर अथवा कुछ दिनों के लिए भी हो सकता है। दीर्घावधि नियोजन वरिष्ठ स्तर के अधिशासियों, अल्पावधि नियोजन मध्यमस्तर के कार्यधिकारियों तथा सप्ताह/दिनों का नियोजन निचले स्तर के अधिकारियों द्वारा किया जाता है। अल्पावधि नियोजन को दीर्घावधि नियोजन के साथ तथा सप्ताह/दिनों के नियोजन को अल्पावधि नियोजन के साथ जोड़ दिया जाना चाहिए।

नियोजन प्रक्रिया में, उद्देश्यों का स्पष्ट उल्लेख, ध्येय पूर्ति के मार्ग में आने वाली वास्तविक समस्याओं की पहचान, सत्यस्थिति एवं सांख्यिकी संकलन, कार्य के पूर्ति के लिए पर्याय ढूंढना, पर्यायी कार्यों का मूल्यांकन, कार्य पूर्ति के पर्यायों के दिशा का चयन तथा विभिन्न विभागों के लिए परिस्थिति के अनुकूल कार्यक्रम (derivative plan) बनाना आदि बातें शामिल हैं।

उद्देश्य प्राप्ति की सम्पूर्ण प्रक्रिया में, नियोजन का कार्य प्रारंभिक बिन्दु होने के कारण उसे वास्तविक होना जरूरी है, जो विधिन्न स्तरों पर हुए विचार विनिमय पर आधारित होना चाहिए। किसी एक कार्यक्रम में अनेक कार्य तथा योजनाएं हो सकती हैं। ग्रामीण विकास योजना के संदर्भ में, सबसे पहले, ग्रामीण जनता की वास्तविक आवश्यकताओं का सर्वेक्षण करके, योजना का प्रारूप (draft plan) तैयार करना चाहिए। इस योजना प्रारूप पर गांव के नेताओं, बड़े-बूढ़ों व गांव के प्रतिष्ठित लोगों से चर्चा की जानी चाहिए ताकि उसके क्रियान्वयन के दौरान आने वाली कठिनाईयों पर पहले से ही विचार हो सके व योजना में उचित व्यवस्था की जा

प्रत्येक योजना में निम्न मूलभूत जानकारी स्पष्ट होनी चाहिए -

- ग्रामीण विकास योजना का नामनिर्देश
- योजना का उद्देश्य/लक्ष्य
- सामाजिक तथा आर्थिक सर्वेक्षण की आवश्यक जानकारी
- योजना के अन्तर्गत आने वाले क्षेत्र या उद्देशित समूह की पहचान
- क्रियान्वयन की समय तालिका
- वित्तीय व भौतिक (physical) लक्ष्य
- मूल्य-लाभ या सामाजिक लाभ का संभाव्य अनुपात
- आवश्यक निधि की मात्रा एवं उसके लिए स्त्रोतों पर विचार
- योजना क्रियान्वयन के लिए संगठन/कर्मचारियों का दल/व्यक्तियों का चयन
- संवेदनशील तथा महत्त्वपूर्ण सामग्री का व्यवस्थापन
- अन्य योजनाओं के साथ इस योजना का सम्बन्ध
- निरीक्षण व नियंत्रण व्यवस्थापन
- संघर्ष टलने के लिए व्यवस्थापन
- योजना का आकार व महत्त्व देखते हुए उसका स्वतंत्र मूल्यांकन (मूल्यांकन के मानदण्ड सहित)

वर्तमान में जिला/खंड स्तर पर योजना कक्ष, राज्यस्तर पर योजना मंडल तथा केन्द्रीय स्तर पर योजना आयोग कार्यरत हैं। इस संगठनात्मक ढांचे के बावजूद, उद्योग-क्षेत्र के तुलना में, यहां गुणात्मक नियोजन तथा पर्याप्त जानकारी का अभाव है। ग्रामीण विकास के कार्यक्रम सूक्ष्म नियोजित (micro-planning) होते हैं और वे राष्ट्रीय ध्येय व प्राथमिकताओं से प्रवाहित होते हैं। परंतु मिनीस्तर पर क्रियान्वयन में योजनाओं में सूक्ष्म-नियोजन का अभाव रहता है।

संगठन बनाना (Organising)/कर्मचारियों की नियुक्ति (Staffing)

संगठन का अर्थ ढांचा संगठित करना और कर्मचारियों का संकलन या नियुक्ति करना होता है। इस प्रकार संगठन, कार्य को चलाने और उसका व्यवस्थापन करने वाले लोगों का एक समूह होता है। संगठन की अनेक परिभाषाएं हैं, परन्तु जॉनसन, कास्ट और रोजेन बर्ग द्वारा दी गई परिभाषा हमारे विषय से सटीक बैठती हैं। उनके अनुसार

संगठन – लोगों, वस्तुओं, मशीनों तथा अन्य स्त्रोतों के पारस्परिक क्रियान्वयन व समन्वय के माध्यम से सामाजिक व्यवस्था को यशस्वी बनाने का ध्येय प्राप्त करना है।

संगठन की रचना का कार्यक्षेत्र, केवल कार्य विभाजन को स्पष्ट करना, आदेश कर्त्ताओं की कड़ी या अधिकारियों की शृंखला तैयार करना अथवा विभिन्न कार्यकलापों के बीच तर्कपूर्ण सम्बन्ध स्थापित करना मात्र नहीं हैं, वरन् उसे संगठन के कार्यरत प्रत्येक व्यक्ति के लिए ऐसा वातावरण आश्वस्त करना भी है जिसमें व्यक्ति संगठन के समस्त कार्यों में अपना पूरा योगदान दे सके। आज सरकारी संगठनों में जो हम अक्सर देखते हैं, वह नौकरशाही ढंग का संगठन होता है, जो जन साधारण की दृष्टि में किसी विशाल संगठन के नकारात्मक गुणों – जैसे अत्त्यधिक लाल फीताशाही, कार्यवाही में विलंब, तथा नैराश्यका प्रतीक है। वहां नियमों, नियमावली तथा कार्य पद्धति की औपचारिता पर ही ज्यादा ध्यान दिया जाता है।

- अतः इस तरह संगठन की रचना में निम्न बातों पर विचार करना जरुरी है।
- सम्पूर्ण तथा सूक्ष्मतम दृष्टि से नियोजन – प्रभावी समन्वय के लिये उर्ध्वगामी एकत्रीकरण (Vertical Integration)।
- अन्य सम्बन्धित कार्यक्षेत्रों के साथ अच्छा सहयोग प्राप्त करने हेतु समानान्तर समन्वय (Horizontal Integration) की व्यवस्था।
- योजना के क्रियान्वयन के लिए व्यावसायिक क्षमता युक्त कर्मचारीगण की व्यवस्था।
- अपने संगठन के अन्तर्गत तथा बाहरी संगठनों के साथ भी काम करते समय परस्पर सहयोगात्मक कार्यशैली विकसित करना।
- ग्रामीण जनता व विशेषतः गरीब निरक्षरों की आवश्यकताओं तथा समस्याओं के प्रति कर्मचारियों में संवेदनशीलता होना।

ग्रामीण विकास के संदर्भ में, संगठन तथा काम करने वालो की व्यवस्था करने में विशिष्ट कठिनाइयां आती हैं। ग्रामीण विकास कार्यक्रमों का संचालन, खंड विकास अधिकारी (BDO), एवं उसके कर्मचारियों द्वारा होता है। खंड विकास अधिकारी और उसके सारे कर्मचारी राज्य सरकार के प्रशासन विभाग से लिए जाते हैं। प्रशासन विभाग में कार्य करते समय ये कर्मचारी अक्सर गैर–विकास कार्यक्रमों

से ही अवगत रहते हैं। इन मामलों में निर्णय का अधिकार केन्द्रीकृत होता है तथा परिणामों के बजाय कार्य पद्धति को ही अधिक प्राथमिकता दी जाती है। ऐसे कर्मचारी अपने साथ पुरानी प्रथाओं का बोझ लिए रहते हैं, जो उन्हें कार्यक्षम विकास अधिकारी के रूप में कार्य करने में बाधा बन जाता है। एक अच्छे सुचारू संगठन की रचना में, कर्मचारियों के लिए सुस्पष्ट कार्यक्षेत्र होना, अधिकारों का कारगर विकेन्द्रीकरण, कर्मचारियों में रचनात्मक विचार शक्ति तथा कार्य की स्वयं प्रेरणा होना आवश्यक हैं।

ऐसी स्थिति से निबटने के लिए केवल दो तरीके हैं – एक तो यह कि खंड विकास अधिकारी के कार्यालय में विशेष रूप से नए कर्मचारियों की नियुक्ति हो। दूसरा तरीका यह है कि वर्तमान कर्मचारी दल को प्रशिक्षित और पुनः प्रशिक्षित किया जाये, ताकि वे नए कार्यक्रम की आवश्यकताओं को संभालने में सक्षम हो सकें। वर्तमान कर्मचारी वर्ग के स्थानापन्न रहते पहला तरीका – केवल सेवा निवृत्ति के कारण रिक्त हुए पदों पर नई नियुक्तियों को छोड़, उपयोग में नहीं लाया जा सकता। अतः दूसरा तरीका ही अपनाना होगा। इस प्रशिक्षण का उद्देश्य कर्मचारियों के ज्ञान, कौशल्य तथा कार्य–प्रवीणता में वृद्धि तथा इससे भी महत्त्वपूर्ण, उनके दृष्टिकोण में सुधार लाना होना चाहिए। वर्तमान व्यवस्था में उपलब्धि को उचित मान्यता नहीं दी जाती। उपलब्धि के प्रति कार्यकुशल तथा अकुशल लोगों में कोई फरक नहीं किया जाता। अतः ऐसी स्थिति कार्य सफलता के मार्ग में प्रोत्साहन के बजाय व्यवधान बन जाती हैं तथा कार्य में प्रोत्साहनहीनता का कारण बन जाती है। अकार्यक्षम कर्मचारियों को दंडित करने में कुछ व्यवहारिक अड़चनें भले ही आती हो, पर अच्छे कार्यक्षम व कार्यप्रवीण कर्मचारियों को पुरस्कृत करने का भी कोई तरीका तो होना चाहिये, ताकि उनका मनोबल बना रहे। यह पुरस्कार केवल धन रूप में ही होना जरुरी नहीं। अच्छे कार्य की प्रशंसा के रुप में भी हो सकता है।

वर्तमान में मानव संसाधन प्रबंधन (HRM) को अच्छा महत्त्व मिल रहा है। मूलभूत तौर पर मानव संसाधन प्रबंधन का कार्य, मानवी संसाधन शक्ति की पूरी क्षमता के साथ विकास करना ही है ताकि वे संगठन को अपना सर्वोत्तम योगदान दे सकें।

समन्वय (Co-ordination) और नियंत्रण (Control)

समन्वय

संगठन में अनेक कर्मचारियों का समूह, विभिन्न स्थानों पर एक समयावधि में

कार्यरत रहता है। अनेक काम एक दूसरे से सम्बन्धित रहते हैं तथा एक विभाग के कर्मचारी अन्य विभागों पर निर्भर रहते हैं। इस परिपेक्ष्य में वांछित परिणामों की प्राप्ति के लिए सभी कर्मचारियों के प्रयत्नों में समन्वय साधना आवश्यक होता है। इस तरह 'समन्वय' आपसी निर्भरता का प्रबंध होता है। लाभ कमाने या केवल सेवा प्रदान करने वाले व्यापारिक संगठनों, सरकारी कार्यालयों या गैर-सरकारी संगठनों सहित सभी प्रकार के संगठनों में समन्वय की आवश्यकता होती ही है। विभिन्न कार्यकारिणी के प्रयासों में समन्वय साधने के लिए समितियों में चर्चा, सामूहिक निर्णय, विचार विनियम और निर्णय लेने की प्रक्रिया में सम्बन्धित लोगों की भागीदारी से सहायता मिलती है।

विभिन्न विभागों सम्बन्धित ग्रामीण विकास कार्यक्रमों से अनेक सरकारी और गैर-सरकारी संगठन जुड़े रहते हैं। इन कार्यक्रमों के क्रियान्वयन में कारगर समन्वय साधना पड़ता है, क्योंकि इन कार्यक्रमों की सफलता, विभिन्न विभागों से आने वाले साधनों पर निर्भर होती हैं। अनेक बार तो ग्रामींण विकास कार्यक्रमों में समन्वय स्थापित करने के दौरान कुछ अप्रत्याशित विशिष्ट ढंग की कठिनाई का सामना करना पड़ता है, जैसे विभिन्न विभागों के अधिकारियों का अहम (ego) सम्हालना। उदाहरण के लिए किसी सम्बन्धित विभाग के अधिकारी को, भूल से क्यों न हो, यदि मिटिंग के लिए आमंत्रित नहीं किया गया तो संभव है कि आगे चल के वह अधिकारी आवश्यक सहायता देने से इंकार कर देगा। अत: कार्यकारिणी विभाग एवं कार्यक्रम क्रियान्वयन के लिये जिम्मेदार प्रमुख व्यक्तियों पर इस का भारी बोझ पड़ता है। इस प्रकार की कठिनाईयों का, पहले ही व्यक्तियों के नाम या पदानुसार नामांकन कर काफी हद तक निवारण किया जा सकेगा। तब मिटिंग में वही व्यक्ति उस विभाग का प्रतिनिधित्व करेगा।

आमतौर पर एक और कठिनाई यह भी आती है कि समन्वय साधने की जिम्मेदारी अक्सर ऐसे उच्च पदस्थ अधिकारियों के सुपुर्द कर दी जाती है, जो अन्य अनेक कामों में हमेशा व्यस्त रहते हैं। ऐसे में मिटिंग बुलाने, या सम्बन्धित व्यक्तियों से चर्चा करने के लिए समय मिलने तक, निर्णय नहीं ले पाते। ऐसी स्थिति में यह काम किसी ऐसे व्यक्ति को सुपुर्द करना हितावह होगा जो कार्यक्रम के लिए समय निकाल सकेगा।

नियंत्रण

प्रबंधन विशेषज्ञ एन्थोनी ने नियंत्रण की व्याख्या इन शब्दों में की है – "वह प्रक्रिया

जिससे प्रबंधक यह आश्वासन देते हैं कि आवश्यक स्त्रोतों की उपलब्धि होगी एवं संगठन के उद्देश्यों की पूर्ति में उनका प्रभावी व कार्यक्षम उपयोग होगा।" नियंत्रण प्रक्रिया, नियोजन के साथ घनिष्ठता से जुड़ी हैं। इससे इस बात का पता चल जाता है कि जिस तरह से गतिविधियाँ नियोजित की थी, उसी तरह से परिणाम मिल रहे हैं या नहीं। नियोजित और प्रत्यक्ष परिणाम में तालमेल न होने पर सुधारात्मक बदल समय के रहते लागू कर देना चाहिये ताकि योजना का अंतिम उद्देश्य सफल हो सके।

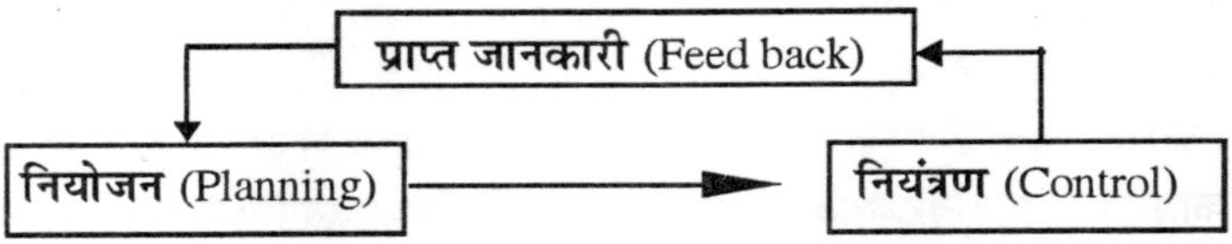

प्रत्यक्ष क्या हुआ ?	क्या होना चाहिए था ?
नियोजन में आनेवाले तत्त्वों का समावेश	नियंत्रण में आने वाले तत्त्वों का समावेश
नीतियां (Policies)	लागत मूल्य की सूची (Cost Accounting)
कार्यक्रम (Programmes)	लागत नियंत्रण (Cost Control)
कार्यप्रणाली (Procedures)	आय–व्यय पत्र (Budgets)
प्रबंधन सूचना पद्धति (MIS)	प्रबंधन प्रतिवेदन (Management Reports)

इस प्रकार नियंत्रण कार्य के वास्तविक उपलब्धियों का मूल्यांकन सूत्र हो सकता है तथा निर्धारित लक्ष्यों की पूर्ति के लिए प्रबंधक को योजना की रणनीति में मार्गदर्शन भी मिल सकता है। वार्षिक बजट जिसमें वित्तीय व भौतिक मापक (Parameters) दिए रहते – नियंत्रण का सर्वोत्तम साधन है तथा इसका अक्सर काफी उपयोग किया जाता है।

प्रभावी नियंत्रण प्रणाली के निम्न लक्षण होते हैं –

- योजना की वास्तविक व वित्तीय प्रगति से नियोजित लक्ष्य से दूरी को ढूंढ निकालना।
- इसे अग्रगामी होना चाहिए ताकि सम्बन्धित अधिकारी, लक्ष्य से दूरी या अपवादों को ठीक करने के लिये सुधारात्मक उपाय योजना लागू कर सके।

प्रगति का आकलन व मूल्यांकन (Monitoring & Evaluation)

मूल्यांकन, नियोजन का तथा नियंत्रण कार्य का महत्त्वपूर्ण अंग होता है। लक्ष्य प्राप्ति के परिपेक्ष्य में योजना की प्रगति किस हद तक पहुंची है यह ढूंढ निकालना मूल्यांकन का उद्देश्य होता है। मूल्यांकन के प्रमाण का सम्बन्ध कार्यक्रम के स्वरुप तथा उसके लक्ष्य से होना चाहिए। प्रगति का मूल्यांकन करने के विविध तरीके हैं। सरल शब्दों में इसके दो तरीके बताए जा सकते हैं। एक 'प्रतिशत प्रगति पद्धति (परसेन्टेज प्रोग्रेस सिस्टम PPS)' तथा दूसरा 'रेखा-आलेख पद्धति (बार चार्ट सिस्टम - BCS)'। कार्यक्रम मूल्यांकन तथा पुनरावलोकन तकनीक (PERT) तथा 'क्रिटीकल पाथ पद्धति - (CPM)' ये दोनों अति उच्च श्रेणी की तकनीकी पद्धतियां हैं, जिसे योग्य ज्ञान तथा कम्प्यूटर के उपयोग की आवश्यकता होती है। वैसे तो परियोजना में बहुत सारे काम साथ चलते हैं लेकिन एक काम पूरा किए बगैर दूसरा शुरू ही नहीं कर सकते। इस आधार पर कम से कम समय में परियोजना पूरा करने के लिए पहचान कर बनाये गये ऐसे कामों की शृंखलाओं में ऐसी एक शृंखला जिसकी देरी का असर पूरे परियोजना पर पड़ता है - इस शृंखला को क्रिटिकल पाथ मानते हैं। इन पद्धतियों के इस्तेमाल के लिए विशिष्ट ज्ञान तथा कम्प्यूटरों का उपयोग जरूरी होता है। इन दोनों (PERT & CPM) तकनीकी पद्धतियों के उपयोग का विशेष लाभ यह है कि इनके उपयोग से विभिन्न कार्यप्रणालियों की अन्तर-निर्भरता का पता चलता है तथा लक्ष्य प्राप्ति के लिए गुण दोष विवेचक मार्ग मिलता है। दोनों पद्धतियों में अंतर केवल इतना है कि PERT संभावित की गणना का मार्ग दर्शाता है तो CPM समय के साथ लागत मूल्य भी दर्शाता है।

कार्यक्रम-मूल्यांकन तथा पुनरावलोकन (PERT) तकनीक को लागू करने के लिए इस पद्धति से अच्छे से परिचित होना एवं कार्यक्रम की प्रगति की अत्त्याधुनिक जानकारी रखना बहुत आवश्यक है। प्रगति का लगातार आकलन करते रहने के लिए एक पृथक समर्पित कक्ष (cell) होना ही चाहिए। अतः विशाल योजनाओं में भी पहले इसका प्रारंभिक स्तर पर, अर्थात योजन की उपयोगिता समझाने के लिए उपयोग होता है, और बाद में बीच-बीच में भी उपयोग किया जाता है।

रेखा आलेख पद्धति में, निर्धारित लक्ष्य से परिणाम भिन्न हो तो, भिन्नता के कारणों का तथा सुधार के उपाय योजना का जिक्र होना उपयुक्त होता है। चूंकि कार्यकलापों की अंतर-निर्भरता को नजर अंदाज नहीं किया जा सकता, अतः चुने हुए विशाल कार्यक्रमों के लिए 'कार्यक्रम मूल्यांकन' व पुनरावलोकन तकनीक तथा

क्रिटिकल पाथ पद्धति का उपयोग एवं सामान्य उपयोग के लिए रेखा आलेख पद्धति का अवलंब सर्वोत्कृष्ट पर्याय होगा।

आकृति 7.1 में, किसी भी ग्रामीण कार्यक्रम/योजना की प्रगति का अवलोकन करने के लिए आदर्शरूप में रेखा आलेख की जानकारी दी गई है।

कार्यक्रम यदि प्रमुखता से सामाजिक स्वरूप का हो, जैसे परिवार कल्याण कार्यक्रम के लिए जागरूकता निर्माण करना, तो लक्ष्य को संख्या रूप में निर्धारित करने में समस्याएं आ सकती हैं और तद्नुसार मूल्यांकन पद्धति में भिन्नता लाना अनिवार्य होता है। ऐसी स्थिति में लाभ अवश्य होता है पर वह स्पष्ट रूप से दिखाई नहीं देता।

आकृति 7.1 : लाक्षणिक प्रगति रेखा आलेख....ग्रामीण योजनाओं की प्रगति का आकलन के लिए..........जिले व .... वर्ष के दौरान अतिरिक्त भूमि वितरण योजना की प्रगति का रेखा–आलेख (बार चार्ट)

30 सितंबर..... की स्थिति

क्रम संख्या	विवरण	ईकाई	महीने अप्रैल मई जून अगस्त सितं. अक्तू. नवं. दिसं, जन, फर, मार्च	रिमार्क
1.	खंड एक में अतिरिक्त भूमि का वितरण A	एकड या प्रतिशत	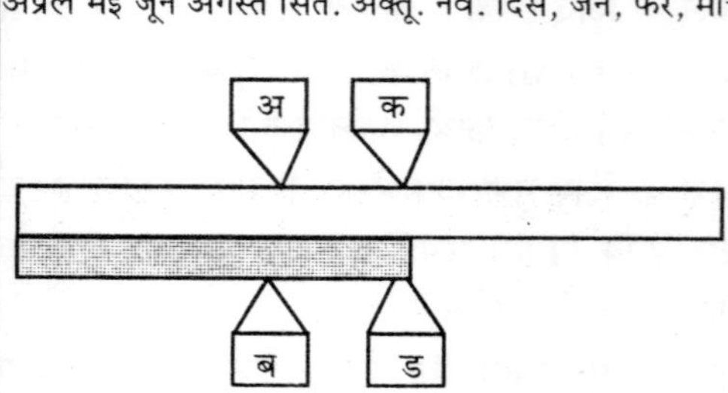 	
2.				

अ– महीने का लक्ष्यक– महीने के अंत तक लक्ष्य (सम्पूर्ण)

ब– महीने में पूरा हुआ लक्ष्य ड– कुल प्राप्त लक्ष्य–महीने के अंत तक

आखिर के रिमार्क स्तम्भ में अपूर्णता के कारणों तथा उसे पूरा करने के उपायों की जानकारी देना है।

20 सूत्रीय कार्यक्रम (TPP) का आकलन

ग्राम विकास कार्यक्रमों में अक्सर ''प्रतिशत प्रगति पद्धति'' या ''रेखाआलेख पद्धति''

पद्धति'' PPS या BCS का उपयोग होता है। सरलता के कारण इन पद्धतियों को ठीक से समझा भी जाता है। तालिका 7.2 में वर्ष 2004-05 तथा 2005-06 में 20 सूत्रीय कार्यक्रम की अखिल भारतीय कार्य प्रगति दर्शाई गई है। इस कार्यक्रम की प्रगति का आकलन 'प्रतिशत प्रगति पद्धति' के अनुसार किया गया है यह कार्यक्रम 1975 में प्रारंभ किया गया था, पर बाद में 1982 तथा 1986 में इसकी पुनर्रचना हुई।

गरीबी रेखा के नीचे रहने वाले लोगों के जीवनमान में गुणात्मक सुधार लाने के उद्देश्य से भारत सरकार तथा राज्य सरकारों द्वारा चलाई गई अनेक योजनाओं की प्रगति का आकलन करने के लिए इस "20 सूत्रीय कार्यक्रम" की रचना की गई। ग्रामीण क्षेत्रों में गरीबी दूर करने, रोजगार के अवसर निर्माण करने, निवास, शिक्षा, परिवार कल्याण, स्वास्थ्य, पर्यावरण सुरक्षा और इसी प्रकार की अनेक जीवनस्तर सुधारने की योजनाओं को गतिमान करने के ध्येय से यह 20 सूत्रीय कार्यक्रम बनाया गया था।

इस वर्तमान कार्यक्रम में जिसे TPP 86 कहा जाता है - 119 विषय हैं, जिनमें से 54 की प्रगति का आकलन, मूल्यांकन-गुणों के आधार पर तथा शेष 65 का पूर्व निर्धारित भौतिक लक्ष्य के आधार पर किया जाता है। दूसरे गुट की योजनाओं में से 20 महत्त्वपूर्ण विषयों को प्रतिमाह आकलन के लिए चुना गया है। इन सब विषयों के लक्ष्य - केन्द्र स्थित प्रशासकीय मंत्रालयों द्वारा, राज्य सरकारों की सलाह से बजट विनियोग के आधार पर निर्धारित किये जाते हैं।

केन्द्रीय स्तर पर प्रशासन मंत्रालयों द्वारा वे जिन विशिष्ट योजनाओं के लिए उत्तरदायी होते हैं उनका आकलन तो होता ही है, इसके साथ 'कार्यक्रम-क्रियान्वयन मंत्रालय' (MOPI), 20 सूत्रीय कार्यक्रम के अन्तर्गत आने वाली समस्त योजनाओं की प्रगति का विस्तार से आकलन करता है। यह मंत्रालय, कार्यक्रमों के क्रियान्वयन पर प्रति माह और एक छमाही प्रगति रिपोर्ट प्रस्तुत करता है। मासिक प्रतिवेदन में सारी योजनाओं की मासिक प्रगति का विवरण होता है - साथ में जीवन मूल्यों से सीधी तरह सम्बन्धित एवं पूर्व निर्धारित लक्ष्यों वाली उन 20 महत्त्वपूर्ण योजनाओं का पूर्ण समयावधि आकलन भी होता है। मासिक आकलन के लिए निर्धारित 20 महत्त्वपूर्ण विषयों में से और भी अतिसंवेदनशील 12 विषयों की प्रगति के आधार पर राज्यों की क्रमवारी भी निश्चित की जाती हैं।

प्रगति आकलन एवं मूल्यांकन की वर्तमान पद्धति में त्रुटियाँ

आम तौर पर पाया गया है कि 'ग्राम विकास कार्यक्रमों' की प्रगति की अद्यावत

जानकारी नियमित रूप से प्राप्त नहीं होती। ग्रामीण स्तर से जो भी जानकारी या आंकड़े बनकर आते हैं, उनमें प्रमाणिकता का अभाव होता है। इसका एकमात्र कारण यह है कि कनिष्ठ अधिकारियों द्वारा प्रगति का आकर्षक अहवाल प्रस्तुत करने से वरिष्ठ अधिकारी अति प्रसन्न होते हैं। कहना न होगा कि निचले स्तर से फर्जी आंकड़े ही बनकर आते हैं। इन पुराने और अप्रामाणिक जानकारी पर न तो कोई अर्थपूर्ण चर्चा हो सकती है, न कोई ठोस निर्णय लिए जा सकते हैं। इसका एकमात्र हल यही है कि मूल्यांकन का कार्य किसी तीसरे एजेंसी को यानि योग्य गैर–सरकारी संगठन को दे दिया जाये। किसी गैर–सरकारी संगठन को यह कार्य यदि सौंपा जाता है तो यह पद्धति सफल हो सकती है, पर कई बार ये गैर–सरकारी संगठन भी, अगली बार काम न मिल पाने के अंदेशे से वास्तविक समीक्षात्मक रिपोर्ट देने से कतराते हैं।

एक लक्षणीय बात तो यह है कि अत्यन्त ध्यानपूर्वक आकलन करने के बावजूद इस '20 सूत्रीय कार्यक्रम' में एक अत्यन्त महत्त्वपूर्ण विषय – मूलभूत शिक्षा को कोई स्थान नहीं दिया गया। ग्रामीण क्षेत्र में मूलभूत शिक्षा के अत्यधिक महत्त्व को देखते हुए यह पूर्णतः समझ के परे हैं। ''सर्वशिक्षा अभियान'' के लिए भी वास्तविक लक्ष्य पूर्व निर्धारित होने चाहिए और उसे 20 सूत्रीय कार्यक्रम का एक भाग बनाया जाना चाहिए।

तालिका 7.2 : सूत्रीय कार्यक्रम की अखिल भारतीय प्रगति 2004–05 से 2005–06

क्रम संख्या	*शीर्षक*	*इकाई*	*2004–05*			*2005–06*		
			लक्ष्य	*प्राप्ति*	*प्रतिशत*	*लक्ष्य*	*प्राप्ति*	*प्रतिशत*
1.	सम्पूर्ण ग्रामीण रोजगार योजना@	लाख मॅन–डेज में	—	7904	—	—	7294	—
2.	अतिरिक्त भूमि का वितरण	000 एकड़ो में	18	36	206	20	54	271
3.	पेयजल–ग्रामों व बस्तियों में	000 संख्या	75	73	98	56	93	166
4.	सामुदायिक स्वास्थ्य केन्द्र	संख्या	514	64	13	575	397	69
5.	प्राथमिक स्वास्थ्य केन्द्र	संख्या	406	423	104	406	475	117
6.	बालकों का रोग प्रतिबंधन लसीकरण	लाखों में	257	292	114	258	260	101
7.	वाल विकास समन्वित योजनाः कार्यान्वित खंड (कुल)	संख्या	5652	5419	96	5652	5747	102
8.	कार्यान्वित आंगनवाडी (कुल)	000 संख्या	743	707	95	755	760	101
9.	अनुसूचित जाति परिवार जिनको सहायता दी गई	000 संख्या	2490	2811	113	2470	3258	132
10.	अनुसूचित जन जाति जिनको सहायता दी गई	000 संख्या	1117	1563	140	1132	1873	166

जारी

(जारी)

क्रम संख्या	शीर्षक	इकाई	2004-05 लक्ष्य	2004-05 प्राप्ति	2004-05 प्रतिशत	2005-06 लक्ष्य	2005-06 प्राप्ति	2005-06 प्रतिशत
11.	इंदिरा आवास योजना (नए मकान)	000 संख्या	1562	1421	91	1441	1415	98
12.	मकानों का वितरण (क्षीण/आर्थिक स्थिति वाले लोगों को)	000 संख्या	50	52	104	43	105	241
13.	लघु-आय-गुट मकान वितरण	000 संख्या	17	22	132	24	22	89
14.	गंदी बस्ती सुधार (अन्तर्गत जनसंख्या)	000 संख्या	5198	6171	119	1522	1626	107
15.	वृक्षारोपण	लाखों में सख्या	12924	9076	70	12560	10265	82
16.	कार्यक्रम क्षेत्र	000 हेक्टर	1478	1126	76	1630	1486	91
17.	गावों में विद्युतीकरण	संख्या	23860	8499	36	20084	14058	70
18.	कार्यान्वित पंपसेट	000 संख्या	212	288	136	387	311	80
19.	सुधारित चूल्हे @	000 संख्या	—	65	—	—	80	—
20.	बायोगॅस संयंत्र	000 संख्या	80	88	110	20	52	259

@ लक्ष्य, पूर्व निर्धारित नहीं

स्त्रोत—India-2007 (केन्द्र सरकार का प्रकाशन)

योजनाओं का आकलन करने वाली वर्तमान यंत्रणा बहुत कमजोर होने के कारण, अद्यावत ताजी जानकारी व आंकड़े निर्णायक स्तर पर नहीं मिलते। इन योजनाओं में लग रहे आर्थिक व भौतिक स्त्रोतों की विशाल मात्रा को देखते हुए, आवश्यक है कि इनकी प्रगति का आकलन भी, औद्योगिक क्षेत्र जैसा विस्तारपूर्वक हो। सूचना तकनीक में हुई असाधारण प्रगति के मद्देनजर यह काम कठिन नहीं होना चाहिए।

(20) संक्षिप्त सार

संक्षिप्त में, ग्रामीण मोर्चे पर निम्न विचलित करने वाले तथ्य सामने आए हैं -

मूलभूत शिक्षा

1. छह से चौदह वर्ष की आयु वर्ग के 1.3 करोड़ बच्चे अभी भी स्कूल में भर्ती नहीं हो पाए हैं। महिला साक्षरता केवल 48 प्रतिशत ही है।
2. कक्षा -1 में भर्ती हुए 100 बच्चों में से केवल 47 ही कक्षा 8 तक पहुंच पाते हैं। ग्रामीण स्कूलों में 8 वीं कक्षा तक स्कूल छोड़कर जाने

वाले बालकों और खासकर लड़कियों का प्रतिशत 57 प्रतिशत से अधिक है।

3. शहरी क्षेत्र की तुलना में ग्रामीण विभाग में शिक्षा की गुणवत्ता निम्न श्रेणी की होती है।
4. शिक्षकों की अनुपस्थिति दर 14 से 31 प्रतिशत तक है।
5. स्कूलों में मध्यान्ह पका–भोजन की योजना के अन्तर्गत (1 अप्रैल 2003 को) प्राथमिक वर्गों के केवल 35 प्रतिशत बच्चे ही शामिल हैं।
6. वर्ष 2003–04 में शिक्षा पर वित्तीय आबंटन, सकल घरेलू उत्पाद का 3.4 प्रतिशत (बजट आबंटन) तथा 3 प्रतिशत (संशोधित आबंटन) रहा जब कि आवश्यकता 6 प्रतिशत की थी। ग्रामीण क्षेत्रों में मूलभूत शिक्षा के लिए वित्तीय आबंटन हमेशा अपर्याप्त ही रहा है, जबकि वर्ष 2004–05 से प्रत्यक्ष करों का 2 प्रतिशत अधिभार लगाकर अतिरिक्त वित्तीय स्त्रोत जमा करने के प्रयत्न हुए हैं। इसके परिणाम अभी आने हैं।

प्राथमिक स्वास्थ्य रक्षा

1. हर 1000 जीवित जन्मों के पीछे बाल मृत्यु दर 58 (2004) के लगभग हैं, तथा पांच वर्ष से कम आयु के कम वजन वाले बच्चों का प्रतिशत 47 है। प्रशिक्षित स्वास्थ्य सेवकों द्वारा किए प्रसवों का प्रतिशत महज 43 है।
2. केवल 6 प्रतिशत घरों में स्नानघर हैं तथा 21.9 प्रतिशत मकानों में शौचालय हैं। इसके विपरीत स्वच्छता सम्बन्धी योजनाओं के अन्तर्गत सरकार अधिक अनुदान से कम अनुदान की और अग्रसर हो रही है तथा इस बारे में केवल जागरूकता अभियान चलाने की सोच रही है।
3. कुल बस्तियों में से 10 प्रतिशत बस्तियों में पेयजल सुविधा अभी भी नहीं है। सुरक्षित पेयजल की समस्या अभी भी बनी हुई है।
4. डाक्टरों और स्वास्थ्य कर्मचारियों की अनुपस्थिति दर अभी भी 35 से 58 प्रतिशत बनी हुई हैं, एवं ग्रामीण स्वास्थ्य केन्द्रों में डाक्टरों तथा स्वास्थ्य कर्मचारियों का अभाव 36 प्रतिशत के आसपास है।
5. स्वास्थ्य तथा परिवार कल्याण के लिए वित्तीय आबंटन, सकल घरेलू उत्पाद का 0.9 प्रतिशत ही है।

ग्रामीण क्षेत्र में प्राथमिक स्वास्थ्य रक्षा के लिए आबंटित वित्तीय राशि एकदम निम्नतम स्तर पर है।

बुनियादी सुविधाएं

1. ग्रामीण क्षेत्र को जोड़ने वाले मार्गों की सुविधा केवल 60 प्रतिशत हुई है।
2. 16 प्रतिशत गांवों में बिजली अभी तक पहुंची नहीं है।
3. गांवों के लिए अच्छे विपणन की व्यवस्था अभी तक नहीं हो पाई है।

कृषि

1. वर्ष 1996 के पूर्व कृषि क्षेत्र की उन्नति दर औसतन 3.4 प्रतिशत थी। पर इसके बाद यह वृद्धि 1.7 प्रतिशत ही रह गई है।
2. सकल घरेलू उत्पाद में कृषि का हिस्सा लगातार गिरता जा रहा है तथा अब 2003-04 में सकल घरेलू उत्पाद में कृषि का हिस्सा 21 प्रतिशत ही है।
3. वर्ष 2001-02 तथा 2003-04 में आधारभूत खाद्यान्न उत्पादन 213 मिलियन टन की तुलना में 2004-05 में 4.2 प्रतिशत तथा 2005-06 और 2006-07 में 1.9 प्रतिशत कम हुआ। इसके विपरीत जनसंख्या में प्रतिवर्ष 2 प्रतिशत वृद्धि हुई है। इसी प्रकार कृषि उपज की निर्यात मात्रा भी कम हो कर यह 14.7 प्रतिशत ही रह गई है।
4. कृषि और कृषि सम्बन्धित गतिविधियों पर लागत में दिनोदिन कमी का दौर देखा जा रहा है। दसवीं योजना में वह 10.6 प्रतिशत पर आ गया है।
5. सिंचाई के अन्तर्गत आने वाली भूमि का प्रमाण वर्ष 1999-2000 में 56.76 मिलियन हेक्टेयर था, वर्ष 2001-02 में कम होकर 55.70 मिलियन हेक्टेयर ही रह गया है।
6. कृषि के लिए बिजली की बिक्री की मात्रा में भी गिरावट आई है जो अब महज 24.13 प्रतिशत रह गई है।
7. ग्रामीण कृषि ऋण वितरण का लाभ, बड़े किसानों की तुलना में, छोटे और सीमान्त किसानों तक पहुंचता नहीं दिखाई देता।

9. कृषि उत्पादन विपणन के उदारीकरण (Liberalisation) और वायदा कारोबार का फायदा किसानों को मिलने के बजाय मध्यस्थी व्यापारियों और बड़ी कम्पनियों को ही मिला है।

सामान्यतः

1. 27.09 प्रतिशत ग्रामीण जनसंख्या गरीबी रेखा के नीचे हैं।
2. योजनाओं के लिए आबंटित धन का केवल 20 प्रतिशत भाग ही वास्तविक इच्छित लाभार्थियों तक पहुंचता है। शेष धन कर्मचारियों के वेतन, प्रशासनिक खर्चों, क्रियान्वयन में अकार्यक्षमता के कारण अपव्यय तथा विभिन्न स्तरों पर हो रहे रिसावों में निकल जाता है।
3. इस तथ्य के बावजूद कि हर परिवार को लम्बे समय तक सम्मान जनक जीवनयापन की स्थिति दे पाना फिलहाल कठिन ही है, फिर भी जनसंख्या में वर्तमान वृद्धि को रोकने के लिए भले ही आवश्यक समयावधि तक क्यों न हो, दो ही बच्चों का नियम लागू करने की मानसिकता दिखाई नहीं देती। इसके विपरीत चीन में केवल एक बच्चे का नियम अभी भी चल रहा है। वर्तमान गति में भारत की जनसंख्या वर्ष 2030 तक चीन की जनसंख्या को पार कर जाएगी तथा भारत विश्व में सबसे बड़ी जनसंख्या वाला देश हो जाएगा।
4. मानवी विकास सूचकांक (UNDP HDR - 2004) में चीन ने अपना स्थान सुधारा है तथा वह वर्ष 2001 में 104 वें स्थान पर था, वह वर्ष 2002 में 94 वें स्थान पर आ गया, जब कि भारत अभी भी 177 देशों की सूची में निम्नतम 127 वें स्थान पर है।

लाभ के पक्ष में -

1. दूध उत्पादन में भारत विश्व में पहले स्थान पर है।
2. विश्व की कुल मवेशी संख्या का एकबटा छठवां हिस्सा भारत में है तथा विश्व में कुल भैंसों की आधी संख्या भारत में है।
3. ज्यूट तथा अन्य रेशों का भारत सबसे बड़ा उत्पादक हैं।
4. भारत विश्व का चौथे नंबर पर सबसे बड़ा मछली उत्पादक देश है तथा यहां प्रतिवर्ष 6 मिलियन टन मछलियों का उत्पादन होता है।
5. खाद्यान्न उत्पादन की दृष्टि से भारत अपनी आवश्यकता से भी अधिक अन्न उत्पादन करने वाला देश है, और खाद्यान्न निर्यात करने की स्थिति

5. खाद्यान्न उत्पादन की दृष्टि से भारत अपनी आवश्यकता से भी अधिक अन्न उत्पादन करने वाला देश है, और खाद्यान्न निर्यात करने की स्थिति में हैं। यह एक अलग बात है कि भारत की 20 करोड़ जनता कुपोषित है जिसका कारण त्रुटिपूर्ण सार्वजनिक वितरण प्रणाली ही है। इसी संदर्भ में राष्ट्रीय विकास परिषद (NDC) की 29 मई 2007 के मीटिंग में पंत प्रधानजी ने भारत में Food Security Mission की स्थापना होनी चाहिए यह सुझाव दिया।

इन सारे विषयों को, इस पुस्तक में विभिन्न तथ्यों तथा सांख्यिकी जानकारियों के आधार पर प्रमाणित किया गया है, तथा इच्छित विकास लक्ष्यों की पूर्ति के लिए, उचित स्थानों पर रणनीति भी बताई गई हैं।

इसमें कोई संदेह नहीं कि ग्रामीण जनता के समक्ष खडी समस्याओं की गंभीरता के प्रति देश की जनता तथा जनप्रतिनिधियों में जागरूकता बढ़ती जा रही है, जिसका प्रतिबिम्ब सरकारद्वारा जारी किए गए वर्ष 2002 में 'सर्व शिक्षा अभियान' तथा 'भारत उदय' इन प्रमुख अग्रणी योजनाओं में और वर्ष 2004/05 में मूलभूत शिक्षा के लिए वित्तीय व्यवस्था हेतू करों पर लगाए अधिभार में कृषि के लिए कर्ज वितरण में की गई वृद्धि में, ग्रामीण स्वास्थ्य मिशन की स्थापना में, तथा 'राष्ट्रीय रोजगार गारंटी योजना' आदि प्रयत्नों में दिखाई पड़ता है।

25 फरवरी 2005 को राष्ट्रपति ने संसद को दिए अपने अभिभाषण में भारत के निर्माण की सरकारी दृष्टि को प्रस्तुत किया तथा उसे 'भारत निर्माण' का नाम दिया। 16/05/2005 को केन्द्र सरकार ने अपने लक्ष्य 'भारत निर्माण' को एक कार्यक्रम का स्वरूप दिया है, जिसका क्रियान्वयन 4 वर्षों की अवधि में 1,74,000 करोड़ रूपयों की लागत से ग्रामीण भारत के मूलभूत सुविधाओं के निर्माण के रूप में होगा।

इसके विशिष्ट लक्ष्य हैं

1. एक करोड़ हेक्टर अतिरिक्त भूमि आश्वस्त सिंचाई के अन्तर्गत लाना।
2. 1000 की जनसंख्या वाले सभी गावों (500 लोगों की संख्या वाले पहाडी इलाकों जनजातिय क्षेत्रों) को सड़कों से जोड़ना।
3. गरीबों के लिए 60 लाख अतिरिक्त मकानों का निर्माण।
4. अबतक वांछित रहे 74000 गावों नें, पेयजल की व्यवस्था।
5. जिन 1,25,000 गावों में अभी तक बिजली नहीं पहुंची है वहां 'राजीव गांधी ग्रामीण विद्युतीकरण योजना' के मार्फत बिजली पहुंचाना तथा 2.3 करोड़ परिवारों के लिए बिजली की व्यवस्था करना।
6. बचे हुए 66,822 गावों में टेलीफोन व्यवस्था मुहैय्या करना।

6. बचे हुए 66,822 गांवों में टेलीफोन व्यवस्था मुहैय्या करना।

'भारत–निर्माण' प्रक्रिया का भाग जिसके अन्तर्गत 'नए इरादे' (New Deal) में द्वितीय हरित क्रांति के सफल परिणाम हेतु, कृषि में अधिक विनिवेश, सिंचाई सुविधाओं का आश्वासन तथा अन्न व पौष्टिकता की सुरक्षा के साथ, कृषि आय में बढ़ोत्तरी तथा रोजगार के अधिक अवसर का आश्वासन दिया गया है।

विभिन्न सरकारों द्वारा जारी किए गए अनेक विकासोन्मुख कार्यक्रम निस्संदेह प्रशंसनीय हैं। पर इसमें सबसे महत्त्वपूर्ण बात यह है कि ये प्रयास जमीनीस्तर पर किस हद तक सफल हो सकेंगे। इसी परिपेक्ष्य में कहा जा सकता है कि, ग्रामीण कार्यक्रमों में अभी तक प्राप्त प्रगति, इच्छित परिणामों से बहुत दूर हैं।

(21) उपसंहार

ग्रामीण विकास एक जटिल समस्या है, जिसमें अनेक महत्त्वपूर्ण गतिविधियाँ एक साथ चलती हैं। देश की प्रगति के मूल्यमापन के लिये 'राष्ट्रसंघ विकास कार्यक्रम' द्वारा बनाए गए मानव विकास सूचकांक के ढांचे के प्रमाण यदि ग्रामीण विकास क्षेत्र में लागू किए गए तो मूलभूत शिक्षा, व प्राथमिक स्वास्थ्य रक्षा के क्षेत्रों में प्रगति, और ग्रामीण आय स्तर में बढ़ोत्तरी बहुत महत्त्वपूर्ण हो जाती हैं। ऊपर निर्देशित क्षेत्रों में प्रगति, ग्रामीण ढाचे में विकास ग्रामीण विकास योजनाओं के लिए पर्याप्त निधि, तथा कार्यक्षम सार्वजनिक वितरण प्रणाली द्वारा ही संभव है। इसी परिपेक्ष्य में राजनीतिक वर्गों की प्रतिबद्धता, विभिन्न ग्रामीण विकास कार्यक्रमों के उचित क्रियान्वयन के लिए नौकरशाही की जवाबदेही और जिनके लाभ के लिए योजनाएं बनी हैं, उसी ग्रामीण समुदाय की उन योजनाओं में सक्रीय भागीदारी आदि, उचित लक्ष्य प्राप्ति में निर्णायक सिद्ध हो सकते हैं।

संक्षेप में, सम्पूर्ण विकास प्रक्रिया में लगे अनेक संगठनों तथा उसके लोगों के प्रयास, इतने समन्वित और एकीकृत होने चाहिए कि उससे उत्पन्न शक्तिशाली उर्जा से लक्ष्य प्राप्ति सरल हो जाए। अभी तक हुए प्रयत्नों के परिणाम भले ही प्रशंसा के योग्य रहे हैं, फिर भी अभी बहुत कुछ होना बाकी है। तथा ग्रामीण जनता की वास्तविक अपेक्षाओं से वे अभी मीलों दूर है। आवश्यक रणनीति अपनाए बगैर इच्छित परिणाम प्राप्त करना लगभग असंभव ही है। इन रणनीतियों की बारीकियां, हर परिच्छेद के अंत में विस्तार से बताई गई हैं। आशा है कि ग्रामीण विकास कार्यक्रमों से प्रत्यक्ष या अप्रत्यक्ष रुप से जुड़े लोगों को, इस पुस्तक में, जगह–जगह पर निर्देशित सिफारिशों से लाभ प्राप्त होगा।

ग्रंथवृत्त
BIBLIOGRAPHY

Aggarwal, Y.P. 1999. Access and Retention in District Education Programme Districts: A National Overview, Paper presented, National Council of Educational Research and Training, New Delhi.

Agrawal, A.N. and S.P.Singh. 1975. The Economics of Under Development, Oxford University Press, New Delhi.

Agriculture in Maharashtra, Yesterday, Today and Tommorrow:Krishi Saptak Programme, Govt of Maharashtra, Pune.

Aikara, Jacob. 1997. Learner Achievement in Primary School, Unit for Research in the Sociology of Education, Tata Institute of Social Sciences, Mumbai.

Anandalakshmy, S. and Jain Sharda. 1997, Shikshakarmi: A Paradigm Shift in Primary Education, Sandhan Research Centre, Jaipur.

Anitha, B.K. 2000. Village, Caste and Education, Rawat Publications, Jaipur.

Annual Report 2002-03, Ministry of Health and Family Welfare, New Delhi.

Athreya, V. and Sheelarani Chunkath. 1996.Literacy and Empowerment, Sage Publications, New Delhi.

Aurora, D. 1977. Drought Prone Area: Some Development Issues, Institute of Public Administration, New Delhi.

Ashokvardhan, C. (IAS), Socio-Economic Profile of Rural India (Vol. 2: North East India), Concept Publishing Company, New Delhi.

Basu, D.N. and G.S.Guha. 1996. Agro-Climatic Regional Planning in India, Vol. I: Concepts and Application, Concept Publishing Company, New Delhi.

Basu, D.N. and G.S.Guha. 1996. Agro-Climatic Regional Planning in India, Vol. II: Themes and Cases, Concept Publishing Company, New Delhi.

Basu, Durga Das. 1994. Introduction to the Constitution of India, Prentice-Hall of India, New Delhi.

Bhatia, B.M. 1977. Poverty, Agriculture and Economic Growth, Vikas Publishing House Pvt. Ltd., New Delhi.

Bulletin on Rural Health Statistics in India. (June 2000), Rural Health Division, DGHS, Ministry of Health and Family Welfare, New Delhi.

Bansil, P.C., Water Management in India, Concept Publishing Company, New Delhi.

Census of India.2001. Registrar General and Census Commissioner, India, New Delhi.

Central Budgets, placed in Parliament; Economic Times, published from Mumbai.

Chandra, Bipin. 1989. India's Struggle for Independece, Penguin Books India (P) Ltd., New Delhi.

Chattopadhyay, B.C. 1985. Rural Development Planning in India, S. Chand & Co. Ltd., New Delhi.

Chitnis, Suma. 1981. A Long Way to Go, Allied Publishers, New Dehi.

Dandekar, V.M. and Nilkanth Rath. 1971. Poverty in India, Indian School of Political Economy, Pune.

Dantwala, M.L. 1986. Agrarian Structure and Agrarian Relations in India, in Indian Agricultural Development since Independence, Indian Society of Agricultural Economics, Oxford and IBH Publishing Co. Pvt. Ltd., New Delhi.

Desai, A.R.1978. Rural Sociology in India, Popular Prakashan, Mumbai.

Desai, D.K.1983. Management in Rural Development, Oxford and IBH, New Delhi.

Desai, S.S.M. 1986. Rural Banking in India, Himalaya Publishing House, Mumbai.

Desai, Vasant. 1983. A Study of Rural Economics, Himalaya Publishing House, Mumbai.

Deshpande, D.V., M.K. Mudgal and K.K. Gupta. 1996. Regional Rural Banks at Cross Roads, Working Paper, Bankers Institute of Rural Development, Lucknow.

Doshi, S.L. and Jain, P.C. 2002. Rural Sociology, Published by Rawat Publications, Jaipur and New Delhi.

Das Purendu Sekhar, Decentralized Planning and Participatory Rural Development, Concept Publishing Company, New Delhi.

Economic Times, published from Mumbai.

Gangrade, K.D. 1997. Power to Powerless: A Silent Revolution through Panchayat RajSystem, in journal of Rural Development. 6(4).

Gopalaswamy, T.P. 1998. Rural Marketing-Environment Problems and Strategies, Wheeler Publishing Co., New Delhi

Gupta, D. N. (IAS), Decetralization: Need for Reforms, Concept Publishing Company, New Delhi.

Hanumanta, Rao C.H. 1965. Agricultural Production and Returns in India, Institute of Economic Growth, Asia Publishing House, Delhi.

Hingorani, Anand T and Hingorani, Ganga A. 1985. The Encyclopaedia of Gandhian Thoughts, AICC Publications Department, New Delhi.

India 2006. A Reference Annual, compiled and edited by Research, Reference and Training Division, Publications Division, Ministry of Information and Broadcasting, Govt. of India, New Delhi.

India Education Report 2002, National Institute of Educational Planning and Administration and United Nations Educational, Scientific and Cultural Organisation, Oxford University Press, New Delhi.

India Sustaining Reform, Reducing Poverty. A World Bank Development Policy Review 2003, OXFORD University Press, New Delhi.

Jain, S.C. 1985. Problems of Agricultural Development in India, Kitab Mahal, Allahabad.

Jain, S.C. Indigenous Resources for Rural Development, Concept Publishing Company, New Delhi.

Jana, Anil Kumar, Administering District Plans in India: Issues, Constraints & Choices, Concept Publishing Company, New Delhi.

Kaul, Rekha. 2001. Accessing Primary Education: Going Beyond the Classroom, Economic and Political Weekly, Vol.36.

Krishi Margadarshika. 1999. Dr. Panjabrao Krishi Vidyapeeth, Akola.

Kumar, Krishna. 1989. Social Character of Learning, Sage Publications, New Delhi.

Kumar, Nalini. 1997. Operation Flood: Literature Review and Reconcilation, Occasional Publication, Institute of Rural Management.

Majumdar, D.N.1958. Caste and Communication in an Indian Village, Asia Publishing House, Mumbai.

Mascarenhas, 1988. A Strategy for Rural Development: Dairy Cooperatives in India,
Sage Publications, New Delhi.

Mehta, Shiv R. 1984. Rural Development Policies and Programmes, Sage Publications, New Delhi.

Munjal, S.1999. Raj Publishing House, New Delhi and Jaipur.

Myrdal, Gunnar. 1968. Asian Drama-an Enquiry into the Poverty of Nations, Vol. II, The Penguin Press, London.

Mukherjee, Amitava, Participatory Rural Appraisal: Methods and Applications in Rural Planning (Essays in Honour of Robert Chambers), Concept Publishing Company, New Delhi.

Mukhernee, Amitava, Participatory Learning and Action and Monitoring and Evaluation and Participatory Monitoring and Evaluation (Essays in Honour of Robert Chambers), Concept Publishing Company, New Delhi.

National Health Policy 2002, Department of Health, Ministry of Health and Family Welfare, New Delhi.

Nehru, Pt. Jawaharlal. 1998 (18th Impression). Discovery of India, Teen Murti House, New Delhi.

Pal, Suresh and Alka Singh. 1997. Agricultural Research and Extension in India: Institutional Structure and Investments, Policy Paper, National Centre for Agricultural Economics and Policy Research, New Delhi.

Pareek, Uday. 1982. Education and Rural Development in Asia, Oxford and IBH Publications, New Delhi.

Park, K. (2005). Preventive and Social Medicine, Banarasidas Bhanot Publishers, Jabalpur.

Parthasarthy, G. 1979. Land Reforms and Changing Agrarian Structure, in Agricultural Development of India-Policies and Problems, (ed.) C.H. Shah. Orient Longman, Mumbai.

Prasad, Lallan and Gulshan, S.S. 2001. Management: Principles and Practices, S. Chand & Company, New Delhi.

Prasad, Govind and Mishra, Anil Dutta, Eds.), Globalisation: Myth and Reality, Concept Publishing Company, New Delhi.

Palanithuri, G., Rural Transformation and Peoples Entitlements, Concept Publishing Company, New Delhi.

Rao, Usha. N.J.1983. Women in a Developing Society, Asish Publishers, New Delhi.

Rao, R.M. Mohan, Growth and Rural Transformation: A Comparative Study of the Republic of Korea and India, Concept Publishing Company, New Delhi.

Reddy, K.Venkata. 2001. Agriculture and Rural Development (A Gandhian Perspective), Himalaya Publishing House, Mumbai.

Report on Village Facilities 2002, NSS 58th Round. National Sample Survey Organisation, MOSPI,GOI, New Delhi.

Rural Development Report 1999. Centre on Integrated Rural Development for Asia and the Pacific (CIRDAP).

Rural Development Statistics 2002-03. National Institute of Rural Development, Hyderabad, Ministry of Rural Development, Govt. of India.

Shah, C.H. 1979. Agricultural Development in India-Policy and Problems, Orient Longman, Mumbai.

Sharma, K.L.1997. Social Stratification in India: Issues and Themes, Sage Publications, New Delhi.

Sharma, V.K. and Satendra (IFS), Sustainable Rural Development for Disaster Mitigation, Rural Development Statistics 2002-03. National Institute of Rural Development, Hyderabad, Ministry of Rural Development, Govt. of India.

Singh, Kartar. 1999. Rural Development : Principles, Policies and Management, Sage Publications, New Delhi.

Singh, Prabhakar. 1982. Community Development Programme in India, Deep and Deep Publications, New Delhi.

Singh, R.P. 1998. Implications of GATT/WTO on Agriculture and Rural Development, National Institute of Rural Development, Hyderabad.

Singh, Yogendra.1985. A Survey of Research in Sociology and Social Anthropology (1969-19790), Satvaham Publications, New Delhi.

Singh, Yogendra. 1986. Indian Sociology, Sage Publications, New Delhi.

Srinivas, M.N.1978. India's Villages, Media Promoters and Publishers Pvt. Ltd.

Srinivas, M.N. 1982. Social Structure, Hindustan Publishing Corporation, Delhi.

Statistical Abstract. India 2004, Central Statistical Organisation, Ministry of Statistics and Programme Implementation, Government. of India, New Delhi.

Sushila Mehta. 1980. A Study of Rural Sociology, S. Chand & Co. Ltd., New Delhi.

Swaminathan, Mina. 1999, The First Five Years: A Critical Perspective on Early Childhood Care and Education in India, Sage Publications, New Delhi.

The Constitution of India 2003. Ministry of Law and Justice, Government of India, New Delhi.

Tilak, J.B.G.1987. Economics of Inequality in Education, Sage Publications, for Institute of Economic Growth, New Delhi.

Times of India, Newspaper published from Mumbai;

UNDP Human Development Report 2004. Cultural Liberty in Today's Diverse World, Published for the United Nations Development Programme (UNDP), OXFORD University Press, New Delhi.

Vaidyanathan, A. and Nair, P.R.Gopinathan. Elementary Education in Rural India: A Grassroots View, Sage Publications, New Delhi.

WHO 1981 Global Strategy for Health for All by the Year 2000.

World Bank. 1997. Primary Education in India, Allied Publishers, New Delhi.

अनुक्रमणिका